U0133364

可持续发展的法律和政治

The Law and Politics of Sustainability

〔美〕克劳斯·博塞尔曼 等 主编

王　曦　卢　锟 等译

上海交通大学出版社
SHANGHAI JIAO TONG UNIVERSITY PRESS

内容提要

本书是"国际可持续发展百科全书"第3卷。本书针对由环境问题引发的一些典型事件或现象，进行了非常精彩的概述和分析，正是这些现象和事件促成了今天环境法律法规的出台；明确解释了现行的环境相关的法律、协议、条约、公约等，并对现行的关于环境保护的法律和政治措施做出相关评价：它们是否能对建立一个可持续发展的未来起到推动作用。

上海市版权局著作权合同登记章图字：09-2013-911

图书在版编目（CIP）数据

可持续发展的法律和政治 /（美）克劳斯·博塞尔曼
等主编；王曦等译. — 上海：上海交通大学出版社，
2017
（国际可持续发展百科全书；3）
ISBN 978-7-313-15859-8

Ⅰ.①可…　Ⅱ.①克…　②王…　Ⅲ.①环境保护法—
研究　Ⅳ.①D912.604

中国版本图书馆CIP数据核字（2017）第164011号

可持续发展的法律和政治

主　　编：〔美〕克劳斯·博塞尔曼 等　　　　译　　者：王　曦 等
出版发行：上海交通大学出版社　　　　　　　地　　址：上海市番禺路951号
邮政编码：200030　　　　　　　　　　　　　电　　话：021-64071208
出 版 人：谈　毅
印　　制：苏州市越洋印刷有限公司　　　　　经　　销：全国新华书店
开　　本：787mm×1092mm　1/16　　　　　印　　张：35
字　　数：695千字
版　　次：2017年10月第1版　　　　　　　　印　　次：2017年10月第1次印刷
书　　号：ISBN 978-7-313-15859-8/D
定　　价：450.00元

版权所有　侵权必究
告读者：如发现本书有印装质量问题请与印刷厂质量科联系
联系电话：0512-68180638

国际可持续发展百科全书
编译委员会

顾　问

郭树言

主　任

倪维斗

委　员（按姓氏笔画顺序）

王文华　朱婳玥　刘春江　孙承兴

李　鹏　张天光　张　靓　周伟民

周伟丽　周　培　赵　旭　董启伟

支持单位

中国长江三峡集团公司

中国中煤能源集团有限公司

神华集团有限责任公司

英文版编委会

主编

克劳斯·博塞尔曼（Klaus Bosselmann）　　　　　　奥克兰大学

丹尼尔·S. 弗格尔（Daniel S. Fogel）　　　　　　维克森林大学商学院能源、环境与可持续
性中心

J. B. 鲁尔（J. B. Ruhl）　　　　　　　　　　　佛罗里达州立大学

副主编

帕特丽夏·伍特斯（Patricia Wouters）　　　　　　邓迪大学水法律、政策与科学中心

咨询委员会

雷·C. 安德森（Ray C. Anderson）　　　　　　　界面公司

莱斯特·R. 布朗（Lester R. Brown）　　　　　　地球政策研究所

罗伯特·科斯坦萨（Robert Costanza）　　　　　　佛蒙特大学

路易斯·戈麦斯-埃切韦里（Luis Gomez-Echeverri）　联合国开发计划署

约翰·埃尔金顿（John Elkington）　　　　　　　可持续性战略咨询公司

丹尼尔·M. 卡门（Daniel M. Kammen）　　　　　加州大学伯克利分校

阿肖克·寇斯勒（Ashok Khosla）　　　　　　　世界自然保护联盟

陆恭蕙（Christine Loh）　　　　　　　　　　香港思汇政策研究所

序　言

随着世界人口膨胀、资源能源短缺、生态环境恶化、社会矛盾加剧，可持续发展已逐步成为整个人类的共识。我国在全球化浪潮下，虽然经济快速发展、城市化水平迅速提高，但可持续问题尤为突出。党中央、国务院高度重视可持续发展，并提升至绿色发展和生态文明建设的高度，更首度把生态文明建设写入党的十八大报告，列入国家五年规划——十三五规划。

如何进行生态文明建设，实现美丽中国？除了根据本国国情制定战略战术外，审视西方发达国家走过的道路，汲取他们的经验教训，应对中国面临的新挑战，也是中国政府、科技界、公众等都需要认真思考的问题。因而，介绍其他国家可持续发展经验、自然资源利用历史、污染防控技术和政策、公众参与方式等具有重要的现实意义。

"国际可持续发展百科全书"是美国宝库山出版社（Berkshire Publishing Group LLC）出版的，由来自耶鲁大学、哈佛大学、波士顿大学、普林斯顿大学、多伦多大学、斯坦福大学、康奈尔大学、悉尼大学、世界可持续发展工商理事会、国际环境法中心、地球政策研究所、加拿大皇家天文学会、联合国开发计划署和世界自然保护联盟等众多国际顶尖思想家联合编撰，为"如何重建我们的地球"提供了权威性的知识体系。该系列丛书共6卷，分别讲述了可持续发展的精神；可持续发展的商业性；可持续发展的法律和政策；自然资源和可持续发展；生态管理和可持续发展；可持续性发展的度量、指标和研究方法等六方面的内容。从宗教哲学、法律政策、社会科学和资源管理学等跨学科的角度阐述了可持续发展的道德和价值所在、法律政策保障所需以及社会所面临的商业挑战，并且列举了可持续研究的度量、指标和研究方法，提出了一些解决环境问题的方法。总而言之，这套书以新颖的角度为我们阐述了21世纪环境保护所带来的挑战，是连接学术研究和解决当今环境问题实践的桥梁。

这套书的引进正值党的十八大召开，党中央和国务院首度把"生态文明建设"写入工作报告重点推进，上海交通大学出版社敏锐地抓住这一时机，瞄准这套具有国际前瞻性的"国际可持续发展百科全书"。作为在能源与环境领域从事数十年研究的科研工作者，我十分欣赏上海交通大学出版社的眼光和社会担当，欣然接受他们的邀请担任这套丛书的编译委员会主任，并积极促成中国低碳经济发展促进会参与推进这套书的翻译出版工作。中国低碳经济发展促进会一直以来致力于推进国家可持续发展与应对气候变化等方面工作，在全国人大财政经济委员会原副主任委员、中国低碳经济发展促进会主席郭树言同志领导下，联合全国700多家企业单位，成功打造了"中国低碳之路高层论坛"、"中国低碳院士行"等多个交流平台，并以创办《低碳经济杂志》等刊物、创建低碳经济科技示范基地等多种形式为积极探索中国环境保护的新道路、推动生态文明建设贡献绵薄之力。我相信有"促进会"的参与，可以把国际上践行的可持续理论方法和经验教训，更好地介绍给全国的决策者、研究者和执行者，以及公众。

本系列丛书的翻译者大多来自著名高校、科研院所的教师或者翻译专家，他们都有很高的学术造诣、丰富的翻译经验，熟悉本领域的国内外发展，能准确把握全局，保证了丛书的翻译质量，对丛书的顺利出版发挥了不可替代的作用，我在此对他们表示衷心的感谢。

这套丛书由上海交通大学出版社和中国低碳经济发展促进会两单位共同组织人员编译，在中国长江三峡集团公司、中国中煤能源集团公司、神华集团有限责任公司的协助下，在专家学者的大力支持下，历时三年，现在终于要面世了。我希望，该书的出版，能为相关决策者和参与者提供新的思路和看待问题新的角度；该书的出版，能真正有益于高等学校，不论是综合性大学的文科、理科、工科还是研究院所的研究工作者和技术开发人员都是一部很好的教学参考资料，将对从事可持续发展的人才培养起很大的作用；该书的出版，能为刚刚进入该领域的研究者提供一部快速和全面了解西方自然资源开发史的很好的入门书籍；该书的出版，能使可持续发展的观念更加深入人心、引发全民思考，也只有全民的努力才可能把可持续发展真正付诸实施。

（中国工程院院士　清华大学教授）

译者序

　　从1972年联合国人类环境会议最早正式讨论可持续发展（又称为"永续发展"）的概念，到1992年联合国环境与发展大会就此达成共识，可持续发展逐步由理念转变为行动。本书作为"国际可持续发展百科全书"的第3卷，从法律和政治的角度阐述了世界范围内解决可持续发展问题的理论、经验和方法。本书以百科全书词条的形式介绍和论述关于可持续发展的共识、理论、经验和方法，是关于可持续的法律和政治的一部重要的专业工具书。

　　当前，我国正面对资源约束趋紧、环境污染严重、生态系统退化的严峻形势。从国际经验看，实现可持续发展，一靠技术支撑，二靠法治保障，两者缺一不可。在科学技术迅猛发展的同时，参考和借鉴国际上先进的关于可持续性的法律和政治的理论、经验和方法，就显得尤为迫切和重要。

　　百科全书以其权威性、史料性和可读性而备受人们的重视。本书的词条比较全面、系统地覆盖了有关可持续性的法律、政策和政治。它所收录的词条涵盖了相关理论、基本概念、国际法文件、国家和地区环境法律、重要案例、重要环境社会问题等很多方面，内容翔实，资料丰富。总的看来，本书的词条比较全面地反映了可持续发展的要求对环境法提出的挑战，展现了当代环境法和环境法学研究的优秀成果。它既有对环境法已有知识和历史的总结，也反映了环境法的最新成果和发展方向，有助于关注可持续发展的各界人士从中汲取养分、拓宽视野，可供读者作为进入环境法领域并开展深入研究的桥梁和阶梯。我们深信，本书能够对我国的生态文明建设和环境法治发展起到积极的作用。

　　本译著是团队合作的结晶。各词条由团队成员分别译出，我对全书译稿做了总校对。借此机会，我对各位团队成员在翻译中付出的巨大努力表示衷心的感谢！杨华国博士、李琳莎博士、唐双娥博士、邵琛霞博士、章楚加、张岩承担了部分校对工作，在此对他们表示格外的感谢！特别对卢锟博士的大力协助表示感谢！

由于原著中一些环境法国别介绍词条和国际公约词条已经过时，所以没有译出。

对于译文的不妥之处，敬请读者不吝指教。

王　曦

2017 年 8 月 12 日

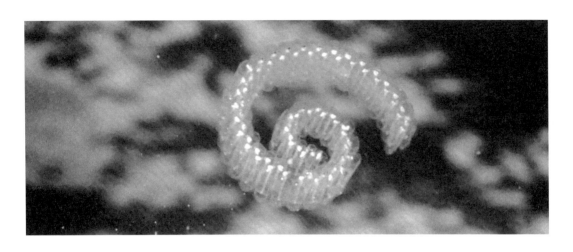

中文版译者表

本卷主译：王 曦 卢 锟

本卷词条译者：(按姓名汉语拼音字母顺序排列)

白佳玉　陈 冬　陈 新　陈维春　邓 旸　冯 嘉　傅 璐　高 琪　高雅静
戈华清　巩 固　韩利琳　侯佳儒　姜 伟　李广兵　李琳莎　李苗苗　李艳娜
刘长兴　卢 锟　罗艳妮　秦天宝　邵琛霞　唐 瑭　唐双娥　王 琛　王 曦
王镥权　王清华　王小军　吴 穷　杨 兴　杨华国　张 宝　张 鹏　张 岩
张庆川　张忠民　章楚加　赵 俊　周 卫　周艳芳　朱达俊　朱小玲　朱晓琴

术语表

虽然法律术语在本卷各篇目中出现时我们已经对其做出定义，但我们仍决定列出一个在广泛法律领域使用的基本术语表。以下各条目在适用时对于详细阐述或进一步考察如何在环境法律和/或政治中应用该术语的篇目有参考意义。

特设（Ad Hoc）

特设是指为特定目的而构成的某种东西（例如某委员会或法律）。特设法可能包括有限管辖权的法律，这些法律一次性地为形成有关一个主题的法律而创设，它与覆盖所有适用范围的综合性法律相对。特设也可以指组织或政府为处理任何现有组织未涵盖的事项而创建的委员会，通常是临时的。

参见海洋区划

大陆法系（Civil Law）

大陆法系是一个体系，它受到罗马拜占庭皇帝优士丁尼在6世纪的法律编纂的启迪，由拿破仑·波拿巴在19世纪进一步法典化。各国建立起有关自我管理日常事项的民事法律（与刑法或军事法相对），该法律遵循预先决定的规则，不受制于法官的解释。大陆法系在欧洲、中南美洲以及亚洲和非洲的部分地区最为重要，是大多数国际法的基础。

参见环境法（各篇：非洲，撒哈拉地区；非洲，撒哈拉以南地区；中美洲和加勒比地区；东亚；欧洲；南美洲）（中文版省略）；国际法

普通法（Common Law）

普通法基于法院裁决，而非由立法机构制定的法律。在普通法之下，法官有义务按照类似案件设定的先例进行裁决。普通法在英国及其原属地——美国、加拿大、澳大利亚、新西兰、南非、印度和巴基斯坦等国实行。

参见环境法（各篇：澳大利亚和新西兰；印度和巴基斯坦；美国和加拿大）（中文版省略）

合同法（Contract Law）

合同法是管理和执行两个或两个以上自愿主体之间立即或未来履行的承诺和交易的法律；如果一方或多方违约，它确保一定形式的法律救济。合同法基于信守承诺这一前提。

公约（Convention）

在国际法中，公约是由两个或两个以上的当事人，通常是国家，为处理特定主题或问题而缔结的协议、契约或条约。国际法大多由国际公约规定所组成。

参见各公约条目（中文版省略）；联合国——公约、协定概览

刑法（Criminal Law）

也称作刑罚法（penal law），刑法涉及社会违法——违反社会秩序的犯罪——通常由个人实施。刑法区别于其他类型法律的原因在于起诉人通常是政府而非另一方当事人（如在侵权法或合同法中）。

习惯法（Customary Law）

国际习惯法或一般国际法建立在已经被社会广泛接受的惯例或做法的基础之上。在国际法中，如果一个国家的最初行动变成"许多国家"的做法，那么通常可以由国际法院或法庭或各国外交政策承认作为国际习惯法的一项实际规则。然而，习惯法仅适用于那些同意承认其作为法律（法律确信）的国家。

参见国际习惯法；国际法

硬法（Hard Law）

硬法是具有法定拘束力的国际法，因而所涉及的法律回应是承担不履行后果。硬法一般包括条约、国际习惯法和联合国安理会决议。在很多时候与软法相对。

参见环境法，软与硬；联合国——公约、协定概览

知识产权法（Intellectual Property Law）

知识产权法致力于保护创造者的权利，即保护做出了创造如音乐、软件、商业技术或发明等（通常是无形的）并对该创造主张权利的人的权利。它包括专利、版权、商标和商业秘密法。

国际法（International Law）

国际法为国际和跨国政府之间的交往提供了框架。由于大多数国家在绝大部分时间遵守国际法，那些违反其规范的国家确实经常承担后果，所以一般认为国际法是法律。现有国际法通常缺乏对所有国家制定有拘束力的法律、执行现有法律以及通过有广泛管辖权或发布有拘束力的可执行判决的审判庭裁决的能力。

参见国际习惯法；国际法；联合国——公约、协定概览

自然法（Natural Law）

自然法由确定对每个人普适的以及源于人性和/或宗教信条的权利所构成。在自然法承认的标准之中生命权是最主要的。它往往与实在法（positive law）相对。

规范性（Normative）

当规范性与法律相关时，用来描述某些

事项应当如何基于特定价值或准则而存在。它用来形容规定性的（应当如何）而非描述性的（如何）原则、法律和声明。该词也意味着法律，尤其是所谓的软法，直接或间接影响涉及个人或机构的行为的能力。

参见环境法，软与硬

妨害法（Nuisance Law）

妨害作为法律概念或原则，指造成了损害，特别是侵犯权利的损害的活动或个人。妨害法尤其为妨碍其使用和享有的土地所有者和使用者提供法律救济。妨害法还指导土地所有者以不对其他土地所有者或公众造成法律损害的方式使用他们的财产。

参见妨害法；侵权法；不动产法

实在法（Positive Law）

实在法是指人们已经提出（或建议）的法律，与确定是所有人固有的那些（自然法）相对。实在法涵盖绝大多数已经制定的法律，排除那些被广泛接受的普遍权利（如生存权）。

财产法（Property Law）

财产法是为强化财产存在并可由各方所主张的概念提供管理和指导的法律。财产法包括不动产、知识产权和私有财产。

参见不动产法

议定书（Protocol）

在国际法上，议定书通常是一种为情况应如何进行或问题应如何解决提供指导的国际协议类型。议定书经常通过增加由签署国批准的修正案或规定来补充现有条约或国际协议。当原条约没有为批准国提供具体行动步骤时，尤其如此。

参见联合国——公约和协定概览

不动产法（Real Property Law）

不动产法是指由政府制定的保护某些土地权益或相对固定的某些资源如树木、水、油或矿产的法律。当个人或团体拥有根据不动产法合法承认的权益，他们就拥有了持有、使用和转让土地或资源的专有权利。

参见自然资源法；不动产法

软法（Soft Law）

软法是指由各方在国际上达成的不具法律拘束力的协议，包括联合国大会决议、行动计划或声明。对违反软法规范的回应在本质上是社会政治的而非法律的（与可以依法强制执行的硬法相反）。然而，软法从国际政治道德秩序获得其力量。

参见环境法，软与硬

侵权法（Tort Law）

侵权法涉及民事不法行为——私人主体对私人主体造成的损害——并且通常与刑法和合同法相区别。受到私人主体损害的某人可以提起侵权之诉（即作为"原告"）从侵权人处（或"被告"）获得损害赔偿。被告只在被证实违反了对原告的某项法定义务且该违反导致原告的损害时，才有责任赔偿原告。侵权法通常涵盖交通事故、疏忽大意、非法扣留，以及一些环境污染。

参见侵权法

前　言

本卷是"国际可持续发展百科全书"的第3卷，它使读者及早了解最终的百科全书会成为怎样的出版物。从本丛书最初的项目规划阶段考察世界各地的环境持续性开始，法律和政治的基本要素几乎作为每个探讨主题的关键方面出现。

但《可持续发展的法律和政治》不只是提供了有关环境法律机制的确切事实——法律、指令、公约和条约。本卷的相当一部分涵盖了促进可持续未来的希望和警告风险预防的必要的概念："代际公平"、"世界宪政主义"、"基于原则的监管"和"人类共同继承财产原则"等词条，这些词条代表了环境法的不同思想流派。撰写本卷的学者和专家提出了许多问题：当前的法律是否考虑了不能控制过去活动的未来？国际环境法在保护环境方面是否有效，或者将其执法权是否最好交给各个国家？专项环境法，是在未达成共识之前分散适用的法律，是否比综合性法律方法更有效？我们在前言中

没有足够的空间深入研究这些问题的细节，但我们邀请读者查阅几个做了研究的词条："国际习惯法"、"执法"、"国际法"、"环境法，软与硬"和"海洋区划"以及本段开始提到的那些词条。这些词条讨论了环境法的方方面面，包括其当前的存在和应当如何存在（作为被称作"规范性"法的组成部分而存在）。

我们将本书的覆盖范围划分为七个基本类别，一个是主题列表和词条，其交叉引用旨在清楚地展现本卷的范围：案例研究词条描述了事件（如博帕尔化学灾难和洛夫水道中有毒废物的发现）、重要会议和有影响力的出版物《寂静的春天》或开创环境法先例的裁决（马萨诸塞州诉环境保护署）。二是概念和理论，词条阐述它们各自的起源、历史、发展以及在21世纪的应用，特别是与其国际影响相关的方面。公约、会议、报告和议定书涵盖了环境政策是如何形成并将持续下去的开创性例证（见《布伦特兰报

告》和《生物多样性公约》)。国家／地区环境法包括表明持续性如何在世界各地的法律体系中发挥作用以及这些法律体系如何促进或影响国际谈判或协议的词条。在法律工具和管制法分类之下,我们列出考察主要行动(见"清洁空气法"和"欧盟绿色气体排放交易体系")或实践(如"生态标志"和"绿色税")的词条。社会问题分类收录了不同关切的词条,如"武装冲突与环境"、"教育,环境法"和"环境难民"。最后,水／海上问题的词条涉及海洋、湿地、海洋生物、废物运输、水安全等对持续性问题的关切。

几乎任何事情的任何列表都存在这种情况,即一些条目适合多个分类,一些条目将不容易归入任何类别。例如,侵权法和妨害法被视为概念还是法律工具?答案是两者都有。做出这样的比较和区分让我们回到了听起来相当简单的更广泛问题——环境法是什么?持续性究竟是什么?在现实中这两个问题并不是特别容易回答。但我们会尽力,因为这就是百科全书的益处所在。

生态的、经济的和公平的持续性

同本系列中其他卷的主编一样,我们在编制本卷时考虑了构成"真正的"持续性的不同观点。正如斯蒂文·C.哈克特(Steven C. Hackett)在"强弱持续性的争论"中的解释:存在以"强"和"弱"两个充满深意的措辞为特征的两个主要流派。"弱"持续性阵营认为,等待环境问题的完美解决方案是不现实的,最好是致力于制定"相当好"的法律和政策而非等待永远不会实现的完美法律和政策。哈克特写道:

例如,失控国家那些饱受暴力冲突、极端贫困和腐败的居民不太可能为子孙后代维持自然资本的存量(即环境的内在价值),除非其紧迫的经济、社会和政治问题得以解决。

同时,"强"持续性阵营(这里我们再次引用哈克特)认为,"相当好"的法律是适得其反的:"诸如鱼类孵化场或人工湿地等旨在抵消自然资本衰退的减缓措施是有悖于强持续性的。"换句话说,不断通过立法以减轻气候变化和其他因素对海岸侵蚀的影响,而非解决问题的核心——气候变化本身——必然会导致我们自然资本的损耗。

同样有深意的术语存在于对国际法的描述:"软"国际法不具有法律约束力,而"硬"法具备。"软"和"硬"两个词自然地暗示了软法不如硬法有价值。但正如乌尔里希·贝尔林(Ulrich Beyerlin)和蒂洛·马哈恩(Thilo Marauhn)在文章中对比两者的解释,"软法方式允许各国在不希望(尚未)达成有法律约束力承诺时采取行动"。另一方面,硬法方式在几个国家必须遵守一项环境法使之有效时是实用的。权力超越欧盟海岸的欧盟《限制危险物质指令》(RoHS)提供了一个实例:如果不是硬法,该指令将很大程度上失去其重要的"牙齿"。

持续性是人类最大的挑战。作为本卷的主编(我们中的一位主要站在持续性争论中的"强"阵营)我们相信法律和政策因此必须解决如何面对这一挑战——特别是考虑到在过去四十年,法律(和政策)发展一直专注于环境,而非持续性。

在许多人听起来这像是一个谜:为什么保护环境的法律不促进持续性?答案涉及环

境法在很大程度上的被动性质。虽然环境法律回应了在当时所认为的挑战,但仍未真正采取主动的、综合的方法,包括在其核心关切的生态持续性上。由于可持续发展政策体现了环境、经济和公平政策的交叉融合,所以它开启了我们据此可以富有深意地谈及持续性法律的唯一途径。

这里有一个例子。国际海事组织(和MARPOL附件1)要求在世界水域航行的所有油轮到2010年3月装配双层船壳。显然这种设计对于满载原油并在世界各地沿海上泄漏其货物的脆弱的超大型油轮是一种改善。然而,如果我们以生态可持续方式生活,也许我们不需要将双壳体的超大型油轮放在第一位。促进全球生活方式各种创新和变化的持续性法律能使最富裕国家摆脱对必需的不可再生资源的过度依赖(和过度消费),保护面临丧失(或者开发)维系其生计和生存的资源(如鱼类和野生动植物)的欠发达和发展中国家,从而改善我们的环境。

为什么转向持续性法律如此重要? 1972年斯德哥尔摩会议标志着现代环境法律和政策的开始("联合国——公约、协定概览"和"可持续发展——法律和委员会概述"两个概述性词条讨论了斯德哥尔摩会议,正式名称为《联合国人类环境会议宣言》)。从那时起,世界人口从不足40亿增加到近70亿;大多数预测者指出的数字是到2050年约90亿。在同一时期地球的再生能力(其"生态承载力")由于人类需求而日益枯竭。根据2010年10月在日本名古屋生物多样性会议上发起的世界野生动植物联盟地球生命力报告,我们当前的"生态足迹"(人类消费所需的富产生物的土地和海洋区域的数量)需要超过20世纪70年代地球生态承载力的50%——也就是说"1.5个行星的价值"。显然这种使用相当于生存的非持续性。体现解决环境保护的经济因素和公平政策的可持续发展将我们带回生活在地球生态承载力的限度之内。

"可持续发展的法律和政治"的概念描述了一种追求,而非现状。本卷旨在帮助根据这种追求评估现状。它的词条展现了当代法律、政策、工具、社会运动和策略。如何衡量它们? 它们的成功和不足是什么,我们如何为致力于真正的持续性法律和政策而学习它们?

技术与未来

本系列的第1卷即《可持续发展的精神》,应对(部分地)技术将如何影响未来的一个方面,有许多词条探讨了技术和发展相关的道德困境,以及与它们相关的持续性问题。第2卷《可持续发展的商业性》在很大程度上考察了可以用于在设计产品时促进持续性和经济以及模拟自然做法的技术方式,无论是通过设计巧妙的可再生能源新形式或是通过利用技术如"仿生学"。

在本卷中我们也关注技术(但从另一个角度),通过一些词条讨论了为一个拥挤的和不确定的未来世界而准备制定法律的程序和动机。二十年前,除了一些非常有远见者,人们可能不知道在不久的将来出现的令人眼花缭乱的技术。同样地,尽管全球先进技术无处不在地出现和扩散,但仍很难预测即将来临的创新。有些技术一定是好的,有些不是。有些则似乎是好的。例如,一项医学上的突破可能会延长生命多年,即使不是几十年,然而,支持那些受益于该项突破所必需的医院和门诊诊所、长期护理设施、疗养院和临终关怀机构的卫生保健行业已经落后于(经济地、环境地和公平地)做出可持续发展承诺的其他部门。随着工业开始接受处理充满有毒金属和难以生物降解的塑料的电子废物,可以在某些技术本身的发展中援引到类似的例子。

随着地球人口绝对数量给地球承载力带来越来越多的压力,许多人相信现在奠定法律基础是有意义的,以便子孙后代——那些无法控制我们当前通过法律的人们——可以开启更加可持续的生活。这是第3卷探讨的另一个概念风险预防原则发挥作用的地方。

风险预防原则的理念很简单:所有立法的颁布应当遵循该理念,即如果我们不知道事情的后果——例如纳米技术——最好谨慎行动。本卷中不同的撰稿人强调了此类警告的重要性:"纳米技术立法"中的大卫·阿祖莱(David Azoulay),"生物技术立法"中的凯瑟琳·罗兹(Catherine Rhodes),"化学品法律和政策"中的乔治·卡拉甘尼斯(Georg Karlaganis)和弗朗茨·克萨韦尔·佩雷斯(Franz Xaver Perrez),"转基因生物立法"中的丽贝卡·康诺利(Rebecca Connolly),以及"风险预防原则"中的A.卡里姆·艾哈迈德(A. Karim Ahmed)断定,无论是单独地或是作为一个有凝聚力的集团,政府有必要控制当前的无知以免为时过晚。欧盟有关化学品相对新的政策显示了行动中的风险预防原则:"没有数据,没有市场。"如果物质性质不明,则该物质不能出售。

当然,该挑战正在将这种思想四处应用,不仅是欧盟或是其他富裕国家或国家集团。人们立即想到的是中国的困境,经过多年的高速工业化和由此产生的经济繁荣,环境法规在该国比比皆是,但执法不足使其无法有效地解决污染问题,严重的健康危害困扰这个国家的13.3亿人。两篇文章讨论了中国及其近邻面临的挑战:"环境法——中国"和"环境法——东亚"(因词条内容严重过时和篇幅原因,中文版省略,译者注)。

精通法律的作者是切合实际的。本卷的撰稿人知道清理和防止油类污染的方式并不是梦想之物,而是朝着可持续发展目标所采取的具体步骤。显然,正如我们在前言开头所讨论的,环境法的现状亟待改变。本卷创作期间墨西哥湾的"深水地平线"(Deepwater Horizon)灾难和逼近匈牙利几个城镇的有毒污泥证明了这一点。措施已经做出,但仍有巨大的改进空间。

当然,一个开始的地方是教育。以制定明智立法的知识武装的人是促进持续性的一种强大工具。正如凯瑟琳·P.麦肯齐(Catherine P. MacKenzie)在"教育,环境法"中写道:

在21世纪的第一个10年,许多法学院认识到,仅学习判例法和现有的条约义务是不够的。法律学生必须学会谈判、起草国家和国际法律,学会在每一个谈判会议中确定战略取舍,学会环境经济学以便使其正确地建构激励,学会管理复杂的、通常支撑环境法的科学和技术信息。

我们希望本书作为有志于改变环境法实践的下一代人的一个起点,从环境灾难的事后应对转变到推动制定不仅使地球减少污染并且在未来实质改善的法律和政策。当然,已经有许多非常有价值的著作针对这一主题进行了探讨。我们希望这将是另一份有价值的文献。

致 谢

我们必须提及一些人,在本卷制作的自始至终我们依赖他们的建议。首先我们要感谢以下人士帮助本卷主编审阅了书稿:哈佛大学安守廉(William Alford),维多利亚大学杰米·卡塞尔(Jamie Cassels),乔治·华盛顿大学法学院大卫·弗里斯通(David Freestone),密歇根大学马克·盖登(Marc Gaden),利哈伊大学约翰·马丁·吉尔罗伊(John Martin Gillroy),德国南黑森州政府托马斯·奥蒙德(Thomas Ormond),最后但同样重要的,副主编邓迪大学帕特丽夏·伍特斯(Patricia Wouters)出色的联络和支持。

此外,我们要感谢以下人士的建议,他们总是能抽出时间帮助我们编制持续性百科全书的本卷及其他卷:伊利诺伊大学法学院埃里克·弗雷福格(Eric Freyfogle),不列颠哥伦比亚大学法学院本杰明·J.理查森(Benjamin J. Richardson),夸祖鲁-纳塔尔大学史蒂文·约翰逊(Steven Johnson),西北大学路易斯·科策(Louis Kotze),南卡罗来纳大学乔希·伊格尔(Josh Eagle),《湿地公约》科学和技术审查小组戴夫·普里查德(Dave Pritchard),克莱姆森大学托马斯·斯特拉卡(Thomas Straka),不列颠哥伦比亚大学威廉·里斯(William Rees),佛蒙特法学院珍妮特·米尔恩(Janet Milne),诺瓦东南大学乔尔·明茨(Joel Mintz),特拉维夫大学大卫·肖尔(David Schorr),芬纳斯钱伯斯律师事务所丹尼尔·欧文(Daniel Owen),国际与发展问题研究所里卡尔多·博科(Riccardo Bocco),普渡大学利·雷蒙德(Leigh Raymond),印第安纳波利斯印第安纳大学法学院丹尼尔·斯科特(Daniel Scott),伦敦大学学院乔安妮·斯科特(Joanne Scott),特拉华大学乔希·杜克(Josh Duke)和杰里米·费尔斯通(Jeremy Firestone),世界资源研究所雷米·蒙塞尔(Remi Moncel),麦考瑞大学肖卡特·阿拉姆(Shawkat Alam),以及阿拉巴马大学法学院威廉·安德林(William Andreen)。

特别要感谢以下人士在特定区域或主题分享他们的专业知识：坎特伯雷大学艾伦·海明斯（Alan Hemmings）和拉普兰大学可佛罗娃·迪莫（Koivurova Timo）对极地环境法覆盖范围的建议；密歇根大学小多米尼克·纳迪（Dominic Nardi Jr.）在"环境法——东南亚"编写中与许多相隔遥远同事的协调（中文版省略）；贝克麦肯齐律师事务所勒娜特·阿马拉尔（Renata Amaral）和亚历桑德罗·德·弗朗西斯奇·达克鲁斯（Alessandro De Franceschi da Cruz）以及他们在整个南美洲分所的同事；莫斯科国家法律学院伊丽娜·克拉斯诺娃（Irina Krasnova）、邓迪大学迪纳尔·兹甘什娜（Dinara Ziganshina）和乌兹别克斯坦塔什干美国大使馆巴哈迪尔·R.梅卡马迪夫（Bakhtiyor R. Mukhammadiev）在"环境法——俄罗斯和中亚"编写中的协调工作（中文版省略）。

我们向以上所有人士和《可持续发展的法律和政治》的所有的撰稿人致以衷心的感谢。最后，我们要对宝库山出版社比尔·西弗尔（Bill Siever）和凯伦·克里斯滕森（Karen Christensen）的出色工作和建议表示感谢，他们对我们的信任使本卷成为现实。

主编：克劳斯·博塞尔曼
（Klaus BOSSELMANN）
丹尼尔·S.弗格尔（Daniel S. FOGEL）
J.B.鲁尔（J. B. RUHL）
卢锟译

目　录

A

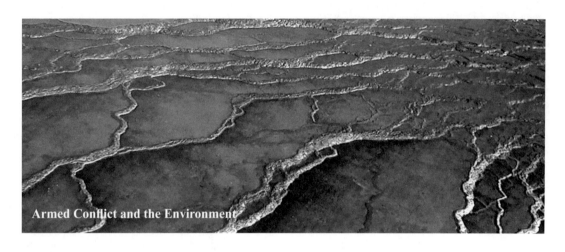

Armed Conflict and the Environment

武装冲突与环境

现代战争的变化特征使得人们有必要审视那些在武装冲突期间适用的环境保护法律。大部分法律和协定都是人类中心主义的，其依据是这样一个假定，即环境值得保护仅仅是由于它对人类生存至关重要。少数部分生态中心主义的协定虽然认识到了自然固有的内在价值，但由于法的适用、强制执行及问责方面的难题而作用有限。

武装冲突是一个近年来在技术上公认的指代"战争"的术语，它是指由于使用武力导致的紧张状态，包括军事行动和使用毁灭性武器。国际人道法（IHL）区分了国际武装冲突和非国际武装冲突，前者发生在两个国家之间，后者发生在一国领土内，其涉及的交战派系要么是有正规武装力量的某个非政府政党，要么是非政府武装组织（UNEP 2009，10）。对于国家、政府及各派别之间会对彼此开战的原因存在各种各样的主张，但有一点日渐形成共识，那就是世界各地的武装冲突很大程度上是由于对环境资源的争夺和控制造成的（Humphrey 2005; Martin 2005; UNEP 2007）。

布伦特兰委员会将这种导致武装冲突原因的新观点总结为："国家……为主张或抵制对于战争原料、能源供应、土地、流域、海上通道和其他关键环境资源的控制权而战。"（WCED 1987,290）相反，有人也声称：在环境退化或重要资源奇缺的地方，战争可能就随之而至（Lodgaard 1992, 119; Brock 1992; Ross 2004）。无论这两种观点如何不同，环境资源都是冲突的核心，这种极具价值的资源可能包括领土、经济区、战略原料、能源和粮食（Gleditsh 1998, 382–383）。联合国环境规划署（UNEP）在报告中证实了这一解释：自1990年以来，非洲和东南亚内发生的至少18次内战是由战略资源冲突引起的，包括钻石、木材、石油、矿产和可可。

国际标准

目前存在一些旨在武装冲突期间保护

环境的重要法律体系，包括国际人道法、国际刑法（ICL）和国际环境法（IEL）。这三类法中，国际人道法是在涉及武装冲突期间滥用环境的诉讼案中被经常援用的法律体系。国际人道法的目标是限制战争对人和财产的影响，并保护特别弱势群体（ICRC 2004）。国际人道法基于几项渊源：条约法、习惯法、软法和判例法。

在直接规制武装冲突期间环境保护的法律（即条约法）出现之前，就已经存在规制武装冲突行为的重要国际准则。例如1908年的《圣彼得堡宣言》和1907年的《海牙规则》。上述宣言和规则都是围绕"限制"和"军事活动的必要性和比例性"两个概念制定的，后者对战争设定了明确的限制，认为可允许的战争行为应当"与军事活动的合法目标成比例，且对于实现该目标确实必要"（Gasser 1995, 637）。国际法律文件的演进与冲突的变化性质和实现战争目的的手段一同发展（de Nevers 2006; Brooks 2004）。例如，"战争是一种控制环境资源的手段"这一观念以及利用自然环境作为赢得战争的手段的新兴战略，已经被近期的两个条约法所取代（WEC 2008）。

有关战时保护环境的条约法可以是间接的，例如作为《1980年常规武器公约》附件的有关地雷、诱杀装置和其他装置的第二议定书和有关燃烧弹的第三议定书。对战时保护环境做出直接规定的条约法有《1976年禁止为军事或任何其他敌对目的使用改变环境的技术的条约》（ENMOD）和附属于《1949年日内瓦公约》的《1977年日内瓦公约第一附加议定书》。这些直接的条约法的创立缘于第二次印度支那战争（即越南战争）对环境的

巨大破坏，在该战争中毒性除草剂——橙剂的使用导致了大规模的森林退化和化学污染（Reyhani 2007; Roscini 2009）。ENMOD和《1977年日内瓦公约第一附加议定书》（第35条第3段；第55条第1段）都反对将自然环境作为目标或武器，并且对环境破坏或毁灭的起限（threshold）使用了一组相同的限定词，包括"广泛"、"长期"和"严重"，尽管衡量的方式有所不同。例如，《第一附加议定书》采取了三者需同时满足的累积方式，而ENMOD则规定满足以上三者其一即构成对环境的破坏或毁灭（Dinstein 2001; Gasser 1995）。

法庭案件和事件

较少有关于武装冲突中国家因违反国际人道法环境保护的规定而承担责任的案件。因此，也就很少有国际人道法和国际刑法的权威司法机关对有关环境保护的准则做出解释。不过，已经发生的国际案例对在武装冲突中保护环境提供了相关的指导和说明。它们揭示了现行规制武装冲突的环境保护的国际法框架的一些实际缺陷，并有助于条约解释和提供习惯法证据。处理这些案件的司法机构包括国际法院（ICJ）、国际刑事法庭（ICT）和联合国赔偿委员会（UNCC）。

2009年，联合国环境规划署发布了一份文件，调查和分析了与武装冲突中的环境保护相关的国际法。其中三个案例尤其值得强调：国际法院关于尼加拉瓜诉美国案的判决（1986）、国际刑事法庭塔迪奇案（Tadic case）（1994）和联合国赔偿委员会伊拉克案。尼加拉瓜诉美国案确立了联合国决议的习惯国际

法性质。作为该结论的基础的注释认为被广泛认同的联合国决议构成习惯国际法,对所有国家具有约束力。塔迪奇案强调了规制化学武器使用的规则并主张违反这种习惯国际法的个体应承担刑事责任(Lubell 2005)。由于该案认为有关规定可以被看作为习惯国际法的一部分,它开创了一个重要的先例,使国际武装冲突条约法[international armed conflict (IAC) treaty law]适用于非国际武装冲突。伊拉克案为涉及集体责任的"追求恢复原状目的"的诉讼提供了一个清晰的诉讼途径。同样的,该案表明,保护环境的法律应以"矫正正义和补偿"双重概念为基础(Drumbl 2009, 24)。

联合国赔偿委员会

联合国赔偿委员会案的特殊性出于三个理由。第一,它的设立是为了裁定与1990—1991年海湾战争有关的索赔主张,因此本质上是特设的。第二,它是一个事实调查机构而非司法机关。第三,它要求伊拉克支付战争赔偿的决议是以违反联合国宪章第2条第4款(关于国家责任的国际法)为前提,而不是具体的以违反国际人道主义或环境法为前提。尽管其本质是事实调查,但它建立起来的评估及评价武装冲突期间的环境损害赔偿

的方法演变为未来负有类似职责的司法、准司法及行政法庭的准则(UNEP 2009)。然而,联合国赔偿委员会案仍然是一个特例而非规则。在协议通过后的几十年中,极少出现国家因作为武装冲突后果的环境破坏而承担赔偿责任的案例。环境损害赔偿诉求的成功远少于人身损害赔偿诉求(Lawrence & Heller 2007)。

一般而言,赔偿问题凸显协议强制执行的局限性。依据劳伦斯和海勒的观点(2007, 4),"违反《海牙第四公约》(Hague IV)、《1976年禁止为军事或任何其他敌对目的使用改变环境的技术的条约》(ENMOD)和《第一议定书》(Protocol I)中以环境为中心的条款仅会产生要求赔偿的国家责任"。然而,赔偿不足以有效威慑环境破坏的发生。金钱赔偿风险只有在战败的情况下才成为现实。有时国家不仅在战败的情形下不予赔偿,即使战胜也几乎不会予以赔偿(Lawrence & Heller 2007; Drumbl 2009)。

红十字国际委员会倡议

红十字国际委员会(ICRC)于1991年发起的一项倡议,尽管并非真正的法庭案件,但为联合国大会通过47/37号决议奠定了基础。该倡议敦促成员国采取一切措施确保在武装冲突期间遵守现有关于环境保护的国际法律规范,逐步将国际法的有关规定纳

入军事手册，并确保这些手册得到有效传播（UNEP 2009; Gasser 1995; Lubell 2005）。综上所述，联合国赔偿委员会与红十字国际委员会的案例表明，现有法律文件可能是充分的，但仍需联合国提供一份更具约束力的法律文件。

争论方向

第二次海湾战争唤醒了人们对遵守国际义务的力度的普遍关切。然而，国际义务的适用与遵守受到冲突性质（即国际冲突或国内冲突）与交战双方性质（即交战方与中立方）的限制。因此，关键问题是在两种不同路线中做出选择：要么巩固现有法律，要么建立新规则。联合国环境规划署（2009，9）在对当前所面临问题的复杂影响进行思考后，似乎更赞成后者。

环境不断成为现代战争无声的牺牲品这一事实引起了一系列重要的法律问题。哪些国际法在武装冲突期间直接和间接保护环境和自然资源？谁来负责这些法律的实施和执行？谁应该在何种情况下进行损害赔偿？多边环境协议是否适用于武装冲突？环境损害会侵犯基本人权吗？何时对环境的损害构成刑事犯罪？如何更好地监控"冲突资源"，使针对其非法开采和贸易的国际制裁更加系统和有效？

内在价值和以生态为中心的战争罪行

越南战争之前，战时自然环境保护的国家法律框架无所顾忌地以人类为中心。除了对人类的生存和利益的重要性以外，它并没有对自然给予特殊豁免。那些法律以对人类有价值的自然为中心，它意味着破坏自然是不明智的和违背人类利益的。然而，《国际刑事法院罗马规约》第8条第2款b项第4目代表国际法中的一座重要里程碑。该法规定：

> 明知道发动一场攻击会附带地造成平民死亡或受伤，或者导致民用物体的损失或对自然环境产生广泛、长期、严重的损害并且该损害相较于预计的全部具体和直接军事上的利益明显过分，却故意发动这场攻击（UN 1998）。

这项禁止可以被解释为"一项造成明显过分损害的攻击属战争罪行，即使这种攻击所造成的环境损害对人类利益没有损害"（Lawrence & Heller 2007，1）以及"对这种袭击最有效的制裁方式便是个人刑事责任的承担"（23页）。因此，它被称赞为抓住了"第一个生态中心理论下的环境战争罪"，并直接援用了自然内在价值概念——即"非人类物种和整个生态系统不仅作为人类中心的功利主义的计算成分而存在，也不仅是人类道德特点的延伸，而是基于存在于其自身权利中的伦理价值"（KrakofF 2003转引自Lawrence & Heller 2007，2）。然而，这仍有很大的完善空间。例如，惩治战时环境罪的能力会由于模糊的关键术语及认定国家罪行的严苛条件而大打折扣。

丹尼斯·萨图尔诺·伊拉斯加
（Dennis Saturno ERASGA）
马尼拉德拉萨大学
白佳玉译

参见：布伦特兰报告；国际习惯法；生态恐怖主义；人权立法；国际法院；国际法；环境难民；水安全。

拓展阅读

Brock, Lothar. (1991). Peace through parks: The environment on peace research agenda. *Journal of Peace Research*, 28(4), 407–423.

Brooks, Rosa Ehrenreich. (2004). War everywhere: Rights, national security law and the law of armed conflict in the age of terror. *University of Pennsylvania Law Review,* 153(2), 675–761.

de Nevers, Renée. (2006). The Geneva Conventions and new wars. *Political Science Quarterly,* 121(3), 369–395.

Dinstein, Yoram. (2001). Protection of the environment in international armed conflict. In Jochen A. Frowein and Rudiger Wolfrum (Vol. Eds.), *Max Plank yearbook of United Nations law: Vol.*5 (pp.523–550). The Hague, The Netherlands: Kluwer Law International.

Drumbl, Mark A. (2009). Accountability for property crimes and environmental war crimes: Prosecution, litigation, and development. International Center for Transitional Justice. Retrieved November 6, 2010, from http://www.ictj.org/static/Publications/Devt_PropertyCrimes_Full.pdf.

Gasser, Hans-Peter. (1995). For better protection of the natural environment in armed conflict: A proposal for action. *The American Journal of International Law,* 89(3), 637–644.

Geneva Conventions, Additional Protocols I and II (1977). Protocols additional to the Geneva Conventions of 12 August 1949. International Committee of the Red Cross, Geneva, Switzerland.

Giordano, Mark; Giordano, Meredith; & Wolf, Aaron. (2005). International resource conflict and mitigation. *Journal of Peace Research,* 42(1), 47–65.

Gleditsch, Nils Petter. (1998). Armed conflict and the environment: A critique of the literature. *Journal of Peace Research,* 35(3), 381–400.

Humphrey, Macartan. (2005). Natural resources, conflict and conflict resolution: Uncovering the mechanisms. *The Journal of Conflict Resolution,* 49(4), 508–537.

International Committee for the Red Cross (ICRC). (1996). Guidelines for military manuals and instructions for the protection of the environment in times of armed conflict. *International Review of the Red Cross,* 311, 230–237.

International Committee for the Red Cross (ICRC). (2004). What is international humanitarian law? Retrieved September 12, 2010, from http://www.ehl.icrc.org/images/resources/pdf/what_is_ihl.pdf.

Krakoff, Sarah. (2003). Mountains without handrails ... Wilderness without cell phones. *Harvard Environmental Law Review,* 27, 417–469.

Lawrence, Jessica, & Heller, Kevin Jon. (2007). The first ecocentric environmental war crime: The limits of Article 8(2)(b)(iv) of the Rome Statute. *Georgetown International Environmental Law Review,* 20, 61–95.

Lodgaard, Sverre. (1992). Environmental security, world order, and environmental conflict resolution. In Nils

Petter Gleditsch (Ed.), *Conversion and the environment: PRIO Report No.2*. Oslo, Norway: Prio.

Lubell, Noam. (2005). Challenges in applying human rights law to armed conflict. *International Review of the Red Cross,* 87(860), 737–754.

Martin, Adrian. (2005). Environmental conflict between refugees and host communities. *Journal of Peace Research,* 42(3), 329–346.

Reichberg, Gregory, & Syse, Henrik. (2000). Protecting the natural environment in wartime: Ethical considerations from the just war tradition. *Journal of Peace Research,* 37(4), 449–468.

Reyhani, Roman. (2007). The protection of the environment during armed conflict. *Missouri Environmental Law and Policy Review,* 14(2), 323–338.

Roscini, Marco. (2009). Protection of natural environment in time of armed conflict. In Louise Doswald-Beck; Azizur Rahman Chowdhury; & Jahid Hossain Bhuiyan (Eds.), *International humanitarian law—An anthology* (pp.155–179). Nagpur, India: LexisNexis Butterworths.

Ross, Michael. (2004). How do natural resources influence civil war: Evidence from thirteen cases. *International Organization,* 58(1), 35–67.

United Nations. (1976). Convention on the Prohibition of Military or Any Other use of Environmental Modification Techniques (ENMOD). Retrieved November 6, 2010, from http://www.icrc. org/ihl.nsf/FULL/460?OpenDocument.

United Nations. (1998). Rome Statute of the International Criminal Court. Retrieved November 6, 2010, from http://untreaty.un.org/cod/icc/statute/romefra.htm.

United Nations Environment Programme (UNEP). (2007). Sudan Post-Conflict Environmental Assessment. Retrieved November 6, 2010, from http://www.unep.org/sudan/.

United Nations Environment Programme (UNEP). (2009). Protecting the environment during armed conflict: An inventory and analysis of international law. Retrieved November 6, 2010, from http://post-conflict.unep.ch/publications/int_law.pdf.

United Nations General Assembly. (1992). Resolution 47/37: Protection of the environment in times of armed conflict. Retrieved October 12, 2010, from http://www1.umn.edu/humanrts/resolutions/47/37GA1992.html.

Western European Commission (WEC). (2008). Resolution 134: On assessing the impact of armed conflict on the environment. Retrieved October 10, 2010 from http://www.assembly-weu.org/en/documents/sessions_ordinaires/rpt/2008/2003.php.

World Commission on Environment and Development (WCED). (1987). *Our common future.* Oxford, U.K.: Oxford University press.

B

Bhopal Disaster

博帕尔灾难

1984年发生在印度博帕尔市的联合碳化物公司农药厂的毒气泄漏事件，是历史上最惨重的工业事故。过低的安全标准和低劣的公共健康基础设施导致数小时内大约3 800人死亡，随后更有数千人在几年内去世。这次事件对于人类和环境的影响表明了提高安全标准的重要性，特别是对于正在经历快速工业发展的发展中国家而言。

1984年12月2日深夜，在印度博帕尔市，该市农药厂的一名操作员注意到了一个原料储存罐中压力不断增大并且伴有少量的毒气泄漏。这种现象很可能是由故障导致的冲洗水与储存罐中的农药前体化学品异氰酸甲酯（MIC）混合所引起的。由于过量的异氰酸甲酯，储存罐里剧烈的热反应不断产生大量的热和压力，但该处安全系统不能容纳这个反应。雪上加霜的是，该厂的数个安全系统被关闭或发生故障。在12月3日凌晨1点左右，隆隆的爆炸声回响在农药厂的上空，由于一个安全阀失灵，40吨有毒气体被释放到附近的贫民窟。数小时后，博

帕尔市的街道上堆满了人、水牛、奶牛、狗和鸟的尸体。接触这种毒气致使大约3 800人在几个小时内死亡，并在随后的几年内导致受污染地区的居民发生了严重的疾病和过早死亡。

该农药厂隶属于美国联合碳化物公司（UCC），生产以西维因（Sevin）为品牌的农药胺甲萘。由于当地需求下降，其产能减少了近四分之一。该厂经理被指示关闭设备准备出售。在找不到买家时，厂主计划将其主要设备运送到另一个国家。在安全设备和程序的标准远远低于同样也经历过危险气体泄漏的位于西弗吉尼亚州的姊妹工厂的情况下，博帕尔的运营仍在继续。

博帕尔市上空的毒云尚未散尽，美国联合碳化物公司就开始撇清自己对这次泄漏的责任。其主要策略是将责任转移到联合碳化物印度有限公司的头上，声称该厂是由该印度子公司完全建设并独立经营的，印度政府有其22%的所有权。美国联合碳化物公司捏造了牵涉此前未闻的锡克教极端组织和心怀不满

的员工的情节，但这些情节遭到一些独立来源的反驳，且无证据证明相关的主张。美国联合碳化物公司的网站上坚称这场灾难是人为破坏。美国联合碳化物公司禁止其员工接受媒体采访，并且立即聘请前印度驻美大使、著名律师帕克哈维拉（Palkhivala）作为本次毒气泄漏事件引起的诉讼的法律代表。

民事指控

1984年12月7日，一名美国律师代表一些受害者在一个美国法院提起了标的为150亿美元的集团诉讼。两天后，另一名美国律师约翰·科尔（John Coale）受雇并代表博帕尔市。在接下来的三个月，数千起诉讼在印度和美国的法院提起。1985年3月，印度议会通过了《博帕尔毒气泄漏灾难法》，规定印度政府为因该灾难引发的国内外所有诉讼中唯一的受害者代表。该法的目的是确保此次事故所引起的索赔能够在美国法院得到迅速公正的解决。选择这条路线的原因在于，美国的侵权法更发达，美国法院通常会判决数额更高的损害赔偿金，而且美国联合碳化物公司是美国公司。一些原告律师抗议该法剥夺了受害者个人索赔的机会，而美国联合碳化物公司则抱怨该法剥夺了其正当程序权利。但印度政府最终向纽约的美国联邦法院起诉美国联合碳化物公司。

美国联合碳化物公司随即向法院提出动议请求驳回该诉讼，理由是印度法院才对本案有管辖权，因印度联合碳化物公司（UCIL）是这起灾难的责任人。美国联合碳化物公司的纳尼帕克哈维拉律师声称，那种认为印度法律制度不足以应对来自博帕尔的权利要求的主张是对印度法律制度的无端诋毁。1996年5月，审理该案的法官裁定在美国继续该诉讼是新帝国主义的表现，支持了美国联合碳化物公司的动议。

此案随即转回印度最高法院审理。在印度缓慢地通过该国法律体系进行审理。在该过程中，甚至常规的侵权案件也要十多年才能解决。在印度最高法院的调解下，美国联合碳化物公司接受了道义的责任，同意向印度政府支付4.7亿美元赔付给受害者，作为全部和最终的解决方案。这一数字在一定程度上是基于争议中的仅有3 000人死亡和102 000人永久性残疾的诉求。在解决方案宣布之际，美国联合碳化物公司的股票反而每股上涨两美元，股价上升了7%。如果按照美国法院判处作为被告之一的美国联合碳化物公司自1963年到1985年因开采石棉对石棉肺受害者的赔偿比率赔偿的话，博帕尔受害者获得的赔偿可能会超过美国联合碳化物公司在1984年投保的100亿美元的市值。截至2003年10月底，根据博帕尔毒气惨案救援和康复机构的调查，554 895名伤者和15 310名罹难者家属得到了补偿，平均每位死者的家庭获得2 200美元。

民事诉讼并没有随着此调解而结束。2010年6月24日，印度政府对曾于2001年2月收购美国联合碳化物公司的美国陶氏化学公司提起损害赔偿诉讼。2010年7月，印度政府还下令修复受到污染的土地，同时组建一个医学研究机构，对接触该化学物的长期毒理影响进行研究。

刑事指控

博帕尔灾难还引发了对于美国联合碳化物公司和印度联合碳化物公司责任人的数项刑事指控。1984年12月，事件发生后的几天，美国联合碳化物公司的首席执行官沃伦·安德森（Warren Anderson）在保障其旅行和出境自由的条件下抵达印度。但他还是被当局逮捕，在被保释后逃离印度。1991年，他被印度法院缺席指控谋杀，但是他从未回到印度面对该指控。1992年，他因缺席审判而被印度法院认定为逃犯。2009年7月博帕尔市首席检察官对安德森签发了逮捕令，但美国以缺乏罪证为由拒绝引渡。

印度联合碳化物公司的数名员工在随后几年也面临着谋杀的指控。在这些案件的法院审理过程中，印度最高法院将指控降低为"过失杀人"，与该指控相应的刑罚更轻。2010年6月，印度联合碳化物公司的8名前雇员包括公司的前董事长被认定犯有过失杀人犯罪。其中7人（另一人已经死亡）分别被判处最高两年的监禁和每人100 000卢比（2 125美元）的罚金，案件正在上诉审理中。

除了报道的有3 800人直接死于毒气泄漏事故外，印度官方宣称在接下来的数月内，毒气致使大约12 000人死亡，几十万人患有眼睛、呼吸和肠胃系统等疾病。在本次事故的影响下许多人在接下来的数月和数年间患有心理疾病、染色体异常和神经机能障碍。这场灾难引起的众多受害者的痛苦与微薄的赔偿金、相关责任人员受到的相对轻微的刑罚以及认定民事和刑事责任所花的漫长时间相比，完全不成比例。

起因

博帕尔事件揭示，在发展中国家的快速工业化过程中，如果没有同步发展的安全管制，可能会产生灾难性的后果。这场灾难表明，看似仅仅是当地的工业危险和有毒污染问题，其实和全球市场动态机制相关。美国联合碳化物公司在印度中央邦建立胺甲萘生产厂，不是为了规避美国的环境管制，而是为了开拓日益增长的庞大的印度农药市场。这个项目的执行方式表明，在当时的印度，对跨国公司存在着较低的安全和环保标准。

此外，在1984年的博帕尔市，公共健康基础设施非常薄弱。自来水在一天中通常仅有几小时的供应，并且水质很差。没有良好运转的污水处理系统，未经处理的人类垃圾直接被倾倒在附近的两个湖泊中，其中一个还是饮用水的水源地。博帕尔市有四所主要的医院，但是医生和床位都严重不足。博帕尔市在当时也没有应对大规模灾难的应急响应机制。很显然，美国联合碳化物公司和博帕尔市的官员对这种范围的灾难都没有做好充分的准备。

灾难之后

1984年12月的灾难之后，印度的环保意识和环保主动性显著提高。1986年印度《环境保护法》通过，建立了环境与森林部，加强了印度政府对环保的承诺。根据该新法的规定，环境与森林部负责执行和实施环境法律和政策。该法明确了将环境战略融合进国家所有的工业发展计划的重要性。尽管印度政府对于保护公共健康、森林和野生生物有了更高的承诺，但是在接下来的几十年，政策的导向仍然是经济优先。

在博帕尔灾难之后的几十年间，印度经历了经济的快速增长。人均国内生产总值（GDP）从1984年的400美元增长到2009年的1 200美元。预计未来会以年均8%的增长率持续增长。快速的工业发展对于经济增长做出了巨大的贡献，但是也造成了环境恶化的巨大成本和公共健康风险的增加。因为减少污染的努力会消耗印度GDP的很大一部分，印度环境与森林部面临着履行其减少工业污染职责的艰苦战斗。关注经济发展超过对于环保的关注，结果就是对于燃煤电厂的严重依赖和汽车尾气排放法律的糟糕执行。

自1984年工业增长以来，在印度的主要城市周围形成了小规模企业（Small-Scale Industries，SSIs）的聚集。由于其各种工业废物产生量较少，对小规模企业废物处理的规则普遍较为宽松。这导致这些小规模企业利用直通河流的排水系统处置未经处理的废水。新德里的亚穆纳河（Yamuna River）就能说明这一切。据监测，河里的重金属诸如铅、钴、镉、镍、锌等的含量达到危险程度。作为印度首都新德里自来水的主要水源地，亚穆纳河的污染对于住在新德里及其下游的人们造成了潜在的健康威胁。工业固体废弃物和危险废物的随意处置导致的土地污染是印度各地的一个问题。伴随着快速的工业化，工业固体废弃物和危险废物正在增加，对环境的影响也是显著的。

为了接受世界贸易组织规则，从而吸引更多的投资，印度放宽了对于外国投资的管制。在这个过程中，一些环境管制由于外资的增长而退缩。印度的经历同大多数发展中国家类似，都在它们的制造业工业化发展进程中经历着环境影响。在次大陆，自然资源的开采和出口在加速。在生态敏感区域建设工业设施的禁令被取消。保护区的地位也被剥夺，以至农药、水泥、铝土矿厂可以在保护区内建造。

博帕尔事件发生后的20多年以来，博帕尔异氰酸甲酯泄漏仍是历史上死伤最为严重的工业事故。然而联合碳化物公司印度子公司和联合碳化物公司在灾难后一直存在——前者改名为永备实业印度有限公司（Eveready Industries India Ltd.），后者成为美国陶氏化学公司下的一个独资子公司。除了7个最近被定罪的、都进入70岁的印度人，对那场泄漏的责任人而言，并没有严重的刑事后果。博帕尔灾难是一个警示：工业化之路对于人类和环境都充满了巨大的危险，它表明安全应当是驱动每一个建造和运营工厂的决定的一项基本原则。由于在推动经济显著增长的国家如中国和印度的重工业的快速发展，很难确定安全在这种发展中扮演的角色。就目前而言，博帕尔灾难的法律和经济的影响看起来并未对工业安全优先提供多少激励。

爱德华·布劳顿（Edward BROUGHTON）
哥伦比亚大学
陈冬译

参见：化学品法律和政策；切尔诺贝利；执法；环境正义；洛夫水道。

拓展阅读

Carlsten, Chris. (2003). The Bhopal disaster: Prevention should have priority now. *International Journal of Occupational and Environmental Health, 9,* 93–94.

Cassels, Jamie. (1993). *The uncertain promise of law: Lessons from Bhopal.* Toronto: University Of Toronto Press.

Chander, Jayshree. (2001). Water contamination: A legacy of the Union Carbide disaster in Bhopal, India. *InternationalJournal of Occupational and Environmental Health, 7,* 72–73.

Chouhan, T. R., et al. (2004). *Bhopal: The inside story—Carbide workers speak out on the world's worst industrial disaster.* New York: The Apex Press.

Dhara, V. Ramana. (2002). What ails the Bhopal disaster investigations? (And is there a cure?). *International Journal of Occupational and Environmental Health, 8,* 371–379.

Dhara, V. Ramana, & Dhara, Rosaline. (2002). The Union Carbide disaster in Bhopal: A review of health effects. *Archives of Environmental Health, 57,* 391–404.

Eckerman, Ingrid. (2005). *The Bhopal saga—Causes and consequences of the world's largest industrial disaster.* Hyderabad, India: Universities Press.

Fortun, K. (2001). *Advocacy after Bhopal.* Chicago: University of Chicago Press.

Sharma, Dinesh C. (2005). Bhopal: 20 years on. *Lancet, 365,* 111–112.

Tyagi, Y.K, & Rosencranz, Armin. (1988). Some international law aspects of the Bhopal disaster. *Social Science & Medicine, 27,* 1105–1112.

Varma, D.R. (1989). Hydrogen cyanide and Bhopal. *Lancet, 334,* 567–568.

判例

Bano, B.I., Individually and on Behalf of the Children of Rashid Kahn, and as Representative of the Estate of Rashid Kahn, et al., Plaintiffs-Appellants, v. Union Carbide Chemicals and Plastics Company Inc., et al., Defendants-Appellees, 984 F.2d 582 (2nd Cir. 1993).

Abdul Wahid, et al., Plaintiffs-Appellants, v. Union Carbide Chemicals and Plastics Company Inc., et al., Defendants-Appellees, 984 F.2d 582 (2nd Cir. 1993). *Janki Bai Sahu, Shanti Bai, Munee Bi, Qamar Sultan, Firdaus Bi, NusratJahan, Pappu Singh, Jameela Bi, Meenu Rawat, Bano Bi, MaksoodAhmed, Babu Lal, and KavalRam, Plaintiffs-Appellants, v. Union Carbide Corporation, Warren Anderson, Defendants-Appellees,* U.S. Court of Appeal, Second Cir. Docket No. 06–5694-cv (2008).

Biotechnology Legislation

生物技术立法

国际社会管理生物技术的方式将显著影响是否实现其促进可持续发展的巨大潜力。目前，明确纳入持续性（sustainability）原则的国际法规中只有少数适用于生物技术。虽然其他一些法规的规定大致符合持续性原则，但这些规定的实施情况欠佳。

科学和技术为可持续发展做出了至关重要的贡献："毫不夸张地说，没有科学就没有可持续发展。"（U.N. Commission on Sustainable development 1995.7）对于环境无害技术的发展、改善健康和食品安全、适应性农业投入和实践、更好的资源管理以及关于持续性的许多其他问题，科学和技术具有做出实质性贡献的潜力。正如联合国大会（2003）所定义的，生物技术是指"利用生物或其单位开发有用的产品或服务的技术或流程的集合"。生物技术是关于持续性问题的一个关键领域。国际社会管理生物技术的方法对持续性会起到促进或阻碍的作用，因为管理影响科学进步的速度和方向以及谁能够获得并从中获益。

在国际层面上，生物技术立法由一系列的国际法规组成，包括自愿标准、指南和规范，以及具有法律约束力的条约。虽然他们的法律位阶有所不同，但国家利用所有这些类型的规范管理它们的行为。

适用于生物技术的国际规则主要针对那些与国际相互依赖性高度一致的生物技术的主要应用和影响领域，在这些领域中单个国家的行动不足以有效地解决人们共同关心的问题（例如环境保护问题）。若干管理领域满足这个定义，包括武器控制、药物控制、环境保护、健康和疾病控制、人类遗传学的社会和伦理影响以及贸易。这些领域与生物技术的所涉范围有所重叠与相互关联，在这些领域内至少可识别37项相关法规。

简要历史与主要框架文件

国际社会认识到科学技术对持续性的重要性已近四十年。科学技术的作用在有关环境与发展以及可持续发展的重要国际文件中被反复强调，包括《1972年联合国人类环境会议斯德哥尔摩宣言》、《我们共同的未来：世界环境与发展委员会报告》、《1992年里约热内卢环境与发展宣言》、《21世纪议程》以及《马尔默（Malmo）部长会议宣言》。

国际生物技术立法的发展在很大程度上是自我发展而不是有意设计的。可适用的法规并不享有同样的发展历史。其制定的年代范围从1925年到2008年，这意味着它们在不同的历史背景下制定，其中有些先于生物技术革命的重大科学进展（例如，基因工程的发展，基因组测序技术）和关于持续性的国际表达。然而，自1992年起，持续性原则就已经被慎重地纳入某些这种法规之中。

科学、技术和持续性

国际社会已经认识到科学技术在有关持续性的努力中的重要作用。正如联合国可持续发展委员会（1995）所述："现代科学和技术的新力量，如果驾驭得当，为解决许多当前阻碍经济、社会、环境无害及可持续发展的复杂问题提供巨大的可能性。"所有国家在21世纪都必须继续推动科学和技术的进步。

国际社会关于可持续发展的工作强调科学和技术对于持续性的潜在贡献以及若对其管理不当会造成的一些威胁。科学和技术可以为环境无害技术的发展和适应当前有害产品和工艺提供基础。通过自主研发能力的建设，适应发展中国家的技术需求，以及科学知识和技术的转移，它们也有助于更公平的发展和减少发达国家与发展中国家之间的差距。

人们强调生物技术是可持续发展的一个重要领域，具有很好的发展前景，但人们也担心如果处理不当它也会导致很大的风险。例如，从1992年《21世纪议程》第16章"生物技术的环境无害化管理"和同年同届国际会议上通过的《生物多样性公约》中都可以看出此点，而且2000年《马尔默部长会议宣言》规定："应当进一步追求新经济对于可持续发展的潜在贡献，尤其是在信息技术、生物与生物技术领域。"

国际生物技术法规

与生物技术应用与影响相关的全部37个国际法规可以在www.genomics-gateway.net上找到。这些法规可以在以下管制领域中找到：

● *武器控制*。在这个领域，这些规则与旨在防止为敌对目的而故意滥用生物学相关，包括生物技术、遗传学和基因组学的进展，其中最著名的法规是《禁止生物武器公约》。

● *药物控制*。生物技术可用于生产新型药物（例如，生产先进的止痛药物），但这些新药也可能被转入非法渠道，而且生物技术可能被滥用于违禁药品的生产和体育运动的兴奋剂。麻醉药品和精神药物的贸易由联合国毒品和犯罪办公室、国际麻醉品管制局和麻醉药委员会监督实施的3个公约来管理。世界反兴奋剂协会通过其《世界反兴奋剂准则》来管理体育组织，而政府对于该准则的支持是通过支持反对在运动中使用兴奋剂的国际公约来体现的。

● 环境保护。生物技术为生物多样性保护带来潜在的益处，但如果管理不当，也会带来巨大的风险。这些问题都是由生物多样性公约及其卡塔赫纳生物安全议定书所涵盖的。

● 健康和疾病控制。由于生物技术既有潜在的健康风险，也有通过改进疾病的诊断、治疗和跟踪而获得的好处，所以存在一些与生物技术领域相关的有关植物、动物和人类健康的国际规则。世界卫生组织的规则涉及人类健康，动物健康由国际兽疫局监管，植物健康工作是联合国粮农组织工作的组成部分。食品法典委员会（一个世界卫生组织和联合国粮农组织的联合委员会）的一些规则适用于来源于或利用转基因植物、动物或微生物生产的食品。

● 人类遗传学的社会和伦理影响。生物技术的进步带来了对人类遗传学更多的认知。人类遗传学在带来了许多好处（例如，治疗疾病）的同时，也被视为对人类尊严和人权的潜在威胁。在联合国教科文组织和联合国大会通过了指导这种技术的应用的若干宣言。

● 贸易。与生物技术产品国际贸易及其控制相关的规则包括有关质量和健康标准的规则以及技术法规（由世界贸易组织监管）、知识产权规则（由世界贸易组织、世界知识产权组织和植物新品种保护联盟监管）、遗传资源获取和利用规则（由生物多样性公约的秘书处和联合国粮农组织监管）。

虽然这些规则都适用于生物技术，但他们原本不是为这一目的而设计的，而且他们通常作为更广泛目标的一部分而得到适用。这些规则很大程度上是在相互独立、不同时期和不同目的的情况下制定的。因此，发现这些规则在反映持续性原则方面的实质区别并不令人奇怪。

生物技术立法中的持续性

37个适用于生物技术的国际法规中有5个法规明确包含了持续性原则：

● 生物多样性公约（CBD）。公约是在1992年联合国环境与发展大会上与《里约宣言》和《21世纪议程》同时通过的。保护生物多样性是可持续发展的一个重要组成部分，而《生物多样性公约》特别说明了这一点。生物技术在公约第8（g）条、第16条和第19条中都有规定，并且包括在涉及技术的所有公约参考文献之中。它既被视为一种有助于自然保育和持续性的有用工具，也被视为对生物多样性的一个潜在威胁，例如，提到与改性活生物体相关的管理风险。

● 卡塔赫纳生物安全议定书。2000年通过的《生物多样性公约》的这个议定书指出了改性活生物体越境转移的生物多样性的潜在风险。它运用可持续发展原则,特别是风险预防方法和所需的环境风险评估。与《生物多样性公约》相同,它既承认生物技术的利益,又承认其风险。

● 关于获取遗传资源并公正和合理分享其利用所产生惠益的波恩准则。维持遗传资源的多样性是生物多样性保护的一个关键方面。在2002年《生物多样性公约》缔约方会议通过的《波恩准则》协助公约有关遗传资源的获取和惠益分享规定的实施。它的目标与持续性方法相一致,包括生物多样性的保护和可持续利用、能力建设、扶贫和实现粮食安全。

● 粮食和农业植物遗传资源国际条约(ITPGR)。2001年联合国粮农组织通过的《粮食和农业植物遗传资源国际条约》与《波恩准则》有相似的目标,但它更加注重粮食安全和可持续农业。《粮食和农业植物遗传资源国际条约》明确承认生物技术在用植物遗传资源改良农作物基因中的作用。它还承认科学和技术能力建设对实现其目标的重要性。

● 生物伦理和人权全球宣言(UDBEHR)。这是联合国教科文组织关注遗传学进步的人权方面的三个宣言之一。《生物伦理和人权全球宣言》重点关注与人类遗传学相关的持续性问题。它的三个目标是:"促进平等获得医疗、科学和技术发展……;维护和促进当代人及后代人的利益;……[和]强调作为人类共同关切事项的生物多样性及其保护的重要性"(UDBEHR 2005,第二条)。

此外,生物技术法规的另外12个法规包含满足与生物技术可持续发展相一致的能力建设需要的规定,这些规定能够帮助构建相关的科学、技术和机构能力。然而,这些规定没有充分实施,这反映了国家缺乏履行其对持续性的承诺的政治意愿。联合国秘书长最近在有关实现千年发展目标的进展的2010报告中指出:

> 千年发展目标进程中的不足不是因为目标不可实现或因为时间太短,而是因为未履行的承诺,不充分的资源,缺乏重点和问责,以及对可持续发展的兴趣不足。(UNGA 2010, 31)

国际规则与国家立法之间的关系

在大多数国家,国际规则的生效需要通过实施国际规则的国家立法。这意味着许多与生物技术有关的国际规则,尤其是那些具有法律约束力的国际条约,在国家或区域层面都有相应的立法。与国际情况相似,国家生物技术立法倾向于由各种不同的规则组成,而制定和实施规则的工作通常由几个政府部门负责。例如,转基因生物(GMOs)的监管责任倾向于在农业、环境、健康、科学和贸易等部门之间划分。例如,欧盟已经分别为转基因生物的封闭利用、转基因生物的故意释放、转基因生物的追踪与标识、转基因生物的越境转移、转基因食品和饲料、处理生物制剂工人的安全以及生物技术创新的法律保护等制定了规则(European Commission 2005)。实施这些规则的责任由农业与乡村发展、企业和产业、环境、健康与消费者以及贸易部门的首长承担。一些国家和地区生物技术立法体现或包含了持续性原则。

新发展

生物技术立法并非静态的，而是若干改变或增加现存规则的持续过程，其中一些与持续性问题具有特殊关联。一个例子是《生物多样性公约》的缔约方大会有关获取和惠益分享的国际体制的谈判。它将促进遗传资源的可持续利用并可能包含有关的科学和技术，包括生物技术的条款。

前景：改进的空间

生物技术应用和效果的国际管制方式会影响这个科学技术关键领域对可持续发展做出贡献的程度。它不仅与环境领域中的规则相关；而且有重要的相互作用并与前面讨论的其他管制领域相重叠（也可能是紧张和失衡）。因此，生物技术的可持续管理要求在所有这些领域的规则和体系之间相互协调。

总之，关于持续性的国际承诺远未实现。许多发展中国家严重缺乏科学技术的能力，并在获取知识和创新方面存在阻碍。大多数研究与开发仍聚焦于发达国家的利益，而不是多数人的需求。发达国家大约占世界人口的18%，但却占全球研发支出的76%。相反，最不发达国家拥有世界人口的12%，但仅占研发支出的0.1%（UNESCO Institute of Statistics 2009）。

缺乏对持续性的承诺的履行是一个广泛的问题，而不仅仅是生物技术这一特定领域的问题。然而，生物技术国际管制中持续性原则的实施和强化仍有很大的提升空间。

凯瑟琳·罗兹（Catherine RHODES）
曼彻斯特大学
陈维春译

参见：化学品法律和政策；可持续发展——法律和委员会概述；转基因生物立法；国际法；纳米技术立法；风险预防原则。

拓展阅读

Commission on Science and Technology for Development (CSTD). (1997). *An assault on poverty: Basic human needs, science and technology.* Geneva: UNCTAD.

Convention on Biological Diversity Secretariat. (1992). Convention on Biological Diversity, with annexes. Retrieved September 2, 2010, from http://www.cbd.int/convention/convention.shtml.

Convention on Biological Diversity Secretariat. (2000). Cartagena Protocol on Biosafety to the Convention on Biological Diversity, text and annexes. Retrieved September 2, 2010, from http://bch. cbd.int/protocol/text/.

Convention on Biological Diversity Secretariat. (2002). Bonn guidelines on access to genetic resources and the fair and equitable sharing of the benefits arising out of their utilization. Retrieved October 11, 2010, from http://www.cbd.int/doc/publications/cbd-bonn-gdls-en.pdf.

Convention on Biological Diversity Secretariat. (n.d.). Negotiations of the international regime on access and benefit-sharing (ABS). Retrieved September 2, 2010, from http://www.cbd.int/abs/ir.

Department of Trade and Industry/LGC Ltd. (2004). *U.K. biotechnology regulatory atlas.* Retrieved October 4, 2010, from http://webarchive. nationalarchives.gov.uk/+/http://www.dti.gov.uk/ibioatlas/index. html.

European Commission. (2005). Users guide to European regulation in biotechnology. Retrieved October 5, 2010, from http://ec.europa.eu/enterprise/sectors/biotechnology/files/docs/user_guide_biotech_en.pdf.

Food and Agriculture Organization of the United Nations (FAO). (2001). International treaty on plant genetic resources for food and agriculture. Retrieved September 2, 2010, from http://www.plant-treaty.org/texts_en.htm.

Genomics Gateway. (2009). Homepage. Retrieved September 15,2010, from http://genomics-gateway.net.

Rhodes, Catherine. (2010). *International governance of biotechnology: Needs, problems and potential.* London: Bloomsbury Academic.

U.N. Commission on Sustainable Development (CSD). (1995). Report of the secretary-general: Science for sustainable development. Retrieved September 2, 2010, from http://www.un.org/esa/dsd/csd/csd_csd03.shtml.

U.N. Commission on Sustainable Development (CSD). (1997a). Report of the secretary-general: Environmentally sound management of biotechnology. Retrieved September 2, 2010, from http://www.un.org/esa/dsd/csd/csd_csd05.shtml.

U.N. Commission on Sustainable Development (CSD). (1997b). Report of the secretary-general: Environmentally sound management of biotechnology, addendum. Retrieved September 2, 2010, from http://daccess-dds-ny.un.org/doc/UNDOC/GEN/N97/015/65/PDF/N9701565.pdf?OpenElement.

U.N. Conference on Environment and Development (UNCED). (1992a). Agenda 21. Retrieved September 1, 2010, from http://www. un.org/esa/dsd/agenda21/res_agenda21_00.shtml.

U.N. Conference on Environment and Development (UNCED). (1992b). Rio Declaration on Environment and Development. Retrieved September 1, 2010, from http://www.unep.org/Documents. Multilingual/Default.asp?documentid=78&articleid=1163.

U.N. Conference on the Human Environment (UNCHE). (1972). Stockholm Declaration of the United Nations Conference on the Human Environment. Retrieved September 1, 2010, from http://www.unep.org/Documents.Multilingual/Default.asp?documentID =97&ArticleID=1503&l=en.

U.N. Environment Programme (UNEP). (2000). Malmö Ministerial Declaration of the first Global Ministerial Environment Forum (GMEF). Retrieved August 31, 2010, from http://www.unep.org/malmo/malmo_ministerial.htm.

U.N. Educational, Scientific and Cultural Organization (UNESCO). (2005). Universal Declaration on Bioethics and Human Rights. Retrieved October 12, 2010, from http://www.unesco.org/new/en/social-and-human-sciences/themes/bioethics/bioethics-and-human-rights/.

UNESCO Institute of Statistics. (2009, May). Regional totals for R&D expenditure (GERD) and researchers, 2002 and 2007. Retrieved October 5, 2010, from http://stats.uis.unesco.org/unesco/tableviewer/document. aspx?FileId=252.

U.N. General Assembly (UNGA). (2003). Document A/58/76. Report of the secretary-general: Impact of new biotechnologies with particular attention to sustainable development including food security, health and economic productivity. Retrieved August 16, 2010, from http://unctad.org/en/docs/ a58d76_en.pdf.

U.N. General Assembly (UNGA). (2010, February). Report of the secretary-general: Keeping the promise: A forward looking review to promote an agreed action agenda to achieve the millennium development goals by 2015. Retrieved October 5, 2010, from http://www. un.org/ga/search/view_doc. asp?symbol=A/64/665.

World Commission on Environment and Development. (1987). *Our common future: Report of the World Commission on Environment and Development.* Oxford, U.K.: Oxford University Press.

YinLing, Liu. (2007, December). Regulating transgenic technology in China: Law, regulation and public policy. Retrieved October 4, 2010, from http://www.genomicsnetwork.ac.uk/media/10%20 Liu.ppt.

Brent Spar

布兰特—史帕尔

布兰特—史帕尔是一个位于北海由壳牌公司管理的大型储油平台，由于1995年壳牌公司和绿色和平组织在如何处置它的交锋后而众所周知。壳牌公司想在深水中处置该储油平台，但是绿色和平组织基于环境的理由反对，而双方都希望以此为将来设置一个先例。在一次非常公开的对决之后，壳牌公司选择了在陆上处置该储油平台。

布兰特—史帕尔储油平台过去是一个位于北海布兰特油田（设得兰群岛西北）附近的流动的石油存储浮筒，由壳牌石油公司和埃索石油公司的合资企业所有，并由英国壳牌公司管理。它是在1995年壳牌公司和绿色和平组织在有关处理它的交锋后而为人所周知。由英国政府支持的壳牌公司想将储油平台固定在北海深处的一个地方并使其沉没，此即深水处理方案。绿色和平组织以环保为由反对此方案，并在1995年4月，为了防止其深水处置，直接占领了该储油平台。这导致了壳牌公司和绿色和平组织之间的公开对

抗，也涉及许多濒临北海的欧洲国家。最终，在1995年6月，壳牌公司迫于公众的压力，在挪威海岸处置了该储油平台。尽管眼前争论的问题是布兰特—史帕尔储油平台的命运，但更大的问题是所有未来在北海退役的大型海上石油设施的处置问题。由于布兰特—史帕尔储油平台是第一个准备处理的石油设施，壳牌公司和绿色和平组织都想借此确立各自所欲解决方案的先例。

史帕尔储油平台，初始成本为2 400万英镑，具有41 000公吨石油的存储容量，于1976年12月开始运行，目的是存储来自布兰特油田提取的原油。它从未满负荷运行，因为其6个油箱中的两个在运行不久就受损，并且在1978年当布兰特系统管道开始运作后，史帕尔主要用于辅助性的存储。1991年10月，由于不断增加的维护成本，壳牌公司决定使其退役，并开始研究处置方案。在很多可行性研究以及与当地政府、保护团体、渔业利益体进行讨论后，壳牌公司

决定将深水处置作为最佳环境实践选择，它也是六个考虑选项中最便宜的选择。1994年10月，壳牌公司向英国政府的贸易与工业部提交最终草案以供批准。1995年2月，英国政府宣布批准草案的意向并通知奥斯陆公约委员会（一个由与东北大西洋接壤的政府和保护东北大西洋区域的欧盟伙伴组成的政府间组织）的成员，呼吁其不反对拟议的计划。

对抗

然而，绿色和平组织反对深水方案，不仅基于环境保护的理由，也基于为未来其他石油平台的处置提供先例的考虑。在未能参与最初的协商后，1995年4月30日绿色和平组织派出莫比·迪克号与四名抗议者占领了史帕尔储油平台。这一冲突收到了意想不到的宣传效果。壳牌公司认为，深水处置对环境的影响可以忽略不计；而绿色和平组织认为，壳牌公司不应将海洋用作倾倒场所，而且基于史帕尔储油平台中含有的有毒物质的数量对环境影响提出质疑。尽管存在公开的对抗，1995年5月5日，英国政府仍正式授予壳牌公司处置许可证。结果，越来越多的政治家、消费者和欧洲各国政府开始反对"倾倒史帕尔储油平台"。5月23日，英国政府为保护壳牌公司，将绿色和平组织的抗议者驱赶出史帕尔储油平台，这导致绿色和平组织在6月2日呼吁联合抵制壳牌公司。

这一抵制导致壳牌公司在欧洲的销售显著减少，尤其是在德国，一些壳牌公司加油站遭受50%的损失。此外，抗议者燃烧了一个壳牌公司加油站，其损害超过50%。6月15日，德国总理科尔在七国集团（G7）峰会表示他不赞成英国首相的主张。第二天，两名绿色和平组织成员又短暂占领了史帕尔储油平台。基于自己在第一次占领的采样，绿色和平组织对壳牌公司关于史帕尔储油平台的石油和有毒物质的估计数量提出质疑，并指出它仍有超过5 000吨的石油和大量的其他有毒物质。最后，6月20日，壳牌公司的高层管理人员在荷兰开会并宣布放弃深水处置计划，认为这是不可持续的做法。

回应这个逆转，绿色和平组织宣布胜利。壳牌公司将冲突描述为"头脑和心灵之间的一场不寻常的碰撞"，并坚持认为深水方案本应是最好的解决方案（Wybrew 1995）。这种逆转导致壳牌公司和承担了壳牌公司计划辩护责任的英国政府之间的关系恶化。此外，英国政府宣布考虑撤销其最初同意的对布史帕尔储油平台处置成本的50%投资。最终壳牌公司自己负担整个处置成本。

史帕尔储油平台的拆除

在放弃深水处置计划后，壳牌公司与各利益相关方举行了一系列会议，企图找到一个更能接受的处置方案。经过挪威的许可，他们将史帕尔储油平台停泊在挪威埃尔菲尤尔的深海处，直到能够确定一个新的处置方案。1995年7月12日，壳牌公司雇用挪威认证机构挪威船级社对史帕尔储油平台进行独立审计，核实其内容，并直接向媒体报告其调查结果。9月5号，绿色和平组织对声称史帕尔储油平台中含有5 000公吨石油进行了道歉，并认为是其抽样错误导致结果不准确。1995年10月，挪威船级社宣布其调查结果，证实了壳牌公司关于史帕尔储油平台中石油和其他有毒化学物质（约50公吨）的最初估计。壳牌公司在欧洲继续其有关史帕尔储油平台的对话会，直到史帕尔储油平台最终在陆上拆除，而且其中一部分作为挪威码头延伸的基础被重新利用。

制订议定书

部分由于作为布兰特—史帕尔危机的结果，在1996年11月，《1972年伦敦倾废公约》的奥斯陆公约缔约方开会通过了一个以很多方式限制倾倒的新议定书。第一，它明确规定其目标是"保护和保全海洋环境免遭所有来源的污染"，而且所涉各方应竭尽全力采取措施减少和消除由倾倒造成的污染（Kirk 1997）。第二，1996年议定书进一步减少允许倾倒的理由，并采用"预防措施"和"污染者付费原则"。第三，与1972年公约相比，1996年议定书提出了一个既明确又宽泛的污染定义，并大幅增加了参与各方的责任。此外，对授予倾倒许可证的要求也相应增加。

除了1996年议定书对倾倒给予的限制外，1998年7月，英国政府和濒临北海的奥斯陆公约成员国政府一致同意禁止未来在东北大西洋倾倒钢结构的石油设施。英国环境大臣宣布，英国打算禁止在北海倾倒所有海上钢结构，但10个太过庞大而无法移至陆上处置的混凝土结构除外。随着英国海域运营的70个钻探设备中有很多已经接近使用寿命的尾期，以及预计陆上处置成本为每个达1.5亿英镑，这一公告受到了北海海上石油运营商的批评，但却得到了绿色和平组织和其他环保组织的欢迎。后来，大约是英国政府公告的一周之后，在葡萄牙举行的奥斯陆公约大会以一项绿色和平组织称之为"具有历史意义的协议"禁止在东北大西洋倾倒海上设施（Greenpeace 2010）。奥斯陆公约关于处置废弃海上设施的98/3决议之附件33规定，"禁止倾倒和在原地完整地或部分地弃置废弃不用的海上设施"。

企业与社会许可证

布兰特—史帕尔危机是一个鲜明的国际范例，表明经常面临环境问题的企业开展经营活动所需的远不止守法，它们的经营还需获得一个"社会许可证（social license）"（Gunningham, Kagan & Thornton 2004, 307）。社会许可证意味着企业必须满足受其经营活动影响的各种利益相关者团体的社会期望，不管这些期望是否是规定在现行法律之中。尽管这种情况在国内或者甚至在个别的社区层面都很好理解，但布兰特—史帕尔危机证明全球性企业也必须获得社会许可证。例如，在布兰特—史帕尔案中，虽然英国壳牌公司的确遵守了英国和欧洲层面所有相关的环境法规，但由绿色和平组织带领的欧洲大陆民众的期望迫使壳牌公司取消了其深水处置方案并选择岸上处置。换句话说，虽然史帕尔的陆上处置超出了法律对壳牌公司的要求，但并未超出其社会许可证的要求。

斯泰利奥斯·兹格里多普洛斯
（Stelios ZYGLIDOPOULOS）
剑桥大学
陈维春译

参见： 非暴力反抗环保运动；环境争端解决；埃克森·瓦尔迪兹号；海洋法；混合氧化物燃料厂案（爱尔兰诉英国）；废物运输法。

拓展阅读

Ahmed, Meena. (2006). *The principles and practice of crisis management: The case of Brent Spar.* New York: Palgrave Macmillan.

Greenpeace. (2010). Greenpeace laser action during OSPAR conference in Lisbon. A historic accord, the OSPAR Convention, bans the dumping of offshore installations at sea in the North-East Atlantic. Retrieved October 26, 2010, from http://www.green-peace.org/international/en/multimedia/photos/greenpeace-laser-action-during/.

Grolin, Jesper. (1998). Corporate legitimacy in risk society: The case of Brent Spar. *Business, Strategy and the Environment, (7)4*, 213–222.

Gunningham, Neil; Kagan, Robert A.; & Thornton, Dorothy. (2004). Social license and environmental protection: Why businesses go beyond compliance. *Law & Social Inquiry, 29(2)*, 307–341.

Kirk, Elizabeth A. (1997). The 1996 protocol to the London Dumping Convention and the Brent Spar. *The International and Comparative Law Quarterly,46(4)*, 957–964.

Knott, David. (1995). Greenpeace task force takes Brent Spar. *Oil & Gas Journal, 93*(19), 25.

Knott, David. (1995). North Sea operators tackling platform abandonment problems. *The Oil and Gas Journal, 93*(12), 31.

Oslo/Paris convention (for the Protection of the Marine Environment of the North-East Atlantic) (OSPAR). (2010). Homepage. Retrieved September 25, 2010, from http://www.ospar.org.

Owen, Paula, & Rice, Tony. (1999). *Decommissioning the Brent Spar.* London: Routledge.

Reddy, Simon. (1995). *Nogroundsfor dumping: The decommissioning and abandonment of offshore oil and gas platforms.* London: Greenpeace International.

Rudall Blanchard Associates Limited. (1994, December). Brent Spar abandonment—BPEO assessment. Retrieved September 23, 2010, http://archive.greenpeace.org/comms/brent/Bpe-0.html.

Schoon, Nicholas. (1995, June 21). Shell backs down on Brent Spar; Government fury at Greenpeace victory. *The Independent (London).* Retrieved October 26, 2010, from http://www.independent.co.uk/news/shell-backs-down-on-brent-spar-1587463.html.

Tsoukas, Haridimos. (1999). David and Goliath in the risk society: Making sense of the conflict between Shell and Greenpeace in the North Sea. *Organization,* 6(3), 499–528.

Wybrew, J. (1995, July). Brent Spar—Far more than a PR war. *Journal of the U.K. Institute of Public Relations,* pp.21–22.

Zyglidopoulos, Stelios C. (2002). The social and environmental responsibilities of multinationals: Evidence from the Brent Spar case. *Journal of Business Ethics, 36*(1–2), 141–151.

Brundtland Report

布伦特兰报告

1983年联合国召集的世界环境与发展委员会的任务是为可持续发展提出环境战略。其最后的总结，即布伦特兰报告（Brundtland Report），提出并分析了可持续发展的概念及其所要求的政治变革。它强调环境保护和经济发展之间的联系，并将可持续发展的概念提上全球政治议程。

布伦特兰报告，即《我们共同的未来》一书，于1987年出版。这本书是世界环境与发展委员会（WCED）的最终报告。经联合国大会的决议，该"特别委员会"于1983年12月成立。它的任务是为联合国关于"2000年及以后环境远景"的战略做出贡献，特别是"为到2000年及其后实现可持续发展提出长期环境战略"（U.N. General Assembly 1983）。

联合国秘书长德奎利亚尔（Javier Perez de Cuellar）邀请格罗·哈莱姆·布伦特兰（Gro Harlem Brundtland）担任这个特别委员会的主席。她曾经担任挪威环境部长、首相，并于1983年当选挪威工党领袖（她于1986年

5月再次当选首相）。苏丹前外交部长曼苏尔·哈利德（Mansour Khalid）被任命为副主席。他们为委员会挑选了来自不同国家集团和区域的20个委员。这些委员有不同的经验、资历和文化背景，他们中间有科学家和外交家、环保人士和经济学家以及信念高度不同的政治家。挑选基于其个人的能力、知识和观点。委员以个人身份提供服务（也就是说，他们不是政府代表）。因此，该委员会是独立的，不受制于任何政治立场。

经济合作与发展组织（OECD）的环境部门主管加拿大人吉姆·麦克尼尔（Jim MacNeill），成为该委员会的秘书长及委员会的当然委员。秘书处设于日内瓦，作为智库，它在委员会工作中发挥重要作用。

委员会确立了"重新审视环境与发展的关键问题，并以创新的、具体的和现实的行动方案加以解决"的宗旨。它采用了一个非常开放的工作风格：邀请国际组织、各国政府、非政府组织、科研机构、企业和个人的建

议和支持。他们在世界各地举行会议,举办了大量的公众听证会。对于这样一个委员会而言,这是一个独特的工作方法:严格地说来自各行各业的数千人直接接触委员会。因此该委员会了解全世界人民的真正问题,收到无数的想法和建议,丰富了委员会的讨论和最终报告。在报告的末尾有一个含有约千人的个人和机构的名单,这些个人和机构以不同方式为委员会的工作提供了经登记的信息。

1987 年 4 月,委员会呈献了一个一致同意的报告。诚如他们所言,他们经常在一些细节和重点上无法达成一致,但因为问题的紧迫性以及该事业和信号的重要性(WCED 1987,343),他们"最终能够就必须修改的文字达成一致"。无法避免地,一致同意也意味着让步。由于这个原因,虽然该报告得到欢迎,但也受到批评。

关于可持续发展的一般表达

报告中真正的创新是把人类面临的两个基本挑战连接起来:世界大部分人口的贫困和威胁到地球上所有生命的生存的环境危机。在报告中,委员会试图从一开始就把似乎矛盾的目标——环境保护和经济发展结合起来。这通过"可持续发展"的概念和委员会对可持续发展含义的透彻讨论而实现。

报告首先以标题"受威胁的未来"(第一章)展示现在的实际情况和问题。它解释贫困问题和环境恶化之间的联系,以及如果不做出改变将面临的糟糕前景。委员会对这一挑战的回答是它对需要"一个新的发展道路……",即一条可持续的人类进步不仅仅是在某几个地方持续几年,而是使整个地球持续到遥远的未来的道路。因此'可持续发展',不仅仅成为发展中国家的目标,更是工业化国家的目标"的论述(WCED 1987,4)。

后来的文献所经常引用的可持续发展简单定义,被置于第二章的篇首:"可持续发展是既满足当代的需要又不对后代人满足其需要的能力构成危害的发展。"

"满足当代人的需要"意味着保障地球上每一个人的食物、水、住房、教育和健康。这就解释了在报告中明确提出的从人口增长的角度来看,我们需要更强劲的经济增长的建议。由于世界人口持续稳定增长和需要改善现有的数十亿人的生活条件。强有力的全球经济增长是绝对必要的。同时,它表明增长的分配是一个核心问题:"满足基本需求不仅需要一个以穷人为主的国家迎来新的经济增长,更需要保证那些穷人得到保持该增长所需要的公平资源份额"(WCED 1987,8)。此外,只有消耗更少的资源与能源以避免环境问题和自然资源的枯竭,增长才是有质量的增长,而这样的增长才能被视为唯一正当的（p.52）。

除了"恢复增长"和"改变增长的质量"，可持续发展还有几个"关键目标"（WCED 1987，49）：

- 满足就业、粮食、能源、水和卫生的基本需求；
- 保证人口规模的持续水平；
- 保护和加强资源基础；
- 重新调整技术和管理风险；
- 决策兼顾环境和经济。

委员会还强调作为可持续发展的前提条件的公民参与、赋权公民组织和加强地方民主。此外，它强调技术创新和发展以找到解决环境问题的方法，使发展中国家能够应对他们所面临的挑战。

它传达的信息是可持续发展对每个人来说都意味着一种责任，无论是个人，还是公共部门。政府的所有部门、工商界、研究机构、非政府组织和公众都应当把它放在日常工作计划的高端。一个关键词是整合（integration）：公平与效率的整合；长期环境问题与经济政策的整合；以及社会各部门的整合。所有部门当局必须对他们的环境影响负责。这一点在该报告的一个重要部分"从源头做起"中得到阐明。它为更整体性的和综合的政策提出了一些重要的制度变迁建议。

特定的政策目标

在总体描述了全球问题和可持续发展的基本目标之后，这份报告提供了针对主要问题的详细分析并提出了如何在各领域实现可持续发展的方法。

国际经济

委员会指出，追求持续性需要国际经济关系的重大变革。报告强烈建议增强资源流向发展中国家。报告还讨论了贸易、环境和发展之间的联系，并敦促环境问题必须由国际贸易组织和跨国投资系统给予系统的对待。

人口

对于该委员会，人口问题是一个敏感的话题。人口增长是一个主要问题，也是一个需要加强经济增长的重要理由。报告清楚地表示"当前的人口增长率不能持续下去。"但第四章"人口和人力资源"提出了一个积极、主动地迎接这一挑战的议程：发展经济；改善教育、健康和营养；加强弱势群体的权利。人口主要不是一个不利因素，而是一种社会资产——"终极资源"——因而构成解决办法的一部分（WCED 1987，95）。人口政策也定义为"一种保证，特别是女性自决的基本人权的保证"。委员会在节育措施这个问题上选择了谨慎的措辞：计划生育服务必须与改善卫生保健和教育的其他努力相结合。

委员会关于人口和人口增长辩论的一个关键问题是发达国家和发展中国家人民之间消费的差异。必须把许多发展中国家的人口增长问题与北方富裕的工业国家不可接受的高消费的影响联系起来。这种我们现在称之为生态足迹的巨大差异已经得到承认和坚决的应对。

食物

在第五章"食品安全"中，委员会强烈批评工业国家的农业补贴政策。该章为这些国家和发展中国家的更可持续的粮食生产提出了一个广泛议程。它强调需要包括教育在内的更有效的激励系统，以鼓励许多发展中国家的农业生产（特别是粮食作物）和小农户的生产。

生物多样性

在第六章"物种和生态系统：发展所需的资源"，为物种的不断灭绝描绘了一幅暗淡的图画，并讨论如何扭转这一趋势。值得注意的是，委员会认为保护物种的必要不仅是一个环境保护问题，更是发展的基础，"事关经济价值"（WCED 1987，155）。这里的一个核心问题是获得遗传资源和分享保护有价值的物种而得到的惠益。委员会强调，"必须确保给予发展中国家一个公平的商业性利用基因所得经济利润的份额"。这项基本原则现明确规定在《生物多样性公约》第十五条之中。

委员会看到在保护物种多样性方面国际规则与合作的重要性，建议开展一项制定物种公约的工作，该公约的精神和范围"类似于海洋法条约和反映'普遍资源'（universal resources）原则的其他国际公约"（WCED 1987，162）。

能源

"能源：环境与发展的抉择"（第七章）严重警告，到2030年，"全球平均地表温度将上升1.5至4.5摄氏度"。现在似乎为科学界所承认的许多严重后果在该报告中都得到描述。但当时它们还是未经证实的，非常有争议。面对这个难题，尽管没有使用风险预防概念，但

委员会提出了这个问题并带暗示地建议了一个后来发展成为风险预防原则的方法。同样重要的是，委员会建议制定一项应对气候变化全球公约。

委员会大力提倡使用可再生能源，提高能源的使用效率及采用节约能源的措施。不排除使用核能，但前提是"对核能引起的当前悬而未决的问题提供确切的解决路径"。然而，关于能源的本章的底线是对当前我们面临的两难问题没有现实的解决方案：满足世界巨大的能源需求而不破坏环境。

工业

第八章"工业：高产低耗"关注工业增长的影响，强调需要增加生产以满足需求。同时也敦促从根本上改变工业生产技术，以减少能源和其他资源的使用，降低环境污染。委员会强烈建议发展中国家跨跃式地发展其工业并从开始就选用最佳可行技术。与此相关的是一项加强国际援助——技术、金融和机构的援助的建议，以帮助发展中国家建立环境无害和可持续的工业发展路径（WCED 1987，235）。

城市问题、国际公地、和平和安全

有一章针对"城市挑战"，描述了世界各国特别是发展中国家快速城市化以及它对国家和地方当局构成的巨大的挑战（第九章）。

第十章，"公共资源的管理"，特别谈到海洋和海洋资源。尽管它以正面的语言描述了许多现有的针对海洋环境保护的区域和全球公约，但它仍然强调需要采取紧急行动，并提出一系列措施来提高渔业管理和防止海洋污染。

在关于和平、安全、发展与环境的一章（第十一章）中，委员会清晰表明环境问题是对国际安全的一种威胁，并倒过来说，冲突是导致不可持续发展的一个原因。这是对这种联系的较早认识。

改革建议

最后一章的标题是"走向共同行动：机构和立法变革建议"。这里的红线是将环境关切融入经济发展政策的需要。所有政府部门和机构应该"直接、全面负责确保其政策、规划和预算支持生态以及经济的可持续发展"（WCED 1987，314）。

委员会强调在国家和国际两个层面法律改革的重要性。它敦促国家为可持续发展而承认明确的法律权利和责任。报告特别提议设立程序环境权：个人知悉、获得环境状况的信息的权利，咨询和参与可能对环境产生重大影响决策活动的权利，以及环境或健康已经或可能受到严重影响者的法律救济和求偿的权利。所以，布伦特兰报告和《我们共同的未来》为联合国欧洲经济委员会（UNECE）《关于在环境事务中获取信息、公众参与决策和诉诸司法的公约》（1998）奠定了基础。

加强国际环境法被认为是至关重要的。委员会建议联合国大会先准备一份一般性宣言（政治意图的表达），而后准备一份环境保护和可持续发展公约（宣言的当事方之间的法律协议）。通常情况下，国际法通过这种方式建立起来：首先通过一个宣言，该宣言构成公约谈判的基础。

最后，世界环境与发展委员会建议联合国应该将报告转换成一个"联合国可持续发展行动计划"，并召开一次国际会议审查进展。

后续及报告的作用

1987年4月，这份报告在伦敦举行的一个公共仪式上正式公布。格罗·布伦特兰在世界各地无数的重要论坛上展示这份报告。联合国环境规划署管理委员会经过讨论做出正式决定，将报告递交联合国大会（UNEP 1987），该报告受到联合国大会的欢迎。在这个表达强烈支持的决议的序言里，联合国大会表示可持续发展——满足当前需要又不损害子孙后代满足其需要的能力——应该成为联合国、政府和私人机构、组织和企业的一个指导原则。（U.N. General Assembly 1987）

决议的执行部分全面跟进这一原则。

同时，大会还讨论和批准了题为"2000年及其后环境展望"的文件,这个文件由环境规划署予以详细说明。这两个报告和决议导致一项关于召开一个新的联合国环境与发展会议的决定,目的是建立一个新的可持续发展的行动计划。其成果是1992年里约会议、21世纪议程、联合国可持续发展委员会,等等(U.N. General Assembly 1988b; 1989b)。与此同时,谈判开始围绕着气候变化、生物多样性保护和沙漠化问题展开,并于几年之后形成公约(U.N. General Assembly 1988a; 1989a)。2002年联合国可持续发展世界首脑会议在南非约翰内斯堡召开,这是里约会议的后续。

这些重大事件和发展不能都归功于布伦特兰报告,其他进程和行动者也发挥了重要作用。但它无疑是在这一历史性进程中一个主要的精神和政治因素。

总而言之,该报告和委员会传达的信息对可持续发展领域产生了重大影响,这是目前世界各地的各种政治层面上的政策文件和立法的主题。在工业化国家和发展中国家的很多宪法和无数法律中都包含这个原则。它引发自然和政治科学、经济、哲学和法律界的讨论和研究。它被做出无数的解释,并得到欢迎和严厉的批评。特别是报告中所描述的可持续发展概念一直被强烈批评过于模糊,从而导致不同的政府和政治单位有不同的解释。然而,布伦特兰报告仍然强烈地影响了政治、工业和科学的议程和话语。但它是否深刻改变了世界行动路线仍然是一个悬而未决的问题。

汉斯·克里斯蒂安·布格(Hans Christian BUGGE)
奥斯陆大学
陈新译

(作者曾在1986—1987年担任世界环境与发展委员会主席格罗·哈莱姆·布伦特兰的私人顾问)

参见:可持续发展法律和委员会概述;联合国公约和协定概览。

拓展阅读

United Nations Environment Programme (UNEP). (1987, June 19). Report of the World Commission on Environment and Development: Governing council decision 14/14. Retrieved May 6, 2010, from http://www.unep.org/Documents.Multilingual/Default.asp?Docu mentID=100&ArticleID=1643&l=en.

United Nations General Assembly. (1983, December 19). Process of preparation of the environmental perspective to the year 2000 and beyond: Resolution 38/161. Retrieved May 6, 2010, from http://dac-cess-dds-ny.un.org/doc/RESOLUTION/GEN/NR0/445/53/IMG/NR044553.pdf?OpenElement.

United Nations General Assembly. (1987, December 11). Report of the World Commission on Environment and Development: Resolution 42/187. Retrieved May 6, 2010, from http://www.un.org/documents/ga/res/42/ares42-187.htm.

United Nations General Assembly. (1988a, December 6). Protection of global climate for present and future generations of mankind: Resolution 43/53. Retrieved May 6, 2010, from http://www.un.org/documents/ga/res/43/a43r053.htm.

United Nations General Assembly. (1988b, December 20). United Nations Conference on Environment and Development: Resolution 43/196. Retrieved May 6, 2010, from http://www.un.org/documents/ga/res/43/a43r196.htm.

United Nations General Assembly. (1989a, December 22). Protection of global climate for present and future generations of mankind: Resolution 44/207.

United Nations General Assembly. (1989b, December 22). United Nations Conference on Environment and Development: Resolution 44/228. Retrieved May 6, 2010, from http://www.un.org/docu-ments/ga/res/44/ares44-228.htm.

World Commission on Environment and Development (WCED). (1987). *Our common future*. New York: Oxford University Press.

Chemicals Legislation and Policy

化学品法律和政策

过去,"好的"化学品性能的标准集中于化学稳定性和生物活性等品质;而环境标准则被忽视,导致有害的氟氯烃(CFCs)、农药DDT、水银、石棉等大规模使用并引发灾难。既然如今这些化学品已经广泛使用,就必须评估其益处与风险,并管制其使用,以避免重复昔日的错误。

全球性的化学品政策是国际环境政策中一个新兴而有活力的领域。在过去的几十年中,数个与化学品有关的国际公约、议定书和现有文件修正案已谈判成功并生效,它们已经在区域和全球层面生效。此外,由于联合国制定了《国际化学品管理战略方针》(SAICM),一种制度性和政治性的框架发展起来,促进了化学品综合全面管理方法的应用。2006年,第一届政府间化学品管理大会(ICCM 1)在迪拜举行,会议通过《国际化学品管理战略方针》,最终启动了一个强化全球范围内,特别是《巴塞尔公约》、《斯德哥尔摩公约》、《鹿特丹公约》之间的,不同相关机构间的合作、协作和协同的进程。化学品和废弃物管理机制(废弃物是化学品生产和使用的不幸的副作用,但它可以通过适当的管理部分地得到减轻)一直在国际环境治理的强化中居于领头地位,不仅应对了新挑战,而且为有效政策的制定与实施开发了新方法。因此,化学品和废弃物管理机制即使不是最成功的,也是国际环境政策领域里最成功的之一。

化学品的全球使用

在我们星球上使用化学品有四个主要动因:全球人口的增加、生活水准的提高(例如汽车、电子产品的数量等等)、化学品的价格(取决于其获取的容易度)以及化学品的性能,例如建筑材料的稳定性和惰性或药物的生物活性。在化学品的短缺和可持续使用之间有一个双赢的局面:短缺增加了价格。因此,从理论上讲,更稀缺的化学品将导致更谨慎、更高效地使用,这对环境其实是有益的。

环境治理与监测

化学品可以呈现为气体、液体或固体等形态。在分子水平上，一个或多个元素的原子形成分子（如水）、聚合物（如塑料或蛋白质）、盐类化合物（如氯化钠）、金属或金属合金。最古老的化学品分类划分为含碳元素的有机化学品和无机化学品。法律分类则划分为单一物、混合物和种类物（articles）。

它们的监管分为工业化学品、杀菌剂、杀虫剂和药物。化学品主要从石油中提炼，但也有从植物中提取的"天然"化学品。

化学品的治理遵循三步循环［与瑞士联邦环境办公室主任布鲁诺·奥伯尔（Bruno Oberle）的私人交流记录］：

步骤1：观察。为了获得可靠的信息基础，需要观察环境状况并确定化学品监测的特定参数。

步骤2：管制。管制可以是国家性、区域性或全球性的。这也涵盖自愿协议。

步骤3：评估。管制措施需要被评估。根据评估的结果，必须酌情修改相关措施。

在步骤3之后，回到第1步，循环再次开始。

观察和监测化学品的使用

化学品的监测历史和化学一样久远，它

帮助决策者做出正确的管理决策。监测是由学术界、工业、省级或联邦政府做出的。诸如位于哥本哈根的欧洲环境署和位于日内瓦的《斯德哥尔摩公约》秘书处等国际组织收集监测数据。在研究中，必须界定分析样本的地理范围：可以是整个世界、某个大陆、某个地区、某个国家、某个城市或某个公司。只有经严格界定后的数据方可用于国与国之间的比较，并用于对情况的严肃分析。这方面的重要工具有化学文摘社（Chemical Abstracts Service, CAS）提供的数据、世界海关组织（WCO）提供的用以识别危险化学品的"海关数据"以及《关于持久性污染物的斯德哥尔摩公约》（POPs）等多边环境协定（MEAs）提出的建议。

对化学品的监测可以通过四种方法：

销售数据，来自生产、市场投入和出口；

排放数据，即污染物释放和转移登记册（PRTRs）所描述的点源或面源的排放数据；

吸纳数据（环境对物质如污染物的吸纳），通过空气、水和土壤的相关物质浓度来测量；

物质流分析，即对包括储存仓库在内的确定分隔区（生产、进口、出口、使用、废物处理、水、空气、土壤、生物）的化学品数据进行物质流分析。

此外，也需要化学品效果对健康和环境影响的数据。

高产量化学品（HPVC）

因为研究全部3万种商业化学品是不可能的，所以有必要设置优先级。但是在其人类毒性和生态毒性不明之前，优先级是很难设定的。因此，经济合作与发展组织决定，从实用角度出发，对"高产量"（HPV）化学品设定优先级。它的定义是"那些至少在一个成员国/地区每年的生产水平大于1 000吨的化学品"（OECD 2004）。经济合作与发展组织理事会在1990年决定，其成员国（主要是欧洲国家、日本、韩国、美国和其他几个发达国家）应该合作调查高产量化学品，以便确定哪些可能危害环境和/或工人和公众健康。最新的高产量化学品清单由经济合作与发展组织于2004年发布。高产量之外的特性也很重要，如潜在危险。《化学品注册、评估、授权和限制指令》（REACH）（一部2007年生效的关于化学品及其安全使用的欧洲委员会法规）等法律首先研究最危险的化学品。大多数在欧盟内使用的化学品必须经过审查和登记；营销和销售未经登记的化学物质是违法的。《化学品注册、评估、授权和限制指令》的规定将在11年里分阶段实施（European Commission-Environment 2010）。通过《化学品注册、评估、授权和限制指令》法规，欧盟提出了一个新原则："没有数据，没有市场。"

经济合作与发展组织还建立了一个全球信息门户，专门提供关于化学安全、化学品目录和数据库的信息（OECD 2010a）。全球化工产业于1998年通过化学品协会国际理事会（ICCA）发起了一项全球高产量化学品倡议以加速这一进程。

化学品的高度多样性

由于大自然纷繁的生物多样性和化学家的智慧，化学品的数量在过去50年里迅速增加。在化学文摘社的登记中找到的大量化学品足以证明。化学文摘社是美国化学学会的一个部门。它的登记涵盖从1957年至今科学文献所确认的化学物质，以及可以追溯至20世纪早期的其他化学物质。这包含了超过5 500万的有机和无机物质。每天增加约1万2千种新物质（CAS 2010）。这些数以百万计的化学品中，有3万种可作商业用途。

新问题

有两个完全不同的新问题引起了政策制定者的注意：化学物质问题和与政策相关的问题。首先，"新问题"与受到公众关注的化学物质有关，不仅有"新"化学品，还有人们已经使用了几十年的耳熟能详的化学品（例如，主要用于变压器油和电容器的非常持久稳定的多氯联苯）。其次，"新问题"也与应对化学品挑战的新政策方法和新机制有关。这种新国际政策的实例有公私合作、综合方法或机构协同程序。所有这些新出现的问题将强有力地塑造未来的国际化学品管理体制。

与化学物质有关的新问题

一个新问题的出现，可能是由于一种化学品最近被发明出来（如碳纳米管），或是由于一种老化学品最近在环境中被监测到之后再度引起公众关注。瑞士弗莱堡附近一处废物处理设施的多氯联苯泄漏至河中，便是一个涉及"老"化学品问题的例子（Schmid et al. 2010）。在该事件中，包括含有多氯联苯的电容器在内的电子废物直接存储于河边的一处垃圾填埋场。30年后填埋场中的电子废弃物缓慢分解，多氯联苯泄漏到河中并毒害垃圾填埋场附近的河流底土和鱼类。州当局禁止含多氯联苯的鱼进入市场，与多氯联苯相关的问题再次出现在报纸上，引发民众和政治家的关注。

还有其他几个类别的化学物质也被认为是"新问题"。

重金属

重金属带来的挑战不是新的：它是众所周知的。但是意识到重金属带来的问题不仅仅是一个区域性问题，还具有重要的全球维度，因此要求国际上协调一致的回应，这一点是新的。虽然有特定的国际规则，但主要是区域层面或是对特定领域如海上危险货物运输或污染的规定。到目前为止，还没有制定全球性的环境协议来解决重金属问题。因此，在2002年世界可持续发展首脑峰会（WSSD）上，国际社会决定"促进减少由对人类健康和环境有害的重金属所带来的风险"。（UNDESA 2002）

汞

当前，人们确定汞产生的全球性的重大负面影响要求采取国际行动，以减少对人类健康和环境的危险：在挪威和瑞士的倡议和开放式政府工作组的推动下，联合国环境规划署理事会于2009年通过第25号决议，决定启动一项关于汞的具有法律约束力的文件的谈判（UNEP Council 2009）。这项关于汞的新公约旨在采用一种"关于汞的全面、适当的方法"，这包括关于减少汞的供应、汞在产品生产过程中的需求、汞的国际贸易以及大气中汞的排放的规定。它还涉及含汞废物和污染场地、增加知识和信息、关于能力建设和技术与资金援助的特定安排，以及履约问题。瑞士和其他的汞公约的支持者一直强调，具有法律约束力的办法不与自愿性措施如联合国环境规划署汞合作伙伴关系计划产生冲突或取而代之；相反，一份正式协议可以通过提供一个完整的框架补充并支持自愿性措施。可以预计，汞公约谈判将进一步鼓励此类自愿性措施。新公约的谈判原预计在2013年结束。

纳米技术

纳米颗粒是非常小的粒子，规格在1到100纳米之间（纳米粒子直径之于苹果，便如苹果和地球之间的关系）。纳米颗粒可以表现出与那些被观察到的微小颗粒或散状物质明显不同的性质。第一代产品已经存在于上市的制成品之中，如油漆和涂料、化妆品、医疗器械和诊断工具、服装、家用电器、食品包装、塑料和燃料催化剂。更复杂的产品如医药、能源储存与生产器具，也正在开发中（SAICM 2009）。在考虑纳米成品材料商业应用所实现的潜在环境效益的过程中，各国也应充分考虑整个纳米材料的生命周期中潜在的健康危害或对环境的影响。这包括生产纳米级材料的潜在影响以及处置纳米材料的潜在影响，例如，可能要求新的循环设施计划或对处置的新关切。

2006年，经济合作与发展组织成立了一个工程纳米材料工作组（Working Party on Manufactured Nanomaterials, WPMN），作为国

际化学品协会的下设机构。截至2010年，以下领域都被纳入该小组的工作计划（OECD 2010c）：

- 建设关于人类健康与环境安全（EHS）研究的经合组织数据库；
- 制定关于工程纳米材料（包括职业健康和安全）的EHS研究策略；
- 完成具有代表性的一组工程纳米材料的安全测试（和测试指南）；
- 自愿合作规划和监管计划；
- 风险评估合作；
- 纳米毒理学替代方法的作用；
- 接触测量和缓解。

此外，2007年，经济合作与发展组织科技政策委员会成立了纳米技术工作小组（WPN）（OECD 2010 b）。

国际标准化组织（ISO）这一引入各种各样标准的独立全球性组织，成立了关于纳米技术的229号技术委员会，包括以下四个工作组：术语和命名法、测量和表征、纳米技术的健康、安全和环境影响，以及材料规格（ISO 2010）。

2008年举行的第六届政府间化学品安全论坛（IFCS）一致通过了《达喀尔宣言》，该宣言包括21条关于纳米技术进一步行动的建议。在《国际化学品管理战略方针》第一届政府间化学品管理大会（2009）期间，大会同意将纳米问题提交为讨论新政策问题而设立的联络小组，并于2012年将其添加到第三届政府间化学品管理大会议程中。2012年联合国训练研究所（UNITAR）和国际化学品管理战略方针秘书处（在瑞士支持下）成立了一批区域性的工作组，在经济合作与发展组织工作的基础上，强化信息交流，增强对纳米科技风险管理和风险评估的能力建设。

新有机化学品

大多数新有机化学品是卤化物（即其中包含卤素原子的化学品），比如荷尔蒙类激素（EDs）和全氟化合物。荷尔蒙类激素是改变荷尔蒙自然循环反应的活性化学物质。荷尔蒙类激素的典型例子包括塑料材料中的溴化阻燃剂（BFRs）、某些防晒产品中的紫外线过滤成分、塑料饮料瓶中的邻苯二甲酸酯，以及"老"持久性有机污染物（POPs）二噁英、PCB和DDT的代谢物。其中一些受到《关于持久性有机污染物的斯德哥尔摩公约》的监管。

新政策方法

国际化学品和废弃物政策的发展不仅需要解决上述新挑战，同时也受到不断涌现的新政策的推动。值得强调的是，三项新政策的发展可能会对未来国际化学品和废弃物管理体制变革产生深刻的影响：非政府主体越来越多地参与政策制定与实施；单一政策向综合性政策的转变；通过国际化合物和废弃物管理体制内的协同、协调和合作努力提高效率和效用。

非政府主体的参与

自20世纪90年代以来，产业、环境非政府组织和学术界等私方主体在国际化学品和废弃物管理领域越来越重要。这样的例子包括，化学协会国际理事会（ICCA）对高产量化学品计划的贡献，国际农药网络（IPEN）的杀虫剂政策工作，美国化学学会（ACS）的化学品分类。因此，作为推动者，非政府主体在国际化学品政策的制定过程中扮演着日趋重要的角色。他们为国际政策的推进和发展设定议程，提供知识和科学信息，监督实施，游说国家行动者；他们除了参与自愿标准的制定之外，还参与政府合作计划和环境与发展项目的实施。私方主体参与的三个领域值得特别关注：① 作为政府制定新政策的参与者；② 作为公私合作伙伴；③ 作为直接制定与实施合理化学品管理政策的行动者。

综合性政策方法

虽然长期以来传统国际化学品政策在解决化学品所带来的挑战时，只关注特定化学品在特定情况下的风险，但随着时间的推移，为了实现效率和效用，形成了关于化学品政策的共识，即必须采取更为广泛和更为综合的措施。这种更综合性政策的转向不仅体现了对化学品以及它们彼此之间和它们与环境之间的相互作用的更好理解，也体现了环境政策和法律从孤立的专案方法向着考虑到特定挑战更广泛背景和反映自然环境中复杂相互依赖关系的全面方法的总体发展。通过观察化学品的整个生命周期，而不仅仅只是关注它们对人类健康或者环境产生威胁的某个时刻，这种生命周期——或"摇篮到摇篮"或"摇篮到坟墓"——评价（LCA）是制定化学品政策综合性方法的最广泛体现。生命周期评价被应用于由联合国工业发展组织（UNIDO）和奥地利环境部提出的"化学品租让"概念中。例如，在化学品租让中，一家公司出售汽车制造所用的颜料，不以公斤论价，而以待油漆汽车表面单位面积（平方米）定价。运用这一概念，颜料公司不需要尽可能多地出售颜料，因为利润是与化学品的功能（比如这种情况下是颜色）挂钩，而不是与化学品的数量挂钩。

这种化学品管理的综合性方法包括《国际化学品管理战略方针》（SAICM），此办法由不同的联合国组织在联合国环境规划署领导下制定，并于2006年在迪拜通过。联合国训练研究所是专门的实施机构。联合国训练研究所下设化学品和废弃物管理计划支持保护人类健康和环境免受有害化学品侵扰的活动，同时保障工业的可持续发展和促进化学品贸易。项目活动在《国际化学品管理战略方针》、《斯德哥尔摩公约》、《鹿特丹公约》和《全球化学品统一分类和标签制度》（GHS）等国际协议的实施框架内进行。

协同、协调和合作

从专案解决办法到综合政策反应的变革，也反映在机构层面。国际化学品和废物管理体制吃了专案解决办法的苦头。该办法为每个新发现问题增设一个新的机构或者文件。如今，建立一个内部更为统一的机构框架以及推进协同合作的必要性已经获得更为广泛的共识。

自21世纪初以来，瑞士致力于改进多边环境协议（MEAs）的协调和有效性，提出将有关化学品的多边环境协定归类的概念，一起作为加强协同、联系、协调和合作的重要工具。这一建议开启了一个过程，不仅使得三个主要的化学品和废弃物公约，即《斯德哥尔摩公约》、《鹿特丹公约》、《巴塞尔公约》共处于日内瓦，而且导致建立联合的秘书处和三个秘书处的联合首脑。这一过程将进一步深化。

未来

这里对全球化学品政策的新问题——既包括化学物质，也包括政策办法——的概述，揭示了国际化学品和废弃物管理体制令人印象深刻的活力和创新性。这个体制能够应对新挑战，它为有效地制定和实施政策发展并采纳了新方法。通过发起新公约、完善自愿性措施、制定全面战略框架、发展包括强化非政府主体的参与、更加综合性的生命周期方法、改善传统分散的条约制定方式在内的新政策，国际化学品和废弃物体制似乎能够应对新出现的问题和新的挑战。

过去，"好"性能的标准集中在化学品实现特定目标的功效上。环境标准被忽略，造成对环境的威胁和高昂的损害弥补费用。对于新出现的化学品，重要的是不要重复这样的错误。新挑战的名单仍然需要政策关注。因此，环境治理的三步循环（观察、多边环境协定的管制、评价）仍然是很有前景的方法。

同时，国际化学品和废弃物管理体制必须保持活力，并能够应对新问题。未来的国际化学品和废弃物体制应该提供一个全面、统一、有效和高效的框架，该框架应"具有前瞻性"，即能够以快速和有效的方式应对新挑战。最重要的是，这样一个框架应充分发挥《巴塞尔公约》、《鹿特丹公约》和《斯德哥尔摩公约》所发展的综合性方法的优点。

通过加强制度的和政治的协调、合作与协同以提高效用和效率，全球化学品管理体制甚至在加强国际环境治理中起着领头羊的作用。但是回溯性地增强协同——即将已经形成独立框架的各种制度和程序结合在一起——复杂且耗费资源。此外，通过彼此分开的、具有完善制度的专案措施来应对每个特定新问题是低效的。因此，希望政策制定者和技术专家认识到新的框架应该是开放的和活跃的，能够处理需要未来政策加以应对的新问题。为每一种化学物质制定强制性新规定的做法是有效的。汞只是需要国际合作以保护人类健康和环境的全球关注的几种重金属和化学品之一。因此，一个新的汞公约还应该能够考虑到其他引起全球关注的重金属。如果成功，加强制度协同将不仅有助于进一步加强全世界完善化学品管理的努力，也会对未来更为广泛的国际政策发展产生重要影响。

乔治·卡拉甘尼斯（Georg KARLAGANIS）
联合国训练研究所（UNITAR）
弗朗茨·克萨韦尔·佩雷斯（Franz Xaver PERREZ）
瑞士联邦环境部大使
陈新译

参见：博帕尔灾难；生物技术立法；洛夫水道；关于消耗臭氧层物质的蒙特利尔议定书；纳米技术立法；风险预防原则；化学品注册、评估、授权和限制；限制危险物质指令；废物运输法。

拓展阅读

Chemical Abstracts Service (CAS). (2010). CAS registry and CAS registry numbers. Retrieved October 4, 2010, from http://www.cas.org/expertise/cascontent/registry/regsys.html.

European Commission-Environment. (2010). REACH: What is REACH?. Retrieved October 4, 2010, from http://ec.europa.eu/environment/chemicals/reach/reach_intro.htm.

Governing Council of the United Nations Environment Programme (UNEP). (2009). Chemicals management, including mercury (16–20 February 2009) UNEP/GC.25/5/Add.2.

Intergovernmental Forum on Chemical Safety (IFCS). (2008). Forum VI: Dakar statement on manufactured nanomaterials. Retrieved October 5, 2010, from http://www.who.int/ifcs/documents/forums/forum6/report/en/index.html.

International Council of Chemical Associations (ICCA). (2010). Global initiative on high production volume (HPV) chemicals. Retrieved October 4, 2010, from http://www.cefic.org/activities/hse/mgt/hpv/hpvinit.htm.

International Organization for Standardization (ISO). (2010). Technical Committee 229: Nanotechnologies. Retrieved October 5, 2010, from http://www.iso.org/iso/iso_technical_committee?commid=381983.

Organisation for Economic Cooperation and Development (OECD) Environment Directorate. (2004). The 2004 OECD list of high production volume chemicals. Retrieved October 19, 2010, from http://www.oecd.org/dataoecd/55/38/33883530.pdf.

Organisation for Economic Cooperation and Development (OECD). (2010a). Environment directorate: Chemical safety, directories and databases on chemicals. Retrieved October 4, 2010, from http://www.oecd.org/linklist/0,3435,en_2649_34365_2734144_1_1_1_1,00.html.

Organisation for Economic Cooperation and Development (OECD). (2010b). Science and technology policy: Nanotechnology. Retrieved October 5, 2010, from http://www.oecd.org/sti/nano.

Organisation for Economic Cooperation and Development (OECD). (2010c). Working party on manufactured nanomaterials (WPMN). Retrieved October 5, 2010, from http://www.oecd.org/env/nanosafety.

Schmid, Peter, et al. (2010). *Polychlorierte biphenyle (PCB) in Gewässern der Schweiz. Daten zur Belastung von Fischen und Gewassern mit PCB undDioxinen, Situationsbeurteilung* (Umwelt-Wissen Nr. 1002). Bern, Switzerland: Bundesamt für Umwelt.

Scientific Committee on Emerging and Newly Identified Health Risks (SCENIHR). (2009, January 19). *Risk assessment of products of nanotechnologies*. Brussels, Belgium: European Commission Health & Consumer Directorate-General.

SGCI Chemie Pharma Schweiz. (2010). The Swiss chemical and pharmaceutical industry. Retrieved October 4, 2010, from http://www. sgci.ch/plugin/template/sgci/390/10393?selected_language=en and from http://www.sgci.ch/plugin/template/sgci/158/45503/---/Auss enhandel+Chemie+und+Pharma+2009+%28DE%29

+%28Internet+ Artikel+%28SGCI+Exporter%29%29.

Strategic Approach to International Chemicals Management (SAICM). (2009, March 25). Background information in relation to the emerging policy issues of nanotechnology and manufactured nanomaterials (25 March 2009) SAICM/ICCM.2/INF/34. Retrieved December 1, 2010, from http://www.saicm.org/documents/iccm/ICCM2/meet-ing%20documents/ICCM2%2010%20emerging%20issues%20E.pdf.

United Nations Department of Economic and Social Affairs (UNDESA), Division for Sustainable Development (DSD). (2002). World Summit on Sustainable Development (WSSD): Johannesburg plan of implementation. Retrieved October 4, 2010, from http://www.un.org/esa/sustdev/documents/WSSD_POI_PD/English/POIToc. Htm.

United Nations Environment Programme (UNEP). (2008). The global atmospheric mercury assessment: Sources, emissions and transport. Retrieved October 5, 2010, from http://www.chem.unep.ch/mercury/Atmospheric_Emissions/Atmospheric_emissions_mercury.htm.

Chernobyl

切尔诺贝利

1986年，切尔诺贝利成为世界上最严重核灾难的地点，给乌克兰和白俄罗斯的人民以及附近环境带来浩劫。这场灾难让人们更加关注以下几点：严格的操作和管理标准的必要性，开放的国际交流渠道的重要性，以及核能处理和使用的相关法律责任。这场事故也促进了国际核能法律的发展。

1986年4月26日，在乌克兰苏维埃社会主义共和国，切尔诺贝利核电站的一个反应堆发生了事故，对苏联的该地区居民产生了毁灭性的影响：数千人（官方数据是7 000～8 000人）因为接触核辐射而死亡，另外还有450多万人罹患与核辐射有关的疾病。

这场事故导致大范围死亡、因为长期接触辐射（即使辐射水平很低）而产生的疾病、辐射烧伤以及空气、水和土地污染。除了人类及生态系统中的动植物的肌体受到大范围的损害，这次事故还造成估计为数十亿美元的经济损失。对于切尔诺贝利核电站来说，其损失估计为2 500亿美元（Bidwai 2010），同时还削弱了社会和政治体系。同时，这场事故也让全球开始关注核能源利用政策，关注环境标准和法规，以及如何应对这样的事故。

核反应堆爆炸

切尔诺贝利位于乌克兰首都基辅以北大约100公里，毗邻白俄罗斯。1986年4月26日，切尔诺贝利因为成为世界上最严重的核灾难的地点而闻名于世。事故的起因是切尔诺贝利核电站的四号反应堆发生了化学爆炸和失去控制的石墨大火。这一事故释放出超过450单位的放射性核素（radio nuclides），相当于燃烧了整个储存在核反应堆中的燃料的3.5%（Marples 1996）；一团放射性尘埃通过空气传播，穿过苏联的西部地区移动到欧洲，甚至散播到北美东部海岸线。

切尔诺贝利核电站是苏联为了实施迅速扩张核能的战略而修建的众多核电站中的一个。它是一个基于压力管式石墨慢化沸水反应堆（RBMK）设计的老式反应堆，是一个通道石墨反应堆，而不是更稳定的压水动力堆式（VVER）的加压水反应堆。压力管式石墨慢化沸水反应堆提供的能量高达 1 000 兆瓦；然而，理论上它能提供 2 500 兆瓦能量，能在补充燃料的同时继续不断运行，还能生产钚（Marples 1996）。苏联军方首选这种类型的反应堆来给他的潜艇、航母、集装箱船、货船、破冰船，甚至卫星供应能源（Josephson 1999）。核事故的发生是因为违反处理和操作规程，控制棒处理不当和核心安全系统崩溃。这导致反应堆过热，产生爆炸，然后着火。此外，反应堆机组没有被安装在一个适当的密封结构里，并且处理这类突发事件的人员也缺乏足够的训练。

甚至在事故发生前，核电站的建设和工人方面就曾出现问题：反应堆的地基基础薄弱，需要回填；垂直防水方面有结构性损坏。其他问题都表明，一旦出现意外，它对切尔诺贝利的环境以及工作和生活在这一地区的人们将会是一场灾难。如果放射性水泄漏，它会渗入地下，污染这个地区。苏联政府和情报机构已经意识到这一事实，但没有采取任何补救措施（Medvedev 1990, 12）。

然而，评估和计算认为大部分污染局限于事故的中心附近。全市超过 135 000 人被疏散，整个疏散区半径为 48 公里。当时的官方报道说，31 名消防队员死亡，但乌克兰政府后

来提供的数据称有 7 000～8 000 名工人死亡（Marples 1996）。无论短期影响还是长期影响都已经显示，事实上，更多人因此死亡，包括被派去现场建设封闭结构的工人、消防队员和直升机飞行员——他们的任务是用沙子和化学物质（包括硼）对反应堆进行覆盖。

在现场受到直接辐射的人因为高温和高辐射迅速死亡；一些伤员被送往基辅和莫斯科的医院，只有这些医院才配有治疗这种伤害的医疗设备。这表明在当时的苏联，对此类事故应对能力低下，核电站运行标准也很宽松。

苏联官僚主义和国家无能

莫斯科在 1986 年 4 月 27 日宣布核事故的发生，但是其口吻谨慎，暗示它不是一个大问题，将会得到快速、高效的处理。在把实际情况透露给公众的时候，当局说事故已经得到控制。当从切尔诺贝利周围的城镇疏散人口时，基辅的官方广播电台报道称，只有两人死亡，而俄罗斯仍在继续五一庆祝活动（Marples 1996）。

然而，事故的新闻还是泄露给了国际社会，苏联政府被迫向全世界披露事故的细节。这时，国际原子能机构（IAEA）、外国医生和对受害者的援助才开始涌入。但是因为苏联政府试图显示事故现场的一切都已得到控制，所以来访的国际机构都认为切尔诺贝利的局势

正在稳定之中。国际原子能机构的总干事向世界保证，"切尔诺贝利及周边地区的生活一切正常"（Marples 1996）。据政府报道，死亡人数为31个。苏联当局集中力量去规避一波又一波来自西方国家的批评，采取严防死守的态度，同时指出其他国家核电站系统的缺陷。

不幸的是，由于政治动荡、不愿意把核事故消息告知国际社会以及核设施和环境标准维护的执法力度不够，乌克兰的人民和生态系统遭受灾难。数百万人受到不同程度的辐射的影响，罹患各种疾病，包括烧伤、白血病、甲状腺癌，影响范围不仅在乌克兰、白俄罗斯和苏联的西部地区，还包括欧洲东部地区（Cardis et al. 2006）。

意义和后果

切尔诺贝利事故暴露出了总统米哈伊尔·戈尔巴乔夫公开性政策的可笑，将苏联的政治局势和剧变置于严密的国际审视之下。苏联那可以忽略不计的核安全标准和政府封锁灾难性新闻的行径被全世界严厉批评。但切尔诺贝利事故对于改进国际核能法和放射性废物的管理起到了重要的作用。由于核事故不仅毁灭性地损害了乌克兰的土壤、水、森林和人民，也严重影响欧洲其他地方，国际社会被迫检查环境标准和法律责任，以便更好地管理、使用和处理核反应堆。对于苏联的政治、行政和立法部门来说，这是一记让它们清醒的警钟，它们以前对于苏联国内科学家的工程设计都过于自信。它也震惊了世界各国，刺激各国和国际机构如国际原子能机构去检查、执行和创造更好的法律规范和保险标准，来监控各个政府和各核设施所有者的安全责任。

政策和法律责任的承认

苏联政府把核设施作为"特殊客体"。因为它们最初用于军事，其运行凌驾于法律之上。尽管切尔诺贝利核电站位于乌克兰，但由莫斯科的有关部门掌管，主管部门是苏联能源部在乌克兰设立的一个分部。苏联能源部掌管水电、火电和核电站，主要关注为苏联提供至少80%电力的热煤电站（Marples 1996）。能源部对核电站的控制很有限，因为核设施一直以来是军事活动，由中型机械工业部（Ministry of Medium Machine Building）掌管。切尔诺贝利也由后者掌管，因此其管理权力的划分是很不清晰的。

但导致管理不善和疏忽的最重要因素是，政府认为核工业和反应堆是零事故区域，不可能发生错误。因此，尽管存在处理和使用放射性物质的法律，在许多核设施基地，事故应急程序不存在或不足；没有工人的防护装备，盖革计数器（Geiger counters）数量不足，应急准则也不充分；只配备了能扑灭小火灾的设备。切尔诺贝利核电站四号机组的顶层是由易燃的沥青制成，且只有高层管理人员才接受过专业的训练。

此外，没有明确的立法规定有关核能利用管制的刑事或民事法律责任（Ioirysh & Rogozhin 1996）。因为核能受到特殊的安全管制，所有设施都不在民用监控之下，政府从来没有觉得这个领域需要法律规范。早期在俄罗斯车里雅宾斯克（Chelyabinsk）发生的核辐射事故（1957）没有促使当局制定适当的法律和/或广泛推广事故应急准则。1979年美国三哩岛（Three-Mile Island）核电站发生事故之后，曾有提案要起草原子能使用的相关法律，甚至在1987年，有一个名为"关于核能"的法律文件提交到最高苏维埃，但它从来没有得到通过。由于强大军事干预和重要舆论团体之间的利益冲突，其他立法尝试也都失败了。

这之后不久，苏联解体。1995年11月，俄罗斯联邦通过了一项关于原子能使用的法律，但没有得以实施。另外还起草了两个法律（关于人口辐射安全和放射性废物），但直到1996年才获得总统签发（Ioirysh & Rogozhin 1996）。

经验教训

核能本质上是危险的，需要极谨慎地处理。从切尔诺贝利事故的教训和国际法的后续发展，人们可总结出三项经验教训。第一，为了发展而使用核能不应该破坏环境平衡，否则会造成无法挽回的生态和人类代价。第二，在一些危险企业，绝对需要严格执行并定期监测环境安全标准。第三，因为国际机构和国家之间的合作和协调逐渐增加，且双方都是核责任公约的缔约方或者非缔约方，所以政府赔偿责任增加了。像切尔诺贝利事故这等严重事故可能发生在全球430多个核能反应堆中的任何一个（Kidd 2009），因此在许多国家（如德国、日本、奥地利和瑞典），有关管理和处理放射性物质的法律把无限赔偿责任强加给运营商、供应商、运输方和其他相关方面，往往要求大约30亿美元的安全保证金（Bidwai 2010）。一些欧洲国家出台了与国际公约有关的特定法律。例如，德国规定运营商承担无限责任，运营商必须为每一个核电站支付25亿欧元（约34亿美元）的安全保证金。这个安全保证金部分由保险公司承担，保险金额高达2.56亿欧元（约3.47亿美元）。瑞士要求运营商购买6亿欧元保险（约8亿美元）（Kidd 2009）。

在2007年之前，有63次具有造成灾难可能性的严重核事故记录在案。但许多学者认为大多数国家的政府不情愿立法对国家强加法律责任，并且相对于条约义务，它们更喜欢非强制性的准则和标准，因为后者易于撤销或修改（Kidd 2009）。国际舆论和政治压力可能不足以确保法律手段的执行或受害者的保险赔偿到位。尽管很多国家都规定了保险责任，但力度不够，在发展中国家和那些政治局势不够稳定的地区，普通市民仍会担心核能应用的安全性。

切尔诺贝利事故是通过采取预防措施可以避免的一个比较特殊的事故［尽管其他核事故也带来了毁灭性后果，比如印度博帕尔悲剧（the Bhopal）和美国三哩岛核辐射泄漏］。一些措施，如果在国内和国际上都被采用，可以保障此类事故的概率降低。这些措施包括：建立和发展更好的核能利用标准，严格的工业事故准则，训练员工如何应对事故和进行疏散，建立与周边国家和国际社会更好更开放的沟通渠道，配备安全隔离区，设立灾民、核区工作人员和曾经进入核区人员的信息数据库，以及提供国际援助系统。

查鲁·沙玛（Charu SHARMA）

香港城市大学

邓旸译

参见： 博帕尔灾难；洛夫水道；风险预防原则。

拓展阅读

Bidwai, Praful. (2010, March 21). India: UPA's second great nuclear folly—Scrap nuclear liability bill! *South Asia Citizens Web*. Retrieved November 9, 2010, from http://sacw.net/article1379.html.

Cardis, Elisabeth, et al. (2006). Estimates of the cancer burden in Europe from radioactive fallout from the Chernobyl accident. *International Journal of Cancer, 119(6),* 1224−1235. Retrieved November 9, 2010, from http://www3.interscience.wiley.com/cgi-bin/jissue/76502439.

Chernobyl Recovery and Development Programme (CRDP). (n.d.). Rendering assistance for the improvement of state policy. Retrieved November 9, 2010, from http://www.crdp.org.ua/en/publication/content/496.htm.

Freeman, Tesar. (2008, February 29). Pripyat—Chernobyl and the *Far Order*. Retrieved November 9, 2010, from http://academic.reed.edu/art/courses/art301/papers/chernobyl.pdf.

Heidenreich, W. F., et al. (1999). Time trends of thyroid cancer incidence in Belarus after the Chernobyl accident. *Radiation Research, 181,* 617−625.

International Atomic Energy Agency (IAEA). (1997). *Ten years after Chernobyl: What do we really know?* Vienna: IAEA.

Ioirysh, A., & Rogozhin, Yuri. (1996, February 22). Chernobyl, Dimitrograd, where else? *Trud*. Retrieved November 9, 2010, from http://www.pbs.org/wgbh/pages/frontline/shows/nukes/readings/nuclearleg.html.

Josephson, Paul. (1999). *Red atom*. New York: Freeman.

Kidd, Steve. (2009, March 23). New nuclear power plants—Are they insurable risks? *Nuclear Engineering International*. Retrieved November 9, 2010, from http://www.neimagazine.com/storyprint. asp?sc=2052512.

Kravchenko, Svitlana. (1994). Environmental enforcement of and public advocacy in Ukraine. Paper presented at the Fourth International Conference on Environmental Compliance and Enforcement. Retrieved November 9, 2010, from http://www.inece.org/4thvol1/kravchen.pdf.

Kuchanskyy, Oleg. (n.d.). *Environmental law issues in Ukraine*. Retrieved November 9, 2010, from http://www.salans.com/en-GB/sitecore/Content/Salans/Global/Items/People/K/~/media/Assets/Salans/Publications/2006/20060701-Environmental-Law-Issues-in-Ukraine.ashx.

Marples, David R. (1996). The Chernobyl disasters: Its effect on Belarus and Ukraine. Retrieved November 9, 2010, from http://www.unu.edu/unupress/unupbooks/uu21le/uu21le0h.htm.

Marples, David R. (1988). *The social impact of the Chernobyl disaster*. London: Macmillan Press.

Medvedev, Zhores A. (1992). *The legacy of Chernobyl*. New York: W.W. Norton & Company.

Morehouse, Ward, & Subramaniam, M. Arun. (1986). *The Bhopal tragedy: What really happened and what it means for American workers and communities at risk*. New York: Apex Press/Council on International and Public Affairs.

Motavalli, Jim. (2007). Living with radiation. *E—The Environmental Magazine, 4,* 35.

Organisation for Economic Co-operation and Development (OECD), Nuclear Energy Agency (NEA) & International Atomic Energy Agency (IAEA). (2006). International nuclear law in post Chernobyl period. Paris: OECD, NEA & IAEA.

Petryna, Adriana. (2002). *Life exposed: Biological citizens after Chernobyl.* Princeton, NJ: Princeton University Press.

Rautenbach, Johan; Tonhauser, Wolfram; & Wetherall, Antony. (2006). Overview of the international legal framework governing the safe and peaceful uses of nuclear energy—Some practical steps. in *International nuclear law in post Chernobyl period.* Paris: Organisation for Economic Co-operation and Development (OECD), Nuclear Energy Agency (NEA) & International Atomic Energy Agency (IAEA).

Shcherbak, Yurii. (1988). *Chernobyl: A documentary story.* London: Macmillan.

Ukraine—Law on Environmental Protection, amended in conformity with Law No.81/96-VR of 6 March 1996, see also articles 51, 54, 65–70 as amended, articles 16, 51, 54, 65–70.

United Nations Development Programme (UNDP), & UNICEF. (2002, February 6). The human consequences of the Chernobyl nuclear accident: A strategy for recovery. UNDP & UNICEF.

United Nations in Ukraine. (2010). 20th commemoration anniversary of Chornobyl catastrophe. Retrieved November 10, 2010, from http://www.un.org.ua/en/component/content/article/23.

von Rohland, Hans. (2001). Rehabilitating a nation: After Chernobyl and other disasters, Ukraine embarks on the road to recovery. *World of Work, the Magazine of the International Labour Office (ILO), 38,* 10–11.

Weisman, Alan. (2007). *The world without us.* New York: St. Martin's Press.

Yablokov, Alexey; Nesternko, Vassily; & Nesternko, Alexey. (2009). *Chernobyl: Consequences of the catastrophe for people and the environment* (Annals of the New York Academy of Sciences, Vol.1181). Boston: Blackwell Publishing on behalf of the New York Academy of Sciences.

Yaroshinskaya, Alla. (1995). *Chernobyl: The forbidden truth.* Lincoln: University of Nebraska Press.

Civil Disobedience, Environmental

非暴力反抗环保运动

"非暴力反抗环保运动(environmental civil disobedience)"这个术语被用来定义世界各地的组织、民间团体和个人为保护环境而采取的行动。非暴力反抗环保运动旨在防止政治的或企业的行为和政策进一步损害环境。它是一种抗议手段,反对政府和机构对危害环境的活动漠然处之。

非暴力反抗(civil disobedience)这个词的字面意思是"不服从国家"。非暴力反抗坚决拒绝服从特定的法律、要求和上级的命令,并通常是非暴力的。几个世纪以来,它一直是人们试图用来改变他们认为不公平的法律或惯例的做法之一。它已被用在许多著名的历史运动中,例如印度从英国争取独立、南非反对种族隔离制度、美国民权运动。

非暴力反抗的根源

美国作家、诗人和哲学家亨利·大卫·梭罗(Henry David Thoreau)曾在他1849年发表的文章"抵抗政府"(后来改为"论公民的不服从")中第一次使用这一词汇。在这篇文章中,梭罗认为公民有义务和道德责任不支持政府的非正义行为,即使这种支持是法律所要求的。梭罗写这篇文章的动机是解释他为何以拒绝纳税来反对奴隶制和美墨战争。梭罗认为,纳税则是他本人的一个非正义的行为。他认为政府应该承认每个人都有自己更高的、独立的权利,而政府的权力来自个人的支持。

梭罗是先验论哲学的追随者,这种哲学强调直觉和精神是超越经验和物质的存在。先验论者的一条最基本的原则是相信人类良知的可靠性,这种信念基于上帝驻扎在每个人的灵魂里的确信。这种确信驱使梭罗于1849年在"论公民的反抗"一文中写下"我有权利承担的唯一的义务是在任何时候做我认为正确的事情"。

梭罗的文章为激进运动奠定了基础,最终带来重大的社会和经济变化,包括从美国内战到越南战争以及其他变化。梭罗的哲学成为许多历史性的非暴力反抗活动的思想基础，对圣雄甘地、小马丁·路德·金（Martin Luther King Jr.）、罗莎·帕克斯等人产生了深刻的影响。它也是现代社会非暴力反抗的一个最具影响力的来源，包括非暴力反抗环保运动。

非暴力反抗环保运动

"非暴力反抗环保运动"这个术语是用来定义全世界一些机构组织、草根团体和个人为保护环境而采取的行动。环境非暴力反抗运动旨在防止政治或企业的行为和政策进一步损害环境。这是一种抗议手段，反对政府和机构对危害环境的活动漠然处之。运动参与者的生命和福利通常会遭遇到危险，却没有任何物质的回报。

环境抗议团体既有小型社区组织，也有大型国际实体（如绿色和平组织）。他们的目标可能针对地方行政机构（如区级森林管理部门）、国家政府，甚至国际组织（如世界贸易组织）。一些抗议团体只关注具体问题如森林砍伐或濒危物种，而另一些团体全方位关注所有环境问题。

这些抗议者的目标是要确保全世界所有社区享有正义——特别是那些影响气候变化最小但又受到气候变化影响最大的人们，比如那些生活在第三世界国家，享受发展的益处最少的人们。他们寻求化石燃料和碳排放的最小化。为了实现这一点，他们迫使政府实施"真正的"解决方案，如结束对气候污染者的补贴，而不是采取"虚伪的"的解决方案，依赖于"碳抵消（carbon offset）"——和"排放交易（emissions trading）"。碳抵消即在一个地方减少碳或温室气体的排放，来补偿或者抵消其他地方的碳排放。排放交易是一个可交易的许可制度，设立一个允许污染的整体水平，再把它分配给不同公司；其排放量低于分配配额的公司可以把他们的剩余许可配额卖给其他公司或使用它们来抵消该公司在其他地区的超量排放。

非暴力反抗环保运动的活动包括合法的和非法的行为，如静坐示威、封锁道路、树坐（Tree sit）、占据森林等活动，具体行为取决于抗议的焦点。例如，大规模破坏森林生态系统且造成广泛的环境影响的一些行为就会引发环保主义者进行树坐和占领森林的示威活动。有些团体也可能选择和政府不合作的方法，比如慢腾腾的前进（go limp）、拒绝提供任何信息、禁食，或拒绝参与法院程序——都是各种情形下人们反抗压迫的方式。不合作（noncooperation）的动机可以广泛地基于道德信念或公民责任。有时，这种动机决定组织或个人使用的抗议活动类型，比如用绝食来抗议有害食品的生产。

应该指出的是，这些个人/机构/团体在采取非暴力反抗方式之前，通常尝试过所有其他合法抗议手段，比如上访、游说、写信、上诉、投票，但是都已失败。例如，地球第一！（Earth First！）这种倡导非暴力反抗环保运动的团体，从不支持任何有可能伤害人身或财产安全的行为，因为暴力会损害他们的事业。

非暴力反抗抗议者所信奉的观点是，并不是所有的法律都是公正、公平、合理的。如果法律不能促进共同利益或不尊重人权，那么每个人都有权抗拒。政府有责任确保所有公民的基本人权，如果它做不到，或者它试图站在特权的角度为其行为辩护，声称因为它是民选的政府所以其行动是民主的，那么此时公民有权利和义务做出反应。推而广之，环保抗议者寻找一个更负责任的权威机构，无论是政府的还是企业的，去承担责任和采取行动面对这个世界的环境挑战。由于非暴力反抗运动，环境问题经常受到媒体的广泛报道，促使公众议论，在某些情况下导致环境法律和政策的变化。

全球公民环境权

生态意识源于人们越来越意识到环境问题不能仅靠政府来解决。越来越多的人似乎觉得需要组织起来，集体行动起来，才能解决问题。更好的全球沟通，特别是通过互联网的全球沟通，影响了新形式的民主和社会参与。部分原因是这些网络超出了任何机构的控制，他们在传播信息和环保意识方面发挥了重要作用，让人们在环境问题上更紧密团结起来。与此同时，许多全球组织建立了网络，有效地进行思想交流和技术实施。

这些关系和互动形成了全球公民环境权的基础，而此时这个地球对于人类生存的承载能力已经被推到极限。全球公民环境权主张个人、组织、国家和企业承担道德责任，来保护环境免受进一步的损失。这种观点体现在布伦特兰委员会的报告《我们共同的未来》（WCED 1987）中，它"强调地球上的人类享有共同命运……（并）认为国家之间只有采取前所未有的合作形式和高度的紧迫感，才能确保工业文明的可持续性"。因此，非暴力反抗运动在环境领域也可以解释为一种更高层次的公民权。

为了保护一个濒临灭绝或毁灭的物种或生态系统，为了保护环境，非暴力反抗人士不得不违反法律（因为环境本身不能自卫），最终干扰或扰乱一些商业活动或工业生产。这些抗议者代表着另一个生物或一组生物来阻止一个他们认为不应发生在公正社会的行为。例如，在应对气候变化运动中，环保主义者采用非暴力反抗的方式来保护环境，也就是保护人类的未来。他们还努力减少由于使用化石燃料所造成的损失。非暴力反抗人士认为所有生命形式包括人类共享地球这一环境，他们主要是阻止那些破坏健康环境的行为，如燃煤发电厂的运行，土地和社区环境的破坏，他们认为这些行为不应该出现在一个公正的社会里，并且非暴力反抗人士还会毫不犹豫地打破那些他们认为不公平的法律。

对于非暴力反抗环保运动的批判

曾有一个公司起诉非暴力反抗环保人士的案例。英国一对夫妇海伦·斯蒂尔(Helen Steel)和大卫·莫里斯(David Morris)公开批评跨国快餐连锁店麦当劳采用了一些破坏环境的行为。麦当劳以诽谤罪起诉这对夫妇,即著名的麦当劳餐厅有限公司诉海伦·玛丽·斯蒂尔和大卫·莫里斯案。英国皇家法院裁定麦当劳胜诉,驳回被告认为跨国公司不能以诽谤为由起诉公众利益问题的诉求。被上议院驳回后,这对夫妇又向欧洲人权法庭(ECHR)上诉。欧洲人权法庭裁定这对夫妇胜诉,批评英国法律未行使保护公众的权利,根据欧洲人权法庭的第十条,如果一家公司的商业行为影响人们的生活和环境,那么公众有权批判这家公司。

在另一起案例中,一个日本法院以盗窃和非法侵入的罪名判处两个绿色和平组织人士一年监禁,而这两人试图揭露日本国内享有大量补贴的捕鲸业中的贪污行径。1986年全世界禁止商业捕鲸,但日本在第二年设立非营利性鲸类研究所,此后以科学的名义每年捕杀数以百计的鲸鱼。2008年,环保人士(the "Tokyo Two")在送货仓库截获一盒重量为23公斤(50磅)的鲸鱼肉,声称它是被日本的捕鲸船员偷去的。环保人士声称,这盒价值约为60 000日元的鲸鱼肉是从日本捕鲸船新丸号上偷窃的,他们经常偷窃鲸鱼肉然后拿去销售牟利。调查者后来认定鲸鱼肉是用来作为纪念品而不是出售的,并没有对捕鲸者提起指控。不久之后,环保人士遭到逮捕。据联合国人权组织说,日本当局这样对待环保人士是武断专横的,违背了《世界人权宣言》和《公民权利和政治权利国际公约》。大赦国际(Amnesty International, AI,又称国际特赦组织)也表示担心,对环保组织the Tokyo Two成员的拘留和指控可能是意在恐吓其他环保人士。

对于企业和政府部门来说,非暴力反抗环保运动的行为构成非法侵入、破坏公物、阻塞道路、纵火和其他非法攻击行为。保卫自由企业中心(The Centre for the Defense of Free Enterprise),一个自称是"自由市场、产权和有限政府教育基金会"的智囊团,把所有此类行为称为"生态恐怖主义"。从这个角度看,受害者多为从事自然资源行业的个人和企业主,而这些非暴力反抗行为侵犯了自由企业机制和个人权利原则。对一些人来说,非暴力反抗和财产破坏之间没有区别——所有这些行为只是区分轻罪或重罪。这些反对者宣称,花在所谓生态恐怖主义行为上的金钱,是通过免税机构非法掠夺而来的,但是个人和非营利性基金会都没有意识到这是一种掠夺(Levin 2003)。

人们认为,禁止环保抗议活动将显著减少这些组织的媒体出镜率和筹款能力,而媒体出镜率和筹款能力对于这些组织来说无比重要。自2010年起,旨在打击生态恐怖主义的各种法律已经渗透到了美国一些州的立法机构;这些法律对于生态恐怖主义的定义非常宽泛,以至于能有效地禁止非暴力反抗环保运动。在澳大利亚,定义"慈善"这一术语的法律草案试图让那些参与非暴力反抗环保运动的机构无权享受减税的政策。但是,经一些社区团体抗议后,这一提议被搁置。

由于非暴力反抗的环保抗议活动，环境问题经常受到大众媒体的关注，进而引起公众讨论，因此非暴力反抗往往是一个有效的方法，可以改变那些影响环境的法律和政策。非暴力反抗环保运动体现了这样一个概念：当法律和正义不一致的时候，遵守法律就等于放弃一个人的道德和公民责任。

阿耶莎·卡恩（Ayesha KHAN）

国立法科大学

邓旸译

参见：布伦特兰报告；生态恐怖主义；执法；环境争端解决；捕鱼和捕鲸立法；草根环境运动；国际法院；环境难民；强弱持续性的争论。

拓展阅读

Asia Pacific News. (2010, September 6). Greenpeace duo gets suspended jail in Japan whale meat case. Retrieved October 12, 2010, from http://www.channelnewsasia.com/stories/afp_asiapacific/view/1079425/1/.html.

Bacic, Roberta, & Araya, Jose. (1998, May). Mehui'n on the move: Indigenous people oppose pollution in Chile. Retrieved October 14, 2010, from http://warresisters.gn.apc.org/tri1998/en/reader/c-d_e_a.htm.

Bárcena, Alicia. (1997, January). Global environmental citizenship. *Our Planet 8.5.* Retrieved November 7,2010, from http://www.unep.org/ourplanet/imgversn/85/barcena.html.

Bartlett, Samuel Colcord. (1853). *The duty and the limitations of civil disobedience: A discourse preached at Manchester, N.H., on the day of public thanksgiving, November24,1853.* Manchester, NH: Press of Abbott, Jenks & Co.

Brownlee, Kimberley. (2010). Civil disobedience. In Edward N. Zalta (Ed.), *The Stanford encyclopedia of philosophy.* Retrieved October 14, 2010, from http://plato.stanford.edu/archives/spr2010/entries/civil-disobedience/.

Doremus, Holly. (2009, October 14). Civil disobedience and climate change. Retrieved October 12, 2010, from http://www.progres-sivereform.org/CPRBlog.cfm?idBlog=534B649D-A303-A3F6-2318A6D3DBBBD003.

Falk, Richard. (1994). The making of global citizenship. In Bart van Steenbergen (Ed.), *The condition of citizenship.* London: Sage Publications.

Hughes, Graham. (1968). Civil disobedience and the political question doctrine. *New York University Law Review, 43*, 1–19.

Levin, Marc. (2003, November 3). Beyond simple protest. *New Jersey Law Journal.*

Little, Jane Braxton. (1999, Spring). Crimes for nature—Environmental radicals—Editorial. *American Forests.* Retrieved October 14, 2010, from http://findarticles.com/p/articles/mi_m1016/is_1_105/ai_54370910/.

McDonald's Corporation, McDonald's Restaurants Limited v. Helen Marie Steel and David Morris, EWHC QB 366 (1997).

McElroy, Wendy. (2005). Henry Thoreau and "civil disobedience." Retrieved November 5, 2010, from http://thoreau.eserver.org/wendy. html.

McSpotlight. (n.d.). The McLibel Trial. Retrieved October 14, 2010, from http://www.mcspotlight.org/case/.

Miniotaite, Grazina. (1991). Civil disobedience: Justice against legality. *The Acorn: Journal of the Gandhi-King Society, VI*(1), 21–23.

Morreall, John. (1976). The justifiability of violent civil disobedience. *Canadian Journal of Ph ilosophy, 6*(1), 35–47.

Munn, Andrew. (2000, March 24). Civil disobedience for climate justice. *It's Getting Hot In Here.* Retrieved October 14, 2010, from http://itsgettinghotinhere.org/2009/03/24/civil-disobedience-for-climate-justice/.

Narayan, Jayprakash. (2000). Introduction: Civil disobedience in Indian tradition. In Dharampal (Ed.), *Collected Writings* (Vol.II). Mapusa, India: Other India Press.

Pinto, Rodrigo G. (2010). Environmental activism. *International Studies Compendium Project.* Retrieved October 14, 2010, from http://www.isacompendium.com/public/tocnode?id=g9781444336597_chunk_g97814443365977_ss1-21.

Power, Paul F. (1970, March). On civil disobedience in recent American democratic thought. *The American Political Science Review, 64*(1), 35–47.

Smith, Wesley J. (2010, May 1). Ecocide: A crime against peace? *The Weekly Standard.* Retrieved October 14, 2010, from http://www. weeklystandard.com/articles/ecocide-crime-against-peace.

Stanley, Jay. (2010). Drilling opponents spied on like terrorists. *American Civil Liberties Union (ACLU) Blog of Rights.* Retrieved October 14, 2010, from http://www.aclu.org/blog/free-speech-technology-and-liberty/drilling-opponents-spied-terrorists.

Starr, Kayla. (1998). The role of civil disobedience in democracy. *Civil Liberties Monitoring Project (CLMP).* Retrieved October 14, 2010, from http://www.civilliberties.org/sum98role.html.

Suber, Peter. (1999). Civil disobedience. In Christopher B. Gray (Ed.), *Philosophy of law: An encyclopedia* (Vol. II, pp.110–113). New York: Garland Publishing Co.

Thoreau, Henry D. (1849). Civil disobedience. Retrieved November 21, 2010, from http://thoreau.eserver.org/civil.html.

Voorhoof, Dirk, & Gutwirth, Serge. (2010, June 21). Activism is not a crime. *Greenpeace International.* Retrieved October 12, 2010, from http://www.greenpeace.org/international/en/news/features/Activism-is-not-a-crime210610/.

World Commission on Environment and Development (WCED). (1987). *Our common future.* New York: Oxford University Press.

Witherell, Elizabeth. (1995). Life and times of Henry David Thoreau. *The writings of Henry D. Thoreau.* Retrieved November 7, 2010, from http://www.library.ucsb.edu/thoreau/thoreau_life.html.

CASE STUDY

Clean Air Act

清洁空气法 （美国，1970年）

自早期的历史以来，空气污染就困扰人类，其在工业革命时期加速从一个局部性的问题转变成困扰全球的问题。为了举国应对空气污染问题，美国于1970年实施《清洁空气法》，该法对空气污染物及其污染源建立了统一标准。尽管该法有助于改善空气质量，但空气污染仍然是一个需要进一步改善的全球性问题。

《清洁空气法》（CAA）是美国为应对空气污染问题所采取的主要法律举措。在1970年美国制定《清洁空气法》之前，空气污染已经肆虐很久了。古代时期，空气污染问题就已存在，17世纪时伦敦的空气污染就已经让人无法忍受。由于燃烧煤炭和其他化石能源的急剧增加，19世纪的工业革命将空气污染蔓延整个欧洲和美国。在20世纪，空气污染变得更加糟糕。在20世纪早期，众多城市浓密的烟雾曾被指责为是引发交通事故、建筑变黑和人们衣服变脏的罪魁祸首。更为严重的是，1909年，格拉斯哥曾因严重的空气污染而引起数十人死亡和数千人患病；此外，1930年的比利时、1931年的英格兰、1948年的宾夕法尼亚州多诺拉镇和1952年的伦敦也都发生了类似的事件。在美国，匹兹堡的钢铁行业和洛杉矶的众多汽车为这两座城市赢得了空气污染"殊荣"。

直到20世纪下半叶，空气污染在美国都被认为是一个局部问题。在19世纪80年代初期，许多城市试图通过制定法律来解决"烟雾问题"，但往往收效甚微（例如，在芝加哥、辛辛那提和中西部其他以高硫烟煤为主要能源的城市，法律对排放烟气行为规定的处罚是微不足道的，而且很难实施）。1940年，国会开始制定空气污染方面的法律，一系列早期的治理空气污染的联邦法律（如1955年的《大气污染控制法》和1967年的《空气质量法》）试图为联邦各州提供财政和技术援助来解决空气污染问题。但空气污染仍持续恶化。

1970年，国会通过了《清洁空气法》，并分别于1977年和1990年两次修订了该法。《清洁空气法》既是一部厚重的法律,同时也是一部具有历史意义的法律。不同于之前国会制定的其他有关法律,《清洁空气法》引以为荣的是涵盖广泛的污染物和污染源的统一的国家标准。该法制定的时间恰好是美国载人登月成功之后的一年,因而《清洁空气法》既反映了那个时代所具有的技术乐观主义,也反映了对当时美国城市糟糕的空气质量的沮丧。《清洁空气法》大部分内容都可以被视作是"合作联邦主义"的产物,是一种在联邦设定标准与各州执行之间的动态平衡。

《清洁空气法》的主旨是治理室外空气中的最常见污染物,因而《清洁空气法》的绝大多数条款都由对这些"基准污染物(criteria pollutants)"的管制所驱动。根据该法的规定,美国联邦环境保护署(EPA)必须为以下每一种基准污染物建立相应的国家环境空气质量标准(NAAQS):一氧化碳、铅、氮氧化物、臭氧、颗粒物和二氧化硫。一级国家环境空气质量标准必须设置在"保护公众健康"并"留有足够安全的边际"的水平。二级国家环境空气质量标准保护公共福利,其定义包括对动物、野生物种、水和能见度的影响。国家环境空气质量标准的水平必须只以健康考虑为依据;联邦环境保护署可以不考虑经济或技术可行性问题。根据法律规定,联邦环境保护署应至少每隔五年对国家环境空气质量标准进行一次审查和修订。但实际上,出于巨大的政治和经济代价的考虑,联邦环境保护署始终保持沉默,未对标准做任何修改。

州层面的实施

国家环境空气质量标准虽然不够灵活,但非常利于监管实施。虽然灵活的和定制的地方标准能够因地制宜,但这些"一刀切"的标准更易于行政机关制定、监测和实施。在实践中,国家环境空气质量标准固定统一的适用方法在贯彻过程中已经有所改善,即美国联邦环境保护署负责发布在全国范围内统一适用的环境空气质量标准,而各州则有义务和权力制定各自的污染物排放标准,以达到国家环境空气质量标准的要求。此外,各州还须提交州的实施计划(SIP),说明自己将如何在《清洁空气法》规定的限期内达到国家空气质量标准的要求。原则上，州实施计划在确保实现国家空气质量标准时，应着重考虑当地的实际情况，并采用相对灵活和因地制宜的标准。实际上，地方对标准作相应调整的概率更大，因为在确定国家空气质量标准的过程中，有250个地区曾被作为空气质量控制区（AQCR）来进行测量。简而言之，某州在拟定其州实施计划时须首先清查近期的排放情况、选择可用于减排的控制措施，进而通过计算机建模说明该州实施计划将如何实现国家空气质量标准。

每个州只有一份州实施计划，但该计划及其后续修订本往往针对该州内不同的空气质量控制区制定不同的条款。大致上来说，一个州首先要确定自己目前的空气污染程度及其与须达到的国家环境空气质量标准之间的对比情况，继而决定为了达到国家环境空气质量标准，将采用何种措施去限制或减少污染。州需要考虑的问题包括：污染源（如工厂、机动车、发电厂）、常规手段（如严格的排放标准、许可证要求、经济激励和一些志愿项目等），以及为了实现目标而需采取的合适方法，如税收激励或强制罚款等。在这里，建模起着十分关键的作用，它通过精密的计算机程序试图预测各项措施将会给未来的空气质量带来怎样的影响。每个州都精心制定自己的州实施计划，每一份计划都能够反映出各州在科学认知、技术进步和公共政策取向方面的变化。

联邦层面的实施

如果联邦环境保护署认为州实施计划无法实现国家环境空气质量标准，则其可以制定联邦实施计划（FIP）取代州实施计划，并要求州遵循。20世纪70年代曾有一份面向洛杉矶的联邦实施计划，但此计划因限制土地和汽车使用而饱受争议。实际上，国会已剥夺了联邦环境保护署强行向南部加利福尼亚推行联邦实施计划的权限。此后尽管还曾制定过少量的联邦实施计划，但从未真正实施过。

根据《清洁空气法》，各空气质量控制区均须尽快达到国家空气质量标准，如果被认定未达标，则自即日起五年内必须达标。联邦环境保护署可将此期限延至5年，州还可以在此基础上作两次为期一年的延期申请。《清洁空气法》的1990年修正案确定了臭氧国家空气质量标准的达标期限，那些未达标地区要在3年内达标，而极度不达标地区则被允许用20年时间来达到标准。根据各地的污染程度不同，《清洁空气法》也区别性地为各区域设定了达到国家空气质量各项指标的不同期限。

《清洁空气法》的修订

在1970年的《清洁空气法》文本中，国会忽视了对一个问题的规定，即：如果某地区没能达到某种污染物的国家环境空气质量标准怎么办。在1977年《清洁空气法》修正案中，国会开始应对达标问题，并在1990年修正案中增添了一批关于未达标问题的条款。尤其是1990年修正案创造了关于臭氧、一氧化碳和颗粒物未达标问题的新方法。比如，空气中臭氧的未达标状态可以分为以下五个级别：轻微、中度、重度、严重和极为严重。如果超标状态持续恶化，则追加额外的州实施计划要求。可能的额外要求包括：排放源清单、加大排放抵消、运输及燃料限制和对新污染源实施"最低可实现减排"。在1990年后臭氧由未达标转为达标的地区还必须实施一个旨在确保臭氧持续达到相关《国家环境空气质量标准》的十年计划。联邦环境保护署可以对未达标的州实施最为严厉的和及时的制裁措施是削减对州的联邦高速公路基金援助。但联邦环境保护署并不愿对各州实施制裁，特别是不愿意运用政治性的削减联邦高速公路基金的方式实施制裁。

新源排放标准

州实施计划允许各州对诸如燃烧炉、燃煤电厂和工业场地等固定源的排放采取限制措施。但根据《清洁空气法》第111条的规定，各州对很多固定源是不能采取限制措施的，因为该条授权联邦环境保护署为各新建和改建的固定源制定有害物质的排放标准。这些"新源排放标准"（NSPS）包含了70多项设施分类，可适用于"主要污染源"或重大改建的污染源。这些标准以技术为依据，体现了该行业可获得的最佳污染控制技术。这间接确保对成本的考虑，因为过高的污染控制技术可能不具有商业推广的可行性。通过这种方式，《清洁空气法》将大部分污染治理成本从现有企业的问题转为市场准入问题。

《清洁空气法》还在空气清洁地区抑制新污染者的出现。"预防严重恶化"（PSD）的规定要求在"预防严重恶化"区域的新污染源采取"最佳可行控制技术"来控制污染。"最佳可行控制技术"至少像新源排放标准一样严格，有时比其更为严格。"预防严重恶化"计划的内容较为复杂。简而言之，"预防严重恶化"计划将全国分为具有不同限制程度的三个类别。一类区域包括国家公园，譬如大峡谷；二类和三类区域则覆盖其余国土。通过所谓的"增长量"指标，这种分类决定各类区域所容许的开发程度。这种增长量为区域内污染物的环境浓度设定了上限。以颗粒物为例，一类区域中的颗粒物浓度上限是每立方米5微克，而二类区域则是每立方米19微克。换句话说，二类区域中可接受的排放几乎是一类区域的四倍。如果一个新源或重大改建源想获得排污许可，该源必须用模型计算其增加的污染是否会超出该区域的增量。需要注意的是，同未达标区域一样，"预防严重恶化"的规定也是根据不同污染物而分别制定的。这就意味着一个区域可以既是臭氧的不达标区域，也是颗粒物的"预防严重恶化"区域。

《清洁空气法》中还有大量旨在减少汽车及其他机动车辆污染的条款。如该法要求联邦环境保护署发布一系列规则来减少汽车尾气排放、加油散发和汽油蒸发；该法取消了含铅汽油的大多数用途；该法要求臭氧污染严重的城市使用新配方汽油，以减少空气污染；该法鼓励替代燃料的发展，如天然气、丙烷、甲醇、乙醇、电力和生物柴油；该法授权面临空气污染问题的城市采取措施检查私人车辆，以确保它们得到正确维护。该法还规定高速公路和轨道交通线路等交通设施建设项目如不能符合州空气质量标准的要求，则不能被联邦政府资助或批准。

有毒空气污染物

《清洁空气法》中包含有一个专门针对有毒空气污染物的单独监管方案。这些污染物的毒性是很强的，即使向空气中排放很小的剂量，毒性也会很大。1984年，位于印度博帕尔的一家跨国农药制造商联合碳化物公司向空气中排放了异氰酸甲酯，这一事故导致 4 000 人死亡。这一事故说明接触空气中有毒物质的迅速而致命的影响。有毒空气污染物一共有 189 种，包括石棉、苯、盐酸和氯乙烯等。但是《清洁空气法》对有毒空气污染物的监管并不如对那六种基准污染物的监管一样成功和有效。长期以来，联邦环境保护署始终难以识别这些有毒空气污染物，也不知如何去控制它们，这一情况一直持续到 1990 年。在那一年，国会开始亲自处理有毒空气污染物的监管问题，明确列出了 189 种有毒空气污染物，并指示联邦环境保护署制定最大可实现控制方案来管制这些污染物。

1990 年，国会修改《清洁空气法》时在其中增加了"酸雨排放交易计划"的内容。酸雨是包含有硫酸或硝酸物质的降雨。典型情况下，酸雨产生于大量燃煤（尤其是东部和中西部地区煤炭的含硫量高）的电厂所排放的二氧化硫和二氧化氮。一旦排放这些污染物，它们可被空气携带数百甚至数千英里，直到它们混入水汽变成酸雨再降回地表。在美国，这通常意味着在中西部地区的燃煤电厂需要对东海岸地区的酸雨负责。酸雨可使湖泊和河流的化学成分发生变化，给野生动植物带来危害。酸雨对于人类的危害主要是对人类呼吸系统和财产的损害。

酸雨排放交易计划为全国范围内的燃煤电厂的二氧化硫排放设置了一个不变的总量上限。燃煤电厂只能排放等于其获得的二氧化硫排放配额的二氧化硫。一个排放配额等于燃煤电厂从其烟囱中排放的一吨二氧化硫。如果一个电厂希望排放超其获得的配额量的二氧化碳，则其必须购买更多的二氧化硫排放配额，或者采取技术或其他措施来削减排放。一个工厂可以从另一个拥有超过其需要的配额的电厂购买配额以满足其排放需要。截至 2005 年，美国燃煤电厂的二氧化硫减排量超过了 700 万吨，相较于 1980 年排放水平降低了 41%。

温室气体

大多数空气污染都是局部的。一个地方排放的污染气体通常对本地造成比外地更大的危害。但有一些例外情况，譬如《清洁空气法》对酸雨问题的监管。但最重要的全球性空气污染——这也是目前有关《清洁空气法》的一个最大的争论点——与造成气候变化的温室气体的排放有关。二氧化碳等温室气体与传统的环境污染物之间存在很多不同。二氧化碳（CO_2）是自然发生的，为生命所必不可少，甚至对人类福利的发展而言也是有益处的。相较于大多数空气污染物，它所产生的效果是不同的，而且这些效果的发生也是间接的。很多空气污染物被人类吸入后，可导致呼吸系统疾病，此外可能刺激人的眼睛或妨碍视线。这些危害都源自直接暴露于污染物。而二氧化碳和其他温室气体却不是这样，它们能够阻挡热量逸散到大气层之外，导致地表升温和给环境、人类社会和野生物种等带来危害。

2007 年联邦最高法院在"马萨诸塞州诉联邦环境保护署"一案中做出裁决，确定温室气体属于《清洁空气法》所界定的"污染物"的范畴。约翰·保罗·史蒂文（John Paul Stevens）大法官在判决中强调《清洁空气法》"关于'空气污染物'的宽泛界定……包含了空气中各种的化合物"。二氧化碳和其他温室气体"毫无疑问是排放到空气中的物理和化学物质。法律的规定一点都不模糊"。法院判决做出以后,关于该管制的争论转移到了联邦环境保护署和国会。国会召开了数次听证会来明确法院判决所可能带来的后果。其中一次,众议院能源与商务委员会主席约翰·丁格尔(John Dingell)指责联邦法院的判决制造了"一场光荣的混乱",而这并非国会制定《清洁空气法》的意图。同时,联邦环境保护署接到了很多请愿书,要求它管制《清洁空气法》规定的其他活动,包括非道路发动机、航运船舶和飞机。奥巴马政府上台后不久,联邦环境保护署做出一项必要的认定,认为温室气体危及公众健康和公共福利,并建议由《清洁空气法》管制二氧化碳。但环境保护署的这项建议却起到了相反的效果,促使国会做出努力以禁止联邦环境保护署将二氧化碳作为《清洁空气法》所规定的污染物对待。

在这些争论中,《清洁空气法》管制的支持者们援引该法在减少其他污染物排放方面所取得的效果。他们还坚持认为《清洁空气法》包含足够的灵活性,允许联邦环境保护署将《清洁空气法》适用于温室气体所引起的情况。如果《清洁空气法》被用于控制二氧化碳排放,大多数潜在的受规制者则看到一个更严峻的管制前景。他们提到适用《清洁空气法》这样一部有缺陷的、不合适的和可能具有破坏作用的法律工具的"令人担忧的后果"。他们

担心如此一来,联邦环境保护署将从微观层面管理整个美国经济,迫使企业搬迁到国外、损害能源独立并难以实现环境方面的进步。双方还争论联邦环境保护署是否有权避免这些结果的发生。由于在近期哥伦比亚特区巡回上诉法院的几起判决中,法院认为《清洁空气法》的明确语言排除联邦环境保护署制定灵活的空气污染控制计划的努力。

自1970年美国国会制定《清洁空气法》后,空气污染显著减轻。联邦环境保护署的报告表明六种基准污染物的水平都在下降,酸雨和其他有毒空气污染物亦如此。尽管如此,美国肺脏协会2010年空气状况报告认为:"很多地方的空气质量都有所改善,但仍有超过1.75亿人(占总人口的58%)仍然遭受经常危害其呼吸的污染水平的折磨。"《清洁空气法》因而可能需要再次修订以适应空气污染的长期影响。

约翰·科普兰·内格尔(John Copeland NAGLE)
圣母大学法学院
冯嘉译

参见:气候变化信息公开——法律框架;减缓气候变化;京都议定书;马萨诸塞州诉环境保护署;关于消耗臭氧层物质的蒙特利尔议定书;国家环境政策法;污染者付费原则;特雷尔冶炼厂仲裁案(美国诉加拿大)。

拓展阅读

American Lung Association. (2010). *State of the air 2010*. Retrieved November 26,2010, from http://www.
　　stateoftheair.org/2010/assets/SOTA2010.pdf.

Environmental Protection Agency (EPA). (2008). The plain English guide to the Clean Air Act. Retrieved

November 18, 2010, from http://www.epa.gov/air/caa/peg/.

Environmental Protection Agency (EPA). (2010). Our nation's air—status and trends through 2008. Retrieved November 18, 2010, from http://www.epa.gov/airtrends/2010/index.html.

Heinzerling, Lisa. (2007). Climate change and the Clean Air Act. *University of San Francisco Law Review, 42*(1), 111–154.

Krier, James E. (1971). The pollution problem and legal institutions: A conceptual overview. *UCLA Law Review, 18,* 429–430.

Lazarus, Richard J. (2004). *The making of environmental law.* Chicago: University of Chicago Press.

Martineau, Robert J., Jr., & Novello, David P. (Eds.). (2004). *The Clean Air Act handbook* (2nd ed.). Chicago: American Bar Association.

Nagle, John Copeland. (2010). Climate exceptionalism. *Environmental Law Review, 40*(1), 53.

Oren, Craig N. (1988). Prevention of significant deterioration: Control-compelling versus site-shifting. *Iowa Law Review, 74*(1), 1–114.

Reitze, Arnold W., Jr., & Lowell, Randy. (2001). Control of hazardous air pollution. *Boston College Environmental Affairs Law Review, 28*(2–3), 229–350.

Rodgers, William H., Jr. (1994). *Environmental law* (2nd ed.). St. Paul, MN: West Publishing Company.

Squillace, Mark S., & Wooley, David R. (1999). *Air pollution* (3rd ed.). Cincinnati, OH: Anderson Publishing Company.

Strengths and weaknesses of regulating greenhouse gas emissions using existing Clean Air Act authorities: Hearing before the Subcommittee on Energy and Air Quality. U.S. Congress. House Committee on Energy and Commerce. 110th Cong., 2nd Sess., 418 (2008).

Massachusetts v. Environmental Protection Agency, 549 U.S. 497 (Mass. Ap. Ct. 2007).

Clean Water Act

清洁水法

美国1972年《清洁水法》试图通过监管点源排放来控制水污染。污染物经点源排放到达"通航水体"。为了使其更加有效,必须明确:该法适用于美国所有水体、必须不断更新该法以反映技术进步,必须增加市政污水处理设施的联邦资金。

1972年秋,美国国会颁布了史上最具创新性的法律之一:《清洁水法》(CWA)。《清洁水法》已经证明了它在减少来自美国工业和市政污水设施的污染物排放方面取得的显著成功。然而,这种成功凸显了该法监管结构存在一个很大的缺陷。尽管工业和市政点源排放有着严格的监管,但更为分散形式的污染,称为非点源污染,却未受到监管。此类非点源污染,包括农业和城市径流、大气沉降,以及来自林业运营和矿山的径流。结果,在21世纪早期导致美国水质受损的主要原因,既不是工业也不是城市垃圾,令人惊讶的却是农业。因此,虽然《清洁水法》

在许多前沿方面产生了实质进展并值得推崇,但它已经落后了,迫切需要相当大的立法关注。

1972年之前的水污染控制

《清洁水法》并不是联邦政府首次涉足水污染控制。第一个这样的立法是1899年《河流和港口法》的第13条。除了市政污水和雨水,第13条禁止向美国通航水体排放任何垃圾(refuse),除非得到美国陆军工程兵团的允许。尽管垃圾可以被解释成包括各种污染,但工程兵团将其解释为仅适用于妨碍航行的固体物质,这个解释一直持续到20世纪60年代末。

虽然在20世纪的最初几十年,许多州和地方政府采取了一些行动来控制水污染的上升趋势,但到20世纪30年代初国家的水体状况严重恶化。工业或市政垃圾几乎没有得到任何处理。例如,纽约被毫不夸张地形容为污水包围的小岛(Andreen 2003b,

225）。但在20世纪30年代，来自各种新政项目的一些援助，帮助建立了超过一千个的城市新污水处理厂。在20世纪30年代有过通过联邦水污染控制立法的若干尝试；尽管众议院和参议院通过了若干版本，但无一成为法律。

第二次世界大战暂时结束了对新联邦法规和污水处理开支的争论。这场战争也引起了制造业的大发展和未经处理的工业废物的排放高峰。战争结束后，国会重新回到水污染问题上。虽然出台了一些强有力的法律，但国会颁布的1948年《联邦水污染控制法》（FWPCA）并不能算它们中的一项。《联邦水污染控制法》向州水污染控制机构提供了技术支持和一些资金，给予适度的贷款用于市政处理设施建设，并创建了麻烦而又耗时的执法程序。国会在随后的几年（1956,1961）解决了许多此类不足，以更大的建设资助项目替代贷款项目，改善了联邦执法程序，尽管程度有限。

然而，这些努力，连同州层面的一些新举措，未能完成任务。为了应对日益增长的公众关切，国会在1965年和1966年采取行动强化《联邦水污染控制法》。1965年修正案要求，各州制订保护洲际水体的水质标准，并为其实施和执行创建计划。水质标准是描述满足州对特定水体或河段的指定使用的必要条件（例如，水体污染物的最大程度）的环境标准。例如，指定为公共供水或水生贝壳类动物的水体分区必须达到相对严格的标准。1966年修正案授权大幅增加联邦开支用于污水处理基础设施。不幸的是，受越南战争成本上升之害，大部分资金从未下拨。

到了20世纪70年代初，情况清楚表明为保障国家最珍贵的资源需要采取更加严厉的行动。20世纪60年代中期创立的水质标准计划进展不快。到1970年，近一半的州未得到全面批准的标准，而得到批准的标准通常较低，在用途指定和实施计划方面尤为如此。在某些情况下，州标准仅为保护工业或农业用途水体的标准。而且，州和联邦的执行被证明几乎不起什么作用。结果是，未经处理的工业废水，包括有毒物质仍在增长，城镇的污水排放量也是一样。1969年，美国因水污染而死亡的鱼类达到创纪录的4 100万条，1971年超过历史纪录，大约7 400万条鱼死亡（Andreen 2009, 271）。

这一状况促使许多美国律师求助于1899年《河流和港口法》（也称为《垃圾法》）第13条，将其作为一种新的执行工具。这种方法之所以成为可能，是因为最高法院在1966年裁定，垃圾包括所有水污染物而不仅是妨碍航行的物体；但不管怎样，《垃圾法》是一种欠佳的监管工具。第一，它并不适用于城市污染。第二，必须从头开始创建污染许可证计划。尽管政府开始发放许可证，但这是一项艰巨的任务，因为将环境水质标准转化为数以千计的单独许可证牵涉技术上的困难。

《清洁水法》占据舞台中心

在 1972 年《清洁水法》中，国会绘制了一条革命性的新路线。在国会看来，严重依赖州水质标准的早期计划已经部分失败，因为许多州不愿采用和实施可接受的水质标准。此外，事实证明很难将这些环境标准转化为管理每个污染者的排放限度。最后，国会对近乎于无的执法表示担心。国会下决心纠正这些问题，赋予联邦政府控制水污染的主导权威，不仅努力创建更加有效的执行工具，而且建立新的更易实施的污染控制策略。

范围

这种污染控制策略以点源排放——将污染物添加至通航水体（《清洁水法》中定义的美国水体）的管线和其他离散的输送途径的排放——为监管目标。所有此类排放被完全禁止，除非污染者符合一系列要求。就管辖范围而言，这项禁止是广泛的，超出了仅覆盖全国 2%～3% 的水体的传统适航性概念。然而，由于最高法院最近的两个判决，该范围不如 30 年来设想的那样广泛（Craig 2009, 117–137）。

在第一个案件中，法院认为《清洁水法》并不适用于孤立的州内池塘，其管辖权系以它作为迁徙水鸟栖息地的用途为依据。第二个案件走得更远，虽然最高法院的意见严重分化。九位大法官中的四位发表的多数意见认为，《清洁水法》仅涉及传统通航水体和相对固定的非通航支流，连同所有相邻湿地。第五个，也是至关重要的投票——由肯尼迪大法官投出——将所有非通航水体（和相邻湿地）视为美国水体，如果它们显著影响了（单独或结合区域内的同类水体）通航水体的化学、物理或生物完整性的话。一些下级法院将肯尼迪大法官的意见视为支配性的意见，而其他法院要么以多数意见为依据，要么以肯尼迪大法官的意见为依据来支持管辖权（Craig 2009, 138）。

适用与要求

在关于管辖水体点源排放所适用的规定中，有一些预期建立统一的国家排水限度。美国环境保护署发布的这些限度，适用于特定工业类别内的所有排放者。大多数情况下，这些限度以应用于特定废水的控制技术模型为依据：对常规污染物如有机废物以最佳常规处理技术为依据，对有毒物质和非常规污染物以最佳可行控制技术为依据，对新的营运以经证实的最佳可行控制技术为依据。同时，市政污水设施必须达到符合二级处理技术的限度。此外，对于可能妨碍公共污水处理系统或经过该系统却无法充分处理的任何污染物，间接排放者（排入市政污水管网的那些行业）必须达到某些预处理限度。

然而，使用统一的排水限度并没有引起水质标准制度的终止。排水限度关注经过点源的水体污染物，而水质标准关注接收水体的质量。结果是，遵守排水限度可能不会产生必然符合水质标准的排放。对于接收来自许多污染者或低速水流的大量排放，这尤为正确。对于任何水质受损的水体，希望各州设定最大日负荷总量（total maximum daily loads, TMDLs），并向有责任的来源分配这些为符合水质标准而设计的污染物负荷。

许可证制度

为了实施这些排水限度和满足水质目标必需的任何更加严格的要求，各点源排放者必须获得国家消除污染物排放系统（National Pollution Discharge Elimination System, NPDES）许可证。国家消除污染物排放系统许可证将一般监管要求转化成可执行的个体义务。因此，每个人都知道对特定排放者的预期是什么，这一事实同时促进了合规和问责。美国环境保护署赋予47个州在其境内管理国家消除污染物排放系统制度的权限。这些州签发的许可证受到环境保护署审查，如果发现许可违背《清洁水法》的要求，美国环境保护署可以否决它。但各州可以自主实行比《清洁水法》的要求更为严格的条件，这是一种与合作联邦主义概念相一致的方法。

为帮助确定排放者是否违反其许可证，美国环境保护署要求各许可证持有者监测他们的排放，并定期向政府提交监测报告。因此，在许多情况下发现违规行为是比较容易的。《清洁水法》还为联邦政府提供了一系列令人印象深刻的执法工具，从行政命令和处罚到可能获得禁止令救济、民事处罚、刑事制裁的法庭案件。此外，各州具有执行州签发许可证的同等权限，国会甚至授权公民个人对违反该法者提起民事诉讼（civil actions，包括我国法律中的民事诉讼和行政诉讼，译者注）。这种重复、冗长的执行方法旨在保护该法的监管设计免受执行懈怠的不良影响。

许多水污染源没有被许可证制度涵盖，因为它们涉及泛化的径流而非点源。通过要求各州列出由于缺少控制非点源污染的行动而未达到水质标准的水体，《清洁水法》试图解决这种类型的非点源污染。根据这个清单，各州必须制定管理计划减少非点源污染。但大多数州计划依靠技术援助和自愿遵守最佳管理惯例，这种方法尚未取得重大进展。虽然最大日负荷总量可以用于帮助减少水质受损水体的非点源污染，但许多州避免使用最大日负荷总量对非点源排放者施加管理限制。这种不情愿主要是由于来自非点源群体，特别是农业，在政治上强烈反对建立或实施减少污染的任何非自愿方式。

《清洁水法》持续向当地社区提供联邦援助以建立现代污水处理设施。20世纪70年代期间，这个建设补助金计划是全国最大的公共工程项目。但其规模在20世纪80年代缩减，最终变成了一个周转借款计划。尽管自1972年以来联邦政府已经为此提供了超过800亿美元，但污水处理建设资金的需求仍旧大大超过可得资金。除了许可证制度、非点源制度和污水处理建设制度，《清洁水法》还包含两项至关重要的制度。

第404条

《清洁水法》第404条规定未经美国陆军工程兵团许可，禁止向美国水体——包括湿地、甚至位于私人土地的水体——排放任何疏浚或填埋物质。但工程兵团签发许可证必须遵循美国环境保护署指南，美国环境保护署行使许可证的审查和否决权。第404条的制度非常重要，因为湿地是美国最多产的生态系统之一，为数以千计的物种提供家园、过滤污染物、防洪、补给地下水,并提供了沿海风暴潮的缓冲区。

第311条

　　最后,第311条处理发生在内陆或沿海水体的油类泄漏事故。该条禁止油类泄漏,一旦发生泄漏要求立即通知联邦政府。除了可以对此类泄漏适用罚款之外,第311条还创建了反应体系,1990年《石油污染法》予以强化和扩充。在大多数情况下,联邦政府可以选择① 使用专用基金清理泄露;② 直接负责清理泄漏;或 ③ 监督私人的反应行动。但当泄漏对公共健康或福利构成实质性威胁时,联邦政府必须执行或者指导反应行动。根据特定的抗辩和责任限制,责任方对反映成本和自然资源损害承担严格的责任。

进展和面临的挑战

　　通过国家消除污染物排放系统许可证制度应用以技术为基础的排水限度,加上数十亿美元的市政污水处理设施支出,大幅度削减了污染物载荷,普遍改善了水质。此外,湿地的丧失已经从20世纪60年代的峰值水平下降了约85%,自1973年以来美国水体的油类泄漏量已经下降了90%(Andreen 2004, 585, 591)。然而,许多挑战依然存在,无法保证持续取得进展。

　　最高法院对美国水体的狭隘解释已经严重影响到《清洁水法》保护水质和湿地的能力。除非该法的管辖范围回到初始范围,否则总数占到国家水体很大比例的许多水源及其邻近湿地将缺乏保护。此外,基于技术的排水限度需要不断得到更新以反映最近的技术进步,水质标准制度迫切需要通过同时适用点源和非点源的最大日负荷总量以全面实施。另一个挑战是联邦资助的城市污水处理能力,尽管很少受到关注。国家的人口增长和基础设施老化将使已经取得的许多进展出现倒退,除非包括收集系统在内的现有设施得到升级,新的更具创新性的设施得到建设。最后,应当尝试发展流域机构,这将以更加综合的和对环境敏感的方式帮助协调水质、水量和土地利用决策。因此,需要清洁水的新立法承诺,以维持过去四十年的进展,完成恢复国家水体的生物、化学和物理完整性的任务。

威廉·L. 安德林(William L. ANDREEN)
阿拉巴马大学法学院
卢锟译

　　参见: 清洁空气法;生态系统管理;污染者付费原则;跨界水法。

拓展阅读

Adler, Robert W. (1999). Integrated approaches to water pollution: Lessons from the Clean Water Act. *Harvard Environmental Law Review, 23*(1), 203–295.

Adler, Robert W. (2003). The two lost books in the water quality trilogy: The elusive objectives of physical and biological integrity. *Environmental Law, 33*(1), 29–77.

Adler, Robert W.; Landman, Jessica C.; & Cameron, Diane M. (1993). *The Clean Water Act 20 years later.* Washington, DC: Island Press.

Andreen, William L. (1987). Beyond words of exhortation: The congressional prescription for vigorous federal enforcement of the Clean Water Act. *George Washington Law Review, 55*(2), 202–261.

Andreen, William L. (2003a). The evolution of water pollution control in the United States: State, local and federal efforts, 1789–1972: Part I. *Stanford Environmental Law Journal, 22*(1), 145–200.

Andreen, William L. (2003b). The evolution of water pollution control in the United States: State, local and federal efforts, 1789–1972: Part II. *Stanford Environmental Law Journal, 22*(2), 215–294.

Andreen, William L. (2004). Water quality today: Has the Clean Water Act been a success? *Alabama Law Review, 55*(3), 537–593.

Andreen, William L. (2006). Developing a more holistic approach to water management in the United States. *Environmental Law Reporter, 36*(4), 10, 277–10, 289.

Andreen, William L. (2007). Motivating enforcement: Institutional culture and the Clean Water Act. *Pace Environmental Law Review, 24*(1), 67–98.

Andreen, William L. (2009). Delegated federalism versus devolution: Some insights from the history of water pollution control. In William W. Buzbee (Ed.), *Preemption choice: The theory, law, and reality offederalism's core question* (pp.257–276). New York: Cambridge University Press.

Andreen, William L., & Jones, Shana Campbell. (2008). *The Clean Water Act: A blueprint for reform.* Edgewater, MD: Center for Progressive Reform.

Arnold, Craig Anthony (Ed.). (2005). *Wet growth: Should water law control land use?* Washington, DC: Environmental Law Institute.

Craig, Robin Kundis. (2009). *The Clean Water Act and the Constitution: Legal structure and the publics right to a clean and healthy environment* (2nd ed.). Washington, DC: Environmental Law Institute.

Flournoy, Alyson C. (2004). Section 404 at thirty-something: A program in search of a policy. *Alabama Law Review, 55*(3), 607–649.

Houck, Oliver A. (2002). *The Clean Water Act TMDL program: Law, policy, and implementation* (2nd ed.). Washington, DC: Environmental Law Institute.

Kehoe, Terence. (1997). *Cleaning up the Great Lakes: From cooperation to confrontation.* DeKalb: Northern

Illinois Press.

Klein, Christine A. (2005). On integrity: Some considerations for water. *Alabama Law Review,* 56(4), 1009–1070.

Melosi, Martin V. (2000). *The sanitary city: Urban infrastructure in America from colonial times to the present.* Baltimore, MD: Johns Hopkins University Press.

Miller, Jeffrey G. (2005). The Supreme Court's water pollution jurisprudence: Is the court all wet? *Virginia Environmental Law Journal,* 24(2), 125–181.

Rechtschaffen, Clifford. (2004). Enforcing the Clean Water Act in the twenty-first century: Harnessing the power of the public spotlight. *Alabama Law Review,* 55(3), 775–814.

Stoddard, Andrew; Harcum, Jon B.; Simpson, Jonathan T.; Pagenkopf, James R.; & Bastian, Robert K. (2002). *Municipal wastewater treatment: Evaluating improvements in national water quality.* New York: John Wiley and Sons.

Wagner, Wendy E. (2000). The triumph of technology-based standards. *University of Illinois Law Review,* 2000(1), 83–113.

Climate Change Disclosure—Legal Framework

气候变化信息公开——法律框架

在美国,上市公司必须向美国证券交易委员会(SEC)公开关于气候如何变化以及其可能对公司运营和财务状况结果产生影响的实质性信息。在美国证券交易委员会2010年1月发布的解释中,提出了一个框架用以确定气候变化结果对公司是否具有实质性影响并因此需要在公司文件中予以公开。

不确定性似乎弥漫在关于气候变化及其后果的很多讨论中,尤其是对未来的立法和监管的讨论中。美国2010年发生的一些事件更加剧了这种不确定性。最值得注意的是,2010年上半年,参议院未能通过气候变化法案。与此同时,美国环境保护署在2010年持续这一始于2009年的雄心勃勃的议程,但这一议程的关键部分目前正面临法庭诉讼或被国会推翻的挑战。这一切的背景是:美国航空航天局戈达德太空研究所宣布2000年到2009年这10年是有记录以来最热的10年,美国国家海洋和大气管理局报告2010年是迄今为止两个最暖的年份之一(到撰写本文时)。

相比于上述悬而未决的状态,美国证券交易委员会最近关于气候变化的信息公开指南是相对具体的,尽管不具有强制性。美国证券交易委员会已经试图澄清气候变化及其后果,包括立法和监管建议,对上市公司信息披露是否是一个恰当的问题。美国证券交易委员会在这一发布中提供了上市公司做出关于气候变化信息公开的决定所依据的分析框架和程序。这一框架和程序甚至在立法和监管不断发展的情况下也适用。

除了适用于美国上市公司,美国证券交易委员会的指南适用于超过700家已经在美国证交所上市的外国公司。其也适用于在美国公开募股的外国公司。2009年美国首次公开募股(IPOs)的公司大约四分之一是外国公司,包括巴西银行桑坦德银行发行的70亿美国最大的首次公开募股和11家中国公司的首次公开募股。外国公司尤其是中国公司,在美国注册公开募股的这一趋势在2010年仍在持续。

除了美国以外，许多国家在过去的几年中已经采取了监管措施，要求某种形式的，作为企业社会责任报告或综合报告（综合财务和非财务报告）组成部分的可持续性报告或环保报告。2010年8月，总部位于伦敦的王子（Prince）可持续发展项目和总部位于阿姆斯特丹的全球报告倡议组织（GRI）建立了国际综合报告委员会（IIRC）。该委员会的目标是发展和推进公司在环境可持续领域、社会责任领域和治理领域的表现和金融表现的综合性报告的统一国际标准。全球报告倡议组织与其他几个非政府组织（NGOs）一起，还作为选择自愿公开气候变化和可持续发展信息的公司的报告地点。

证券交易委员会发布的说明文件

2010年1月27日，美国证交会批准发布说明文件"关于气候变化信息披露的委员会指南"，该文件于2010年2月8日生效。作为一个说明文件，该指南并没有创设新的法律要求。美国证券交易委员会主席夏皮洛在介绍这个文件时评论到："［它］仅仅是为了提供清晰性和提高一致性。"然而，这个说明文件的全面性和主旨表明美国证券交易委员会希望企业能够对评估气候变化风险和机会给予更大关注，并且，在这些评估的基础上，当这些风险或机会具有实质意义时，做出适当的披露。

具体地说，美国证券交易委员会意在以这一说明帮助上市公司在其按照现行的管理公司风险因素、业务描述、法律诉讼的披露规则提交文件过程中，判断哪些与气候变化相关的信息需要披露。特别是，证券交易委员会关注这样一个要求，即任何已知的实质性趋势和不确定性，尤其是那些与气候变化立法和监管相关的，都必须在管理讨论和分析（MD&A）中披露。

在这一说明文件中，美国证券交易委员会强调以下几个领域作为气候变化及其后果可能触发信息披露要求的例证：

● **法律和法规的影响**：与气候变化有关的现行法律、法规的影响，如果它们对公司及其业务具有实质性影响的话；以及，对于多数公司来说，行将制定的气候变化立法和监管的潜在影响。

● **国际协议的影响**：如果是实质性的话，关于气候变化的国际协议和国际条约对公司业务带来的风险或影响。

● **监管或商业趋势的间接影响**：有关可能为公司带来新的机遇或风险的气候变化的法律、技术、政治和科学的发展。

● **气候变化的物质影响**：气候变化的重要物质效果对公司业务产生的实际和潜在的影响。

考虑到潜在的成本增加或利润增长，美国证券交易委员会还列出了若干气候变化对公司可能产生的具体影响。例如，购买或出卖在碳封顶制度下购买或出售配额或信用可以成为公司的成本或收益。由于管制性的排放限度或者减轻碳排放上限的、碳排放税的或相似管理制度的成本，以及由于为达到法规要求而改进运行的运行成本，存在为减少排放而改进设施或设备的各种成本。由于增加或减少对商品或服务的需求，企业会受到盈利能力变化的影响。这种需求变化或直接受到立法或监管的影响，或直接来自商品销售成本的变化。美国证券交易委员会还列举了气候变化所带来的物理或气候变化对公司的核心位置、供应商或消费者的影响。这些影响可能带来潜在的额外风险和成本，包括在容易遭受洪水和飓风危害的地方的更高的保险费用和地方税。最后，声誉风险和公众对公司及其产品或服务的认可度也是公司需要考虑的事情。

聚焦于管理讨论和分析中的信息公开

美国证券交易委员会的大部分注意力集中在管理讨论和分析中识别和披露已知的趋势和不确定性的要求上，那些趋势和不确定性对公司财务状况和经营表现合理地可能有实质性影响。美国证券交易委员会的S-K条例第303条规定的管理讨论和分析被该委员会视为也许是登记报表和年度报告中最重要的信息披露部分。正如美国证券交易委员会提到的那样，管理讨论和分析应当为公司的财务报表提供一个描述性的解释，使得投资者能够从管理层的角度监管公司，加强财务公开，为财务分析提供背景信息，并且提供有关公司的盈利和现金流的质量和潜在变化的信息，使投资者能够获得以公司过往业绩预测未来表现的可能性。

美国证券交易委员会强调，公司必须在管理讨论和分析中披露任何已知的趋势或不确定性，比如未决的气候变化立法或规定，如果它们有合理的可能会对公司的财务状况或运营业绩产生实质性影响的话。在决定何种趋势或不确定性应被披露时，美国证券交易委员会认为公司应该考虑到与公司有关的金融、运营和其他已知的信息。在这些信息的基础上，公司应当识别已知的趋势和不确定性，并且评估它们是否会或合理地可能对公司的流动性、资本资源或运营结果产生实质性影响。

美国证券交易委员会并没有规定这种趋势或不确定性的影响所必然发生的时间框架。相反，公司应该考虑其具体环境和存疑的特定趋势或不确定性。然后，公司应该适用一般标准以确定突发事项或投机活动的审计重要性。该标准要求权衡事件发生的可能性与其预期规模。

美国证券交易委员会还讨论了如何确定一种趋势或不确定性对公司是否重要的分析。审计重要性——确定何时需要披露的试金石——通常取决于是否有实质可能性，使得一个理性的投资者在投资决策中认为这一信息是重要的。在决定已知的趋势或不确定性是否重要的时候,公司应当运用美国证券交易委员会总结的两步骤评估法。首先,上市公司必须评估趋势或不确定性是否合理地可能(reasonably likely)实现。美国证券交易委员会说明文件中发出警告,"合理可能"是比"较有可能(more likely than not)"更低的披露门槛。其次,在假定这一趋势或不确定性不会实现的情况下,则该公司必须客观评估该趋势或不确定性是否重要。信息需要公开,除非公司确定不会合理可能地出现对公司财务状况或运营结果的影响。

此外,美国证券交易委员会认为,公司还应该考虑披露在评估趋势或不确定性的时间和影响中遇到的困难,如果这些重要的话。该委员会注意到公司不应对其信息披露的评估限制在对一个趋势或不确定性的消极结果上,还应该考虑它是否可能为公司带来新的机遇。

信息披露控制与程序

美国证券交易委员会特别注意由于科技和通信技术的进步,公司可获得的金融和非金融信息的大量增加,并且强调所有相关信息,甚至包括不重要或不被要求公开的信息,都需要被评估。美国证券交易委员会还警告说,上市公司应该有充分的信息披露控制和程序来收集和处理这些信息,以确保信息在美国证券交易委员会的规则和表格具体规定的时间段内被记录、处理、总结和报告。这些信息还应被积累并适当传达给公司的管理层,以便就需要的披露及时做出决定。

美国证券交易委员会强调,公司的信息披露控制和程序不应局限于被要求的披露;相反,它们应该帮助确保及时收集和评估下列信息:(1)可能应当披露的信息;(2)有关评估披露公司业务的发展与风险的必要性的信息;和(3)确保其他不被要求公开的重要信息也包括在公司提交给美国证券交易委员会的报表中,以便使被要求公开的信息不会误导,而必须被评估的信息。

持续的监控

作为其持续信息披露审核计划的一部分,美国证券交易委员会将监控其说明文件对公司报表的影响。美国证券交易委员会表示将召开有关气候变化信息披露的公开圆桌会议。根据审查计划的结果、圆桌会议的信息以及投资者咨询委员会的意见和建议,美国证券交易委员会将决定是否需要进一步制定指南或规则。

投资者咨询委员会建立了一个作为所有人的投资者分委员会(Investor as Owner subcommittee),负责审查环境、社会和治理信息(ESC)披露,其中包括与气候变化和持续性有关的信息。这个分委员会举行了几次关于环境、社会和治理信息披露的会议,还将举行一个公众听证会,在其之后,分委员会将提出建议,该建议最终可能成为证券交易委员会另外的指南的基础。

美国证券交易委员会信息披露的其他要求和规则

企业提交给美国证券交易委员会的报表必须以合适的形式公开全部要求公开的信息。此外,公司必须根据做出被要求的说明的情况,披露任何为做出被要求的说明所必需的进一步的重要信息,不得误导。S-K条例中的规定进一步描述了需要在公司提交给美国证券交易委员会的材料中披露的事项。除了规定公司的管理讨论与分析的303条之外，在一个企业考虑气候变化信息披露时，S-K条例中还有一些其他条款可以适用于公司的气候变化信息披露：

- 101条（c）款（1）（十二）要求公司披露与颁布的法律相关的环保合规的重要影响。

- 103条要求披露公司作为一当事方的任何悬而未决的行政或司法程序的重要信息。如果其结果能够对企业财务状况或竞争地位产生重要影响，企业还应集中注意力于第三方诉讼程序。2009年公布了关于温室气体排放的若干重要法院判决，包括美国第二巡回上诉法院对康涅狄格州诉美国电力公司案做出的判决，其允许原告依据联邦普通法的公妨害规则，指控5个被告电力公司的温室气体排放助长了全球气候变暖。

- 503条（c）款要求对适用于企业的最重要的风险因素进行讨论。

- 407条（h）款，由美国证券交易委员会在2009年12月添加，要求披露关于董事会在风险监督方面的作用。对于一些公司来说，董事会负有监督责任的重大风险包括来自气候变化和对气候变化监管的风险。

2009年10月，美国证券交易委员会工作人员，不同寻常地发表了一份公报，促进股东在年度股东大会上的提案，要求公司对于气候变化风险进行更多披露。根据气候风险投资者网络（INCR）（Ceres项目之一），这个变化导致在2010年委托书征集季节提出的气候变化提案增加了40%。总共有101项决议提交给89个美国和加拿大的公司，包括煤炭公司、电力和石油生产者、房屋建筑商、大型零售商和金融机构。根据INCR，股东通过谈判取消了48项提案以换取各公司的具体承诺。

自愿的气候变化报告

许多公司，既有外国的也有美国的，自愿向一个或多个非政府组织报告其在气候变化和持续性方面的不同情况。一些著名的报告途径包括碳披露项目（CDP）、全球报告倡议组织、公司公报、气候注册组织（仅限于北美）。根据碳披露项目和全球报告倡议组织，它们在多项举措中合作，共有来自60个国家的2 500个组织向碳披露项目提交报告。2009年1 300多个组织公布了基于全球报告倡议组织的报告。在进行自愿披露时，受美国证券交易委员会的披露规则约束的美国公司和外国公司都应注意美国证券交易委员会公平披露（FD）条例关于禁止选择性披露重要的非公开信息的规定。因此，企业自愿公开某些重要的气候变化信息，如果不曾包括在公司向美国证券交易委员会提交的报表中或以其他方式公开披露过，可能违背了美国证券交易委员会规则。

碳披露项目被认为是气候变化报告的主要场所。它代表管理的资产价值超过64万亿美元的534家金融机构，拥有最大的公司气候变化信息数据库。在碳披露项目网站上可以获得一个特定公司的气候变化信息，并且碳披露项目定期出版一系列基于企业报告中的数据和其他信息的研究报告。最重要研究的是在全球500强（富时全球股指系列中世界最大的500家上市公司）和标准普尔指数500强（标准普尔指数中位列前500的美国公司）提交的报告基础上进行的详细描述各种趋势的碳披露项目年度报告。2011年9月发布的碳披露项目的2010年全球500和标准普尔500指数研究表明,2010年全球500强保持了高水平的报告,标普指数500强报告水平有所上升。正如碳披露项目所说,这种对气候变化的持续关注和越来越多的公司将碳管理作为优先战略的现象,是值得关注的,因为它在美国的管理上的不确定性、哥本哈根没有达成有约束力的协议,以及2008至2010年间的经济挑战这样的背景下出现。

总之,气候变化的监管是一个飞速发展和变化的领域。然而,美国证券交易委员会2010年的说明文件为公司应该如何做出气候变化信息披露决定提供了详细指导,并且证明美国证券交易委员会对气候变化信息披露高度关注。

史蒂夫·赖恩(Steve RHYNE)
K&L, Gates律师事务所
张岩译

感谢艾里克·E.弗里德曼(Eric E. Freedman)、克里斯蒂·T.哈伦(Kristy T. Harlan)、肖恩·M.琼斯(Sean M. Jones)以及霍利·K.万斯(Holly K. Vance),作者同他们在事务所的气候变化信息公开项目中一起合作。该事务所希望让人知道"本文仅供参考,不包含或传达法律建议。未经咨询律师,请勿在任何具体事实或情况中使用或依赖此处的信息"。

参见:布伦特兰报告;清洁空气法;气候变化减缓;能源补贴;欧盟温室气体排放交易体系;自由贸易;绿色税;能源投资法;马萨诸塞州诉环境保护署;公用事业监管。

拓展阅读

Carbon Disclosure Project (CDP). (2010). Homepage. Retrieved September 21, 2010, from https://www.cdproject.net/.

Davidoff, Steven M. (2010, January 19). The evolving I.P.O. market, circa 2010. In Andrew Ross Sorkin (Ed.), DealBook blog.*The New York Times.* Retrieved August 25, 2010, from http://webcache.googleusercontent.com/search?q=cache:wmTfoWogSrgJ:dealboo k.blogs.nytimes.com/2010/01/19/the-evolving-ipo-market-circa-2010/+public+offerings+foreign+issuers+united+states&cd=9&hl=en&ct=clnk&gl=us.

Ernst & Young LLP. (2010a, April 28). Ernst & Young LLP quarterly IPO pipeline analysis shows continuing momentum in the IPO markets. Retrieved August 25, 2010, from http://www.ey.com/US/en/Newsroom/News-releases/Ernst---Young-LLP-quarterly-IPO-Pipeline-analysis-shows-continuing-momentum-in-the-IPO-markets.

Ernst & Young LLP. (2010b, August 2). IPO pipeline nears record volume, dollars, according to Ernst & Young LLP. Retrieved August 25, 2010, from http://www.ey.com/US/en/Newsroom/News-releases/IPO-Pipeline-nears-record-volume--dollars--according-to-Ernst---Young-LLP.

Investor Network on Climate Risk (INCR). (2010). Climate resolutions toolkit—2010. Retrieved August 26, 2010, from http://www.incr.com/resolutions.

Lydenberg, Steve; Rogers, Jean; & Wood, David. (2010, June). *From transparency to performance: Industry-based sustainability reporting on key issues.* Retrieved August 25, 2010, from http://hausercenter.org/iri/wp-content/uploads/2010/05/IRI_Transparency-to-Performance.pdf.

The Prince's Accounting for Sustainability Project (A4S) & Global Reporting Initiative (GRI). (2010, August 2). Formation of the international integrated reporting committee (IIRC). Retrieved August 25, 2010, from http://www.integratedreporting.org/node/16.

U.S. Securities and Exchange Commission (SEC). (2009). Shareholder proposals (Staff legal bulletin no. 14E [CF]). Retrieved August 25, 2010, from http://www.sec.gov/interps/legal/cfslb14e.htm.

U.S. Securities and Exchange Commission (SEC). (2010). *Commission guidance regarding disclosure related to climate change.* Retrieved August 25, 2010, from http://www.sec.gov/rules/interp/2010/33-9106.pdf.

The University of Cincinnati College of Law. (2009a). Regulation S-K, 17 C.F.R. §229.101. Item 101—Description of business. *Securities Lawyers Deskbook.* Retrieved August 25, 2010, from http://www.law.uc.edu/CCL/regS-K/SK101.html.

The University of Cincinnati College of Law. (2009b). Regulation S-K, 17 C.F.R. §229.103. Item 103—Legal proceedings. *Securities Lawyers Deskbook.* Retrieved August 25, 2010, from http://www.law. uc.edu/CCL/regS-K/SK103.html.

The University of Cincinnati College of Law. (2009c). Regulation S-K, 17 C.F.R. §229.303. Item 303—Management's discussion and analysis of financial condition and results of operations. *Securities Lawyers Deskbook.* Retrieved August 25, 2010, from http://www.law.uc.edu/CCL/regS-K/SK303.html.

The University of Cincinnati College of Law. (2010). Regulation FD, 17 C.F.R. §243. Regulation for fair disclosure. *Securities Lawyers Deskbook.* Retrieved September 21, 2010, from http://www.law. uc.edu/CCL/regFD/index.html.

State of Connecticut et al. v. American Electric Power Company, Inc. et al., 05−5104−cv, 05−5119−cv (2nd Cir. 2009).

Climate Change Mitigation

减缓气候变化

气候变化是一个具备独特复杂性的全球环境问题。它有可能严重影响环境，但很难促使立即行动或政治变革。当前处理特定环境问题的计划如能源效率，无疑是有价值的；然而，仍然需要将气候变化作为一个整体予以关注，以形成有效的解决方案。

气候变化是一个严重的社会问题。的确可以认为我们已经远远超出了所谓风险预防原则能及的范围，真正的问题是我们是否正面临着一个不可能解决的问题。防止危险的气候变化最终将需要大幅减少全球温室气体（GHG）排放，这将彻底改变世界的能源经济。

一些评论者担心讨论气候变化问题的严重性会使人变得消极。然而未能认识到问题的严重性将使成功的可能性大大降低。阻止气候变化危险等级的技术手段可能是可行的，包括通过能源效率、可再生能源、核能和碳捕获及存储。更深层次的问题在于在必要的范围内实施这些技术。科学界通过政府间气候变化专门委员会（IPCC）呼吁稳定大气中温室气体的浓度。这将要求大幅减排。比如将浓度稳定在目前的水平需要减少约70%的碳排放。即便如此，气候变化的影响也可能非常巨大（Union of Concerned Scientists 2007）。虽然没有解决这个问题的确定方法，但许多类型的干预措施是可能的。也许其中的一些会取得成功，并带来一种行为和排放上的范式转移。

的确应追求适应气候的变化。但今天的世界资源和生态系统比过去承担更大的压力，并且存在的潜力远不足以人类应对气候变化。大量气候难民的前景是令人畏惧的，且全球冲突的可能性很大。未得减缓的气候变化会扰乱数十亿人所依靠的生态系统和基础设施。未得减缓的气候变化的长期后果是很难估算的，但忽略这个问题并不是一个合理的风险管理策略。

温室气体污染

从气候变化的角度来看，二氧化碳和其

他温室气体可被认为是污染物。但它们与那些在过去已被管制的其他空气排放物相比，是一种非常不同的污染物。不同于氮氧化物和硫氧化物，二氧化碳并不源于不纯的燃料或不充分的燃烧。它是任何碳基能源生产的必然副产品，它实际上是将碳转化为二氧化碳以释放我们可以捕获的化学能量。除此之外，几乎人类活动的每个方面都向大气中排放二氧化碳，从为农业（农地耕作和家畜饲养）而砍伐森林到为生产、运输货物和服务而使用能源，无不如此。二氧化碳不同于其他排放物还在于它可以在释放后从空气中去除，因为绿色植物利用二氧化碳进行光合作用。

此外，大多数污染物主要产生地方或区域性的影响，而二氧化碳和其他温室气体的影响则是全球性的。因为二氧化碳是全球气体——在一个地方释放的分子可以在几天内到达任何地方——所以成吨的二氧化碳的排放或去除对气候变化而言差别不大。但这对气候变化政策和减缓气候变化的经济学有巨大的影响。例如，它使得利用全球排放交易和碳市场来减少实现减排的总体成本成为可能。这些因素加在一起使减缓气候变化成为与控制其他污染物从根本上不同的一个挑战。

成功的气候变化管理

《联合国气候变化框架公约》(UNFCCC)于1992年由美国批准，并于1994年3月21日作为国际法律生效。目前公约有194个缔约方。《联合国气候变化框架公约》是一个没有自己的目标或命令的框架协议；《联合国气候变化框架公约》下的《京都议定书》于2005年生效，它对一部分国家上设定了有约束力的目标。美国没有批准《京都议定书》。

《联合国气候变化框架公约》的最终目标是将大气中温室气体的浓度稳定在一个"防止危险的人为干扰"的水平上。该公约并没有提供"危险的人为干扰"的定义，很难将它转化成明确的量化目标。首先，气候变化的影响在全球差别很大，因此很难在全球背景下评估危险的干扰。100万气候变化难民构成了危险的干扰，还是必须是10亿呢？危险的干扰和人体适应性两个概念的关系又是什么？可以认为在过去一百年里大气中温室气体浓度的大量增加已经构成危险的人为干扰，但如果人类在理论上能够适应，这是否意味着这一改变并不构成危险的干扰？怎样看待适应气候变化能力的现实的和经济的障碍？最后，贯彻危险的人为干扰的概念是一个政治决定。许多国家已经呼吁将全球气温变化限制在增加2℃。然而，即使这一目标可能已经无法实现。

因为没有明确的关于气候变化政策全球决定，也就没有除了避免危险的人为干扰以外的对成功的公认的定义。有理由认为这一目标已经失败了。最终，根据减缓气候变化努力所面临的政治和其他挑战，成功可能不得不以低得多的避免最糟糕情况的标准来衡量。

气候变化：一个复杂的问题

多数评论者认识到气候变化构成一个严重挑战，但它作为一个环境挑战的独特性并非众所周知。世界气候是一个极其复杂的系统。相应地，为其建模极其困难。总是存在科学怀疑论者或政客们可用来阻止认真行动的不确定性和分歧。此外，大多数环境问题——特别是得到成功应对的那些——的特点是具体的、可视化的。例如，有裂缝的鸡蛋（DDT）、死亡的海洋生物和受污染的鱼（油泄漏）或臭氧空洞。这种恶化的气候系统的明确信号直到缓解成为可能之前是不会被人理解的。

问题的另一个复杂方面是气候变化的主要公共措施，即改变世界几十分之一度的全球平均温度。它并不适合描绘气候变化影响的现实。作为世界各地的土地和水体的一个全球平均水平，它隐藏了轻度变化对局部环境的巨大影响。比如全球平均增加2℃只是一个平均数；但在一些地方，可以增加到全球平均水平的两倍或三倍。

几乎所有的人类活动都会导致那些科学家们认为影响地球变暖的温室气体排放。来自化石燃料的能源的生产无疑是主要的贡献者，但来自牲畜的甲烷排放、天然气开发以及那些释放目前存储在生物上的碳的土地利用的变化也是主要贡献者。不同于大多数其他环境问题，没有单一的技术方法可以消除对产生温室气体活动的依赖。科学家们所呼吁的变化是巨大的。《京都议定书》的目标经常被

描绘成具有挑战性的，然而它们只是迈向科学家们所认为的必要目标的一小步。《京都议定书》要求工业化国家排放量整体上在1990年的水平上减少5%，尽管全球总排放量将会增加。科学家们正在呼吁稳定大气中温室气体的浓度，这将要求全球排放量减少70%以上（Union of Concerned Scientists 2007）。气候变化具有"公地悲剧"的属性——即每个人都受到这个问题的影响，但没有人愿意为解决这一问题承担个人责任。最可能直接面对全球气候变化的国家，包括受到海平面上升威胁的小岛屿国家，实际上并没有排放很多温室气体。美国贡献了约25%的全球温室气体排放，也许能够比其他国家更容易适应，但却没有采取重大行动来减排（U.S. EIA 2004）。这一问题的"公地悲剧"性质导致政府方面的"博弈行为"，因为它们试图在这个问题上占据有利地位（博弈论和"博弈行为"试图站在科学和理性角度解释当一个人的成功取决于他人的选择时的人类行为，个人将试图以其特定利益为基础来自己做决定）。

由于气候变化是一个包罗万象的问题，抓住它的替代物可能比找到更大问题的解决办法更容易。例如，以呼吁更高的能源效率和

更多的可再生能源为主的行动计划和过程，只关注这个问题的一个方面。提高能源效率和扩大使用可再生能源是值得称赞的和必要的努力，因为它有助于取代化石燃料的使用。但专注于这些替代物可能导致适得其反的结果，如果它转移了我们为更大目标而做出的努力的话。

气候变化讨论中的引起复杂性的其他问题包括这样的事实：气候变化一旦开始就很难扭转。大气和海洋循环是长期的，有些以世纪计数。问题一旦被确认，就不可能快速得到扭转。此外，减缓气候变化的成本是极其昂贵的，特别是如果突然进行减缓的话。大量的资本存量可能被"搁浅"，如果没有足够的时间提供技术和系统的发展以缓冲成本的话。受困资产可能包括火力发电厂在计划生命周期结束之前很久就因为减排要求而被迫关闭。最后，尽管减排的好处是普遍的，但激进的气候政策的影响将会更沉重地落在生产和开采化石燃料的行业身上。因此，这些行业有理由反对激进的气候政策，使建立必要的政治联盟更加困难。

这些特征暗示一个异常困难的政策问题。实际上，环境政策或国际环境合作的历史几乎没有显示应如何成功应对这种问题。然而，确定成功的缓解气候变化的努力所必需的许多构件是可能的。

气候变化缓解构件

任何成功应对气候变化问题的努力都需要利用一个高度多样化的减缓构件的组合。这些构件的关键例子包括接受气候变化的不确定性、提高和澄清公众意识、强制减排、促进

国际合作、专注于技术创新以及平衡人口与经济增长及其他。

接受气候变化的不确定性

气候变化预测以重大不确定性为特征，包括气候系统的温度敏感度；未得到鉴别的反馈回路，在这当中上升的气温会创造导致更多气温上升的条件；以及有关海洋酸化范围的不确定性。预测气候变化的细节和量级上的不确定性常常被用作反对就这一问题采取行动的理由。因为不确定性在像气候系统这样的复杂系统中是不可避免的，这一理由可能显著地延迟行动并提高来自气候变化的整体风险。然而，这个问题太重要了，以至于在采取行动上不能犹豫，尤其是采取政治行动。

公众对气候变化的理解

在缺乏一系列导致批判其政策的气候事件的情况下，在为决策者创立动力采取行动应对气候变化问题上，需要公众对气候变化问题有更好的理解。虽然政策制定所用的灾害-应对的场景经常成为环境政策制定的特征，但这不是一个关于气候变化的理想的模型；当有明确的气候变化灾害发生的时候，对它所做的一切都将会太迟了。在这方面如何最好地促进公共教育，目前还不完全清楚，但应该说可以从小学的科学课程开始。

减排要求

没有减排要求和相关的强制性政策和措施，成功地应对全球气候变化是不可想象的。自愿措施和承诺只不过是隔靴搔痒。这些要求可以采取综合全面的形式，有组织的方法

来应对处理导致气候变化的经济外部性;例如,通过碳税或碳市场对碳确定一个适当的价格。替代综合全面方法的另一种方法是实施许多针对特定部门和特定于技术的要求,从建筑节能标准和汽车燃油经济性标准到城市垃圾管理要求需求和化石燃料发电厂碳捕获和储存要求。这些政策和措施的潜在数量是巨大的,并将最终被证明比综合全面的方法要复杂得多。

国际合作

温室气体减排挑战的一部分不仅在于减缓导致排放显著增加的工业的快速增长,而且在于改变这些排放的模式。源自化石燃料的全球二氧化碳排放量从 1900 年的 20 亿吨增加到今天近 300 亿吨(World Resources Institute 2005)。从历史上看,工业化国家的温室气体排放主导了全球的排放。但这正在发生改变:2009 年中国超过美国成为全球最大的二氧化碳排放国。到 2015 年,发展中国家的年度排放总量预计将超过发达国家(U.S. EPA 2010)。

因此,发展中国家关于到目前为止发达国家贡献了主要的排放的观点是正确的,因此要求发达国家做出率先减排的努力并非不合理。然而,工业化国家认为如果发展中国家不采取措施抑制其快速增长的温室气体排放,它们的减排也不会有效果,这也是正确的。其结果是一个关于谁先走、走多快、走多远的国际政治争议。

技术创新

今天的能源生产和消费技术往往比 10 年或 20 年前实施的技术要有效得多,现有的技术可以帮助减少全球温室气体的排放。然而长期缓解气候变化——尽管要为日益增长的人口供应更多的能源,仍需要极大地减少排放——要求大幅改进我们生产和消耗能源的技术以及与封存碳排放相关的技术。这样的进步和创新可能导致全新的技术或大幅增加在现有技术条件下的减排成本。例如,当前碳捕获和储存技术仍然非常昂贵,将大幅增加电力成本。碳捕获和存储的新而更便宜的技术的成功会显著加速在政治上对减排要求的接受。许多与能源的生产和消费相关的其他技术也是如此,例如从 LED 照明技术到电动汽车技术。

可持续的人口和经济增长

如果地球上现有的数十亿的人口数量和经济期望继续扩大,减缓气候变化的成功将是难以想象的。长期碳排放量可以通过下列公式表达:人口 × 人均经济产出 × 单位经济产出的二氧化碳排放量。出于政治原因,公式前两个变量往往是很难谈论的。然而在实践中,如果我们只关注最后一个变量是不太可能明显缓解气候变化的。

缓解气候变化还有其他一些重要方面。例如,能源效率显然是减缓气候变化的努力的一个关键。自愿减排项目亦如此。但它们的作用是促进主要构件的实现,而非自身成为关键。

减少温室气体排放的关键工具

控制温室气体的增加还有许多其他工具。多种方法的组合可能取得最大的成功。强制性的和基于刺激的方法都可在温室气体减排中发挥作用。

命令与控制方法

命令与控制方法的管制涉及由政府机构实施的关于如何实现某些环境目标的特定强制性规则。例如，这种方法可以反映在一项从烟气中捕获和储存二氧化碳的具体要求中，即使可以从其他来源获得更具成本效益的减排机会，或者一个简单然而严苛的关于在短期内50%的电力必须来自可再生能源的指令。

碳税

碳税是基于燃料特别是化石燃料（如石油、天然气、煤炭）的碳含量征收的税。虽然这一争议有许多方面，但碳税的支持者们普遍认为这为排放者提供了找到最便宜的方法来减少碳排放的动力。碳税是容易理解和执行的。然而，二氧化碳的工业排放者不支持碳税。一些环保人士也质疑这种方法。不可能预先知道将会产生的减排是反对碳税的一个理由。其他政策可提供更多关于环境结果的确定性。例如，总量管制与排放交易计划将为二氧化碳和其他温室气体的排放设置一个特定的总体限制，但也允许能够更便宜地减排的公司将其信用卖给那些减排成本更昂贵的公司。

排放交易

排放交易是一种基于市场的，通过提供寻找最具成本效益的减排机会的灵活性来控制污染的方法。在总量有限的系统中，排放额度可以买卖；一个能够以讲求成本-效益的方法将其排放量减少到低于其指定限度的设施，可以将该差额卖给另一个需要减排但因技术或经济的原因不能减排的设施。排放交易计划可以以多种方式设计，包括与碳税有关的方式。那些赞成二氧化碳的排放交易计划的人认为它允许市场确立最低成本的减少二氧化碳排放的手段，并且鼓励设施对设施的直接交往。

外部性附加

一些州的公用事业委员会已经将外部性附加作为一种综合资源规划的工具用在公用事业部门，其目的是反映依赖于更多而非更少的二氧化碳密集型燃料的预计社会成本。这些附加在资源规划评估和发电厂选址过程中对二氧化碳进行赋值，期望产生支持采用碳密度更低的发电技术，例如可再生能源或天然气而不是煤炭。

碳抵消

碳抵消在概念上类似于已经用于其他污染物的抵消。碳抵消项目抵消排放一吨二氧化碳的影响。设施可以通过避免在其他地方的同等排放或从空气中吸收否则会留在大气中的一吨碳来实现抵消。

市场机制：一个关键的工具吗？

市场机制，特别是总量控制与排放交易（cap-and-trade），已经成为气候变化立法提案的一个关键组成部分。总量控制与排放交易制度为特定污染物的可允许的排放量设定一个总体的限制。它欢迎企业的灵活性。能以较低费用减少排放的企业可以生成并将"超额"减少量（即允许排放限度和实际排放量之间的差额）卖给那些无法以合理成本达到所允许的排放水平的企业。对以往美国酸雨政策（开创了在封顶系统下排放交易方法的运用）成功的认识和对企业将更加欢迎总量控制与交易政策而非其他的确信，使得总量控制与排放交易政策成为国家气候变化政策的主要竞争者。

然而，政策制定者没有应对这样一个事实，即比起二氧化硫排放，温室气体减排是一个更复杂的政策和政治目标，因为它们涉及好几种气体、许多技术、众多国家和长期的、无定形的风险。

碳补偿

碳补偿是基于这样的假设：排放一吨温室气体如二氧化碳对气候变化的影响可以通过在其他地方避免释放或减少已经在大气中的等量的气体予以抵消。一个外部实体为这些措施的实施提供资金以换取所产生的温室气体效益的一部分或全部。碳补偿资助者普遍预期这种温室气体效益可以转化为自身减排需求的减少或通过在排放交易市场出售温室气体信用而获取相关的经济收益。

碳补偿为净二氧化碳减排提供了机会，这肯定会比很多诸如从烟气中剥离和处理碳的命令与控制等方法成本更低。可以确定几种类型的碳补偿。例如，需求管理可以通过减少对能源服务的需求来减少二氧化碳的产生。供应方的效率可以通过从每单位燃料中获得更多的能量来减少二氧化碳的产生。燃料转换（从一种能源转变为另一种）可以减少二氧化碳的产生，因为化石燃料归因于碳的能源含量比例不同，而且转变为可再生能源可以完全

消除排放。几种基于森林的碳补偿也是可行的，包括保护或者管理那些可能在未来几十年因为砍伐而失去的现有森林，森林自然再生或为了增加全球碳库而重新造林，以及为代替化石燃料的使用而发展生物能源的供应。

一个研究不多但同样可行的抵消温室气体的方法涉及甲烷气体项目。由于作为温室气体的甲烷的强力性质，捕获垃圾填埋场、煤矿操作或天然气管道泄漏的甲烷，并减少诸如奶牛等反刍动物产生的甲烷，为碳抵消提供了重要机会。

显然，对任何未来的监管策略加入灵活性在概念上都是有意义的。不同的选择将为符合成本-效益原则的减排带来不同的机会。这肯定有助于气候变化减缓的成功。

管理私营部门的不确定性

想在其运营和投资决策中追求"温室谨慎"的公司发现自己处在一个困难的境地——这一领域存在许多问题但几乎没有监管。大气层的稳定将成为气候变化政策的目标吗？如果不是这样，它们如何确定对政策和市场情况的预测呢？如果一个公司承认气候变化是一个重要问题，那么在缺乏重要监管的今天，怎样才是一个谨慎的反应呢？在缺乏法规要求的情况下，企业承受减缓气候变化的成本的做法能走多远，尤其是考虑到股东审查公司的支出的情况？

一些次级问题也必须加以考虑。减排或

对冲未来风险的早期行动是得到回报,或被忽视,或受到惩罚呢?采取减少温室气体排放风险的早期行动(在任何监管要求之前),按照未来的监管要求来改变衡量其被要求的减排水平(基线)的公司,是否实际上增加了它们的监管风险?此外,每年越来越多的企业在对气候变化采取行动时面临着股东决议或其他压力,但决定采取什么行动并不总是明确的。在这些压力下,公司采取安全路线。它们想做出反应,但犹豫会实质性地影响收入——总的来说,企业运营的公司环境变得越来越复杂,特别是对于气候变化问题。

考虑气候变化风险管理的各种选择要求企业内部教育和规划。在今天的政治舞台上谨慎地处理气候变化问题需要了解未来政策结果的潜在范围及其影响。可用三个潜在的场景来说明这个问题:

● 场景1:问题崩溃。虽然不太可能,但在气候变化问题上的政策行动压力可能会结束。如果气候变化科学推翻了自身或者政策制定者和公众认为减缓在政治上太困难并且我们应该专注于去适应的话,这就可能会发生。然而,没有科学的逆转,这种情况发生的概率很低。

● 场景2:坚持到底。在这种场景下,在国内和国际层面都采取许多政策和措施,或明或暗地设立每吨二氧化碳的价格。至少在可预见的未来,这些措施并不足以稳定大气中温室气体的浓度。这种场景发生的概率相对较高。

● 场景3:大气稳定。此场景基于实现积极减排的政治意愿的发展和稳定温室气体浓度所必要的技术进步。这个场景将使得每吨二氧化碳当量的资产/负债价值可能达到

50到100美元。尽管这种场景发生的概率相对较低,考虑到科学界越来越迫切要求采取行动,很难取消这个场景。

未来的气候变化政策

对有关避免全球气候变化的长期经济学的争议应该正确看待,并且应为碳制定一个市场价格。存在解决适度成本问题的许多可能的方法,降低长期成本的技术进步的潜力也是巨大的。现在争论这个经济学对政策并没有意义,且阻止了促进长期创新所需的市场价格信号的建立。

还有几个关于长期气候变化政策的结论。与其担心气候变化到底有多严重,还不如将重点放在可能的解决方案上。希望它不会达到许多科学家担心的程度。然而,挑战依然存在,不确定性仍然很大。虽然正在确定正确的答案,也要从现在采取行动制止气候变化。实施一些措施而非等待一个完整的解决方案将促进这一进程并随着时间的推移整合成一个成功的策略。成功地管理全球气候变化需要技术开发、人口控制、国际规定及更多,所以从现在开始致力于问题的解决,非常重要。

马克·C.特雷克斯勒(Mark C. TREXLER)
挪威船级社可持续发展和创新部
劳拉·H.科斯洛夫(Laura H. KOSLOFF)
俄勒冈州波特兰律师
章楚加译

参见:欧盟温室气体排放交易体系;绿色税;京都议定书;风险预防原则;联合国公约和协定概览。

拓展阅读

The Center for Naval Analyses (CNA) Corporation. (2007). National security and the threat of climate change. Retrieved October 12, 2010, from http://www.securityandclimate.cna.org.

Climate Competitiveness Index. (2010). Homepage. Retrieved October 12, 2010, from http://www.climatecompetitiveness.org/.

Climate Counts. (2010). Homepage. Retrieved October 12, 2010, from http://www.climatecounts.org.

Intergovernmental Panel on Climate Change (IPCC). (2010). Homepage. Retrieved October 12, 2010, from http://www.ipcc.ch/.

National Academy of Sciences. (n.d.). Panel on informing an effective response to climate change. Retrieved October 12, 2010, from http://www.americasclimatechoices.org/panelinforming.shtml.

Pacala, Stephen, & Socolow, Robert. (2004). Stabilization wedges: Solving the climate problem for the next 50 years with current technologies. *Science, 305,* 968–972.

Public Interest Research Centre (PIRC). (2008). Climate safety: In case of emergency. Retrieved October 12, 2010, from http://climatesafety.org/download/climatesafety.pdf.

Real Climate. (2010). Homepage. Retrieved October 12, 2010, from http://www.realclimate.org.

Trexler, Mark C. (2005). Beyond ideology: Mitigating climate change. *Policy Matters, 3*(1), 27–30.

Trexler, Mark C. (2010, September). A gathering of black swans. *Environmental Finance,* 22–23.

Union of Concerned Scientists. (2007). A target for U.S. emissions reductions. Retrieved November 24, 2010, from http://www.ucsusa. org/global_warming/solutions/big_picture_solutions/a-target-for-us-emissions.html.

U.S. Energy Information Administration (EIA). (2004). *Greenhouse gases, climate change, and energy.* Retrieved November 24, 2010, from http://www.eia.doe.gov/oiaf/1605/ggccebro/chapter1.html.

U.S. Environmental Protection Agency (EPA). (2010). Global greenhouse gas data. Retrieved November 24, 2010, from http://www.epa.gov/climatechange/emissions/globalghg.html.

World Resources Institute. (2005). *Navigating the numbers: Greenhouse gas data and international climate policy.* Retrieved November 24, 2010, from http://www.wri.org/publication/navigating-the-numbers.

Cod Wars, United Kingdom v. Iceland

鳕鱼战争（英国 V. 冰岛） *（海牙国际法庭，1974）*

　　关于冰岛捕鱼水域范围问题，英国与冰岛争论长达30年之久。在所谓"鳕鱼战争（Cod Wars）"期间，冰岛先后4次宣布扩大捕鱼水域，每次都会激起英国的抗议。该争议作为许多事件之一，导致国际社会将国家的专属经济区确定为200海里。

　　自1952年到1975年，冰岛扩张经历了4个阶段，将原本距离海岸仅3海里的捕鱼区域扩张到200海里，比原来增长了30倍。冰岛的捕鱼区域快速增长与北大西洋沿岸的其他国家产生利益冲突，尤其是英国和德意志联邦共和国。英国在此问题上态度十分强硬，因此产生了一系列军事及政治纠纷，这就是著名的"鳕鱼战争"。

　　这一系列纠纷以国际海洋法的谈判为历史背景。冰岛提出的主张常常因其他国家的类似扩展而显得正当。事实上，英国在主张对冰岛捕鱼进行传统限制的同时，它自己也在主张类似的权利。国际商谈进入到白热化阶段，并于1982年通过了《联合国海洋法公约》。公约规定一国可对距其海岸线200海里（约370公里）的海域拥有经济专属权，在这一区域内，所属国家可以自由进行资源开采。这一公约在国际社会各国领海纷争处理中发挥着重要作用。

各方利益

　　冰岛是北大西洋区域渔业资源最为丰富的地区，对冰岛及欧洲渔民有着极为重要的商业价值。

　　渔业是冰岛唯一的经济支柱，渔业产品几乎成为冰岛仅存的可供出口产品，同时也是维持冰岛人民生活及国家发展的重要产业。渔业的不断发展也加速了渔业资源的消耗，需要立即采取保护措施，防止渔业资源衰竭。显然，冰岛不愿限制本国人民的捕捞活动，于是，政府决定控制外部人员的捕捞活动。

　　而英国和德国则认为该决议影响到了

他们的商业利益,主要体现在以下 3 个方面:① 影响了在公海领域勘探和开采资源的自由;② 损害了长期存在的捕鱼权;③ 单方面扩张的非法性。

四次扩张

第一次扩张发生在 1952 年 5 月 15 日,将原本距离海岸仅 3 海里的捕鱼区域扩张到 4 海里。英国方面对冰岛的这一主张给予回应,对冰岛实行经济制裁,并禁止冰岛钓鱼船只在英国港口进行停泊。在欧洲经济合作组织的调解下,双方对此问题进行了和解。由于冰岛以出口产品和目标市场的多样化来应对,经济制裁和禁止冰岛船只停泊的禁令并没有发挥很大的作用(Jonsson 1982,61–62),这加速了争端的解决。此外,值得一提的是国际法庭对 1951 年渔业案(英国 V. 挪威)判决的影响,该判决承认了挪威 4 海里捕鱼范围的有效性。

自 1958 年 9 月 1 日,冰岛正式将距离海岸 4 海里的捕鱼范围扩张到 12 海里。其他欧洲国家接受这一扩张,但英国政府的反应是派出军队对 12 海里以内的英国渔民船只进行保护(其他欧洲国家同意的原因可能是当时将捕鱼范围扩大到 12 海里的全球趋势)。冰岛则派出了海岸警卫队干扰和阻止英国船只。这一阶段的争议还是通过协商解决,双方签订了

1961 捕鱼协定,根据该协定冰岛允许其海域内的英国船只分阶段撤离,英国则同意了 12 海里的界限。该协定的第 5 条将是国际法庭在该争端的下一阶段中行使管辖权的重要依据。该条款保留了冰岛政府尝试并扩张其捕鱼区域的权力,但对其课加了一项义务,即在扩张前六个月通知英国并在发生任何争端时将争端提交国际法院。

1972 年 9 月 1 日,冰岛发起了第三次扩张,将距离海岸 12 海里的渔区扩张到了 50 海里。关于这一阶段,主要存在三个方面的问题。司法方面的问题是根据 1961 年协议(Icelandic Fisheries Dispute 1974),该争端提交至国际法院。国际法院驳回了冰岛提出的国际法院没有管辖区的观点。冰岛则坚持这一观点,部分原因在于冰岛认为 1961 年签订的协议本身并不具备永久有效性,协议签订的目的已经达到,此次争端发生时该协议不再具备法律效力。冰岛政府不承认法院提出的临时措施的有效性。此次纠纷解决后,国际法院才颁布其相关决议。此时,争议双方正处于第四次争端之中。军事方面的问题主要是英国海军的船只和冰岛海岸防卫队的冲突和较量。双方相互撞击,冰岛防卫队切断了英国海军船只的曳缆。此争端的政治方面的问题包括冰岛政

府向北大西洋公约组织及联合国安理会提出抗议。在这些抗议失败后，冰岛拒绝让英国军用飞机在其领土降落，并禁止英国船只使用冰岛港口。冰岛采取这一系列措施的部分原因是英国一直在使用军用飞机对冰岛海岸护卫队进行定位，监视其一举一动，以达到自身军事目的。这一阶段的争议解决主要依靠两国总理或首相的协商，以英国分阶段撤出50海里区域的英国船只而告终。

最后一次扩张正式始于1975年10月15日，将捕鱼区域范围扩大到200海里。国际法院拒绝单方面行动有效性的干预性决定刺激了英国政府的争辩。第三阶段双方所采取的各种军事策略变得更加紧张。冰岛向北约及联合国安理会投诉所发挥的作用仍旧有限。从政治上看，争议更加激烈。一是两国中断了外交关系；二是冰岛认真权衡是否要退出北大西洋公约，转而支持华沙公约，而这将会使北大西洋公约组织不能在冰岛建立一个极其重要的大气观测基地（Jonsson 1982, 175-178）。最后，考虑到军事干预成本，有限的相关经济收益，以及国际社会接受200海里经济区域的趋势非常明确，英国决定寻求妥协。

国际法庭的判决

如上所述，虽然国际法院的决定是由另一个争议所引起，但其颁布于第四次争端的中期。从国际环境的角度看，决议有三个方面很重要。第一，国际法院坚决反对国际领域里的单方面行动。第二，国际法院拒绝就50海里捕鱼范围是否合法表态，认为当时的国际法还无法就此问题提供一个结论性的答案。的确，

在这个问题上国际法的不确定性是冰岛不愿意将此问题提交国际法院的主要原因。国际法院对专属捕鱼海域的概念进行了讨论，似乎指出国际法的普遍共识是12海里。但明确主张50海里为非法的观点只在国际法院判决的反对意见中提出（Churchill 1975, 87-90）。第三，国际法庭强调优先权的概念，沿海国家有权优先对海洋资源进行利用，特别是那些高度依赖海洋资源的国家。

从持续性角度的分析

以持续性的观点看，将大部分公海隶属于国家管控并用于经济探索，与持续性的要求是矛盾的。事实上，对于很多沿海国家，这一做法已被证明在生态上是不可取的。由于牵涉到重大国家利益以及国际制度的困境，留下的选择余地不大。但是在冰岛这一特定的案例中，由于冰岛采取可持续的方式开发自然资源，因此几乎不存在抱怨的理由。

从更大的范围看，重要的是此事件的国际法影响。生态方面的争议是这个冰岛案件的主要内容。从这个方面看，问题的解决是个愉快的妥协。承认环境资源可持续利用的重要性，以及国际法院对优先权的承认尤其重要。总体而言，可以说争议受到了一个更大范围的可持续发展文化的创立的影响，同时也对这一创立做出了贡献。最重要的是，此案对持续性原则的确认被看作与保护经济利益有本质上的联系。

苏哈塔·乔治·贾殷（Abhimanyu George JAIN）
国立印度大学法学院
傅璐译

参见: 环境纠纷解决; 捕鱼和捕鲸立法; 加布　　国际法院; 国际法; 海洋法; 混合氧化物燃料厂案
奇科沃—大毛罗斯大坝案(匈牙利诉斯洛伐克);　　(爱尔兰诉英国)。

拓展阅读

Bilder, Richard B. (1973). The Anglo-Icelandic fisheries dispute. *Wisconsin Law Review, 37*(1), 37–132.

Churchill, Robin R. (1975). The fisheries jurisdiction case: The contribution of the International Court of Justice to the debate on coastal states' fisheries rights. *International and Comparative Law Quarterly, 24,* 82–105.

Icelandic Fisheries Dispute *(Federal Republic of Germany v. Iceland),* Judgment, ICJ Reports 1973, p.49.

Icelandic Fisheries Dispute *(UnitedKingdom v. Iceland),* Judgment, ICJ Reports 1974, p.3.

Jonsson, Hannes. (1982).*Friends in conflict: The Anglo-Icelandic cod wars and the law of the sea.* London: C. Hurst.

Common Heritage of Mankind Principle

人类共同继承财产原则

"人类共同继承财产"是国际法的伦理概念和一般概念。它认为，有些区域是属于全人类的；在考虑到子孙后代的可持续发展及发展中国家的需求的情况下，其自然资源可供所有人享用。它旨在实现公共空间和资源的可持续发展，但其适用可能超出其传统的范围。

自20世纪60年代首次引进人类共同继承财产（CHM）这一概念，由此引发的争议持续至今。这个争议包括它的范围、内容和地位，以及它与其他法律概念的关系等问题。有些评论员认为这一概念由于缺乏实践证明（如海底资源开采）并随后受到了来自现代环境条约体系的反对，因此已落后于潮流。相反，其他评论员则认为这是国际法的基本原则，具有长远的重要意义。

尽管各国接受这一概念遇到很多困难，但不断升级的全球生态退化，及长期未能得到缓解的公地悲剧（Hardin 1968），将确保共同继承财产概念的持续相关性。这种关联性的证据可以在将人类共同继承财产概念运用到自然及文化遗产、海洋生物资源、全球生态系统如大气层（Taylor 1998）或气候系统的一系列努力之中发现。

人类共同继承财产原则的起源

以"人类共同继承财产"为主题的法律讨论始于马耳他大使奥维德·帕尔多（1914—1999）1967年在联合国的演讲。在演讲中他提出了海底区域不属于国家管辖，而属于"人类共同继承财产"。这是一个重大事件，它引发了后来的《1982年联合国海洋法公约》（UNCLOS III）的谈判及其他法律的制定。奥维德·帕尔多因此被被誉为"海洋法之父"。但"人类共同继承财产"这一概念的历史更为悠久，帕尔多在这个基础上将"人类共同继承财产"发展为海洋法律概念。包括作家兼环保人士伊丽莎白·曼·贝佳斯(Elisabeth Mann Borgese, 1918—2001)在内的其他人认为"人类共同继承财产"是一个以新合作形式、经济理论、哲学为基础的,新世界秩序的一个中心伦理概念。

这段历史对于阐明"人类共同继承财产"的伦理核心具有重要作用:作为环境的一部分的人类具有为当代和后代而关心和保护环境的责任。1948年的一份世界宪法草案提出地球及其资源是人类共同财产,为人类公益而加以管理。有关军事及和平目的的核技术和资源的使用,早期观点认为核资源应由集体共同控制管理,而非属于某个具体的国家。《联合国外太空协定》(1967)也对被视为"人类共同继承财产"的外太空、月球和其他天体的探索与利用,提出相应的要求。然而,"人类共同继承财产"概念在海洋法的演变中起到了主导作用。1967年通过法律实现世界和平大会将公海视作"人类共同继承财产",并指出其海底资源应隶属于联合国管辖和控制。

海洋法的革命

对新技术可能对海洋造成影响、军事化、对海洋组成部分的国家所有权的扩张(如:大陆架专属经济区)及日益扩大的经济差距等一系列危及人类长期安全的关切,促使奥维德·帕尔多对"人类共同继承财产"的概念做了进一步发展,将海洋所有区域(如:海面、水体、海底及其底土、生物资源)宣布为"人类共同继承财产",不论其当前的国家管辖权声索如何。

提出海洋区域属于国际共有财产这一概念,主要是为了以其更新过时的法律概念——公海自由(具有重要自然资源的区域被认为是超出了主权国家的专属领域管辖权的界线,

是公认的国际公共遗产)。公海自由是由荷兰法学家雨果·格劳秀斯(1583—1645)提出,它创立了一个允许公海的自由利用的开放机制。少量限制仅为保护其他国家利益及其自由利用海洋而设立。

相反,"人类共同继承财产"概念将海洋空间及其自然资源视作共有物(commons),超过一定限度的区域(如:超过距离海岸200海里)不能归主权国家所有。作为共有物,它将对国际组织开放,但其使用必须服从国际管理,造福于全人类。对于处在国家管辖范围内的海洋区域,国家将代表全人类行使监管权,而不仅仅代表本国利益。

这个方法承认海洋生态系统的统一性,反对自由放任的利用政策和无限制的国家主权。它包括通过在国际海洋空间和国家海洋空间之间设立单一的分界线来简化海洋管辖权的努力(1971年海洋空间条约草案),并防止国家对公共海域的逐渐扩张。

"人类共同继承财产"概念的提出,最初意在改革海洋法,将其适用于所有海洋空间及其自然资源。但在1967年,奥维德·帕尔多意识到这一概念将遭到超级大国的反对,因为他们正打算对更多海洋空间及自然资源提出权利要求。通过聚焦于国家管辖范围外更加有限的海洋空间——海床(seabed)的法律地位,他认为"人类共同继承财产"这一概念将在联合国系统中获取一席之地。

1967年马耳他建议导致后来的一系列发展,包括1970年联合国大会制定的《关于国家管辖范围以外海床洋底及其底土的原则宣言》。该宣言制定了相应的法律原则,以管理作为"人类共同继承财产"的海底及其资源,

并促使就一个新的海洋法公约：UNCLOS III 的谈判达成一致意见。最终的结果是"人类共同继承财产"概念的应用比起其倡导者的主张大大受限。正如下面解释的，第三次联合国海洋法会议将"人类共同继承财产"概念的应用限制在位于深海底部的少数岩石上（如：锰结核之类的矿产资源）。对帕尔多而言，将"人类共同继承财产"概念的应用限制于"几块……丑陋的小石头"（他本人的话），是这个概念的贬值。

联合国海洋法公约

《联合国海洋法公约》第十一章针对的是国家管辖范围以外的海床、洋底及其底土（区域 Areas）。第136条规定了该区域及其资源（仅指该区域的资源）属于"人类共同继承财产"。第137条规定了任何国家或个人不得声称所有、侵吞或拥有该区域及其资源。第140条规定了该资源的所有权利归全人类所有，由国际海底管理局（ISA）代全人类进行管理。国际海底管理局必须考虑到发展中国家及其他组织需求，公平分配由该区域活动所产生的经济及其他方面的效益。第143—145条规定了国际海底管理局的主要职责是研究、向发展中国家进行科技转移，

及保护海洋环境的生态平衡。

第十一章规定了适用于部分国际共同继承财产（区域及自然资源）的国际管理机制。事实上，它并没有普遍代替第七章规定的"公海自由"，所以并没有达到原来对海洋法进行改革的目的。在20世纪70年代，锰结核被认作区域内最具商业价值的矿产资源，所以帕尔多才认为人类共同继承财产概念的应用被缩小到"几块处在世间万物最黑暗深处的丑陋的小石头"。除了这一限制外，"人类共同继承财产"概念的应用是具有革命性的，这也正是美国拒绝遵守《联合国海洋法公约》的一个重要原因。

迄今为止，该区域及其资源的商业利用尚未开始，甚至不顾生态系统不可否认的整体性将海洋空间及其自然资源的单个元素进行分开管理的传统的碎片化管辖仍在继续。

1979年月球协定

如上所述，人类共同继承财产概念的一些内容最早出现在1967年《外太空条约》。但是直到1979年《月球协定》（一项规定月球资源探索及利用的协定）中才进行明确陈述。该协定第11（1）条规定月球及其自然资源均为全体人类的共同财产。包括惠益均等分享条款在内的资源开发国际制

度的细节规定的有关争议,通过将管理体制细节规定推迟到将来得以解决。仅有少数国家批准了该协议;尽管如此,《月球协定》被用来驳回财产权申请,其依据是它创立了一项适用于整个国际社会而非仅限于批准国的一项一般法律原则。

核心元素

"人类共同继承财产"没有简洁及广泛赞同的定义。它的特点取决于使用它的制度细节或它所适用的空间与资源。但存在如下几条核心元素:

- 任何国家或个人不得占有作为人类共同继承财产的空间或资源(非占用原则)。由于这些资源是属于国际遗产(继承物)的一部分,因而属于全人类,所以它们可以被自由使用,但不能被占有。这保护国际共有物免受管辖权扩张要求的威胁。当"人类共同继承财产"适用于国家管辖范围内的区域或资源时,国家主权的行使受制于保护该共同财产的某些责任。

- 共同遗产的利用应遵循以全人类利益(即共同利益)为中心的合作管理机制要求。这被解释为创立了一种明确保护人类利益,而不是某个国家或私人团体的利益的一种委托关系。

- 应积极和公平地分享惠益(包括财务、技术和科学惠益)。这为限制公共及私人商业利益及优先分配给其他方,如发展中国家(当代人之间的代内公平)提供了依据。

- 人类共同继承财产应用于和平目的(防止军事使用)。

- 属于"人类共同继承财产"的资源应

在实质上未受损害的条件下传递给后代(保护生态整体性及当代人和子孙后代间的代际公平)。

近几年,上述核心元素确保人类共同继承财产一直是国际环境法学家努力的中心。它被认为表达了持续性的许多关键成分。

某些争议

实际上"人类共同继承财产"的核心因素几乎都存在争议。据评论家称,人们提出质疑的主要原因是该制度适用于地球上所有重要自然资源,不论其所处位置。因此,它对传统国际法概念如领土取得、主权、主权平等、国际人格、行星资源配置和基于同意的国际法渊源提出了挑战(Baslar 1997)。再者,人们早已承认,为海洋管理而建立的先例具有为互相依存度日益提高的世界的未来组织提供依据的潜力。

一个突出的问题是"人类共同继承财产"能在多大程度上防止公共资源的分割及私有化(或圈地)的进一步发展,并通过提升公共社会价值观及公共资源的法律保护来取代这一趋势。有巨大分歧的是,核心元素中的不占有原则是否妨碍"人类共同继承财产"适用于在主权国家领域内的全球共同重要空间及资源(如:热带雨林、植物群系或动物群系)。

对要求在利用"人类共同继承财产"时做到财政、技术和科学惠益共享的平等利用因素(或公平惠益分享)也在发展中国家与发达国家之间及公司代表之间有分歧。发展中国家认为"人类共同继承财产"的这一因素是实现分配正义的关键。发达国家及商业利益集团则认为这一因素对投资和利用市场激励机制

（如：财产权）实现经济与环境惠益造成潜在障碍。例如，他们支持由私人公司在取得许可证的情况下进行资源开采。1994年实施条例（修改《联合国海洋法公约》第九章）就被认为违反了原机制的分配成分，偏向于保护商业集团利益。

这些以及其他问题的影响使得"人类共同继承财产"概念遭到质疑，未能成为指导联合国应对生物多样性及气候变化的条约体制的指南。1992年联合国气候变化框架公约提到气候变化问题是"人类共同关切之事项"。马耳他的原始议案是想制定一个将全球气候系统列为"人类共同继承财产"的一部分的条约，但遭到拒绝。发展中国家拒绝在1992年联合国生物多样性公约中使用"人类共同继承财产"概念，认为它对其在本国领域内利用生物资源并从中获益的主权权利造成潜在威胁，它们对打着环境保护的幌子或通过获取知识产权的干预抱有怀疑。

应用范围的扩大

多年来，"人类共同继承财产"原则应用于一系列空间和资源：渔业、南极洲、北极地带、地球静止轨道、基因资源（包括有价值的植物基因、动物基因及各种生命基因）、基础食物资源。近年来，联合国教科文组织通过一系列措施（如：制定并发布一系列声明、公约、协议，对属于"人类共同继承财产"范围的自然及文化遗产做出说明）来表达对人类共同继承财产原则的大力支持。虽然很难做出准确定义，但自然文化遗产包括有形和无形资产，从考古遗址和历史遗迹到文化现象（如文学、语言和惯例）和自然系统包括岛屿、生物圈保护区、沙漠。人类基因（人类遗产）是一个新领域，有着巨大的应用潜力。它有利于防止商业集团就人类基因申请专利。从生态及代际关系的角度来看，地球本身就是每代人都有权利分享的人类共同继承财产。"人类共同继承财产"的适用应"扩展至对子孙后代具有重要影响的自然和文化资源，不论其地理位置"（Weiss 1989; Taylor 1998）。

展望未来

短期内，从国家实践及条约谈判的角度来看，"人类共同继承财产"原则未来的应用将是有限的。除了《联合国海洋法公约》和《月球协定》，国际法律人士倾向于把"人类共同继承财产"原则视为仅仅不过是政治性和理想性的应用。即将考验各国对"人类共同继承财产"的认同的问题包括海洋生物资源（"区域"和公海的海洋生物资源）的地位、对融化中的北极冰层下的海床的权利要求及深海海床下的石油储藏的地位。对于海洋资源的利用，"人类共同继承财产"为两种情景提供了唯一的选择，一是各国可对全球自然资源进行自由利用，二是各主权国家占领并行使主权进行开发。它也承认生态系统的相互依存及人类的利用开发。所以"人类共同继承财产"原则与旨在取消零碎而单一的资源利用模式的生态系统管理方法有许多类似之处。

"人类共同继承财产"原则也同更广泛的有关国家作用的转变——从只关注国家利益转变到包含为全人类的利益而保护生态系统（不论其在何地）的责任——的争论有关。一些国家对采纳"人类共同继承财产"可能带来的影响时保持谨慎，但国际法不再只由国家和国际法律师适用。全球公民社会在发展及倡导诸如"人类共同继承财产"的概念的过程中扮演着越来越重要的角色。这与重新受到关注的世界主义、全球生态公民权及公平相关，这也关系到探索全球共享的伦理原则以指导建立一个更加和平、可持续发展的世界（Earth Charter Initiative 2000）。

普鲁泰勒（Prue TAYLOR）

奥克兰大学

傅璐译

参见：环境法——南极洲；环境法——北极；环境法，软与硬；代际公平；国际法；风险预防原则；基于原则的监管；海洋法；海洋区划；联合国公约和协定概览。

拓展阅读

Anand, Ram Prakash. (1997). The common heritage of mankind: Mutilation of an ideal. *The Indian Journal of International Law, 37*(1), 1–18.

Baslar, Kemal. (1997).*The concept of the common heritage of mankind in international law.* The Hague, The Netherlands: Kluwer Law International.

Bedjaoui, Mohammed. (2004). The convention for the safeguarding of intangible cultural heritage: The legal framework and universally recognized principles. *Museum International, 221/222,*150–155.

Boda, Zsolt. (2003). Global environmental commons and the need for ethics. *Society and Economy,*25(2), 213–224.

Borg, Simone. (Ed.). (2009).*Climate change.* Ministry of Foreign Affairs and University of Malta. [monograph].

Borgese, Elisabeth Mann. (2000). Arvid Pardo (1914–1999): In memo-riam. In Elisabeth Mann Borgese et al. (Eds.), *Ocean yearbook* (14th ed., pp.xix-xxxviii). Chicago: University of Chicago Press.

Borgese, Elisabeth Mann. (2002). The common heritage of mankind: From non-living resources and beyond. In Shigeru Oda, Nisuke Ando, Edward McWhinney, & Rüdiger Wolfrum (Eds.), *Liber ami-corum Judge Shigeru Oda* (Vol.2, pp.1313–1334). The Hague, The Netherlands: Kluwer Law International.

Borgese, Elisabeth Mann. (2004). The years of my life. In Aldo Chircop & Moira L. McConnell (Eds.), *Ocean yearbook* (18th ed., pp.1–21). Chicago: University of Chicago Press.

Byk, Christian. (1998). A map to a new treasure island: The human genome and the concept of common heritage. *The Journal of Medicine and Philosophy, 23*(3), 234–246.

Committee to Frame a World Constitution. (1948).*Preliminary draft of a world constitution, as proposed and signed by Robert M. Hutchins [and others].* Chicago: The University of Chicago Press.

Danilenko, Gennady M. (1988). The concept of the "common heritage of mankind" in international law. *Annals of Air and Space Law, XIII,* 247–263.

Elferink, Alex G. Oude. (2007). The regime of the area: Delineating the scope of application of the common heritage principle and freedom of the high seas. *International Journal of Marine and Coastal Law, 22*(1), 143–176.

Forrest, Craig. (2009).*International law and the protection of cultural heritage.* Abingdon, U.K.: Routledge.

Francioni, Francesco, & Scovazzi, Tullio. (2006).*Biotechnology and international law.* Oxford, U.K.: Hart Publishing.

Goldwin, Robert A. (1983). Common sense vs. "the common heritage." In Bernard H. Oxman; David D. Caron; & Charles L. O. Bunderi (Eds.), *Law of the sea: U.S. policy dilemma* (p.59). San Francisco: ICS Press.

Gorove, Stephen. (1972). The concept of "common heritage of mankind": A political, moral or legal innovation? *San Diego Law Review, 9,* 390–403.

Hardin, Garrett. (1968). The tragedy of the commons. *Science, 162*(3859), 1243–1248.

Inglott, Peter Serracino. (2004). Elisabeth Mann Borgese: Metaphysician by birth. In Aldo Chircop &Moira L. McConnell (Eds.), *Ocean yearbook* (18th ed., pp.22–74). Chicago: University of Chicago Press.

Joyner, Christopher. (1986). Legal implications of the concept of the common heritage of mankind. *International and Comparative Law Quarterly,35*(1), 190–199.

Kiss, Alexandre. (1984–1985). The common heritage of mankind: Utopia or reality? *International Journal, 40,* 423–441.

Matz-Lück, Nele. (2010). The concept of the common heritage of mankind: Its viability as a management tool for deep sea genetic resources. In Erik J. Molenaar &Alex G. Oude Elferink (Eds.), *The international legal regime of areas beyond national jurisdiction: Current andfuture developments* (Nova et Vetera Iuris Gentium Series No.26, pp.61–75). The Hague, The Netherlands: Martinus Nijhoff Publishers/Brill Academic.

Nicholson, Graham. (2002). The common heritage of mankind and mining: An analysis of the law as to the high seas, outer space, the Antarctic, and world heritage. *New Zealand Journal of Environmental Law, 6,*177–198.

Pardo, Arvid. (1967). Address to the 22nd session of the General Assembly of the United Nations, U.N. GAOR, 22nd sess., U.N. Doc. A/6695 (18 August 1967).

Pardo, Arvid. (1972). New horizons in ocean science and law. In Elisabeth Mann Borgese (Ed.), *Pacem in maribus* (pp.249–253). New York: Dodd, Mead & Co.

Pardo, Arvid. (1975).*The common heritage: Selected papers on oceans and world order 1967–1974.*Malta: Malta University Press.

Pardo, Arvid, & Christol, Carl Q. (1983). The common interest: Tension between the whole and the parts. In Ronald St. J. MacDonald & Douglas M. Johnston (Eds.), *The structure and process of international law: Essays in legal philosophy doctrine and theory* (pp.643–660). The Hague, The Netherlands: Martinus Nijhoff Publishers.

Payoyo, Peter B. (1997).*Cries of the sea: World inequality, sustainable development and the common heritage of humanity.* The Hague, The Netherlands: Martinus Nijhoff Publishers.

Sand, Peter H. (2004). Sovereignty bounded: Public trusteeship for common pool resources? *Global Environmental Politics,4*(1), 47–71.

Sand, Peter H. (2006). Global environmental change and the nation state: Sovereignty bounded? In Gerd Winter (Ed.), *Multilevel governance of global environmental change: Perspectives from science, sociology and the law* (pp.519–538). Cambridge, U.K.: Cambridge University Press.

Shackelford, Scott James. (2009). The tragedy of the common heritage of mankind. *Stanford Environmental Law Journal, 28*(1), 109–169.

Taylor, Prue. (1998).*An ecological approach to international law: Responding to challenges of climate change.* London: Routledge.

Tuerk, Helmut. (2010). The idea of common heritage of mankind. In Norman A. Martinez Gutiérrez (Ed.), *Serving the rule of international maritime law: Essays in honour of Professor David Joseph Attard* (pp.157–175). Oxfordshire, U.K.: Routledge.

Weiss, Edith Brown. (1989).*Infairness tofuture generations: International law, common patrimony, and intergenerational equity.* Tokyo: United Nations University/Dobbs Ferry, NY: Transnational Publishers.

Wolfrum, Rüdiger. (2008). Common heritage of mankind. Retrieved July 2, 2010, from http://www.mpepil.com.

条约和决议

Agreement Governing the Activities of States on the Moon and Other Celestial Bodies (adopted 5 December 1979, entered into force 11 July 1984) 1363 UNTS 3.

Agreement Relating to the Implementation of Part XI of the United Nations Convention on the Law of the Sea of 10 December 1982 (done 28 July 1994, entered into force 28 July 1996) 1836 UNTS 41.

Antarctic Treaty (signed 1 December 1959, entered into force 23 June 1961) 402 UNTS 71.

Convention for the Protection of Cultural Property in the Event of Armed Conflict (signed 14 May 1954, entered into force 7 August 1956) 249 UNTS 240.

Convention for the Protection of the World Cultural and Natural Heritage (adopted 16 November 1972, entered into force 17 December 1975) 1037 UNTS 151.

Convention on Biological Diversity (adopted on 22 May 1992, entered into force on 29 December 1993).

Draft Ocean Space Treaty, Working Paper, submitted by Malta, UNGA Doc. A/AC 138/53 (23 August 1971).

The Earth Charter Initiative. (2000). The Earth Charter. Retrieved August 2, 2010, from http://www. earthcharterinaction.org/content/pages/Read-the-Charter.html.

First Protocol to the Convention for the Protection of Cultural Property in the Event of Armed Conflict (signed 14 May 1954, entered into force 7 August 1956) 249 UNTS 358.

Protocol on Environmental Protection to the Antarctic Treaty (done 4 October 1991, entered into force 14 January 1998) (1991) 30 ILM 1455.

Second Protocol to the Convention for the Protection of Cultural Property in the Event of Armed Conflict (signed 26 March 1999, entered into force 9 March 2004) (1999) 38 ILM 769.

Treaty on Principles Governing the Activities of States in the Exploration and Use of Outer Space, including the Moon and other Celestial Bodies (signed 27 January 1967, entered into force 10 October 1967) 610 UNTS 205.

United Nations Convention on the Law of the Sea (concluded 10 December 1982, entered into force 16 November 1994) 1833 UNTS 397.

United Nations Educational, Scientific and Cultural Organization (UNESCO). (1997, November 12). Declaration on the Responsibilities of the Present Generations Towards Future Generations. Retrieved July 2, 2010, from http://portal.unesco.org/en/ev.php-URL_ID=13178&URL_DO=DO_TOPIC&URL_SECTION=201.html.

United Nations Framework Convention on Climate Change (adopted on 9 May 1992 and entered into force 21 March 1994).

United Nations General Assembly Resolution 1962 (XVIII) Declaration of Legal Principles Governing the Activities of States in the Exploration and Use of Outer Space (13 December 1963) GAOR 18th Session Supp. No.15, 15.

United Nations General Assembly Resolution 2749 (XXV) Declaration of Principles Governing the Seabed and the Ocean Floor, and the Subsoil Thereof, beyond the Limits of National Jurisdiction, U.N. GAOR, 25th Sess., Supp. No.28, 24. U.N. Doc. A/8028 (1970).

Customary International Law

国际习惯法

自20世纪中叶以来，人权与环境问题成为国际法的前沿性问题。为了平衡不同国家的习惯和法律以保护全人类的利益，国际法必须继续在保障主权国家的权利与保护环境和个人权利的需要之间实现协调。

法律将习俗过程（conventional processes）与治理机构为平衡社会利益与个人权利综合而成的诸关键原则（critical principles）相结合。大多数地方或国家的法律体系通过一套确定的宪政治理结构来实现这一目标，该结构包含法律、行政法规和有利于形成一个封闭的法律执行体系的法官判决。国际法律体系则不一样。

具体来说，国际法律体系的治理结构不是宪法性的，而在很大程度上是习惯性的，是建立在那些历经几百年的发展且被和平共存的标准不断检验的社会实践的基础上的。所有社会习俗（social conventions）制度的存在是为了保持合作关系，国际法也不例外。国家

主权，或者说国家作为一个自治的、独立的、拥有自身实力、能力和目的的实体的理念，是统合国际关系习俗过程的准则。这一概念也需它自己的正义定义。尽管在现代国际法律体系中，除国家之外，非政府组织、个人和国际组织在跨国法律关系中也获得了地位，但国家主权仍然是维持以合作作为核心的习俗的或习惯的国际体系的适当标准。

作为国际法渊源的习惯

1945年的《国际法院规约》第38条列明了国际法的三个有效渊源：国际条约、国际习惯法（customary international law）和原则。后两者对环境的可持续发展具有直接的影响。从习惯的演变以及习惯获得其成为实证国际规则的核心思想的来源来看，习惯与原则是彼此密切联系的。

一般来说，国际习惯法或一般国际法的定义包含两个特征，一个是古代意义上的，一个是现代意义上的。古代意义上的特征是实

践（practice），而现代意义上的特征是所谓的"法律确信（opinio juris）"。所谓实践简单说就是有多少和何类国家按某种一定的方式行动。这是国际法的组成部分，它直接基于长期以来以维持非暴力合作为核心的跨国社会习俗或习惯的演化社会习俗通常是无意识的，通过同类交往的很多次重复才得以建立。最终，当某个国家首创的行为被"多"次践行并且这种"多"代表了政治、经济、地理以及各种利益的充分混合时，这种初始行为就会被认可（通常是被国际法院或仲裁庭承认或成为某个国家的外交政策），进而作为一项实证的国际习惯法规则被确定下来。国家实践赋予国际习惯以普遍适用的效力，某项国际习惯一旦被作为规则确定下来，那么它就适用于所有国家，而不管该国是否参与了该习惯的形成过程。

法律确信是国际习惯法的另外一个特征，它更为现代且缺乏统一的界定。它要求将任何符合国际习惯法规则的国家实践看作履行该法律规则随规定的义务的行为。一方面，法律确信是一种以同意为关键的"防故障装置（a consent fail-safe）"，它确保主权国家不会在没有接受某项国际习惯法规则的情况下而受到该规则的制约。然而，另一方面，除非某一国家明确表示不同意，否则可以推论其具有法律确信。这种推论使得法律确信与国际法中的"持续反对者"这一理念相联系。国际法院在1974年审理的渔业管辖权案中认定，任何国家，只要其公开地、明确地且持续地反对某项正在形成中的或者已经生效的国际习惯法规则，那么其将不受该规则约束。因此，两项现代"叫停（caveats）"限制了国际习惯法的普适性。第一，如果一个国家没有主动或

被动地承认其对某项一般国际法规则有法律确信的义务，那么该项规则对其不适用。第二，国家可以持续地反对某项预期的国际习惯法规则并将自己从该规则的约束范围中移除。

探究是否违反（此处原文为"breech"，疑为"breach"之误，译者注）习惯法是国际体系中其他国家和机构的反应与否的问题。很多时候，一个机构会违反某项习惯并提出一个抗辩声明，这实际上反而强化了这一国际习惯。但是，不同于条约只适用于签署国，国际习惯法规则适用于国际社会的每个成员。从这一点上来看，尽管国际法的几个渊源之间没有效力等级之分，但国际习惯法规则被认为是国际条约的坚实基础。如果一项条约编撰或宣示了国际习惯法，例如1969年的《维也纳条约法公约》，那么其通常会被认为是更有说服力的法律。

和国际习惯法的当代地位相关的两个重要司法判例是国际法院审理的1986年尼加拉瓜案和1969年北海大陆架案。前一个判例确定：条约对习惯的宣告并不使得这两种法律渊源中的任何一个成为无意义的。两套规则是并存的。一个是条约，其基于缔约方并只是对其有约束力。另一个是习惯，其对任何主体都有约束力。后一个判例确定：虽然不存在用于承认习惯法规则的"数学公式"，但其应当具有"创造规范"的特性，并且是"广泛且事实上一致"的实践。

原则中的习惯法起源

原则是国际法渊源的一种，其能为法律机构逐渐发展中的法律编撰提供基本法律规范，并且能够防止法律空白即无解决争端所需

法律的情况出现。《国际法院规约》第38条规定的作为国际法渊源之一的原则,被置于"文明国家"诸原则语境中。虽然将此概念斥为殖民主义时代的错误(在一定程度上确实是)的做法是吸引人的,但从"文明"原则与国际习惯的相关性以及两者在社会习俗中的基础性作用来看,人们应当努力理解其意义。由此,"文明"暗示在国际体系主要参与者的实践中体现其意义的原则,只有那些从其语境(context)来看支持当前主权国家协调系统的原则才适合作为实证国际法的基础。事实上,语境原则(contextual principle)和习惯成为非条约国际法的一个单一来源的两个表现,两者都基于该国家体系的社会习俗。由于现行国际习惯法在传统上倾向于支持国家主权及其支配本国环境的相关义务,新的环境原则如果想上升为习惯法(如持续性、风险预防),那么其不得不与这个现状搏斗。

为了理解作为国际法渊源的习惯和原则之间的关系,理想的方式是假定所有的法律都遵循这样一种进化路径,即其都经历三个主要阶段,依次是习俗正义(conventional justice)阶段、恢复正义(restorative justice)阶段和宪法正义(constitutional justice)阶段。第一部实证法或者编纂法就源自建立初始社会秩序和协调的社会习俗。在这一阶段,合作过程本身就是目的,而法律就是直接从支持这一过程的实践中产生的。

然而,法并不仅仅是过程(如习俗和语境原则),还是关键原则。法的演进是以下二者之间的张力的结果:其一是由社会习俗/语境原则所代表的良好的社会秩序,其二是人或自然的独立地位以及在实证法中代表该特殊地位的关键原则。在法的演化的第一阶段,社会习俗有其自身的一些原则(如由主权国家的社会习俗所决定的自卫和不干涉原则),但这些原则是习俗本身的语境,而不是对习俗的反对或独立于该习俗。与习俗过程处于完全对抗或者辩证关系的关键原则得到人类理性的独立的支持,而不依靠社会习俗、习惯或惯例。例如,处于理性的对人权的关切以人的完整性(the integrity of the person)而不是以主权国家的均衡状态为其理由。

法的演化的第二阶段即恢复正义阶段的主要任务是恢复人性和自然在社会习俗和语境原则的既定法律框架中的重要地位。不同于大多数国家体系,国际法还没有进入法的演化的第三个阶段,即通过宪法性制度推进习俗过程和关键原则的有机结合。因此,持续性原则虽然正在成为一个合法有效的国际习惯法规则,但仍然停留在国际法演化的第二个阶段。在这里,恢复性国际法律体系的一个努力是寻找自愿手段,以期把习惯法界定为一种不打破常规国际体系的平衡状态的语境原则和关键原则的有机结合。

持续性:语境原则或关键原则?

自从二次世界大战结束以来,将人权和环境权的概念纳入国际法体系的努力越来越多。这些关键性权利不仅关系现行国际合作体系的稳定性,而且关系它的恢复,即将人类与自然的完整性纳入习惯法过程。这其中最成功的努力产生了强行法原则类型(the category of *jus cogens* principles)。这些原则是国际法的非基于语境的关键原则,即"一般(或习惯)国际法的强行规范"。根据《维也纳条约法公约》第53条和第64条的规定，任何条约不得违背强行法规范。这些关键原则包括不侵略、自决，以及禁止奴隶制、禁止奴隶贸易、禁止种族灭绝、禁止种族歧视和禁止虐待等。

尽管这些人权已经被"强行"法认定为有效，但是创造国际习惯法以促进一个更加可持续的全球环境的努力却一直不太成功。具体来说，持续性（sustainability）正处在一个十字路口上。在这个十字路口上，那些得到主权过程（sovereign process）支持的，可被称为持续性固有的语境原则的东西（如资源权、发展权、共同但有区别的责任等），与持续性的那些更为关键的、得到主权之外的至关重要的支持的组成部分（如风险预防原则、预防和对于清洁环境的人权），处在对立之中。后面这些关键原则还没有被认定为强行法，因为，哪怕只是初步地将其纳入到普遍的习惯法当中也会导致国内和国际的现行习惯和语境原则的修改。同样，也正是这种关于持续性观念的语境维度和关键性维度之间的张力剥夺了其作为国际习惯法所要求具备的那种确定的"创造规范的特性"。

虽然，在国际恢复正义的实践方兴未艾的当代，与持续性的强行法定义相关联的关键原则正在法学话语体系中得到考虑，但如果人类或自然的完整性被认定是持续性完全融入国际习惯法所必需的，那么，这将不可避免地与决策者本身的国家主权倾向相冲突。如果持续性不再仅仅意味着一国对其国内资源控制和开发的主权权利，那么现行的有关环境的习惯、语境和关键原则的全球整合将需要重新来过。这就使未来在国际习惯法内对持续性概念的界定成为一个问题，即它的语境或关键性维度是否为法律编撰提供其"规范性"？如果前者得到法律编撰，那么持续性将在既定的主权优先于生态系统完整性的合作均衡状态中找到法律上的表达。如果后者得到法律编撰，那么，就如已经发生的，不得不找到一种合作手段，使其为保护全球环境而让渡其一部分主权，或者如同世界贸易组织那样，为了能够成为世界贸易组织的成员，各国都让渡其一部分全球贸易的主权。

约翰·马丁·吉尔罗伊（John Martin GILLROY）
利哈伊大学
朱晓勤译

参见：环境法，软与硬；国际法；海洋法；基于原则的监管；强弱持续性的争论；世界宪政主义。

拓展阅读

Allott, Philip. (2002). *The health ofnations: Society and law beyond the state.* Cambridge, U.K.: Cambridge University Press.

Brown, Chester. (2007). *A common law of international adjudication.* Oxford, U.K.: Oxford University Press.

Byers, Michael. (1999). *Custom, power and the power of rules.* Cambridge, U.K.: Cambridge University Press.

Gillroy, John Martin. (2006). Adjudication norms, dispute settlement regimes and international tribunals: The status of "environmental sustainability" in international jurisprudence. *Stanford Journal of International Law, 42*(1), 1−52.

Gillroy, John Martin. (2007). Justice-as-sovereignty: David Hume and the origins of international law. *The British Year Book of International Law, 78,* 429−479.

Gillroy, John Martin; Holland, Breena; & Campbell-Mohn, Celia. (2008). *A primer for law and policy design: Understanding the use of principle and argument in environment and natural resource law.* St. Paul, MN: West Casebook Series.

Lowe, Vaughan. (1999). Sustainable development and unsustainable arguments. In Alan Boyle and David Freestone (Eds.), *International law and sustainable development: Past achievements andfuture challenges* (pp.19−38). Oxford, U.K.: Oxford University Press.

Sands, Philippe. (2003). *Principles of international environmental law* (2nd ed.). Cambridge, U.K.: Cambridge University Press.

Shaw, Malcolm. (2008). *International law* (6th ed.). Cambridge, U.K.: Cambridge University Press.

条约/决议/判例

Fisheries Jurisdiction *(United Kingdom v. Iceland),* Merits, Judgment, I.C.J. Reports 1974, p.3.

Military and Paramilitary Activities in and against Nicaragua *(Nicaragua v. United States of America).* Merits, Judgment. I.C.J. Reports 1986, p.14.

North Sea Continental Shelf *(Federal Republic of Germany v. Denmark; Federal Republic of Germany v. The Netherlands),* Judgment, I.C.J. Reports 1969, p.3.

Statute of the International Court of Justice (adopted 26 June 1945, entered into force 24 October 1946) 3 Bevans 1179; 59 Stat. 1031; T.S. 993; 39 AJIL Supp. 215 (1945).

Dark Sky Initiatives

黑暗天空计划

　　黑暗天空计划是由政府和民众通过颁布政策和立法发起的行动,旨在减少光污染,保护野生动物生存所需要的暗区,为人们观察夜空提供黑暗。光污染不仅仅是一个恼人的眼中钉,电灯还消耗能源。此外许多科学研究表明,过量的人造光对于人类和动物的行为和健康都有影响。

　　黑暗天空计划是相对近期的活动,开始于20世纪80年代,起源于人们对过度的和不加控制的人造光所造成的光污染的担忧。光污染有三种表现:无遮挡的灯具发出耀眼的强光,光对邻近财产的侵犯,在几百公里以外的乡村都看到的、被漫反射的光线照亮的城市夜空。人造光改变了夜晚的自然属性,带来了严重的后果。

　　首次提到人造光的不利影响的是天文学家,因为人造光对他们研究夜空产生影响。在19世纪末出现了这样一种变化,即天文台开始被建在某些夜晚无云、空气干燥、稳定,有利于天文观测的偏远地区。在20世纪,这些地方晴朗的天气吸引着人们。之后,小城镇变成了大城市,廉价的电力供应使得户外照明迅速增加。这导致观测站上方的天光受到影响。

　　人为天光会影响天文仪器的效果。因为在天文仪器上的投入过于巨大,天文学家开始尝试敦促当地城市减少人为天光,这就是黑暗天空计划的开始。在美国亚利桑那州图森市以西60公里的基特峰天文台的天文学家们通过1972年照明条例的出台成功地减少了当地的人为天光。在20世纪后期,加拿大的两个重要的天文台——不列颠哥伦比亚省的多米尼恩天文台和安大略省的大卫·邓洛普天文台——同样也遭受来自邻近城市的光污染的影响。它们于是效仿美国亚利桑那州基特峰和洛厄尔天文台的做法,与其附近的城市协商,通过颁布法律的方式来限制光污染。设在其他一些国家如澳大利亚、格陵兰岛(1988)和智利(1999)的天文台也纷纷效仿。

　　1988年基特峰天文台的天文学家大

卫·克劳福德（David Crawford）和蒂姆·亨特（Tim Hunter）成立了国际黑暗天空协会（IDA），这一协会的目的是为了能够更好地防治光污染以保护夜空。在志愿者的帮助下，他们通过散发资料的方式宣传光污染的危害并提出治理光污染的可行性建议。

为了促进这些活动的开展，天文学家专注于宣传夜空的美丽来吸引民众的支持。这些活动在城市中能够获得成功离不开附近的天文设施获得的财政的支撑。然而，在20世纪后期，由于市政预算的削减，说服市政部门安装和改造社区内的低污染设施变得越来越困难。

解决方案是跨学科的也依赖于志愿者的能力。互联网使得分布在各大洲的群组可以交流和分享他们工作当中的问题，如照明技术和工艺、对趋暗生物和行为必要性的研究、犯罪、人类健康以及黑暗天空的保护等。虽然关于光污染程度的定量数据容易取得，但仍然是非常有限的。

意大利的皮尔南托尼奥·辛扎诺（Pierantonio Cinzano）研究了全球光污染的程度（Cinzano, Falchi & Elvidge 2001）。他制作的夜晚的世界地图清楚地显示出了各大洲的光污染范围（图1）。他运用从20世纪90年代末的美国国防气象卫星计划中收集到的全球数据制作了这些图表。

捷克共和国的杰尼克·霍兰（Jenik Hollan）通过与政府合作的更高水平的方式来保护夜空。在他坚持不懈的努力下，捷克于2002年实施了全世界第一个国家级光污染防治政策。随后，斯洛文尼亚在2007年颁布了光污染法。但是由于邻近其他国家在这一方面的工作进展很慢，所以收效还是有限的。

研究和城市计划

即使到了20世纪末，也很少有市政当局认为光污染是一个问题。从一百多年前到现

图1　世界各地的光污染

来源：P. Cinzano 1999.
　皮尔南托尼奥·辛扎诺运用美国国防气象卫星计划中的图像量化了世界各地的光污染分布。

在，户外照明一直被认为是有利于社会发展的。它使得人类的活动时间延长至深夜，并使得许多城市成为不夜城。灯火通明的夜晚使得人们可以像白天那样随意行动。

通常来说人工户外照明减少了犯罪的发生，即使批判性的研究否认这一观点。虽然人们在有光的地方会感到更安全，但明亮的灯光会降低我们对黑暗的适应性，从而使我们无法看到阴影里可能隐藏的危险。由于研究方法存在缺陷，对照明的犯罪学研究给出了矛盾的研究结果。相关研究的文献综述表明，亮光与犯罪之间的联系是不确定的（Clark 2002）。犯罪是一个社会问题，不能简单地依靠技术手段加以解决。

防治光污染的支持者们认识到如果想取得光污染的治理成功就需要考虑社会需求（包括安全和治安、易于导航、美学以及预算限制的需要），而不论这些需求是真实的还是想象的。加拿大皇家天文学会（RASC）在21世纪初制定了一份立法文件以帮助加拿大的城市采取光污染防治计划。然而，调查发现，虽然法律文本可能是有用的，但每一个社区都是不同的，各有其自己的重点和目标。一份单一的文件不可能在不作调整的情况下适用于所有的社区。加拿大皇家天文学会发现，通过对地方政府早期的规划政策给以影响是一种更具建设性的、阻力更少的减少城市光污染的方式。

生态——第二波行动计划

天文学家在选民中的比重太小。在2003年，业余和专业天文学家的人数加起来只占人口的千分之一。需要更多的选民以加强其呼声从而对抗光污染。不过来自国际公共研究组织的安格斯·里德在2010年进行的民意调查显示，大约有一半的北美和英国人对自然环境状况予以关注。虽然接受调查的人们可能不认为这一问题是最重要的，但认为其是与许多重要经济问题相关联的共同威胁。

在环境和健康科学领域的研究激活了第二波行动。这些研究的实际运用始于1999年第一个永久性的黑暗天空保护区的建立，这个保护区坐落于加拿大安大略省南部的托兰斯荒野（Muskoka Heritage Foundation 2010）。它最初只是由安大略省政府划定的一块保护区，后来考虑到夜间环境对于生态完整性的重要性，保护时间扩展到了晚上。

在过去的20世纪，野生动物和光生物学领域的研究资料表明了在暴露于人造光之后动物是如何改变它们的行为的。植物学的研究同样表明植物也受到了光照时间改变的影响（Longcore & Rich 2006）。21世纪早期关于黑暗生态学的研究表明，人体的生物化学过程是受昼夜周期变化影响的，甚至是离不开黑暗的（Shanahan & Czeisler 2000）。

关于人工户外照明对于人类行为所产生的影响的第一个跨学科会议是2003年举行的夜生态研讨会。生物学家和天文学家参加了此次会议，此外，社会组织、环保组织以及种族和宗教组织的人员也出席了此次会议。这些团体所表达的意见反映了光污染对我们的社会生活影响的广泛性。

在环境科学会议上，关于光污染论文的数量呈逐年增长的态势，例如2010年在加拿大不列颠哥伦比亚的基洛纳召开的建设可持续社区的会议。对生物需要黑夜的研究表明，城市的人工白昼照亮地面的程度甚至能够达到月亮满月时的水平，这可能会对方圆1 000平方公里以内的动物行为产生影响。

光污染也正在成为一个人类健康问题。光会影响人体健康的观点于1991年被提出来，该项研究关注的是轮班工作者的癌症发病率。光可以通过控制人体荷尔蒙的高低来改变人的生理节奏，进而调节和维持我们的身体健康状况（National Institutes of Health 2003）。对具体案例的文献研究，并将其与野生动物研究进行综合考虑时发现，人和动物的健康离不开黑夜。基于越来越多的证据，美国医学协会于2009年承认夜间照明带来健康风险（American Medical Association House of Delegates 2009，52）。

虽然光照能提高可见度，但无屏蔽的高强度的照明会损害人的视力，尤其是老年人的视力（National Research Council 1987）。有了这些发现，光污染就变成了一个环境和人类健康问题从而引起了更广泛的关注。

人造光对生态产生的影响使得加拿大皇家天文学会致力于减少光污染的研究。这种新焦点具有比天文学广泛得多的政治吸引力。加拿大皇家天文学会的罗伯特·迪克基于光污染对环境的影响研究为加拿大国家公园（和一些省级公园）制定了一份"户外照明指南"文件，为加拿大黑暗天空保护项目（RASC 2010）的实施提供了基础（RASC 2010）。这份指南旨在解决光污染的以下四个方面的问题：

- 照明的范围（加装防护物）
- 照明水平（通过减少亮度）
- 照明的持续时间（实行宵禁）
- 照明的颜色

在现有的过度照明的环境中削减这些项目中的任何一项都将是一个挑战。不过，出于经费紧张的原因，加拿大的大多数公园都很少使用人造光。

由于指南基于环保的理念设计，很受公园经理的欢迎；这就使得黑夜保护区在加拿大能够在联邦、省级以及一些私人公园建立起来。这些保护区的建立使得世界上的黑夜区域越来越多。《指南》为其他组织提供了廉价和实用的可替代的城市标准照明设计，并使天文学家的需求与公众对健康环境的支持相结合。这就加强了环境保护并为人们提供了更多的可以观赏星星的黑暗天空。

其他国家的黑暗天空项目通过公园宣传中心的工作，继续提醒人们关注光污染问题。黑暗天空是可以被所有人享有的未受污染的环境的象征。参观自然保护区和国家公园的人们都对那里的纯净夜空留下了深刻的印象（Olson 2007）。其他国家也正在采用这一模式开展其本国的黑暗天空项目（DSAG 2010）。匈牙利的兹立克（Zselic）风景保护区和苏格兰的格拉维（Gallaway）公园分别于2006年和2009年建立。

魁北克的蒙特-梅冈蒂克（Mont-Meganti）天文台现在被一个200万公顷的缓冲区所保护，城市志愿者限制这一区域闪耀的光线射向天空（Legris & Dutil 2007）。这个天文台是国际黑暗天空协会（IDA）的第一个保护区。在2007年的揭幕仪式上，主管拉蒙塔格尼（Lamontagne）博士报告，夜空状况的改善"就像回到了30年前"，而当时的光污染还很少（Dick, Dutil & Taylor 2008）。

2007年，第一届旨在解决人造光不利影响的国际会议在加纳利群岛举行。加那利群岛天体物理学研究所主办了"星光2007"活动，发表了《拉帕尔马宣言》，这项宣言肯定了夜空作为一种文化资源的重要性。宣言建议"星光保护区"应该作为世界遗产地受到保护。这份文件表达了这样一种担忧，即过度使用的户外照明正在对黑暗夜空造成损害，夜空理应得到政府的保护。

国际自然保护联盟（IUCN）的黑暗夜空顾问组的工作促进了对黑暗天空保护的兴趣。国际自然保护联盟是一个独立的国际组织，它就联合国教科文组织（UNESCO）和相关国家关于自然资源保护的工作提出建议。坐落于新西兰南岛上特卡波湖附近的约翰山（Mount John）天文台正在致力于申请成为世界遗产地，以使其黑暗夜空能够作为一种自然资源而得到保护（世界遗产地是指被联合国教科文组织确认的具有重要的文化或自然景观意义的人类共同遗产）。尽管世界遗产

依赖于东道国对某一区域的保护，特别提及黑暗夜空也强化了天空作为一种值得保护的资源的重要性。

同样是在2007年，国际黑暗天空公园协会在克罗地亚的拉斯托沃岛召开其年度会议。他们成功地召集了来自欧洲各国政府、工业界代表、研究人员以及世界各地的黑暗天空的倡导者。这次会议将对黑暗天空退化的担忧与野生动物的保护结合了起来。

下一个计划

黑暗天空计划取得了看得见的成功，并且限制光污染也不仅仅使天文学家和观星爱好者们获益。它跨越了自然、哲学和宗教的界限，触动了我们内心深处的情感（Ecology of the Night 2003）。我们现在能够感觉到人造光的有利和不利的影响。减少人造光的第三波行动已经开始。这方面的知识正在被运用以支持合理改变我们的社会使用人造光的方式。这种改变不仅有利于营造一个更加健康自然的环境，而且可以通过减少能源消耗来减少发电对环境产生的不利影响。正如电影教学片《天球》（The Celestial Sphere, Starlight Theater 2000）中所提到的，"在大自然免费为我们点亮了天空的情况下，我们为什么还要点亮夜空呢？"

罗伯特·迪克（Robert DICK）

加拿大皇家天文学会

朱晓勤译

参见：生态系统管理；草根环境运动。

拓展阅读

American Medical Association House of Delegates. (2009). Resolution: 516. Retrieved May 17, 2010, from http://www.ama-assn.org/ama1/pub/upload/mm/475/refcome.pdf.

Angus Reid Public Opinion. (2010). Canadians and Americans call for more action on the environment. Retrieved November 2, 2010, from http://www.angus-reid.com/polls/43139/canadians-and-americans-call-for-more-action-on-the-environment2/.

Cinzano, Pierantonio; Falchi, F.; & Elvidge, C.D. (2001). The first world atlas of the artificial night sky brightness. *Monthly notices of the Royal Astronomical Society, 328,* 689−707.

Clark, B.A.J. (2002). Outdoor lighting and crime: Overview of light and crime studies. Retrieved May 14, 2010, from www.asv.org.au/odlighting/node4.html.

Dark Skies Advisory Group (DSAG). (2010). World list of dark sky parks. Retrieved April 27, 2010, from www.darkskyparks.org/docs/DSP%20world%20list.pdf.

David Dunlop Observatory. (1995). Homepage. Retrieved April 27, 2010, from www.theddo.ca/.

Davis, Donald R. (2001). Outdoor lighting ordinances: Tools to preserve the night sky. In R.J. Cohen & W.T. Sullivan (Eds.), *Preserving the astronomical sky: Proceedings of the 196th Symposium of the IAU held in United Nations Vienna International Conference Centre, in conjunction with Unispace III* (p.120). San Francisco: Astronomical Society of the Pacific.

Davis, R. (1991). Light exposure and breast cancer. *Epidemiology, 2,* 458−459.

Dick, Robert, & Royal Astronomical Society of Canada (RASC). (2008, March). Guidelines for outdoor lighting in Urban Star Parks. Retrieved June 18, 2010, from http://www.rasc.ca/im/lpa/RASC_ USP_GOL.pdf.

Dick, Robert; Dutil, Y.; &Taylor, D. (2008, February). Mont-Mégantic dark-sky reserve conference. *Journal of Royal Astronomical Society of Canada, 102, 10–13.*

Ecology of the Night. (2003). Homepage. Retrieved May 14, 2010, from www.ecologyofthenight.org.

Hollan, Jenik. (2002, March 7). The Czech law on protection of the air, including light pollution. Retrieved June 16, 2010, from http://www. astro.cz/darksky/czairlaw2.htm.

Initiative for an International Association of Dark Sky Parks. (2009). Dark skies and nature conservation. Retrieved May 27, 2010, from www.darkskyparks.org/index.php/component/content/article/72-dsag.html.

Initiative for an International Association of Dark Sky Parks. (2009). Homepage. Retrieved May 27, 2010, from www.darkskyparks.org/.

International Dark-Sky Association (IDA). (2010). Homepage. Retrieved April 27, 2010, from www.darksky.org.

Legris, Chloe, & Dutil, Y. (2007). Mont-Mégantic Astrolab light pollution abatement project: International conference on the defense of the quality of the night sky. Retrieved November 2, 2010, from www.

starlight2007.net/pdf/proceedings/ChloeLegris.pdf.

Longcore, Travis, & Rich, Catherine. (Eds.). (2006). *Ecological consequences of artificial night lighting.* Washington, DC: Island Press.

Muskoka Heritage Foundation, Natural Heritage Program. (2010). Torrance Barrens-Dark Sky Reserve. Retrieved May 17, 2010, from http://www.muskokaheritage.org/natural/torrancebarrens.asp.

National Institutes of Health. (2003). Sleep, sleep disorders, and biological rhythms. Retrieved May 17, 2010, from http://science.education.nih.gov/supplements/nih3/sleep/guide/info-sleep.htm.

National Research Council. (1987). *Work, aging, and vision: Report of a conference.* Retrieved May 14, 2010, from www.nap.edu/openbook/POD252/html/R2.html.

National Research Council Canada. (2009). Dominion Astrophysical Observatory. Retrieved June 16, 2010, from http://www.nrc-cnrc.gc.ca/eng/facilities/hia/astrophysical-observatory.html.

Navara, Kristen J., & Nelson, Randy J. (2007). The dark side of light at night: Physiological, epidemiological, and ecological consequences. *Journal of Pineal Research, 43*(*3*), 215–224.

Olson, Jeffrey G. (2007). Natural Bridges named the world's first international dark sky park. Retrieved May 27, 2010, from www.nps.gov/nabr/parknews/news040507.htm.

Rich, Catherine, & Longcore, Travis. (2006). *Ecological consequences of artificial night lighting.* Washington, DC: Island Press.

Royal Astronomical Society of Canada (RASC). (2010). RASC dark sky program. Retrieved April 27, 2010, from www.rasc.ca/lpa/guide-lines.shtml.

Shanahan, Theresa L., & Czeisler, Charles A. (2000). Physiological effects of light on the human circadian pacemaker. *Seminars in Perinatology, 24*(4), 299–320.

Society for Conservation Biology. (2010). 24th International Congress for Conservation Biology. Retrieved May 27, 2010, from www.con-bio.org/Activities/Meetings/2010/.

Starlight. (2007). Declaration in defense of the night sky and the right to starlight. Retrieved May 27, 2010, from www.starlight2007.net/starlightdeclaration.htm.

Starlight Theatre. (2000). The celestial sphere: A narrated tour of the night sky [DVD]. (Available from www.starlight-theatre.com).

Development, Sustainable—Overview of Laws and Commissions

可持续发展——法律和委员会概述

可持续发展在国际法上是最近发展起来的。虽然先前有讨论涉及这个概念,但是在1987年关于可持续发展的布伦特兰报告提出对经济发展、环境、人权应当统筹对待。自那以后,国际社会颁布的许多法律反映了这一观点,并将可持续发展视为一项当务之急。

保护大气、水体、土壤、生态系统与人类现今与未来在和平、公正、安全的世界中生活的需求之间脆弱的平衡通过可持续发展原则被导入法律。这个整体原则旨在统一不同目标,最终形成终极目标:在支持地球生命的基本生态系统的终极和绝对限度内,持久和公平地满足人类的需求和愿望。

该原则的起源时间很难确定。可持续发展概念一直被认为可追溯到不同文明的古代(Weeramantry 1997, 7)。

在早期社会,稳定是生存的基本先决条件。过去的两千年里,人口增长、人口密集区扩张、工业化、全球化以及主张为满足人类需要和自由可以无限利用自然的宗教和哲学观念的传播,这些因素促使人类走上了无视生态约束的发展道路(Bosselmann 1991, 7)。

虽然协调发展需求与环境保护的观点并不新鲜,但是可持续发展原则就其目前的内涵来说确实是新观点。可持续发展的概念在国际关系和国际法上更是新近的发展。

起源

20世纪70年代早期的一些因素,例如对不断扩大的环境恶化、自然资源枯竭、贫穷问题和社会动荡的认识,使许多国家意识到人类活动对环境的有害影响。与此同时,可持续发展原则出现在国际社会和国际法中。发展的概念很明显需要重构。只要"可持续"一词限定发展的方式,可持续发展原则就使发展的概念本身成为一个问题。

1972年《斯德哥尔摩宣言》(正式名称为《联合国人类环境会议宣言》)标志着新的"发展"概念的开始,它不是基于环境的语境,而是与它的社会政治影响相关。发展的必要性体现在《斯德哥尔摩宣言》第8条:"经济和社会的发展对于确保人类适宜的生活和工作环境,以及创造提高生活品质所需条件至关重要。"

"发展"不再以国民生产总值衡量,而被视作一种旨在"为全人类创造更好生活环境"的政策。然而《斯德哥尔摩宣言》仍在第11条中保留了无限制发展的观念,呼吁各国在没有适当考虑对发展政策的影响时,不要采取任何促进环境保护的措施。

在《斯德哥尔摩宣言》启动的转变之后,更加关注发展中国家的发展道路。为发展中国家提供发展援助和资源时出现了"基本需求"的概念。但在重新定义发展合作之后,发展与基本环境保护的关联性已开始在国际范围内得到认可(UNGA Res. 35/56 1980)。

1980年《世界自然保护战略》是首次明确针对发展与环境限制的关键性文件之一。该文件由联合国环境规划署委托制定。它说明了保护生命资源对于人类生存和可持续发展的重要贡献;确定了优先的保护问题和解决这一问题的主要要求,并提出了有效实现这一战略目标的办法。

《世界自然保护战略》旨在维护人类生存和发展所依赖的基本生态过程和生命支持系统

(例如,土壤再生和保护营养物质的循环利用,水体净化)、保护遗传多样性,并确保供养着无数农村社区和主要工业的物种和生态系统的可持续利用(尤其是鱼类和其他野生动物、森林和牧场)。

因此,1987年联合国世界环境与发展委员会的报告《我们共同的未来》中,可持续发展理论被定义为"既满足现代人的需要又不以损害后代需求为代价的发展",在那时,可持续发展已经在国际社会应对环境挑战的努力中得到传播。

世界环境与发展委员会所提出的可持续发展理念对国际法造成了深远的影响。报告中解释可持续发展是"一种转变的过程,其中资源开发、投资方向、技术发展目标和制度变迁均和谐发展,并能提高在现在与未来满足人类需求和愿望的潜力"(WCED 1987, 46)。

世界环境与发展委员会呼吁基于可持续发展概念的政策和法律的整体转型。由于可持续发展认为经济目标和环境目标密不可分,因此它被视为可以应对环境恶化和经济社会发展的并行挑战。"需求"是可持续发展概念的核心部分,想理解可持续发展理论须先清楚认识到需求不仅仅是现代人的需求,也是后代人的需求。

通过引入可持续发展概念,经济发展、环境保护、人权问题应当协调统一解决。世界环境与发展委员会正式承认人类活动在不同领域之间的内在联系，特别是关于它们的不利影响。委员会在提到全球公民所面临的世界范围内的环境危机、发展危机和能源危机时表示："它们都是一体的。生态和经济越来越在本地、区域、国家和世界范围内交织成因果循环的无缝网"（WCED 1987，4）。

不可低估世界环境与发展委员会对可持续发展原则在全世界范围内发展的促进作用。重要的是，它帮助人们形成对地球及其面临的危机的全新理解。

联合国大会在1987年12月11日42/187号决议中，支持该报告的结论。

1992年在里约热内卢召开的联合国环境与发展大会（通常称为地球峰会）上，可持续发展已成为一项重要的、不再被忽视的全球政策，它已经被纳入许多1992年以前的非约束力文件中：1989年《巴黎七国集团峰会宣言》、1989年《海牙环境宣言》、1990年《卑尔根联合国欧洲经济委员会宣言》以及1990年《关于欧洲重建与发展银行的协定》。因此，"可持续发展"的提法已被纳入联合国环境与发展大会的所有文件。

《里约宣言》是全球峰会通过的文件之一，阐明了27条原则，重申了1972年《斯德哥尔摩宣言》，并对国际关系引入一种"新方法和哲学"。文件的中心就是世界环境与发展委员会报告中定义的可持续发展。其中第四条原则最为关键，它确认为了实现可持续发展，环境保护必须是发展进程中不可或缺的组成部分。

另一个全球峰会文件《21世纪议程》，是一个由联合国、各国政府及其他主要团体所执行的，针对所有人类对环境有影响的各个领域的全面行动计划。《21世纪议程》指明人口增长、消费和技术是导致环境变化的主要推手。该文件列出为了减少世界某些地区的浪费且低效的消费模式，同时促进其他地区更快但可持续的发展，所应该采取的行动。《21世纪议程》的下列序言展现了可持续发展理念在这些所谓的里约文件中的中心地位：

> 人类正处在历史的决定性时刻。我们面临永久性的国家贫富差距，贫困、饥饿、疾病和文盲现象加剧，我们赖以生存的生态系统持续恶化。然而，环境与发展间的协调，以及对此越来越多地关注将有利于满足全人类的基本需求，提高人们的生活水平，更好地保护和管理生态系统，保障一个更安全与繁荣的未来。没有一个国家可独自实现可持续发展的目标，唯有建立全球合作伙伴关系才是唯一的出路。

这两份一般性且不具有法律约束力的文件怀有理想化的憧憬。在此情况下，对该理念不确定性和模糊性的批评就是可以理解的（McCloskey 1998–1999，157）。因而，决策者曾在很大范围内自由构建和运用可持续发展理论，致使做出了许多不同甚至矛盾的决定。

自1992年的联合国环境与发展大会至2002年南非约翰内斯堡的可持续发展世界首脑峰会的10年间，国际社会开始接受可持续发展理念。各个国家逐步将《21世纪议程》原则纳入国家政策和法律中。

此外，一些国际组织认同了可持续发展概念，并且积极地寻找确立可衡量可持续发展进程的具体"指标"。在这里仅举一部分例子：建立了可持续发展委员会（CSD 1999）和联合国环境规划署（UNEP1996）的联合国、世界银行的可持续发展机构（2005）、世界贸易组织马拉喀什协议（1994）、全球环境基金（GEF）、经济合作与发展组织（OECD 2001）、北极理事会（Declaration on the Establishment of the Arctic Council 1996）、世界水论坛（Ministerial Delclaration of the Third World Water Forum 2003）、非洲联盟（Constitutive Act of the African Union 2000）。很重要的一点，国际条约法和非约束性文件也越来越多地在具体文本中引用可持续发展概念。大量的多边条约包含了这一概念，从而从各自目标和目的的角度阐明这一概念，例如：

- 《生物多样性公约》（第二条和第八条）
- 《生物多样性公约卡塔赫纳生物安全议定书》序言（"认识到贸易协定与环境协定应相辅相成，以期实现可持续发展……"）
- 《国际热带木材协议》序言
- 《持久性有机污染物公约》第7.3条（"各缔约方应尽力利用、并于必要时酌情将有关持久性有机污染物的国家实施计划纳入其可持续发展战略"）和附件F（c），其中包含"可持续发展运动"作为评估可能控制化学物质措施的一种相关社会经济因素，正在考虑纳入该公约
- 《国际贸易中特定危险化学品和农药事先知情同意程序公约》序言
- 《关于在发生严重干旱和/或沙漠化的国家防治沙漠化的公约》第9.1条（"筹备国家

行动计划时应与其他制定的国家政策环环相扣，以形成可持续发展的国家政策。"）

- 1998年《在环境问题上获得信息、公众参与决策和诉诸法律的奥胡斯公约》序言（"强调保护、维持和改善环境状况，确保可持续的、环境友好性的发展。"）
- 2003年《世界卫生组织烟草控制框架公约》第26条（"应在国家制定的可持续发展战略中强调和支持经济上切实可行的烟草生产替代生计，包括作物多样化。"）

国际气候制度框架特别提到可持续发展。《联合国气候变化框架公约》及《京都议定书》均包含这个理念，前者是一个旨在应对气候变化挑战和防止危险的人为干扰气候系统的政府间框架条约（第2条），后者为发达国家制定减少温室气体的法律约束性目标；《联合国气候变化框架公约》第3条第4款规定："各缔约方有权并且应当促进可持续的发展。"实际上，《联合国气候变化框架公约》和《京都议定书》的制定可看作对可持续发展的普遍承诺（Voigt 2009; Sands 1994, 304; French 2005b, 274）。

此外，以下证据可进一步表明可持续发展理念在话语和地理范围上获得了广泛的承认和接纳：1994年《能源宪章条约》、《北美自由贸易协定》；1994年《建立世界贸易组织马拉喀什协议》；1994年《关于小岛屿发展中国家可持续发展全球会议的巴巴多斯宣言和行动纲领》；2000年欧盟、非洲、加勒比和太平洋国家集团之间的《科托努协议》。

法律承认

在越来越多国际文件接纳可持续发展的

同时，国家和地区法律、公约也认可该原则。这两者的发展标志着国际社会逐渐增长的对可持续发展的承诺。

在欧盟（EU），建立欧盟所签订的1997年《阿姆斯特丹条约》对1992年《马斯特里赫特条约》所作的改变，也是认可可持续发展理念的例证。《阿姆斯特丹条约》旨在为欧盟创造政治和制度上的条件，以使其能够面对未来的挑战如经济全球化、生态问题、公共健康威胁。2007年《里斯本条约》第3.3条提到实现可持续发展是欧盟的基本目标："欧盟应建立内部市场。欧盟应致力于欧洲的可持续发展，以均衡的经济增长和价格稳定、具有充分竞争的社会市场经济为基础，旨在促进充分就业和社会进步，以及高度保护和改善环境质量。"

该条约的第3.5条进一步体现了对可持续发展理念的接纳："在与广阔的世界各国交往时，欧盟应当维护和促进自身的价值和利益，保护自己的公民。欧盟应当在如下方面做出应有贡献：和平、安全，地球可持续发展，各民族团结和相互尊重，自由和公平贸易，消除贫困，保护人权，特别是儿童的权利，以及严格遵守和发展包括联合国宪章原则在内的国际法。"

这些引用为整个欧盟所周知，其充当了作为经济共同体的欧盟与作为环境共同体的欧盟之间的"桥梁"（Frenz & Unnerstall 1999，195）。

2001年《欧盟基本权利尼斯宪章》序言提到"平衡的和可持续的发展"。

根据第2条第5款，欧盟应致力于在国际范围内推动可持续发展："在与广阔的世界各

国交往时，欧盟应当维护和促进自身的价值和利益，保护自己的公民。欧盟应当在如下方面做出应有贡献：和平、安全、地球可持续发展，各民族团结和相互尊重，自由和公平贸易，消除贫困，保护人权，特别是儿童的权利，以及严格遵守和发展包括联合国宪章原则在内的国际法。"

此外，根据第10条第1款第2项，欧盟"应当界定和追求共同的政策和行动，在国际关系的各个领域开展高度国际合作，以便……培育发展中国家的以消除贫困为主要目的的经济、社会与环境的可持续发展；并且……为确保可持续发展而帮助制订国际措施以保存和改善环境质量以及全球自然资源的可持续管理"。

大量国家法律的引用可以再次证明各个国家越来越认可这一理念，许多国家宪法也提到它。各个国家正在建立将可持续发展作为首要任务的政治和法律体制。国家层面关于可持续发展的一般承诺取得了一定成果，尝试把治理结构调整到位，在更大范围机构内实施这一理念。例如《德国基本法》就明确其"关注对后代的责任"，并在第20条第1款中宣布国家有责任将"通过在宪法秩序框架内的立法，并依据法律和正义的执法和司法行动来保护生命的自然基础"作为德国的一个关键性目标，特别是立法机关的关键目标（Staatsziel）。有人认为这是德国法律中含蓄地提到可持续发展的宪法化的一个例子（Frenzel 2005，65–77），而挪威、澳大利亚、阿根廷、新西兰等其他国家则明确地将可持续发展纳入国家法律和制度。

联合国"2000年千禧发展目标"（UNGA

Res. 53/239，2000）清晰承诺环境可持续发展，这表明可持续发展概念的全球认可更进一步。此外，在2001年卡塔尔的多哈世界贸易组织会议上，世贸组织成员国贸易部长同意启动新一轮名为多哈发展议程的贸易和经济自由化（DDA）。该部长会议的成果包括部长宣言，它重申了该组织对可持续发展概念的承诺（Gehring & Cordonier-Segger 2005）。

2002年可持续发展世界首脑峰会旨在运用统筹方法解决社会、环境和经济问题（CordonierSeg-ger & Khalfan 2004，25–43）。其成果主要体现在两个文件上：《约翰内斯堡宣言》（JD）和《约翰内斯堡实施计划》（JPOI）。《约翰内斯堡宣言》回顾了从联合国环境与发展大会到世界可持续发展峰会的历程，并且再次强调了对可持续发展的全球承诺。更进一步的实施计划是形成了一个行动框架，履行最初在联合国环境与发展大会上通过的承诺（Cordonier Segger & Khalfan 2004，27–28）。《约翰内斯堡实施计划》将可持续发展作为综合更广泛的社会和发展需求的综合理念进行推广。该实施计划对联合国秘书长所确定的一些优先领域给予了特别关注，这些领域包括：水和卫生、能源、健康、农业和生物多样性（WEHAB）。

《约翰内斯堡实施计划》再次强调"可持续发展三大支柱"，经济、环境和社会因素之间的连贯性和统一性（Gray 2003; Earth Negotiations Bulletin 2002）。

大约20年前，世界环境与发展委员会曾指出全球南北之间不平等，这个不平等在约翰内斯堡再次引起了强烈批评。贫困和环境恶化间的关系在今天都仍然是一个突出的国际问题。2000年联合国大会通过的《千禧发展计划》（MDGs）、《约翰内斯堡宣言》以及其实施计划均表明世界环境与发展委员会报告在今天仍然有效。此外，这些新举措提醒人们，世界环境与发展委员会所提出的诸多问题仍未解决，甚至持续恶化。

可持续发展的范围仍存在争议，其引发了大量概念上和实践中的困难（Jacobs 1999，37）。然而，有些人的担心——可持续发展世界首脑峰会将可持续发展的范围扩大到这样的程度以至于使其丧失了最初的焦点，让它变成了"许多不相干的问题的保护伞"，一个"无所不包的词汇"（ILA 2004，8; Pallemaerts 2003）——实属过虑。

尽管这样广泛的修辞有稀释作用的危险，而可持续发展世界首脑峰会正确地强调了可持续发展的广阔范围。这个修辞仅表明该概念的复杂性和它所针对的关系的众多（Gray 2003，267）。此外，可持续发展世界首脑峰会指出了在国际社会中促进可持续发展的迫切性和实施过程中持续存在着的困难。

日益清楚的是，尽管没有一个绝对的和精确的定义，但可持续发展已被国际社会接受和支持。可持续发展世界首脑峰会举行期间面临的困难在某种程度上凸显了国际社会在寻找关于可持续发展的共识上存在的持续紧张和不安，但绝对精确的意义和范围可能无法确定。这甚至也不可取。正如德国法学家布鲁诺·西玛（Bruno Simma）（2004，vi）指出的：

> 一个像可持续发展这样被整个国际社会接受的综合性概念的内容和轮廓也许不可避免地缺乏那种一些数量有限的、同质的国家集团所习惯的清晰的概念表达。然而，这不一定被认为是一个缺点。事实上，可能正是因为非常缺乏概念上的严密性，从而允许整个国际社会接受它。

联合国秘书长有关威胁、挑战和改变的高级专门小组（2004）的报告最近明确了国际社会开始面临的重大挑战，可持续发展理念将继续发展并且发挥更多的作用。在这些威胁中，他们将变化中的气候系统确定为一项对国际社会功能的最基本的考验之一。鉴于气候变化给国家间合作和国际社会共存关系带来的多方面挑战的可怕影响，可持续发展的中心地位更加突出。

为进一步加强可持续发展理念在国际法层面的发展和实施，国际法协会（ILA）建立了可持续发展的法律方面委员会。该委员于2002年完成了工作，其最终成果是国际法协会《与可持续发展有关的国际法原则的新德里宣言》。其中，国际法协会指出，可持续发展不仅是全球广泛接受的概念，各国和国际法律也已恰当地承认了它。

此后，国际法协会创建了由尼科·斯赫雷弗（Nico Schrijver）教授任主席的国际可持续发展国际法委员会。该委员会分别在2004年柏林会议、2006年多伦多会议上发布了第一份和第二份报告。这两份报告确定了实体上和程序上的一体化原则，该原则也是委员会工作的关键性特征。在新德里宣言中，国际法协会承认"一体化原则反映了可持续发展相关国际法的原则和规则中社会、经济、金融、环境和人权等各方面的相互依赖性，也反映了当代和后代人的需求"（原则7）。研究该原则在国际法中的当前地位和一体化原则的进一步实施仍是委员会工作的主要领域。

调整对可持续发展的认识的其他新近例子还包括：由国际自然保护联盟（IUCN）和环境法国际委员会正在制订的《环境与发展国际盟约草案》、2002年《国际法学家实施国际可持续发展法使命》、2002年《关于可持续发展与法的作用的约翰内斯堡原则》、《〈地球宪章〉倡议》以及《2005年至2014年联合国可持续发展教育十年》。这些均进一步表明对可持续发展的全球承诺。

欧盟已经开展大量工作以制订一个新的可持续发展战略。成员国进行了磋商，于2006年6月在他们的报告中已采纳该战略。2005年6月欧盟委员会（两个欧盟立法机构之一）批准了《可持续发展指导原则宣言》，并规定可持续发展是约束所有欧盟政策和活动的关键原则。在此背景下，欧盟委员会通过的2006年新欧盟可持续发展战略中的最终定义值得关注：

> 可持续发展指既满足当代人的需求又不损害后代人满足其需求的能力。它

是本条约规定的欧盟总体目标,约束欧盟所有政策和活动。它关系对地球支持各种生命的能力的保护;它基于民主、性别平等、团结、法治、尊重基本权利包括所有人的自由和机会均等的原则。它旨在不断改善地球上当代人和后代人的生活质量和福利。为此,它促进一个强有力的经济,使人们在一个尊重文化多样性的和平与安全的世界中具有充分就业、高水平教育、健康保护、社会和领土的凝聚力(Council of the European Union 2006,2; Pallemearts & Azmanova 2006)。

为实现可持续发展,欧盟委员会制定了一系列目标和原则,其首要环保目标:"维护地球物种多样性的承受能力,尊重地球自然资源的限制,确保高水平的保护和环境质量的改善。预防和减少环境污染,促进可持续消费和生产,打破经济增长与环境退化之间的联系。"

虽然上述列举的每种方法寻求略微不同的路径来实现可持续发展,它们都寻求实现其某些方面,包括实现作为可持续发展的中心的法律方面。整体上看,它们证明可持续发展已得到坚定而普遍的认可。

克里斯丝蒂娜·沃伊特(Christina VOIGT)
奥斯陆大学
高雅静译

参见:布伦特兰报告;气候变化信息公开——法律框架;减缓气候变化;公平贸易;自由贸易;国际法;环境正义。

拓展阅读

Bartholomäi, Reinhard. (1997). *Sustainable development und Völkerrecht. NachhaltigeEntwicklung und intergenerativeGerechtigkeit in der Staatenpraxis.* Baden-Baden, Germany: Nomos.

Bosselmann, Klaus. (1991). Sustainability: An international perspective. *1 Planning Quarterly-New Zealand,* pp.14–22.

CordonierSegger, Marie-Claire, & Khalfan, Ashfaq (Eds.). (2004). *Sustainable development law: Principles, practices and prospects.* Oxford, U.K.: Oxford University Press.

Earth Negotiations Bulletin. (2002, September 6). Summary of the World Summit on Sustainable Development: 26 August-4 September 2002. Retrieved November 2, 2010, from http://www.iisd.ca/vol22/enb2251e.html.

Food and Agriculture Organization (FAO). (2002). *Law and sustainable development Since Rio: Legal trends in agriculture and natural resource management.* Rome: United Nations Publications.

French, Duncan. (2005a). *International law and policy of sustainable development.* Manchester, U.K.: Manchester University Press.

French, Duncan. (2005b). Climate change law: Narrowing the focus, broadening the debate. In Marie-Claire Cordonier-Segger& C.G. Weeramantry (Eds.), *Sustainable justice: Reconciling economic, social and environmental law* (p.274). Leiden, The Netherlands: Martinus Nijhoff.

Frenz, Walter, & Unnerstall, H. (1999).*Nachhaltige Entwicklung im Europarecht.* Baden-Baden, Germany: Nomos.

Frenzel, Eike Michael. (2005).*NachhaltigkeitalsPrinzip der Rechtsentwicklung?:Beitrag zu einer praktischen Gesetzgebunglehre.* Baden-Baden, Germany: Nomos.

Gehring, Markus W., & Cordonier-Segger, Marie-Claire. (Eds.). (2005). *Sustainable development in world trade law.* The Hague, The Netherlands: Kluwer Law International.

Gray, Kevin R. (2003). World Summit on Sustainable Development: Accomplishments and new directions? *International and Comparative Law Quarterly, 52*(1), 256–268.

Jacobs, Michael. (1999). Sustainable development as a contested concept. In Andrew Dobson (Ed.), *Fairness andfuturity: Essays on environmental sustainability and social justice.* Oxford, U.K.: Oxford University Press, 21–45.

Kiss, Alexandre, & Shelton, Dinah. (2004). *International environmental law* (3rd ed.). Ardsley, New York: Transnational Publishers.

McCloskey, Michael. (1998–1999). The emperor has no clothes: The conundrum of sustainable development. *Duke Environmental Law and Policy Forum, 9,* 157.

Pallemaerts, Marc. (2003). Is multilateralism the future? Sustainable development or globalization as "a comprehensive vision of the future of humanity." *Environment, Development and Sustainability, 5*(1–2), 275–295.

Pallemearts, Marc, & Azmanova, Albena. (2006). *The EU and sustainable development: Internal and external dimensions.* Brussels, Belgium: VUB Press.

Sands, Philippe. (2003). *Principles of international environmental law* (2nd ed.). Cambridge, U.K.: Cambridge University Press.

Sands, Philippe. (1994). International law in the field of sustainable development. *The British Yearbook of International Law, 65,* 338.

Simma, Bruno. (2004). Foreword. In Nico Schrijver & F. Weiss (Eds.), *International law and sustainable development: Principles and practice* (p.vi). Leiden, The Netherlands: Martinus Nijhoff.

Tryzna, Thaddeus C. (Ed.). (1995).*A sustainable world: Defining and measuring sustainable development.* Sacramento, CA: International Center for the Environment and Public Policy.

Voigt, Christina. (2009). *Sustainable development as a principle of international law.* Leiden, The Netherlands: Martinus Nijhoff.

United Nations. (2004).*A more secure world: our shared responsibility* (A report of the Secretary-General's High-level Panel on Threats, Challenges and Change). Retrieved September 14, 2010, from http://www.

un.org/secureworld/report2.pdf.

Weeramantry, Gregory. (1997). Affaire relative au projetGabcikovo-Nagymaros (Case concerning the Gabcikovo-Nagymaros Project, ICJ Reports 7). Retrieved August 9, 2010, from http://www.icj-cij. org/ docket/files/92/9751.pdf.

World Commission on Environment and Development (WCED). (1987).*Our common future.* New York: Oxford University Press.

条约和决议

Agreement Establishing the European Bank for Reconstruction and Development (signed 29 May 1990, entered into force 28 March 1991) 29 ILM 1077.

Australian Environment Protection and Biodiversity Conservation Act (1999).

Bergen Declaration of the U.N. Economic Commission for Europe, U.N. Doc. A/CONF.151/PC/10, 6 August 1990.

Charter of Fundamental Rights of the European Union (2000/C 364/01) 18.12.2000.

Constitutive Act of the African Union (signed 11 July 2000, entered into force 26 May 2001).

Convention on Biological Diversity (adopted 22 May 1992, entered into force 29 December 1993).

Cotonou Agreement between the EU and the African, Caribbean and Pacific Group of States, 2000 OJ L. 317/3.

Council of the European Union, Brussels, 9 June 2006 (adopted 15−16 June 2006) 10117/06. Annex: Renewed EU Sustainable Development Strategy.

Declaration of Barbados and the Programme of Action of the Global Conference on Sustainable Development of Small Island Developing States, U.N. Doc. A/CONF. 167/9, October 1994.

Declaration on the Establishment of the Arctic Council (signed 19 September 1996) 35 ILM 1996, 1382.

Declaration of the G7 Paris Summit, 28 ILM (1989) 1292, para 37.

Declaration of the United Nations Conference on the Human Environment (Stockholm) 16 June 1972, A/ CONF.151/26 (Vol.I).

Doha Ministerial Declaration WT/MIN (01)/DEC/1 (20 November 2001). Retrieved September 14,2010, from http://www.wto.org/eng-lish/thewto_e/minist_e/min01_e/min01_e.htm.

Earth Charter (launched 29 June 2000). Retrieved September 17, 2010, from http://www.earthcharter.org/files/ charter/charter.pdf.

International Law Association (ILA). (2004). Berlin Conference: International Law on Sustainable Development (First Report).

International Law Association (ILA). (2002). Resolution 3/2002: New Delhi Declaration Of Principles Of International Law Relating to Sustainable Development.

International Jurists' Mandate for the Implementation of International Sustainable Development Law, adopted at the International Conference "Sustainable Justice" 2002, Montreal, Canada.

International Union for Conservation of Nature (IUCN). (1980). World Conservation Strategy, Gland, Switzerland.

Johannesburg Declaration on Sustainable Development. (2002). In *Report of the World Summit on Sustainable Development,* Johannesburg, South Africa, 26 August-4 September 2002, A/C0NF.199/20, United Nations, New York.

Marrakech Agreement Establishing the World Trading Organization (signed 15 April 1994, entered into force 1 January 1995) 33 ILM, 15.

Ministerial Declaration of the Third World Water Forum, 2003.

North American Agreement on Environmental Cooperation (32 ILM 1993).

North American Free Trade Agreement (NAFTA), 32 ILM (1993).

Organisation for Economic Co-operation and Development (OECD). (2001).*DACguidelines: Strategies for sustainable development.* Retrieved September 17, 2010, from http://www.oecd.org/dataoecd/34/10/2669958.pdf.

Rio Declaration on Environment and Development, U.N. Doc. A/CONF.151/26 (Vol.1), 1992.

Treaty of Lisbon amending the Treaty on European Union and the Treaty establishing the European Community, signed at Lisbon, 13 December 2007 (2007/C 306/01).

United Nations Commission on Sustainable Development (CSD). (1999). National Information Report of the Secretary-General.

United Nations Department of Economic and Social Affairs, Division for Sustainable Development. (2009). *Agenda 21.* Retrieved November 3, 2010, from http://www.un.org/esa/dsd/agenda21/.

United Nations Environment Programme (UNEP). Final Report of the Expert Group Workshop on International Environmental Law aiming at Sustainable Development, UNEP/IEL/WS/3/2, 4 October 1996.United Nations Framework Convention on Climate Change (adopted on 9 May 1992 and entered into force 21 March 1994).

United Nations General Assembly (UNGA) Resolution 35/56, International Development Strategy for the Third Nations Development Decade, adopted 5 December 1980.

United Nations General Assembly (UNGA) Resolution 53/239 (5 September 2000). Millennium Development Goals.

United Nations Resolution on the U.N. Decade of Education for Sustainable Development (2005–2014), 57/254, 20 December 2002.

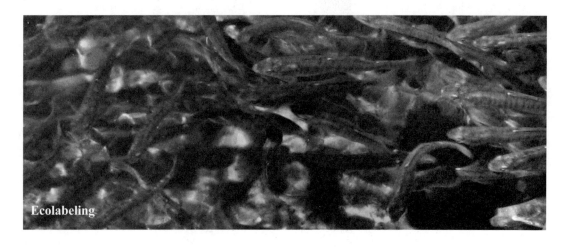

Ecolabeling

生态标志

生态标志的目标是鼓励销售环境友好产品，从而改善环境。然而，生态标志也可能导致环境退化，或者影响发展中国家的经济增长。环境标志虽有很大发展潜力，但尚未确定其收益是否大于成本。

生态标志，或者更广义的环境标签存在几种互相矛盾的定义。新西兰驻澳大利亚副高级专员范吉利斯·维塔利斯（Vangelis Vitalis 2002, 2）认为生态标志有别于环境标签，"它们是自愿的，并在更广泛的问题上提供信息从而展现某个产品影响环境的完整图像"；然而，经济合作与发展组织提出了一个类似环境标签的定义（OECD 1991）。相比之下，关税与贸易总协定（GATT 1993）通过将生态标志与生命周期评价绑定，将生态标志从环境标签当中区分出来。这个定义与全球生态标志网络公司所使用的定义是一致的。

生态标志的一个更广泛的定义是政府或第三方机构的任何政策手段，用以规定在产品上向消费者展示与环境相关的特定产品信息。该信息可以是描述产品生产过程对环境的影响（如，有机标签），运输或派送（如，食物里程），使用（如燃油效率）或处理（如，可回收）。强调一点，生态标志与生态标志计划是有区别的：生态标志指将物理标志贴在产品上，而生态标志计划包括所有的认证（如设定标准、测试、监控）和支持生态标志的信息活动（如市场推广和教育）。

生态标志缺乏统一、公认的定义，使生态标志计划之间难以作对比和比较（Vitalis 2002）。例如，生态标志计划可以因如下因素不同而区分：强制程度（自愿与强制），标准化信息水平，信息来源（政府与非政府机构），信息定位（消极与积极）等等。该计划也因生命周期评价范围不同而不同。生命周期评价是一种自然科学方法，它结合工程科学和环境科学对产品生产或消费过程中的环境资源使用流动和排放情况进行检测（Teisl forthcoming）。生命周期评价范围包括"从摇篮到坟墓"和"从摇篮到大门"，都专注于单一行业（如林业）并针对不同环境的问题（GEN 2004）。即使是"全面"的生命周期评价，其结果也很难比较，因为生命周期评价没有意见一致的框架，并且不同研究方式界定了评价的边界。此外，计量单位的选择、数据和方法在质量上的差异也会导致研究过程的差异。因此，生命周期评价"很少明确做出'最佳技术'选择"（Ayres 1995, 201）。最后，一些明示或默示的生态标志计划包括了除环境以外的其他指标。例如，森林守护委员会（Forest Stewardship Council）明确包含社会指标和环境与健康有机标志指标。

尽管有多种方法来区别标志，国际标准化组织（ISO）制定了3种通用的ISO14000（环境标志）标准。第一种标志（ISO14024）向消费者提供有关属性值最基本的细节信息；矢量属性信息通过协商统一的评分算法凝聚成一维数值。产品分数超过预定阈值可获得批准或认证印章。第二种标志（ISO14021）

被设定为一种独立、单一的标准要求（如纸类产品标志上"40%回收成分"）。这些标志所提供的信息非独立认证，也非基于预先设定的可接受标准。第三种标志（ISO14025）提供最详尽的信息。公开披露几种产品特性，这种公开通常涉及每种成分（如二氧化碳的重量）连续的或分类的信息。第三种标志被认为是最客观的标志，而第一种标准是最规范的（GEN 2004），这两种标志最适用于生态标志的通用定义。

历史和发展

各国政府和世界各地的非政府组织一直在组织、实施并认证覆盖上千种产品的生态标志计划。许多生态标志计划已实行了多年，其中最早的实行于1977年（见左边表1）。自1998年以来，生态标志的影响力在持续扩大（见下面表2）；一般来说，一些生态标志覆盖的产品数量增长已经超过一倍，并且被授予生态标志的产品范围在持续扩增（Teisl 2007）。2000年初，生态标志主要是贴于食品、肥皂和洗涤剂、纸张和木材产品、电器以及一些特色

表1　生态标志计划和开始年份

项目名称	开始年份
德国蓝色天使	1977
美国绿色印章	1989
瑞典北欧白天鹅	1989
日本生态标志	1990
新西兰环境选择	1990
印度生态标志	1991
奥地利生态标志	1991
法国NF环境	1992
欧盟生态标志	1992
中国HUAN生态标志	1993
泰国的绿色标志	1993
西班牙象征	1994
无氯产品协会	1997
海洋管理委员会	2000

表2　获得生态标志产品的增长数量

项目名称	1997[a]	2006[b]
奥地利生态标志	150	337
无氯产品协会	2	16
欧盟生态标签	182	1,776
德国蓝色天使	4,135	3,652
美国绿色印章	300	567
海洋管理委员会	200	300
新西兰环境选择	55	223
瑞典北欧白天鹅	350	877
泰国绿色标志	0	137

[a] 来源：USEPA (1998)．[b] 来源：Documentation from individual programs' websites.

产品。10年后，生态标志已颁发给包括建筑、花卉产品、油漆、润滑剂，甚至海滩在内的所有商品。

关于生态标志发展还有几个重要事件如下：

- 1989：国际标准化组织（ISO）发布了一个基本生态标志标准（ISO14020）

- 1991：关贸总协定宣布了关于墨西哥和美国贸易争端的报告。虽然未正式采用，关贸总协定规定生态标志并不违反关贸总协定（WTO n.d.）

- 1992：在联合国环境与发展会议上生态标志获得了国际公认（Enviro-Fish Africa 2005）

- 1992：美国联邦贸易委员会（Federal Trade Commission）发布第一个环境营销指导方针

- 1994：全球生态网络（GEN）成立，即"第三方非营利协会"，旨在改善、促进、推广"产品和服务"的生态标志（Teisl 2009, 1）

一个需要理性回答的问题是，生态标志计划显著增长的成因是什么？部分原因可能是消费者环境保护意识提高；然而盖洛普的环境调查表明美国消费者环境保护意识的下降（Hayward 2006）。另外的替代解释是市场全球化程度深化（Cashore, Auld & Newsom 2003），以及世贸组织接纳生

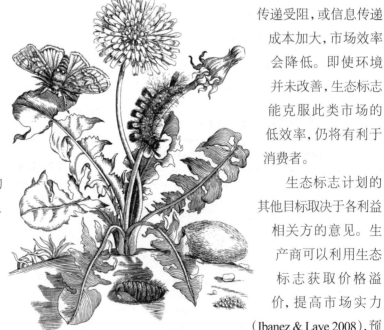

态标志，而其他环境规制无此待遇。政治上，越来越多经验丰富且有组织性的非政府组织采用生态标志计划来对抗不愿采取更严格环境管制的政府。在供应方面，零售商寻租机会增加、供应链管理技术的提高以及特定行业内部整合水平提高得以降低供应链管理成本，均有利于生态标志增长。因此，上述列举的所有原因以及其他因素都有可能有助于生态标志计划的增长。

生态标志有效性

根据世界标准化组织所述，生态标志计划的基本目标是"通过鼓励环境友好型产品和服务的需求与供应，从而不断改善环境"（GEN 2004, 1）。正如特索（Teisl）（2007）指出，由于市场参与者之间信息传递受阻，或信息传递成本加大，市场效率会降低。即使环境并未改善，生态标志能克服此类市场的低效率，仍将有利于消费者。

生态标志计划的其他目标取决于各利益相关方的意见。生产商可以利用生态标志获取价格溢价，提高市场实力（Ibanez & Laye 2008），预先防范管制行为，降低成本或责任风险。零售商可以通过促进消费者需求意愿从而增加客户。非政府组织可以使用生态标志改善社会条件，或

者选择专门保护欠发达国家。监管机构可以利用生态标志保护市民安全,而贸易官员可以利用生态标志来保护国内产业。这些机构的不同目的构建了一个有效的生态标志计划。

生态标志的广泛应用表明它已是一个改变消费者和生产者行为的有效方法。然而,相关研究说明这种有效性是有限的。许多关于有效性的研究是通过告知标志信息之后识别消费者意识变化,或者询问消费者生态标志计划是否影响其购买行为。然而意识改变并不必然意味着行为改变,并且消费者也不一定会遵循自己的购买主张。最近,几位作者发现重大积极的市场影响与不同市场中生态标志有关联:有机纺织品价格溢价(Nimon & Beghin 1999),贴着标志的金枪鱼(Teisl, Roe & Hicks 2002)、纸类产品和洗涤剂(Bjorner, Hanse & Russell 2004)的市场份额增加,以及咖啡市场价格溢价和市场份额的增长(Larson 2003)。米切尔(2000)和其他人(GEN 2004)指出衡量效果的实证研究很难明确表明与存在生态标志相关联。虽然很少这样做,但是这些市场影响应转化为环境影响(UNEP 2005),研究应当注重量化贴生态标志的产品对环境的影响(IISD 2003)。尤为重要的是,格罗洛(Grolleau)和蒂埃博(Thiebaut 2005)证明了即使购买贴有生态标志产品行为增加,生态标志仍肯定会导致环境恶化。

最新研究(Kotchen & Moore 2008; Teisl, Noblet & McCoy 2010)表明,另一个复杂的问题是,与环境行为发生联系的方式有不同,包括逆相关方式。对环境敏感的人应积极倾向于多种环境友好行为。例如范·博格伦(vanBirgelen)、塞梅金(Semeijn)和凯歇尔(Keicher 2009)发现购买有生态标志新产品的人更倾向于做到环境优先处置(如回收)。然而,有些人选择一种环境行为而放弃另外一种——一种环境替代效应。例如,那些目前因环境原因减少能源消费的人,可能会增加生态标志能源消费(Kotchen & Moore 2008)。

争议

除了围绕生态认证程序存在大量争议(如环境友好的定义、标准设定、测试程序),另一个值得关注的领域是生态标志计划与它对经济发展的影响之间的关系。不管生态标志是否被有意设为贸易壁垒,这些计划肯定会损害国外制造商特别是发展中国家制造商的利益。原因之一是这些制造商没有足够资源进行昂贵的检测或者改进生产流程。事实上,一些人认为计划推进的过程中,欠发达国家仍处于劣势,因为很少有这些国家来的代表参与决策过程(Enviro-Fish Africa 2005)。一些不发达国家指出"第一世界通过环境退化达到它们的发展水平,却将环境标准强加于我们,这种做法是很虚伪的(Enviro-Fish Africa 2005, 8)"。如果生态标志阻碍发展中国家经济发展,那么"这将是一个令人信服的理由去重新考虑它们的设计,或更为极端的做法是减少其使用"。然而,几乎没有发展中国家的出口商报告生态标志的重大影响。

未来的发展

相较于命令—控制手段或直接影响企业

生产的行为标准,清晰的环境属性标志可以提供一种指令性较低和相对低成本的改善市场结果的方法。因此,成本效益分析可能支持标志政策实现环境目标,而其他类型政策可能不会通过成本效益检测。然而,鉴于生态标志具有公共品特征,产品选择中存在搭便车的可能性,因此生态标志项目本身并不能提供社会最优水平的环境改善。布莱南(Brennen 2006)认为生态标志不应视为一种替代品,而应作为一种其他监管方法的补充(如税收、许可证)。

因此,决定生态标志计划和其他政策工具之间在理论和实践上的关系应为"连贯决策结构的一部分"(Potter & Hinnells 1994,317)。

马里奥·F.特斯尔(Mario F. TEISL)

缅因大学

高雅静译

参见:生物技术立法;化学品法律和政策;公平贸易;转基因生物立法。

拓展阅读

Ayres, Robert U. (1995). Life cycle analysis: A critique. *Resources, Conservation and Recycling, 14,* 199–223.

Bj0rner, Thomas B.; Hansen, Lars G.; & Russell, Clifford S. (2004). Environmental labelling and consumers' choice: An empirical analysis of the effect of the Nordic Swan. *Journal of Environmental Economics and Management, 47,* 411–434.

Bougherara, Douadia; Grolleau, Gilles; & Thiébaut, Luc. (2005). Can labelling policies do more harm than good? An analysis applied to environmental labelling schemes. *European Journal of Law and Economics, 19,* 5–16.

Brennan, Timothy J. (2006). Green preferences as regulatory policy instrument. *Ecological Economics, 56*(1), 144–154.

Cashore, Benjamin; Auld, Graeme; & Newsom, Deanna. (2003). Forest certification (eco-labeling) programs and their policymaking authority: explaining divergence among North American and European case studies. *Forest Policy and Economics, 5,* 225–247.

Enviro-Fish Africa. (2005). *Assessing the role and impact of ecolabelling in the three BCLME countries.* BCLME (Bengula Current Large Marine Ecosystem Programme) Project LMR/SE/03/02.

General Agreement on Tariffs and Trade (GATT). (1993, June 14). *Packaging and labelling requirements,* TRE/W/12.

Global Ecolabelling Network (GEN). (2004). Introduction to ecolabelling. Retrieved November 1, 2010, from http://www.gen.gr.jp/publications.html.

Hayward, Steven F. (2006). *Index of leading environmental indicators 2006: The nature and sources of ecological progress in the U.S. and the world* (11th ed.). San Francisco: Pacific Research Institute.

Ibanez, Lisette, & Laye, Jacques. (2008). Eco-certification, differentiation and upstream market power. *InternationalJournal of Agricultural Resources, Governance and Ecology, 7*(1/2), 158–173.

International Institute for Sustainable Development (IISD). (2003). A summary report from the expert meeting on a 10-year framework for consumption and production. *Sustainable Developments, 87*(1), 5.

Kotchen, Matthew J., & Moore, Michael R. (2008). Conservation: From voluntary restraint to a voluntary price premium. *Environmental and Resource Economics, 40,*195–215.

Larson, Bruce A. (2003). Eco-labels for credence attributes: The case of shade-grown coffee. *Environment and Development Economics, 8*(3), 529–547.

Mitchell, Lorraine. (2000). Dolphin-safe tuna labeling. In Elise Golan, Fred Kuchler, & Lorraine Mitchell (Eds.), *Economics of food labeling.* Economic Research Service, U.S. Department of Agriculture. Agricultural Economic Report No.793.

Nimon, Wesley, &Beghin, John. (1999). Are eco-labels valuable? Evidence from the apparel industry. *American Journal of Agricultural Economics, 81,* 801–811.

Organisation for Economic Co-operation and Development (OECD). (1991). *Environmental labelling in OECD countries.* Paris: Organisation for Economic Co-operation and Development.

Potter, Stephen, &Hinnels, Mark. (1994). Analysis of the development of eco-labelling and energy labeling in the European Union. *Technology Analysis and Strategic Management, 6,* 317–328.

Teisl, Mario F. (2007). Introduction. In Mario F. Teisl (Vol. Ed.), *The international library of environmental economics and policy series: Labelling strategies in environmental poUcy* (pp.xv–xxxii). Surrey, U.K.: Ashgate Publishing.

Teisl, Mario F. (2009). Global economic network. In Christian Tietje & Alan Brouder (Eds.), *Handbook of transnational economic governance regimes* (pp.881–889). Leiden, The Netherlands: Martinus Nijhoff Press.

Teisl, Mario F. (forthcoming). Environmental concerns in food consumption. In Jayson L. Lusk, Jutta Roosen & Jason Shogren (Eds.), *The Oxford handbook of the economics of food consumption and policy.* Oxford, U.K.: Oxford University Press.

Teisl, Mario F.; Noblet, Caroline L.; & McCoy, Shannon. (2010, June). *Typology of consumers' beliefs, attitudes and norms and substitution patterns across various environmental behaviors.* Paper presented at the 3rd International Workshop on Ecolabeling, Laboratory of Forest Economics, INRA-AgroParisTech., Rennes, France.

Teisl, Mario F.; Roe, Brian; & Hicks, Robert L. (2002). Can eco-labels tune a market? Evidence from dolphin-safe labeling. *Journal of Environmental Economics and Management, 43,* 339–359.

United Nations Environment Programme (UNEP). (2005).*The trade and environmental effects of ecolabels: Assessment and response.* Geneva, Switzerland: Economics and Trade Branch, Division of Technology, Industry and Economics, United Nations Environment Programme. U.S. Environmental Protection Agency (EPA). (1998, December). *Environmental labeling issues, policies and practices worldwide.* Washington, DC: U.S. Environmental Protection Agency.

van Birgelen, Marcel; Semeijn, Janjaap; & Keicher, Manuela. (2009). Packaging and pro-environmental consumption behavior: Investigating purchase and disposal decisions for beverages. *Environment and Behavior, 41*(1), 125–146.

Vitalis, Vangelis. (2002, December). *Private voluntary eco-labels: Trade distorting, discriminatory and environmentally disappointing.* Paper for the Organisation for Economic Co-operation and Development's Round Table on Sustainable Development, Paris.

World Trade Organization (WTO). (n.d.). Environment: Disputes 4—Mexico etc. versus US: "tuna-dolphin." Retrieved November 1, 2010, from http://www.wto.org/english/tratop_e/envir_e/ed is04_e.htm.

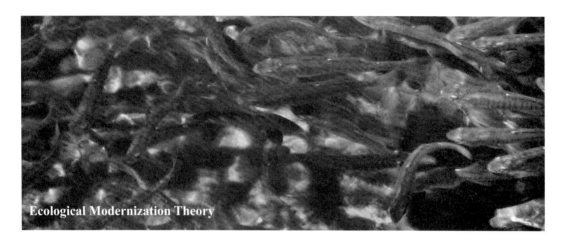

Ecological Modernization Theory

生态现代化理论

生态现代化理论代表了一类观点，即认为环境问题可以通过主要旨在改进绿色技术的商业创新和政府管理来解决。与竞争理论不同，其并不认为经济增长和环境改善是对立的。目前的政策环境与EMT的观点具有一致性，因而对该理论的价值提供了真实测试。

世界各国正在觉醒，认识到遵循现行的传统经济发展道路——无视自然环境——将会对当代和未来世代带来灾难。这也正是引发以"生态理性（ecological rationality）"（Mol 1995）为核心概念的生态现代化理论（EMT）的基本问题。广义地看，生态理性指在公共和私营部门发生的、主要通过技术创新实现的、致力于推动对环境更加负责的经济发展的变革。

生态现代化的早期思想

最早介绍生态现代化理论的著作产生于德国，这是一个以有着强大的绿党和对经济发展的环境影响高度关注而著称的国家。在此背景下，约瑟夫·胡贝尔（Joseph Huber 1982，1985）提出理论，认为私营经济主体将会开辟通往"超工业化"的道路，实现从"工业毛虫"向"生态蝴蝶"的蜕变。本质上，这一理论假定市场会激励行业和个体组织去寻找在生态方面更加高效、负责的商业模式。胡贝尔认为这将主要通过能同时最大化经济效益和环境效益的技术创新来实现。当代工业实践在原材料方面是很浪费的。相比之下，生态理性技术不仅限制生产废物的总量，而且将降低成本、增加利润。很重要的一点在于，胡贝尔不仅不认为超工业化运动需要政府干预，甚至认为政府管制会阻碍私人创新因而必须受到限制。

其他早期生态现代化理论的开创者在此方面也有基本共识，即认为政府不仅并非生态现代化的关键，而且是一个需要克服的潜在障碍，因为它限制私人创新、生态理性和宏观经济变迁。马丁·耶内克（Martin Janicke

1985)，乌多·西蒙斯(Udo Simmonis 1989)及其同事们不像胡贝尔那样重视技术问题，将之作为推动生态现代化的关键机制，而是更加重视所谓"环境无偿效应"，包括宏观经济从以制造业为基础向服务业为基础的转变，以及由此导致的生态良性服务供给对生态破坏性产品生产的替代。其余的工业化岗位要确定技术解决方案，但在超工业化国家中其工作性质将从根本上发生转变以适应服务经济。

　　总之，早期生态现代化理论坚信市场可以自我修正。尽管现代化的第一阶段带来了一连串的环境问题，第二阶段——胡贝尔的"超工业化"或耶内克和西蒙斯的"环境无偿效应"——将会看到一个以市场为基础的修正以实现长远的生态健康。这意味着要限制政府干预，通过私营部门内的技术创新和走向服务经济来提升生态理性。

后续发展：国家的采用

　　英语世界最熟悉的生态现代化理论著作(Fisher & Freudenberg 2001)并非出自德国学者之手，而是来自荷兰和瓦赫宁根学派。这个知识中心的核心人物是赫特·斯帕加伦(Gert Spargaaren)和亚瑟·莫尔(Authur P.J. Mol 1992)。与其德国同行不同，他们认为

生态理性不会转化为经济变迁，除非政府干预并强制私人做出内化环境成本的决策。莫尔(1995)对荷兰化工行业的检视经常被作为说明政府干预推动生态现代化的基本案例加以研究——在此案例中，荷兰政府的国家环境政策计划改变了化工行业危险的商业实践。最近，波林·道依茨(Pauline Deutz 2009)还运用生态现代化理论来解释欧盟的废物管理政策。

　　基于对生态现代化理论的德国和荷兰根源的起点差异的反思，彼得·克里斯托弗(Peter Christoff 1996)认为德国提供了一个"弱"的EMT版本而荷兰提供了"强"版本，因为对自由市场的自我修正的迷信——20世纪80年代里根-撒切尔时代的流行观点——现在看来已有些幼稚。通常情况下，企业由于害怕失去盈利能力而对其行业活动的重大变化持抵制态度。如果政府干预和推动创新，企业会发现在走向绿色的同时维持盈利能力是可能的。然而，如果没有公共部门推动，它们通常不愿意实现这一观念的飞跃。

　　因此，"强"版生态现代化理论把国家置于更重要的地位，期望其培育有益于组织和工业化改革的制度框架，通过公共政策促进技术创新(Mol 2001)。在 *Geo forum* 期

刊的一本特刊上，提出的目标之一就是揭批认为生态现代化理论是自由市场方法的观点（Murphy 2000）。因此，现在看来早期的"弱"版生态现代化理论在很大程度上已被"强"版所遮蔽，是国家而非私营部门推动生态理性的观点似乎正在成为共识。然而，私营部门有责任来决定如何满足国家的生态改善要求，如减少工业排放等。在这方面，技术创新仍然被视为变革的主要机制。

相关学派的观点

生态现代化理论不是认为现代化带来生态改善的唯一理论。后物质主义理论（Inglehart 1977）也有类似主张，但其并不强调国家、市场和组织改革，而是更关注市民社会以及环境文化价值观的转变。后物质主义者指出，在北方国家的现代化历程中市民社会并不关心环境问题，因为人们更关心谋生和满足自己的物质需求。相比之下，当前的后物质主义时代的标志是物质充裕，贬低追求物质的价值观，弘扬音乐、艺术等非物质世界以及其他更少生态危害的创造性手段的价值。同样，新的人类生态学理论（Catton & Dunlap 1980）认为，社会正在经历一个从"人类豁免范式"到"新生态范式"的转变。换言之，人类开始意识到其如同自然界的其他动物一样并非超然于自然法则之外，而不得不考虑地球的承载能力，否则可能面临做过头的风险（Catton 1982）。

生态现代化理论的"弱"版本也有类似的说法，关于一个理性的、可自我修复的自由市场的争论始终存在于生态经济学的新自由主义分支中（例如，Grossman & Krueger 1995）。生态经济学家认为国家会经历"生态库兹涅茨曲线"（EKC）。诺贝尔经济学奖获得者西蒙·库兹涅茨（Simon Kuznet）指出，随着国家的现代化，人们的收入不平等程度从低到高发展最终再次降低—遵循倒U型或二次数学函数。这一函数已被用于具有混合证据的环境问题领域，显示随着经济的发展，环境影响从低到高发展并最终下降到较低水平。因为生态库兹涅茨曲线和生态现代化理论的早期版本相似，两者在学术文献中有时被视为等同（如Ehrhardt-Martinez 1998）。

对生态现代化理论的批评

对生态现代化理论的批评主要来自政治经济学角度，包括新马克思主义者和世界体系学者。政治经济学家不接受生态现代化理论关于经济增长和生态改善可以兼容的核心假设。为《世界体系研究杂志》写作的阿尔夫·霍恩堡（Alf Hornborg 2003）认为经济增长和环境问题之间是一种零和博弈，而非生态现代化理论学者比喻的"聚宝盆"。政治经济学家指出北方国家表面上的环境改善实际上是一种幻象，因为这些问题并没有消失，而是被转移到了南半球的贫穷国家。作为离岸外包的结果，这些穷国承担着来自北方国家的生态破坏性产业。约翰·贝拉米·福斯特（John Bellamy Foster 2009）是最激烈的批评者之一，他认为生态现代化理论是徒劳的、试图在短期内挽救破碎的经济体系，即资本主义——一个允许通过环境成本外部化来使生产的经济成本保持在低水平的体系。因此，在资本主义体制中，环境恶化直接导致利润最大化。此外，在技术方面，福斯特提出"杰文斯悖论"，认为技术的生态效率的任何改进都会被之后不断增加的消费所抵消，从而导致更大的环境问题。

前景展望

生态现代化理论尽管在学界不是那么受欢迎，在制定政策时却是基本的思想框架，这或许因为它没有把限制经济增长视为减缓或扭转环境恶化的最佳途径。例如，在美国，奥巴马总统的政策就反映了认为走向绿色的同时继续发展经济是可能的和必要的观点。事实上，绿色环保事业被框定为具有激发经济繁荣的潜力，其特点在于对替代技术、燃料以及新的创业公司的巨大投资。但这些变化是否会在减少环境影响方面产生真正的进步仍有待观察。生态现代化理论的批评者估计任何好处都会因环境成本外部化而不断增加的消费和逐利所抵消，这一点可能是正确的。无论怎样，可以肯定的是，生态现代化理论理念将面临考验。时间会告诉我们这些政策是否真正有效，从而为评价生态现代化理论的价值提供基础。

格里高利·福尔克森（Gregory FULKERSON）

纽约州立大学奥尼昂塔学院

巩固译

参见：生物技术立法；化学品法律和政策；可持续发展——法律和委员会概述；生态系统管理；环境法，软与硬；自由贸易；纳米技术立法；化学品注册、评估、授权和限制；废物运输法。

拓展阅读

Catton, William R. (1982). *Overshoot: The ecological basis of evolutionary change.* Urbana: The University of Illinois Press.

Catton, Willam R., & Dunlap, Riley. (1980). A new ecological paradigm for post-exuberant sociology. *American Behavioral Scientist, 24,*15–47.

Christoff, Peter. (1996). Ecological modernisation, ecological modernities. *Environmental Politics, 5*(3), 476–500.

Deutz, Pauline. (2009). Producer responsibility in a sustainable development context: Ecological modernization or industrial ecology? *The Geographical Journal, 175*(4), 274–285.

Ehrhardt-Martinez, Karen. (1998). Social determinants of deforestation in developing countries: A cross-national study. *Social Forces, 77,* 567–586.

Fisher, Dana R., & Freudenburg, William R. (2001). Ecological modernization and its critics: Assessing the past and looking toward the future. *Society and Natural Resources, 14,* 701–709.

Foster, John Bellamy. (2009). *The ecological revolution: Making peace with the planet.* New York: Monthly Review Press.

Grossman, Gene, & Krueger, Alan. (1995). Economic growth and the environment. *Quarterly Journal of*

Economics, 110, 353-377.

Hornborg, Alf. (2003). Cornucopia or zero-sum game? The epistemol-ogy of sustainability. *Journal of World-Systems Research, 9,* 5-216.

Huber, Joseph. (1982). *Die verlorene unschuld der okologie: Neue technolo-gien und superindustrielle entwicklung.* [The lost innocence of ecology: New technologies and superindustrialized development]. Frankfurt am Main, Germany: Fisher Verlag.

Huber, Joseph. (1985). *Die regenbogengesellschaft: Okogie und sozialpoli-tik.* [The rainbow society: Ecology and social politics]. Frankfurt am Main, Germany: Fisher Verlag.

Inglehart, Ronald. (1977). *The silent revolution: Changing values and political styles among Western publics.* Princeton, NJ: Princeton University Press.

Janicke, Martin. (1985). *Preventive environmental policy as ecological modernisation and structural policy* (Discussion Paper IIUG dp 85-2). Internationales Institut Fur Umwelt und Gesellschaft, Wissenschaftszentrum Berlin Fur Sozialforschung (WZB).

Mol, Arthur P. J. (1995). *The refinement of production: Ecological modernization theory and the chemical industry.* Utrecht, The Netherlands: Van Arkel.

Mol, Arthur P.J. (2001). *Globalization and environmental reform.* Cambridge, MA: MIT Press.

Murphy, Joseph. (2000). Ecological modernisation. *GeoForum, 31,* 1-8.

Simmonis, Udo. (1989). Ecological modernization of industrial society: Three strategic elements. *International Social Science Journal, 121,* 347-361.

Spaargaren, Gert, & Mol, Arthur P. J. (1992). Sociology, environment, and modernity: Ecological modernization as a theory of social change. *Society and Natural Resources, 5,* 323-344.

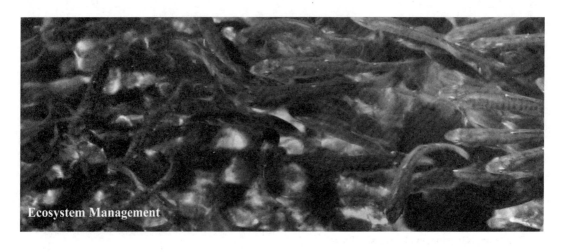

Ecosystem Management

生态系统管理

生态系统管理(EM)是推动解决环境问题的综合方法,其核心目标是保护整个生态系统。通过聚焦于应对环境挑战的跨学科方法,生态系统管理有助于综合地实现社会、经济、科学和政府目标。此外,随着生态系统管理成为环境立法基础的一部分,它将支持和加强不断增长的保护我们的环境的社会力量。

20世纪末,美国总统的可持续发展委员会提出:人类的生存很可能取决于对可持续生活和生态系统管理原则的普遍接受。前内政部长(和委员会成员)布鲁斯·巴比特(Bruce Babbitt 1999)明确地表达了一个观点:"我们在当地行动,但必须放眼全球。我们还必须全盘思考,考虑到自然/经济和文化与我们社区和社会的精神生活之间的关系。"挑战是艰巨的,因为有多样的因素威胁,比如指数增长的土地利用变化和相关生态系统碎片化、害虫、病原体、疾病、光和化学污染、外来物种入侵和气候变化等等因素。

生态系统管理是应对这些挑战的一个实践。它尝试管理整个生态系统而不是管理单个和零碎的部分(Lindenmayer, Margules & Botkin 2000)。随着跨学科科学、监控、数据文档共享和预测建模的改进,创新的生态系统管理实践将更有可能取得更大的成功。

生态系统管理最初是美国林务局的多重利用政策的一个结果。该政策推动国家森林的可持续产出管理的做法容纳更为整体性的可持续生态系统管理做法(Jenson & Bourgeron 1991)。正如美国生物学家和生态学家尤金·奥德姆(Eugene Odum 1956)所描述的:生态系统管理的核心目标是保护生态系统及其结构、过程和功能的完整性。他表明,结构是指在群体中的物种组成和它们在生物量、年龄组、繁殖率和死亡率等方面的分布情况。过程描述了驱动系统的因素如气候学、养分循环和物种进化与继承。功能包括栖息地的特征和在食物链中物种与群落的作用。在不同阶段,养分循环过程诸如吸收、分解、矿化也同样被认为是生态系统的功能元素。

跨学科的方法

在社会和自然资源之间日益增长的相互影响力是至关重要的(Campbell 2001)。人类的价值观和政治是有关环境条件考量的中心(Peine 2007)。正如美国地质调查局和美国鱼类和野生动物服务组织简洁地提出,用跨学科的方法来解决环境问题是非常必要的。

生物学家和土地管理者需要回答一个最重要的普遍性问题:为了有效地实现保护特定物种或同类物种,我们需要何种特定的土地来恢复、保护和/或打理?我们的运作困境涉及空间和时间的规模,以及我们如何制定战略计划和采取实际行动以获得最大的成效。这个项目的重点将是如何选择可行的关键栖息地的社会—经济组成的过程和必要的多学科社会—经济组成的过程。(Peine et al. 2009)

生态系统管理成为一个公共和私人土地管理的新范式。它结合了生态学和生态系统原则和管理公共土地的政策需求(Samson & Knopf 1996)。到1994年,18个美国联邦机构采取了一些生态系统管理的形式作为指导性政策(Cortner & Moote 1999)。环保人士埃德·格拉宾(R. Edward Grumbine 1994)提出了五项生态系统管理为了维持生态完整性所必要的充满挑战性的原则(指标):① 就地保持合理的本地人口数量;② 在自然保护区内完整代表所有本地生态系统类型;③ 维护生态和进化过程;④ 实现维持物种和生态系统长时间的进化潜力;⑤ 适应人类使用和占用。

1995年,一个跨部门工作小组给生态系统管理下的定义是"生态系统方法的目标是通过一个充分整合社会与经济目标的自然资源管理方法,来恢复和维持生态系统的健康、生产力、生物多样性,以及整体生活质量"(IEMTF 1995)。 在美国广泛的生态系统管理实践立法是在20世纪60年代至20世纪80年代初通过的。一些著名的例子包括1964年的《土地和水资源保护基金法》;1968的《自然与风景河流法》;1969年的《国家环境政策法》(NEPA),该法建立了美国环境保护署和环境质量委员会;1970年的《清洁空气法》(CAA);1972年的《水污染控制法修正案》;1973年的《濒危物种法》(ESA);1974年的《安全饮用水法》;1976年的《资源保护和恢复法》;1977年的《水污染控制法修正案》,其被称为《清洁水法》和《综合环境反应、补偿和责任法》,即众所熟知的 1980年的《超级基金法》。这些法律管制有毒物质、杀虫剂、海洋倾倒,保护野生动物、荒野、自然与景观河流。此外,这些法律规定了污染研究、标准设置、监督和执法。这些法律的出台导致了环保运动的重大转变。诸如塞拉俱乐部等将重点从关注当地事务变成为一个华盛顿的游说团体。新组织,例如,美国自然资源保护委员会和环境保护基金,也唤起更大的政治影响(Buttel & Larson 1980)。

挑战和障碍

虽然生态系统管理科学管理实践支持着政府和法律对生态系统退化的回应,但是挑战仍在继续。组合单一介质或单一物种管理的法律在某些情况下是非常有效的(Houck 1997),然而,法律规定鼓励和纳入更综合的方法对"维持生态系统的组成、结构和功能是必要的"(Christensen et al. 1996)。在国家层面上,有许多发展和实现生态系统管理立法的障碍,包括科学、制度、管辖权、官僚和政治障碍。在美国,大企业的政治影响力对国家环境法律、法规的发展具有巨大影响(Spence 2005),这种情况也适用于采纳生态系统管理原则的有关立法或监管建议。例如,由于煤炭和电力行业广泛的游说,美国环境法律尚未完全解决煤的生产和使用对环境的危害。因此,尽管有《清洁水法》(CWA)的法律框架,为煤炭生产而移除山顶在阿巴拉契亚山脉是允许的,并且那儿目前没有规定在燃煤发电厂控制有毒废物。1970年的《清洁空气法》也没有要求修改现有燃煤电厂遵守的排放控制标准。许多这些工厂今天仍然在有限的排放管制下运作(Manuel 2009)。

当试图管理跨国生态系统时,这些生态系统管理的法律回应障碍成倍增加。气候变化问题是一个最好的说明。即便科学上几乎达成共识也没能在适当的国际、政府间层面形成政治共识。在20世纪90年代早期,一大群诺贝尔奖得主和国家科学院成员签署了一项请愿书,称:"由人类活动形成的多样气体使地球的自然温室效应的增强有可能在气候上产生急剧的变化,在科学界对此有广泛的共识"(IPCC 1992)。代表超过全球60%排放的190多个国家已经致力于开创性的《联合国气候变化框架公约》和在《京都议定书》中有约束力的义务,包括欧盟、澳大利亚、加拿大和日本。但是负责其余的世界上40%的排放国家拒绝做出承诺(UNFCCC 1992)[①]。

国家的成功

即便如此,在许多重要的国家和国际的法律工具发展过程中,对生态系统管理影响立法的许多障碍已经被成功地克服。比如,美国《濒危物种法》(ESA),在某些人看来是最早也是最成功的实现生态系统管理风格(EM-styled)管理的立法例子(Houck 1997)。美国国会在1973年通过了《濒危物种法》的修订。此法在美国和其他地方对被列为受威胁或濒危的鱼类、野生动物和植物提供广泛的保护。对清单上物种的保护措施包括恢复计划的设计与实施和关键栖息地的确立。

① 到2015年,这一情况发生巨大变化。中、美两个温室气体排放大国签署了关于应对气候变化的联合声明。在此前,加拿大、日本、新西兰和俄罗斯于2012年宣布不参加《京都议定书》的第二承诺期。译者注。

红狼（*Canis rufus*）是第一批由当时新成立的美国生态学学会（ESA）立法来解决的高度濒危物种之一。它们活动范围一度遍及美国东南部。任意捕杀、出口奖金和栖息地被破坏，是造成红狼总数减少的原因。采伐森林、矿业和农业活动等进一步破坏行为把红狼赶到旷野。这样就增加它们同人类和牲畜的接触，还为郊狼（*Canis latrans*）的入侵创建有利条件。红狼的数量减少，郊狼的迁入，大量的杂交繁育出现。政府控制捕食者计划更加剧了红狼本已严峻的形势。美国鱼类和野生动物服务处（FWS）在1967年首次正式承认红狼为濒危物种。到1980年野生的该物种已经灭绝。美国生态学会（ESA）曾经制定并发起了一个雄心勃勃的复苏计划，该计划可以说是当时最复杂的一个：第一步是建立一个只有14只纯种个体的基础繁殖群（Norwack 1992）。经过几十年的圈养繁殖，红狼在南卡罗来纳州的科罗曼国家野生动物保护区的牛岛被实验性放归。目前，红狼成功存活于北卡罗来纳州东部，在这一区域有三个国家野生动物保护区。

国际的成功

在国际上，有很多应用生态系统管理原则的法律文件，包括《生物多样性公约》及其《卡塔赫纳议定书》、《国际濒危动植物物种贸易公约》、《野生动植物迁徙物种保护公约》、《拉姆萨尔湿地公约》、《联合国防治荒漠化公约》、《联合国教科文组织关于保护世界文化和自然遗产公约》、《联合国海洋法公约》、《巴塞尔控制危险废物跨界转移及其处理公约》，以及《维也纳保护臭氧层公约》及其《蒙特利尔议定书》。

一个合作法律制度的非常成功的例子就是五大湖流域的跨界生态系统资源管理。五大湖是地球上最大的地表淡水系统，含有大约84%的北美地表淡水和世界上21%的供给。盆地所处位置在美国和加拿大之间，均为两国的高度工业化地区，并且加拿大近25%和美国近7%的农业生产是该流域生态系统的一部分（Karkkainen 2004）。五大湖的海洋生态系统受到了多种环境压力，包括有毒和营养盐污染，其形式有固体的和大气的污染；城市和农业废弃物；工业排放和废物处理场渗滤液；渔业下降，湿地减少，栖息地的破坏和自然水流的改变。

值得称赞的1909年《边界水域条约》和《五大湖水质协议》是调整流域的国际管理计划的主要法律文书。美国和加拿大在1972年第一次达成基于传统的污染控制策略的《大湖水质协议》，继而在1978年和1987年修订该协议并明确地采用了一个集合的生态系统管理方式。在美国，有超过140种不同的联邦项目实施五大湖管理活动并为其提供资金，包括：如两国毒物的策略，湖域范围管理计划和为指定优先领域的补救行动计划。治理五大湖流域行动跨越国家、洲际及地方边界，涉及在美国和加拿大各种联邦机构、美国八个州、加拿大的两个省，以及一系列的两国非政府和政府间团体，美加两国在整个地区的主要港口和城市、美国的土著部落、当地和区域非政府组织、商业和贸易利益实体、科学界。尽管极其复杂，但这种结构已被认为是"跨界合作联合管理淡水水生生态系统的最早的成功例子"（Karkkainen 2004）。

另一次工业革命

最后，正面来说，整个社会越来越多地意识到日益严重的环境退化并致力于环境的长期监管和恢复（Steinberg 2009）。基于生态系统管理的行动不仅在国家和国际层面出现，也在区域、州和地方层面上出现，并在商业团体、环境和其他非政府组织、科学家、农场主以及超国家、国家、地方政府和管理机构的参与下发展。当下面临的挑战是整合政策、科学和政治承诺。经济学家、作家和社会评论家杰里米·里夫金指出，"我们正步入另一个历史性的能量和通信融合巅峰——第三次工业革命——它将同情敏感性延伸至生物圈本身和所有地球上的生命"（Rifkin 2010）。采用生态系统管理原则的法律结构，能够鼓励创新生态系统的发展和促进其成功并使同情敏感性延伸至全球脆弱的生态系统。

约翰·D. 派纳（John D. PEINE），贝基·L. 雅各布斯（Becky L. JACOBS），凯·E. 弗兰泽博（Kay E. FRANZREB），马吉·R. 史蒂文斯（Maggie R. STEVENS）

田纳西大学

韩利琳译

参见：清洁空气法；清洁水法；濒危物种法；森林保护区法；雷斯法；土地利用法规和区划；国家环境政策法；寂静的春天；荒野法。

拓展阅读

Babbitt, Bruce. (1999). Foreword. In John Peine (Ed.), *Ecosystem management for sustainability: Principles and practices.* New York: CRC Press.

Bauch, Simone; Sills, Erin; Rodriguez Estraviz, Luis Carlos; McGinley, Kathleen; & Cubbage, Frederick. (2009). Forest policy reform in Brazil. *Journal of Forestry, 107*(3), 132–138.

Buttel, Frederick H., & Larson, Oscar W., III. (1980). Whither environmentalism? The future political path of the environmental movement. *Natural Resources Journal, 20,* 323.

Campbell, David. (2001). Assessing human process in society: Environmental interactions. In Mark E. Jensen & Patrick C. Bourgron (Eds.), *A guidebook for integrating ecological assessments.* New York: Springer-Verlag.

Christensen, Norman L., et al. (1996). The report of the Ecology Society of America Committee on the scientific basis of ecosystem management. *Ecological Applications, 6*(3), 665–691.

Cortner, Hannah J., & Moote, Margaret Anne. (1999). *The politics of ecosystem management.* Washington, DC: Island Press.

Didia, Dal O. (1997). Democracy, political instability and tropical deforestation. *Global Environmental Change, 7*(1), 63–76.

Downs, Anthony. (2005). Smarth growth: Why we discuss it more than we do it. *Journal of the American*

Planning Association, 71(4), 367–378.

Environmental Defense Fund. (2009). What do catch shares mean for fishing jobs and fishing fleets? Retrieved September 3, 2010, from http://www.edf.org/page.cfm?tagid=48874.

Food and Agriculture Organization of the United Nations. (2006). Sustainable grazing systems. Retrieved September 3, 2010, from http://www.fao.org/ag/magazine/0603sp2.htm.

Grumbine, R. Edward. (1994). What is ecosystem management? *Conservation Biology, 8*(1), 27–38.

Guynup, Sharon. (2003). "Dirty fishing" emptying oceans, experts say. *National Geographic.* Retrieved September 3, 2010, from http://news.nationalgeographic.com/news/2003/08/0811_0308011_tvbycatch.html.

Houck, Oliver A. (1997). On the law of biodiversity and ecosystem management. *Minnesota Law Review, 81*, 869–976.

Interagency Ecosystem Management Task Force (IEMTF). (1995). *The ecosystem approach: Healthy ecosystems and sustainable economies: Vol.1. Overview.* Springfield, VA: National Technical Information Service.

Independent Lens. (2003). Razing Appalachia [Summary of the motion picture *Razing Appalachia*]. Retrieved September 3, 2010, from http://www.pbs.org/independentlens/razingappalachia/film.html.

Intergovernmental Panel on Climate Change (IPCC). (1992). Climate change 1992: The supplementary report to the IPCC impacts assessment. Retrieved September 13, 2010, from http://www.ipcc.ch/ipccreports/far/IPCC_Suppl_Report_1992_wg_I/ipcc_far_wg_I_suppl_material_full_report.pdf.

Intergovernmental Panel on Climate Change (IPCC). (2007). IPCC fourth assessment report: Climate change 2007. Retrieved September 13, 2010, from http://www.ipcc.ch/publications_and_data/ar4/syr/en/main.html.

Jensen, Mark E., & Bourgeron, Patrick S. (1991). *A guidebook for integrated ecological assessments.* New York: Springer-Verlag Inc.

Karkkainen, Bradley. (2004). Marine ecosystem management & a "postsovereign" transboundary governance. *San Diego International Law Journal, 6*, 113.

Krysanova, Valentina; Vetter, Tobias; & Hattermann, Fred. (2008). Detection of change in drought frequency in the Elbe basin: Comparison of three methods. *Hydrological Sciences Journal, 53*(3), 519–537.

Lindenmayer, David B.; Margules, Chris R.; & Botkin, Daniel B. (2000). Indicators of biodiversity for ecologically sustainable forest management. *Conservation Biology, 14*(4), 941–950.

Maehr, David S., & Lacy, Robert C. (2002). Avoiding the lurking pitfalls in Florida panther recovery. *Wildlife Society Bulletin, 30*(3), 971–978.

Maehr David S.; Land, E. Darrell.; Shindle, David B.; Bass, Oron L.; & Hoctor Thomas S. (2002). Florida panther dispersal and conservation. *Biological Conservation, 106*(2), 187–197.

Manuel, John. (2009). Balancing act: Creating the right regulation for coal combustion waste. *Environmental Health Perspectives, 117*(11), 498–503.

National Ecological Assessment Team (NEAT). (2006). Strategic habitat conservation: Final report of the National Ecological Assessment Team. Retrieved September 3, 2010, from http://www.fws.gov/SOUTHWEST/About%20Us/PDFs/SHC%20NEAT_Final_Rpt.pdf.

Nowak, Ronald M. (1992). The red wolf is not a hybrid. *Conservation Biology*, *6*, 593–595.

Odum, Eugene P. (1956). *Fundamentals of ecology*. Philadelphia: Sanders.

Palmer, Margaret A., et al. (2010). Mountaintop mining consequences. *Science*, *327*, 148–149.

Peine, John D. (2007). Social considerations. In Martin Raphael and Randy Molina (Eds.), *Conservation of rare and little known species: Biological, social and economic considerations* (pp.236–272). New York:Island Press.

Peine, John J., et al. (2009). *Habitat restoration and conservation prioritization tool for the Endangered Species Act*. Knoxville: The University of Tennessee Institute for the Secure and Sustainable Environment.

Rifkin, Jeremy. (2010). *The empathic civilization: The race to global consciousness in a world in crisis*. New York: Jeremy P. Tarcher/Penguin.

Rychwalski, Erica. (2010). Conservation science: Can cities and biodiversity coexist? *The Nature Conservancy*. Retrieved September 3, 2010, from http://www.nature.org/tncscience/misc/art25018.html.

Samson, Fred B., & Knopf, Fritz L. (Eds.). (1996). Preface. In Fred B. Samson & Fritz L. Knopf (Eds.), *Ecosystem management: Selected readings* (p.v). New York: Springer Verlag.

Spence, David B. (2005). Coal-fired power in a restructured electricy market. *Duke Environmental Law and Policy Forum*, *15*, 187–220.

Steinberg, Paul F. (2009). Institutional resilience amid political change: The case of biodiversity. *Conservation Global Environmental Politics*, *9*(3), 61–81.

U.S. Environmental Protection Agency (EPA). (2008). Agriculture. Retrieved September 3, 2010, from http://www.epa.gov/oecaagct/index.html.

U.S. Environmental Protection Agency (EPA). (2010). Clean air mercury rule. Retrieved September 3, 2010, from http://www.epa.gov/camr/.

Weber, Edward. (2000). A new vanguard for the environment: Grassroots ecosystem management as a new environmental movement. *Society & Natural Resources*, *13*(3), 237–259.

Wu, Jianguo, et al. (2004). The Three Gorges Dam: An ecological perspective. *Frontiers in Ecology and the Environment*, *2*(5), 241–248.

条约 / 决议 / 公约

Basel Convention. (1989). Basel Convention on the control of transboundary movements of hazardous wastes and their disposal.

Retrieved September 3, 2010, from http://www.basel.int/text/17Jun2010-conv-e.doc.

Cartagena Protocol of Biosafety to the Convention on Biological Diversity, January 29, 2000, 39 I.L.M. 1027.

Convention on Biological Diversity. (1992). Retrieved September 3, 2010, from http://web.me.com/taro91/ Plant_in_the_United_States/CONVENTION_ON_BIOLOGICAL_DIVERSITY_.html.

Convention on International Trade in Endangered Species of Wild Fauna and Flora. (1973). Retrieved September 3, 2010, from http://www.cites.org/eng/disc/text.shtml.

Convention on Wetlands of International Importance, Especially as Waterfowl Habitat. (1971). Retrieved September 3, 2010, from http://www.eoearth.org/article/Convention_on_Wetlands_of_International_ Importance_especially_as_Waterfowl_Habitat.

Kyoto Protocol to the United Nations Framework Convention on Climate Change. (1997). Retrieved September 3, 2010, from http://unfccc.int/essential_background/convention/background/items/2853.

Montreal Protocol on Substances that Deplete the Ozone Layer. (1987). Retrieved September 3, 2010, from http://www.unep.org/ozone/pdfs/Montreal-Protocol2000.pdf.

Treaty relating to boundary waters between the United States and Canada (U.S.-Gr. Brit.), January 11, 1909, 36 Stat. 2448.

United Nations Convention to Combat Desertif ication in those Countries Experiencing Serious Drought and/ or Desertifi cation, Particularly in Africa. (1994). Retrieved September 3, 2010, from http://www.unccd.int/ convention/text/convention.php?annexNo=0.

United Nations Convention on the Law of the Sea. (1982). Retrieved September 3, 2010, from http://www. un.org/Depts/los/index.htm.

United Nations Convention on Migratory Species. (1979). Retrieved September 3, 2010, from http://www.cms.int/.

United Nations Framework Convention on Climate Change (UNFCCC). (1992) Retrieved September 3, 2010, from http://unfccc.int/2860.php.

UNESCO Convention Concerning the Protection of the World Cultural and Natural Heritage. (1972). Retrieved September 3, 2010, from http://whc.unesco.org/en/conventiontext/.

Vienna Convention to Protect the Ozone Layer. (1985). Retrieved September 3, 2010, from http://www.unep. org/ozone/pdfs/viennaconvention2002.pdf.

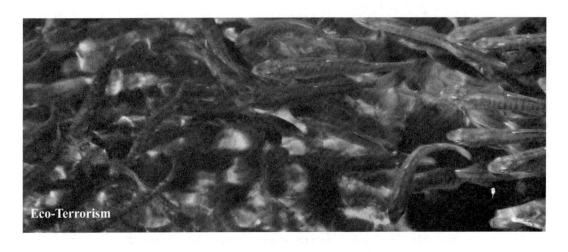

Eco-Terrorism

生态恐怖主义

生态恐怖主义是一个普遍用于描述某些环保组织的暴力行动的术语。生态恐怖主义也与生态破坏行为、环境恐怖主义、生态犯罪或暴力有关。作为一个法律问题，什么构成"生态恐怖主义"取决于行动本身的细节，以及特定行为发生在哪里。行动的位置决定了哪些国家有管辖权。

生态恐怖主义被自由企业保卫中心前领导人罗恩·阿诺德定义为一个"拯救自然的犯罪"（Smith 2008，545）。美国联邦调查局将生态恐怖主义定义为"由环境导向或环境政治原因驱使的由许多不同的组织对无辜受害者或财产使用或威胁使用犯罪性质的暴力行为"（Lovitz 2007，80）。地球第一、动物解放阵线、停止亨廷顿虐待动物、地球解放阵线等组织均被列为生态恐怖组织。

生态恐怖主义术语的使用有多种情况。最普遍的理解是，生态恐怖主义是为了实现一个特定的环境或生态目标而使用暴力行为，如

防止政府砍伐森林，筑堤拦河，或者允许各种物种的捕捞。另一方面，生态恐怖主义是指在追求其目标的过程中，对环境造成重大伤害的恐怖行动，其目标并不一定与环境保护相一致。在这种情况下，自然资源本身因对人类的攻击而受到侵害。一个最突出的例子是在1991从科威特撤退的伊拉克军队点燃了油井而引起大火。这些暴力行为有时也被称为环境恐怖主义。

生态恐怖主义术语的反对者认为，恐怖主义标签是不合适的，因为它削弱了恐怖主义传统定义的意义。相反，他们提倡用生态防卫、生态破坏（或生态破坏活动）和破坏（monkey-wrenching）来表达描述生态恐怖主义。虽然有人尝试把工业或企业的破坏环境的活动标注为生态恐怖主义，这些尝试最终没有得到认可。另外的替代术语如生态犯罪和生态暴力行为，被用来描述私人企业破坏环境的行为。

生态恐怖主义的提法具有重要的政治、

社会和法律后果。它可能被用作压制政治分歧的工具。它也推动个人更注重经济利益，而非对环境保护作出努力。一旦一个团体被标志为生态恐怖主义团体，它会受到更多的监视和调查，对行动者和他们的支持者也有更大的惩罚，以及后续的经济后果，包括资产没收。

生态恐怖主义没有在国际法律体系中被定义。对恐怖主义的法律定义本身几十年来一直充满争议。某些人为一项事业所进行的斗争应该被看作是恐怖分子还是自由战士？这个问题各国都难以解决。为了确定它是否是一个恐怖攻击，各种涉及不同暴力行为的国际条约均已增加对该行为的目的的检查。它们检视这种行为的性质和内容是否威胁到人口或迫使政府或国际组织要采取或放弃采取任何行动。

生态恐怖主义管辖权

法律通过行为准则和对一系列活动的禁令管制生态恐怖主义行为；它们还授权国家有关当局执行这些法律。这种管辖权的行使在很大程度上取决于恐怖主义的发生地。最常见的情况是，如果生态恐怖主义发生在陆地上，则对其适用该国法律。这些法律适用于那些身在某国但不是这个国家公民的个人。在特定国家的领土内行动的事实足以保证对这些个人行使管辖权。

为了防止虐待动物和保护自然环境，生态恐怖主义组织已把农场、大学、企业、研究机构、林业和房产开发作为目标。常见的策略涉及财产破坏，释放动物，以及在现场扰乱该活动。许多这样的行为被认为是犯罪。1998年科罗拉多州维尔滑雪场的纵火，造成了1 200万美元损失，其目的是为了保护猞猁的栖息地。该行为已是美国最大的一个环境恐怖主义行动。在美国，犯罪活动的数量和破坏程度使美国官员得出这样的结论：生态恐怖主义是最大的国内恐怖主义威胁之一。

为了应对生态恐怖主义的增加，美国各州和联邦立法机关通过立法加强对极端环保组织的刑事处罚。1992年《动物企业保护法》和2006年《动物的企业恐怖主义法》是特别针对动物解放阵线和地球解放阵线的活动。额外的立法努力并不成功，比如2004年《生态恐怖主义预防法》和2003年《阻止恐怖主义财产法》。对于这些立法的顾虑主要集中在可能会侵犯美国宪法第一修正案规定的言论自由的权利这个问题上。

国际法在一定程度上补充了国内法律对不同恐怖行为的应对。与关于生态恐怖主的司法管辖权最为相关的，是应对恐怖炸弹袭击和为恐怖主义提供资金的国际条约。在对被指控引导和组织，或为攻击行为提供帮助的个人行使管辖权时，这些条约为国家提供了依据。

在2001年9月11日恐怖主义分子袭击美国之后，联合国安理会通过了第1373号决议，要求各国实施一批反恐法律并呼吁各国成为所有反恐条约的成员国。由于这项决议和安理会反恐委员会的后续监督，受国际反恐条约约束的国家的数目已大幅增加，而且更多的国家实施了相关立法，以便它们能够起诉那些犯下恐怖主义罪行的个人。现在，当一个由生态目标驱动的团体实施了以影响政府为目的的暴力活动时，国家就更有可能有管辖权以起诉或引渡有关个人。

海上生态恐怖主义

越来越多组织在海上以实现环境或生态目标而采取行动。这些组织试图反对核试验和其他武器试验，捕鲸，捕猎海豹和各种各样的捕捞方法（如使用漂移网），或其他捕捞活动。

海上管辖权

对这些海上活动的监管依赖于相关行为的发生地。国家对其土地、内海（与土地连接的水域）以及领海拥有主权。领海可从海岸外延伸12海里。由于国家对这些地区拥有主权，国家法律将继续控制生态恐怖分子的行为，并且国家会通过警察、海警或其他政府官员执行其法律。

当行动发生在领海之外，法律情景就不再明朗。沿海国家在专属经济区（EEZ）和大陆架拥有主权权利（与主权相对的），其海事领域可延伸至距海岸200海里处。虽然国家在其海洋领域内有权力捕捞和保护、保存海洋环境，但是它对于没有悬挂旗帜或由国家注册船只没有控制航行的权利。因此，如果一个组织试图扰乱合法捕鱼活动，沿海国家将能够行使管辖权，并且可能逮捕该组织的船与船员。如果该组织的船是途经该沿海国家而简单地航行去目的地的途中，该国家没有权力阻止和逮捕该船。

公海位于专属经济区和大陆架外，在这一领域没有国家拥有主权。国家只对那些悬挂着该国国旗或在该国注册的那些船舶行使监管。这种船旗国管辖权被认为是排他的。很少有悬挂另一个国家旗帜的船舶干涉这个权威的例子。每艘船在公海上进行的活动要符合船旗国的法律，并必须适当顾及其他国家的权利。在公海上对另一艘船只的暴力破坏活动或主动阻碍另一艘船舶的航行可被视为对这个适当尊重要求的违反国。

对在公海上排他的船旗国权力的例外仅限于紧追权和登临权。紧追权允许国家追赶并且扣押在其领域内做了非法活动且正在逃离其领海的船只。登临权是指允许登船的权利；此项权利只有该船在局限范围内被合理怀疑时才能行使，这些犯罪包括海盗行为、毒品走私、偷渡，或对其船舶国籍抱有疑问。虽然受国际和区域性条约约束，但如果怀疑船舶从事非法捕鱼活动时国家也可拥有检查权。

登临权和紧追权仅可由军舰和正式授权船舶或飞机行使，他们必须明显标志出自身为政府服务。这些都是警察的权力，不能由私人组织合法行使。依据法律，战舰属于国家的武装力量，私人组织不能口头把他们的船只称为军舰，而在公海上对一艘外国船只行使登临权。

生态组织可将《自然世界宪章》作为其实施自然保护法律的依据。依据第21条，除国家外，个人和团体要"运用可适用的国际法律规定来保护自然和环境"，并"确保在本辖区内或控制下的活动不破坏位于其他国家或国家管辖权之外的自然系统"。

《世界自然宪章》是联合国大会通过的不具约束力的决议。它具有政治影响力，并且可能表明法律将如何发展，但它目前并不构成个人和组织在公海上采取行动的合法依据。一项错误地以《世界自然宪章》为在海上采取的行动辩护的主张被加拿大的一家法院当作一项刑事辩护所接受。但这个错误观念并没有把《世界自然宪章》的身份改变成为一项合法的行动权利。专属的船旗国管辖权是一个牢固的国际法规则并且国家很少允许对这个权力的例外。

《制止危害海上航行安全的非法行为的公约》

在意大利客轮阿基莱·劳伦号（Achille Lauro）被劫持并且一名美国公民在这艘客轮上被杀害事件后，各国通过了一项新的反恐条约来解决针对领海以外的船舶从事非法行为的问题。《制止危害海上航行安全的非法行为的公约》于1988年通过，并于1992年生效。

虽然该条约由阿基莱·劳伦事件所引起，但它与在海上监管生态恐怖主义相关，因为该条约列举了一系列相关的犯罪行为。当个体非法和故意地做出以下行为将会被认为是构成犯罪：① 破坏船舶或造成船舶或其货物损害，可能会危及船舶的安全航行；② 在船舶通过任何方式放置设备或物质，足以破坏船舶或其货物，或危及船舶的安全航行；③ 破坏或严重损坏海上导航设施或者严重干扰它们的运作，如果任何类似行为可能会危及船舶的安全航行的话。

将该条约纳入并颁布为国家法律，将使得海上被指控为生态恐怖主义的组织在国家法院被起诉的可能性以及有关个人被引渡到其他国家接受起诉的可能性增加。于2010年7月生效的一项2005年的协议，为当事国在公海上行使登临权提供依据。这种新手段加强了针对从事属于该条约定义的生态恐怖主义行为的个人的治安权。

海盗行为

海盗行为这一术语通常用于舆论界，并且作为用于描述海上暴力的政治用词或公众言论的一部分。除公认的叛乱分子之外，早期海盗行为的定义广泛到足以涵盖在海上由非政府个人或团体从事的任何暴力行为。海盗行为的法律定义是非常狭窄的，不太可能适用于生态恐怖主义的行为。

根据《联合国海洋法公约》第101条，海盗被定义为："私人船舶或私人飞机的船员、机组成员或乘客为私人目的……在公海上对另一船舶或飞机，或对该船舶或飞机上的人或财物，从事任何非法的暴力或扣留行为，或任何掠夺行为。"某项行为如构成国际法规定的海盗行为要符合下列标准：

（1）有暴力行为，包括扣押。

（2）它必须发生在公海上。如果行为发生在领海它可能是武装抢劫并违反该国法律。

（3）必须有两艘船参与。海盗行为的定义不包括叛乱或类似阿基莱劳伦号事件的人质劫持。

（4）行为的动机是"私人目的"。大多数情况下，这个术语被用来排除出于政治目的的行动，这其中包括环境或生态目标。相反，"私人目的"通常指的是一些经济动机。

围绕海盗行为的定义有不少评论。这场辩论的一个原因是，任何国家都能对海盗行为行使管辖权，称为普遍管辖权。因此，一些国家试图扩大该定义来为其他更多个体的行为进行巡查提供依据。例如，荷兰法庭裁定反对核试验的抗议者将可能被指控为海盗，因为他们有寻求实现的"私人目的"。这个推理不符合国际法的更广泛公认的定义。

娜塔莉·克莱因（Natalie KLEIN）
麦格理大学法学院
韩利琳译

参见：武装冲突与环境；执法；捕鱼和捕鲸立法；草根环境运动；环境正义；海洋法。

拓展阅读

Brown, Edward Duncan. (1994). *The international law of the sea* (Vols.1–2). Aldershot, U.K.: Dartmouth Publishing Group.

Chalecki, Elizabeth L. (2002). A new vigilance: Identifying and reducing the risks of environmental terrorism. *Global Environmental Politics*, 2(1), 46–64.

Convention for the Suppression of Unlawful Acts against the Safety of Maritime Navigation (adopted 10 March 1988, entered into force 1 March 1992) 1678 UNTS 221, 27 ILM 668 (1988).

Eagan, Sean P. (1996). From spikes to bombs: The rise of eco-terrorism. *Studies in Conflict and Terrorism, 19*, 1–18.

Garmon, Tina. (2002). International law of the sea: Reconciling the law of piracy and terrorism in the wake of September 11th. *Tulane Maritime Law Journal, 27*(1), 257–276.

Grubbs, Kevin R. (2010). Saving lives or spreading fear: The terroristic nature of eco-extremism. *Animal Law, 16*, 351–370.

Guilfoyle, Douglas. (2009). *Shipping interdiction and the law of the sea.* Cambridge, U.K.: Cambridge University Press.

Halberstam, Malvina. (1988). Terrorism on the high seas: The *Achille Lauro*, piracy and the IMO Convention on Maritime Safety. *American Journal of International Law*, 82(2), 269–310.

Jesus, H. E. José Luis. (2003). Protection of foreign ships against piracy and terrorism at sea: Legal aspects. *The International Journal of Marine and Coastal Law, 18*(3), 363–400.

Klein, Natalie. (2011). *Maritime security and the law of the sea.* Oxford, U.K.: Oxford University Press.

Liddick, Donald R. (2006). *Eco-terrorism: Radical environmental and animal liberation movements.* Westport, CT: Praeger.

Lovitz, Dara. (2007). Animal lovers and tree huggers are the new coldblooded criminals: Examining the flaws of ecoterrorism bills. *Journal of Animal Law, 3,* 79‒98.

Panjabi, Ranee Khooshie Lal. (2010). The pirates of Somalia: Opportunistic predators or environmental prey? *William and Mary Environmental Law and Policy Review, 34*(2), 377‒491.

Potter, Will. (2009). The green scare. *Vermont Law Review, 33,* 671‒687.

Smith, Rebecca K. (2008). "Ecoterrorism?": A critical analysis of the vilification of radical environmental activists as terrorists. *Environmental Law, 38,* 537‒576.

United Nations Convention on the Law of the Sea (concluded 10 December 1982, entered into force 16 November 1994) 1833 UNTS 397.

United Nations General Assembly Res. 37/7. World Charter for Nature (28 October 1982).

Vanderheiden, Steve. (2005). Eco-terrorism or justifi ed resistance? Radical environmentalism and the "war on terror." *Politics & Society, 33*(3), 425‒447.

Westra, Laura. (2004). *Eco-violence and the law: Supranational normative foundations of ecocrime.* Ardsley, NY: Transnational Publishers.

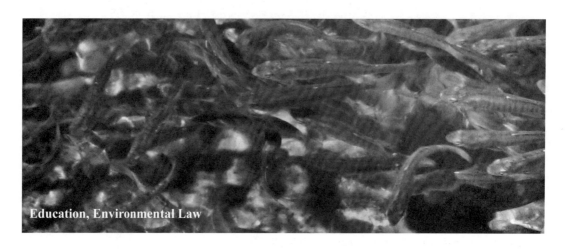

Education, Environmental Law

教育，环境法

环境法被追溯到关于农业、狩猎、捕鱼、河道领域的中世纪欧洲法律；只有自1970年以来成为法学院课程的一部分。从那时起，虽然将持续性整合到法学院运作的所有领域仍处于初级阶段，但法学院和任职资格法律教育的提供者已经开发出一系列的关于环境法和自然资源法的选修课。

虽然环境法没有单一的定义，但人们普遍理解为包含广泛地与环境相关领域的法律，包括生物多样性、林业、大气保护、气候变化、水、海洋保护、核能、转基因生物、有毒物质（包括危险废物和持久性有机污染物）。它可能还包括环境保护和其他领域之间相关的法律，比如国际贸易法、人权法、国际刑法、武装冲突法。

课程

环境法是国家（在美国，联邦）和国际法的一个方面，通常在这种背景下学习。例如，

一个法学院可能提供自己州、国家（联邦）的环保法和国际环境法课程。在欧盟，通常会提供欧盟环境法课程。

开设广泛的环境法课程的学校常常根据主题对其做进一步细分。例如，这样的学校可以提供关于州生物多样性法律国家或联邦生物多样性法律、国际生物多样性法律、欧盟（欧盟内部）生物多样性法律的单独课程。这种专业化的程度可能只存在于美国少数法学院和其他具有高度发达的环境法项目的法学院中。

在美国佛蒙特法学院（VLS）有最大并且通常是顶级的环境法项目。其他排名靠前的环境法项目通常包括在美国佛罗里达州立大学、乔治·华盛顿大学、路易斯和克拉克法学院、纽约大学法学院、佩斯大学法学院、加州大学伯克利分校、科罗拉多大学博尔德分校、马里兰大学、俄勒冈大学、斯坦福大学。

环境法既不是进入美国任何州或地区获得律师资格的要求，也不是在其他任何的主

要普通法国家的法律职业资格要求（作为一个出庭律师、事务律师、律师或代理人）。因此，环境法课程一般是作为获得法学博士学位（JD）、法学学士学位（LLB或艺术学士BA）的法律学位选修课，而不是必修课。有些学校提供联合或双学位项目，授予毕业学生法学学位和环境相关主题的两个学位。例如，耶鲁大学的联合学位项目使学生能够在获得耶鲁大学、佛蒙特法学院或佩斯大学获得法学博士学位的同时，获得耶鲁大学的环境管理硕士学位（MEM）；佛蒙特法学院的双学位项目是学生在获得该院的法学博士学位的同时，获得英国剑桥大学环境政策哲学硕士学位（MPhil）。

少量的法律学校，包括佛蒙特法学院、路易斯和克拉克法学院，提供专业的环境法硕士学位（LLM），而其他学校提供一般的法学硕士学位，其中可能包括一门或多门环境法律课程。一个远程学习法律硕士（LLM）项目，可供学生在世界任何地方学习专业化的环境和自然资源的法律，它是由伦敦大学提供的。一些学校提供包括环境法在内的跨学科硕士学位课程。牛津大学的环境变化和管理理工科硕士（MSc），其中包括国际环境法课程，一向被评为牛津最有竞争和受欢迎的科学课程，也是全球顶尖的跨学科课程。在终端学位层面，一些法学院提供有机会进行高级环境法研究的法学博士学位项目［JSD/SJD（法学博士）或PhD（哲学博士）］。这些学校包括美国乔治敦大学和耶鲁大学，英国的剑桥大学、爱丁堡大学和伦敦大学学院，澳大利亚国立大学、悉尼大学。

在美国的法律学校，虽然教环境法不需

要特定的资格，但法学教授通常有至少一个大学学位和一个法学学位。其中有些人曾在州或联邦法院担任文书，大多数具有律师资格并曾从事律师业务。所有教授都被期望经常在法律学术期刊上发表论文。一些法学院要求新任命的教授来完成在教学和/或高等教育方面的培训项目。拥有高级和终端法律学位（LLM JSD/SJD或博士）的法学教授越来越普遍，而且许多环境法教授也有环境相关学科学位或专业经验，如工程学、林业学、水文学、规划学或动物学。

历史

在20世纪60年代之前，环境和持续性并不是国家或国际法律议程的重要特性，所以环境法律没有得到很好的发展。在19世纪末期，出现了一些国际环境协议（Weiss 1992）。一般来说，这些协议都是基于对自然资源的无限制的国家主权。它们专注于边界问题，如边界水域和在共享水体的捕鱼业，而且它们没有针对生态系统管理和持续性问题。在19世纪末和20世纪初，两项环境争端提交国际仲裁。它们是1893年白令海毛皮海豹渔业仲裁案（英国诉美国）和1941年特雷尔冶炼厂仲裁案（美国诉和加拿大）。这些案例随后成为现代国际环境法的重要来源（Birnie, Boyle & Redgwell 2009），并且为环境法律教育提供了资料。

1893年海豹仲裁案涉及在美国和英国之间关于国家为保护位于国家管辖权范围以外的区域的皮毛海豹指定管制条例的权利的争端。美国认为国家有权主张他们管辖范围之外的自然资源（包括海豹）管辖权，以确保它们得到保护,并作为受托人保护海豹而造福人类。法庭驳回了这一观点,接受了英国的观点即美国的立场不受国际法支持,其完全基于财产权利要求并为保护和保全管辖范围以外的毛皮海豹建立了管制。法庭的决定影响了随后的国际协议的形式和内容,也为国际法在解决环境纠纷中可能发挥的作用做了早期的深入考察。

1941年冶炼厂仲裁源自美国和加拿大之间的争端,原因有关从位于加拿大的一个冶炼厂排放的硫烟雾对华盛顿州造成了一定的损害。依据一般国际法原则,法庭认为,"根据国际法以及美国法律的原则,任何国家也没有权利这样利用或允许利用其他的领土,以致其烟雾在他国领土或该领土上的财产和生命造成损害,如果已产生后果严重的情况,而损害又是证据确凿的话"(Trail Smelter Arbitration 1941)。仲裁庭对自20世纪30年代的关于空气污染的国际法现状的裁定代表了"国际环境法形成过程中的一个重要时刻,它无疑以一种超过作为一个权威性决定真正价值的方式影响了后来的发展"(Sands 2003)。这两个国际仲裁、早期环境条约、1945年联合国的成立,为20世纪下半叶国际环境法和相应的环境法教育的发展打下了基础。

在20世纪30年代和40年代,签订了一些涉及自然资源的条约。到50年代,核损害和海洋油田污染的责任进入了国际法议程。然而,这些协议没有为国际承诺的管理、实施的保障或履约的监督创建制度安排。从哲学角度更明确地说,这些条约没有基于更广泛的持续性的理念,因为这些理念尚未被普及。

从20世纪60年代以来,公众对环境的意识有所提高。雷切尔·卡森1962年出版的《寂静的春天》(其首先作为系列文章发表于《纽约客》)被广泛认为是早期环保运动发展最重要的一步。其他文献给早期环保人士提供了信息或更加鼓舞了他们。这些文献包括《封闭圈:人、自然和技术》、《人口爆炸》、《公地的悲剧》、《增长的极限:罗马俱乐部人类困境报告》以及《小即美:注重人的经济学研究》。

在环境监管成为国家法和国际法主流的一部分的意义上,环境问题得到合法性和政治支持。最初,设计法律是为了在损害已发生的情况下解决环境问题。到20世纪70年代初,预防性的环境管理方法得到了发展。

1972年,联合国人类环境会议(UNCHE)在斯德哥尔摩举行。来自113个国家的代表通过了《联合国人类环境会议宣言》(《斯德哥尔摩宣言》)、一个人类环境行动计划和一个机构与财务安排决议;他们还创建了一个新的联合国环境组织——联合国环境规划署。《斯德哥尔摩宣言》被广泛公认为现代国际环境法的起点。这个宣言包括26个原则,它反映了最早关注环境保护发达国家和以经济和社会发展为首要任务的发展中国家之间的一个妥协。《斯德哥尔摩宣言》明确表达了国际环境法在随后几十年的愿景和原则。因此它是环境法研究的中心。

在联合国人类环境会议随后的几年,国际环境协议增多了,环境问题被添加至现有国际组织的使命中,新的国际环境组织建立了。1987年,世界环境与发展委员会发表了布伦特兰报告,将可持续发展定义为:"既满足当代人的需要，又不对后代人满足其需要的能力构成危害的发展。"联合国大会接受了这一报告并批准了一项召开第二次国际环境会议的提议。1992年，联合国环境与发展会议（UNCED）在巴西里约热内卢召开，代表176个国家通过了《里约环境与发展宣言》、《21世纪议程》、《生物多样性公约》、《联合国气候变化框架公约》和《不具法律约束力森林原则》。这些协议成为世界各地法学院许多国际环境法课程的核心。然而协议的履行受限于政治意愿缺失、资源缺乏、糟糕的草案和各国法律的不一致。

十年之后，2002年在南非约翰内斯堡举行的可持续发展世界首脑峰会的目的在于检查里约会议各项协议的进展，但其议程被笼罩在"911事件"的阴影中，并有对讨论安全、恐怖主义和军备控制关键性问题的迫切需要。虽然自1960年以来通过了超过九百个国际环境协定，但其履行却是碎片化的，并且在世界许多地区是非常有限的。

在法学院的发展

在21世纪的第一个10年，许多法学院认识到只研究判例法和现有的条约义务本身是不够的。法律系的学生必须学会谈判、起草国家和国际法律，在每一个谈判会议确定战略取舍，为了能够正确地构建激励而理解环境经济学，并管理复杂的通常支撑环境法的科学和技术信息。应用经济学、科学、技术、国际事务等课程已经被添加到进步的法学院的课程中。联合学位或双学位课程和跨学科课程都在蓬勃发展。许多法学院的学费很高，学生希望他们的投资有所回报。作为回应，学校已经发展出一套详尽的职业发展项目，帮助学生毕业后能够就业。大多数法律学生希望在法学院毕业后立即参加律师资格考试并且合格，律师的事业发展机会依旧保持良好势头。学生通常被建议在环境法律领域就职前去一般律师事务所、政府部门或者军事部门获得经验。另外许多处于职业早、中期的律师回到法学院暑期项目更新他们的环境法知识，以便为承担环境法和政策的高级角色做好准备。

前景展望

在过去40年来，作为对环境法在同期的发展的反应，环境法教育发展迅速。现在课程界限清晰，一些法学院在这个领域的专业性有重大发展。现在的挑战是将环境和持续性与主流法律教育的各个方面相结合，这样环境和持续性将成为法律决策的一个核心的方面，而不是一个仅为专家设计的可选主题。环境法课程一般都被纳入专业和高级学位课程。但将持续性融入法学院运作的各领域在许多学校仍处于初级阶段。

凯瑟琳·P.麦肯齐（Catherine P. MACKENZIE）
剑桥大学
韩利琳译

注：本文中有关法学院的课程和项目的信息到2010年12月为止。

参见：可持续发展——法律和委员会概述；国际法；自然资源法；寂静的春天；特雷尔冶炼厂仲裁案（美国诉加拿大）；联合国公约和协定概览。

拓展阅读

American Bar Association (ABA). (2010). Law student resources: ABA section on environment, energy and natural resources. Retrieved November 24, 2010, from http://www.abanet.org/environ/committees/ lawstudents/.

Behring Sea Fur Seals Fisheries Arbitration (Great Britain v. United States) arbitration awarded Paris. (15 August 1893). *1 Moore's International Arbitration Awards, 1*, 755–917.

Birnie, Patricia; Boyle, Alan E.; & Redgwell, Catherine. (2009). *International law and the environment* (3rd ed.). Oxford, U.K.: Oxford University Press.

Carson, Rachel. (1962). *Silent spring.* Boston: Houghton Mifflin.

Commoner, Barry. (1972). *The closing circle: Man, nature, man and technology.* New York: Knopf.

Ehrlich, Paul Ralph. (1968). *The population bomb.* New York: Ballantine Books.

Foundation for International Environmental Law and Development (FIELD). (2010). Homepage. Retrieved November 24, 2010, from http://www.fi eld.org.uk/.

Hardin, Garrett. (1968). The tragedy of the commons. *Science, 162*(3859), 1243–1248.

Kiss, Alexandre Charles, & Shelton, Dinah. (2000). *International environmental law* (2nd ed.). New York: Transnational Publishers.

Kuhn, Arthur K. (1938). A comment: The Trail Smelter arbitration—United States and Canada. *American Journal of International Law, 32*, 785.

Meadows, Donella H.; Meadows, Dennis L.; Randers, Jorgen; Behrens, William W., III., et al. (1972). *The limits to growth: A report for the Club of Rome's project on the predicament of mankind.* New York: Universe Books.

Rubin, Alfred P. (1971). Pollution by analogy: The Trail Smelter arbitration. *Oregon Law Review, 50*(3), 259–298.

Sands, Philippe. (2003). *Principles of international environmental law* (2nd ed.). Cambridge, U.K.: Cambridge University Press.

Schumacher, Ernst Friedrich. (1973). *Small is beautiful: Economics as if people mattered.* New York: Harper & Row.

Southwestern Law School. (2010). *Journal of Legal Education.* Retrieved November 24, 2010, from http:// www.swlaw.edu/jle.

Trail Smeltcr Arbitration. (1941). *American Journal of International Law, 35*, 684–734.

Weiss, Edith Brown. (1993). International environmental law: Contemporary issues and the emergence of a new world order. *Georgetown Law Journal, 81*(3), 675–710.

Weiss, Edith Brown. (Ed.). (1992). *Environmental change and international law: New challenges and dimensions.* Tokyo: United Nations University Press.

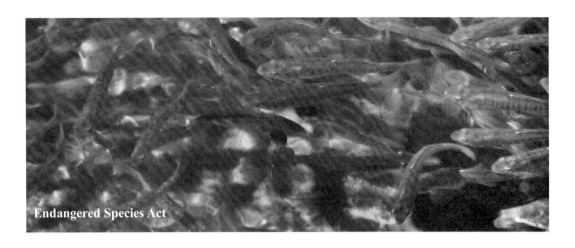

Endangered Species Act

濒危物种法 （美国, 1973）

自1973年以来,《濒危物种法》一直指导着美国的物种保护法律。尽管对该法毁誉参半, 有人称赞它保护某些物种免于灭绝、保护了生态系统, 有人则谴责它阻滞经济发展并且放任一些物种灭绝, 但它仍然是世界各国解决同样问题的典范, 为气候变化时代的物种保护提供了指南。

1973年的《美国濒危物种法》是美国近百年珍稀野生动植物保护立法的巅峰之作。早在19世纪末, 为顺应联邦最高法院提出的"各州对其区域内所有野生动植物享有所有权"的要求, 各州纷纷出台法律。但物种灭绝问题跨越州界, 因此在国家层面很快引起关注。约翰·雷斯, 一位来自艾奥瓦州的国会议员, 担心旅鸽会从地球上彻底消失, 这种鸟一度在美国到处都是。于是在1900年, 国会通过了第一部联邦野生动物法《雷斯法》, 辅助各州保护野生动物。根据《雷斯法》, 任何野生动物如果因违反各州法律而被杀害, 对其从事的运输行为在联邦法上就是一桩犯罪。遗

憾的是,《雷斯法》终未能保护旅鸽免于灭绝, 最后一只旅鸽死于1914年的辛辛那提动物园。《雷斯法》也未能拯救卡罗莱纳长尾鹦鹉、新英格兰黑琴鸡和其他众多在美国曾经发现的物种。

1966年, 国会颁布《濒危物种保护法》(The Endangered Species Preservation Act), 该法是第一部旨在拯救正在消逝的野生动物的联邦法。该法要求内政部长通过实施既有的土地征用权, 去购买面临灭绝威胁的土生鱼类和野生动物的栖息地, 并且要求内政部长"鼓励其他联邦机构利用其权力, 切实可行地"推进物种保护工作。1969年, 国会修订了《濒危物种保护法》, 批准建立一个"全球范围面临灭绝威胁"物种的名录, 并且禁止其中的大多数物种进口美国。

1969年的《濒危物种保护法》没有禁止对名录上所列物种的狩猎、收集和杀戮行为, 未能对破坏物种栖息地的行为进行规制, 也未能给植物以任何保护。该法因其保护不够深

入、彻底而遭到诟病。

制定《濒危物种法》

贯穿1972年和1973年整个期间,美国国会审查了一系列立法提案,这些提案旨在为濒危野生动植物物种提供更加强有力的保护。国会内的辩论涉及的,总是秃鹰、灰熊、美洲鹤、鳄鱼、鲸鱼以及其他可称之为"巨型神兽"(charismatic megafauna)的物种。这些讨人喜欢的动物应得到法律保护,对此几乎没有国会议员反对,也没有人希望自己被视为抵制者。参议院于是通过了其92-0号议案。经过几处小改动,在众议院又作为355-4号议案最终获得通过。1973年12月28日,经过尼克松总统签署,自此以《濒危物种法》之名为众所知。

几乎与此同时,一起争端产生,使得人们重新审视《濒危物种法》。蜗牛镖(一种小鱼)属于《濒危物种法》名录上濒临灭绝的物种,联邦最高法院据此判决即将完工的泰利库大坝停工,因为该大坝形成的水库将导致该蜗牛镖灭绝。虽然美国渔业与野生动物局以及国会中许多议员支持《濒危物种法》,但这起判决使他们颇为懊恼。国会因此修订了《濒危物种法》,尽管是通过一种较为温和的方式。1982年又增加几处修正案。自此以后,《濒危物种法》几乎保持不变。

下面是《濒危物种法》的主要规定。

第四节

第四节是关于将某一物种列为"濒危"或者"受威胁"物种的程序。濒危物种是指"任何一个物种,它的全部或者很大一部分群体处于灭绝危险之中";受威胁的物种是指"任何一个物种,在可预见的未来,这个物种的全部或者很大一部分很可能成为濒危物种"。美国渔业与野生动物局应当依据以下五个方面辨别一个物种是否符合上述两个定义:"(一)物种栖息地或物种规模当前或者潜在的破坏、变异或缩减;(二)因为商业、休闲、科学或教育的目的过度利用的情形;(三)疾病或捕食情况;(四)现有监管机制的不足;(五)其他影响该物种存续的自然或人为的因素。"美国渔业与野生动物局在确定是否将物种列入"濒危"或"受威胁"物种名录时,可以不考虑《濒危物种法》的规定对经济的影响。

第五节

第五节授权有权机构购买土地以保护野生动植物。联邦政府为取得名录上物种的栖息地支付数以百万计的费用。国会在通过《濒危物种法》时认为,这一权力机构将作为保护濒危物种赖以生存的生态系统的主要角色。但根据目前关于第五节情况的声明,该制度成效相当一般。正如法学教授罗伯特·费奇曼(2004)所说,"伴随着每年数以千万计的可观花费，土地收购的确在悄然进行，但它与物种保护工作毫不相干。"

第七节

第七节是关于联邦机构对名录上物种的保护义务，使得物种及其关键栖息地安全免于威胁。一旦某个物种被列入"濒危"或者"受威胁"物种名录，《濒危物种法》对联邦政府就课以多种义务规定和禁令。一旦有物种被列入名录，政府机构就应对其负有保护职责，政府机构应当为物种指定"关键栖息地"并为该物种制定复苏计划。通常是由美国渔业与野生动物局作为主管部门，但针对名录上的海洋哺乳动物和鱼，则由国家海洋渔业局担任主管部门。联邦机构的一切活动都应当考量其对名录上物种的影响，禁止从事危及名录上的物种继续存续或从事对其指定关键栖息地产生负面影响的活动。一个栖息地完全在美国境外的物种也可能被列入名录，尽管《濒危物种法》的实体性规定并不强加于国外的物种。

第九节和第十节

这两节都是关于禁止杀戮、伤害、走私或者其他任何"捕获"濒危动物的行为的规定。《濒危物种法》第九节规定，任何公共主体与私人主体从事进口、出口、占有、运输、获取名录上物种的行为都是违法的，而且违法行为不限于上述列举内容。"获取"被定义为"骚扰、伤害、追逐、狩猎、射击、使受伤、杀死、设陷阱、捕获或收集，或试图从事任何此类行为"。这些法律概念使得非故意破坏名录上物种栖息地的行为，也存在被认定为违法的可能性。私人开发商和土地所有者的行为如

果对物种栖息地产生负面影响，《濒危物种法》扩大适用范围对其规制，绝大多数法律冲突因而产生。第十节是关于"获取禁止"的少数例外规定，其中包括允许私人主体在其开发活动中偶然性获得某一物种的程序性规定。

在所有联邦环境法律中，《濒危物种法》最受人推崇，又最遭人唾骂。拥护者赞誉它拯救了濒临灭绝的秃鹰，阻止了诸多计划不周的开发项目，无论是南加州海岸还是西北太平洋的壮丽森林，它都为保护生态系统提供工具。生物多样性中心，作为一个经常通过提起诉讼来推动《濒危物种法》实施的组织，称该法是保护美国最濒危动植物的"安全网"，并盛赞它对秃鹰、绿海龟和灰熊等物种的明显复苏，对防止数以百计的其他动植物的灭绝作用重大。

批评者指责，《濒危物种法》为了使猫头鹰有藏身之处而牺牲了木材产业，为保护一些小鱼而牺牲几近竣工的水坝，为了保护不知名的啮齿动物而牺牲小农户利益。在加州议员理查德·庞勃（Richard Pombo）看来，借助《濒危物种法》而在物种恢复上取得成功的事例是少之又少。"因为考虑不周引发意外结果、政党政治以及环保组织提起的适得其反的诉讼，使得这部法律成为牺牲品"（Forrest Laws Farm Press 2005）。有些诉讼主张是基于《濒危物种法》的严谨的条文规定。其他许多环境法规也为平衡环境利益与人类利益提供了很大可能性。形成对比的是，很多人认为《濒危物种法》一直以来都在努力强制"阻止和扭转物种灭绝的趋势，不计代价"，就像最高法院在1978年田纳西流域管

理局诉希尔一案决定中解释的那样（437 U.S. 153）（就是所谓的蜗牛镖案子，1973年提起的这起诉讼使得小田纳西河上几近竣工的大坝工程叫停，因其改变了蜗牛镖栖息地而可能使其灭绝）。有些人质疑《濒危物种法》是否真的如此强硬，但是在其他法律无力拯救整个生态系统的情况下，环保主义者转而求助于《濒危物种法》这一事实表明了《濒危物种法》是很有道理的。

要评估《濒危物种法》的实施效果是比较困难的。该法条文规定了三个目标。第一个目标是要"提供一种方法、手段来保护濒危和受威胁的物种赖以生存的生态系统"。如果以这个标准衡量，《濒危物种法》是不成功的。《濒危物种法》有关生态系统保护的规定，一直是该法支持者和反对者的共同抨击对象。

《濒危物种法》规定的第二个目标是"为保护濒危和受威胁物种提供制度保障"。法律的确制定了这样一套制度设计，如果严格按此标准，该法已实现其第二个目标。但这套制度设计是否真正成功地保护了濒危和受威胁的物种，则是另外一回事。要搞清这一点，我们可以看看濒危和受威胁物种是否已经得到"保护"（conserved）。《濒危物种法》界定得到"保护"（conservation）的标准是："依照本法所提供的保护手段不再必要。"换句话说，该法旨在帮助物种恢复。但这一目标没有实现，目前绝大多数名录上的物种仍然濒危或濒临灭绝。不过，只要名录上所有物种的保护还没有达到不再需要《濒危物种法》提供保护的程度，这些保护措施就有助于许多物种走向复苏。

《濒危物种法》的第三个法定目的是："采取与实现条约和公约本节第（a）部分规定的目的相适应的手段。"这些条约和公约为："（A）《加拿大和墨西哥候鸟条约》；（B）《美国-日本濒危鸟类迁徙条约》；（C）《西半球自然保护和野生动物保护公约》；（D）《西北大西洋渔业国际公约》；（E）《北太平洋公海渔业国际公约》；（F）《濒危野生动植物物种国际贸易公约》以及（G）其他国际协议。"这些法律对世界上一些区域内各种各样的物种进行列举，呼吁对其进行保存、保育和保护。

与发展中国家为实现其生物多样性立法目标所做的努力相比，《濒危物种法》的缺点微不足道。尽管因为对《濒危物种法》资金支持不足长期遭受批评，但美国在实施《濒危物种法》上的花费，远远超过许多国家在它们所有的生物多样性保护项目上能够支出的花费。同样地，《濒危物种法》在私有土地上保护生物多样性方面取得了一定的成功，与亚洲国家对少数在特别保护区之外威胁生态系统和栖息地的活动不采取任何法律保护相比，就更加值得肯定。

国会对《濒危物种法》试图做出根本改变的提案几次予以驳回。在20世纪90年代早期，环保人士敦促将《濒危物种法》保护范围推动扩大至因人类发展或其他原因而受到威胁的整个生态系统。与之相反，因为将北美斑点猫头鹰列入保护名录，批评者指责《濒危物种法》造成了整个西北太平洋地区的经济发展失序。1994年，产生了第一次《濒危物种法》修改的长期辩论活动——究竟是"修改"还是"掏空"，这取决于你的立场。当时，众议院议长纽特·金里奇建立了《濒危物种法》专门工作小组，该工作小组在全国范围内因受法律限制而怨声载道的地区举行听证会。土地所有权人和开发商讲述了凄惨的故事：因为一只濒危鸣禽的出现，丧夫之妇就不能在自己的土地上建造房屋，因而丧失毕生积蓄；农民可能会面临联邦的指控，因为他们用了一种可能伤害濒危袋鼠的方式试图阻止火灾。有几项《濒危物种法》修正案被提交审议，涉及在一个物种被列入《濒危物种法》名录之前需提供更严格科学证据，涉及对濒危物种栖居于其土地上的私人土地所有者的救济，涉及如何加快物种恢复工作使得该物种在保护名录中得以除名。这些法案因总统的否决，因环保主义者、宗教领袖、温和的东部政治家及其他意图拯救稀有野生动物者的施压而被搁置。2005年，当众议院通过《2005年濒危物种法》（TESRA）时，上述历程重现，该法案原本要彻底修订物种恢复规划程序，废除《濒危物种法》有关重要栖息地的条款，为私人参与受法律保护的物种提供额外激励，以及强制政府补偿那些因为实施《濒危物种法》中土地使用管理的规定而遭受损失的土地所有权人，后者最受争议。不过，参议院却从未对《2005年濒危物种法》采取行动，该法仍然完好无损。

对于《濒危物种法》是否适用于应对全球气候变化，颇有争议。不断变化的气候将对无法适应当前生态系统的物种产生影响。在帮助物种适应新气候条件方面，《濒危物种法》或许通过授权建立新的濒危物种避难所或者重新迁址项目，能发挥一些作用。对于《濒危物种法》能否也可以成为一种气候变化减缓的制度工具，是最受争议的问题，对此有关北极熊的争论就是个明证。美国鱼类和野生动物管理局将北极熊列入濒危物种名录，因为气候变化导致北冰洋冰雪减少。但与此同时，该机构又指出将北极熊列入保护名录，并不能为《濒危物种法》第7部分或第9部分有关限制温室气体排放条款在美国其他地方适用提供正当性。该机构决定的两个层面，无论是科学层面关于物种受威胁的结论还是法律层面关于法律条款适用范围的结论，都将继续成为法庭诉讼的主题。伴随气候变化的影响遍及美国及世界各地，类似的法律冲突肯定会随之浮现。

约翰·科普兰·内格尔（John Copeland NAGLE）
圣母大学法学院
侯佳儒译

参见： 可持续发展——法律和委员概述；雷斯法；国家环境政策法；荒野法案。

拓展阅读

Bean, Michael J., & Rowland, Melanie J. (1997). *The evolution of national wildlife law* (3rd ed.). Westport, CT: Praeger.

Camacho, Alejandro E. (2010). Assisted migration: Redefining nature and natural resource law under climate change. *Yale Journal on Regulation, 27,* 171.

Doremus, Holly. (1997). Listing decisions under the Endangered Species Act: Why better science isn't always better policy. *Washington University Law Quarterly, 75*, 1029.

Endangered Species Conservation Act of 1969, Pub. L. No.91−135.

Endangered Species Preservation Act of 1966, Pub. L. No.89−669.

Endangered Species Act of 1973, Pub. L. No.93−205, 16 U.S.C. §1531.

Fischman, Robert L. (2004). Predictions and prescriptions for the Endangered Species Act. *Environmental Law, 34*, 415−439.

Forrest Laws Farm Press Editorial Staff. (2005). The Endangered Species Act assessed. Retrieved November 29, 2010, from http://deltafarmpress.com/endangered-species-act-assessed.

Goble, Dale D.; Scott, J. Michael; & Davis, Frank W. (Eds.). (2006). *The Endangered Species Act at thirty: Renewing the conservation promise* (Vol.1). Washington, DC: Island Press.

Houck, Oliver A. (1993). The Endangered Species Act and its implementation by the U.S. Departments of the Interior and Commerce. *University of Colorado Law Review, 64*(2), 277−370.

Littell, Richard. (1992). *Endangered and other protected species: Federal law and regulation.* Washington, DC: Bureau of National Affairs.

Mann, Charles C., & Plummer, Mark L. (1995). *Noah's choice: The future of endangered species.* New York: Knopf.

Nagle, John Copeland. (2009). The effectiveness of biodiversity law. *Journal of Land Use and Environmental Law, 24*, 203−252.

Nagle, John Copeland, & Ruhl, J. B. (2006). *The law of biodiversity and ecosystem management* (2nd ed.). New York: Foundation Press.

Plater, Zygmunt J.B. (2004). Endangered Species Act lessons over 30 years, and the legacy of the snail darter, a small fish in a pork barrel. *Environmental Law, 34*(2), 289−308.

Rohlf, Daniel J. (2004). Section 4 of the Endangered Species Act: Top ten issues for the next thirty years. *Environmental Law, 34*, 483, 550.

Ruhl, J.B. (2008). Climate change and the Endangered Species Act: Building bridges to the no-analog future. *Boston University Law Review, 88*, 1−62.

Ruhl, J.B. (2009). Keeping the Endangered Species Act relevant. *Duke Environmental Law & Policy Forum, 19*, 275−293.

The Stanford Environmental Law Society. (2001). *The Endangered Species Act.* Stanford, CA: Stanford University Press.

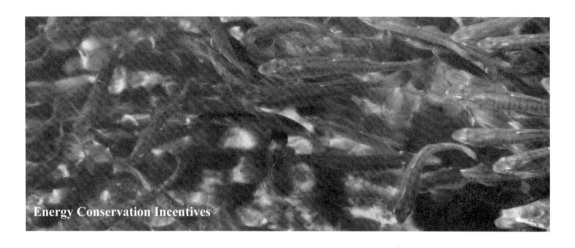

Energy Conservation Incentives

节能激励机制

在20世纪70年代中东石油禁运期间，节能和能源效率成为美国、欧洲和亚洲的一个公共政策问题。美国颁布了推动消费者和工业节能的立法，但是随后几年立法的重点就转变为提高能源效率。这些年来，立法出台了包括税收优惠和退税在内的大量激励措施。

环保人士、媒体和一般的公众，都开始使用"节能（energy conservation）"这个术语来定义"保护（conservation）"（即使用更少的能量）和"效率（efficiency）"（即从同一能源中获取更多）。尽管在美国和其他国家，节能一直是许多法律和政策的重要内容，但是政府已经开始重视通过鼓励提高能源利用率来减少能源使用。相对于节能来说，能源效率政策更容易实施，在技术上也更可行，这也正是政府干预向这个方向倾斜的原因。

在20世纪70年代之前，大多数工业化国家没有太多考虑他们使用能源的数量或成本。这对于经历过空前繁荣的美国来说

尤其如此。美国人过去特别迷恋像电视机和洗碗机这样的新家居用品。这些商品被视为现代化生活设备的缩影，然而似乎没有人考虑到相应的能量消耗。但是，现在情况发生了变化。

1973年，阿拉伯石油输出国宣布对美国、加拿大、西欧和日本石油禁运。禁运是因为美国决定向斋月战争中的以色列军队提供军火。石油严重减少，因此价格急剧上升。禁运对美国和欧洲的经济产生了广泛的影响。全美零售汽油平均价格从1973年5月的38.5美分上涨到1974年6月的55.1美分。联邦和州政府通过要求企业和个人改变资源消费习惯来呼吁节能。这是美国历史上第一次没有掌控能源供给并呼吁节能（Kelley 2008）。

石油禁运不仅改变了美国能源格局，而且改变了世界能源格局。关于如何减少能源使用的争论持续存在于政府指令、自发的项目、公用事业规则等各个方面。尽管石油

价格已经稳定,但是能源生产对环境的影响仍然是一个重要的话题。节能和能源效率再次被认为是减少能源使用和需求的重要途径。类似的问题依然存在,比如市场信号是否足以使消费者做出理性决定,或者是否需要税收减免或其他激励措施来推动消费者转向节能。

以立法推动节能

在20世纪70年代,我们所有减少能源使用背后的推动力都是油价和能源安全。在美国,联邦政府开始通过立法来应对石油危机,包括1976年帮助低收入的消费者减少能源使用的房屋节能改造援助项目(Weatherization Assistance Program, WAP),以及通过低收入家庭能源援助计划(LEAP)帮助低收入的消费者应对能源价格的上涨。这两个项目目前仍然存在。1978年,国会通过了《国家节能政策法》(NECPA),要求公用事业公司向消费者提供能源效率和需求管理计划。消费者也因此第一次获得了很多节能的好处,比如低息贷款和替换低能效电器的现金。公用事业公司也开始了比如时段收费和负载转移等其他项目。当时还不清楚这些法律和激励措施是否会影响消费者的能源消费行为,以及是否能对能源需求和价格产生实际影响,但大多数业内专家认为,促进节能的唯一可行的方法是政府监管。

随着20世纪80年代石油价格的下降和能源价格的稳定,关于节能和效率的观点也在改变。现在政策专注于用市场来调节行为(Sanstad & Howarth 1994)。仅靠能源价格信号不能再促使消费者节能。与此同时,

能源消耗对环境的影响开始引起重视。问题在于,市场的力量是否足以实现节能环保的目标(Kelley 2008)。尽管30多年的研究已经得出了有关影响消费者能源消耗的因素,相关争论也还一直存在(Sanstad & Howarth 1994)。

有限理性

理论上,能源价格会反映所有的外部性,包括产品的个人和社会成本,消费者会基于成本效益分析做出完全理性的选择。当然,这是不现实的。能源价格不包括环境后果,而且也很少包括交易成本(Sanstad & Howarth 1994)。因此,消费者因为信息不对称而很难做出理性的能源消耗选择。他们在选择电器、供热机组和房屋的时候,需要真实的市价和考虑到所有的外部性。消费者在做出这些决定时,很少考虑能源的消耗或使用效率,尽管在过去的十年里,环境成本已经发挥了越来越重要的作用。这种现象被称为“有限理性”(Sanstad & Howarth 1994)。

研究表明,提供给消费者的信息不仅是不完整的,也是错误的(Stern 1986)。尽管如此,能源用户也可能有动机做出好的选择,例如当他们出于某种心理因素或是考虑到破坏了环境的时候,就不会仅仅考虑价格因素了。消费者行为研究还表明,消费者对“偏好最大化”的偏离意味着他们缺乏将成本效益和行为联系起来进行数学分析的专业能力(Sanstad & Howarth 1994)。这意味着有两种力量在起作用:① 能源价格表面上是不正确的;② 消费者不能做出完全理性的选择。这两种力量也依赖于能源政策和项

目能够提升能源效率和/或促进节能这一事实。然后，问题的关键就是需要什么样的激励政策：政府强制政策，自愿计划，或这些因素的结合；什么类型的政策和项目能够更成功地降低能耗，是聚焦于消费行为的政策和项目，还是聚焦于能源密集型产业的政策和项目。

干预

一旦假定，为了减缓能源使用对环境的影响而需要某种鼓励能源效率和节能的干预，问题就变成了需要什么类型的激励，以及谁应该获得这些激励。这些激励机制真正发挥作用吗？因为我们知道，能源价格不能反映环境后果，我们必须考虑如何 ① 鼓励更高效的生产技术，和/或 ② 鼓励消费者选择更节能的设备、汽车或房子，假设它是可行的，和/或 ③ 鼓励消费者使用更少的能源。

在石油危机时期，一种用来刺激节能的早期办法是依靠政府的公用事业管理。公用事业项目需要允许消费者根据自己的需求在不同的时间段使用有差别收费的能源。然而，由于过于依赖消费者，公用事业项目的效果是有限的。有人认为，当任由消费者对待自己的设备的时候，他们不会做出对能源使用有显著影响的选择（Nadel 1990）。

成本补贴是另一种类型的激励而且非常容易实施。作为一个概括性术语，成本补贴包括从税收优惠到折扣计划等等激励。1978年的《能源税法》是美国第一次通过立法为节能的消费者提供税收抵免。最近，《美国复苏与再投资法案》（2009）提供了超过200亿美元的资金来促进能源效率投资，以及500万美元的特别拨款用于低收入家庭援助计划。能源专家认为，税收抵免对于通过添加隔热技术或是替换低效家电等举措来降低能源需求是有积极意义的。尽管这些基金确实刺激了消费者在节能方面的投入（例如用于设备替换或房屋节能改造的退税和税收抵免），但是还不清楚这些投入是否能将节能提升到显著的水平。

联邦和州政府最初都专注于将公用事业管理作为降低能源消耗的办法，但是从长远来看家电和建筑设备的强制节能标准在降低能源使用上是最成功的。1987年，罗纳德·里根（Ronald Reagan）总统签署了《国家家电节能法》（NAECA）。《国家家电节能法》打算随着节能技术的发展周期性地更新上述标准。有四位总统已经通过修订法律来增加节能设备和提升节能标准。这些标准阻止了美国新建发电厂和输电线。美国能源效率经济协会（ACEEE）估计，通过这些标准的实施，在1990年—2030年将节省累积超过1 800亿美元的能源消费（Kelley 2008）。随着旧设备的淘汰和新技术设备的产生，这些标准在未来还将发挥更大的节能作用。

"能源之星"计划是另一个通过提高能源效率降低能源消耗的成功方法。"能源之星"是由美国环境保护署于1992年引入的联邦自愿项目。它为符合其高节能标准的所有产品——从洗碗机到新住房——提供一个官方标志。能源之星的节能标准超过了联邦立法的强制标准以及那些不需要达到联邦标准的产品。此外，1996年能源之星与能源部合作以扩大其影响，现在也已经扩展到了建筑施工领域（Kelley 2008）。基于办公设备市场的全球化，"能源之星"也正在与欧盟协调办公设备的能效标准。这个自愿的项目已被证明是一种让消费者在购买产品时考虑能耗的有效方式。

设备要求和能源之星项目的成功，证明了减少能源消耗的有效办法是依靠技术而非消费行为。促进资源保护和节能的政策在不仅仅依靠消费行为的时候会更有成效（Nadel 1990）。尽管消费者可能会考虑能源选择的外部性，他们也可能没有信息或专业知识这样做。因此，促进资源保护最有效的政策将是那些能够最大化促进能耗密集型的技术和产品降低能源消耗量。

阿德里安·迪西安诺·纽沃尔（Adrian DiCianno NEWALL）
新泽西州韦斯特菲尔德能源顾问
姜伟译

参见：能源补贴；绿色税；能源投资法；公用事业监管。

拓展阅读

Haslett, Kevin A., & Metcalf, Gilbert E. (1995). Energy tax credits and residential conservation investment. *Journal of Public Economics, 57*(2), 201–217.

Kelley, Ingrid. (2008). *Energy in America: A tour of fossil fuel culture and beyond.* Burlington: University of Vermont Press.

Lutzenhiser, Loren. (1993). Social and behavioral aspects of energy use. *Annual Review of Energy and the Environment, 18,* 247–289.

Nadel, Steven. (1990). Electric utility conservation programs: A review of the lessons taught by a decade of program experience. *Proceedings of the ACEEE 1990 Summer Study on Energy Effi ciency in Buildings* (Volume 8). Washington, DC: Americian Council for an Energy-Efficient Economy.

Sanstad, Alan H., & Howarth, Richard B. (1994). Consumer rationality and energy efficiency. *Proceedings of the ACEEE 1994 Summer Study on Energy Effi ciency in Buildings.* Washington, DC: American Council for an Energy-Efficient Economy.

Stern, Paul C. (1986). Blind spots in policy analysis: What economics doesn't say about energy use. *Journal of Policy Analysis and Management, 5*(2), 200–227.

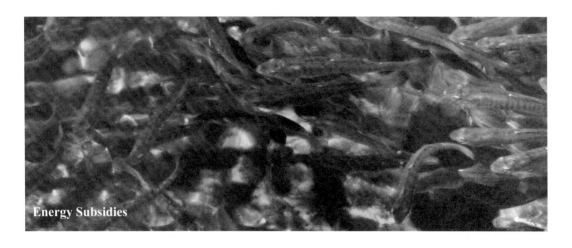

Energy Subsidies

能源补贴

政府基金的能源补贴被用在世界各地寻找和增加能源生产。几乎所有的能源都获得了一定程度的补贴。能源补贴在全球能源——可持续资源和传统资源政策中扮演着并将继续扮演着主要的角色。

能源补贴一直用来帮助促进、支持和扩充能源资源。几乎所有类型的能源生产者和消费者，从化石燃料到可再生和可持续资源都获得了补贴。对于更传统的资源来说更是如此，如水力发电、煤炭、石油和天然气，以及更新的或新兴能源，如核能、生物质能、风能和太阳能。

补贴项目一直是大多数政府在扩宽能源来源方面的政策之一，而且这些补贴在扩宽可持续发展能源来源上同样扮演着重要的角色。这些补贴的变化取决于位置、动机和政治意识形态。

能源补贴的类型

有四种基本类型的能源补贴。这些政府资助的项目可以有多种形式，但通常是下列形式之一：① 直接支出，② 减税，③ 支持研究和开发（研发）和 ④ 促进获取能源的政府项目。

直接支出

直接支出项目是政府直接为能源消费者或生产者付费的项目。这些付款可以是为一定数量的被支持的能源产品付费，也可以是直接为消费者付费。

直接补贴的一个例子就是定向项目，比如低收入家庭能源援助计划（LIHEAP）。家庭能源援助计划在美国是一个联邦项目，旨在帮助低收入家庭的能源费买单，主要支持直接的能源需求。

直接补贴也可以是改善环境或抵制气候变化这类监管项目或税制的一部分。一些最近的立法提案建议，限额交易或烟尘排放税可以作为可再生和可持续发展能源计划的补贴。

减税

减税项目可以采取减税的形式(减少已经计算了的应纳税额)和税收抵免(减少整体纳税义务)。减税可以用于能源产品或能源基础设施的投资。

生产税抵免

生产税收抵免(PTC)是一种常见的能源补贴形式。这种抵免的计算方式是用抵免数额(如,每千瓦时2.1美分)乘以能量生产数额(如,80千瓦时)。生产税收抵免在每年指定的抵免期内支付,抵免期则随着法律的规定或者能源生产的类型而变化。生产税收抵免通常会限制谁能获得产出的能量,比如要求产出的能量必须卖给独立的购买商。最后,由于生产税收抵免是用于支持发展中的或(相对)昂贵的能源,大多数会有一个价格上限以使抵免随着能源产量的增加而逐步被淘汰。

投资税抵免

投资税抵免(ITC)是另一种经常用在可再生和可持续发展资源上的能源补贴。投资税抵免是基于可再生或者可持续发展能源设施或这种设施的所有权成本而非能源产品本身。设施是否合格是由法规来决定,而且合格的设施通常包括较高的启动成本如地热技术、太阳能项目和自用风能项目。投资税抵免能够通过税收抵免在一定程度上降低这些项目的成本。税收抵免享有一个特定的时间框架(如,每年有30%的工程开发商通过投资税抵免获得20%的税收抵免)。

消费能源信贷和免税补助

消费者方面的补助和信贷也可以用来促进可持续能源的发展。补贴可以采取税收抵免的形式,减少同等金额的税款;或者减免税款,减少一定比例的税款。消费者方面税收抵免或扣除的例子包括家用能源效率信贷(如更换窗户),住宅的可再生能源信贷(如太阳能热水器),对于可再生或替代燃料汽车的信贷。最后,一些政府通过免税补助来提高能源效率和促进可持续能源的发展。例如,加拿大为在翻新前进行能源效率审计的居民提供高达5 000美元的免税补助。

研究和开发

研究与开发(R&D)的补贴通常用来增加能源供应,改善能源生产效率和技术。这些补贴未必影响能源的生产或价格,但当补贴促进了有价值的技术和流程的产生,它可以影响未来生产的价格和效率。

研发补贴经常采取政府资助的形式,这样有助于减少或者抵消和开发或安装新技术相关的初始风险。此外,研发补贴可以为有前景、但未经证实的技术或场所的试验项目提供资金支持。这些补助往往是公私合作伙伴关系的一部分,政府补贴和其他利益关系方所出资金是相匹配的。举个例子,美国能源部最近资助了一个项目,为地热的研发提供了3.38亿美元的政府拨款,私人和其他非联邦政府来源提供了额外资金,并且其数额超过了政府提供的拨款。

促进获取能源的政府项目

政府增加获取能源的项目通常是针对

特定的区域。这样的补贴项目可能会提供政府资助,给目标地区的市场注入大量的电流。这些补贴项目也可能间接地通过贷款和贷款担保补贴部分电力行业,以促进电力行业所必需的基础设施的建设,使能源得到充分利用。

几乎所有的政府都为提高能源利用率提供补贴。美国成功的《农村电力法》(REA)是早期项目中一个很好的范例。这部法提供了长期资金支持和专业技术,使得更多的乡下人可以用得上电。1963年,约翰·肯尼迪(John F. Kennedy)总统解释说,自从《农村电力法》于1936年通过以来,在政府的资助下,建成了九百多个农村合作电气化系统。

《农村电力法》的金融投入和相关的风险是巨大的,因此需要补贴。项目为约1 000名借款人提供了超过50亿美元的资金,促进建设了超过150万英里的电线。在20世纪60年代,2 000万美国人因此受惠。最终,投资得到巨大回报。据1963年的报道,在那些约1 000名借款人中,只有一人拖欠还款。对于50亿美元的财政援助的总的预期损失不到50 000美元。这种低水平的违约在今天的全球金融环境中格外引人注目。

如果没有联邦政府资金上的支持,很少有投资者愿意在农村电气化项目上投资。但是,项目取得了巨大的成功。例如,在1963年,北达科他州的由《农村电力法》资助的合作社的用户数量为平均每英里输电线大约有一个电表农场(metered farm),而城区的电力系统的用户为平均每英里输电线有33户电表,从而令人惊奇地为该州97%的人口提供服务。

抛开融资问题,补贴是合理的,因为人们认为《农村电力法》提高了人民的生活水平,促进了美国经济,利用必要的电力增加了工业活动,并提升了国家安全。肯尼迪总统于1964年解读了政府补贴对美国农村电力化的影响:"从某种意义上来说,30年前的生活富裕,放到今天是生活贫困。"

当前的新兴市场对于能源和基础设施补贴的需求和前些年美国的需求相似。新兴市场包括中国、印度和大部分非洲国家。预计这些新兴市场的补贴需求是巨大的,因为现在还有数百万人用不上电,而补贴使他们用上电成为可能。补贴可能会促进可持续能源的发展,但这绝不是定局。在美国,《农村电力法》补贴促进了所有能源的利用,特别是化石燃料的能源。事实上,今天超过90%的北达科他州的电力仍然来自燃煤发电厂。

然而,如果需要的话,可以使用相同的基础设施来发展可再生能源发电的技术。因此,为了改善发电现状而得到补贴的美国各地的基础设施同样可以有助于促进可再生和可持续的能源的利用。

在能源政策中补贴的作用

尽管政府干预的类型和范围各有不同,大多数政府将能源补贴作为能源政策总体的一部分。

从传统上来说,补贴用于支持能源的生产和发展,提高能源利用和经济产出。许多发达国家仍为煤和天然气开采提供补贴,一些主要的石油出口国仍然为石油消费提供补贴。

现今的补贴往往目标相同,但是补贴的

使用已经发展到包括环境目标和推动可持续能源的发展。为了发展可持续能源市场，许多政府利用补贴和授权来促进可持续能源的使用。这种做法引起了批评，人们指责对于可再生能源的补贴和推广是不公平的，尽管更多传统的能源更便宜（Ralls 2006，452）。这些批评忽略了一个事实，那就是许多传统能源的

成本没有完全内化，从而使它们看上去便宜。事实上，这些能源是相当昂贵的。也就是说，一些传统能源的成本，如空气污染或者可能导致全球变暖的二氧化碳排放，都没有计入消费的成本中去。化石燃料的消费者往往没有把这部分开销加到或者内化到总的成本中去。

许多人抱怨可再生和可持续能源补贴，他们认为"更自由"的市场是更高效的，并能适当地推动可行的可再生和可持续资源的发展（Boaz 2005，446）。但是，以自由市场的名义，不再推动可再生资源的发展，意味着所有和能源相关激励机制都应该废除。只有这样才能真正领会到"市场"真正想要的东西。围绕着是减少还是废除对可再生能源的补贴的争论，表面上是对能源来源的争论，本质上是以市场为基础的争论（比如对化石燃料的

偏好就证明这一点）。而真正的自由市场主义者应认识到对传统能源的补贴也很泛滥，并应要求废除所有此类补贴。

在很多地方，针对再生能源的激励仍胜过针对可再生产业的激励。对传统能源的补贴远远超过对可再生能源的补贴，一些人认为这种观点存在某种程度的误导。也就是说，他们认为每兆瓦时化石燃料的补贴远远低于支持可再生能源的补贴（Lieberman 2010，3）。这表明人们看待这个问题的角度各有不同。

计算每种能源的补贴通常不会把全部的能源补贴和它们对市场的影响这些因素考虑进去。例如，由于给予化石燃料补贴，而产生了一些负面的外部因素，计算时会忽略这些因素。具体来说，利用严格的每兆瓦时补贴的数额进行比较，并没有考虑到整体市场的影响。举例来说，每生产一辆车，政府给予小型汽车公司的贷款额度可能高达5 000美元，而大型的汽车制造商则可能只有2 000美元的贷款额度。给予小型汽车制造商的贷款可能会有数百万美元，而对大型汽车制造商则是价值数十亿美元的紧急财政援助。因此，对于每辆汽车的补贴数目并不能准确反映实

际市场的影响。

最近的美国能源补贴政策又是一个很好的范例。根据能源信息管理局（以下简称EIA）的报道显示，在2007财年中，联邦政府针对所有能源的补贴和支持估计为166亿美元。根据EIA的数据，每兆瓦时（MWH）能源的补贴由以下几部分组成：

- 煤：0.44美元/兆瓦时
- 天然气：0.25美元/兆瓦时
- 核能：1.59美元/兆瓦时
- 水电：0.67美元/兆瓦时
- 太阳能：24.34美元/兆瓦时
- 风能：23.37美元/兆瓦时

毫无疑问，从1999年到2007年，根据能源类型来分配补贴的政策发生了变化。这种变化表明美国政府优先和重点支持可再生能源的发展。这种政策的转向也发生在世界的其他许多地方。在美国，对可再生能源的补贴从1999年的17%，增加到占2007年总体补贴和支持的29%。以美元计算，在2007年165.81亿美元的能源补贴中，可再生能源的补贴占到了48.75亿美元。这意味着117.06亿美元用于和可再生能源不相关的项目上（EIA 2008, xii）。

因此可以说，和花在可再生能源上的钱相比，花在传统能源上的钱带来更大的市场扭曲。给予美国传统能源的补贴的总体影响高于、甚至超过两倍于可再生能源的补贴。对传统能源的补贴仍在继续，尽管供应这些能源的公司通常实力雄厚，拥有（或者应该有）良好的商业模式和方法。当使用这些补贴时，人们期望补贴应发挥更大的作用。因此，对可再生能源的补贴应该产生更多的可

再生能源。对化石燃料的补贴，无论数额多小，也会比没有补贴产生更多的化石燃料。这种对化石燃料补贴的政策限制了它的有效性，减缓了可持续能源补贴的发展，因为对更多传统能源的支持抵消了可持续能源的全部收益。

在全球范围内，可再生能源只占全部能源的很小一部分，在2008年的美国，这个比例仅为7%，但这一比例增速惊人（EIA 2008, xii）。如果目标是产生更多的可再生能源，补贴成本成为一种选择。相比之下，美国联邦政府补贴核能，投资（至少可以说）得到了回报。20世纪50年代的补贴资金未能反映出现今的补贴成本，所以从成本的角度来看，现在核能可能会非常便宜。此外，在汉福德、华盛顿等地，核废料需要数十亿美元进行补救。这些没有得到补贴的清理费用已经成为重要的财政成本，而它们通常不会计入今天的成本中去。

未来

能源补贴现在并将继续在全球能源政策中扮演一个重要角色。在目前的补贴政策中，竞争目标之间明显关系紧张。继续补贴传统化石燃料阻碍了可持续能源的发展，然而它可能对发展中国家短期获得能源是至关重要的。补贴可再生和可持续能源为发展更环保的能源创造动力和机会，但错误的激励机制可能会不恰当地支持那些不会，而且永远不会在经济上可行的能源，从而阻碍其他更有前途的可持续能源的发展。

有一些迹象表明，实现可持续发展和经济发展的目标越来越成为可能。由于会对经

济发展带来潜在的负面影响，一些国家一直不愿致力于可持续发展的实践和减排。尽管如此，这些国家仍然提供巨额的政府补贴，以促进可再生能源的生产。对可再生能源和可持续能源的补贴很可能会继续增加，因为可持续发展越来越明显地与经济发展息息相关。

在可预见的将来，面向所有能源的补贴将成为常态。

约书亚 P. 福熙（Joshua P. FERSHEE）

北达科他大学法学院

姜伟译

参见：气候变化信息公开——法律框架；减缓气候变化；可持续发展——法律和委员会概述；节能激励机制；能源安全；自由贸易；绿色税；能源投资法；公用事业监管。

拓展阅读

Boaz, David. (Ed.). (2005). *Cato handbook on policy*. Washington, DC: Cato Institute.

Cooper, Christopher, & Sovacool, Benjamin K. (2007). Renewing America: The case for federal leadership on a national renewable portfolio standard (RPS). Retrieved September 2, 2010, from http://www.newenergychoices.org/dev/uploads/RPS%20Report_Cooper_Sovacool_FINAL_HILL.pdf.

Energy Information Administration (EIA). (2008). Federal fi nancial interventions and subsidies in energy markets 2007. Retrieved September 2, 2010, from http://www.eia.doe.gov/oiaf/servicerpt/subsidy2/index.html.

Fershee, Joshua P. (2008). Changing resources, changing market: The impact of a national renewable portfolio standard on the U.S. energy industry. *Energy Law Journal, 29,* 49–77.

Fershee, Joshua P. (2009). Atomic power, fossil fuels, and the environment: Lessons learned and the lasting impact of the Kennedy energy policies. *Texas Environmental Law Journal, 39,* 131–146.

Fershee, Joshua P. (2009). The geothermal bonus: Sustainable energy as a by-product of drilling for oil. *North Dakota Law Review, 85*(4), 893–905.

Kennedy, John F. (1964). Address at the University of North Dakota, 25 September 1963. In *Public papers of the presidents of the United States: John F. Kennedy, 1963* (pp.715–719). Washington, DC: United States Government Printing Office.

Koplow, Douglas. (1996). Energy subsidies and the environment. In *Subsidies and environment: Exploring the linkages* (pp. 201–18). Paris: Organisation for Economic Co-operation and Development (OECD).

Kosmo, Mark. (1987). Money to burn? The high costs of energy subsidies. *World Resources Institute.* Retrieved October 6, 2010, from http://pdf.wri.org/moneytoburn_bw.pdf.

Lieberman, Ben. (2010). Is wind the next ethanol? Retrieved November 5, 2010, from http://cei.org/sites/default/fi les/Ben%20Lieberman%20-%20Is%20Wind%20the%20Next%20Ethanol_0.pdf.

Mann, Roberta F. (2009). Back to the future: Recommendations and predictions for greener tax policy. *Oregon Law Review*, *88*(2), 355–404.

Mann, Roberta F., & Rowe, Meg. (forthcoming 2010). Taxation. In Michael B. Gerrard (Ed.), *The law of clean energy: Effi ciency and renewables*. Chicago: ABA Publishing.

Ralls, Mary Ann. (2006). Congress got it right: There's no need to mandate renewable portfolio standards. *Energy Law Journal*, *27*, 451–472.

Rural Electrification Act of 1936. (1936, May 20). Chap. 432, Title I, §1, 49 Stat. 1363. (Current version at 7 U.S.C. §901 [2006].)

Spence, David B. (2010). The political barriers to a national RPS. *Connecticut Law Review*, *42*(5), 1451–1473.

Union of Concerned Scientists. (2009). Production tax credit for renewable energy. Retrieved September 19, 2010, from http://www.ucsusa.org/clean_energy/solutions/big_picture_solutions/production-taxcredit-for. html.

Vandenbergh, Michael P.; Ackerly, Brooke A.; & Forster, Fred E. (2009). Micro-offsets and macro-transformation: An inconvenient view of climate change justice. *Harvard Environmental Law Review*, *33*(2), 303–348.

von Moltke, Anja; McKee, Colin; & Morgan, Trevor (Eds.). (2004). *Energy subsidies: Lessons learned in assessing their impact and designing policy reforms*. Sheffi eld, U.K.: United Nations Environment Programme (UNEP) & Greenleaf Publishing.

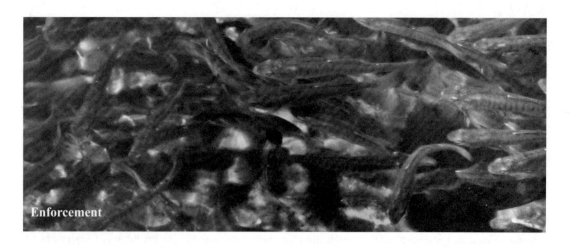

Enforcement

执　法

　　在美国和其他国家的环境法实施中，执法占据了关键位置。作为对违反环境标准的公司和个人的控制，以及作为对支撑自愿守法的政府行为和私人决定的合法性的辩护，执法都是至关重要的。

　　环境法律法规的执行主要由政府机构承担，公民也做出了一些贡献。在美国，环境保护署等执法机构对持续性具有积极的影响，尽管仍需要提升环境执法力度以满足持续性目标。虽然这超出了本文的范围，但值得注意。除了美国，全世界的许多国家也有执行自己国内环境标准的策略。根据方案类型和效力的不同，这些国家各自执行方案的结果和执行国际环境协议的不同策略，都有助于实现全球持续性。

美国环境法律规定的执行

　　在美国，大量法律法规包含环境规定，包括联邦、州政府官员和普通公民在内的许多主体执行这些环境规定。在联邦层面，主要的执行机构是美国环境保护署。这个 18 000 人的机构负责在联邦环境法律之下制定和执行环境标准。联邦环境法律包括：《清洁空气法》、《资源保护和恢复法》、《清洁水法》、《安全饮用水法》、《应急计划和社区知情权法》和《综合环境反应、补偿和责任法》(CERCLA 或超级基金)，等等。

　　除了承担直接的执法角色，美国环境保护署也授权各州承担一些法定执行方案，由它们代替美国环境保护署管理和执行这些规则。由于这些授权，州行政机构在环境执法中发挥了重要作用；从数字上看，美国绝大多数的执法行动由州行政机构工作人员启动。尽管如此，在州已经得到特定环境法律规定的执法权力的联邦授权的情况下，美国环境保护署通常仍保留监督州方案执行的权力，如有必要，在特定情况下采取联邦执法行动。

公民诉讼条款

　　除了联邦和州执法，几乎每一部主要的联邦环境法律都授权公民对违反法定要求

（包括许可证的条件）之人采取执法行动。公民诉讼条款通常授权法院做出禁制令救济以纠正进行中的违法行为，大多数条款也授权公民寻求民事处罚（civil penalties）。几乎所有公民诉讼条款都要求原告至少提前60天将提起公民执行诉讼的诉讼意愿通知受指控违法者和政府。通知的目的是向受指控的违法者提供时间以便其守法，也为行政机构提供机会决定是否自行采取行动。

此外，如果政府机构勤勉地进行民事执法行动，几乎所有环境类公民诉讼条款都禁止公民执行。所有包含公民诉讼条款的联邦环境法律都授权法院命令向胜诉的公民原告支付律师和专家证人费。公民诉讼中判定的任何民事罚款通常必须向美国财政部或特定州支付，而不是作为赔偿金向公民原告支付。

虽然联邦（和某些州）环境法律只允许普通公民提起民事司法诉讼（civil judicial lawsuits），但这些法律通常为政府官员创建了更为广泛的一套执法机制。这样三种执法工具占据了主导地位：行政执法行动、民事司法执行案例（civil judicial enforcement cases）和刑事检控。

行政执行

行政措施是政府机构执行环境法的一种基本和广泛利用的工具。对于美国环境保护署，行政执行在所有执法活动中占了非常大的比例。行政执行受到政府执法官员的相对欢迎源于这样的事实：它们通常比民事或刑事执行事项要求更少的人员时间；行政执行不需要与不同机构（如美国司法部或州总检察长办公室）的协调配合；虽然在技术复杂事项中需要由中性方决断，但行政机构自己的行政法官通常比一般法官更具专业知识。

行政执行策略最温和的形式是违法通知（Notice of Violation, NOV）。在某种意义上，这是一份与发给超速司机的交通警告相类似的书面文件。违法通知只是告知收到它的实体它已经违法并要求其遵守可适用的法律要求。许多州行政机构出于同样的目的向未合规实体发出"警告信"。

最有效的和常用的行政强制措施是行政守法令（有时称作停止和终止令或撤销令）。如果违反这些命令一般可以由法院强制执行，未满足这些命令可以施加罚款。这些命令允许行政机构要求受监管方依照详细的时间表采取具体步骤实现守法。在与受监管方协商之后，在单方面基础上或基于同意发布行政命令。后一种情况下，命令签收者正式同意遵守文件的条款。

在某些情况下，联邦和州行政机构也被授权通过其行政程序评估民事罚款。在一些地区，根据所收到的拟议行政处罚通知，受监管实体有权面对行政法官或专家组进行听证。在其他州，这些主体有权对行政处罚直接提起司法审查。州和联邦环境法律通常允许行政机构在评估行政处罚时使用它们的自由裁量权，对违法的持续时间以及守法的善意努力等因素予以考虑。因此，许多州和联邦行政机构已经确立了在处罚评估中指导执法人员和促进一致性的处罚政策。

民事司法执行

虽然民事司法执行诉讼不如行政执法行动使用的频繁，但其在许多执行方案中发挥了重要作用，因为它们具有高透明度，政府经常在这些案件中寻找有效的救助和处罚。民事行动通常需要比行政事项多得多的政府资源。民事行动一般用来对付更严重或更顽固的违法者,在此需要采取阻止违法活动或关闭操作的紧急行动,或者创设法律上的先例。在民事执行行动中,要求政府在法庭上证明的要素因法律而异。然而,最常见的是根据严格责任制度证明违法行为(通过优势证据),只需证明原告未遵守法定条款、法规或许可证条件,无须政府以仅有的可得有限辩护证明环境损害。最常寻求的救济措施包括临时和/或永久强制令和民事司法制裁,绝大多数民事环境执法案件在审判前的同意令中得到解决。

补充环境项目

20世纪80年代中期以来,美国环境保护署和许多州鼓励在环境违法者的处理中纳入补充环境项目(Supplemental Environmental Projects, SEPs)。补充环境项目得到明确定义,通常作为减少民事罚款的交换,由被告承担有益于环境的项目。通过向会改善环境的项目输送本来将归入联邦和州国库(以罚款的形式)的资金,而使公众受益。这些项目也允许环境被告获得他们本来无法得到的州和联邦税收优惠,并向公众呈现更加环境友好的形象。近年来,补充环境项目方法已经越来越频繁地被用于民事司法案件的处理。

刑事执行

20世纪80年代以来,联邦和州环境官员也日益依赖联邦环境法律中的刑事执行规定以纠正未遵守环境法律法规的行为。刑事检控的发生概率少于行政或民事司法执行。它通常应用于引发公众健康或环境严重损害的环境违法案件,以及被告表现出反抗、故意或极端不守信用,或参与环境数据虚假报告的情况。

公司守法

刑事环境检控的应用具有几个理由的支撑。它经常被看作比行政和民事执法行动更成功地阻止了环境违法行为。刑事检控可以使公司官员入狱。可以说,这激励公司遵守环境法,因为刑事检控往往使得一个组织不大可能将制裁的可能性仅视为商业成本。此外,刑事环境执行是社会表达其对恶劣环境违法行为的道义愤慨的一种方式。

联邦环境法律通常可以使任何人受到刑事制裁,包括个人、公司、合伙、协会、州和州政府分支机构。对于公司实体而言,代表公司行事的个体的认识和行为通过雇主责任原则(拉丁文: *let the master answer*)被归咎于公司。

犯罪意图

环境法律在犯罪意图方面差别很大。对一些环境犯罪实行严格责任,从而减轻政府必须证明被告行为有任何过错或有意违反法律的负担。在另一些情况下，对其更典型的反应是做出民事或行政执行行动，过失违反环境法律可以使某人受到刑事制裁。然而，根据大多数环境立法，政府必须证明被告明知违法。法院通常将该条款界定为，要求政府排除合理怀疑，证明被告在这样做时意识到他在做什么。政府不需要表明被告明确知道其行为违反法律。

综合环境反应和责任法

与其他美国环境法律不同，《综合环境反应、补偿和责任法案》(《超级基金法》或 CERCLA）旨在为清理被过去废物处理活动所污染的财产提供法律机制。1980 年 12 月 11 日颁布的《超级基金法》，为美国环境保护署在受污染场地实施反应行动或强迫潜在责任方（potentially responsible parties, PRP）自己承担反应行动费用提供了广泛的实质性权力。这些反应行动的范围可以从进行现场调查、对污染物采样和分析、场地特征描述到实施救助行动（如长期清理）和长期监测。

责任

《超级基金法》设定了广泛的责任网。根据该法，四种人可能承担清理被污染设施的成本：① 设施的当前所有人或营运人，② 在处置危险物质时拥有或营运设施的实体，③ 为处置设施的危险物质而安排的人，和 ④ 将危险物质运往设施和选择设施作为处置场所的人。

根据司法解释，《超级基金法》责任方案有追溯力。潜在责任方承担严格的共同连带责任（除非有合理的依据确定各潜在责任方的个人承担份额），政府只负责证明潜在责任方为受污染设施提供了与现场鉴定物质相似的危险物质。

辩护

该法严格限制潜在责任方可以获得的辩护。如果被告能够证明受污染设施的危险物质泄漏或泄漏威胁是由于不可抗力、战争行为或第三方的作为或不作为而引起的，他们可以免责。

然而，第三方的作为不适用被告的雇员、代理人或承包商的行为。此外，主张这种辩护，潜在责任方还必须表明其尽到了对危险物质的合理注意义务，并且对可预见的第三方的行为或不作为采取了预防措施。

《超级基金法》的执行机关

《超级基金法》包含几个执行部门。它授权 EPA 在有环境泄露或泄露威胁时对设施处的危险物质提供救助行动，并以民事司法（"成本回收"）行动从潜在责任方取得反应成本。如果确定设施的泄露或泄露危险会对公共健康或环境造成立即而实质性的危害，该法还授权美国环境保护署向潜在责任方发布行政命令，或者对他们提起民事司法诉讼。根据《超级基金法》，未履行美国环境保护署行政命令可能导致处以每违法日最多 32 500 美元的民事罚款。此外，美国环境保护署可以取得相当于其支出费用三倍数额的赔偿，作为潜在责任方无充分理由未履行行政命令的结果。

执行与可持续性

美国环境法的执行规定及其政府官员或

公民的实施如何以及在多大程度上促进了持续性？反过来说，作为实现持续性国家（和世界）的一种工具，环境执法在哪些方面存在不足？为了回答这些问题，我们必须首先界定持续性。出于本文的目的，持续性（我们将认为它与可持续发展同义）仅意味着一种既满足当代的需要又不对后代人满足其需要的能力构成危害的活动。这一定义经常被引用作为可持续发展意味着什么的定论。即使有些不完整，它仍然是一个可行的概念。世界环境与发展委员会（布伦特兰委员会）在 1987 年一份题为《我们共同的未来》的报告中首次提出该定义。

布伦特兰委员会的工作促成了 1992 年里约热内卢地球峰会，此次会议上世界各国制定了被称作《21 世纪议程》的全球可持续发展行动计划。虽然《21 世纪议程》确实在其他重要方面扩展了布伦特兰委员会的构想，但它没有直接提及环境执法，也没为界定或衡量环境执法活动的持续性提供任何权威指导。因此，尽管可以合理地批评其相对模糊性，并在相当程度上视之为一个起点，但布伦特兰委员会的持续性定义对于满足现在需要似乎足够清晰。在环境执法相对持续性的评估中，我们必须询问该活动是否以及如何（整体和在特定方面）有助于为子孙后代保护自然环境，同时仍允许出于当前目的的自然资源谨慎使用。

因此，在概念框架上必须注意到，环境执法确实在一些关键方面有助于持续性。正如彼得·耶格尔（Peter Yeager）教授所指出的，"在公众看来，执法是监管的核心，政府这只有形的手深入社会纠正错误……在象征意义和实际上，执法都是一个顶点，是政府目标严肃性的最终指示器，是守法和违法之间界限的关键决定性

因素"（Yeager 1990, 251）。至少从美国环境保护署和美国许多州的角度，环境执法的主要目的是阻止违反环境法并鼓励遵守它们。根据这一理论，政府的违法确认和检控向个体违法者和其他受监管实体发出强有力的信息，不遵守是一条危险的路径，违法者将蒙受应得的制裁和耻辱，环境守法是其最谨慎和理性的行动进程。因为大多数环境标准和许可证条件的目的是保护公众健康和环境，遵守它们有助于实现和维持这些政策目标，从而有利于可持续发展。

合作执行

事实上，并不是所有的美国政府机构都坚持环境执法的直接方法。在某些州，"合作执行"制度占优，政府代表试图通过说服和教育劝导未合规实体守法，而不是实施处罚。此外，公平地说，即使是最倾向于威慑的行政机构有时也采用合作方法作为一种促进环境守法的方式，从协助守法方案和警告信到对某些自我发现和自我报告超标的部分放弃罚款。尽管如此，环境法的执行威慑仍然牢牢地在美国的许多地方确立，公民诉讼执行对受监管方也有威慑作用。总的来说执法成功地劝告潜在违法者谋求并实现守法，这无疑有助于可持续发展。

环境影响

虽然环境执法的精确成功难以衡量，但业已证明，至少对照某些参数，自 20 世纪 70 年代现代联邦环境法律通过以来美国的环境质量得到了提升。例如，已经测量和确认铅、二氧化硫、一氧化碳和生化需氧量（BOD）消耗等环境污染物的含量水平显著降低。毫无疑问，政府机构和公民"私人检察总长"的有力

执行促进了这些改善。

威慑环境执法有时会产生有利的环境影响，一个突出的例子是2008年美国环境保护署和美国司法部同与《清洁空气法》的新源审查要求相冲突的电力公司所达成的解决方案。其中最大的解决方案促使公司承诺耗费约420亿美元减少超过800 000吨的空气污染物（包括二氧化硫、二氧化氮和可吸入颗粒物），在环境改善项目上花费6 000万美元，并支付1 550万美元的罚款。同一时期与大型公用事业公司的其他解决方案也引发了污染物大量削减、高额罚金以及承担非常大的环境缓解义务。

特别是在联邦层面，环境刑事检控看起来也产生了有利影响。20世纪90年代初期以来，美国环境保护署和美国司法部大大提高了刑事制裁的使用。1990年《污染检控法》将美国环境保护署刑事调查人员的数量从50人增加到1995年的200人。此外，从2000年到2005年，平均每年有320名被告被指控环境污染犯罪；全国同期此类犯罪的监禁数量平均超过1 900人。这些检控看起来对受监管公司和公司决策者产生了实质意义的威慑影响。

超级基金计划也带来了实质性的环境改善。自从1980年通过《超级基金法》以来，美国环境保护署在超过5 000个受污染设施采取紧急的短期清除行动。此外，超过1 500个长期场地清理已经完成或者正在进行中（平均救助费用2 500万美元）。

需要改进的地方

尽管对环境保护和持续性有实质意义的贡献，但美国和全球其他地方的环境执法可能有一些明显的不足。环境执法机构成功地实现其目标，需要具备几个要素。执行中的环境法必须是全面的、有效的和明确的。政府机构开始执行案件必须有政治意愿持续和充满活力地实施那些事项。执法机构必须保持处理方法的一致性。执法机构必须具有完成任务的足够资源，包括人员和财务方面。然而，联邦和州行政机构有时都缺少其中的一些要素。

成功与不足

完整地研究美国环境法影响持续性的效果超出了本文的范围。尽管如此，这样表述似乎是合理的，虽然许多此类法律是极其严格和全面的，但有时相对于它们处理的环境问题仍是不完备的。举几个例子，虽然《清洁水法》是控制许多水污染物的有效机制，但它未能以适当方式解决非点源水污染（如，森林径流、某些农业操作）。同样，尽管《清洁空气法》的实施带来了减少铅和一氧化碳排放的实质进展，但尚未有效运用其作为控制导致全球气候混乱的温室气体排放的基础。此外，虽然《超级基金法》和《资源保护和恢复法》引起废弃危险物质设施的大量修复，但这些法律未向业界提供采取减少产生危险废物副产品的制造方法与途径的实质激励。

其他一些美国环境法包含了妨碍其执行的复杂性和模糊性。一个臭名昭著的例子是美国环境保护署根据《清洁空气法》确立的控制有毒空气污染物排放的最大可得控制技术（maximum achievable control technology, MACT）规定。有些最大可得控制技术标准是显而易见的；但另一些则非常复杂和迟钝，以至于美国环境保护署自己的执法人员也发现很难理解它们（与美国环境保护署执行律师和工程师的个人沟通）。

政治意愿

支持严格威慑执行方案的政治意愿的存在和程度在美国环境保护署和州与州之间似乎都不尽相同。很多时候，美国环境保护署的执法方案得到白宫和高级政治任命官员的公开、热情支持。然而，在其他情况下，行政部门对美国环境保护署执法工作的支持已经减少，一些政治任命官员已经接受了推迟和阻碍行政机构执法工作的公共职位。同样地，州层面对环境执法的政治支持在州与州之间各不相同，一些州强调威慑方法比其他方法强得多。

一致性

问题也在执法绩效的整体一致性方面出现。虽然随着时间的推移美国环境保护署在这个领域取得了进展，但其10个区域办公室有时在执法工作的质量和数量上仍存在差异。此外，州环境执法方法之间的持续差异，减少了受监管实体在不同州对相同行为受到同样水平审查和执行反应的可能性。

资源

在联邦和州层面，环境执法方案都遇到资源匮乏的情况。虽然美国环境保护署对执法活动的预算分配在很长一段时间内保持名义上的稳定，但其不得不在预算没有相应扩大的情况下支付员工工资的强制性增加。这些隐性削减发生在作为长期经济增长的结果受管制污染源数量有明显增加的时候。特别是在最近几年，预算困境也困扰到州环境执法方案。州财政收入的减少已经迫使一些州解雇执法人员或让他们休假，造成其执法计划丧失了所需资源。

提高执行力度

在适度的范围内，公民执行能够填补一些由于缺乏政治意愿和政府执法力度周期性资源不足而产生的脱节。虽然不乏能量和动力，但通常发起此类公民行动的国内环保组织具有自身的资源限制。在美国，环境执法的主要责任仍将依赖于联邦和州政府官员。

总之，政府和公民的环境执法努力为持续性做出了有益贡献。尽管如此，通过增加可获得的资源、选举和委任政治领导人更加持续一致的支持、环境法本身覆盖面和可执行性的改进，可以提升环境执法的整体效果。

乔尔·A. 明茨（Joel A. MINTZ）

诺瓦东南大学

卢锟译

参见：博帕尔灾难；清洁空气法；清洁水法；环境纠纷解决；环境法，软与硬；国际法；环境正义。

拓展阅读

Andreen, William L. (2007). Motivating enforcement: Institutional culture and the Clean Water Act. *Pace Environmental Law Review, 24,* 67–98.

Bernstein, Marver. (1955). *Regulating business by independent commission.* Princeton, NJ: Princeton University Press.

Cohen, Mark A. (1992). Environmental crime and punishment: Legal/economic theory and empirical evidence on enforcement of federal environmental statutes. *Journal of Criminal Law and Criminology, 82,* 1054–1108.

Dana, David A. (1998). The uncertain merits of environmental enforcement reform: The case of supplemental enforcement projects. *Wisconsin Law Review,* p.1181.

Lloyd, Edward. (2004). Supplemental environmental projects have been effectively used in citizen suits to deter future violations as well as to achieve significant environmental benefits. *Widener Law Review, 10*(2), 413.

May, James R. (2003). Now more than ever: Trends in environmental citizen suits at 30. *Widener Law Review, 10*(1), 1–47.

Mintz, Joel A. (1995). *Enforcement at the EPA: High stakes and hard choices.* Austin: University of Texas Press.

Mintz, Joel A. (2004a). Civil enforcement. In Michael Gerrard (Ed.), *Practical guide to environmental law* (pp.12–1 to 12–102). New York: Matthew Bender.

Mintz, Joel A. (2004b). Treading water: A preliminary assessment of EPA enforcement during the Bush II Administration. *Environmental Law Reporter, 34,* 10912.

Mintz, Joel A. (2005). Neither the best of times nor the worst of times: EPA enforcement during the Clinton administration. *Environmental Law Reporter, 35,* 10390.

Mintz, Joel A.; Rechtschaffen, Clifford; & Kuehn, Robert. (2007). *Environmental enforcement: Cases and materials.* Durham, NC: Carolina Academic Press.

Quarles, John. (1976). *Cleaning up America.* Boston: Houghton Mifflin Company.

Rechtschaffen, Clifford, & Markell, David. (2002). *Reinventing enforcement and the state/federal relationship.* Washington, DC: Environmental Law Institute.

Thompson, Barton H. (2000). The continuing innovation of citizen enforcement. *University of Illinois Law Review, 2000*(1), 185.

U.S. Environmental Protection Agency (EPA). (1992). *Principles of environmental enforcement.* Washington, DC: Author.

Yeager, Peter C. (1990). *The limits of law: The public regulation of private pollution.* Cambridge, U.K.: Cambridge University Press.

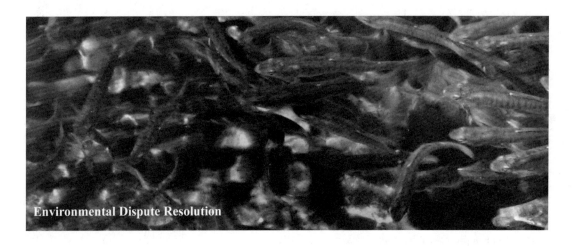

Environmental Dispute Resolution

环境纠纷解决

如何实施持续性倡议（sustainability Initiatives）是一个常常引起争论的问题，它的成功或失败取决于如何处理纠纷。持续性的提倡者成功地使用从环境纠纷解决领域里获得的宝贵经验教训，来捕捉隐藏在冲突中的价值。决策过程的协作将会产生让所有涉及其中的各方更满意的结果。

环境纠纷解决（environmental dispute resolution, EDR）起源于1970年的美国政策制定。在许多国家，特别是在可持续发展的背景下，项目发起人和保护主义者都在寻求既可以减少不良环境影响，同时也可以创造经济机会的方案。环境纠纷解决是指包括反对方和合作方在内的一系列合作过程。一方面，环境纠纷解决过程可以是反对性的——如一群公民反对建工厂以保护自己免受有害污染，或一个行业团体游说以反对新的管制。另一方面，过程可以是合作性的——环保组织与产业合作，共同识别新技术或监控减排。在持续性倡议的背景下，许多最成功的例子已经包含了反对性的和合作性程序。

环境纠纷解决的历史

在20世纪60年代和70年代，许多国家环保意识逐渐增强。工业生产对人类健康的不良影响逐渐曝光，环保团体试图游说政府颁布更多的法律保障机制。他们通过采取一系列游击战术（如游行、抵制、非暴力反抗）和主流策略（如教育、采购广告、政治游说）提高人民的环保意识，以便寻求更多的保护。许多国家的政府因此通过了旨在减少污染和保护自然资源的新法令。例如，在美国，尼克松总统签署的环境法律包括《清洁水法》、《清洁空气法》和《濒危物种法》等。虽然这些法律在很多方面是有效的，但是却不太适合处理具体的环境问题（如通过烟囱的排放）和保护特定的资源（如空气或水）；此外，它们仅仅是补救过去的违法行为造成的损失，而不是塑造未来的合理行为。因此，任何试图强制执行这些法律权利的努力却最终受到法院对法律解释的限制。

随着时间的推移，环保提倡者意识到法

律诉讼保护的局限性，便开始采用更多的合作策略。因而才开始出现环保主义者和工业集团共同合作的既注重经济发展，同时又兼顾环境保护的项目。例如，在 2000 年，环境保护基金会和联邦快递合作建立一个节能的运载工具。也因为这种合作，数千磅的二氧化碳没有随意排放出去，这被其他公司效仿。又例如，环保主义者和农场主合作优化美国西南走廊土地资源的管理。在巴布亚新几内亚，OK Tedi 矿业公司和原住民达成了旨在减轻采矿活动所致不良环境影响的协议。

通过这种从敌对到合作的转变，环境冲突今天已从曾经以对抗为主的解决方式到如今以合作为主流的解决方式即一个有效的、持久的和可持续的解决方案。更确切地讲，这种转变并不消除对立和冲突作为一个有用的和有效的策略的重要性，然而，它确实揭示通过合作的方法来处理问题，才能实现共赢的道理。合作是可持续发展的重要原则，维持环境保护和发展的平衡需要集体协作才能得以实现。

环境纠纷解决的理论

纠纷解决的一般理论认为，许多纠纷之所以变得具有破坏性并且难以处理，是源自纠纷解决的过程——即信息是如何分享的，有谁参与，以及决策是如何做出的。典型的决策过程旨在评估拟议解决方案，但很少针对其涉及的潜在动机。根据纠纷解决理论，拟议解决方案被称为一种"立场"，潜在动机被称为"利益"（Fisher, Ury & Patton 1991）。从本质上来说，强调不同立场的纠纷解决过程往往是对立的、正式的。而基于利益的纠纷解决过程通常是非正式的、具有合作性的。

当一个公司想在一个社区建设工厂时，通常会有一些人支持这一行为，因为工厂可以创造工作岗位，增加税收。同时也有一些人持反对意见，因为工厂的建造会造成环境污染，威胁人类健康。这些反对或支持的意见就代表了对立的两方。政府机关一般使用类似审判过程来评估这些立场的优缺点，以审查申请，并做出对该工厂的相关决定。对不同立场的强调在当事方之间创立了一种对立、竞争的关系，以至于他们很难发现和讨论其潜在动机。相反，类似审判的过程创造了一种害怕和敌意气氛。在这一过程中，当事人会提供虚假信息，强调差异性而非相似性，向对方进行人身攻击并且只用对或错来看待对方（Deutsch 1973; Carpenter & Kennedy 2001）。

许多人错误地认为这个建议性的、对抗的

过程是解决环境纠纷最好的方案；事实上，他们认为这是唯一的选择。虽然在某些情况下它可能是有效的，但这也仅仅只是五种不同方法的其中之一，其他四种即规避、调整、妥协、合作，代表当事方自身以及牵涉该纠纷的其他各方想要满足自身利益的愿望（Thomas & Killman 1974）。

"主张型"的解决方案意味着一方赢则另一方输。例如，考虑一个工厂，有两个主张：建造工厂和不建立工厂。这个方案不可能同时满足双方的利益。另外一种选择即基于"利益"的程序抛开了主张来看当事方的潜在利益动机。这些方法有时会产生相互满意的解决方案。例如，对那些支持建设工厂的人来说，他们的主张背后的利益激励可能是需要工作来支持当地经济，需要多元化的税基，当地基础设施改进的必要性。对于那些反对工厂的人，利益激励可能是为了保护一种关键资源或生物，防止污染、改善危险的交通状况。如果决策过程强调主张，各方只能从事竞争行为来促进自己的利益。另一方面，如果过程强调利益，当事人可以选择协作来满足自身和他人的共同利益。

应用的性质，被开发的重要性和当事人之间的关系等情况决定哪些方法是最合适的。在信息复杂、决策者有自由裁量权、关系重要、急需创造力来解决所有问题的情况下，妥协和合作的方法通常能产生令人满意和有效的结果（Bacow & Wheeler 1984）。

环境纠纷解决的实践

有效的环境纠纷解决需要一个新的决策结构，它应能弥补而不是取代政府决策过程。这个补充过程旨在解决常见的抱怨，如："我们并没有真正地被包含在这个过程中。我们关心的问题并没有得到充分的解决。合适的代表人并不在与会者的行列。决策是闭门造车。这个过程没有回应我们发现的新信息。"为了解决这些抱怨，一个补充过程必须是包容的、透明的和响应性的。

包容性

在实践中，这要求一个能在正确的时间、包含合适的人以及涉及相关问题的处理过程。这种包容的程度超越了大多数政府的决策程序所要求的公告和听证程序。包容性的本质意味着在解决过程的早期同可能的反对方交涉，并且解决双方最关心的问题。

透明度

一个透明的过程能让人们清楚地知道现在发生了什么，过去发生了什么以及将要发生什么（Susskind, McKearnan & Thomas-Larmer 1999）。领导人应该设置渠道，使大家就交互的细节进行沟通。可以在网站、社区留言板、通讯录上公布会议议程、会议记录、会议安排等信息，或者举行信息公布会议的来加强各方沟通。

响应性

反应过程的实质是各方最终控制着谈判的结构和结果。在实践中，这意味着各当事方应同意以基本规则来引导他们的讨论，包括如何决策。从实质性和解决过程来看，基本规则的创建都是非常重要的。通过各方参与创建基本规则，双方能更好地理解这些规则并且更愿意遵守这些规则。

最重要的基本原则永远是团体如何做出决定。他们会使用多数投票达成协议或接近一致或共识吗？在大多数环境纠纷解决流程中，共识是决策最合适的基础，因为它最大限度地减少竞争行为，而竞争行为在投票过程中一直被鼓励。以共识为决策规则，当事人更有可能更加公开地进行交流，以积极正面的态度看待对方，彼此一起致力于解决问题，而不是试图打败对方（Deutsch 1973）。与这种选择形成鲜明对比的是，政府机构在环境决策中一般使用多数人投票结构。

各方参与创建这个结构的重要性不能被夸大。如果一个解决过程是由局外人提出的，当事双方可能不太信任这一方案，更不会愿意支持其结果。补救办法就是让各方参与流程设计，这样就可以发挥他们的智慧，这样他们在谈判时才会信任这一过程，他们才更有可能支持达成的协议（Susskind, McKearnan & Thomas-Larmer 1999）。

为确保这三个特征包括在内，许多团体指定一个经理监督过程的设计和实现。这个人经常被称为中介或代理。中介的效用不同，这取决于问题的重要性和涉及其中的各方交互作用的状况。敌意、猜疑和欺骗的关系可能因这种管理过程的中介而得到改善。

环境纠纷解决对持续性的重要性

广义上说，如果没有环境纠纷解决（EDR）的理论和实践，可持续发展就不会取得成功。就其理论核心而言，持续性要求相互竞争的两种努力——发展与环保——之间的合作，以维持人类的持久生存。没有充足的发展，我们的住房和食物需求将无法得到满足。如果不保护环境，我们将摧毁地球支持人类生存的潜力。环境纠纷解决的理论（合作通常比竞争更可能产生创造性的和有益的结果）和实践（谈判和调解）是可持续发展的基石，并且对其继续发展与成功至关重要。

肖恩·F.诺兰（Sean F. NOLON）
佛蒙特法学院
章楚加译

参见：非暴力反抗环保运动；可持续发展——法律和委员会概述；生态恐怖主义；执法；草根环境运动；环境正义；妨害法；风险预防原则；不动产法；侵权法。

拓展阅读

Axelrod, Robert. (1984). *The evolution of cooperation.* New York: Basic Books.

Bacow, Lawrence, & Wheeler, Michael. (1984). *Environmental dispute resolution.* New York: Plenum Press.

Carpenter, Susan, & Kennedy, W.J.D. (2001). *Managing public disputes.* New York: John Wiley & Sons.

Deutsch, Morton. (1973). *The resolution of conflict.* New Haven, CT: Yale University Press.

Fisher, Roger; Ury, William; & Patton, Bruce. (1991). *Getting to yes: Negotiating agreement without giving in* (2nd ed.). London: Penguin Press.

Freeman, Jody. (1997). Collaborative governance in the administrative state. *UCLA Law Review*, *45*(1), 21–33.

Government of Alberta Municipal Affairs. (n.d.). Municipal collaboration & mediation. Retrieved September 14, 2010, from http://www.municipalaffairs.gov.ab.ca/MDRS.cfm.

Harter, Philip J. (1982). Negotiating regulations: A cure for malaise. *Georgetown Law Journal*, *71*(1), 1–118.

Lewicki, Roy J.; Gray, Barbara; & Elliot, Michael. (Eds.). (2003). *Making sense of intractable environmental conflict: Concepts and cases.* Washington, DC: Island Press.

Nolon, Sean F. (2009). The lawyer as process advocate: Encouraging collaborative approaches to controversial development decisions. *Pace Environmental Law Review*, *27*, 103–150.

Susskind, Lawrence; McKearnan, Sarah; & Thomas-Larmer, Jennifer. (Eds.). (1999). *Consensus building handbook.* Th ousand Oaks, CA: Sage Publications.

Th omas, Kenneth W., & Kilmann, Ralph H. (1974). *Conflict mode instrument.* Tuxedo, NY: Xicom.

Todd, Susan. (2002). Building consensus on divisive issues: A case study of the Yukon wolf management team. *Environmental Impact Assessment Review*, *22*(6), 655–684.

University of Virginia Institute for Environmental Negotiation. (2001). Collaboration: A guide for environmental advocates. Retrieved September 21, 2010, from http://www.virginia.edu/ien/publications.htm.

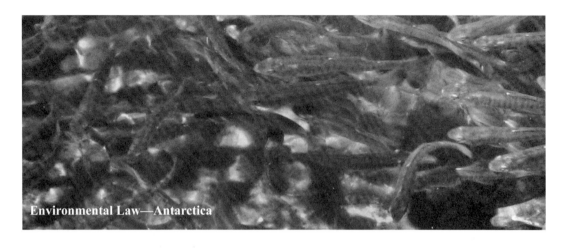

Environmental Law—Antarctica

环境法——南极洲

因为南纬60°以南的领土主权问题没有解决，南极洲的很大一部分没有自己公认的法律。它通过围绕南极条约体系（ATS）的各国法律、国际条约法、软法和政治准则的结合得到管理。南极洲有巨大的环境价值和自然资源，并提供全球重要的研究机会。平衡资源利益与环境保护仍然是主要挑战。

南极洲通常被认为是一个大陆和它周围紧邻的岛屿，但是在生物物理、地缘政治上和法律上，它的内涵更丰富。在我们的语境中，南极洲包括：① 南纬60°以南的大陆，周围的岛屿和海洋区域；② 在南纬45°—60°环绕南极洲的南极辐合带或极面（Antarctic Convergence or Polar Front, ACPF）以南的岛屿和海洋。南纬60°以南的区域是《南极条约》的适用范围，该条约与后来所有的也是唯一的一部法律文件一起构成了南极条约体系（Antarctic Treaty System, ATS）。该体系是目前南极环境法律安排的核心。南极辐合带

或极面以南的海洋，历史上被称为南大洋，是《南极海洋生物资源保护公约》（CCAMLR）的适用范围。相应地，该保护公约的边界是我们考虑南极洲的一个有用的工作边界。（见图1）

三组法律交叉适用于这个地区：各国的城市法律（metropolitan law）；全球适用的国际法，如《联合国海洋法公约》（UNCLOS）；和在南极条约体系下制定的国际法。所有国家可以对其人民适用其城市法律。主张领土主权的国家同样试图将它们的城市法适用于在其区域内的其他国民。

领土主张和沿海国家

对南极大陆的发现和探索活动从十八世纪晚期延伸到二战后，但大部分的大陆及其周边岛屿在1950年前已由不同的国家提出权利要求（见图2）。位于《南极条约》区域以北地区的近南极岛屿都受不同国家管辖，其中两个岛屿——南乔治亚岛和南桑威奇群岛处于争议之中，这两个岛屿被英国所声索，而阿根廷

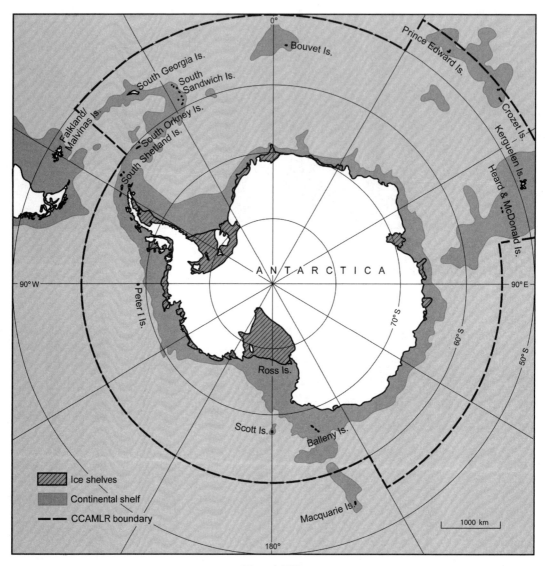

图1 南极洲

来源：海明斯（Alan D. Hemmings）和蒂姆·史蒂芬斯（Tim Stephens）的南极大陆架项目中的制图.

注：南极海洋生物资源公约的北部边界近于南极幅合带或极面（ACPF）的位置，反过来它常常被看作南极洲一个恰当的生物物理边界。

认为其是福克兰/马尔维纳斯群岛的一部分。对于近南极岛屿来说，相关环境法律义务由相关城市立法或领土立法规定。在这些法律下，大部分岛屿都拥有保护区。比如，根据1987年《赫德岛和麦当劳群岛环境保护和管理条例》，澳大利亚的赫德岛和麦克唐纳群岛被作为世界自然保护联盟一级自然保护区来进行管理。根据1999年《环境保护和生物多样性保护法》，该地为其岛屿周边的海洋环境建立了一个海洋保护区。

根据1972年《世界遗产公约》，近南极洲岛群也被认为是自然遗产，它与保护世界文

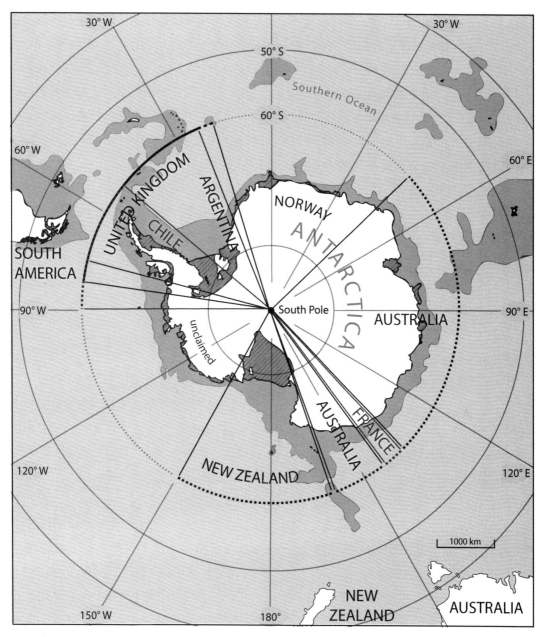

图2 南极领土主权要求。七个国家主张其对南极大陆的扇形领土主权,其中三个国家的领土要求基本上覆盖了整个南极半岛,西经90°到150°的扇形部分仍然无国家声索。

化和自然遗产相关。世界遗产委员负责维护名录,并且每年接受新的提名。1997年,赫德岛和麦克唐纳群岛加入世界遗产名录。2009年,南非的爱德华国王岛被提名。但是由于

在《南极条约》区域内尚未解决的领土主权问题,周期性的关于将该区域内的场地列为世界遗产保护地名录的主张由于有关财产必须位于国家当事方的领土之上的要求而一再受挫。

七个声索国(阿根廷、澳大利亚、智利、法国、新西兰、挪威和英国)至少将它们的一部分城市环境法适用于它们所声索的南极领土,虽然这种适用有时要适用有关非本国国民的自由裁量条款;这就规避了与不承认其管辖的国家所可能发生的困难或因不同意南极条约中规定的义务而产生的困难。因具有其域外管辖权,非声索国在符合其域外管辖资格的情况下,在南极适用不同的城市环境法,但通常情况下这种适用达不到声索国的程度。但在一些问题,如海洋哺乳动物保护,特别是鲸类动物(鲸、海豚、鼠海豚等)问题上,声索国和非声索国的反应是一致的(如 1978 年新西兰《海洋哺乳动物保护法》和1972 年美国《海洋哺乳动物保护法》,二者都适用于南极洲)。

捕鲸管制

1946 年《国际捕鲸管制公约》(ICRW)及其国际捕鲸委员会(IWC)在时间上早于南极条约(于1959年签署),并且仍然独立于南极条约体系(ATS),努力不插手捕鲸问题。在国际捕鲸委员会和南极条约体系之间划分关于捕鲸问题的管辖权的主张得到了国家实践的支持,即南极国家不对捕鲸活动适用南极条约体系标准,也不在南极条约体系的论坛上审查这种活动。南极条约协商国——《南极条约》规定的决策国(目前有28个)认为捕鲸探险与其他南极探险完全不同,相应地,包括预先通知、环境影响评价(EIA)和其他发展中的环境管理手段在内的一些标准的环境规范并没有应用于任何捕鲸活动中。

环保非政府组织曾试图依据南极条约体系有关南极环保的特定义务提出有关日本在南极捕鲸活动的“科学性”或提供特别许可证(JARPA II)的问题;新西兰也试图在南极条约协商会议发起关于南极日本捕鲸支援船事故的讨论。由于讨论会不适合讨论捕鲸相关问题,因此以上两条提议遭到了日本和其他国家的阻挠。最终,人们可能注意到,虽然澳大利亚已经在联合国国际法院对日本在南极的捕鲸活动提出了诉讼,认为日本违反了各种国际义务,尤其是滥用了国际捕鲸管制公约规定的权利,但是并没有提及南极条约体系下任何义务或澳大利亚在经常进行捕鲸活动的南极水域的管辖权。

南极条约体系

1959年的《南极条约》应对并稳定了领土主权这一关键难题。七个国家提出了领土要求,其中有三个发生了重叠并引发了相互质疑;另外两个国家(美国和苏联)拒绝了这些主张但表明了自己权利主张的依据;其他的少数南极活跃的国家不承认任何权利主张。在 1957 年—1958 年国际地球物理年期间的南极科学合作关系的基础上,《南极条约》通过其第四条“冻结”了领土主权要求,确立了科学作为出现于南极和免费使用地形与科学数据方面的合作的依据,基本上实现了南极大陆的非军事化,并且建立了一个保障性的检查制度。虽然关注的是地缘政治,但《南极条约》为环境法的发展亦做出了重要的贡献。第一条禁止一切具有军事性质的措施,特别是建立军事基地和建筑要塞、军事演习以及任何类型武器的试验;第五条禁止任何核爆炸和废物处理,不仅直接对南极环境产生了重要作用，而且为约束在南极的负面活动开创了先例；第九条设立了相关的行政安排，即成员国将在条约生效后定期召开会议、讨论，还有"保存和保护南极洲生物资源"的相关措施。

到1964年，《南极条约》允许各协商国采取协议措施保护南极动植物，宣布该地区为特别保护区，建立起一般义务，以避免对动植物的有害干扰并创立特别保护物种的分类与特别物种保护区域（最后一项是基于单独的"杰出科学利益"而制定）。这里确立的原则后来在一系列针对特定资源问题的文件中得到了发展，这些原则共同构成南极条约体系的基础和当前有关南极治理的核心共识：

- 1972年《保护南极海豹公约》
- 1980年《保护南极海洋生物资源公约（CCAMLR）》
- 1988年《关于管制南极矿产资源活动的公约》
- 1991年《南极条约环境保护议定书（马德里协议）》

面对可能出现的但后来并未发生的商业性质的捕猎海豹活动的复燃问题，1972年《海豹公约》协商探讨是否将南极条约扩展至海洋生态环保领域的不确定性问题。除了规定关于某些海豹科学研究的报告义务外，没有其他进展。20世纪80年代闹得满城风雨的环境事件——矿产资源公约，在20世纪90年代因在环境和资金上不为缔约方所接受而被废弃了。废弃还因对开采矿产尤其是油的潜在风险的认识，认识到矿产开发引起的长期的或灾难性的事件会对自然条件严峻或边远地区带来难以修复或恢复的环境损害的严重风

险。此外，一些南极洲国家担心，南极资源利用可能会对本国矿产生产带来竞争。取而代之的《马德里议定书》明确禁止研究以外的矿产资源活动，更新并扩展了与环境保护相关的早期规定。该议定书的正文部分，尤其是第三条，确立了有关环境的一般义务。技术标准被纳入可更新的附件里。五项规定不同主题的附件已经生效：一、环境影响评价；二、南极动植物保护协定（2009年修订）；三、废物处理和废物管理；四、预防海洋污染；五、区域保护和管理。附件六——引发环境紧急情况的责任，于2005年通过——目前尚未生效。

《马德里议定书》（下称《议定书》）的目标是"全面保护南极环境及依附于它的和与其相关的生态系统"，尽管这些措辞尚未明确定义。南极地区被指定为"仅用于和平和科学的自然保护区"。所要保护的价值涵盖整个固有、荒野、美学和科学的范围（特别是对理解全球环境所必需的研究）。一些风险预防焦点在环境原则中是明显的，包括避免重大不利环境影响的强制令和"根据充分信息对环境可能产生的影响做出预先评价和有根据的判定"的规划和实施活动指南。这样做的首要主动机制是环境影响评价，运用三级系统断定可能的影响是否小于、等于或大于"轻微或短暂的影响"（随后的工作是议定书之下建立的环境保护咨询委员会如何确定这些参数）。

《议定书》看到了保护区可能依赖的标准和具有法律约束力的管理计划要求的扩展。《议定书》也看到其范围超出历史上的陆地关注扩大至海洋保护区——虽然因为察觉到对《南极海洋生物资源保护公约》特权的妨碍这

实际上被证明是有问题的（更实质性的是其间渔业国对区域封闭的抵制）；现在需要《南极海洋生物资源保护公约》与《南极条约》协商会议的共同签署同意。《南极海洋生物资源保护公约》本身迟迟不愿独立地指定海洋保护区，尽管通过其保育措施具备该项能力。

虽然上述三项公约具有与《南极条约》相同的适用范围，但南极海洋生物资源公约适用于更大范围的生态系统——整个南极辐合带或极面南部的海洋区域。《南极海洋生物资源保护公约》的谈判是为了建立新的南极磷虾与长须鲸渔场的监管机制，从某种意义上说这是一个早期的区域性渔业管理组织（RFMO）。但其生态系统关注焦点、保育南极海洋生物资源的目标（尽管其对保育的定义包括"合理使用"）以及与更广泛的南极条约体系的结合，使其超出了区域性渔业管理组织。

全球环境文件

尽管作为国际环境法的一个特定区域主体存在，但南极是环境协议适用的更广阔世界的一部分。

《南极海洋生物资源保护公约》尤其负责特定区域内的所有海洋产出，而《南方蓝鳍金枪鱼养护公约》（CCSBT）负责单一物种蓝鳍金枪鱼的管理，无论它在哪里出现。蓝鳍金枪鱼通常生活在跨越南太平洋和南印度洋的带状区域，正好在《南极海洋生物资源保护公约》区域的北部。2005 年，日本（这两个公约的缔约方）被发现在《南极海洋生物资源保护公约》区域内捕捞金枪鱼，名义上打着《南方蓝鳍金枪鱼养护公约》的幌子但并未明确考虑任一公约，更不用说两个公约各自管理角色之间的协调了，尽管这种情况已在预料之中。双方秘书处于 2005 年开始交流，五年过后没有达成任何解决办法，这表明管理的复杂性实际上需要确保共同利益区域内的国际文件之间的一致性。

南半球范围国之间（通常在这些国家发现特定物种）协商达成的《养护信天翁和海燕协定》（ACAP）植根于《保护野生动物迁徙物种公约》和南极条约体系。该协定当前列出的一个物种在南极条约区域繁殖，另外一些物种在次南极岛屿繁殖，更多的物种在我们划定的南极区域觅食。这项公约明确适用保存信天翁和海燕"有利保护状态"项目中的风险预防方法。同《南方蓝鳍金枪鱼养护公约》相反，该公约迅速建立了与南极条约体系尤其是与《南极海洋生物资源保护公约》的紧密工作联系，并与后者的生态系统关注相一致。

《生物多样性公约》（CBD）和《联合国海洋法公约》（UNCLOS）两项国际协定对南极的区域分配提出了特别挑战。《生物多样性公约》在通过生物勘探实现生物多样性商业化上与南极条约体系有摩擦（在此极地地区事关特别利益）。南极条约体系尚未在生物勘探的任何特别管理方法上达成一致，这就使得在该问题上只需服从《南极条约》有关科学管理的规则和《马德里议定书》和《南极海洋生物资源保护公约》之下的环境义务。在对全球生物多样性更广泛的讨论中，《生物多样性公约》周期性地触及了南极地区生物勘探的新兴利益，引发对管辖领土的地盘之争。

南极条约体系（及其成员国）与全球环境文件之间最明显的联系关乎扩展大陆架（extended continental shelf, ECS）问题。《联合国海洋法公约》第76条规定：从测算领海宽度的基线量起二百海里以外大陆架界限的情报应由沿海国提交大陆架界限委员会。如果成功，沿海国家将获得更大范围大陆架地区的专属权。对次南极岛屿行使主权和/或对陆地宣称主权的国家，确认自己作为次南极岛屿的沿海国。困难在于大多数其他国家不承认陆地声索以及《南极条约》第四条的解释。除阿根廷以外，各声索国在规避实际考虑大陆架界限委员会对这些区域的规定的同时，已表明了其对扩展大陆架的利益（根据大陆架界限委员会对争议区域的相关程序规定，阿根廷不合格的资料提交仍悬而未决）。至于扩展大陆架附属于次南极岛屿的情况，大陆架界限委员会的积极建议可能仍有效地将大陆架地区从《南极海洋生物资源保护公约》区域内的集体治理中排除，（在次南极扩展大陆架延伸至南极条约区域的两种情况下）大陆架界限委员会首次对南纬60°以南特定国家的区域分配提供国际制裁。

评价

在1959年，仅有12个国家活跃在南极洲；如今，已经超过50个国家。尽管这对于联合国192个成员国而言仍是小部分，但比以往任何时候更大数量的主体正在南极开展活动。尽管终止了猎捕海豹、无限制的捕鲸和显然更加敏感的个体人类行为，但区域内活动以及气候变化、臭氧层破坏和环境污染造成的外部压力，意味着南极洲正越来越多地处于人类活动引发的环境挑战之下。各国遵守环境法的水平各异，但相对于十年前已大有改观，所依据的标准、操作实践和行政能力是20年前所难以想象的。世界各地都是如此，陆地环境标准比海洋环境标准更高、更坚实地得到遵守。

南极条约体系却并未提及持续性，尽管这在适用于南极的国家和全球环境法中越来越明显。但可持续性是当代南极洲环境管理的潜台词，即使尚不明确。如何平衡环境保护与资源利益仍是这一区域的核心挑战。20世纪90年代早期一份矿物质公约的放弃并不意味着矿产利益的永远放弃（南极洲扩展大陆架的利益同样表明），这也没有阻止随后出现的其他资源问题。伴随着生物勘探的出现，过去20年目睹了海洋捕捞与旅游业在南极洲的大肆扩张。《联合国海洋法公约》下扩展大陆架权利的保留，乃至一些反捕鲸运动的抨击，表明了《南极条约》通过的50年后，在南极洲围绕领土主张与资源的民族主义动员仍有可能出现。

纵观整体，南极洲环境法揭示了也许是该地区特有的某些特征。这是基于将南极洲作为一个与其他地方有实质性不同的特殊环境的观点。一种更为广泛的南极例外论已经显而易见，它以独立或区域性关注文件解决备受瞩目的资源或环境问题（依次是：捕猎海豹业、渔业、矿业和一般环境标准）。某种程度上它还体现了一种最低原则特征，所涉及的只是那些（在整个协商一致做出决策的南极条约体系中）被视为对证明新法律架构合理性所呈现的明确而现实威胁的问题，每份新文件的存在不对之前的文件产生影响。曾经采纳的文件修订尚未得到尝试，因此新兴的南极条约体系大厦有时内部不一致。至关重要的是，每份新环境文件（和据此达成的许多二级协议）都与1959年南极条约及其核心问题相关联。南极条约体系的发展已经对有关全球环境文件在南极洲的使用上造成了一些困难，原因在于虽然形式上承认了全球环境文件对南极洲的合法适用，但南极国家在实践中试图限制在此的应用。

南极洲环境法有许多亟待解决的问题。未来十年的问题是：能否通过区域性南极条约体系或是全球环境文件及实践的进一步发展，实现南极洲环境法的改进。

考虑到过去50年中通过南极条约体系在世界和平、安全和最近更多的相对环境敏感性上逐步形成的全球性重要成就，以及持续棘手的南极领土问题，继续将南极视为与我们日益全球化世界相脱离部分的情况显得引人注目。考虑到南极的物理与地缘政治的特殊性，将全球通用规则适用于南极看上去是冒险的提议。由于南极洲没有常住人口或设立经承认的政府，缺少集体治理体系——南极条约体系——南极洲的所有面积和严重性问题在国际背景下是茫然的，在此其利益必定不会是全球规则或规范的主要决定因素。

艾伦·D.海明斯（Alan D. HEMMINGS）
坎特伯雷大学
章楚加译

参见： 环境法——北极；捕鱼和捕鲸立法；国际法院；海洋法；关于消耗臭氧层物质的蒙特利尔议定书；自然资源法；联合国——公约和协定概览。

拓展阅读

Agreement on the Conservation of Albatrosses and Petrels (ACAP). (2010). Homepage. Retrieved September 13, 2010, from http://www.acap.aq/.

Bastmeijer, Kees. (2003). *The Antarctic environmental protocol and its domestic legal implementation*. The Hague, The Netherlands: Kluwer Law International.

Bastmeijer, Kees, & Roura, Ricardo. (2004). Regulating Antarctic tourism and the precautionary principle. *The American Journal of International Law*, 98(4), 763−781.

Convention on the Conservation of Antarctic Marine Living Resources (CCAMLR). (n.d.). Homepage. Retrieved from http://www.ccamlr.org/default.htm.

Francioni, Francesco, & Scovazi, Tullio. (Eds). (1996). *International law for Antarctica*. The Hague, The Netherlands: Kluwer Law International.

Goldsworthy, Lyn, & Hemmings, Alan D. (2008). The Antarctic Protected Area approach. In Sharelle Hart (Ed.), *Shared resources: Issues of governance* (Environmental Policy and Law Paper No.72, pp.105–128). Gland, Switzerland: International Union for Conservation of Nature and Natural Resources.

International Court of Justice (ICJ). (2010). Application instituting proceedings against the government of Japan. Retrieved May 31, 2010, from http://www.icj-cij.org/docket/fi les/148/15951.pdf.

Hemmings, Alan D. (2009). From the new geopolitics of resources to nanotechnology: Emerging challenges of globalism in Antarctica. *The Yearbook of Polar Law*, *1*, 53–72.

Hemmings, Alan D., & Kriwoken, Lorne K. (2010). High-level Antarctic EIA under the Madrid Protocol: State practice and the effectiveness of the comprehensive environmental evaluation process. *International Environmental Agreements*, *10*(3), 187–208.

Hemmings, Alan D., & Stephens, Tim. (2010). The extended continental shelves of sub-Antarctic islands: Implications for Antarctic governance. *Polar Record*, *46*(4), 312–327.

International Whaling Commission (IWC). (2010). Homepage. Retrieved September 13, 2010, from http://iwcoffi ce.org/index.htm.

Leary, David. (2009). Bioprospecting in Antarctica and the Arctic. Common challenges? *The Yearbook of Polar Law*, *1*, 145–174.

Prescott, Victor, & Triggs, Gillian D. (2008). *International frontiers and boundaries: Law, politics and geography*. Leiden, The Netherlands: Martinus Nijhoff.

Rothwell, Donald R. (1996). *The polar regions and the development of international law*. Cambridge, U.K.: Cambridge University Press.

Secretariat of the Antarctic Treaty. (2010). Homepage. Retrieved September 13, 2010, from http://www.ats.aq/index_e.htm.

Triggs, Gillian, & Riddell, Anna. (Eds.). (2007). *Antarctica: Legal and environmental challenges for the future*. London: British Institute of International and Comparative Law.

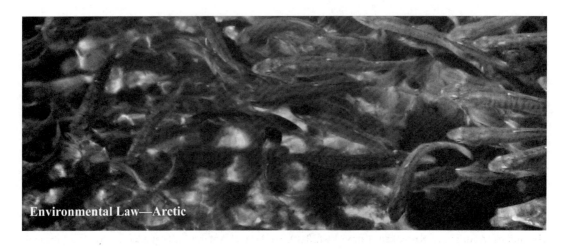

环境法——北极

气候变化对北极的影响比在地球上其他地方更明显。通过法律保护北极脆弱的生态系统面临着复杂的现实：北极地区存在着真实的多层次（和跨国）的治理结构；除了国际公约、条约和协议，北极圈内还有分属于8个独立国家的土地。尽管如此，针对北极专门立法的全球意识正在日益增长。

很长一段时间以来，由于北极一般难以接近，人们认为其可以免受人为污染。这种观念随着科学的认识已经开始转变，人类已经看到工业化地区的污染物可以通过洋流和空气污染北极生态系统。由于北极的生态系统比温带地区更为脆弱，更容易受到人为污染，因此有必要对北极环境采取额外的保护措施。北极生态系统的脆弱性是由多个因素决定的，如北极生态系统较低的生物多样性。当前北极面临的挑战是应对气候变化造成的剧烈变化。根据科学评估，气候变化导致北极地区的变化比世界其他地区更为激烈（ACIA 2004）。

但是，北极在哪儿，特别是，其最南端的边界在哪里？有几种不同的标准可以回答这个问题。一个标准是自然边界，例如，树线（树木生长的最北部边界）或10℃等温线，即一年中最热的一个月的平均温度低于10℃的南部边线。另一个是政治标准，如将"北极圈"作为国家加入北极理事会获得正式成员的标准。北极理事会作为一个政府间论坛，给北极国家提供了一个促进合作、协调和交流的平台。只有在"北极圈"内享有领土主权的国家才被邀请参加理事会，包括了8个成员国：加拿大、丹麦（包括它的北极领地：格陵兰和法罗群岛）、芬兰、冰岛、挪威、俄罗斯、瑞典和美国。因此使用"北极圈"作为参考点是定义北极最南端边界的最方便的方式。

北极和南极

两极地区在气候上有很多相似之处，因此是否在两极地区适用或应当适用类似的环境规则，一直存在争论。如果比较两极，也存在许多差异：北极是由大陆包围的海洋构成，而南极是由海洋包围的大陆；南极没有永久性人类居住，而北极有土著人和其他的地方社区定居。然而，两个极地地区确实在许多方面彼此相似。如都有极端的气候条件，接收来自太阳的辐射比世界其他地方少，以及生态系统均适应了生长期较短的非常寒冷和黑暗的环境。在这样的条件下，生态系统非常简单，只包含几个关键物种。由于极端的条件，两个地区都比较难以接近，尽管由于气候变化这种状况正处于迅速改变之中。恰恰是这种难以接近，很难在极地开展大部分经济活动，也使得两极自然环境免受人为污染而得到了保护。

从环境保护的观点看，极地确实非常相似。两极的生态系统和环境有着重要的类似特征，表明两极可能适用类似的环境保护措施。然而，这说起来容易做起来难。

当涉及制定、实施和适用环境保护规则时，两极在效果上是相反的。差异性的关键在于所涉区域是否在国家主权控制之下。如果一个地区处于一国领土的主权之下，则该国有权制定、实施和适用环境保护的规则，即使该国必须同时遵守所有国际环境法（IEL）规则，特别是多边环境协定。

北极和南极有很大的不同。1959年《南极条约》"冻结"了主权要求，因此南极沿海国家不得在所谓的南大洋建立海上主权和管辖权（《南极条约》规范南极国际关系，将南极大陆建设成为科学研究保护区，禁止军事活动）。在《南极条约》订立前，有7个国家声称对南极部分区域享有主权。在具有法律约束力的《南极条约》缔结后，这些"申索国"同意在条约存续期间不谋求将其诉求固化为充分的主权要求，这个承诺可能在未来持续有效。这与北极的情况形成了鲜明对比。北极所有土地——陆地以及岛屿——均处于北极国家主权之下，而且北极的许多水域也处于这些国家的海事管辖下。然而，北冰洋的核心仍然是公海的一部分，超出了国家管辖范围，包括三个公海区域：巴伦支海、北大西洋和白令海。

这些明显的差异表明北极的环境保护需要采取不同于南极的方式。但因为存在着相似的气候环境，环境法律也面临着类似的挑战，因此在制订北极环境保护法律时有必要借鉴南极的经验。

北极的法律框架

因为权能在各种等级的治理结构中被分割，且这些治理结构需要考虑国际环境法律要求，所以北极环境保护是一个复杂的问题。三个联邦国家——俄罗斯联邦、美国和加拿大——在它们的联邦级别和地方级别分别都享有一定的环境保护权力（例如美国的阿拉斯加州，或加拿大努勒维特领地）。即使国际法并不把欧盟看作是一个国家,但其在功能上与一个国家非常接近,因此被称为一个超国家组织。尤其是在环境保护领域,欧盟在"联邦层次"已经制定了大量的联盟层次的环境保护指令和规章,位于北极区域的北极理事会成员国,包括芬兰和瑞典境内最北部区域(法罗群岛和格陵兰是丹麦的海外自治领地,不属于欧盟,但与欧盟存在强有力的伙伴关系)。

一些多边环境协定也适用于北极,仅仅因为一个或多个北极国家是这些多边环境协定的缔约方:

●《联合国海洋法公约》(UNCLOS)是管理北极海洋的综合性条约。所有北极国家都是该公约的缔约国,除了美国(截至2010年)。《联合国海洋法公约》提供了海岸、国旗、港口国家的基本管辖权规则,规定了海洋使用和海洋环境保护的原则。

● 1995年的《渔业协定》——《联合国海洋法公约》的两个实施协定之一——全部8个北极国家都是其缔约方,制定了管理跨界和高度洄游鱼类的规则,并要求缔约方建立区域渔业管理组织。

●《生物多样性公约》(1993年12月29日生效)适用于7个北极国家缔约国(不包括美国)管辖范围内的海洋的生物多样性保护。1973年《国际防止船舶污染公约》,以及1978年修改后形成的议定书(MARPOL73/78,连同其附件)是管理船舶污染的主要条约,所有8个北极国家均是该条约及其多数附件的缔约国。

●《国际油污防备、应对和合作公约》(1990)规定了应对石油污染事故的原则,赋予国际海事组织(IMO)管理公约的职责。除俄罗斯外的所有北极国家都是其缔约国。

●《埃斯波公约》要求缔约国将拟议活动可能造成的跨界污染整合到活动所在国的环境影响评价程序中。目前本公约仅适用于5个北极国家,冰岛、俄罗斯联邦及美国还只是签署国。

●《关于持久性有机污染物的斯德哥尔摩公约》(POP)旨在保护人类健康和环境免受持久性有机污染物的污染,并明确指出北极生态系统和原住民尤其受到这些物质的威胁。

特殊的北极环境法律

在环境法律和政策方面,北极是存在多层次的治理结构的一个典型区域。鉴于大多数环境法律是在民族国家层面制定的,特别是鉴于多边环境条约依赖民族国家的立法得以实施,因此,拷问一下北极环境法律是否是根据独特的北极条件来制定的就十分重要。北极理事会8个成员国中的大多数国家的首都远离它们的北部地区，下列地区当然除外：冰岛；具有自治地位的格陵兰岛（将来可能独立）；以及有着特殊的国际地位和严格的环境保护体制的斯瓦尔巴群岛。

事实上，根据北极理事会发起的研究项目——《北极人类发展报告》（AHDR）得出的结论，在北极地区总的趋势是将权力下放到北部和北极地区，从而增加它们在环境政策和法律方面的权力，特别是分权于定居在下列地区的土著人：阿拉斯加、育空地区、西北地区、加拿大的因纽特自治协议地区；以及丹麦格陵兰岛的因纽特人。在环境保护的许多领域，大部分协议都赋予土著人排他的或者共享的决策权（与联邦政府或其次级政府共享）。一些联邦国家的次级政府（如阿拉斯加或育空和努纳武特地区）也有一些环境政策和法律。

北极理事会及其前身《北极环境保护战略》（AEPS）在把北极视角融入环境法律和政策中发挥了主要作用。保护北极脆弱的环境成为北极合作的中心任务。为了针对不同的问题采取行动，建立了四个环境保护工作组。1996年北极理事会的成立将合作任务拓展到该区域面临的全部共同议题，尤其是与可持续发展相关的问题。北极原住民国际组织作为永久参与者在北极理事会中享有特殊地位，北极国家决策前必须同这些组织进行协商。这些原住民组织的地位高于作为永久参与者或观察员的其他大国（如中国、日本和韩国）和欧盟。由于原住民组织在北极理事会中较高的地位，使得原住民能够将自己的观点和传统知识反映到北极理事会主持制定的政策和科学文件中。北极原住民的传统观点在《北极气候影响评估》中得到了充分的考虑，原住民的影响力也很清楚地反映

在北极理事会的《北极近海石油和天然气开发指南》2009年第三次修订工作当中。

北极理事会在北极法律和政策领域的主要成就表现在三个方面。首先是通过科学评估查明北极环境的主要威胁，这是北极监测和评估规划工作组（AMAP）的任务。北极理事会支持下的行动者做出一致努力以影响2001年斯德哥尔摩《持久性有机污染物公约》（POPs）的谈判。事实上，正是北极监测和评估规划工作组编制的持久性有机污染物迁移到北极的信息，连同通过该地区的土著人所反映的人类面临的问题，才使得公约的谈判过程与众不同。虽然北极理事会只是间接参与了应对分别由氯氟化碳和温室气体引起的臭氧破坏和气候变化问题，但是，通过（与国际北极科学委员会一道）赞助《北极气候影响评估》项目，北极理事会得以把该区域的科学信息提供给各自的全球机制以解决这些问题。

当前的挑战

捕鲸活动主要受1946年的《国际捕鲸公约》的约束。众所周知，国际捕鲸委员会在1982年通过了一个反对所有捕鲸活动的禁令，并于1986年生效。这个有争议的决定仍然有效，尽管国际捕鲸委员会下属的科学委员会已经在开展对其进行部分修订的研究。然而，因为北极水域是许多鲸鱼物种的栖息地，北极国家针对捕鲸活动制定了特殊的政策和法律。首先，两个北极国家——加拿大和冰岛——因为暂停所有的捕鲸，退出了捕鲸公约及其委员会。尽管冰岛于2002年恢复了成员国身份，但它对2006年之后可以开始的（基于合理科学原则）商业捕鲸活动提出了保留意见。挪威对

禁令持反对意见,不受禁令约束,并继续捕鲸;同时,它建立了沿海捕鲸作业限制制度,例如针对小须鲸的国家捕捞限量。《捕鲸公约》允许原住民生存性的狩猎,因此阿拉斯加、格陵兰和俄罗斯的原住民可以继续狩猎。

在北极,通过《北大西洋海洋哺乳动物的研究、保护和管理的合作协议》(NAMMCO 协议),建立了一种特殊的合作机构来保护和管理鲸类(鲸鱼和海豚)和鳍足类动物(海豹、海象)。NAMMCO 委员会是一个保护、管理和研究北大西洋海洋哺乳动物的国际合作机构。该协议是挪威、冰岛、格陵兰、法罗群岛于1992 年 4 月 9 日在格陵兰的首府努克签署的。

北极的生物多样性保护是通过多种方式实现的。8 个北极国家中的 7 个是 1993 年的《生物多样性公约》(CBD)的缔约国,该公约是一个维持地球上生命多样性的国际条约。1973 年的《保护北极熊协议》一直致力于保护这种北极特有物种。即使传统的保护措施已经发挥一些作用,但气候变化可能会破坏北极熊的栖息地——海冰。

北极理事会的北极动植物保护工作小组(CAFF)已经在有计划有步骤地提高生物多样性,并已经调动了成员国现有资源来做这个工作。

1997 年,在挪威的阿尔塔,北极环境保护战略(AEPS)的最后一次部长级会议通过了《环境影响评价指南》和另一个文件——《北极近海石油和天然气的指南》。《环境影响评价指南》为北极环境影响评价提供重要的指导,但独立的研究表明,该文件没有被遵守,甚至只有很少国家意识到它的存在。然而,如果通过修改并让这些文件被北极理事会及其成员国使用,则可以促进该地区的可持续发展。《北极近海石油和天然气的指南》也包含针对特定类型的活动的严格环评程序。2009 年 4 月,北极理事会过往的部长级会议完成了对其的第三次修订,但由于北极理事会并没有评估这些文件的实效,因此很难说它是否已经得到遵守。

《联合国海洋法公约》(1982)第 234 条是唯一认识到北极环境特别脆弱的具有法律约束力的条文:

> 沿海国家有权制定和执行非歧视性的法律和规章,以防止减少和控制船只在专属经济区范围内冰封区域对海洋的污染。这种区域内的特别严寒气候和一年中大部分时候冰封的情形对航行造成障碍或特别危险,而且海洋环境污染可能对生态平衡造成重大的损害或无可挽救的扰乱。这些法律和法规应适当顾及航行和以现有最可靠的科学证据为基础对海洋环境的保护和保全。

这一规定要求北极沿岸国家负责管理那些在一年中大部分时间被海冰覆盖的海域,制定并实施在专属经济区内非歧视性的“预防、减少和控制船舶海洋污染的规章”。两个北极国家——加拿大和俄罗斯——利用这一规定,使它们在管理船舶航运和保护海洋环境方面拥有了更大的权力。2002 年,国际海事组织(IMO)制定了不具法律约束力的《北极冰盖水域船舶操作指南》(作为贯彻《联合国海洋法公约》第234 条的措施),只适用于北极的航运。这些指南对进入北极水域的船舶操作规则提供了重要指导,国际船级社协会(IACS)也发布了类似的指南。这些指南还规定了设备标准,各种类型的操作规程,以及环境保护和损害控制的内容。

最近，国际海事组织大会已同意将这些指南适用于两个极地地区，该组织正在筹备在2012年之前使这些指南具有法律约束力。

南极条约协商会议（ATCM）制定了适用于南极水域的《压舱水交换操作指南》，后被国际海事组织采纳。这一指南旨在确保船舶在两极地区以负责任的方式处理压舱水，避免外来海洋生物在两极之间的转移。

未来的挑战

北极环境政策和法律面临的日益增长的挑战来自全球气候变化和经济全球化的压力。伴随着北极地区迅速、不断升级的改变，各种经济活动蜂拥而入，陆上开采、油气开发等工业活动正在北极蔓延。

从中长期来看，该地区气候变化的后果将是剧烈的：地区生态系统改变，不断萎缩的海冰盖，越来越多的海洋经济活动（航运、近海石油和天然气开发和海上旅游）成为可能，以及永久冻土融化。冻土融化会动摇建筑物的基础，并随着甲烷的释放进一步加速气候变化。

气候变化可预见的后果，尤其是快速消退和变薄的海冰，激发了关于未来北极治理问题的讨论。目前，北极理事会似乎并不能够应对由于众多经济活动带来的北极蜕变所产生的挑战。为此，有许多学者建议完善治理体系，比如将当前的软法措施转化为具有约束力和可执行的条约。欧盟的欧洲议会在2008年10月9日提出一项关于北极治理的决议也提倡这种措施：

> 借鉴《南极条约》的经验，欧盟委员会应该筹备启动一项致力于制定保护北极的国际条约的谈判，1991年签署的《马德里议定书》可以作为补充，尤其要顾及北极地区的定居特性的根本差异，尊重该区域内国家和人民的后续权利和需要；当然，必须确认条约的最低起点应该至少覆盖北冰洋中心的无人居住和无人认领的区域。

然而，直到现在，北极理事会成员国对变得更强大的北极理事会是满意的，北极理事会的强大在一定程度上是由于这样的事实：北冰洋沿岸国家（加拿大、丹麦、挪威、俄罗斯和美国）已经开始组织自己的非正式会议，并于2008年发表了《伊卢利萨特宣言》（Ilulissat Declaration），重申他们充分意识到了气候变化给北极带来的风险，他们正准备采取多种预防性的管制政策来迎接挑战。这些沿海国还表示，这项决议不是一个综合性的北极法律机制，而是对现有监管框架的强化。

北极国家表示愿意采用风险预防性监管的决定令人鼓舞，这将有助于在进一步的科学研究证明其可以用可持续的方式实现之前，停止或关闭某些商业活动。采用这种类型的风险预防措施的典型例子就是2009年的美国行动——根据美国北太平洋渔业管理理事会的建议——禁止在阿拉斯加北部海岸近海200 000平方英里海域的商业捕鱼活动，直到进一步的科学研究对该区域的环境脆弱性完成评估。

迪莫·可佛罗娃（Timo KOIVUROVA）
拉普兰大学
李广兵、罗艳妮、李苗苗译

参见：鳕鱼战争（英国诉冰岛）；国际习惯法；环境法——南极；捕鱼和捕鲸立法；国际法；海洋法；海洋区划；风险预防原则。

拓展阅读

Alfredsson, Gudmundur, & Koivurova, Timo (Eds.). (2009). *The 1st and 2nd yearbook of polar law*. Leiden, The Netherlands: Martinus Nijhoff.

Arctic Climate Impact Assessment (ACIA). (2004). ACIA reports. Retrieved November 12, 2010, from http://www.acia.uaf.edu.

Arctic Council. (2010). Homepage. Retrieved August 19, 2010, from http://www.arctic-council.org.

Arctic Council. (2009). *Arctic offshore oil and gas guidelines 2009*. Retrieved November 10, 2010, from http://arctic-council.org/fi learchive/Arctic%20Offhsore%20Oil%20and%20Gas%20Guidelines%202009.pdf.

Arctic Environment Protection Strategy. (1997). *Guidelines for environmental impact assessment (EIA) in the Arctic*. Helsinki, Finland: Finnish Ministry of the Environment. Retrieved September 19, 2010, from http://ceq.hss.doe.gov/nepa/eiaguide.pdf.

Arctic Governance. (2010). The Arctic Governance Project: A sustainable future for the north. Retrieved August 19, 2010, from http://www.arcticgovernance.org/compendium.137742.en.html.

Arctic Transform. (2008−2009). Documents. Retrieved August 19, 2010, from http://arctic-transform.org/docs.html.

Baker, Betsy. (2009). Filling an Arctic gap: Legal and regulatory possibilities for Canadian-U.S. cooperation in the Beaufort Sea. *Vermont Law Review, 34*(1), 5. Retrieved August 19, 2010 from http://lawreview.vermontlaw.edu/articles/v34/1/baker.pdf.

Doelle, Meinhard. (2008). The climate change regime and the Arctic region. In Timo Koivurova, et al. (Eds.), *The capability of international governances systems in the arctic to contribute to the mitigation of climate change and adjust to its consequences*. Berlin: Springer Verlag.

Einarsson, Níels; Larsen, Joan Nymand; Nilsson, Annika; & Young, Oran R. (Eds.) (2004). *Arctic human development report (AHDR)*. Retrieved September 19, 2010, from http://www.svs.is/AHDR.

European Parliament Resolution of 9 October 2008 on Arctic governance. (2008). Retrieved November 10, 2010, from http://www.europarl.europa.eu/sides/getDoc.do?type=TA&reference=P6-TA-2008-0474&language=EN.

Heinämäki, Leena. (2004). Environmental rights protecting the way of life of arctic indigenous peoples: ILO Convention No.169 and U.N. draft declaration on indigenous peoples. *Arctic Governance,* 231−259.

Heinämäki, Leena. (2006). The protection of the environmental integrity of indigenous peoples in human rights law. *Finnish Yearbook of International Law, 17*, 187−232.

Heinämäki, Leena. (2010). *The right to be a part of nature: Indigenous peoples and the environment*. Rovaniemi, Finland: Lapland University Press.

International Maritime Organization (IMO). (2002). Guidelines for ships operating in Arctic ice-covered waters. Retrieved November 10, 2010, from http://www.imo.org/includes/blastDataOnly.asp/data_

id%3D6629/1056-MEPC-Circ399.pdf.

Koivurova, Timo. (2002). *Environmental impact assessment in the arctic: A study of international legal norms.* London: Ashgate Publishing.

Koivurova,Timo. (2003). The importance of international environmental law in the arctic. *Finnish Yearbook of International Law, 14,* 341–351.

Koivurova, Timo. (2008). Transboundary environmental assessment in the arctic. *Impact Assessment and Project Appraisal, 26*(4), 265–275.

Koivurova, Timo. (2005). Environmental protection in the Arctic and the Antarctic: Can the polar regimes learn from each other? *International Journal of Legal Information, 33*(2), 204–218.

Koivurova, Timo. (2010). Environmental protection in the Arctic and Antarctica. In Natalia Loukacheva (Ed.), *Polar law textbook* (pp.23–44). Kaliningrad, Russia: Nordic Council of Ministers.

Koivurova, Timo. (2008). Implementing guidelines for environmental impact assessment in the arctic. In Kees Bastmeijer & Timo Koivurova (Eds.), *Theory and practice of transboundary environmental impact assessment* (pp.151–173). Leiden, The Netherlands: Martinus Nijhoff.

Koivurova, Timo. (2009). Governance of protected areas in the arctic. *Utrecht Law Review, 5*(1), 44–60.

Koivurova, Timo; Keskitalo, Carina; & Bankes, Nigel. (Eds.). (2009). *Climate governance in the Arctic.* New York: Springer.

Koivurova, Timo, & Molenaar, Erik. (2009). *International governance and regulation of the marine Arctic.* Oslo, Norway: WWF International Arctic Program.

Koivurova, Timo, & VanderZwaag, David. (2007). The Arctic Council at 10 years: Retrospect and prospects. *University of British Columbia Law Review, 40*(1), 121–194.

Leary, David. (2009). Bioprospecting in the Antarctic and the Arctic: Common challenges? *Yearbook of Polar Law, 1,* 145–174.

Nowlan, Linda. (2001). *Arctic legal regime for environmental protection* (IUCN environmental policy and law paper No.44). Retrieved August 20, 2010, from http://data.iucn.org/dbtw-wpd/edocs/EPLP-044.pdf.

Rothwell, Donald. (1996). *Polar Regions and the development of international law.* Cambridge, MA: Cambridge University Press.

United Nations Convention on the Law of the Sea (UNCLOS) (concluded 10 December 1982, entered into force 16 November 1994) 1833 UNTS 397.

VanderZwaag, David; Huebert, Rob; & Ferrara, Stacey. (2002). The Arctic environmental protection strategy, Arctic Council and multilateral environmental initiatives: Tinkering while the Arctic marine environment totters. *Denver Journal of International Law and Policy, 30*(2), 166–171.

VanderZwaag, David. (2006). The Arctic. *Yearbook of International Environmental Law, 17,* 386–391.

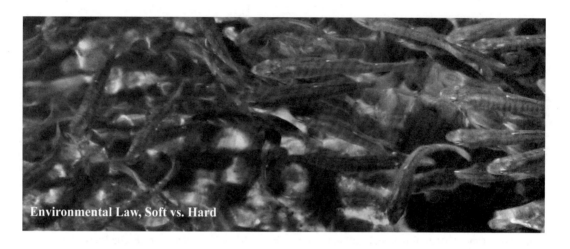

Environmental Law, Soft vs. Hard

环境法，软与硬

软法已成为国际环境法的重要渊源。硬法，如条约、国际习惯法，具有法律约束力。软法不具有法律约束力，但可以具有政治约束力。软法对各个国家不具有法律约束力，它服务于以下几个目的：加快解决紧迫问题的进程，促进国际法的制定，采取对国家没有法律约束力的行动。

国际法的特点是它有一个密切互动的渊源体系。根据国际法院规约第38条的规定，国际法的渊源包括国际条约、国际习惯法和一般法律原则。条约与国际习惯法是国际法律体系的主要支柱。尽管国际法的渊源在很大程度上是同等的，但这个系统还是显示出了一些层次结构的特征。在其顶部有一些强行法规范（jus cogens）和一些每一个国家可以诉求的对世义务（erga omnei）。它们可以被认为是具有比普通规范更高的法律品质。在它的底部，有一些不断增长的规范品质可疑的和处于模棱两可（法律的或非法律的）状态的规范。

在当前国际环境关系下，这个具有无定型的内容、模糊的轮廓和不明出处特征的规范灰色地带尤为广泛而分散。虽然其中的一些"模糊"规范最终被证明是国际环境法的一部分，其他的还是不能跨越成为法律的门槛。后一类型的规范往往被命名为软法。即使不引起误解，这个术语也是不幸的，因为它表明有一层次的法律逊于硬法。从本质上讲，软法只表明不具有法律的外壳，而不是较低的法律品质。

软、硬法的区分产生了几个问题：用什么标准来区分国际关系中的这两类规范？有什么特性是硬法必须具备的而软法所没有？

国家之间协议的缔结几乎无法为硬法和软法的区分提供一个可靠的标准。但是，它提供了一些洞察与软、硬法相关的法律后果和效力的视角。如果国家间相互谈判并寻求达成一个协议，它们可以自由选择是缔结正式的国际条约还是采取无法律约束力的安排。然而，经验表明，要确认在何种情形下，国家更愿意选择无法律约束力安排,而不是缔结具有法律约束力国际条约,是不可能的。例如,如果国家被要求尽快解决一个特定的问题,他们通常更喜欢一个不具法律约束力的安排,而不是缔结一份具有法律约束力的协议,因为后者的谈判更加复杂,并且在国内层面,经常面临各种问题,包括需要获得国会批准。此外,在各国还没有准备好做出一个具有法律约束力的承诺时,软法可以让它们在相对早的时期就采取行动。而且那些对特定问题旨在采取一种暂时性应对方案的国家,通常更喜欢软法文件,以便必要时撤销。

在功能上,硬法和软法文件在塑造国际(环境)关系上可以彼此相互补充。国家之间达成的硬法文件与它们之间达成的软法文件偶尔可能在功能上存在不同,但并不一定都是如此。因此,硬法和软法不能依据各自的功能得到确定的划分。

类似的问题也出现在它们的引导能力上。硬法和软法都对受众行为具有直接或间接的引导能力。毫无疑问,存在引导能力是具有法律约束力的国际规则的典型特征。这种能力同样是软法所必须满足的标准,因为正是这种规定行为标准的能力使软法得以区别于单纯的政治或道德理念。

本质上,从受众必然会根据规定行为或行动的意义上来说,无论硬法还是软法规范都可以产生有约束力的效果。正是它们各自约束力的特征分开了这两种类型的规范。硬法具有法律上的约束力,对硬法的违反会引起法律上的后果。而软法只能从国际政治——道德秩序获得支撑力量。尽管本质上对违反软法的制裁只是在政治层面,而非法律层面,但是遵守软法义务也受到国际监督。区分仅仅建立在政治和道德价值基础上的国际秩序的要素与建立在法律基础上的国际秩序的要素是十分重要的。这两类规范性要素不分上下并相互补充。它们的区别正是它们不同的效力基础,进而也是不同的引导能力基础。

软法文件之间在各自的渊源、形式和功能上都存在显著差异。国际实践提供的证据表明,软法文件不仅为各国保护环境的努力提供工具包,也关乎国际政府组织和其他国际机构。一些国际组织对广泛的全球环境问题进行积极应对,如以组织的全体大会通过大量的决议和宣言。这些文件理论上都不具有法律约束力。此外,一些不同的多边环境协定缔约方之间也越来越多地采用不具有法律约束力的国际安排。例如,缔约方大会和根据各种条约设立的秘书处制定了许多诸如谅解备忘录(MOU)之类的非法律的协议,以协调各方的行动,或者开展联合行动。

国家之间不具法律约束力的协议

长期以来,当觉得彼此之间有必要尽快达成一致、暂时又不做出法律承诺时,各国一直使用非法律安排。国家之间这样的安排从前都被定性为君子协议。这些君子协议通常是政治家和外交官之间达成的。随着时间的推移,个人因素在国际关系中失去了相当大的重要性。结果就是,君子协定的最终成为过时的概念,取而代之的是更客观的不具法律约束力的协议概念。

正是这一类软法在当今的国际环境保护实践中获得了特别重要的意义。可以将国家之间签订的不具法律约束力的协议划分为以下几类:(1)政治行动方案;(2)关于现存的或新出现的环境原则的政治宣言;(3)取代具有法律约束力国际规则的行为守则;以及(4)临时的条约实施协议。这四种软法类型都值得进一步考察。

制定环境政治行动方案已经成为国际会议的一个共同特征。各国已经在斯德哥尔摩(1972)、里约热内卢(1992)和约翰内斯堡(2002)处理环境与发展问题时采用了这种方式。斯德哥尔摩会议制定的《人类环境行动计划》、里约会议制定的《21世纪议程》以及约翰内斯堡高峰会议制定的《实施计划》就是有关行动方案的最突出的范例。这些行动方案都包含了一整套的建议,旨在促使参与国

际环境关系的各种角色按照具体的方式行动或者采取指定的行动。在这方面,《21世纪议程》以其广泛列举的目标、指令和指南已经具备并将继续发挥相当的规范力量,尽管它只是政治性的(不是法律)文件。《21世纪议程》在许多方面已经并将继续是推动条约的制定进程以及形成国际环境习惯法(customary international environmental law)的催化剂。

1972年《斯德哥尔摩宣言》和1992年《里约宣言》是见证现有或新出现的环境原则和规则的政治宣言的最好示例。这两个宣言都包含和反映了现有的或新兴的令人印象深刻的国际环境习惯法。尽管它们不具有法律性质,在当今的国际环境法中仍可宣称具有显著的权威。尽管只是少数,还有一些学者认为这些声明表达了国际环境习惯法(法律确信)的主观因素。然而,这种观点忽视了一个事实,各国在斯德哥尔摩和里约会议时有意识地拒绝将声明的原则制定成一种具有法律约束力的文件。此外,在制定斯德哥尔摩和里约宣言时,只有少数包含在这些文件中的原则明显地形成现有国际环境习惯法的一部分,其他许多原则最多只能寄希望将来发展成为国际环境习惯法。

国际环境关系中的不具有法律约束力的准则的目的在于对国家行为发挥引导作用。至于其中的大多数是否注定会暂时或无限期地替代相关的具有法律约

束力的规则还是不清楚。这些具有软法性质的行为准则可以根据制定主体的不同相互区别开来。它们中的一些是国家在重要的国际会议上通过的，而另一些则来自国际组织，如联合国粮农组织（FAO）和国际原子能机构（IAEA）。还有一些则产生自诸如联合国环境规划署这样的缺乏国际法主体资格的国际机构。如国际粮农组织1985年制定、2002年修订的《销售和使用杀虫剂国际行为准则》；联合国环境规划署1987年制定的《在化学品国际贸易中交换信息的伦敦准则》，1990年国际原子能机构制定的《放射性废物国际越境转移行为准则》；1992年里约会议通过的《关于所有类型森林的经营、保护和可持续发展的全球协商一致的无法律约束力的权威性原则声明》；1995年粮农组织的《负责任的渔业行为守则》和2002年《遗传资源获取与公平公正分配其使用产生的收益的波恩准则》。

通过对国际环境与发展领域实践的考察，可以得出这样的结论：不具法律约束力的行为准则通常发挥制定该领域条约的催化剂作用。下面的例子就是软法发挥这种特殊作用的明证：

● 1983年国际粮农组织的《植物遗传资源国际承诺》转化为2001年的《粮食和农业植物遗传资源条约》；

● 1985年国际原子能机构的《放射性材料释放应通报活动、综合规划与信息交换指南》为该机构1986年迅速出台《核事故早期通报公约》打下了基础；

● 1985年联合国环境规划署制定的《防止陆源活动污染海洋环境蒙特利尔指南》成为该领域区域协议的模板，如1990年《防止陆源污染海洋的科威特协定》；

● 1987年联合国环境规划署《环境影响评价的目标和原则》被1991年的《欧洲经济委员会（ECE）跨界环境影响评价埃斯波公约》采纳。

各国也利用非法律文件来进一步制定或实施多边环境协定（MEAs）。这种文件至少可以暂时取代具有法律约束力的条约修正案和实施方案。这种特定类型的软法的一个例子是1985年召开的1972《伦敦倾倒公约》协商会议通过的一项决议，临时暂停放射性废料的海上倾倒。

实践表明，非法律性文件拥有促进多边环境协定的进一步发展的潜能。1990年《蒙特利尔议定书》（MOP）第二次缔约方会议在其11/8决议中建立了作为临时金融机制的多边基金，并于1991年1月生效。1993年，该基金成为永久性的。在1994年召开的1989年的巴塞尔公约第二次缔约方会议（COP）通过II/12决议，即所谓的《巴塞尔禁令》；一年后的第三次缔约方会议将这个禁令作为正式修正案纳入公约。

机构间非法律安排

最近，机构间的非法律安排成为国际环境关系出现的一个新现象即所谓的谅解备忘录（MOU）。越来越多备忘录在当今出现的一个主要原因是缘于这样的事实，国际机构愿意合作但它们往往不具有制定国际条约的先决条件，即国际法律人格。因此，这些机构没有其他选择，只能求诸非法定的机构间安排。在这种情况下，机构可以自由选择国际条约或者谅解备忘录，而后者有时被证明是更有吸引力，因为它被认为比国际条约更具灵活性。

相应地，机构间通过备忘录合作实施多边环境协议就显得日益重要。这种合作具有不同的形式和内容。有趣的例子可以从生物多样性保护和自然保护领域找到，这些领域与各种多边环境协定紧密相关。例如，1971 年《拉姆萨尔湿地公约》和 1973 年《濒危物种国际贸易公约》（CITES）的秘书处与其他多边环境协定的条约机构、国际（专门）机构乃至非政府机构签订了几个备忘录。同样的例子也发生于《迁徙物种公约》。

这些备忘录的主要目的是识别并利用各种多边环境协定的协同作用，条约机构之间通过签订备忘录寻求避免各自行动造成的不必要的重叠和差异。此外，它们还可以为条约实施制定联合战略。例如，1992 年《生物多样性公约》（CBD）和 1971 年《拉姆萨尔公约》秘书处建立联合工作计划（JWP）以改进各自活动的协调。2001 年，《生物多样性公约》（CBD）、《气候变化公约》、《防治荒漠化公约》这三个里约公约的秘书处同意建立一个联合联络小组（JLG），作为一个非正式的信息交流的论坛，促进国家和国际层面的合作、识别联合活动的可能领域。自 2004 年以来，联合联络小组一直在探索加强协调的途径。

另一个例子是《生物多样性公约》和《联合国气候变化框架公约》缔约方会议作为一方，全球环境基金理事会（GEF）作为另一方，于 1996 年缔结的谅解备忘录（MEAs），目的是为了落实各自的角色和责任，并满足上述公约下它们之间的相互作用的需要。多边环境协定建立的全体会议机关可以被认定为是具有国际法律人格的，包括具有谈判能力和订立具有法律约束力的条约的能力。相反，全球环境基金仍然缺乏这种法律能力，虽然它是在 1994 年由世界银行、联合国开发计划署、联合国环境规划署重组的。这就是为什么三个主体签订的协议采用备忘录的形式，而不是具有法律约束力的条约的原因。

具有国际法律人格的国际组织在发展相互关系时，可以自由选择达成一个谅解备忘录还是签订具有法律约束力的条约。一旦机构间协议达成，只有仔细看它的文本，才能揭示这个协议是否具有法律约束力。最终的答案取决于文本是否清楚地表达各方被法律约束的意图。在这方面，文本条款的严格性或柔软度比那些有关协议生效和终止的单纯的事实条款更能说明问题。

国际组织的建议和决定

国际组织全体会议通常以决议或声明来表达他们的意愿，这些决议或声明通常不具有法律性质。因此，这些决议和声明可以被视为国际软法的子类别。这样的决议和宣言不构成《国际法院规约》第 38 条第（2）项意义下的一种新的国际法渊源。另一方面，重要国际组织做出的建议对国际环境法的进一步发展可以产生重大影响，这一点毋庸置疑。更值得关注的是，随着政府间组织的日益增多，显著地扩大了不具约束力文件的数量和多样性。

一些与环境和发展事项相关的决议值得给予更多的关注。其中的大多数是联合国大会通过的，尤其是以共识或一致同意投票的方式通过的，值得特别关注。然而，有两种类型的决议可以明确地定义为建议。第一类决议设定了广泛的环境与发展的政策目标；第二类决议的目的是通过制定指南来指导国家行动。

第一类决议的例子是附属于联合国大会1982年10月28日的37/7号决议的《世界自然宪章》，更近的是2000年9月18日以55/2号决议形式通过的《联合国千禧宣言》。这种决议的数量显然超过了第二个类别。后者包括涉猎范围广泛的决议，如海洋环境的保护、环境与发展之间的关系、共享自然资源的合作等等。还有一些决议在内容上更精确，致力于直接地指导国家在环境事务方面的行动。例如，联合国大会1989年第44/225议案，要求到1993年底强制实行暂停所有大型远洋漂网在公海捕鱼。又例如联合国大会2001年的第56/13号决议，该决议支持采用风险预防措施对高度洄游和跨界鱼类进行保护、管理和捕获。最近，联合国大会于2007年12月17日通过了62/98号决议，授权对所有类型森林采取不具有法律约束力的措施。该决议内容包括应对气候变化、生物多样性丧失、贫困以及富有弹性的森林对物种和生态系统的重要性。

类似于有关环境原则的政治声明，国际组织的建议有促进国际环境习惯法形成的潜力。但是，即使那些以共识或一致投票方式通过的决议也很难作为各国一致遵守的国际习惯法的证据，除非在以后的实践中各国观察到它们已经得到普遍遵循。

蒂洛·马哈恩（Thilo MARAUHN）
吉森大学

乌尔里希·贝尔林（Ulrich BEYERLIN）
马克斯普朗克比较公法和国际法研究所
李广兵、罗艳妮、李苗苗译

参见：人类共同遗产原则；国际法；基于原则的监管；联合国公约和协定概览；强弱持续性的争论。

拓展阅读

Alvarez, José E. (2005). *International organizations as law-makers*. Oxford: Oxford University Press.

Beyerlin, Ulrich. (2007). Different types of norms in international environmental law: Policies, principles, and rules. In Daniel Bodansky, Jutta Brunnée, & Ellen Hey (Eds.), *The Oxford handbook of international environmental law* (pp.425–448). Oxford: Oxford University Press.

Bothe, Michael. (1980). Legal and non-legal norms: A meaningful distinction in international relations? *Netherlands Yearbook of International Law, 11*, 65–95.

Boyle, Alan E. (1999). Some reflections on the relationship of treaties and soft law. *The International and Comparative Law Quarterly, 48*(4), 901–913.

Boyle, Alan E. (2006). Soft law in international law-making. In Malcolm D. Evans (Ed.), *International law*, 2nd ed. (pp.141–158). Oxford: Oxford University Press.

Churchill, Robin R., & Ulfstein, Geir. (2000). Autonomous institutional arrangements in multilateral environmental agreements: A little-noticed phenomenon in international law. *The American Journal of International Law, 94*(4), 623–659.

Dupuy, Pierre-Marie. (1990–1991). Soft law and the international law on the environment. *Michigan Journal of International Law, 12*, 420–435.

Fitzmaurice, Malgosia A. (1994). International environmental law as a special field. *Netherlands Yearbook of International Law, 25*, 181–226.

Hillgenberg, Harmut. (1999). A fresh look at soft law. *European Journal of International Law, 10*(3), 499–515.

Klabbers, Jan. (1996). The redundancy of soft law. *Nordic Journal of International Law, 65*(2), 167–182.

Mensah, Th omas A. (2008). Soft law: A fresh look at an old mechanism. *Environmental Policy and Law, 38*(1/2), 50–56.

Palmer, Geoffrey. (1992). New ways to make international environmental law. *The American Journal of International Law, 86*(2), 259–283.

Raustiala, Kal. (2005). Form and substance in international agreements. *The American Journal of International Law, 99*(3), 581–614.

Sand, Peter H. (1990). *Lessons learned in global environmental governance.* Washington, DC: World Resources Institute.

Schachter, Oscar. (1977). The twilight existence of nonbinding international agreements. *The American Journal of International Law, 71*(2), 296–304.

Shelton, Dinah. (2006). Normative hierarchy in international law. *The American Journal of International Law, 100*(2), 291–323.

Shelton, Dinah. (Ed.). (2000). *Commitment and compliance: The role of non-binding norms in the international legal system.* Oxford: Oxford University Press.

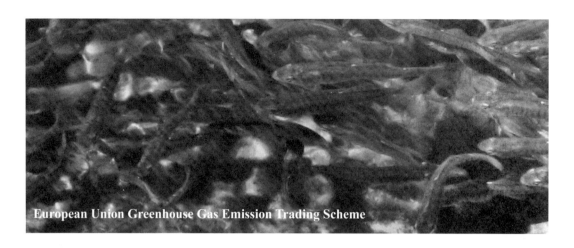

European Union Greenhouse Gas Emission Trading Scheme

欧盟温室气体排放交易体系

欧盟温室气体排放交易体系（EU ETS）的主要目的是履行欧盟的《京都议定书》义务。该交易体系是欧盟用以在2012年减少二氧化碳排放的机制之一。该体系为其他交易体系提供了一些经验，包括如何为碳定价以及提供避免意外影响的激励。

欧盟被认为是最重要的世界贸易集团。27个成员国将他们的一部分立法权力转移并集中，创造了一个代表了5亿多公民的经济重地，其全部的国内生产总值超过16.45万亿美元——约占世界经济的30%（与此对应的是美国在2008年的国内生产总值是14.59万亿美元）。2010年，又有3个国家申请加入欧盟：克罗地亚、土耳其和前南斯拉夫马其顿共和国。

欧盟成立的目的是预防邻国之间发生像达到顶峰的第二次世界大战那样的战争。1950年的欧洲煤钢共同体联合欧洲国家从经济和政治两个方面确保获得持久的和平。当时的六个创始国分别是比利时、法国、德国、意大利、卢森堡和荷兰。1973年1月，随着丹麦、爱尔兰和英国加入欧盟，其成员国的数量上升到9个。

冷战结束后，欧洲人更加强调商品流通、服务、人和金钱这四大自由（Europa n.d.）。欧盟颁布了两个重要条约：1993年欧盟《马斯特里赫特条约》和1999年《阿姆斯特丹条约》。《马斯特里赫特条约》创建了欧盟以及欧洲单一货币——欧元。《阿姆斯特丹条约》对《马斯特里赫特条约》做出了重大修改，强调个人的权利，并要求以民主的方式解决欧盟面临的挑战。这些法律条约首次表明了欧盟公民愿以积极态度保护环境，以共同行动保障安全并进行防御。2001年12月，对许多欧洲人来说，欧元（€）成为新的货币，2004年，另有10多个国家加入了欧盟，其中一些来自中欧。在20世纪90年代，欧盟致力于积极维护环境的持续性，其中就包括《京都议定书》的签署。

《京都议定书》与欧盟

《京都议定书》是《联合国气候变化框架公约》(UNFCCC) 对抗全球变暖的手段之一。这一条约是以各国代表签约的地点命名。《京都议定书》的签署国同意采取以下四种主要行动:

- 监控国内碳排放
- 建立排放配额追踪登记(针对附件 1 中的发达国家,联合国对不发达国家进行登记)
- 同意接受处罚
- 建立灵活的机制,在完成国家特定减排任务之外实现碳减排

灵活机制包括排污权交易、联合履行和清洁发展机制。排污权交易的重点是允许签署附件 1 的发达国家购买和出售温室气体 (GHGs) 排放配额。在一个交易体系中,附件 1 国家获得被称为分配数量单位 (AAUs) 的排放配额,每一单位等于一公吨二氧化碳当量,与其《京都议定书》的减排承诺相对应。设计的初衷是边际减排成本高的国家将向低的国家购买其额外的配额。

边际减排成本是消除一个额外单位排放的成本。总减排成本就是所有边际成本的总和。以成本曲线表示的边际减排成本显示了大量排放和二氧化碳(温室气体)价格之间的关系。

这三个灵活机制使《京都议定书》的承诺得以履行。《联合国气候变化框架公约》还以《马拉喀什协定》"明确了机制的使用应为国内行动之补充,这种国内行动也应成为各方付诸努力的一个重要方面"(UNFCCC 2002, Decision 15/COP.7)。

欧盟温室气体排放交易体系

欧盟温室气体排放交易体系 (EU ETS) 设计者的目的在于实现《京都议定书》要求欧盟降低温室气体浓度的义务。这一体系虽然在 2001 年 10 月被提出,但 3 年后才获得了正式的启动和运行。这一计划在一定程度上模仿了美国的二氧化硫项目 (Ellerman et al. 2000)。1995 年,美国这一项目开始适用于发电机组,2000 年,美国环境保护署将其扩展至所有发电量超过 25 兆瓦的公司。2010 年,立法规定总量不得超过 995 万吨/年。对这一项目进行的研究表明,它在降低二氧化硫的排放量方面得到了 100% 的遵守 (Environmental Defence Fund 2010)。

实际上,在项目的第一阶段,发电厂就利用多种措施实现了二氧化硫排放量(730 万吨)的减少,低于规定水平的 22%。立法前夕,美国环境保护署预计该项目的完全实施将花费每年 60 亿美元(按照美元在 2000 年的估值)。行政管理和预算局则估计实际成本在 11 亿美元到 18 亿美元之间——仅为预测的 20%—30%(环境保护基金 2010)。

欧盟项目计划分为 2005—2007 年和 2008—2012 年两个时期。第一个三年交易时期主要是作为第二个时期的测试阶段。该体系大约覆盖了欧盟的 27 个成员国以及冰岛、列支敦士登和挪威的 10 500 个设施,要求他们每年的排放额度与前一年相等。目前,温室气体排放交易体系是欧盟低成本实现减排目标的战略基石之一。

欧盟温室气体排放交易体系大约覆盖了欧盟二氧化碳排放总量的 45%,这些排放来自数量有限的如水泥、炼焦炉、发电等能源密集

型行业的大型工业和能源设施。欧盟的决策层期望这些行业的工业企业在进行投资决策时能在一定程度上考虑减少排放和提高能源使用的效率。碳的定价是主要的激励因素，他们正是将这种定价机制纳入到合规体系之中。

初期允许的总额为每年21亿吨，市场价值相当于300亿—400亿欧元，大约是美国二氧化硫市场资本化的十倍。2005年，投资者和企业交易了3.22亿公吨的二氧化碳。从那之后的大部分时间里，价格跌至每公吨约15—25欧元。

没有达成本国计划目标的政府要向欧盟委员会支付大约配额差额价值的1.3倍。这样，超出温室气体排放贸易体系允许排放的每吨碳的价格就在40欧元以上，同时还要在下一年放弃相应的配额数量。配额的价值波动很大，2006年5月12日，碳排放配额交易的价值在欧洲气候交易所跌至每公吨二氧化碳为8.6欧元，而在2006年4月的价格则超过了30欧元。该体系的批评者们认为政府在向国内生产商分配碳排放配额时太过慷慨了。伴随未来将会进一步收紧的预期，市场正在第二阶段（2008—2012）显现出小幅回升。

国家计划

按照欧盟温室气体排放交易体系，国家向特定的工业部门分配排放一定数量二氧化碳的配额。欧盟的每个成员国必须首先提交一份国家分配计划（NAP），根据在京都达成的减少二氧化碳排放协议，每一成员国都建立了本国的减排目标。成员国需要在国家分配计划中明确将覆盖哪些工业部门，包括对新设、关闭和转产将如何处理。他们同样需要决定其分配程序，大多数国家计划都以生产者的历史产量作为分配配额的基础。欧盟允许每一成员国政府拍卖配额，也就是说，公司可以购买配额，上限是允许额的5%，这一比例是在2008—2010年期间被提高的。因为一国对其国家竞争力和碳减排同样重视，这种自由也就在体系中形成了多种变化。

正如任何一种减排体系，欧盟温室气体排放交易体系对企业发挥着不同的影响。能源或碳密集型企业以及那些不能把成本转移给消费者的企业丧失了竞争力，那些能够根据成本上升而提高价格的能源供应商则成为赢家。

欧盟领导者意识到其缺乏限额交易的经验，并且需要建立起知识和程序的体系，于是在最初仅覆盖了一种气体（二氧化碳）和有限的部门。一旦基础打牢，其他排放温室气体配额和部门也将在后续阶段中被纳入，那时也将要求有更多的减排量。

从理论上讲，碳的市场价格是由二氧化

碳的边际减排成本驱动的,确保以最低的成本达成减排目标。通过创建碳的市场价格,资本将以节约能源和优化加工技术的方式运作。欧盟温室气体排放交易体系赋予企业可以灵活地通过低成本减排或利用《京都议定书》灵活地遵守机制获取额度而实现目标。这种程序意味着灵活机制的主要运用原则是欧盟(或世界其他地方)在那些没有承担京都议定书减排义务的发展中国家通过节能或改进加工技术而形成的碳价和减排成本。

2005年—2008年的教训

迄今为止,该体系按照预期正常运作——建立了碳在欧洲范围内的统一价格,企业开始将这一价格纳入他们的决策,跨国交易计划的市场基础设施也已建立(Ellerman & Joskow 2008)。此外,尽管试验阶段时间紧张,被覆盖的部门也在欧盟内部实现了相当多的减排。

然而,如果分配更加准确的话,体系也将运作得更好,配额的数量也将少于1990年的二氧化碳排放报告。第一阶段并没有实现合理的配置,这种分配应由欧盟层面紧密控制,而不是赋予国际组织这样的自由。另外,允许额是被免费分配的,这就意味着市场在寻求准确的碳价格过程中具有较大的波动性。这种波动减少了对节约能源或改进加工技术进行的投资激励。最后,大多数企业并不需要在第一阶段就购买额度,这就导致了在第二阶段拍卖额度的使用。欧盟官员们对欧盟温室气体排放交易体系还有很多其他的担忧,其中包括其对欧盟企业创立的不当刺激。因为碳交易,公司将有不同选择来应付成本上升:投资于节约能源、购买允许额度、降低产量或者搬迁至欧

盟外生产。除了第一个做法会提高欧盟的竞争力,其他的三种做法将可能削弱其竞争力。

一系列研究表明,公司和政府通过碳泄漏(carbon leakage)和"泡泡安排(bubble arrangement)"这两种会导致二氧化碳排放增加的做法来规避负面影响。简言之,碳泄漏发生在公司为了规避碳限制而在其他国家建造设施或者进口货物时,并非生产它们的时候。泡泡效应则形成在欧盟成员国作为一个整体达成目标时,比如,只要卢森堡同意减少相同数量的排放,葡萄牙就可以超过其基准比率排放。

据估计,具有重大碳泄漏风险的部门和分部门大约占到了欧盟温室气体排放交易体系总排放量的1/4以及该体系制造业总排放量的77%。体系中的很大一部分排放来自电力部门。

欧盟二氧化碳减排计划可能会在减排要求较低与没有参加京都计划的高需求国家中影响对化石燃料的需求,或者这些未被覆盖国家的市场占有率将由于欧盟的成本上升得到增加。例如,公司将考虑将生产迁至发展中国家以避免京都计划中的排放责任。又如,因为生产要素价格上涨,国际资本配置也将转向新兴市场。一些欧盟产业对于能源成本非常敏感,世界贸易组织积极推进提升贸易自由化的政策和程序,但欧盟担心它们的企业将在全球市场上丧失竞争力。欧盟温室气体排放交易体系可能反而导致外国直接投资于未被计划覆盖的国家,进而增加能源密集型生产。

供应商迅速将排放配额的价格分解为定价和产出行为。在试验阶段后期,因为没有规定减排量可以存入第二阶段,所以配额的价格大幅下跌。提高数据质量以及规定在承诺期内可以自由存入将有助于缓和未来的价格波动。

大多数针对欧盟温室气体排放交易体系的研究都表明，该体系的影响力取决于能源成本、公司向消费者转嫁成本的能力以及低成本减少碳排放的机会。电力公司因为可以向消费者转嫁成本而获得了不公平的优势，获取暴利。例如，在德国和荷兰的传递利率达到了二氧化碳成本的60%～100%（Schreuder 2009）。

总之，第二阶段的主要变化是认识到需要拍卖配额以避免在国家间和国家内产生负面影响。每个成员国应该拥有多少可以拍卖的配额？欧盟官员以头脑中的经验教训设计了当前的欧盟程序。例如，在第二阶段，所有不是免费分配的配额将被拍卖。根据2005—2007年欧盟温室气体排放交易体系的排放情况，88%用于拍卖的配额被分配给成员国；考虑到较贫穷成员国较低的人均GDP及它们对更多的增长与排放的期望，10%的配额被分配给它们。另外2%的配额被分发给9个成员国，它们在2005年与《京都议定书》规定的1990年基准年相比，至少减少了20%的温室气体排放。成员国将负责确保分配给它们的配额将通过拍卖进入到欧盟碳市场。

全球影响

欧盟委员会（欧盟的执行机构）制定了欧洲气候政策计划，随后又撰写了《欧盟温室气体排放绿皮书（2000）》。国际碳行动伙伴关系是由一些积极主张通过履行强制性限额交易体系促进碳市场发展的国家和地区组成，欧盟委员会也是其创始成员之一。这种合作也为分享经验和知识提供了论坛。

欧盟温室气体排放交易体系令人关注的一方面还在于其为建立一个全球性的温室气体排放交易体系面临的问题提供了一些深刻见解。美国一旦采纳限额交易体系，这就将成为全球气候外交的下一步。很明显，在一个跨国体系中，参加国虽有协商，但都将谨慎决定可交易的国家排放限额。国家将维持单独的注册中心，安排国际交让。虽然监测、报告和验证过程必然要符合一些共同的标准，但将由各国分别执行。同时，内部的分配也许并不会变得更加公平。当其他国家面临与欧盟温室气体排放交易体系类似的问题时，这些经验教训将是有益的。

欧盟温室气体排放交易体系试验阶段的更重要一点也许在于其不断进展的明确状态是所有气候变化程序的象征。即使不是匆忙制定，气候变化项目也必然在有效期内有所变化。试验阶段证明了并非一切都要有一个完美的开始。对一个并不完美的世界而言，这一箴言恐怕格外适用。拟议行动的收入和财富效应非常重要，各主权国家在经济环境和制度建设方面差别很大（Ellerman & Joslow 2008）。最初的挑战仅仅是建立一个体系，该体系显示温室气体排放应该被定价的社会决策，并对恰当将温室气体排放限制到期望数量的短期和长期措施提供信号。就这一点而言，欧盟虽有缺陷，但与其他国家或国家集团相比，对温室气体排放交易体系做出了更多。

丹尼尔·S. 弗格尔（Daniel S. FOGEL）
维克森林大学商学院能源、环境与可持续性中心
李琳莎译

参见：清洁空气法；气候变化信息公开——法律框架；减缓气候变化；自由贸易；京都议定书。

拓展阅读

Ellerman, A. Denny, & Joslow, Paul L. (2008). *The European Union's emissions trading system in perspective.* Washington, DC: Pew Foundation.

Ellerman, A. Denny; Joskow, Paul L.; Schmalensee, Richard; Montero, Juan-Pablo; & Bailey, Elizabeth M. (2000). *Markets for clean air: The U.S. acid rain program.* New York: Cambridge University Press.

European Commission. (2000). Green paper on greenhouse gas emissions trading within the European Union. Retrieved September 15, 2010, from http://ec.europa.eu/environment/docum/0087_en.htm.

European Commission. (2004a). Commission decision for the monitoring and reporting of greenhouse gas emissions pursuant to Directive 2003/87/EC of the European Parliament and of the Council, 2004/156/EC dated 29 January 2004.

European Commission. (2004b). Commission regulation for a standardised and secured system of registries pursuant to Directive 2003/87/EC of the European Parliament and of the Council and Decision No 280/2004/EC of the European Parliament and of the Council, 2216/2004/EC, dated 21 December 2004.

Environmental Defense Fund. (2010). The cap and trade success story. Retrieved June 19, 2010, from http://www.edf.org/page.cfm?tagID=1085.

Europa. (n.d.). About the European Union. Retrieved August 9, 2010, from http://europa.eu/about-eu/index_en.htm.

European Environment Agency. (2009). *Greenhouse gas emission trends and projections in Europe 2009: Tracking program towards Kyoto targets.* Retrieved July 19, 2010 from http://www.eea.europa.eu/publications/eea_report_2009_9.

European Environment Agency. (2010a). *EEA annual report 2009 and environmental statement 2010.* Retrieved July 16, 2010, from http://www.eea.europa.eu/publications/annual-report-2009.

European Environment Agency. (2010b). *European Union emission inventory report 1990–2008 under the UNECE Convention on Longrange Transboundary Air Pollution (LRTAP)* (Technical report No 7/2010). Retrieved July 15, 2010, from http://www.eea.europa.eu/publications/european-union-emission-inventory-report.

European Parliament and Council of the European Union. (2003, October). Directive 2003/87/EC establishing a scheme for greenhouse gas emission allowance trading within the Community and amending Council Directive 96/61/EC.

Intergovernmental Panel on Climate Change. (2007). Climate change 2007: Impacts, adaptation and vulnerability. Working Group II, Summary for Policy Makers.

United Nations Framework Convention on Climate Change (UNFCC). (2002). Marrakesh Accord. FCCC/

CP/2001/13/Add.2.

Schreuder, Yda. (2009). *The corporate greenhouse: Climate change policy in a globalizing world*. London: ZED Books.

Stavins, Robert N. (2007). *A U.S. cap-and-trade system to address global climate change* (Brookings Institution Discussion Paper 2007–13). Washington, DC: Brookings Institution.

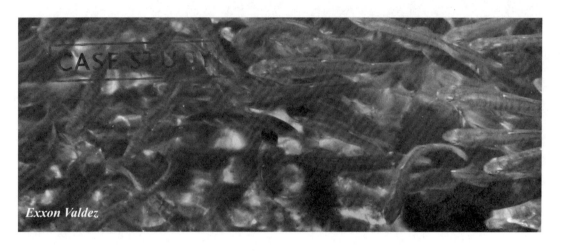
Exxon Valdez

埃克森·瓦尔迪兹号

当埃克森·瓦尔迪兹号的1 100万加仑石油泄漏在威廉王子湾的纯净水域时，它给敏感的海洋生态系统、商业渔民的生活以及依靠海洋环境生存的阿拉斯加本土居民带来了毁灭性的打击。它也留下了诸多有关石油依赖、企业责任、生态复杂性、灾害预防和环境风险等方面的教训。

1989年3月24日午夜刚过，埃克森·瓦尔迪兹号超级油轮撞上了阿拉斯加威廉王子湾中心的布莱暗礁。其引发的事件标志着埃克森·瓦尔迪兹石油泄漏是美国历史上最严重的灾害之一。这一事件生动提醒着依赖石油作为主要能源来源而伴随的环境风险，同时也成为有关风险预防、诉讼的不可预测性、石油泄漏立法改革必要性的教训。

历史

在阿拉斯加建州8年后，阿拉斯加北坡（North Slope）油田在1967年被发现，为该地区通过就业和税收带来了稳定的经济，并支持了州的发展计划。对美国而言，这一发现得以减少对外国石油的依赖，稳固了国家的安全，尤其在20世纪70年代石油输出国组织（OPEC）通过石油禁运加剧了长达十年的经济衰退期间。考虑到北坡油田探索资本化对经济和国家安全的影响，国会在1973年批准了颇有争议的跨阿拉斯加输油管道建设。4年之后，第一桶石油从普拉德霍湾流入下游瓦尔迪兹。

批准不是毫无争议的。人们普遍认识到阿拉斯加沿岸如果发生大型石油泄漏将给海洋生态和以海洋为基础的经济带来灾难性的后果。输油管道的反对者希望开发一条经由加拿大的陆路路线，以避免石油经由超大型油轮运输。但石油公司的财团为建设管道四处游说，向国会保证将以高度的谨慎实现风险最小化，还承诺将以严格的安全措施和高标准的要求运输石油。

漏油事件

1989年3月23日，当埃克森·瓦尔迪兹号出发航行在威廉王子湾冰冷的和众所周知的危险的水域时，掌舵的船长约瑟夫·黑泽尔伍德是一个故态复萌的酒鬼，埃克森公司的高层都知道他曾经有过滥用药物的历史。事实上，证人证实在登上超级油轮之前，黑泽尔伍德在海滨酒吧至少喝了5杯双份伏特加。黑泽尔伍德一登船就去了自己的住处，而让劳累过度的三副格雷戈里·卡曾斯驾驶经过布莱暗礁极其困难的转弯。

1989年3月24日，刚过午夜，满载着5 300万加仑原油的埃克森·瓦尔迪兹号就撞上了布莱暗礁。在6个小时内，这艘超级油轮就泄漏了大约1 100万加仑。在56天中，风和水造成石油扩散至25 899平方公里，跨越了965公里的直线距离，大约等同于马萨诸塞州到北卡罗来纳州的距离。在2010年墨西哥湾发生深水地平线号钻井平台泄漏之前，它是美国历史上最大的漏油事件，造成了长达2 414公里的原始海岸线被污染。

清理

人们很快就意识到没有人做好应对如此大规模漏油事件的准备。负责清理的阿里耶斯卡石油公司财团超过24小时才做出响应。即便如此，它的大部分设备不是坏的就是几乎无法操作的。国家和联邦政府也都没有处理这种高度复杂灾难的有效措施。

泄漏的规模及其远程位置造成清理困难。泄漏期间威廉王子湾的复杂因素、天气和强风迫使撇油器和反应容器只能在远离石油的掩蔽区等待。直到5月的第一周，都没有成功收集自由漂浮的石油。随后，人们将注意力转移至海岸线，采用了热水、高压处理、生物修复、化学清洗和手工处理等手段，但都存在弊端。在响应高峰，有超过11 000名人员、1 400条船只和85架飞机参与其中，埃克森公司宣称花费了22亿美元用于清理。到1992年，阿拉斯加州和美国海岸警卫队才宣布清理完成。

最后，只有13%～14%的石油被清理，其余的石油还将继续残留超过二十年。据埃克森·瓦尔迪兹石油泄漏委员会估计，每年消失的石油比例将不足4%。以这样的速度，石油将残留数十年甚至上百年。

对生态的影响

泄漏事件之后，超过35 000只鸟类和1 000只海獭的尸体被发现，但由于大多数尸体沉入海中，这被认为只是死亡数量的一小部分。更现实的估计则达到250 000只海鸟，2 800只海獭，300头港海豹，250只秃鹰，22只虎鲸以及数十亿条鲑鱼和鲱鱼卵。

相当多的证据表明，泄漏也还造成长期、慢性、直接、间接和延迟的影响。比如对关键的产卵和养育的海岸线栖息地的破坏；泄漏造成随后太平洋鲱鱼渔业的崩溃，至今尚未恢复。有毒的地下石油和慢性暴露以亚致死的水平继续影响着鱼类和野生动物。大量生态学研究已经证明，泄漏的后果在范围和持续时间上都将远远超出任何人的预期，其全部影响也将永远不为人知。

诉讼

漏油事件之后，埃克森公司接受了一连串的民事和刑事罚款、处罚、损害赔偿金、惩罚性赔偿以及自然资源损害赔偿。埃克森公司承认触犯了《清洁水法》、《垃圾处理法》和《候鸟条约法》，同意支付1.5亿美元的罚款。在1991年，埃克森公司与美国和阿拉斯加州政府达成协议，支付9亿美元的自然资源损害赔偿金用于威廉王子湾超过十年的生态系统修复。协议还包括了一个重新协商条款，允许受托人为无法预料的损害要求获得额外的1亿美元。这样，受托人就能克服在评估生态损害时的一些固有困难，即其长期影响的不确定性。2006年，作为受托人的联邦和州政府就是利用这一条款获得了额外的9 200万美元用于处理威廉王子湾沿岸持续存在的水面下的石油。

埃克森公司也面临着由商业渔民、阿拉斯加居民和土地所有者提起的民事诉讼。在阿拉斯加地方法院，这些行动被合并成一个案件。法院对案件的审判分为三个阶段。在第一阶段（责任），陪审团认为黑泽尔伍德船长处于醉酒状态，而埃克森公司不负责任地将船只交给了一个已知的酗酒者。在第二阶段（损害赔偿），陪审团判决原告可以获得2.87亿美元。第三阶段确定了惩罚性赔偿，陪审团裁定埃克森公司应支付50亿美元。

从1994年陪审团裁定赔偿50亿美元到2008 年最高法院判决减少到5.07亿美元，在这期间的无数次上诉和案件发回都是为了找到一个适度的惩罚性赔偿。司法体系难以提供一个全面或有利的结果，到2008年，32 000名原告中的20%已经死亡了。

法律改革

在埃克森·瓦尔迪兹灾难发生之前，国会已经为通过统一的联邦立法规范石油泄漏问题奋斗了近十五年。但包括《清洁水法》、《深水港口法》、《跨阿拉斯加输油管道授权法》、《外大陆架土地法》和一般海洋法在内的法律大杂烩仅仅提供了有限的监管。针对漏油事件初期清理所表现出的延迟和不协调，《石油污染法》在1990年获得签署。

《石油污染法》中的一些条款旨在加强国家预防和应对石油泄漏事件的能力，提高了对不服从监管行为的处罚，并要求责任主体（船只的所有者或运营者，陆上设施、海上设施、深水港口和输油管道）支付清除溢油费用、自然资源损害赔偿以及生存或生活所受到的损失。《石油污染法》基于油轮的大小限定赔偿责任，但这些有限的赔偿责任不适用于责任主体具有重大过失或故意违反，侵犯联邦安全、建筑或运营规定，未报告排放或者拒绝合作清理。《石油污染法》还保留了国家通过制定法律调整石油泄漏责任、预防和应对的权力。

《石油污染法》创建了国家石油泄漏责任信托基金，在责任主体无法进行赔偿的情况下，可以为每次泄漏提供最多10亿美元的清理费用。《石油污染法》还对政府和行业的应急计划提出了新的要求，逐步采用双壳油轮和驳船以避免在类似事故中的泄漏，并且扩大了联邦政府响应和执行的权力。

然而，《石油污染法》并非一个完善的解决方案或者毫无争议。一些评论家批评该法案只专注于类似埃克森·瓦尔迪兹号油轮泄漏的大规模石油泄漏事件。还有一些人抱怨该法案的责任上限设置过低，无法支付大多数的清理成本,而且信托基金提供的资金也是不够的,比如埃克森事件的支出就超过了22亿美元。最后,该法案也因没有取代州的石油污染的法律而受到质疑。

经验教训

埃克森·瓦尔迪兹号事件带来了很多经验教训。首先,选择继续依赖石油作为能源将对经济和生态产生相当高的环境风险;其次,环境风险防范是极为必要的;第三,即便应急计划充分,但生态损害是复杂的、动态的,并且难以补救;第四,生态环境受损的程度可能需要几年或者几十年才会显现;第五,对依赖生态系统生存和生活的社区而言,诉讼并不是一个有效或方便的工具,无法实现救济、终结或恢复等功能;最后,个人或公司的疏忽可能会产生灾难性的和永久性的后果,影响成千上万的生命。当环境受到损害时,我们也同样都受到了损害。

桑内·卢森(Sanne KNUDSEN)

犹他州立大学

李琳莎译

参见:博帕尔灾难;布兰特—史帕尔;清洁水法;污染者付费原则;风险预防原则;侵权法。

拓展阅读

Alaska Department of Environmental Conservation. (2010). Then and now: Prince William Sound oil spill response and prevention. Retrieved September 5, 2010, from http://www.dec.state.ak.us/spar/evos/thennow.htm.

Alaska Oil Spill Commission. (1990). Spill: The wreck of the *Exxon Valdez*: Implications for safe transportation of oil (Final report). Retrieved September 5, 2010, from http://www.arlis.org/docs/vol1/B/33339870.pdf.

Brown, Evelyn D., & Carls, Mark G. (1998). *Exxon Valdez* oil spill trustee council restoration notebook: Pacific herring (*Clupea pallasi*). Retrieved November 21, 2010, from http://www.evostc.state.ak.us/Universal/Documents/Publications/RestorationNotebook/RN_herring.pdf.

Browne, Lewis. (2001, Winter). It's been 4380 days and counting since EXXON VALDEZ: Is it time to change the Oil Pollution Act of 1990? *Tulane Environmental Law Journal*, 97, 101.

Dell'Amore, Christine. (2010). *Exxon Valdez* anniversary: 20 years later oil remains. *National Geographic*. Retrieved September 5, 2010, from http://news.nationalgeographic.com/news/2009/03/090323-exxonanniversary.html.

Exxon Valdez Oil Spill Trustee Council. (2009). Legacy of an oil spill: 20 years after *Exxon Valdez*, 2009 status report. Retrieved September 5, 2010, from http://www.evostc.state.ak.us/Universal/Documents/Publications/20th%20Anniversary%20Report/2009%20Status%20Report%20(Low-Res).pdf.

Exxon Valdez Oil Spill Trustee Council. (2010). Oil spill facts. Retrieved September 5, 2010, from http://www. evostc.state.ak.us/facts/index.cfm.

Fall, James A.; Miraglia, Rita; Simeone, William; Utermohle, Charles J.; & Wolfe, Robert J. (2001). Long-term consequences of the *Exxon Valdez* oil spill for coastal communities of southcentral Alaska: Final report. Retrieved September 5, 2010, from http://www.arlis.org/docs/vol1/B/48097711.pdf.

National Oceanic and Atmospheric Administration (NOAA). (1992). *Oil spill case histories*. Retrieved September 5, 2010, from http://response.restoration.noaa.gov/book_shelf/26_spilldb.pdf.

Peterson, Charles H.; Rice, Stanley D.; Short, Jeffrey W.; Esler, Daniel; Bodkin, James L.; Ballachey, Brenda E.; & Irons, David B.. (2003). Long-term ecosystem response to the *Exxon Valdez* oil spill. *Science, 302*, 2082–2086.

Picou, J. Steven, & Martin, C. G. (2007). Long-term community impacts of the *Exxon Valdez* oil spill: Patterns of social disruption and psychological stress seventeen years after the disaster. Retrieved November 21, 2010, from http://www.arlis.org/docs/vol1/B/243478793.pdf.

Rodgers, William H., et al. (2005). The *Exxon Valdez* reopener: Natural resources damage settlements and roads not taken. *Alaska Law Review, 22*, 135.

判例

Baker v. Exxon Mobil Corp. (In re *Exxon Valdez*), 472 F.3d 600 (9th Cir. 2006).

Exxon Shipping Co. v. Baker, 128 S.Ct. 2605 (2008).

Fair Trade

公平贸易

公平贸易将小生产者和巨大的消费市场连接在一起，并提供定价和劳动标准。公平贸易标准对推进合乎道德的和可持续的消费主义观念有很大影响。虽然采取正式的公平贸易模式对政府来说在政治上是不可行的，但是较为广泛的道德消费标准已经在消费者领域中永远的牢牢树立起来了。

公平贸易一词，最初是为了与国际贸易体系的"不公平"做法相对比而创造出来。它涉及政府干预全球市场的广泛举措。现在，公平贸易是指受促进小规模生产者长远发展的私营标准支配的贸易。公平贸易也逐渐意味着一系列特定的交易标准，包括最低价格标准和保障生产商的额外溢价价格标准，等等。国际公平贸易组织的一个核心小组制定了这些标准：国际公平贸易标签组织（FLO）、世界公平贸易组织（WFTO，国际公平贸易协会的前身）、欧洲世界商店连线（NEWS）和欧洲公平贸易协会（EFTA），这四个组织统称为FINE，总部设在欧洲；还有一个以美国为根据地的

公平贸易联合会（FTF）。符合这些标准的生产商通过这些组织的认证能够为他们的努力获得国际认可，也能够进入寻求道德交易商品的消费者的缝隙市场。

管理公平贸易的标准是全方位的。这些标准通常包括最低要求（首次认证）和进度要求（随时间持续认证）。例如，国际公平贸易标签组织，建立了社会和经济发展的标准，以及用于跟踪某个特定生产组织的环境影响、避免转基因生物（GMOs）的使用和限制农药的使用的规则。它还包括国际劳工组织（ILO）劳动自由的标准，以及劳动条件、集体谈判、职业健康与安全的标准（FLO 2009a）。

受公平价格和合理薪酬两大支柱的支持，公平贸易运动主要由标签组织、零售商、进口商以及公平贸易生产商的有组织团体组成，这些公平贸易生产商已经开始告知消费者并提高国际贸易商品的标准。每个标签组织都制定生产标准，并为公平贸易生产商、进口商、零售商提供资源、研究、开发以及网络。除民

间组织外,政府已经开始更直接地参与公平贸易,某种程度上是通过实施仅支持使用公平贸易商品的内部政策和支持具有公平贸易资格的供应商。

公平贸易的历史和标准

现今的公平贸易标准,是从20世纪中叶发展起来,它以英国的牛津饥荒救济委员会(现称为乐施会)和加拿大的门诺派中央委员会发起的标准为原型。为了给发展中国家的生产商提供公平价格,每个组织从世界贫困地区买入商品后卖到工业化国家。最初这些工作大都是慈善行为,但在19世纪80年代,随着新自由主义思想被广泛接受,公平贸易倡导者改变了他们的营销策略。取而代之的是呼吁消费者的乐善好施(或"慈善")意识,他们试图创造一个真正的"道德贸易商品"的缝隙市场,反对遵守公平贸易标准提高商品的价格从而导致成本增加(的观点)。

四项原则为公平贸易的概念提供了基础。这四项原则是:进口商与生产商之间的直接贸易、长期贸易关系的建立、最低价格和产品价格溢价(price premium)(Nicholls & Opal 2005, 33)。公平贸易组织规定的具体标准践行这四项原则。例如,广泛适用贸易惯例标准,要求该交易是"可追溯的",追溯到生产商以确保(这一)过程被认定为公平贸易,也确保生产商和其他人之间的合同是有据可查和共同商定的。贸易标准也为每一个产品确定一个最低价格及买家直接向生产商支付的价格溢价。该特定溢价用于社区的社会发展项目和商业开发(FLO 2009b)。

每一套产品标准还包含环境发展部分,该部分要求资源管理制度、对环境影响的认识以及符合当地所有法律法规。这些标准也推广天然化肥和生物防虫(技术)的使用,并在种植业的地方推广有机农业(FLO 2009)。在某些情况下,农场运用公平贸易溢价以获得有机生产的认证。通过要求一定程度的环境持续性(environmental sustainability)和可持续生产标准,该标准鼓励持久、长期的贸易关系。

成功的消费者驱动型道德消费

自从1988年以来,公平贸易认证产品(fair-trade-certified products)的全球销售出现爆发式增长。在1988年,第一个公平贸易组织—Max Havelaar在荷兰成立。20世纪90年代,欧洲此类交易的价值增长了400%以上,而且在1994年至2003年期间,英国交易价值增加了3 000%(Fridell 2007, 64; Nicholls & Opal 2005, 192-193)。研究表明,自2003年以来增长放缓甚至下降的国家,如瑞士、德国和荷兰,公平贸易产品自运动开始即已面世(Fridell 2007)。然而,在西班牙、意大利、法国和美国交易价值持续增长,在这些国家里,公平贸易是一种相对较新的现象(Fridell 2007, 64-65, 64)。

这场运动涉及传统上相对边缘化的另类交易组织,该组织基于生产者的需求从小型生产商购买产品。早在21世纪初,由于在公平贸易市场的企业将关注焦点从生产者转移到消费者的需求上,公司有了新的盈利(Nicholls & Opal 2005, 99-100)。大型跨国公司(MNCs)如都乐(Dole,香蕉)和星巴克(咖啡）进入公平贸易市场，承诺从公平贸易生产者组织购买一小部分它们的产品（Nicholls & Opal 2005,103）。

消费需求推动了许多公司去促进除公平贸易标准外的其他类型的道德消费标准（ethical consumption standards）。也许最著名的例子是星巴克购买咖啡的承诺即"负责任地成长，道德交易"。2009 年，星巴克 81% 的咖啡都经过了其咖啡和农民平等（Coffee & Farmer Equity, C.A.F.E.）标准的验证。同年，只有略高于 10% 的咖啡采购量达到正式的公平贸易标准（Starbucks Coffee Company 2009）。设立在美国的整个星球基金会（Whole Planet Foundation）通过经济合作以及为发展中国家全食超市供应商（Whole Foods Market suppliers）提供小额信贷支持道德贸易商品（Whole Planet Foundation 2009）。有趣的是，证据表明，公平贸易的概念催生了一个更大的消费者意识运动，该运动正在改变全球农产品贸易的面貌（House of Commons International Development Committee 2007,9）。

私营标准和软法

通常，公平贸易和其他道德消费标准只是部分私营企业的自愿承诺。因此，其法律效力等同于生产商、出口商、进口商和零售商之间的合同承诺。然而，政府进入公平贸易运动，可能会使国内和国际贸易法具有更广泛的约束力。

特别是在欧洲和英国，政府已通过公平贸易标准积极参加促进可持续发展和减贫。例如，威尔士要求所有公共部门的供应商合同中含公平贸易政策，任何可使用公平贸易产品的地方公共部门的内部都只使用公平贸易产品，等等（Fair Trade Wales 2010）。荷兰有个省对公共部门咖啡供应商有类似的要求，并且当一个供应商以该规定构成歧视为由起诉公共部门咖啡供应商时，后者胜诉（Douwe Egberts … v. The Province of Gron-ingen 2007）。

然而，除了公共采购条款，还没有哪个国家通过一部要求在某个特定行业贸易或生产符合公平贸易标准的法律。不过，欧盟采取了一些中间步骤来促进区域性公平贸易。2006 年，欧盟议会通过了一项推荐欧盟公平贸易政策的决议。它认识到公平贸易的好处，并呼吁对国际贸易标准更广泛的支持（European Parliament 2006）。在此之前，欧盟委员会（European Commission）发表了通讯，包括提议增加支持公平贸易（Commission of the European Communities 2005）和欧盟的行动计划，该计划鼓励跨国公司遵守像公平贸易这样的社会发展标准（Commission of the European Communities 2004）。

这些中间步骤是软法的例子。软法是指多边机构如联合国和欧盟采用的本身不具有法律约束力的一个或一系列标准（Mensah 2008,50）。另一方面，硬法，通常被认为合法地约束接受该标准的当事人，并且通常包含一些执行机制。《关税和贸易总协定》（GATT）——支撑世界贸易组织的协议，提供了一个"硬"国际法的示例。当一个国家签署了协议，它就必须遵守，否则将面临来自其他成员国的处罚。许多双边和区域贸易协定有相似的结构及不同程度的强制执行性。

然而，还未如此普遍地采用公平贸易标

准以至于使国家或个人面临违法后果。鉴于大多数跨国公司不接受一些基本原则，如最低价格原则，欧盟已经认识到，建立公平贸易作为一个可执行的守则可能无法获得政治上的支持（Commission of the European Communities 2004）。与此同时，除星巴克和整个星球基金会，许多组织都采取了劳动、环境和人权标准作为他们公司社会责任政策的一部分。

道德消费的未来

从经济学到政治学都有对公平贸易的批评。基于经济学的批评指出，公平贸易仍占不到全球贸易销售额的0.5%；在任何消费者经济中，公平贸易份额最多的是咖啡，其仅占到销售的5%(Sidwell 2008)。此外，公平贸易的好处似乎并不惠及较小的发达经济体，如埃塞俄比亚，在那里只有四个生产者组织存在(Sidwell 2008)。批评者进一步认为设定价格下限和向生产商支付溢价会破坏生产商提高效率和质量的动力(Sidwell 2008)。

公平贸易标准的支持者指出，与传统的全球贸易相比，公平贸易标准相对较新，因此发展新市场的空间很大(Fridell 2007, 65)。他们还认为，最低价格实际上提高了市场效率，因为它允许人们在不然会转向温饱型农业或是完全无法生产时继续农业活动(Nicholls &

Opal 2005)。

截至2009年，没有一项研究证实或反驳任一方观点（一个结论是，公平贸易政策可能在每一个位置具有不一样的效果，而且积极影响可能会与其他方面的消极影响相抵消）。

在政治方面，公平贸易竞争者指责公平贸易的支持者未能认识到其他道德采购和消费标准。杜威·埃格伯茨（Douwe Egberts，美国Sara Lee公司的一个国际品牌）和荷兰格罗宁根省之间的冲突提供了这样一个例子。2007年，格罗宁根省向政府大楼热饮机中的咖啡、茶和可可的供应商发出签订合同的邀请。提出的要求之一是这些产品要根据公平贸易（Max Havelaar）和有机贸易（EKO）标准进行认证。作为一个潜在的供应商，Douwe Egberts的咖啡被另一种道德消费标签——伍兹(Utz)标准认证，但没有由公平贸易标准进行认证(Douwe Egberts ... v. The Province of Groningen 2007)。除了公平贸易的最低价格要求，伍兹标准还反映了促进可持续农业、鼓励消费者社会和环境责任的相同理想。虽然杜威·埃格伯茨声称格罗宁根省的公平贸易认证要求构成一种歧视，但地区法院支持了该省供应商要求。

公平贸易标准的支持者认为这对无

处不在的小生产商而言是一个伟大的胜利。但公平贸易的声援者——欧盟认为可选择的道德消费模型虽然不全面，但也应该受到鼓励（Commission of the European Communities 2004）。在国际贸易中广泛要求的最低定价，使公平贸易在政治上可能是不可行。尽管公平贸易中有经济和政治缺陷，但是，过去的二十年已经表明，道德采购和消费项目可能会是消费领域中永久的组成部分。公平贸易标准管理的产品将继续增长，尽管增速降低。公司将继续寻求新的方式来促进产品可持续发展、道德贸易以及负责任消费。

蕾切尔·蒂娜·斯拉舍
（Rachel Denae THRASHER）
波士顿大学 Pardee 长期研究中心
李艳娜译

　　参见：可持续发展——法律和委员会概述；生态标签；环境法，软与硬；自由贸易；转基金生物立法。

拓展阅读

Barratt Brown, Michael. (1993). *Fair trade: Reform and realities in the international trading system.* London: Zed Books.

Commission of the European Communities. (2004). *Agricultural commodity chains, dependence and poverty: A proposal for an EU action plan* [COM(2004)89 final]. Retrieved May 13, 2010, from http://ec.europa.eu/development/icenter/repository/COMM_PDF_COM_2004_0089_F_EN_ACTION_PLAN.pdf.

Commission of the European Communities. (2005). *Policy coherence for development: Accelerating progress towards attaining the millennium development goals* [COM(2005)134 final]. Retrieved May 13, 2010, from http://eur-lex.europa.eu/LexUriServ/LexUriServ.do?uri=COM:2005:0134:FIN:EN:PDF.

European Parliament. (2006). Fair trade and development: European Parliament resolution on fair trade and development (2005/2245 INI). Retrieved May 13, 2010, from http://www.europarl.europa.eu/sides/getDoc.do?pubRef=-//EP//NONSGML+TA+P6-TA-2006-0320+0+DOC+PDF+V0//EN.

Fair Trade Wales. (2010). Welsh assembly government commitment. Retrieved May 13, 2010, from http://fairtradewales.com/about/welsh_assembly_commitment/439.

Fairtrade Labelling Organizations International (FLO). (2009a). Generic fairtrade standards for hired labour. Retrieved May 12, 2010, from http://www.fairtrade.net/fileadmin/user_upload/content/2009/standards/documents/04-10_EN_Generic_Fairtrade_Standard_HL_Aug_2009_EN_amended_version_04-10.pdf.

Fairtrade Labelling Organizations International (FLO). (2009b). Generic fairtrade trade standards. Retrieved May 13, 2010, from http://www.fairtrade.net/fileadmin/user_upload/content/GTS_Aug09_EN.pdf.

Fridell, Gavin. (2007). *Fair trade coffee: The prospects and pitfalls of marketdriven social justice.* Toronto: University of Toronto Press.

House of Commons International Development Committee. (2007, June). Fair trade and development: Seventh report of session 2006–07. Retrieved May 19, 2010, from http://www.parliament.the-stationery-office.co.uk/pa/cm200607/cmselect/cmintdev/356/35602.htm.

Mensah, Th omas A. (2008). Soft law: A fresh look at an old mechanism. *Environmental Policy and Law, 38*(1–2), 50–56.

Nicholls, Alex, & Opal, Charlotte. (2005). *Fair trade: Market-driven ethical consumption.* London: Sage Publications.

Sidwell, Marc. (2008). *Unfair trade.* Retrieved September 29, 2009, from http://www.adamsmith.org/images/pdf/unfair_trade.pdf.

Starbucks Coffee Company. (2009). Responsibly grown coffee. Retrieved May 13, 2010, from http://www.starbucks.com/responsibility/sourcing/coffee.

Whole Planet Foundation. (2009). Supplier alliance for microcredit. Retrieved May 13, 2010, from http://www.wholeplanetfoundation. org/partners/supplier/.

Douwe Egberts Coffee Systems Netherlands B.V. v. The Province of Groningen, No.97093/KG ZA 07–320, Judgment. (Nov.23, 2007). Retrieved May 19, 2010, from http://www.berlin.de/imperia/md/content/senwirtschaft/lez2/fairebeschaffung/urteil_groningen.pdf?start&ts=1260889819&file=urteil_groningen.pdf.

Fishing and Whaling Legislation

捕鱼和捕鲸立法

报告显示,75%以上的全球海洋渔业处于过度开发、充分开发、大大减少或从过度开采中恢复的状态中。对鲸鱼所受环境威胁的管理受到国际捕鲸委员会意见不一致的阻碍。破坏海洋生态系统的后果是显而易见的。确保海洋生态系统可持续管理的途径,除了别的以外,还必须探求、运用国际立法。

根据联合国粮农组织编辑的数据,截至2006年,在全球开放水域捕获或者水产养殖(在密闭水域的养殖)的鱼和海鲜共144万吨,人类消费占其中的110万吨,其余的消耗在药品上和以鱼粉形式由动物消耗(GreenFacts 2009)。尽管鱼类和海鲜产品的消费在世界各地差别很大,但总体上人均消费在过去40年中稳步增长,从20世纪60代的平均9.9公斤增长到2005年的平均16.4公斤。2006年,总计540亿吨、价值达859亿美元的渔业产品在国际市场上交易。次年价值继续增加,在全球经济衰退的2008年只是略有下降(GreenFacts

2009)。

超过半数(鲸鱼)接近可持续捕获量的极限,约四分之一(鲸鱼)要么耗尽要么缓慢复苏,因此鱼类资源的开发利用是一个紧迫的全球性问题。世界上绝大多数的最宝贵鱼类资源大部分都被充分开发或过度开发。剩下未开发的25%主要包括价值较低或盈利最少的渔业物种。渔业越来越依赖低附加值的物种,且其生产力逐年波动。

尽管在世界许多地区,特别是在发展中国家或欠发达国家,渔业具有社会和经济的重要性,但是许多可持续管理的尝试及建议措施均告失败。为了保护和保存渔业资源,同时提供食物和生计,国家必须认识到全球立法框架的必要性,除其他措施外,还包括:禁止破坏性的捕鱼行为;建立海洋保护区;进行事先影响评估并实施相应措施;降低捕捞能力、过度捕捞、副渔获物的捕捞。本文概述了捕鱼和捕鲸产业采用生态系统管理方法的一些尝试。

《海洋法公约》

就有关渔业法律的讨论起点是1982年的《联合国海洋法公约》（UNCLOS）。它正式确立了一个管理世界海上活动、海洋上空活动及海底活动的综合性法律制度。该公约汇集了覆盖所有海域的国际法，从领海（设定在12海里）到200英里专属经济区，直到公海以及海底。这也奠定了管理和保护海洋生物的框架，包括科研规则、监测和咨询规则、环境评估规则、执法规则及责任规则。

《联合国粮农组织合规协定》

过度投资、船队规模扩大、方便旗（FOC，即注册的商业船舶或悬挂国旗，主权国不同于船舶国）和过度捕捞——特别是《预防、遏制和消除非法、不报告和不受管制的捕鱼国际行动计划》定义的非法、不管制、不报告（Illegal, Unregulated and Unreported, IUU）的捕鱼，引起了很多问题（IPOA-IUU 2001）。在联合国粮农组织主持下完成谈判的《1993年合规协定》，就是对这些问题的国际应对。这是第一个具有国际法律约束力的文件，其直接针对换旗和其他方便旗问题，并聚焦于船旗国合规问题，特别强化船旗国的责任。该协定要求各缔约国确保悬挂非缔约国国旗的渔船不从事破坏国际渔业保护和管理有效性的活动，等等［Article VIII（2）］。然而，该规定对非缔约国不具有约束力。尽管该协定存在缺陷，但遵守该协定的效果是，各缔约国必须控制他们的国旗船在公海上的活动。

《联合国粮农组织的行为准则》

《合规协定》是《联合国粮农组织负责任渔业行为守则》不可分割的一部分，签订于1995年10月31日（FAO Conference resolution 15/93, paragraph 3）。《行为守则》是自愿遵守的，即"软法"。根据该《行为守则》制定了关于海鸟、鲨鱼、捕捞能力管理、非法捕捞的四个《国际行动计划》（IPOA）。后者被称为IPOA-IUU，于2001年通过，而且是四个可持续渔业的目标中最重要的一个。关于捕捞能力的《国际行动计划》也特别重要，因为除非解决产能过剩、IUU，否则不可持续渔业将会继续下去。

《联合国鱼类种群协定》

1995年的《鱼类种群协定》提供了国家在渔业管理和保护方面的主要合作机制（UN 2010）。该协定使区域渔业管理组织（RFMOs）有权调节跨界鱼类和公海洄游鱼类种群（第2条和第3条），并通过《联合国海洋法公约》相关条款的有效执行，旨在确保跨界鱼类种群和高度洄游鱼类种群的长期保护和可持续利用（第2条）。

该协定确立了明确要求渔业管理要含有风险预防措施［Articles 5(c) & 6］。这是很重要的，因为以前的方法是基于建立最大可持续产量（MSY），这需要渔业管理者有关于鱼死亡率、产卵库存量、加入库存的幼鱼数量的准确、实时数据（1998）。然而，实践中这些准确数据是得不到的，而且最大可持续产量经常在库存量下降或者低于最大可持续产量时才确定。最大可持续产量现在越来越被视为环境的最小值或底线而不是一个目标。《鱼类种群协定》还包含了一种生态系统方法的做法，其旨在管理渔业生态系统，而不是管理某个单一的物种。

根据该《协定》，国家必须采取保护措施；

如评估［第 5(d) 条］和管理［第 5(e) 条］属于同一生态系统的物种或与目标种群相关或从属目标种群物种；解决捕捞过度和捕鱼能力过大［第 5(g,h) 条］；监测和管制渔业［第 5(1) 条］。

《鱼类种群协定》的另一个重要条款是允许登临并检查公海上的船舶［第 21(1) 条］。《鱼类种群协定》还提供了港口国可以采取的措施（第 23 条），包括检查、着陆和转口的禁止。最后，它要求不属于某个分区域或者区域渔业管理组织的国家不免除对相关鱼类种群的养护和管理方面的合作义务（第 17 条）。

区域渔业管理组织

区域渔业管理组织（RFMOs）旨在各自领域保护和管理渔业。区域渔业管理组织在其领域的公约中有一项赋权其成员通过具有约束力的养护和管理措施的要求。根据《鱼类种群协定》（FSA），各国必须通过区域渔业管理组织采取行动，确保目标种群的长期可持续性［第 5(a) 条］；保护海洋生物多样性［第 5(g) 条］以及管理属于同一生态系统的物种或从属目标种群或与目标种群相关的物种［第 5(e) 条］，例如其他鱼类和海鸟；通过监测、管制和监督，采取强制措施［第 5(1) 条］。16 个区域渔业管理组织直接确立了这样的约束性措施（两个尚未生效）。鱼类种群协定的缔约国必须加入相关区域渔业管理组织或适用区域渔业管理组织的保护和管理措施，这些措施对整个《联合国海洋法公约》（规定的）海上边界线也是适用的。

表 1 总结了主要的区域渔业管理组织、每个区域渔业管理组织管理的主要物种、地理覆盖范围。

表 1　区域渔业管理组织（Regional Fisheries Managing Organization）

区域渔业管理组织（RFMO）	管理种类（Species）	管理区域（Area）
大西洋金枪鱼养护国际委员会（ICCAT）	旗鱼、金枪鱼、鲭鱼	大西洋
印度洋金枪鱼委员会（IOTC）	金枪鱼、旗鱼	印度洋
中西太平洋渔业委员会（WCPFC）	金枪鱼、旗鱼	中西太平洋
美洲间热带金枪鱼委员会（IATTC）	金枪鱼、旗鱼	东太平洋
马苏金枪鱼养护委员会（CCSBT）	南方蓝鳍金枪鱼	南方蓝鳍金枪鱼范围内
东北大西洋渔业委员会（NEAFC）	红平鲉、蓝鳕鱼、鲭鱼、大西洋鲱鱼、黑线鳕、鳕鱼、黑叉尾带鱼、罗非鱼	东北大西洋
西北大西洋渔业组织（NAFO）	鳕鱼、格陵兰左口鱼、红鱼、鳐鱼、美国红、黄盖鲽、白鳕鱼、美首鲽、毛鳞鱼、鱿鱼、虾	西北大西洋
北大西洋鲑鱼保护组织（NASCO）	鲑鱼	北大西洋
东南大西洋渔业组织（SEAFO）	金眼鲷、罗非鱼、拟五棘鲷、多锯鲷、深海鳕鱼、鲭鱼，鲨鱼、章鱼、鱿鱼、雄性泗水玫瑰鱼、马鲛鱼、奥利奥海鲂、红蟹	东南大西洋
南印度洋渔业协定（SIOFA）（暂未生效）	犬牙鱼、罗非鱼、金眼鲷	南印度洋渔业协定
南太平洋区域渔业管理组织（SPRFMO）	磷虾、犬牙鱼、银鱼、鱿鱼、螃蟹	南太平洋
南极海洋生物资源养护公约（CCAMLR）	鳕鱼、红鳕鱼、鳐鱼、蓝红虾、挪威龙虾、凤尾鱼、沙丁鱼、海豚鱼、东大西洋蓝鳍金枪鱼、旗鱼	南大洋
地中海一般渔业委员会（GFCM）	沙丁鱼、海豚鱼、东大西洋蓝鳍金枪鱼、箭鱼	地中海

《港口国协议》

《全球渔业立法协议》最近的一个组成部分是《港口国预防、制止和消除非法、不报告、不管制捕鱼的措施协议》，于2009年11月22日在联合国粮农组织公开签署。该协议一旦生效，其将是除其他规定外，首份专门用来解决IUU捕鱼的全球性条约，有助于阻止IUU捕捞鱼品进入国际市场。该协议将在第25个批准、接受、核准或者加入文件交存之日起30日后生效（意思是需要25个以上的国家批准，第25个国家提交文件之日起30日后生效）。

捕鲸——全球立法概述

1946年，根据《国际捕鲸管制公约》（ICRW），成立了国际捕鲸委员会（IWC），谋求适当地保护鲸类并能使捕鲸渔业有秩序的发展。国际捕鲸委员会通过国际公约附表管理鲸鱼，该附表是修正案不可分割的组成部分，修正案是自2010年起每年举行一次的年度股东大会（做出的）。目前这些措施为某些物种、鲸鱼保护区、捕鲸限制、捕鲸的解禁期、禁渔季以及捕鲸区域等提供保护。会员资格向任何一个正式遵守《国际捕鲸管制公约》的国家开放，《国际捕鲸管制公约》目前包括88个国家。

该制度的第一个几十年见证了大量鲸鱼种群的持续开发和下降。认识到这一问题，1974年，国际捕鲸委员会通过了一项新的管理程序（NMP），其基于科学评估和可持续性来设定配额。然而，NMP没有详细说明鲸鱼种群的规模及生产力的关键信息如何确定。捕捞限额以及NMP程序波动幅度太大，并且该程序缺乏调整捕捞限额的机制以至于不能反映科学的不确定性因素（ICR 1993）。国家低报他们捕鲸数量、不适当的遵守程序，从而导致鲸鱼数量持续下降（Gulland 1990）。1994年，国际捕鲸委员会通过了修订后的管理过程（RMP），通过"捕捞限量算法"更好地考虑了不确定性因素。但针对包括检查和监测在内的合规和执行事项的《修订管理方案》协议（RMS）还没有达成，并且谈判陷入了僵局。

鉴于种群数量的减少、多数成员国商业捕鲸产业的衰退以及日益强大的保护鲸鱼全球环境运动，1982年，四分之三的成员国同意实施五年全球商业捕鲸禁令；禁令将在1986年开始，并持续到现在（IWC附表10(e)）。赞成和反对捕鲸的国家不断争执禁令的必要性。

捕鲸禁令从达成以来，就受到来自日本、秘鲁、挪威和苏联的官方反对

（the Russian Federation as of 1991）。后来秘鲁和日本分别在1983年和1987年撤回了这些反对。冰岛没有提出异议但于1992年离开了国际捕鲸委员会，其后于2002年再次支持备受争议的保留商业捕鲸禁令的公约。挪威和俄罗斯联邦的反对没有撤回，禁令并非完全约束这些国家，尽管俄罗斯目前没有从事商业捕鲸。

国际捕鲸委员会关注的最紧迫的问题是对致命性捕捞鲸鱼行为的豁免。根据公约第八条，任何缔约国可以颁发许可证，授权国家为科学研究目的而对鲸鱼进行捕获、击杀和加工处理。国际捕鲸委员会也对原住民生活捕鲸与商业捕鲸进行区别对待（IWC Schedule paragraph 13）。

在国际捕鲸委员会有过打破僵局的两次显著努力。第一，称为《爱尔兰提案》（The Irish Proposal），1997年其试图允许在沿海捕鲸但禁止在沿海水域外捕鲸。第二，被称为国际捕鲸委员会的未来（the Future of the IWC），正式开始于2007年，是一个程序性和实质性改革的"一揽子"规定，其中最具争议的可能是授予日本、冰岛和挪威一个配额，该配额可能低于目前捕获的鲸鱼数量，同时使"科学捕鲸"在国际捕鲸委员会的控制范围之内并建立其他措施来改革国际捕鲸委员会。然而，在2010年摩洛哥的阿加迪尔国际捕鲸委员会会议上，该委员会并没有认可这种"一揽子"规定。

对未来的展望

在国际法领域中，约束性和非约束性的复杂网络为促进渔业可持续发展以及IUU捕鱼的预防或消除提供了一个坚实的基础。但是在实践中，还有许多缺点和漏洞：容忍违规

的船旗船、产能过剩、过度捕捞、破坏性捕捞渔具的使用、破坏食物网的捕捞、副渔获物、从一个地区到另一个地区进行不可持续捕捞作业、转运和不充分的监测、控制和监督，以及在公海和许多专属经济区内的强制执行的问题。

对于鲸鱼，有关国际捕鲸委员会的使命和宗旨以及国际捕鲸委员会现在成员国——大约分为捕鲸和非捕鲸国家——的争端，导致了政治僵局。这严重妨碍了国际捕鲸委员会应对有针对性地捕鲸以及解决鲸鱼环境威胁的能力。鲸鱼的环境威胁主要是船只碰撞、纠纷、环境毒素和污染、水下噪声污染、粮食供应的改变和气候变化等。

虽然对海洋环境的可持续管理方法持有高度争议，但大多数人认为，所采取的措施，应该包括以下内容：有效的港口国和船旗国管理；有效的国民管理；市场措施，包括有效的捕捞及贸易文件方案；有效的分配制度的发展，以及减少和限制捕捞能力；公海综合管理机制的发展。这最后一步将包括环境影响评价和战略环境影响评估、建立一个有代表性的海洋保护区网络并实施有效的国际监测、控制、监视和执法体系。

邓肯·居里（Duncan CURRIE）
高文律师事务所（Globe Law）
卡捷琳娜·沃克（Kateryna WOWK）
特拉华州立大学
李艳娜译

参见：鳕鱼战争（英国诉冰岛）；国际习惯法；海上人命安全公约；环境法——软与硬；国际法；海洋法。

拓展阅读

Agreement on Port State Measures to Prevent, Deter and Eliminate Illegal, Unreported and Unregulated Fishing (PSA), Rome, FAO, 28 September–2 October 2009. Retrieved December 2, 2010, from ftp://ftp.fao.org/docrep/fao/meeting/018/k6339e.pdf.

Agreement to Promote Compliance with International Conservation and Management Measures by Fishing Vessels on the High Seas (FAO Compliance Agreement), Rome, 24 November 1993, from http://www.fao.org/docrep/meeting/003/x3130m/X3130E00.htm.

Code of Conduct for Responsible Fisheries (FAO Code of Conduct), FAO Conference, 31 October 1995. Retrieved December 2, 2010, from http://www.fao.org/DOCREP/005/v9878e/v9878e00.htm.

Department of Fisheries and Oceans Canada (DFO). (n.d.). *The 200-Mile Limit/La limite de 200 milles*. Retrieved 15 November 2010, from http://www.dfo-mpo.gc.ca/international/pdfs/map_printing.pdf.

FAO Corporate Document Repository—Report of the Conference of FAO—Twenty-Seventh Session. (2007). Draft International Agreement on the Flagging of Vessels Fishing on the High Seas, Conference resolution 15/93, paragraph 3. Retrieved 15 November 2010, from http://www.fao.org/docrep/x5586E/x5586e09.htm#draft%20international%20agreement%20on%20the%20flagging%20of%20vessels%20fishing%20on%20the%20high%20sea.

GreenFacts. (2009). Fisheries. Retrieved December 2, 2010, from http://www.greenfacts.org/en/fisheries/index.htm#1.

Gulland, John. (1990). Commercial whaling—the past, and has it a future. *Mammal Review*, 20(1), 3–12.

International Convention for the Regulation of Whaling (ICRW), Washington, 2 December 1946, Amended by Protocol 19 November 1956 (338 UNTS 366). Retrieved December 2, 2010, from http://www.iwcoffice.org/commission/convention.htm.

International Plan of Action for Reducing Incidental Catch of Seabirds in Longline Fisheries, International Plan of Action for the Conservation and Management of Sharks, and International Plan of Action for the Management of Fishing Capacity, Rome, FAO, February 1999. Retrieved December 2, 2010, from http://www.fao.org/docrep/006/x3170e/X3170E00.htm.

International Plan of Action to Prevent, Deter and Eliminate Illegal, Unreported and Unregulated Fishing (IPOA-IUU), Rome, FAO, 2 March 2001. Retrieved December 2, 2010, from http://www.fao.org/docrep/003/y1224e/y1224e00.htm.

Institute of Cetacean Research (ICR). (1993). Whale management under the International Whaling Commission's revised management procedure (RMP). Retrieved 15 November 2010, from http://www.icrwhale.org/management.htm.

McGirk, James. (2002). Between the lines: The Whaling Commission flounders. *Foreign Policy, 132,* 66–67.

Porter, Gareth. (1998). *Fisheries subsidies, overfishing and trade.* Geneva: UNEP.

United Nations (UN). (2010). Agreement for the Implementation of the Provisions of the United National Convention on the Law of the Sea of 10 December 1982 relating to the Conservation and Management of Straddling Fish Stocks and Highly Migratory Fish Stocks (UNFSA), New York, 24 July–4 August 1995. Retrieved December 2, 2010, from www.un.org/Depts/los/convention_agreements/convention_overview_ fish_stocks.htm.

United Nations Convention on the Law of the Sea (UNCLOS), Montego Bay, Jamaica, 10 December 1982 (1833 UNTS 397). Retrieved December 2, 2010, from http://www.un.org/Depts/los/convention_agreements/ texts/unclos/closindx.htm.

World Wildlife Fund (WWF). (2006). Whales, whaling and the International Whaling Commission: World Wildlife Fund position on whaling and the IWC. Retrieved December 2, 2010, from http://assets.panda.org/ downloads/iwc58wwfpositionstatement.pdf.

Forest Reserve Act

森林保护区法 （美国，1891年）

1891年《森林保护区法》源自19世纪60年代以来美国政府保护林地的努力，它将政治和保护的理念结合起来修改了土地法，以便保留有价值的联邦林地。后来的法律规定了保留地（reserved lands）的管理和保护，并创建了独立于国家公园的国家森林系统。

除了海军用途的槲树储备，直到内战之后美国联邦政府才开始关心其森林保护，当时国内的伐木活动从东北部扩展到大湖区域再到南部，很快又发展到西部。随之而来的是森林破坏和灾难性的森林大火。作为自然保护运动的推动力之一，乔治·帕金斯·马什（George Perkins Marsh）于1864年出版的《人与自然》已经警告了森林砍伐的风险。早期国会对林业的关注集中于火灾、流域保护和植树造林工作。

到了19世纪70年代早期，公有森林的保护和保存已经成为一个问题。在1873年的美国科学促进协会会议上，富兰克林B.霍夫（Franklin B. Hough, 1822–1885）提交了题为《论森林保存的政府责任》的论文。霍夫的论文促使国会采取行动，在农业部设立了一个致力于报告森林状况及保护的职位，1876年该部聘任霍夫负责这项工作。1881年，农业部成立了林业处（Division of Forestry），霍夫担任处长。

早在1876年，国会就提出了保留林地的法案，但并未颁行。不过国会确实建立了一些公共土地保护区（黄石国家公园在1872年），并通过了处理公有木材的法律。1873年的《木材培育法》（Timber Culture Act）通过65公顷的政府赠地鼓励植树造林。1878年《木材和石材法》（Timber and Stone Act）允许自耕农购买多达65公顷的不适宜耕种土地，《自由木材法》（Free Timber Act）允许为了农业、采矿和住宅用途移除公共木材。这些法律导致了公共土地处置（即出售公共土地）中的严重欺诈行为和木材盗伐。一些个人和公司通过操纵木材法律获得巨额利润。自然保护运动的发展,以及公民对滥用公共土地处置法律的反感,推动了公共林地保留运动的发展。

该法案成为法律

《森林保护区法》[也称为《创新法》(Creative Act)]这一名称来自不同个人和团体之间的互动,负责处理与公共土地法的差别的参议院联席会议委员会的命名是,"一部废止木材培育法,并有其他目的的法案"。该委员会也促成了公共土地处置法律的总体变化。然而这些内容(新增部分,不仅是修正和更改的部分)未被允许纳入联合委员会的报告,因此第24节在某种程度上成为该法的最后一个条款:

第24节 美国总统可以随时划出和保留国家或地方全部或者部分覆盖着树林或者灌木的任何公共土地作为公共保护区,不管其是否具有商业价值。总统应当以公告形式宣布建立此类公共保护区及其限制。

一些议员反对该法案,认为它赋予总统过多的公共土地控制权。另一些议员则认为这种风险可以通过对移民重新开放保留地的联合决议或者法案得到补救。不管怎样,该法案于1891年3月2日在国会会期的最后几个小时迅速通过,并由本杰明·哈里森(Benjamin Harrison)总统于3月3日签署。

在随后不到一个月时间里,哈里森总统划出黄石公园林地保护区(Yellowstone Park Timberland Reserve)以保护黄石国家公园附近的土地(保护区在1908年成为肖松尼国家森林)。许多群体都支持保护区,包括希望扩大公园占地的保护主义者,热衷于进入野生动物栖息地的户外运动人士,受益于流域保护的农民和城市居民,以及致力于可持续的森林管理产出和公共森林保护的专业林木工作者。哈里森总统划出了15个森林保护区,总面积530万公顷;格罗弗·克利夫兰(Grover Cleveland)总统另外划出了1 000万公顷。克利夫兰总统在他第二个任期(1893—1897)的早期建立了两个森林保护区,后来他决定在保护区管理和利用计划到位之后再建立更多的保护区。但这些计划一直没有实现。不过,克利夫兰总统在他任期结束前十天签署了一项公告,宣布新建面积超过860万公顷的13个森林保护区,使森林保护区的总面积增加超过一倍。所有的森林保护区都在西部,而新的保护区没有反映西部代表的意见。很多西部人被激怒了;这些土地被搁置不管,但管制其使用的规定禁止木材生产。并不是所有西部人都反对森林保护区；许多人关心流域保护，并请求建立更多的森林保护区。与此同时，西部畜牧业者看到的是放牧限制，以及被排除出土地勘查的采矿利益。一些西部的参议员要求取消他们州内的新森林保护区，因为它们阻碍了该州的发展。在美国西部，对于公共土地上大量保留地的抨击直到今天仍然存在。

森林保护区成为国家森林

借助于1891年《森林保护区法》以及同年晚些时候创建的国家森林系统，国会从国家森林维持（保育和利用）的概念中区分出了保存的概念，这一概念发端于黄石国家公园和优诗美地国家公园（Yosemite）（两个已经存在的国家公园）。但是《森林保护区法》自始就有问题，因为它没有规定资源保护，粗放的采伐和破坏性的火灾仍在保护区内延续。1897年，一项拨款法案的附加条款［俗称《组织法》（Organic Act）］详细说明了森林保护区的目标并规定了它们的管理和保护责任。1905年的《转移法》（Transfer Act）将森林保护区的管理从内政部转移到农业部。1907年，国会撤销了6个西北部州保留公共林地的权力。就在该法案通过前的几天，西奥多·罗斯福（Theodore Roosevelt）总统签发了建立新保护区或者扩大现有保护区的32个公告。到他的政府任期结束时（1909），共有总面积超过6 000万公顷的159国家森林保护区。今天，超过7 800万公顷的森林保护区构成了美国国家森林系统。

超越美国国土

黄石国家公园成立于1872年，随后发展起来的国家公园系统成为世界范围内保护自然的模板。在19世纪晚期，国家公园作为荒野保存场所的理念有着强大的政治支持者，比如约翰·缪尔（John Muir）和乔治·马什（George Marsh）。一个相反的观点是支持森林管理和可持续木材生产的理性使用的保育或明智利用模式。《森林保护区法》导致了保留林地的国家森林系统是以生产为导向而不是以保存为导向。

随着时间的推移，社会压力导致国家森林更加导向多样化利用，木材生产反而经常成为次要用途。《森林保护区法》创立了一种被世界各国广泛采用的模式，即建立生产导向的森林保护区。传统上，创建森林保护区是为了对抗森林砍伐或保护珍贵树种。美国的国家森林被导向人类利用和经济贡献。其他国家也将该模式应用于他们自己的国家森林系统。

托马斯·詹姆斯·斯特拉卡（Thomas James STRAKA）
克莱姆森大学
刘长兴译

参见：雷斯法；土地利用管制和区划；国家环境政策法；自然资源法；荒野法。

拓展阅读

Cubbage, Frederick W.; O'Laughlin, Jay; & Bullock, Charles S., III. (1993). *Forest resource policy*. New York: John Wiley & Sons.

Dana, Samuel T. (1956). *Forest and range policy: Its development in the United States*. New York: McGraw-Hill.

Frome, Michael. (1984). *The Forest Service* (2nd ed.). Boulder, CO: Westview Press.

Hayward, William C. (2000). *How the West was lost*. Springview, UT: Bonneville Press.

Huffman, James L. (1978). A history of forest policy in the United States. *Environmental Law, 8*(2), 239–280.

Ise, John. (1920). *The United States forest policy*. New Haven, CT: Yale University Press.

Kakamandeen, Michelle, & Gillson, Lindsey. (2007). Demything "wilderness:" Implications for protected area designation and management. *Biodiversity and Conservation, 16*(1), 165–182.

Samson, Fred B., & Knopf, Fritz L. (2001). Archaic agencies, muddled missions, and conservation in the 21st century. *BioScience, 51*(10), 869–873.

Steen, Harold K. (2004). *The U.S. Forest Service: A history* (Centennial ed.). Durham, NC: Forest History Society.

Steen, Harold K. (Ed.). (1992). *The origins of the national forests: A centennial symposium*. Durham, NC: Forest History Society.

Williams, Gerald W. (2000). *The USDA Forest Service—The first century* (FS–650). Washington, DC: USDA Forest Service.

Free Trade

自由贸易

自由贸易是货物、服务、劳动甚至创意不受诸如关税和配额之类的政府限制的跨国界流动。由于贸易国家之间环境法律的不同，以及运输所需化石燃料使用的大幅增加，尽管许多政策制定者将自由贸易视为经济理想，但它与持续性的冲突一直存在。

自由贸易通常是指货物、服务、劳动和资本在政府不设立经济壁垒和监管壁垒条件下的跨国界自由流动。尽管自由贸易在事实上通常与可持续性目标相悖，但是许多经济学家和政策制定者仍然认为完全自由贸易是国际经济关系的最终目标。

各国通过降低进口税（关税）、移除其他（非关税）国家间贸易壁垒的多边、区域和双边协议来推进自由贸易。这些协议要求参与国的贸易政策和法律符合特定标准，以便于货物、服务、创意甚至人员的跨国界流动。一些批评人士指责这些具体的贸易自由化措施加重了国家之间的不平等，并通过快速工业化增加了额外的环境压力（Stenzel 2002），但也有人声称只有自由贸易可以促进全球可持续增长和发展。

自由贸易的起源

经济学家亚当·斯密（Adam Smith）在1776年写道，"如果一件东西在购买时所费的代价比在家生产时所费的小，就永远不要在家生产，这是每一个精明的家长都知道的格言……在每一个私人家庭的行为中是精明的事情，在一个大国的行为中就很少是荒唐的了"（Smith 1904, 2:11–12）。这一逻辑发展出了19世纪经济学家大卫·李嘉图（David Ricardo）的比较优势理论，该理论鼓励各国专注于特定产品同他国进行交易。到20世纪30年代，经济学家开始鼓吹自由贸易作为促进和平与繁荣的方式（Bhagwati 2008）。

然而，自由贸易在政治上并没有得到普遍支持，政策制定者实施贸易保护主义政策以应对大萧条的到来。各国推出了"以邻为壑"

的政策试图给予本国商品相对他国商品的价格优势,这些政策包括本国货币贬值、增加关税和配额限制。经济学家指责这样的保护主义政策在一定程度上加剧了大萧条,导致了全球经济低迷。

第二次世界大战之后,经济学家和政策制定者联合起来重建全球经济体系。他们的尝试之一是提议创建国际贸易组织(ITO)来管理国家之间的贸易,避免倒退至20世纪30年代的贸易保护主义。由于国际贸易组织并未实际成立,临时的关税和贸易总协定(GATT)成为二战后管理国际贸易的"事实上的机构",直到被世界贸易组织取代(Bhagwati 2008,8)。这些早期的贸易自由化努力旨在促进发展和经济增长。通过关税和贸易总协定的各种谈判,更多的国家在20世纪下半叶开始削减国际贸易壁垒,那时他们已经有了解决贸易争端的全球机制。

1995年,123个国家创立了世界贸易组织。在世界贸易组织之下,关税和贸易总协定管理货物贸易,几个附属协议规范服务贸易、农产品贸易、知识产权保护和其他贸易相关问题。在这一轮谈判(乌拉圭回合)中,世界贸易组织也建立了贸易与环境委员会(CTE)来分析贸易与环境政策之间的关系。该委员会建议如果政策措施不利于可持续发展和环境保护,应当修改国家的贸易政策。

2001年在卡塔尔多哈启动的世界贸易组织多哈回合谈判,第一次将环境承诺公开付议。多哈发展议程(DDA)雄心勃勃地提出要在农业和知识产权等敏感领域推动贸易自由化,同时推进可持续发展、提高欠发达国家的收入(WTO 2001)。虽然多哈回合谈判开始

时大家还比较乐观,但并不成功的开端已经导致世界贸易组织未来作为贸易自由化平台的不确定性。越来越多的国家正在转而通过双边和地区协议逐步走向全球自由贸易。

自由贸易和可持续发展

20世纪90年代初期以来,各国开始关注贸易与可持续发展之间的关系(WTO 1994)。尽管贸易与可持续发展的关系在很大程度上是间接的,但世界贸易组织认为通过增加贸易、经济增长、制度稳定性和可预测性、加大创新、更高效的资源配置以及收入增长,自由贸易会促进环境的持续性(WTO 2006)。许多国家的政策制定者认为自由贸易提供的市场准入使本国公民受益。市场准入意味着本地商人可以为国际消费者提供商品、服务、资本以及商标和专利等知识产权。

不幸的是,促进一个国家或行业市场准入的规则可能损害另一个国家或者行业。即使是完全实现的自由贸易也不保证同时改善每个人的或每个国家的福利。相反,即使是最乐观的预测,也只是预期自由贸易将重新分配资源,使"赢家"得到的比"输家"失去的更多,从而导致全球平均福利的增加(Ackerman & Gallagher 2008)。那么推而广之,全球平均福利的增加只能带来环境持续性的平均增长。因此,即使自由贸易完全实现,仅靠它也不会当然带来全球的可持续发展。

对持续性的实际影响

许多政策制定者仍然认为,分别签署的双边和多边协议累积起来可以实现完全自由贸易的全部应允益处。经济学家承认自

由贸易通常会对贸易流量产生积极的影响。一项研究表明贸易额仅在2000年就增长了120%，这主要得益于世界贸易组织带来的贸易自由化（Subramanian & Wei 2007）。这项研究还显示，在贸易壁垒减少的制造业，贸易额增加了；而贸易壁垒仍然较高的行业，贸易额小，甚至还有下降（贸易额按照给定时间内货物和服务交易的数量测算）。由于许多发达国家还保持着较高的贸易壁垒，服装、鞋类和农产品贸易在关税和贸易总协定建立以来变化不大。

虽然自由贸易在一些情形下带来了贸易额增加和经济增长，但增长的可持续性及其对环境的影响并不明确。在《北美自由贸易协定》（NAFTA）签署后，墨西哥北部的收入和就业显著增长。同样地，制造业出口也迅速增加。但这些改善很大程度上要归因于边境加工行业（雇用底薪工人的墨西哥外资工厂），该行业在很大程度上是与墨西哥经济的其他部分相分离的（Salas 2001）。除非自由贸易政策鼓励有价值的技术转移，并通过前后的经济联系协助构建当地经济，否则此类经济增长难以持久（前向联系是生产商和消费者之间的销售链，后向联系是生产商和供应商之间的销售链）。

经济可持续性并不是唯一的问题。随着贸易流量的增加，运输货物和提供服务的需求、最终可能耗尽的化石燃料的消耗都将增加。自20世纪90年代中期双边和多边贸易更加自由以来，贸易所引起的工业化常常导致环境退化。例如，由于鼓励建立了数以百计的出口导向型边境加工厂，《北美自由贸易协定》导致了空气和水污染加剧（Stenzel 2002）。

因此，环境问题已经开始在国际贸易谈判中扮演更加重要的角色。除了CTE的工作之外，世界贸易组织参与到环境利益群体所关心的问题。世界贸易组织坚持认为其任务是继续推进贸易自由化，同时确保环境保护不妨碍贸易、贸易规则不与国内环境规定冲突（WTO 2006）。

除了世界贸易组织之外，双边和区域协议已经在贸易自由化中扮演了环境保护的角色。《北美自由贸易协定》是第一个在补充条款中包括环境规定的重要区域贸易协议。之后的其他协议包括了更多的可执行条款（Gallagher 2009）。

然而，全球范围的自由贸易协定各不相同，特别是在对待环境问题方面。美国和欧盟担心发达国家的工业无法与环境标准较低的国家竞争，所以倾向于推动达成强化环境管制的协议。另一方面，许多发展中国家出于没有满足更高管制标准的技术和机构,而抵制那些加强环境保护的协议条款。

可持续发展的政策空间

可持续发展原则已经成为全球贸易谈判中的一个优先原则。然而,对于推进可持续发展的具体方法,以及持续性的哪个方面(环境、社会还是经济)应该优先考虑,意见分歧仍然存在。发展中国家是否有能力遵守发达国家要求的环境承诺是争论的核心。

许多人认为,虽然发展中国家需要开放市场以融入世界经济并开展竞争,但也需要能够采用加强国内产业和机构的具体政策。这些政策试图灵活地控制资本流动,鼓励技术转让,并"产生保护环境所需的资源"(WTO 2006,7)。对低收入国家来说,减少贫困是最重要的。执行环境法规代价高昂,需要投入许多发展中国家没有的资源。此外,他们还认为,发达国家在没有大量环境法规的条件下完成了工业转型,因此考虑到发展中国家的发展水平,强制他们遵守环境法规是不公平的。

尽管如此,发达国家部分回应了环境利益群体的压力,主张在保护环境的同时必须减少贫困和发展经济。一些世界贸易组织成员认识到,环境承诺必须考虑发展中国家接受并执行这些承诺的能力。然而,在双边和区域贸易谈判中,发展中国家常常必须默许发达贸易伙伴的要求以获得市场准入。

乐观和怀疑

自由贸易和可持续发展曾经是对立的关系,但融入了环保意识的自由贸易理念还是很有可能成功。尽管通常确实是公司而不是国家参与国际贸易,但该理论认为,随着各国消除贸易壁垒,各领域的国际竞争都会增加。这会提高市场效率并为技术和经济发展提供更多机遇。有效市场又会促进环境友好型技术的跨境转移。贫困已经被确认是导致环境破坏的主要原因,因此自由贸易促成真正的经济发展就能够对未来的环境产生积极影响。

批评者认为,发达国家和发展中国家之间的自由贸易协定要求欠发达国家开放市场,但并不要求发达国家消除其扭曲贸易的壁垒。例如,美国和欧盟都呼吁世界贸易组织的许多发展中成员降低对纺织品和敏感农产品的关税,而他们自己还继续给予农业巨额补贴(World Bank 2007)。因此,许多人认为在发达国家消除这些壁垒、逐步实现充分的贸易自由之前,全球可持续发展难以实现。

很多人质疑自由贸易的基本原则。2008年金融危机凸显了市场缺陷,这使经济学家和政策制定者都质疑市场是否应当享有不受政府干预的自由。各国重拾保护主义措施以避免经济陷入更严重的衰退。多哈回合谈判(2001年世界贸易组织试图减少发达国家和发展中国家之间贸易差距的努力)一开始就几乎陷入停滞,大多数国家的谈判代表不再期望经由世界贸易组织实现多边贸易自由化。同时,小型的贸易协定激增,各国建立双边和区域贸易同盟以获得市场准入。

实际上,自由贸易并没有对可持续发展产生决定性的积极影响。贸易额的增长使全球运输增加,使空气和水污染趋于恶化,并且耗掉了自然资源。诸如墨西哥和中国等地的快速工业化已经对环境造成了损害。在经济上，贸易自由化使一些地方摆脱贫困，但整体未能缩小贫富差距。

　　然而，1992年联合国全球峰会以来，对持续性的担忧已经获得世界范围的重视。双边或者多边的贸易协议再也不能忽视经济和环境的可持续性发展问题。如果不断增长的双边和地区协议网络充当通向全球自由贸易的桥梁，并且这些协议包含关于环境保护和经济发展的灵活规定，那么自由贸易终将被证明是可持续的。

蕾切尔·丹娜·思拉舍（Rachel Denae
THRASHER）
波士顿大学帕迪远程未来研究中心
刘长兴译

参见： 可持续发展——法律和委员会概述；能源补贴；公平贸易；绿色税。

拓展阅读

Ackerman, Frank, & Gallagher, Kevin P. (2008). The shrinking gains from global trade liberalization in computable general equilibrium models: A critical assessment. *International Journal of Political Economy*, *37*(1), 50–77.

Adler, Matthew; Brunel, Claire; Hufbauer, Gary Clyde; & Schott, Jeffrey J. (2009). *What's on the table? The Doha Round as of August 2009* (Working Paper Series 09–6). Retrieved October 13, 2009, from http://www. iie.com/publications/wp/wp09-6.pdf.

Baker, Dean. (2008). Trade and inequality: The role of economists. *Real-World Economics Review*, *45*, 23–32. Retrieved September 22, 2009, from http://www.paecon.net/PAEReview/issue45/whole45.pdf.

Baldwin, Richard, & Low, Patrick. (Eds.). (2009). *Multilateralizing regionalism: Challenges for the global trading system*. New York: World Trade Organization and Cambridge University Press.

Bhagwati, Jagdish. (2008). *Termites in the trading system: How preferential agreements undermine free trade*. New York: Oxford University Press.

Folsom, Ralph H. (2008). *Bilateral free trade agreements: A critical assessment and WTO regulatory reform proposal* (Legal Studies Research Paper No.08–070). Retrieved September 22, 2009, from http://papers. ssrn.com/sol3/papers.cfm?abstract_id=1262872.

Gallagher, Kevin P. (2009, November). NAFTA and the environment: Lessons from Mexico and beyond. In Kevin P. Gallagher, Timothy A. Wise & Enrique Dussel Peters (Eds.), *The future of North American trade policy: Lessons from NAFTA* (Pardee Center Task Force Report, pp.61–69). Retrieved May 19, 2010, from http://www.bu.edu/pardee/task-force-report-nafta/.

Mol, Arthur P.J., & van Buuren, Joost C. L. (Eds.). (2003). *Greening industrialization in Asian transitional economies: China and Vietnam*. Lanham, MD: Lexington Books.

Salas, Carlos. (2001). The impact of NAFTA on wages and incomes in Mexico. In Bruce Campbell, Carlos Salas & Robert Scott (Eds.), *NAFTA at seven: Its impact on workers in all three nations,* Washington, DC: Economic Policy Institute, 12–20.

Smith, Adam. (1904). *An inquiry into the nature and causes of the wealth of nations* (Edwin Cannan, Ed.) (Vols. 1–2). London: Methuen.

Stenzel, Paulette L. (2002). Why and how the World Trade Organization must promote environmental protection. *Duke Environmental Law and Policy Forum, 13*(1), 1–54. Retrieved October 13, 2009, from http://www.law.duke.edu/shell/cite.pl?13+Duke+Envtl.+L.+&+Pol%27y+F.+1.

Subramanian, Arvind, & Wei, Shang-Jin. (2007). The WTO promotes trade, strongly but unevenly. *Journal of International Economics, 72*(1), 151–175.

Th rasher, Rachel Denae, & Gallagher, Kevin. (2008). *21st century trade agreements: Implications for long-run development policy* (Pardee Paper No. 2). Retrieved October 13, 2009, from http://www.bu.edu/pardee/files/documents/PP-002-Trade.pdf.

World Bank. (2007). *World development report 2008: Agriculture for development.* Retrieved September 22, 2009, from http://siteresources. worldbank.org/INTWDR2008/Resources/WDR_00_book.pdf.

World Trade Organization (WTO). (1994). *Decision on trade and environment.* Retrieved October 13, 2009, from http://www.wto.org/english/tratop_e/envir_e/issu5_e.htm.

World Trade Organization. (2001). Doha Ministerial Declaration. WT/MIN(01)/DEC/1.

World Trade Organization. (2006). *Trade and environment at the WTO.* Retrieved September 18, 2009, from http://www.wto.org/english/res_e/booksp_e/trade_env_e.pdf.

World Trade Organization. (2009). *Trade and environment.* Retrieved September 21, 2009, from http://www.wto.org/english/tratop_e/envir_e/envir_e.htm.

G

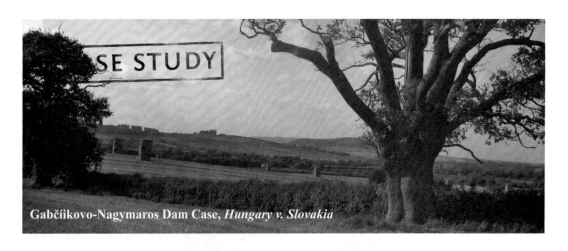

Gabčiikovo-Nagymaros Dam Case, *Hungary v. Slovakia*

加布奇科沃—大毛罗斯大坝案（匈牙利诉斯洛伐克）

在加布奇科沃—大毛罗斯大坝案中，国际法院处理了匈牙利和斯洛伐克之间涉及两国1977年签订的一项要求两国合作建设两座水坝的条约的争端。该判决对国际水资源法和国际环境法都产生了影响，部分原因是其在公平合理利用原则和可持续发展概念之间建立的联系。

1977年9月16日，匈牙利和处在转变前夕的捷克斯洛伐克签订了一项条约，两国承诺共同建设和运营一个包括两个水坝的系统工程，用于发电、航运、防洪和促进区域发展。该工程需要建设两个水坝和相关的船闸系统，其中较大的一个水坝位于斯洛伐克境内的加布奇科沃，较小的一个位于匈牙利境内的大毛罗斯。1989年，在项目建设工作开始后不久，由于对该项目环境影响的一系列担忧，匈牙利政府决定放弃大毛罗斯工程。1991年，捷克斯洛伐克当局通知匈牙利，捷方决定开始实施被称为方案C的临时解决方案，该方案与原计划有较大的差距。方案C需要在斯洛伐克境内完成上游的加布奇科沃水库和大坝并从多瑙河的原始河床大规模引水。匈牙利提出抗议并宣布终止1977年的条约。在由欧盟委员会促成的三方谈判未能解决两国的争端之后，匈牙利和斯洛伐克（1993年1月成为捷克斯洛伐克的继承国）签订了一个特别协议，决定将该争端提交国际法院。

匈牙利主张，由于该项目内在的环境风险它有权放弃工程并终止1977年的条约，斯洛伐克无权实施方案C并且应当对该实施所造成的危害和损失负国际责任，斯洛伐克因此有义务将多瑙河及其水流恢复到执行方案C之前的状态。斯洛伐克则主张匈牙利终止1977年条约的决定是非法的和没有法律效力的，匈牙利必须停止阻碍条约的全面实施并必须采取一切必要的措施履行其条约义务，匈牙利应当对其违背条约所造成的损失和损害承担完全的赔偿责任，此外斯洛伐克有权实施方案C。

判决

法庭于1997年9月25日发布了判决，裁定匈牙利既无权放弃在其一方项目部分，也无权终止1977年条约；斯洛伐克无权执行作为临时解决办法的方案C。它责令两国分别就自己违法行为导致的损害向对方做出赔偿，并且匈牙利和斯洛伐克必须就双方面临的主要问题一秉善意地进行协商，并采取一切必要的措施，以双方同意的形式确保实现1997年9月16日条约的目标。

因此，国际法院除要求两国协商出一个公平的解决方案外，并未提供更多的东西。此外，从另一个角度看，国际法院可能会被认为放弃了它所承担的对争端的解决做出裁判的责任。或许不奇怪的是，两国之间的谈判已经持续很长时间并且没有实质性的进展。似乎两国所剩的选择只是回到国际法院，要求法庭出具有操作性的判决，或者向另一个第三方寻求帮助。

分析

对于那些寻求国际环境规则的某种突破的评论者来说，就澄清和实践应用而言，国际法院对加布奇科沃—大毛罗斯案所做的裁决乍一看似乎令人失望。然而，事后看来，我们还是可以体会到法院这一判决的真正意义。

我们不能错误地认为这一判决未能对国际水资源法和国际环境法的关键性规则和原则做出必要的澄清和说明，或未能对这两个法律部门之间的关系做出说明。

国际水资源法

在发展国际水资源法方面，国际法院通过该判决对公平合理利用的习惯法原则的首要地位做出了明确认可。

该原则作为1997年《国际水道非航行使用法公约》的一项关键性原则被联合国大会认可。国际法院裁定斯洛伐克执行方案C是违反了"关于国际河流的一般习惯性规范"。此外，虽然匈牙利根据1997年条约同意在多瑙河上筑坝和分流，但这"不意味着匈牙利被迫放弃了公平和合理分享国际水道资源的基本权利"。

值得注意的是，通过明确地将"这种分流对Szigetkoz河岸地区（该河岸地区对匈牙利具有重要的湿地生态价值）的生态环境的持续影响"与其关于斯洛伐克"因此剥夺匈牙利公平合理地分享多瑙河自然资源的权利"相联系，在公平地衡量这项原则的各种内在因素的过程中，法院似乎十分强调环境考量。这一表述确定了环境问题是一般国际水资源法的一个中心关切，也是任何判断公平合理利用国际河流、湖泊或地下蓄水层的制度的一个决定性因素。

国际环境法

关于发展国际环境法，针对匈牙利认为由于"生态紧急状态（ecological state of necessity）"的存在它有权放弃它所承担的项目部分的观点，国际法院确认生态关切是一个国家"根本利益"的一部分，并可能因此免除其因未履行条约而应当承担的国家责任。然而，基于案件的事实，国际法院的结论是并不存在匈牙利可以依据的紧急状态。

法院判决生效两年后，在具体谈到此判决的这个方面时，国际法委员会的国家责任特别问题报告员宣称"一项关于未来科学不确定的措施也不应当取消一个国家援引紧急状态的资格"，从而提示风险预防原则（precautionary principle）在此类决定中的作用。事实上，当时国际法院的副主席卫拉曼特雷（Weeramantry）法官在附在国际法院大毛罗斯·加布奇科沃判决之后的具有广泛影响的独立意见书中，清楚地指出对具有潜在跨界影响的重大项目要求进行环境影响评价是对预防原则的补充。他把环境影响评价明确地描述为"更广泛的一般的谨慎原则的具体应用"。这一观点，加之帕尔默（Palmer）法官和卫拉曼特雷法官更早时候在核试验案（新西兰诉法国）中的类似陈述，都为新兴的风险预防原则提供了司法上的支撑和对环境影响评价要求提供了法律依据。这种对环境影响评价的要求在 2010 年4 月国际法院对乌拉圭河纸浆厂案（阿根廷诉乌拉圭）的判决中得到毫不含糊的确认。

法院承认环境影响评价作为一项实践已经被如此多的国家所接受以至于当前或许可以将环评作为一般国际法的一项要求，即拟议的工业活动可能具有重大的不利的跨界环境影响（尤其是对共享资源）时，要进行环境影响评价。

尽管该案所依据的关键性文件 1975 年《乌拉圭河法令》不要求进行环境影响评价，但是国际法院裁定，为了使双方正确地遵守该法规定的保护和保存水环境的一般性义务，环境影响评价是必要的。法院认为遗憾的是一般国际法没有规定环境影响评价的最低范围或内容。一般国际法也没有在环境影响评价要求和风险预防原则之间建立明确的联系，而是将环境影响评价置于国家固有的防止跨界损害的应有注意义务（due diligence obligation）中的"警惕和预防义务"的基础上。

对于匈牙利的争辩即 1977 年的条约因"后来的国际法关于保护环境的要求"的出现而被排除的观点，国际法院认为 1977 年之后未出现能够取代该条约的环境法强制性规范。然而，法院同意这样的观点即新兴的环境法规范与该条约的一些规定如关于通过签订协议采取保护水质、自然和渔业的措施的规定有关。法院解释道，对该条约加入"这些发展中的规定"证明了双方"已经认识到修改该项目的潜在的必要性"以及"该条约不是静态的，而是开放的，以适应新兴的国际法规则"。如同许多关于其他共享资源的规定应当得到实施以确保规则和标准的制定与新兴的国际环境法规范相一致，这是一个重要的发展。

可持续发展

重要的是，在该判决中国际法院对可持续发展原则的存在和作用第一次给予司法承认，谈到"协调经济发展和环境保护的必要……其由可持续发展的概念所正确表达"。法院还明确提到了其他相关的概念，如当代人和未来世代人的利益。但在其独立意见书中，卫拉曼特雷法官独立意见书中似乎走得更远，谈到可持续发展原则"建立在全世界认可的基础上"，它"不仅仅包含一个概念，更包含一项含有对本案的裁判具有关键意义的价值规范的原则"。在判决时，与已经牢固确立的公平合理利用原则相比，可持续发展概念还相当模糊，前者被广泛接受为适用于保护和利用自然资源的基本原则。卫拉曼特雷法官是最先抓住这两个原则之间联系的人之一，因为本质上两个原则都涉及利益平衡。现在通常的理解是，后一原则在国际水资源法的特殊背景下为可持续发展概念的应用提供了法律框架。

欧文·麦克因泰里〔Owen MCINTYRE〕
科克大学学院
秦天宝、王鲁权译

参见：可持续发展——法律和委员会概述；环境争端解决；国际法院；国际法；跨界水法。

拓展阅读

A-Khavari, Afshin, & Rothwell, Donald R. (1998). The ICJ and the Danube Dam Case: A missed opportunity for international environmental law? *Melbourne University Law Review*, 22, 507.

International Court of Justice (ICJ). (1974). Nuclear Tests (*New Zealand v. France*), judgment. *ICJ Reports 1974*, p.457.

International Court of Justice (ICJ). (1997). Gabcikovo-Nagymaros Project (*Hungary v. Slovakia*). *ICJ Reports 1997*, p.7.

International Court of Justice (ICJ). (2010). Pulp mills on the river Uruguay (*Argentina v. Uruguay*), judgment. *ICJ Reports 2010*.

Malgosia, Fitzmaurice. (1998). The *Gabčíkovo-Nagymaros* case: The law of treaties. *Leiden Journal of International Law*, *11*, 321–344.

McIntyre, Owen J. (1998). Environmental protection of international rivers: Case concerning the Gabcikovo–Nagymaros project (Hungary/Slovakia). *Journal of Environmental Law*, *10*, 79–91.

McIntyre, Owen J. (2007). *Environmental protection of international watercourses under international law*. Aldershot, U.K.: Ashgate.

Okowa, Phoebe. (1998). Case concerning the Gabčíkovo–Nagymaros project (Hungary/Slovakia). *International and Comparative Law Quarterly*, *47*, 688–697.

Preiss, Erika L. (1999). International obligation to conduct an environmental impact assessment: The ICJ case concerning the Gabcikovo-Nagymaros project. *New York University Environmental Law Journal*, *7*, 307.

Stec, Stephen. (1999). Do two wrongs make a right?—Adjudicating sustainable development in the Danube Dam Case. *Golden Gate University Law Review*, *29*, 317.

Szabo, Marcel. (2009). Gabčíkovo–Nagymaros dispute–Implementation of the ICJ judgment. *Environmental Policy and Law*, *39*(2), 97–102.

Williams, P.R. (1994). International environmental dispute resolution: The dispute between Slovakia and Hungary concerning construction of the Gabcikovo and Nagymaros dams. *Columbia Journal of Environmental Law*, *19*, 1–57.

Genetically Modified Organisms Legislation

转基因生物立法

关于转基因生物（genetically modified organism, GMO）管制的国际争论主要集中在其对环境、人类健康、贸易的影响和知识产权的分配上。已有诸多国际协议对转基因生物做了相关规定，但这些协议的条款往往相互矛盾。当下面临的挑战是如何制定统一的国际规制，在允许农业生物技术的发展和贸易的同时，保护环境和人类健康。

目前对转基因生物尚无通行的定义。最早被接受的一个生物技术定义是经济合作与发展组织于1982年发表的《生物技术：国际趋势与展望》(Bull, Holt & Lilly 1982, 18) 中的定义："应用科学和工程原理，通过生物作用加工物质以提供商品和服务。" 广义而言，大多数国家都将转基因生物定义为涉及遗传物质在生物体之间的转移。

在过去10年间，世界各国逐步加大了生物技术产品的投资和生产。国际范围内的很多争论集中在农业生物技术，即转基因食品和转基因农作物之上。据报道2008年共有

25个国家种植了转基因农作物，预计到2015年或将超过40个国家种植生物技术农作物（Karembu et al. 2009）。尽管美国和阿根廷仍是农业生物技术市场的最大参与国，但包括中国、墨西哥、印度和南非在内的越来越多的发展中国家也已参与其中。2008年，非洲国家布基纳法索开始种植转基因作物，此举对于历史上向来对于转基因技术保持缄默的非洲而言意义重大。

国际监管框架

转基因产品的越境转移和处理主要依据世界贸易组织的贸易协定、《生物多样性公约》的《卡塔赫纳生物安全议定书》以及国际食品法典委员会食品标准进行监管。这些协议之间的规定并不一致，特别是涉及以检疫为由的进口限制。

世贸组织的贸易协定

世贸组织的贸易协定管理国家之间的

产品贸易。与生物技术相关的贸易法规散见于1994年《关税与贸易总协定》（包括1947年关贸总协定）、《实施卫生与植物卫生措施协议》（SPS）、《技术性贸易壁垒协议》（TBT）以及《与贸易有关的知识产权协议》（TRIPS）。

《实施卫生与植物卫生措施协议》（SPS）的应用和解释在农业生物技术贸易的争论中尤为突出。该协议允许成员对进口产品实施健康和食品安全限制，但这些限制必须科学合理，并与任何国际标准和指南相一致。同时，采取的措施必须基于适当的"风险评估"，该"风险评估"表明确实存在对人类、动物或植物的生命或健康的风险。在缺乏相关科学证据证实上述风险评估时，《实施卫生与植物卫生措施协定》（SPS）允许采取临时性的限制措施。

生物安全议定书

《生物安全议定书》于2003年9月11日生效，是一个旨在为改性活生物体（LMOs）越境转移建立规制框架的多边环境协议。尽管已有159个国家签署了《生物安全议定书》，但世界上最大的三个农业生物技术的生产国（美国、加拿大、阿根廷）并没有签署该协议。

《生物安全议定书》侧重于与改性活生物体相关的风险评估、风险管理和信息共享。该议定书的两项基础性内容是事先知情同意程序和生物安全信息交换。事先知情同意要求转基因产品出口方应提前告知进口国相关情况，以便进口国根据该产品的风险评估做出允许或禁止进口的决定。《生物安全议定书》遵循"风险预防原则"，允许进口国依据风险预防方法防止进口生物技术产品，避免其对生物多样性的保护与可持续利用的潜在负面影响。不同于世贸组织的《实施卫生与植物卫生措施协议》（SPS），进口国没有义务寻求这些潜在风险的科学确定性，《生物安全议定书》对禁令期限未作时间限制。

生物安全信息中心是一个依托互联网共享生物技术信息的平台。它所利用的中央观察口连接着有关国家、地区和国际的生物技术数据库。创建生物安全信息中心是为了促进与改进活生物体（LMOs）相关的科学、技术、环境和法律信息的交流，并协助各国执行《生物安全议定书》。

目前，《生物安全议定书》并未就由于进口转基因产品导致环境或人类健康损害的责任和赔偿救济规定相关机制，也没有确立具体的争端解决框架，议定书项下所有争端的解决都依据《生物多样性公约》的一般性规则处理。

国际食品法典委员会

国际食品法典委员会制定了国际食品标准和准则。该委员会是由世界卫生组织（WHO）及联合国粮农组织共同设立的。尽管严格遵守食品标准并非强制性的，但世贸组织的《实施卫生与植物卫生措施协议》（SPS）和《技术性贸易壁垒协议》（TBT）依旧将国际食品法典委员会食品标准作为食品贸易的基本参照标准。下列即为与转基因产品相关的标准：

- 标准44：《现代生物技术食品风险分析

原则指南》为现代生物技术食品的安全性和营养性评价分析提供了框架。

● 标准45：《基因重组植物食品安全评估准则》包括了有作为食品来源长期安全使用的常规植物构成或出自该植物的转基因食品的安全性和营养性方面。

● 标准46：《使用脱氧核糖核酸（DNA）微生物生产的食品的安全评估准则》为评估使用脱氧核糖核酸（DNA）微生物生产的食品的安全性规定了适当方法，采取了与同类传统食品的对比方法。

世贸组织生物技术产品争端

2003年，美国、加拿大和阿根廷援引世贸组织的争端解决条款就欧洲共同体实质性的暂停进口转基因食品和农作物提出申诉（欧洲共同体在1993年和2009年之间是欧盟的三大"支柱"之一，致力于社会、经济和环境政策）。《生物安全议定书》和《实施卫生与植物卫生措施协议》之间的潜在冲突也是这场争端的一个问题。

该争端涉及1990年欧洲共同体理事会第90/220号指令，指令要求在某一欧共体成员国境内故意释放转基因生物时，应对该成员国予以告知。受影响的欧共体成员国有90天的时间准许或禁止在其境内释放转基因生物。此外，五个欧共体国家拒绝批准任何转基因生物的应用，直到引入更严格的保护措施。这种审批过程导致了长时间的延误，美国质疑这实质上暂停了从美国进口农业生物技术产品并违反了世贸组织的协议。

2006年，世贸组织争端解决专家组做出了一项有利于美国的非常有限的决定。鉴于美国并非《生物安全议定书》的缔约国，专家组并未在此争端中适用议定书的相关条款。世贸组织专家组在评论中提及，只有当所有世贸组织成员国都成为非世贸组织协定的某一多边环境协议的"缔约国"时，世贸组织才会将该协议纳入考虑范围之内。世贸组织贸易规则和《生物安全议定书》之间的关系仍不明确。世贸组织专家组没有确定转基因产品是否被认为是"安全"的产品。就世贸组织贸易规则在农业生物技术领域的运用而言，该案件的裁决给国际社会留下了许多悬而未决的问题。

转基因技术的争论

尽管农业生物技术产业持续增长，国际社会对于是否接受转基因农业和食品仍有分歧。这一争论通常围绕环境保护、人类健康与安全问题。就生物多样性而言，人们担心转基因作物会对非目标物种产生间接影响，派生出具有抵抗力的"超级细菌"和"超级杂草"，破坏地球生态系统的平衡。

另一方面，转基因产品也有很多潜在的好处。据联合国粮食及农业组织估计，到2050年粮食产量需要增长70%才能养活预计90亿的全球人口。对于农业部门，尤其是发展中国家而言，农业生物技术可以大幅提高农作物产量，改善粮食品质和口感，实现更好的杂草控制，增强粮食抵抗害虫和疾病的能力，使农业生产更加高效。

国际社会将继续致力于寻求在投资和支持转基因生物产业的增长中获得的好处与审慎利用这一新技术将其风险最小化两者之间的平衡。

对国际规制的挑战

转基因产品是一种可交易的商品,生物技术产业很可能将继续快速增长。发展中国家,尤其是非洲国家,已经认识到农业生物技术产业投资刺激经济增长的价值。这项技术在确保足够的粮食产量以满足人口增长方面继续扮演着重要的角色。然而,当前仍存在着对于转基因农业及转基因食品发展、贸易和利用方面高度的社会关切。国际社会面临的挑战是如何制定统一的国际规则,在准许农业生物技术发展与贸易的同时,保护人类健康和环境并抵御其风险。

丽贝卡·康诺利(Rebecca CONNOLLY)

悉尼大学

秦天宝、张庆川译

参见:生物技术立法;化学品法律和政策;生态标签;纳米技术立法;风险预防原则。

拓展阅读

Bernasconi-Osterwalder, Nathalie, et al. (2006). *Environment and trade*. London: Earthscan.

Bull, Alan T.; Holt, Geoffrey; & Lilly, Malcolm D. (1982). *Biotechonology: International trends and perspectives*. Retrieved August 31, 2010, from http://www.oecd.org/dataoecd/34/9/2097562.pdf.

Connolly, Rebecca. (2009). The World Trade Organization biotechnology products dispute: A new era for genetically modified food? *Environmental and Planning Law Journal, 26*(5), 363.

Gruére, Guillaume. (2006). *An analysis of trade related international regulations of genetically modified food and their effects on developing countries* (EPT Discussion Paper 147). Washington, DC: International Food Policy Research Institute.

Juma, Calestous, & Serageldin, Ismail. (2006). *Freedom to innovate: Biotechnology in Africa's development: Report of the High-Level African Panel on Modern Biotechnology Report, African Union and New Partnership for Africa's Development*. Retrieved August 25, 2010, from http://www.nepadst.org/doclibrary/pdfs/abp_july2006.pdf.

Karembu, Margaret, et al. (2009). *Biotech crops in Africa: The final frontier*. Retrieved August 25, 2010, from http://www.isaaa.org/resources/publications/biotech_crops_in_africa/download/Biotech_Crops_in_Africa-The_Final_Frontier.pdf.

Killicoat, Phillip. (2004). Food phobias: Behind the fuss over GM crops. *Policy, 20*(1), 17.

Kohm, Katharine F. (2009). Shortcomings of the Cartagena Protocol: Resolving the liability loophole at an international level. *UCLA Journal of Environmental Law and Policy, 27*, 145.

Moore, Patrick. (2004). Battle for biotech progress. *IPA Review, 20*(1), 10.

Pew Initiative on Food and Biotechnology. (2005). *U.S. vs. EU: Examination of the trade issues surrounding genetically modified food*. Retrieved August 25, 2010, from http://www.pewtrusts.org/uploadedFiles/

wwwpewtrustsorg/Reports/Food_and_Biotechnology/Biotech_USEU1205.pdf.

Somsen, Han (Ed.). (2007). *The regulatory challenge of biotechnology: Human genetics, food and patents.* Cheltenham, U.K.: Edward Elgar.

World Trade Organization (WTO). (2006). European communities: Measures affecting the approval and marketing of biotech products (WTO Doc. WT/DS291/R, WT/DS292/R, WT/DS293/R). Retrieved August 25, 2010, from http://www.worldtradelaw.net/articles/lesterbiotechcasenote.pdf.

Grassroots Environmental Movements

草根环境运动

草根环境运动已经成为最成功的社会政治动员形式之一。草根运动的起源、成员基础、组织结构和环境理念使他们有别于主流组织。草根活动者已经成功处理了全球各地一系列的环境、政治和社会问题。然而，他们的成功也带来了收买和淡化最初草根目标的风险。

近年来，环境已经成为全球各地社会动员的一个重要舞台。草根环境运动越来越多地针对超出传统环境领域的问题，例如，世界资本主义经济、社会不平等、集体认同、民主和参与。草根运动有着独特的起源、成员基础、组织形式、理念视角和策略，这使得他们有别于主流的环境保护主义。虽然一些学者将草根环保主义者的运动描述为近代最为成功的社会动员之一，但另一些学者则警告正是这些运动的成功带来了收买和淡化最初草根目标的风险。

美国的环境运动

在美国，环境行动主义（Environmental activism）已经深深扎根，这可以追溯到19世纪自然保护论者和保存主义论者运动。20世纪60年代，包括主流环境运动和草根环境正义运动的第二波环境保护主义兴起。总体来看，白人、中产阶级、受过良好教育的个体形成主流运动的中流砥柱。此类运动倾向于相对集中化、层级化和专业化。

与之相反，美国草根环境正义运动通常起源于直接受到环境公害影响的区域。特别是贫困地区不均衡地承受着暴露于诸如垃圾场、被污染的空气和水以及铅中毒之类的公害之下。一些学者也指出，少数民族社区可能被明确定位为废物处理和有害工作条件的场地，因为他们被认为不大可能会参与政治活动。

这些以社区为基础的运动是回应感知到的家庭健康和安全威胁所做出的动员。此类运动层级较低，更多地源于本地设置，经常进行非常规和非机构形式的政治动员。环境正义运动参与者通常不是专职的活动者，一般不具备主流环境组织专职雇员的专业培训和技能水平。

女性也已经在环境正义运动的领导中发挥关键作用。生态女性主义理论将女性的环境领导能力同以相似方式支配、利用自然界和女性的男权经济社会结构相联系。与健康相关的环境公害问题往往集中在家庭和社区，这是女性非正式共同活动的重要空间。在草根环境运动中，个人和集体的母性身份为女性参与反对感知到的家庭威胁的活动提供了动力。例如，最早的洛夫水道（Love Canal）运动就是由工薪阶层女性引领的。在运动形成和向政府索赔的过程中，这些女性凭借传统的性别角色，强调她们作为母亲的角色以及环境公害对其家人造成的直接伤害。母性身份也有助于这些团体的合法化，帮助其在媒体和公众眼中赢得信任。

南半球的环境运动

近年来，美国和欧洲的草根环境运动在跨界环保网络的发展中也发挥了重要作用，集中于诸如水电大坝项目和气候变化等问题。北半球的草根环境运动为南半球草根环境运动的快速增长部分提供了支持和物质资源。

在美国，环境正义问题集中于对健康，特别是毒素污染、食品安全和有机食品造成的环境威胁，以及对可持续消费的促进。相反，发展中国家的环境运动通常集中于会威胁到家庭和社区生存的本地资源外部影响。对自然资源的依赖并没有带来持续的经济增长或者使发展中国家的大多数人民受益。由于大面积的森林砍伐、大规模的自然资源商业开采和水电大坝的建设，社区生计受到破坏。草根运动竭力维持对社区直接赖以满足基本需要的土地和自然资源的利用与控制。

与美国的环境正义运动相似，南半球草根环境运动的引领者同样是最易受到伤害的社会阶层：穷人和女性。运动成员经常具有共同的地理和/或族群身份。他们对环境的理解同住所以及特定的当地与区域的历史和文化认同相联系。环境可持续性往往只是更广泛的经济、社会和政治歧视中的一部分。

在发展中国家，原住民发挥了关键作用。许多原住民生活在农村地区，在那里他们的生计直接依靠自然环境和资源。这些群体经常发展出使其能够保持环境可持续方式的专业知识、规范和惯例。但他们的知识、经验和观点往往没有在发展或经济规划的过程中得到考虑。

近年来，原住民一直在努力捍卫传统的土地权利和不同文化的生活方式，他们认为保护原住民的权利也将推动环境保护。国际金融机构、多边发展银行和发展机构在全球层面对可持续性项目的采用以及对环境问题的讨论已经将环境保护主义固化为草根运动可以使用的强有力框架。

研究表明，当草根运动从事环境活动时，运动成员也可能重塑他们的族群认同。某些情况下，共同的环境问题可能使群体弥合先前分裂的种族差异。其他一些情况，环境斗争以及围绕土地和自然资源控制的内在竞争则可能加剧种族或族群冲突。

环境理念

在环境恶化的根本原因和可能解决方案的理解上，环境运动的理念观点差异很大。主流环境运动通常坚持经济现代化的观点。这种方法认为，市场力量和经济增长符合环境可持续性。其话语是科学、理性和技术。它提出将基于市场和技术的方案作为解决环境问题最有效的手段。

与此相反，主要存在于发达国家的生态中心理念优先考虑环境保护，要求限制经济增长之类的措施，增加政府与全球环境机构的环境监管。然而，在发展中国家，政府创建环境敏感区作为保护区和禁止当地居民开采自然资源的尝试，面临执法松懈和不足的问题。此外，一些社区抗议失去对一直以来赖以生存的土地和自然资源的利用。

作为回应，发展中国家的草根环境运动经常采取主要集中于社会正义、公平以及保存有价值和独特生活方式的生计理念。与北半球的生态中心方法不同，草根群体不大可能认为自然界的内在价值或空间主要是为了审美或休闲享受。相反，环境保护主义的生计方法关注导致环境恶化的燃料发展过程的全球不平等方式，体现了对企业主导的全球化的批评。生计方法向主要的发展建设和权力关系提出挑战。然而，美国的环境正义运动强调种族不平等，较少关注这些更广泛的结构性不平等。

这些草根运动支持对自然环境的分散化地方控制。草根运动认为必须将当地居民纳入环境保护，而不是将当地居民排除在外。通过经验、观察和试验发展而来的原住民当地环境知识应当得到重视并且被置于环境决策过程的最前端。此外，当地居民应当通过同时满足其生存需要的活动（如森林采集和生态旅游）发挥环境守护者的作用。

对于发展中国家草根运动反对发展的程度，学者们存在争论。一些学者指出南半球的草根环境运动可能强化原住民浪漫化、简单化观念的风险。特别是，原住民群体可能被视为固定于维持生存的生活方式的"生态友好的印第安人"，这是一种忽略原住民文化变革的复杂性和原住民社区内差异的陈旧观念。

跨国环境活动

虽然草根环境运动通常蕴含于特定的本地环境，但这些运动在几个重要方面也是全球的。首先，影响社区的环境公害来源经常跨越国家边界。学者们指出，当地环境恶化往往是全球层面结构和进程的结果。例如，影响到贫困和少数民族社区的密集的自然资源开采、森林砍伐和危险废物处置，可以与全球层面不平等的积累和消费模式相联系。事实上，更重要的草根运动的一个特点是，他们的分析包含了环境恶化的全球原因。

同时，草根运动的活动范围涵盖完全本

地化的行动到跨国倡议网络的参与。在某种程度上，后者是对联合国和国际金融机构在全球环境治理中纳入草根运动的回应。草根运动也寻求跨国机构和环境联盟的支持，以影响反对的国家政府和地方当局。草根运动的目标范围包括国际机构、不同层级的政府、多边发展银行、消费者和越来越多的私人企业。

此类跨国网络努力中的关键是融入当地文化的拥有全球背景知识和经验的中间人。例如，运动领导者可以帮助将复杂的当地文化转化为适用于跨越广泛当地社区的环境可持续准则。虽然跨国主义是草根环境动员中的一个重要趋势，但另一些学者注意到，国家政治历史、斗争和代表在许多国家的环境活动效果中仍然是至关重要的。

运动的策略和效果

对于草根动员影响环境政策效果的程度，学者们存在争论，但研究表明运动影响到设定的日程。草根环境运动的关键制度和政策成效，包括环境机构的创建、将环境考虑纳入一系列的项目活动，以及临时停止具有负面环境影响的项目。

对于通常是环境监管最薄弱一环的执法，草根环境运动也发挥了重要作用。他们监督企业的行为，运用其宣传网络公布违规行为。草根运动也迫使政府追究企业责任，并在适当时提供充分帮助。在正式的政治领域之外，运动朝着更加可持续的方向着力改变公众在日常生活中的态度和习惯。更广泛地说，由于草根环境保护主义与一系列全球问题交织在一起，可以使运动参与者获得知识、经验和技能。也有可能成为连接世界公民身份新形式的空间。

另外一些学者对于草根运动的评价则更为谨慎，认为运动的成功是小范围的。在挑战环境恶化背后更广泛的权力及不平等问题上，或者在影响当前治理环境问题更大的制度安排上，运动则不够成功。其他一些情况，网络可能会影响诸如世界银行之类机构的改变，但无法改善当地活动地点的条件。

主流环保运动、国际金融机构和企业已经越来越多地接受草根架构。学者们认为，这为草根环境运动带来了一些风险。首先，这可能代表了更具批评性的生计理念"漂绿（greenwash）"，在此可持续性话语并没有带来环境惯例的实质性改变。其次，将重点集中于技术和有限的解决方案，可能导致草根环境运动的解散和非政治化，转移对环境恶化和破坏深层原因的关注。

学者们也注意到环境运动更大的机构化趋势，这可能增加运动发生拉拢收买和停滞不前的风险，无法调动大量的成员。持续参与全球论坛也可能切断跨国活动人士的项目根源，削弱这些运动的内部民主和问责制。但无论如何，未来几年草根环境运动仍会继续在地方和全球层面的环境政策中发挥重要作用。

林恩·R.霍尔顿（Lynn R. HORTON）

查普曼大学

卢锟译

参见：非暴力反抗环保运动；可持续发展——法律和委员会概述；生态恐怖主义；教育，环境法；代际公平；环境正义；洛夫水道；环境难民；寂静的春天；废物运输法。

拓展阅读

Adamson, Joni; Evans, Mei Mei; & Stein, Rachel. (Eds.). (2002). *The environmental justice reader.* Tucson: The University of Arizona Press.

Agyeman, Julian; Bullard, Robert; & Evans, Bob. (Eds.). (2003). *Just sustainabilities: Development in an unequal world.* Cambridge, MA: MIT Press.

Bevington, Douglas. (2009). *The rebirth of environmentalism: Grassroots activism from the spotted owl to the polar bear.* Washington, DC: Island Press.

Bosso, Christopher J. (2005). *Environment, inc.: From grassroots to Beltway.* Lawrence: University Press of Kansas.

Carruthers, David. (Ed.). (2008). *Environmental justice in Latin America: Problems, promise, and practice.* Cambridge, MA: MIT Press.

Guha, Ramachandra. (2000). *Environmentalism: A global history.* New York: Longman.

Hochstetler, Katherine, & Keck, Margaret E. (2007). *Greening Brazil: Environmental activism in state and society.* Durham, NC: Duke University Press.

Horton, Lynn R. (2007). *Grassroots struggles for sustainability in Central America.* Boulder: University of Colorado Press.

Lerner, Steve. (2005). *Diamond: The struggle for environmental justice in Louisiana's chemical corridor.* Cambridge, MA: MIT Press.

Martinez-Alier, Juan. (2002). *The environmentalism of the poor: A study of ecological conflicts and valuation.* Cheltenham, U.K.: Edward Elgar.

Pellow, David Naguib. (2007). *Resisting global toxics: Transnational movements for environmental justice.* Cambridge, MA: MIT Press.

Rootes, Christopher. (2003). *Environmental protest in western Europe.* Oxford, U.K.: Oxford University Press.

Spaargaren, Gert; Mol, Arthur; & Buttel, Frederick H. (Eds.). (2000). *Environment and global modernity.* London: Sage.

Stein, Rachel. (2004). *New perspectives on environmental justice: Gender, sexuality and activism.* New Brunswick, NJ: Rutgers University Press.

Westra, Laura, & Lawson, Bill. (Eds.). (2001). *Faces of environmental racism: Confronting issues of global justice.* Lanham, MA: Rowman and Little.

Green Taxes

绿色税

绿色税增加了与环境损害活动相关的财务负担，为减少污染提供了动力。政府对造成污染的产品征收绿色税，运用税收解决环境问题或其他的问题。另外，政府也可以继续绿化税法，通过税收优惠来促进环保行为。

当人们考虑社会能够如何保护环境时，通常想到的是政府法规。诸如防止使用消耗臭氧层的化学物质或限制排放物进入水体之类的法规能通过阻止企业和公众从事污染活动从而有助于减少污染。

绿色税提供了一种减少污染的不同方法。其通过对有害的活动或产品征税，增加环境损害活动的代价。这种价格信号将会使人们在经济决策时考虑环境损害成本。与其他税收一样，绿色税为政府增收，但它们与环境问题的关联使其变为"绿色"，由此而不同于其他税种。

哪些税收符合绿色税一直是一个有争议的问题。一项税收成为绿色税必须具有多大程度的"绿色"？经济合作与发展组织、国际能源机构和欧盟委员会使用环境相关税（environmentally related taxes）一词。它们着眼于被征税商品（税基）是否与环境问题相关。这些组织有益的定义将环境相关税描述为，政府征收的、税基被认为是具有特定环境相关性的任何强制性无偿支付。相关税基包括能源产品、机动车、废弃物、可测量或可估量的排放物、自然资源等。政府向纳税人提供的利益通常并不与其支出成正比，在这个意义上，税收是无偿的。（OECD 2006，26）

无偿支付的概念将税与费区别开来。交税的人不期望收到任何特别服务作为回报。相反，付费之人则希望政府提供服务作为回报，例如为废物处理而付费。因此，绿色税是只与对环境有影响的活动相关的一种支付。人们偶尔也会使用绿色费一词来描述此类支付，尽管这种措施实质上是一种税。

绿色税还有其他名称，如环境税、生态税、庇古税和环境征收。一个名称在政治上是否会比其他名称更有吸引力,取决于不同的时间、地点或受众,它们的含义会有细微差别。然而,这些名称都有相同点,即该税施加于与特定环境问题相关的事物。碳税也是一种绿色税。本文使用绿色税作为一般术语代指以上定义的环境相关税。

绿色税理论

绿色税理论可追溯至英国经济学家阿尔弗雷德·庇古(Alfred C. Pigou, 1877–1959)的《福利经济学》(1920)。在该书中,庇古提出,如果工业必须超越其私营部门的利润,在权衡其活动对公共部门影响(和成本)的基础上进行商业决策,那么社会的经济福利将会增加。他提出,对工业征税将是一种把这些成本恰当计入私营部门决策过程的方式。

庇古不仅思考了环境损害成本,而且其概念在 20 世纪六七十年代美国和欧洲环境运动势头上涨时为绿色税奠定了基础。经济学家们开始思考"环境外部性",即我们日常活动给社会带来的环境成本,以及包括通过税收在内的将这些环境成本"内部化"的方式。庇古的理论假设了一种新的途径,学术文献如今通常将绿色税称为"庇古税"。

绿色税也与污染者付费原则相关。经济合作与发展组织在 20 世纪 70 年代初首次采用该原则,1992 年《里约环境与发展宣言》中也纳入了该原则。污染者付费原则将污染或预防污染的成本交由污染者而非社会承担。

随着绿色税理论的发展,另一个经济原则也开始发挥作用。该原则的理念是使用税收而不是能以较低的社会成本实现环境保护的管制。以这种"最低成本减排"(least cost abatement)理论为基础,经济学家将命令控制管制与绿色税进行了比较。他们认为,管制要求各方同等程度地减少污染,其经济效率比税收低,因为税收措施允许人们自主决定是更经济有效地降低污染程度(和避免纳税)还是交税。例如,可以轻易地减少或消除其排放物的工厂将选择这么做,而必须购买昂贵的控污设备的工厂将不会选择那么做。如果税收设定在合理水平,与要求所有工厂安装相同设备相比,整体污染程度将以更低的成本下降。

因此,绿色税在概念上很大程度是以经济效率的理念为基础的。通过将环境成本纳入决策过程,私营部门可以决定如何最有效地减少污染。所以,通常认为绿色税是以市场为本位的工具。与强制实行特定要求的管制不同,绿色税发送价格信号影响市场决策。绿色税不是唯一的以市场为本位的工具,如碳税部分所讨论的许可交易机制(permit-trading systems)也是以市场为本位的工具。

绿色税设计

一提到税收,常会唤起人们关于带着绿色眼罩的会计人员印象,并导致读者迅速合上书本。然而,从本质上看,绿色税相当简单。它们涉及一个简单明了的公式:

$$税基 \times 税率 = 税收收入$$

首先,必须确定与环境问题相关的商品(税基)。然后确定每个单位的商品要付多少税(税率)。应用该税将为政府产生多少收入(税收),政府决定如何使用这些收入。政府既可用这些钱来解决环境问题,还可用来解决其他与环境无关的问题。

绿色税的设计可以包含调整这一基本公式的有趣变化，例如，是否允许对某些类型的活动免税，或是否随着时间的推移而增加税率，以增大避免污染的激励和适应通胀。然而，由于简化至基本要件，基本公式简单有趣，能够广泛适用于各种情况。

绿色税实践

因为每个国家都有权决定是否采纳绿色税及其适用范围，这对提出绿色税的全球观点产生了挑战。经济合作与发展组织和欧洲环境局（EEA）编制了59个国家使用的环境相关税的电子数据库，该数据库提供了关于不同政府活动层级的非常有用的信息来源（OECD & EEA 2010）。本部分简要概括了各国使用绿色税的程度，重点强调了绿色税的几个范例，但读者可以在OECD/EEA数据库中发现更多与环境有关的税收、费用和收费的信息。

2008年，在经济合作与发展组织的31个成员国中，环境相关税的收入占国家税收总额的比例，从美国的2.92%到丹麦的9.44%间浮动。所有31个国家的加权平均数是5.25%（OECD & EEA 2010）。税收的范围囊括了各类环境问题，包括空气和水污染、气候变化、废弃物管理、自然资源管理、噪声及其他。下面举例说明它们是如何运作的。

汽油税

汽车燃料税，尤其是汽油，在许多国家是有典型意义的环境相关税。使用汽油为车辆提供动力造成了许多环境问题，如产生导致气候变化的二氧化碳和加剧雾霾的氮氧化物与挥发性有机化合物。

各国对无铅汽油征收不同税率。OECD/EEA数据库分析了经济合作与发展组织成员国2009年的税率，计算出了每个国家在一升燃料上征税的成本（以欧分计算）。在美国和加拿大，联邦和州税分别是每升7.9欧分和15.2欧分，而欧洲国家的税率要高出很多。如冰岛税率最低，为36.4欧分，土耳其最高，为88欧分。另如，法国税率为60.7欧分，德国为65.5欧分，英国为63.1欧分。因此，欧洲的税率大约比美国高五到十倍。在太平洋地区，澳大利亚的燃料税是21.4欧分，而日本也是21.4欧分（OECD & EEA 2010）。

大多数汽车燃料税并不是以绿色税开始的，而是作为政府维持高速公路系统和其他收入的一项来源。不过，如今它们是环境相关税，因为其税基——汽车燃料——与环境相关。油价的上涨可以鼓励人们减少驾车、使用公共交通、购买燃油效率更高的汽车。

各国可以用汽油税收入来帮助解决环境问题。如，美国的联邦汽油税专用于高速公路信托基金（Highway Trust Fund），该基金为国家高速公路系统提供资金,而且帮助公共交通和减少驾驶相关的环境问题的其他措施提供经费。此外,联邦政府对在美国生产或进口至美国的每桶石油征收 8 美分的税以帮助政府应对石油泄漏(U.S. IRC 1986, section 4611)。

绿色税还可以通过其他方式处理交通问题。如,在购买时征税可以把车辆的燃油效率考虑进去,年度注册费也可以。1978 年以来,美国已经对购买 "高油耗"(gas-guzzler)汽车征税,但是该税早于运动型多用途车(SUVs)的产生年代,未被更新应用于 SUVs。伦敦和其他城市征收拥堵费阻止人们驾车到市区,并鼓励使用公共交通工具和自行车。

硫税

与化石燃料相关的问题不局限于交通行业。在燃烧含硫化石燃料发电或其他目的时,它们可能产生对空气质量有害的二氧化硫。一些国家对燃料的含硫量征税。自 1996 年以来,丹麦以每千克硫 2.7 欧元的税率对化石燃料征税(Speck 2008, 44)。尽管尼克松总统在 1972 年提议对二氧化硫征税,但美国反而通过控制二氧化硫排放水平和柴油燃料中的含硫量来处理源于发电厂和交通运输产生的二氧化硫排放问题。

农药税

有些国家为减少农药使用而征收农药税。如 1986 年丹麦政府为了在此后 10 年内减少 50% 杀虫剂的使用而采纳征收此税,截至 1997 年丹麦实现了缩减 47% 的目标。随后,丹麦政府增加税收额度并运用其他措施进一步减少农药使用和促进有机农业发展(Andersen, Dengsoee & Pederson 2001, 71-73)。

塑料袋税

2002 年,爱尔兰对塑料购物袋征收 15 欧分的税金(2007 年增至 22 欧分),这推动形成了一种国际趋势。如果顾客离开商店时使用了新塑料袋则必须付税,此规定鼓励他们携带自己的袋子(Revenue Ireland 2010)。塑料袋的使用因此减少了 95%(Cadman, Evans, Holland & Boyd 2005, 7)。

危险废物税

意识到工业生产所留下的危险废物会污染土地,1980 年美国政府通过了《综合环境反应、赔偿与责任法》(CERCLA),规定污染者应承担起清理土地的责任。作为该法的一部分,它还对特定危险化学品和企业收入征税,以便为超级基金提供财政来源。超级基金是一项无法找到对污染负责的主体时政府可以用于清理场地的基金。在这种情况下,绿色税虽然不足以有效地阻止污染,但其收入有助于政府解决环境问题。

水资源开采税

绿色税不仅能够为污染定价,而且也让人们意识到有限自然资源的价值,如水资源。1964 年,法国确立了对污染和取水行为收费的水资源费体系(Tuddenham 1995, 204)。1988 年,始于巴登-符腾堡州的征税,德国的一些州已经对地下水和地表水开采征税(Kraemer 1995, 231)。

气候变化和碳税

21世纪全球所面临的主要环境问题是气候变化。气候变化由温室气体排放至大气所引起。温室气体引起了捕获地球大气热量的"温室效应"，造成气候模式的破坏。化石燃料具有明显的碳含量，其燃烧所释放的二氧化碳占全球温室气体排放的57%（Stern 2006，195）。因此，社会需要确定如何减少对化石燃料的依赖。对化石燃料的二氧化碳排放定价是从长远减少温室气体排放的关键。碳税能够实现此目标。

碳税是什么？

碳税是一种对化石燃料（包括煤炭、石油、汽油和天然气）碳含量征收的税。其理想的税基是燃烧这些化石燃料产生的实际二氧化碳排放量，但此税基很难掌控。那么该如何计算每辆靠汽油运转的汽车产生的排放量呢？无论以何种方式，化石燃料中的碳通常在燃烧时才会排入大气。根据燃料中的碳含量，加入汽车的汽油或供应发电厂的煤将各自产生一个可预测的排放水平。因此，燃料燃烧之前的实际碳含量可以预测二氧化碳的排放量，并作为一种合理方便的碳排放量计算方法。

所以，碳税一般以化石燃料中的每吨碳含量或者推测二氧化碳排放量为依据。例如，政府可能对出售给燃煤发电厂的煤炭中的碳产生的二氧化碳征收每吨30美元的碳税，也可能对分配给加油站和汽车使用的汽油中的碳产生的二氧化碳征收同样的碳税。

碳税在煤炭上收取的最多，煤炭是碳含量最高的化石燃料；天然气中的碳含量最少，所收的碳税也最少。因此，碳税倾向于阻止煤炭的使用，鼓励转向低碳化石燃料及其替代品，如可再生能源。该税的有效性取决于税率的高低——税收提高了多少价格。更高的税率将会有更强的反应。碳税可以扩展至其他所有温室气体。

尽管两者都适用于化石燃料，但碳税不同于汽油税。碳税适用于燃料中的每吨碳含量，它直接对应于二氧化碳排放的环境问题。传统意义上的汽油税以汽油的体积为基础，如美国的"加仑"、欧洲的"升"，所以自2010年仲夏起美国的司机支付了每加仑18.4美分的联邦税（U.S. IRC 1986, section 4081）。对化石燃料按体积征税可提高价格并促使人们思考能源保护问题。与环境问题存在的关联性，使得汽油税成为一种"环境相关税"，但对于气候变化目的，这种联系没有碳税直接。

化石燃料成本升高也会影响一个国家的竞争力。例如，若其他国家的石油制造商或生产商无须支付类似的碳税，就可以生产更加廉价的产品，可能削弱其竞争对手。为了避免此问题产生，可以对入境的化石燃料及其制成品征收碳税。在产品跨越边界入境后，这种"边境税调节"将使进口产品和国内产品处于同等地位。

当前，化石燃料往往是日常生活必不可少的，对其大幅增税也会造成低收入人群的困难。在社会发现新能源和买得起的替代技术前，他们将不得不为基本生活支付更多，例如，家庭取暖用油和上班开车的成本。因此，为了避免生活上的负担需要采取一些特殊措施，如特定的税收减免措施或帮助低收入家庭提高家庭能源效率的政府项目。作为一项新税，碳税将产生政府可能用于这些目的的新的收入。

碳税实践

几个现有碳税的例子说明了它们的特点。2008年，加拿大不列颠哥伦比亚省确立了碳税。该税简单明了，适用于在省内燃烧的化石燃料，这几乎占到该省温室气体排放量的70%。刚开始的税率是每吨二氧化碳排放量10加元，每年增加5加元，直到2012年税率增至30加元。允许政府用该项碳税的收入为个人或企业（包括低收入家庭）提供税收减免（Duff 2008, 95–97）。

自1992年开始，丹麦政府在征收化石燃料的能源税与硫税的同时，也开始征收碳税。此项碳税适用于家庭、服务业和工业部门使用的化石燃料，但并不适用于征收其他能源税的交通运输业。目前，丹麦碳税组成系统的税率设定为每吨二氧化碳12欧元。然而，根据他们如何使用化石燃料以及是否签署了提高能源利用率的自愿协议，工业可能支付更低水平的税。丹麦已经将这些税收用于减少劳工税和投资节能领域（Speck 2008, 44–47）。

瑞典应用碳税也有很长历史。作为减少所得税改革的部分内容，瑞典于1991年通过了碳税。刚开始，碳税的税率是每吨二氧化碳43欧元。1995年以来持续的通货膨胀，税率到2008年上升至每吨二氧化碳106欧元。此税适用于非交通运输领域使用的化石燃料，同时该税合并了自1991年以来长期征收的能源税与硫税，以及1992年所制定同样

适用于化石燃料的氮氧化物排放费。该税对非交通运输化石燃料的征收结合了适用同样燃料的1991年制定的长期能源税、硫税和1992年制定的氮氧化物费。此项碳税的实施细则为工业提供了一些减免（Speck 2008, 50–52）。

欧洲的这些例子说明了碳税和其他同样适用于化石燃料的各种税间的关系。传统的能源税收，如汽油税，最初是为了创收。虽然碳税也能创收，但它们关注于气候变化这一特殊环境问题。硫税是为了解决硫排放造成的环境问题。征收这些税的目的不同，但政策制定者将考虑它们之间的相关性，合并税收负担。

北欧国家和德国最近的碳税、能源税和其他税制改革的研究表明，在20世纪90年代中期和2004年之间温室气体排放量下降了4%～6%。瑞典和芬兰的下降最多，预计瑞典在2012年之前的几年将实现7%的削减量（Andersen & Ekins 2009, 262–263）。

双重红利理论

用于支持碳税的理论之一是碳税可以产生"双重红利"。碳税的重要意义是通过减少温室气体排放能够提供环境红利，因为它有助于减少温室气体排放。考虑到化石燃料的广泛性，碳税还将为政府产生大量收入。使用碳税收入减少那些可能阻碍经济发展的税收（如所得税和社会保障税等），可以提供第二重红利——拥有更高就业或国内生产总值的更强劲经济。结果是税收负担的收入无增减（revenue-neutral）转移，而不会是税收的净增加。此情形有时被简洁地描述为"坏的

征税，好的不征税"（taxing bads, not goods）方式。

通常称为"环境税改革"的收入无增减税收转移理念，在20世纪90年代推动了欧洲国家对碳税和能源税的兴趣。虽然单独征收碳税会对经济产生不利影响，但欧洲六国将化石燃料税收与所得税和社会保障税的减免相结合，对国民生产总值和就业产生了积极影响（Barker, Junan-kar, Pollitt & Summerton 2009, 183–184）。

碳税与封顶交易

碳税并不是将价格与碳排放联系在一起的唯一方式。"封顶交易"（Cap-and-Trade）是另一种越来越流行的以市场为基础的方法，关于哪种方式或组合是最好的争论正在国内和国际上进行。

在封顶交易下，政府设置一个二氧化碳（或其他温室气体）排放总水平的管制限度。它不管制个体污染者，但对污染者规定每单位排放量的限额或许可，如一年中排放每吨二氧化碳的限额。政府只发布国家作为整体允许排放量达到的管制限度（上限）的数量。污染者可以选择是减少污染物，还是寻求允许他们继续排放的限额。因此，政府设置上限，直达产生污染的企业，即"封顶交易"。"封顶交易"不仅适用于温室气体的排放，它在美国还被用于控制其他污染物，例如燃煤电厂产生的会导致酸雨的二氧化硫。

碳税和限额交易系统，虽然两者的方式不同，但均将二氧化碳的排放量与价格关联起来。在碳税中，税率确定二氧化碳排放量的价格。在限额交易中，市场交易的价格确定二氧化碳排放量限额定价。因此，碳税规定了固定价格，但不能精确预测二氧化碳排放量水平；而限额交易确定了排放量的固定水平，但未提供固定的价格。

碳税或限额交易的使用之争在很大程度上集中于权衡采用固定价格还是固定排放量。许多经济学家主张固定价格。人们还认为碳税更易于管理，避免了创立新交易市场的风险和成本。然而，政治和制度因素也能发挥作用。例如，没有全体成员国的一致同意，欧盟无法采用覆盖整个欧洲的税种，例如碳税。取而代之的是，欧盟采用了称为欧盟排放交易计划的工业二氧化碳排放交易系统，该计划将扩展至覆盖航空排放。虽然美国联邦政府已讨论了封顶交易提案，但仍未采取任何行动。据报道，中国正在考虑碳税。

税法的绿化

绿色税所依据的理念是产品或活动的价格应包含其引起的环境损害的部分或全部成

本。税收系统还有另外两种方式调节价格来改善环境。

第一，政府可以废除鼓励污染活动和产品的现有税收优惠。有效取消这些优惠将提高污染的成本。在2009年9月的G20峰会上，各国领导人承诺在合理期限内逐步取消和理顺低效的化石燃料补贴……低效的化石燃料补贴鼓励浪费性消费，降低我们的能源安全，阻碍清洁能源投资并削减了应对气候变化威胁的努力（Pittsburgh Summit 2009, 3）。

为响应G20峰会的号召，美国总统巴拉克·奥巴马（Barack Obama）在2011财政年度预算中提议，废除对过去10年生产价值达390亿美元的化石燃料的补贴（U.S. Department of Treasury 2010, 151）。

第二，政府可以使用税收系统为其需要鼓励的环境友好活动提供税收优惠。例如，美国联邦政府为源于可再生能源（如风能）的电能生产和永久性保护土地的所有者与地役权捐赠提供税收优惠。这只是众多与环境有关的税收优惠的两种。总之，税收系统能够作为价格传递机制。通过绿色税，可以提高环境损害活动的成本。通过废除有害活动的补贴，有利于实现公平竞争。通过对环境友好活动提供税收优惠，可以降低这些活动的价格并鼓励其应用。

绿色税展望

自20世纪70年代以来，绿化税法的推广显著增加。现在以市场为基础的方法是人们考虑怎样保护环境的有效手段。包括税收在内的以市场为基础的方法很少被作为解决环境问题的唯一方法单独运用。政府还会应用管制、公共教育、消费计划、绿色标签项目以及其他措施来解决各方面的环境问题。不过，人们正逐渐意识到使用价格机制尝试影响行为的可能性。

绿色税使用的增加意味着诸如美国国税局之类的传统政府税收机构将会更多地参与环境保护，诸如美国环境保护署之类的传统环保机构将更熟谙各类税收措施。环保主义者同样需要理解税收原则。作为一种混合的环境税方法，绿色税和绿色税优惠跨越了权力和想法的传统界线。因此，政府官员和学者们需要研究绿色税的实效，以确保其能达到环境保护的目标。对实效进行评估虽非易事，但却至关重要。

绿色税未来所面临的关键问题是，国家将采用碳税或交易计划或两者的某种组合，还是寻找其他方式减少对化石燃料的依赖。碳税的广泛使用代表了绿色税历史上的重大进展，但即使没有这一步，仍会有很多机会使用绿色税减少污染和资源的过度使用。

珍妮特·E.米尔恩（Janet E. MILNE）
佛蒙特法学院
戈华清译

参见：气候变化信息公开——法律框架；减缓气候变化；节能激励机制；能源补贴；自然资源法；污染者付费原则；公用事业监管。

拓展阅读

Andersen, Mikael S. (1994). *Governance by green taxes: Making pollution prevention pay*. Manchester, U.K.: Manchester University Press.

Andersen, Mikael S.; Dengsoee, Niels; & Pedersen, Anders B. (2001). *An evaluation of the impact of green taxes in the Nordic countries*. Copenhagen: Nordic Council of Ministers.

Andersen, Mikael S., & Ekins, Paul. (2009). *Carbon energy taxation: Lessons from Europe*. Oxford, U.K.: Oxford University Press.

Andersen, Mikael S., & Sprenger, Rolf-Ulrich. (2000). *Market-based instruments for environmental management: Politics and institutions*. Cheltenham, U.K.: Edward Elgar Publishing.

Barker, Terry; Junankar, Sudhir; Pollitt, Hector; & Summerton, Philip. (2009). The effects of environmental tax reform on international competitiveness in the European Union: Modelling with E3ME. In Mikael S. Andersen & Paul Ekins (Eds.), *Carbon energy taxation: Lessons from Europe* (pp.147–214). Oxford, U.K.: Oxford University Press.

Baumol, William J., & Oates, Wallace E. (1988). *The theory of environmental policy* (2nd ed.). Cambridge, U.K.: Cambridge University Press.

Cadman, James; Evans, Suzanne; Holland, Mike; & Boyd, Richard. (2005). *Proposed plastic bag levy—Extended impact assessment* (Environment Group Research Report 2005/06). Edinburgh, U.K.: Scottish Executive..

Duff, David. (2008). Carbon taxation in British Columbia. *Vermont Law Review, 10*, 85–105.

Durning, Alan T., & Bauman, Yoram. (1998). *Tax shift*. Seattle, WA: Northwest Environment Watch.

European Environment Agency (EEA). (2006). *Using the market for cost-effective environmental policy: Market-based instruments in Europe*. Copenhagen: Author.

Gale, Robert; Barg, Stephen; & Gillies, Alexander. (Eds.). (1995). *Green budget reform: An international casebook of leading practices*. London: Earthscan.

Kraemer, R. Andreas. (1995). Water resource taxes in Germany. In Robert Gale, Stephen Barg & Alexander Gillies (Eds.), *Green budget reform: An international casebook of leading practices* (pp.231–241). London: Earthscan.

Määttä, Kalle. (2006). *Environmental taxes: An introductory analysis*. Cheltenham, U.K.: Edward Elgar Publishing.

Milne, Janet E. (2003). Environmental taxation: Why theory matters. In Janet E. Milne, Kurt Deketelaere, Larry Kreiser & Hope Ashiabor (Eds.), *Critical issues in environmental taxation: International and comparative perspectives* (Vol.I, pp.3–26). Richmond, U.K.: Richmond Law & Tax.

Milne, Janet E. & Andersen, Mikael S. (forthcoming). *Handbook of research on environmental taxation*. Cheltenham, U.K.: Edward Elgar Publishing.

Milne, Janet; Ashiabor, Hope; Kreiser, Larry; & Deketelaere, Kurt. (Eds.). (2006–2010). *Critical issues in environmental taxation* (Vols.I–VIII). Oxford, U.K.: Oxford University Press.

Muller, Adrian, & Sterner, Th omas. (Eds.). (2006). *Environmental taxation in practice*. Aldershot, U.K.: Ashgate.

Organisation for Economic Co-operation and Development (OECD). (1995). *Environmental taxes in the OECD Countries*. Paris: OECD.

Organisation for Economic Co-operation and Development (OECD). (1996). *Implementation strategies for environmental taxes*. Paris: OECD.

Organisation for Economic Co-operation and Development (OECD). (2001). *Environmentally related taxes in OECD countries: Issues and strategies*. Paris: OECD.

Organisation for Economic Co-operation and Development (OECD). (2006). *The political economy of environmentally related taxes*. Paris: OECD.

Organisation for Economic Co-operation and Development (OECD) & European Environment Agency (EEA). (2010). Database on instruments used for environmental policy and natural resources management. Retrieved June 10, 2010, from http://www2.oecd.org/ecoinst/queries/index.htm.

Pigou, Arthur C. (1920). *The economics of welfare*. London: Macmillan.

The Pittsburgh Summit. (2009). Leader's statement: The Pittsburgh Summit. Retrieved November 15, 2009, from http://www.pittsburghsummit.gov/mediacenter/129639.htm.

Revenue Ireland. (2010). Environmental levy on plastic bags. Retrieved June 8, 2010, from www.revenue.ie/en/tax/env-levy/environmentallevy-plastic-bags.html.

Snape, John, & de Souza, Jeremy. (2006). *Environmental taxation law: Policy, contexts and practice*. Aldershot, U.K.: Ashgate.

Speck, Stefan. (2008). The design of carbon and broad-based energy taxes in European countries. *Vermont Law Review, 10*, 31–59.

Stern, Nicholas. (2006). *The economics of climate change: The Stern review*. Cambridge, U.K.: Cambridge University Press.

Surrey, Stanley. (1973). *Pathways to tax reform*. Cambridge, MA: Harvard University Press.

Tuddenham, Mark. (1995). The system of water charges in France. In Robert Gale, Stephen Barg & Alexander Gillies (Eds.), *Green budget reform: An international casebook of leading practices* (pp.200–219). London: Earthscan.

U.S. Department of Treasury. (2010, February). General explanations of the administration's fiscal year 2011 revenue proposals. Washington, DC: Department of the Treasury.

U.S. Internal Revenue Code of 1986 (IRC), 26 U.S.C. Title 26.

Weizsäcker, Ernst U. von, & Jesinghaus, Jochen. (1992). *Ecological tax reform: A policy proposal for sustainable development*. London: Zed Books.

I

Intergenerational Equity

代际公平

持续性理念部分在于人们相信上一代人对于后代人负有道德上的义务。人类社会对个体间公平的普遍理解并不能完全解决上述义务，而此问题会变得愈加复杂，因为在做出影响将来之人类的重要决定时，那些人还没来到世上。这意味着对作为一个整体的社会人类负有某些道德上的义务。

持续性概念清晰地阐释了当代和未来之间的关系，其显而易见的含义是当代人对后代负有道德上的义务。此核心的、规范的内涵被贴上了几个标签，包括"代际公平"、"代际正义"以及"后代人的权利"。所有这些词语都强调了当代人的行为、政策与后代人的权利之间的复杂关系。

许多历史文明精心规划了对未来的馈赠。但直到20世纪，人们才意识到，上代人做出的选择可能会严重改变未来的环境并威胁到后代人的生活质量。伴随着工业革命而来的技术能力的提升，使得现代人类对于他们周围的环境具有更普遍和更严重的影响力。他

们排放大量的废气使得大气升温，为了发展，他们破坏复杂的森林生态系统。尽管这些行为中的许多支撑了经济增长和社会发展，但同时对未来带来了风险。这些风险该如何影响当前所做出的决定呢？对于"可持续生存"或者"可持续发展"的挑战，可被理解为一种"公平对待后代人"的道德承诺（WCED 1987；Tremmel 2009）。

四个问题

学者间就如何把握广泛意义上的公平和正义的本质问题存在分歧，而将其运用到未来则产生了特别的困惑和问题。解决代际公平问题需要解决四个子问题：① 平衡问题；② 无知问题；③ 距离问题；④ 估值问题（Norton 2005）。

1. 代际平衡

历史显示了经济和社会发展的长期模式，即随着时间推移，人们更为富有，生活品质

更高,因而问题之一在于是否任何一代人均应当严重地关切他们的后代。假设这种模式得以持续,人们就会诘问:既然将来的人们会比我们更富有更快乐,为何上一代人应该为后代人而节衣缩食?（Solow 1993）然而,技术能力的提升也提出了这样的问题:上一代人是否可以甘冒为将来带来厄运之风险?如果是这样,那么上一代人是否对人类社会带来的巨大的道义上的灾难负有责任?

假设对于以上后面那些问题的正面回答貌似合理,那么技术发达的社会似乎面临一个道德上的挑战。一个社会该如何在高速发展所带来的当前利益与其可能对将来的人类造成伤害的风险之间进行平衡?在关于当代人之间义务的道德推理中,公平即被视为正义,正义可通过人际间的关系感受得以检验。受影响的所有各方均同意的行动可被认为是公平的,即使各方还存有一些小的争议。不幸的是,这种有益的道德标准在许多受影响方尚未出生时是无法得到运用的:在协商达成各方均接受的"协议"过程中,许多的受影响方无法得到代表。

代际道德评判因此承受了不对称的后果:现代人的任何行动会影响未来人们的福祉,而不是反之亦然（在代际重叠的情况下除外）。这种不对称,因其破坏了受影响各方利益、有益的道德标准的检验,显然需要实质性、独立的准则,来判别何为有害、何为有益;需要某种方法,以校正此种被用于跨越多代人的准则。平衡问题,在没有考量第四个子问题估值时,看起来是无法解决的。

2. 无知问题

许多道德问题需要仔细检验当前行为的

复杂影响,但代际道德关系的不对称使得我们对如何理解对每个人是公平的这一点的通常理解居然成了问题。例如,在现代民主国家,我们都认定,如果大多数公民的需求是已知的,实现这些目标的努力通常便是正当的。不过,如果将这一方法拓展到带有与几代有关的影响的问题时,我们将需要知道后代人的喜好。价值观和偏好随时间而变,以当代人偏好为基础的当今决策,会将当代的价值"家长统治式"地施加给后代。代际道德的不对称,似乎再次破坏着我们通常的道德推论。

不对称还产生了无知的另一个让人困惑又为难的形式:忽略后代人的身份。在当代的伦理关系中,我们通常采取"关于人的原则（person-regarding principle, PRP）",其理论是所有的道德危害必须影响到某些可辨别的个人（Parfit 1984）。例如,如果一个人向河流倾倒有害物质,受损方将是下游使用者和其他因污染间接受损的主体。但是如果有人存储危险放射性废物,威胁到的是从现在到今后一百年的人,由于受损的主体尚未出现,所以难以确认其身份。

如果关于人的原则也适用于代际道德关系,就会出现一个悖论。想象一下某一代人在面对未来道路的抉择时,选择最大化地满足自身需求,不考虑合理地利用资源。与一个选择为后代而节约利用资源的社会相比,任何人都会认为前者的社会政策在道德上是较为低下的。然而,随着两个场景中的不同行为和政策的结束,两个场景中不同的人将相遇,不同的个人将出生于两个场景的结合。应用关于人的原则,挥霍场景下出生的人不会受损,反而受益——他们获得生命的礼物。如果代之以实施可持续的政策,另外那些尚未出生的个人不会受到损害也许代际公平无法用对个体而言是公平的术语加以分析。

由于涉及代际道德的不对称明显要求背离与人有关的原则的个人主义道德,一些理论家们承认对不可识别个体的集体如"生活在2200年的一代人"的义务。该概念由法律学者爱迪·布朗·维丝(Edith Brown Weiss)提出(1988)。布朗·维丝认为,前代人对于"我们星球上自然和文化资源的共同遗产"既有权利,也有义务。他们有权利用归于当代人的那些遗产,即令这些权利还对他们课加了保护这些共同遗产的义务。布朗·维丝绕过与"权利"语言联系在一起的个人主义这个问题,继埃德蒙·伯克(Edmund Burke)(1790)之后,提出社会应被理解为一个生活在过去、现在和未来的人的合作体。她说,"这里提出的行星权利是为后代而非个体所拥有的权利。他们是代际权利,只能作为一个整体而考虑"(Brown Weiss 1988, 96)。这种推理使她借助了信托予以类比:每一代人从上一代接收自然和文化遗产,"为后代而保存[它]"(Brown Weiss 1988, 2)。

彼得·布朗(Peter Brown)(1994)进一步发展了代际之间信托的理念,主张人类为子孙后代而负有普遍的义务,扮演资源保管员的角色,保护和恢复受损的自然系统。这种模式在概念上是有帮助的,因为在法律上,信托可以使一对夫妇所有的后代受益而设立,如果信托管理者未能为未来的后代和未确定的个体保护好家庭资产,其是有过错的。

由一些美国环保主义者发展而来的另一个概念,注意参考了美国宪法序言中的"后人"一词,认为宪法保护资源如生物多样性是与宣言一致的,应该被正式地纳入宪法修正案,以保护后代的权利(Schlickheisen 1994)。

3. 距离问题与时间偏好

当考虑更长的时间框架时,平衡和无知便会更加恶化。事实上,由于代际重叠,如果将道德范围仅限于现在和紧随其后的后代,平衡和无知的问题将会最小化。政策施于两代人是合理的,因为年轻人不断成长,至少暂时为了他们年幼的孩子,父母会从主观上发言并表示同意。所以,理解代际公平似乎还涉及有关时间距离这个问题,我们的道德义务会随之延伸。在强大的技术发展之前,可能一直认为,道德可能是父母和孩子之间的关系;一代将未损坏的资源传递给下一代,也留下与下一代有关的义务。然而,当世界面临着全球气候变化,今天的抉择将以加速的方式影响许多后代时,这种推理就不太有说服力了。

当经济学家面对距离的问题,他们通常会引入贴现,今天的决策效果基于当下的状况:在当前的影响为100%的积极影响和消极影响,同时几年后感受到的影响每年减少一定的比例(Lind 1982; Frederick, Loewenstein & O'Donoghue 2002)。高折现率体现出从现在到将来较强的时间偏好,其体现出对遥远、未来的影响应该不会对当前的决策产生影响。很明显,大多数人,大多数时候,偏向提前享受福利和延迟支付成本。但目前还不太清楚,作为社会政策这种做法是否正确。一些作者也主张"社会折现率"接近于零,尽管我们预计个人会贴现未来的影响（Stern 2006）。越来越多的认识显示，气候变化影响由缓慢变化的不稳定因素（如大气中的二氧化碳）导致，其将对后代人产生巨大和越来越多的影响，这也引发了高风险的争议，似乎意味着必须对当前的政策对于将来之影响予以评估（Stern 2006; Nordhaus 2007）。

4. 估值问题

如果我们在跨越时间的价值比较上有一个时间敏感的方法，理解"代际公平"的前三个问题将变得较为容易。经济学家建议一种方法进行跨代价值比较，有时被称为弱持续性。

根据此种将个人福祉等同于实现福祉能力的偏好的观点，我们可以将持续性视为如此行动的一种禁令：不降低后代人获得至少和我们同等水平的福祉或者偏好的机会（Solow 1993）。经济学家是对固定时间内活着人们的个人平均收入予以衡量，因此他们认为，可持续发展可以单纯通过保护社会的资本基础而实现，因为财富允许发展出能高效地满足各种偏好的技术。根据这一弱持续性观点，只要一个社会保持其资本基础（包括资本、技术和自然资源价值总和），它便是可持续的。

不过，代际公平的这种方法似乎引起以下问题。首先，如果资本资源的价值跨时间折现，涉及的估算具有当下的意义，所以这个方案不能满意地回答距离方面的道德问题。其次，根据这种观点，只要一个社会可衡量的经济财富不减少，则不会损害后代人；而大多数环保人士认为，摧毁世界上大多数的生物多样性和自然美景的富人构成的未来社会将更糟糕，即使他们比享受着地球上生命丰富性的前代人更富裕（Norton & Toman 1997）。

虽然经济学家提供了代际公平的一般概念，他们这样做是假设某些问题已得到解决。但另外一些人认为，这些问题仍然没有答案。例如，生态学家们已经观察到专注于高效发展财富会导致生态系统恢复能力的减弱（Gunderson & Holling 2002; Walker & Salt 2006）。恢复能力和其他生态特征因此被视为"自然资本"，这意味着当越来越多的自然资本转变为产品和废物后，经济财富的增加会破坏自然系统的平衡。

这种经济学上的观点可能遭到规范的持续性这一非传统理念的反对，规范的持续性观点对经济学家的价值、实现偏好等概念提出了挑战，认为拥有一个多代人视角的社会必须辨明，其所信仰的对于后代人的永恒是可以实现的。这种观点很好地结合了布朗·维丝和布朗的信托理论。在这种观点下，每代人都面临这个问题：在我们的社会、文化和环境中，什么是有价值的并需要为后代人而加以保护的？

持续性和后代人

因此，规范的持续性将保护社会的财富以及保护社会珍视的价值观包括对自然和自然系统，增加成为经济目标。社会珍视的价值观被作为对后代人的信托，通过正在进行的一系列确认和保存被当代人理解为伙伴关系的社会价值，将前代人和后代人联系在一起。这种在代际间丰富的道德关系理念是基于关切

未来的可持续性和可持续发展的概念中最核心的问题。

布莱恩·G. 诺顿（Bryan G. NORTON）

佐治亚理工学院

邵琛霞译

参见：生物技术立法；可持续发展——法律和委员会概述；环境法，软与硬；环境正义；纳米技术立法；风险预防原则；基于原则的监管；强弱持续性的争论；世界宪政主义。

拓展阅读

Becker, Carl. (1934). Progress. In Edwin R.A. Seligman & Alvin Johnson (Eds.), *Encyclopaedia of the Social Sciences* (Vol.12, pp.214–246). London: Macmillan.

Brown, Peter G. (1994). *Restoring the public trust*. Boston: Beacon Press.

Brown Weiss, Edith. (1988). *In fairness to future generations: International law, common patrimony, and intergenerational equity*. Tokyo: United Nations University.

Burke, Edmund. (1955). *Reflections on the Revolution in France*. Indianapolis, IN: Bobbs-Merrill. (Original work published 1790)

Bury, John B. (1928). *The idea of progress: An inquiry into its origin and growth*. London: Macmillan.

Foundation for the Rights of Future Generations. (2010). Homepage. Retrieved August 3, 2010, from http://www.intergenerationaljustice.org/.

Frederick, Shane; Loewenstein, George; & O'Donoghue, Ted. (2002). Time discounting and time preference: A critical review. *Journal of Economic Literature*, *40*(2), 351–401.

Gunderson, Lance H., & Holling, C. S. (2002). *Panarchy: Understanding transformations in human and natural systems*. Washington, DC: Island Press.

Lind, Robert. (1982). *Discounting for time and risk in energy policy*. Washington, DC: Resources for the Future.

Nordhaus, William D. (2007). A review of the *Stern Review on the Economics of Climate Change*. *Journal of Economic Literature*, *45*(3), 686–702.

Norton, Bryan G. (1982). Environmental ethics and the rights of future generations. *Environmental Ethics*, *4*(4), 319–337.

Norton, Bryan G. (2005). *Sustainability: A philosophy of adaptive ecosystem management*. Chicago: University of Chicago Press.

Norton, Bryan G., & Toman, Michael. (1997). Sustainability: Ecological and economic perspectives. *Land Economics, 73*(4), 553‒568.

Page, Talbot. (1977). *Conservation and economic efficiency: An approach to materials policy*. Baltimore: Johns Hopkins University Press.

Parfit, Derek. (1984). *Reasons and persons*. Oxford, U.K.: Oxford University Press.

Partridge, Ernest. (Ed.). (1981). *Responsibilities to future generations*. Buffalo, NY: Prometheus.

Schlickheisen, Rodger. (1994). Protecting biodiversity for future generations: An argument for a constitutional amendment. *Tulane Environmental Law Review Journal, 8*, 181‒221.

Sikora, R.I., & Barry, Brian. (Eds.). (1978). *Obligations to future generations*. Philadelphia: Temple University Press.

Solow, Robert M. (1993). Sustainability: An economist's perspective. In Robert Dorfman & Nancy Dorfman (Eds.), *Economics of the environment: Selected readings* (3rd ed., pp.179‒187). New York: Norton.

Stern, Nicholas. (2006). *The economics of climate change*. London: HM Treasury.

Tremmel, Joerg Chet. (2009). *A theory of intergenerational justice*. London: Earthscan.

Walker, Brian, & Salt, David. (2006). *Resilience thinking*. Washington, DC: Island Press.

World Commission on Environment and Development (WCED). (1987). *Our common future*. Oxford, U.K.: Oxford University Press.

International Court of Justice

国际法院

位于海牙的国际法院是当今世界唯一的综合性国际法律机构。其审理案件的范围从国际捕鱼权纠纷到跨界的大坝建设案。尽管国际法院裁决国际纠纷的能力广受赞誉，但其创设或发展国际法的能力仍受到某些人的质疑。

国际法院（ICJ）作为联合国的一个专门司法机构而设立，取代了常设国际法院。常设国际法院与联合国之前的国际联盟有关。联合国成员也是国际法院的成员，这反映出在第二次世界大战之后，第三方裁决机制作为争议解决机制的重要性得到确认。

国际法院的组成

国际法院由15名法官组成，法官经选举产生，任期九年，可以连任。从国际法院的法官中选举产生院长和副院长。国际法院规约要求世界所有人民有平等的代表权。国际法院的法官由联合国大会和安全理事会选举产生。国际法院有权为处理某类特殊案件设立分庭。1993年，国际法院设立了一个专门的环境法庭，2006年因再无案件而撤销。

管辖权

国际法院管辖的前提是各国的同意。国际法院在两种情况下可以行使管辖权：诉讼管辖权和咨询管辖权。

诉讼案件可以通过三种方式提交国际法院：① 两个当事国移送案件至国际法院；② 由联合国宪章或任何其他条约引起法院的管辖权；或者③ 当事国向国际法院提交声明接受法院的全面管辖。

咨询管辖是在联合国大会、安理会或其他联合国大会授权的国际机构请求时，提供法律咨询。咨询意见的请求在国家间的具体争议的内容之外，征求国际法院关于国际法当代问题的意见。

国际法院通常倾向于对潜在的法律问题给予狭义的解释，并尽可能最大程度地限制其判决的实质性适用范围。这是由于国际法院不愿意被视为其在创设国际法。这一点适用于所有的问题，包括环境问题在内。

法律渊源

国际法院规约规定了其法律渊源，包括条约、国际习惯、一般法律原则、司法判例和国际法学说。尽管这些渊源并无层级之分，但在承担国际法义务方面，条约、国际习惯通常被视为较为有力的渊源。国际法院关于国际法渊源的这种表述通常被视为国际法渊源的权威表述。作为国际法争议仲裁者，国际法院的责任与其认为是权威的法律渊源的合法性是相匹配的。

临时性措施

和国内法院一样，国际法院被授权在争议解决期间采取暂时性的措施。临时性措施旨在防止对构成争议主要内容的权利不可逆转的损害。例如，在乌拉圭和阿根廷纸浆厂案中（2010），阿根廷要求采取临时性的措施，在国际法院的最终决定做出前，要求在乌拉圭河上停止建设纸浆厂。临时性措施的批准并不意味着承认这些权利的有效性，只是争议期间的保护方式。它对争议双方均有约束力。

必要的第三方规则

必要的第三方规则在国际法院功能上是一个有趣的方面，其与国际法院作为国际环境法保护者的角色有关。在此规则下，当国际法院就两国之间的争议所作的判决结论，涉及当事国以外的第三方的权利或义务时，国际法院就不能对该两国的争议予以判决。

判例

判例在两种情况下得到适用。第一个与法院的裁决作为其他法的先例的价值相关。国际法院规约明确否定了其作为先例的价值。但是，在实践中，国际法院的裁决被当作国际法权威性的表述（Shaw 2008，7，110）。这有助于引出普遍、可靠的国际法规则，使整个体系更为可测和确定。判例的第二个意义与法院裁决的可执行性相关。在国际法院前，争议的当事国都被希望遵守国际法院的判决，不遵守时则将案件提交到安理会。

其他国际司法机构

近来，国际司法机构不断发展。如国际海洋法法庭、世界贸易组织的争端解决机制和欧洲法院。国际司法机构在人权和国际刑法中的拓展尤其明显。如欧洲人权法庭、美洲人权法院、非洲人权法庭、国际刑事法庭、前南斯拉夫问题国际刑事法庭、卢旺达问题国际刑事法庭、塞拉利昂特别法庭以及柬埔寨法院特别法庭。目前尚不十分清楚这些国际司法机构如何影响国际法院的角色和功能。有观点认为，这些机构将缩小国际法院的管辖范围，制造相互矛盾的国际法表述。然而在实践中，大多数国际法庭倾向于广泛地参照其他司法机构的审判规程。这一趋势通常被视为国际法规则拥有牢固的地位，对第三方有约束力的判决变得有力。

国际法院作为环境法庭

国际法院一直面对为数不多的几个直接涉及国际环境法的案件。这可能是近来出现的国际环境法作为独立和具体的义务起的作用。不过，国际法院审理的几个案例，要么涉及环境问题，要么使得其列举了与国际环境有关的一般法律原则。

国际环境法学说

在科孚海峡案中（Corfu），国际法院创设了一般义务，国家需考虑其合法行为对其他国家利益的影响，避免因其合法行为对他国造成有害的后果。这项裁决为"睦邻友好"的原则奠定了基础，被援引来说明防止跨界污染的责任，被广泛认为是国际习惯法的一个规范。

在渔业管辖权案中（United Kingdom of Great Britain & Northern Ireland v. Iceland 1974）国际法院创设了磋商义务并阐明优先权原则。这表明，沿海国家按照其对海洋资源依赖和可持续发展的需要，对海洋资源的开发享有优先权。

法国核试验案（Australia v. France 1974; New Zealand v. France 1974）很大程度上依赖于以国际环境法为基础的论点。澳大利亚和新西兰在其争议问题和临时性措施上，试图援引法国核试验的环境影响加以证明。在大部分情况下，这些争议不完全建立在不造成环境损害的法律义务上，而是环境上的沉降物侵犯了澳大利亚和新西兰的主权。国际法院严格地裁决这个问题，明确

表示其判决并不否定环境争议的合法性。一些不同的意见批评国际法院判决受限的适用范围，认为在国际法中应对环境责任做出明确的解释。

加布奇科沃—大毛罗斯大坝案（Hungary v. Slovakia 1997）涉及匈牙利退出加布奇科沃—大毛罗斯大坝项目的合法性问题。尽管此案与条约解释、国家法律责任等许多问题有关，匈牙利同样将项目的不利环境影响作为一个退出的理由。国际法院承认生态保护的需要作为抗辩有关责任的合法性，但否定适用于此案。此案被认为具有极其重要的意义，因为其认可了在解释条约时考虑环境因素的重要性（Fitzmaurice 2001, 44, 385）。

国际法院在其咨询意见《威胁或使用核武器的合法性（1996）》中，一般性地分析了核武器使用在国际法上的合法性问题。作为其考虑的一部分，国际法院认为，虽然保护环境的条约义务不排除核武器的使用，但在做出使用核武器决定时，必须把环境影响纳入其中。

国际法院最近就纸浆厂案做出了裁决（Argentina v. Uruguay 2010）。该案中，阿根廷认为乌拉圭在双方共享的乌拉圭河上建设纸浆厂，违反了两国之间共享管理乌拉圭河的双边条约，损害阿根廷的环境利益。国际法院再次采取了严格的方

式,基于两国之间的双边条约,而不是更广泛适用的国际环境法原则,做出判决。基于此,国际法院裁决,乌拉圭在建设过程中没有履行程序上的义务,但不构成实体义务的违反,因此允许乌拉圭继续建设。不过,国际法院提出,环境影响评价的要求达到了国际习惯的价值要求,虽然这项义务的内容仍然不清楚。

法院的记事表上还有航空喷药和捕鲸案。航空喷药案（Argentina v. Uruguay）涉及哥伦比亚在厄瓜多尔边界航空喷洒农药的环境影响。日本捕鲸案（Australia v. Japan）围绕着对日本反复违反《南极捕鲸公约》的指控进行。

在被判决的所有案例中,国际法院遵循上述方法的趋势,对问题采取了限制性的解释。这常导致国际法院无法充分和积极地发展所需的国际环境法原则。

相关性和实用性

国际法院作为一个环境法庭受到了严厉的批评。这种批评是建立在其无力或无意去创设法律而不是解释法律,而且仅国家能诉诸国际法院以及其他原因之上（Birnie, Boyle & Redgwell 2009）。这导致的问题是国际环境法是否需要一个不同寻常的司法机制。在国际环境法本质中这一机制似乎不受欢迎。

首先,这种批评忽略了国际环境法本身特有的性质。有人认为,国际环境法倾向于减少创设纠纷的解决机制（Birnie, Boyle & Redgwell 2009, 258）。此外,国际环境法创建的平行的纠纷解决渠道使得司法权威降低,往往将一个纠纷肢解成许多的碎片（Romano

2007）。这可能表示了许多国家在国际法中接受具体的权利和义务的不情愿,提出了国际环境法尚未达到具体化即国际法院能实质运用的程度的可能性问题。一些观察人士认为,国际法院的司法经济性是可取的;国际法院设想的功能是国际法的解释者而非创设者。超过这个要求只能损害国际法院的声誉和效用,使其无法发挥其现有的功能。简而言之,国际法院那看似软弱的可能根源,事实上来自国际环境法本身。

其次,国际环境法律纠纷很少孤立地出现（Romano 2007, 1047-1053）。它们经常发展成复杂问题的一个方面,涉及国际法的多个分支。在这种情况下,一个专门的环境法院只能就争议的一部分加以裁决,这将是低效和不受欢迎的。

通常,对国际法院成绩的评估一直是积极的。国际法院案件负荷和成员国的不断增加即为有力的证明。国际法院裁决的权威价值是最为成功的证据。总的来说,国际法院作为国际环境法和更广泛的可持续发展原则的守护者,其表现令人钦佩。国际法院正在创设具体、被认可的原则,并将其纳入国际法的一般用语库。

苏哈塔乔治·贾殷（Abhimanyu George JAIN）
印度大学国家法学院
邵琛霞译

参见:鳕鱼战争（英国诉冰岛）;执法;环境法,软与硬;加布奇科沃—大毛罗斯大坝案（匈牙利与斯洛伐克）;国际法;联合国公约和协定概览。

拓展阅读

Birnie, Patricia; Boyle, Alan; & Redgwell, Catherine. (2009). *International law and the environment* (3rd ed.). Oxford, U.K.: Oxford University Press.

Brown Weiss, Edith. (1999). Opening the door to the environment and to future generations. In Laurence Boisson de Chazournes & Philippe Sands (Eds.), *The International Court of Justice and nuclear weapons* (pp.348–349). Cambridge, U.K.: Cambridge University Press.

Fitzmaurice, Malgosia A. (2001). International protection of the environment. *Recueil des Cours, 293*, 9–488.

International Court of Justice (ICJ). (2010). The court. Retrieved October 22, 2010, from http://www.icj-cij.org/court/index.php?p1=1&p2=4.

Posner, Eric A. (2004). The decline of the International Court of Justice. Retrieved September 10, 2010, from http://ssrn.com/abstract_id=629341.

Romano, Cesare P. R. (2007). International dispute settlement. In Daniel Bodansky, Jutta Brunnee, & Ellen Hey (Eds.), *The Oxford handbook of international environmental law* (pp.1047–1053). Oxford, U.K.: Oxford University Press.

Rosenne, Shabtai. (2006). *The law and practice of the International Court* (4th ed.). Leiden, The Netherlands: Martinus Neijhoff.

Shaw, Malcolm N. (2008). *International law* (6th ed.). Cambridge, U.K.: Cambridge University Press.

Zimmerman, Andreas; Tomuschat, Christian; & Oellers-Frahm, Karen (Eds.). (2006). *The statute of the International Court of Justice: A commentary*. Oxford, U.K.: Oxford University Press.

条约 / 决议 / 判例

Accordance with international law of the unilateral declaration of independence in respect of Kosovo, Advisory Opinion, *ICJ Reports 2010*, p.4.

Armed activities on the territory of the Congo (*Democratic Republic of Congo v. Uganda*), Judgment, *ICJ Reports 2005*, p.168.

Australia v. Japan, ICJ Case concerning whaling in the Antarctic (instituted in 2010).

East Timor (*Portugal v. Australia*), Judgment, *ICJ Reports 1995*, p.102.

Ecuador v. Colombia, ICJ Case concerning aerial herbicide spraying (instituted in 2007).

Gabcikovo-Nagymaros Project (*Hungary v. Slovakia*), *ICJ Reports 1997*, p.7.

Interpretation of peace treaties with Bulgaria, Hungary and Romania, first phase, Advisory Opinion, *ICJ Reports 1950*, p.71.

Land and maritime boundary between Cameroon and Nigeria (*Cameroon v. Nigeria, Equatorial Guinea intervening*), Judgment, *ICJ Reports 2002*, p.303.

Legality of the threat or use of nuclear weapons, Advisory Opinion, *ICJ Reports 1996*, p.226.

Monetary gold removed from Rome in 1943 (*Italy v. France, United Kingdom, and United States of America*), Preliminary Question, Judgment, *ICJ Reports 1954*, p.19.

Nuclear Tests (*Australia v. France*), Judgment, *ICJ Reports 1974*, p.253.

Nuclear Tests (*New Zealand v. France*), Judgment, *ICJ Reports 1974*, p.457.

Pulp mills on the river Uruguay (*Argentina v. Uruguay*), Judgment, *ICJ Reports 2010*, General List no.135.

Statute of the International Court of Justice (SICJ). (1945). Article 22, 33 UNTS 993.

International Green Construction Code

国际绿色建筑规范

由国际(建筑)规范委员会及其合作赞助商制定的国际绿色建筑规范(IGCC),是绿色建筑的第一个规范文档,为建筑及其体系制定了全球性的规则。许多建筑专业人士意识到,需要将对健康建筑环境不断增长的需求与在建筑设计、施工、维护以及商业用户的使用上的投资结合起来。国际绿色建筑规范将这些关注点置于可持续设计的基础上。

在一个伴随着人口日益增长快速发展的世界中,人类不可能永远地依赖现有不可再生的资源,这一点正变得容易被理解。在应对能源消耗、电力生产和自然资源耗竭以及气候变化上,我们从来就没有过如此的紧迫感。建筑业及其环境对此都有直接的影响,2008年建筑业及其环境大约占到所有能源消耗总量的32%(IEA 2008)。

商业性的建筑业主在施工和使用上进行重大的投资。同时,大量研究表明,健康的室内环境——清新的空气、日照、视野、用户对空间的利用、绿色建筑产品和材料以及其他许多因素带来的好处,也能增进居住业绩和效率。因此,许多建筑专业人士已经开始认识到为绿色建筑建设规范制定一个强制性基准是有必要的,从而可以为可持续性、业绩、健康、安全和福利提供一个框架。

为此,2009年国际(建筑)规范委员会(ICC)及其合作赞助商——美国建筑师学会(AIA)和ASTM国际(前身是美国材料与试验协会)就国际绿色建筑规范(IGCC)的制定开展合作。国际绿色建筑规范是第一个也是唯一的一个国际绿色建筑规范文件,为建筑及其体系制定了最低要求的规则和强制性的标准,为绿色和可持续的设计奠定了全面的基础。

规范制定过程

国际绿色建筑规范由可持续建筑设计委员会(SBTC)起草,第一个版本被称为公开版本1.0(PV 1.0),于2010年4月被发布。可持续建筑设计委员会由国际建筑规范委员会的理事会创建,由包括建筑师、工程师、有关官员和代表着政府交叉部门、工业和游说团体的近30个专业人士组成。旨在代表公共、私人和非营利各方对国际绿色建筑规范的主题和内容做出专业且规范的重要评价。可持续建筑设计委员会从一份初始的国际建筑规范委员会人力资源文件着手制定国际绿色建筑规范,这份文件包括了员工经验积累的技术资料、来自加州绿色建筑标准规范的信息以及其他多种参考资料。2009年7月,可持续建筑设计委员会直接和国际规范委员会员工以及其他几十个志愿者一道,在芝加哥举行了首届会议,并随后在丹佛、费城和佛罗里达州的博尼塔斯普林斯举行了会议,2010年1月在得克萨斯州的奥斯汀举行的闭幕会议上通过了一份文件草案。

几个目标指导着国际绿色建筑规范的开发和颁布:

● 制定一个通用的基准文件,拟作为是可持续发展之未来的根基的原则、指标和环境管理的全面基础。

● 显示在鼓励碳中性开发方面负责任的领导能力。

● 扩大对超越国际绿色建筑规范直接边界的建设及居住之影响的理解,并使这些影响最小化。

● 鼓励能丰富和充实个人、家庭和社区的生活、健康及福利的建筑方法和系统。

● 使建筑施工和运行中的能源消耗最少,最大限度地使用可再生的能源资源。

● 意识到建筑环境需要留下一个更轻负担、更负责任的生态足迹,为此需要负责任地使用资源,以使地球上的环境系统能整合、协调。

● 允许并鼓励在负责任的可持续性的新范式中进行富有创意的建筑设计。

● 彰显对高性能的建筑及其开发稳定不变的监管性指导。

● 制定一个样式规范,自始就便于使用、被采用、可执行,且能不断发展。

规范的组织和内容

研发国际绿色建筑规范的目的既为新建的也为现有的商业建筑。其架构在于关注绿色、可持续的主题,在于完善其他的国际规范。国际绿色建筑规范整合了包括国际建筑规范(IBC)和国际节能规范(IECC)在内的国际建筑规范委员会规范群,但并不打算取代由国际(建筑)规范委员会制定的或通过的其他文件或规范。相反,国际绿色建筑规范使用了允许各个地方管理部门自行对其加以修正、调整的样本规范方法,并将标准的最低水平与先进水平以及以一个等级体系为基础的建筑绩效,都融合了起来。

下面概述国际绿色建筑规范的每个主要章节和主题。

第1章: 管理

第1章明确了规范制定官员的职责和责任,并对各种施工文件、不同许可证和批准的要求予以了概述;确定国际绿色建筑规范的规定及其一般性目标——维护公众的健康、安全和公共福利;并提醒使用者,国际绿色建筑规范在于完善其他国际规范,而非独立适用。

第2章: 定义

第2章涵盖的是术语、措辞以及对国际绿

色建筑规范而言特别且与理解后续章节中使用之术语密切关联的专业名称。

第3章：管辖权上的要求和项目可选性

在众多方面，第3章是国际绿色建筑规范的核心，其组织和布局都允许地方管理部门为最大地符合地方、区域条件，因地制宜地纳入具体的标准和因素。尽管该规范的所有条款都是可强制性适用的，但对务必满足规范要求的项目可选性的具体数量，地方管理部门也被要求进行识别。项目可选性不是强制性的建筑规范标准，但高于规范标准的最低要求。国际绿色建筑规范每一章的最后列举了项目可选性名单，并对其进行了描述。在有些情形下，项目可选性会提高（或降低）以增进某一特定需求的价值或增量。在其他情形下，项目可选性会为一个设计项目提供额外的要素。项目可选性只有在被注册的专业设计人员或登记的建筑业主选择时，才具有强制力。

管辖权的选择规定在被称为管理部门决定之条件的目录中；可选择的选择权被列举在项目可选性清单中。在项目可选性有助于允许建筑物执行超出国际绿色建筑规范最低的、强制性要求之选择时，管辖权上的要求则提供了可被接纳的区域性、地方性变量。

第4章：场地开发和土地利用

虽然许多规范只关注一个建筑的特定面，但国际绿色建筑规范意识到，建筑与其建设场地之间存在解不开的联系。第4章强调了这种关系，并鼓励自然资源保护和对环境负责的土地利用、开发。该章讨论了自然资源的保护、农业土地敏感性以及绿色的、被污染但仍可恢复的场地。此章要求编制一份预设的场地清单并进行评估；此章还涉及场地水的问题、运输、热岛缓解甚至场地照明。

第5章：物质资源的节约、效率

第5章关注的是与节约、资源效率以及环境绩效相关的建筑材料的使用问题。该章为建造期间的材料工艺确定了规则，提出废物管理计划及施工后废物循环特性上的要求。基本原材料的选择围绕着选项的最低比例展开，这些选项包括使用的、回收物、可回收的、基于生物的或者固有的材料的选择。该章还讨论了建筑寿命，要求在建筑文件中明确建筑的使用寿命计划（BSLP）。当建筑的运营和使用变得更有效率时，解决材料和产品的内在能源就变得更为重要。因此，本章允许选择整栋的建筑生命周期评估作为选项，该选项也应当被建筑管理部门选择。

第6章：节能、能效和大气质量

建筑物的能源消耗是促使化石燃料使用和温室气体产生的一个重要因素。第6章探讨建筑物如何满足特定的能源利用标准，包括能效、峰值电力以及减少的二氧化碳排放当量。对于允许在实现有效的能源利用上和鼓励可再生能源系统中使用创造性的方法和技艺，该章探讨了其中的灵活性。

在满足遵守一定的能源标准这一点上，无论该遵守是以规范为基础（从具体的量化标准中挑选出的最小或最大的价值标准）抑或以效能为基础（通过全面的评估和评价而满足的总体目标），第6章都为其提供了一种选择，并要求一个建筑物年度新增的能源利用总量和能源绩效是确定的。第6章也包括能源检测和报告以及将建筑物能源管理和控制系统(EMCS)相整合的要求。此外,第6章涉及建筑物的外层系统,如建筑物框架中的湿度、温度控制;机械系统,如室内的采暖通风;用水系统,如管道、热水等;电力和照明系统。

第7章: 水资源的节约、效率

第7章涉及节约水的方法,包括建筑物内外,解决水作为环境资源和人类的必要性的不断关切。本章还解决如何使废水利用可以变得更加持续。该方法区分适合饮用与否的要求,阐明了敏感的水系统设计要素,如雨水收集、中水系统,以及可再利用废水。可再利用废水是相对于污水而言的,是从能被循环以做他用,例如景观美化的洗涤水中获取的废水。

第8章: 室内环境质量和舒适度

已经表明,最适宜的室内环境质量能大大改善办公人员的工作效能和学校里的学术效能,能减少病假(Heschong Mahone Group 2003a; Heschong Mahone Group 2003b)。第8章探讨用户的舒适度,明确空气质量标准、污染物控制措施、声音传播以及自然、人工照明。

第9章: 试运转、运营和维护

绿色设计和施工不仅意味着建筑物是精心设计与施工的,也是最优化运营、维护的建筑。第9章解决的是建筑物整个生命周期内的运行、维护以及作为一个整体的试运转问题。国际绿色建筑规范要求,整栋建筑的试运转应当在入住之前就得到执行,在入住后的30个月内应当就建筑物的各个方面形成一份使用后的试运转报告。入住后的试运转服务是确保建筑物是按照预期、设计那样得到运营和维护的一个基准。

第10章: 现有的建筑

可持续设计的一个常被忽视但重要的方面是适当地重新利用现有的建筑存量,以及其可行的绿色设计方案。第10章涵盖了现有建筑的改扩建以及改扩建的建筑物如何得到更可持续的管理。该章还明确了定位历史建筑的相关性。

第11章: 现有建筑工地的开发

尽管现有建筑占到了绿色设计探索中很大的一部分,但现有建筑场地的开发也起着同样重要的作用。当现有场地进行改进或重新配置时,什么样的场地原料、系统、景观和改扩建才是被允许的,第11章对此进行了阐明、讨论。

第12章：参考的标准

本章列出了整个国际绿色建筑规范参考的组织和标准。

通过与修订

所有的规范都必须定期修订和更新，对于绿色规范尤其是随着绿色设计和施工的技术、工艺的不断演变和发展，这一点是特别重要的。尽管国际绿色建筑规范PV 1.0是一个旨在指导管理部门采纳规范的资源文件，却被设计为具有短暂的存续期。由规范制定和听证委员会征求并审查的公众意见，使得2010年底就发布了公开版本2.0（IGCC PV 2.0），随后在2012年初国际绿色建筑规范的正式启动之前，还召开了一系列额外的公开听证。国际绿色建筑规范在三年定期的周期内保持着更新，其更新通过对由工业专家、设计专业人士以及规范执行官员递交的拟议中的变化进行全面审查得以实现。这种公开制定和强制性的更新过程，为所有的利益攸关方的参与提供了一条途径。

丹尼斯·A.安迪克（Dennis A. ANDREJKO）
布法罗大学、纽约州立大学
唐双娥译

参见：可持续发展——法律和委员会概述；节能激励机制；环境法，软与硬；国际法。

拓展阅读

American Institute of Architects. (2010). The AIA 2030 commitment: Programs and initiatives. Retrieved November 18, 2010, from http://www.aia.org/about/initiatives/AIAB079458.

ASTM International. (2010). Standards play a leading role in green construction. Retrieved November 18, 2010, from http://www.astm.org/SNEWS/JA_2010/perspective_ja10.html.

Heschong Mahone Group. (2003a). *Windows and classrooms: A study of student performance and the indoor environment* (California Energy Commission, Public Interest Energy Research Technical Report). Fair Oaks, CA: CEC.

Heschong Mahone Group. (2003b). *Windows and offices: A study of office worker performance and the indoor environment* (California Energy Commission, Public Interest Energy Research Technical Report). Fair Oaks, CA: CEC.

International Code Council, Inc. (2010). The International Green Construction Code: Summary. Retrieved November 18, 2010, from http://www.iccsafe.org/cs/IGCC/Pages/index2.aspx.

International Energy Agency (IEA). (2008). 2008 energy balance for world. Retrieved December 7, 2010, from http://www.iea.org/stats/balancetable.asp?COUNTRY_CODE=29.

International Law

国际法

几个世纪以来,国际法一直都在发展着,为国际、跨国的活动提供了一个框架规则。像其他领域的法律一样,国际法的目的在于让参与者以一定程度的可预测性相处,从而减少误会、避免冲突和对抗。国际环境法尤为重要,因为环境问题没有国界。

国际法的主要目标是为处理国际和跨国政府间的交往提供一个框架。相对于发达国家制定的国内法律体系而言,国际法是更为原始的法律体系。相对于国际法而言,没有可制定约束所有国家的立法机关,没能执行现有法律的行政机关、军队或警察力量,更没有颁布有约束力、可执行的法令的广泛司法裁判或权力的法庭。尽管在联合国以及一些新兴的区域机构中,可以找到此类机构的早期形式,但组建既享有广泛的支持又能迎接由深度分裂的世界引起的挑战的机构,其过程还只是刚刚开始。

一些人辩称,国际法不是真正的法律,因为没有一个上层机构能够执行它。但是,大多数评论者却赞同此种观点:由于大多数国家都遵守了国际法,并且违反国际法规范的那些国家的确承担了后果,国际法应当被视为一个可行的法律体系。

相比其他的法律体系,国际法是有欠缺的,因为对于让其自身利益服从一项国际或多边规则是有利的这一点,大国并不总是认同;而更小的国家则将国际结构的益处视为保护弱国、对抗强国。不过,国际法的基础一直是互惠互利和开明的利己主义。在风暴潮和海平面上升、资源枯竭和物种濒危的时代,环境事务方面及其法律规则的国际合作从来没有像现在这样显得重要和必要。概述国际法,考察其起源、实践以及在现代(分裂的)世界如何形成的历史,将把民族和国家在制定国际框架、实现可持续的未来时面临的挑战置于广阔的背景中。

国际法的渊源

国际法的主要渊源是双边和多边条约,

以及产生于国家的实践并认为该实践是国际法所要求的(法律确信)的"国际习惯法"。国家的实践通常在一国采取的行动中形成,但有时在其外交官或领导人在国际组织或外交会议上发布的声明或他们投票中也可以形成。要成为"习惯",国家实践必须获得与该问题攸关的国家的广泛(并不必是全部)支持,且通常务必持续足够长的一段时间,以证明获得了理解和默认。偶尔的,如果世界上的一部分国家要求其事务按照一定的方式处理的话,一个区域的习惯也会形成。

近年来,国际习惯法的某些原则变得如此重要,以致其被称为"强制规范"或强行法(命令性的法律),没有国家被允许背离这些原则。这一点已经得到认同。这些原则性规范包括对侵略、种族灭绝、反人类罪、奴隶制、未经审判剥夺生命、长时间的任意拘留、酷刑以及种族歧视的禁止。国际法委员会对这个列表增加了一条,即禁止任何会导致"严重违反对人类环境的保护和保存具有重要意义的国际义务"的行为,如禁止大规模污染大气层或者海洋的那些行为(ILC 1996)。

尽管大多数对国际法发展的历史性总结都关注于其在欧洲和西方的成长,但现实却复杂得多。调节国家和民族间相互影响的实践在亚洲和其他地方也在发展着,这些规则正在与那些获得西方认可的规则相融合。团体也好,个人也罢,都有受国际法保护的人权,这种日益增长的认识是一个对国际法的非西方贡献的例子。

现代国际法的出现

按照多数学者解释,"现代"国际法出现于欧洲文艺复兴时期,始于结束了30年战争(1618—1648)的《威斯特伐利亚和约》,并对主权国家制度给予了正式的承认。这种以条约为基础的体系被设计出来,某种程度上是允许天主教国家和新教国家在欧洲共存。对于确认这些国家之间的边界以及使彼此之间的交易变得有序而言,国际法变得必要了。国家接受了"契约必须遵守"的基本原理——国际法现在的基本原理之一,并建立了解决争端的某些组织。在接下来的年份中,公民参与治理在英国然后通过法国大革命在法国,都得到了增长。伴随着君主制的崩溃,个人、公司、非政府组织以及国际组织都开始成为国际法律体系中的一部分。

1815年维也纳会议的最后法案,经由澳大利亚、法国、英国、葡萄牙、普鲁士、俄罗斯和瑞典签署,正式结束了拿破仑战争,这是又一个意义重大的事件,该法案在欧洲创建了一个政治、经济合作的体系,也阐明了国际法的管理规范。这次会议提出的原则中,包括一整套规范外交协议的规则、对奴隶贸易的谴责、欧洲主要河流上的自由航行的原则(不仅对于河岸国,对所有国家都适用)以及瑞士的中立国地位。双边和多边的条约开始覆盖大范围的议题,补充着习惯、有时甚至取代习惯成为法律的渊源。

在19世纪后半期发生的殖民扩张时期,在欧洲和西方一直被使用的国际法概念通过西方列强传入了亚洲。当时的西方国际法比今天远要原始得多。没有全球性的组织,仅创建了一些特别目的的区域性组织。不过,一些议题——如外交豁免得到了很好的解释,在禁止海盗和奴隶的重要目标上也达成了共识。

战争在过去一直被许多人视为外交政策中一项可接受的工具，但工业革命导致的毁灭性武器的急剧增加使得许多人意识到，在武力的使用上需要一些限制。于是，召开了重大的国际会议，最为有意义是1899年和1907年的海牙会议，它旨在将武装冲突的法律法典化，对某些类型的军事活动予以限制。日报在工业化国家的增加，对允许普通民众更全面地参与政策决策产生了影响，也导致了许多国家国际政治的民主化。

许多人将发展中的国际法体系的性质描述为一种同意或"实证主义"，即只对同意那些规则的国家执行该规则。但是，可能由于欧洲大部分地方先前几个世纪的神权统治、在同期已经发展起来的教会法以及许多人的炽热的宗教热情的原因，其他人认为，某些固有的原则也支配着国家。于是，作为国际法基础的这种"自然法"准则与其他人提出的"实证主义"观点之间就出现了张力，这种张力迄今为止仍然存在。

荷兰外交官雨果·格劳秀斯（1583—1645），400年前以拉丁名——格劳秀斯从事写作，因试图调和自然法与实在法（意志法）而常被称为国际法之父或奠基人。他对战争法、海洋法以及外交官的保护的分析，为这些话题的现代思考奠定了框架。他相信，"自然法"能够通过逻辑推理而非诉诸神圣的来源推绎出来，因此他竭力制定一部能被所有人甚至"异教徒"接受的法律。

另一个持续的问题是，国际法是纳入国家法律体系从而成为该国适用的法律的组成部分（一元论），还是治理国家的一个独立、独特的，普通公民在国内法庭处理的法律纠纷中不可援用的法律体系。

分裂的世界面临的持续挑战

国际联盟成立于一战后，旨在促进对话和谈判，但其无力阻止一些国家的帝国主义行为，世界重新陷入第二次世界大战的大规模杀戮中。宣布战争非法化的1928年《凯洛格－白里安公约》，尽管没有阻止战争，但至少要求国家提出动武的某些正当理由，"自卫"是最常见的。由于战争常常是为了争夺自然资源如用水，苏丹达尔富尔内战就是一例，因此相关的国际冲突法与环境问题是密切相关的。

联合国成立于1945年。此后世界各国签订了许多其他的双边、多边条约，主题涉及经济事务、濒危物种、人权、军备控制。联合国安全理事会有15个成员国，包括5个对任何决议享有否决权的常任理事国（中国、法国、俄罗斯、英国和美国），对威胁和平、破坏和平的行为负有处理责任。现有192个成员的联合国大会，起着论坛的作用，每年制定一系列广泛的、解决全球问题的决议。国际法院坐落于荷兰的海牙，对政府提交的案件做出判决，它仍有待对更多的明确的环境案件予以裁定。许多更专门的法庭也已经被创建起来。

随着欧盟和其他欧洲组织尤其在解决区域问题、减少国家间的紧张局势以及在环境保护工作上的特别有效，几乎在世界的所有领域都涌现出了区域性的组织。发展中国家的许多国家仍视国际法为西方、富裕和强大的国家所支配。因此，正在继续努力找到方法，重构联合国，更公平地反映世界的多样性，以让联合国更加有效地运作。

　　国际法律体系仍是一项处于进展中的工作。随着世界变得日益相互依存、环境问题变得更加紧迫，国际法将变得更为重要和复杂。国家仍不愿意放弃主权和自治的基本要义。但随着跨国问题的不断涌现，跨国的解决方案将继续被设计出来。通过这一渐进的过程，国际法将继续得到发展。

乔恩·M.范·戴克（Jon M. VAN DYKE）

夏威夷大学

唐双娥译

　　参见：武装冲突与环境；国际习惯法；执法；环境法，软与硬；国际法院；海洋法；基于原则的监管；跨界水法；联合国公约和协定概览；强弱持续性的争论；世界宪政主义。

拓展阅读

Anand, Ram Prakash. (1982). *Origin and development of the law of the sea: History of international law revisited.* The Hague, The Netherlands: Martinus Nijhoff.

Buergenthal, Th omas, & Murphy, Sean D. (2002). *Public international law*. St. Paul, MN: West Group.

Henkin, Louis. (1979). *How nations behave*. New York: Columbia University Press.

International Law Commission. (1996). Draft Articles on State Responsibility, Report of the International Law Commission on the Work of its Forty-Eighth Session, art. 19(3)(d), at 125, 131, U.N. Doc. A/51/10 (1996).

Janis, Mark W. (2003). *An introduction to international law.* New York: Aspen Publishers.

Lawrence, Thomas Joseph. (1895). *The principles of international law*. London: MacMillan.

Levi, Werner. (1991). *Contemporary international law: A concise introduction.* Boulder, CO: Westview Press.

McIntyre, Owen J. (1998). Environmental protection of international rivers: Case concerning the Gabcikovo-Nagymaros project (Hungary/Slovakia). *Journal of Environmental Law*, 10, 79–91.

Nussbaum, Arthur. (1954). *A concise history of the law of nations*. New York: MacMillan.

Paust, Jordan J.; Fitzpatrick, Joan M.; & Van Dyke, Jon M. (2005). *International law and litigation in the U.S.* Second ed. St. Paul, MN: West Group.

能源投资法

全世界的国家对其自然资源拥有主权，并根据其环境法律法规进行开发。国际法认可包括了影响能源产业及其持续性（sustainability）的规定的现代投资条约——如《北美自由贸易协定》和《能源宪章条约》——的必要。评估这些条约将如何影响参与国的外来投资环境在未来仍然是一个挑战。

人们普遍认为外国投资对于可持续发展至关重要，尤其对石油和天然气行业这样需要长期酝酿的资本密集型产业（Elder 1991; Ginther, Denters & de Waart 1995; Vale Columbia Centre & WAIPA 2010）。虽然国际法承认国家自然资源主权，但对危害到其他国家，或以不可持续的方式行使主权是有限制的（Cameron 2010）。因此，可持续发展法律的出现影响了全球能源投资（Sands 1995）。

石油、天然气和核能的开发和使用受到特定的国际监管。煤炭等其他能源和风能、太阳能、地热能等可再生能源几乎不受国际文书约束。因为其业务操作的影响被认为是在国界之内，它们构成一个微不足道的全球能源结构比例，或者它们相对较少地危害环境而不足以吸引国际社会的关注。石油、天然气和核能的开发利用造成更严重的环境、健康、社会与文化影响；它们可能导致石油泄漏、环境的污染和退化、当地社区的位移或者事故（Smith & RMMLF 2010; Park 2002; Gao 1998; Horbach 1999）。

《北美自由贸易协定》（NAFTA）和《能源宪章条约》（ECT）这两个多边贸易和投资条约直接关系到能源领域以及它如何以可持续方式开发。其他有关国际文书包括1982年《海洋法公约》、1992年《气候变化公约》、1992年《生物多样性公约》、1997年《联合国气候变化框架公约》（UNFCC）、1997年《京都议定书》以及日益增加的双边投资条约网络（Cameron 2010; Vandevelde 2010）。本文只关注《北美自由贸易协定》和《能源宪章条约》，因为一般来说，其中有关投资的关键条款都是类似于其他投资条约，而更具体地说，都包含关于持续性的明确规定。此外,《能源宪章条约》只涉及能源部门,《北美自由贸易协定》包含有关能源的一个章节。

历史背景和目标

经过 14 个月的谈判,美国、加拿大和墨西哥的领导人在 1992 年 10 月 7 日签署了《北美自由贸易协定》,并于 1994 年 1 月 1 日生效。《北美自由贸易协定》建立在 1989 年的《加拿大-美国自由贸易协定》基础上。然而,在《北美自由贸易协定》生效之前,在克林顿总统的坚持下于 1993 年 8 月达成了《补充协议》,以解决保护环境和工人权利的问题,两者在最初的《北美自由贸易协定》中都没有得到充分解决。

《补充协议》是一种全面的贸易和投资协议,影响到加拿大、墨西哥和美国业务的所有方面。它旨在消除商品和服务自由流动的壁垒(如关税),消除投资限制,加强三国的知识产权保护。缔约国设想努力在北美大陆建立一个自由贸易区(类似于欧盟和欧洲自由贸易区),以加强该地区在全球贸易和投资中的竞争力(Saunders 1994)。对于加拿大政府,签署《北美自由贸易协定》的主要目标是使加拿大的货物、服务和资本平等地进入墨西哥与美国,并使加拿大吸引希望投资于北美市场的外国投资者(Saunders 1994)。从美国的角度来看,《北美自由贸易协定》将有助于提供更紧密和更稳定的来自加拿大和墨西哥的能源供应,减少其对不稳定的中东石油的依赖(Smith & Cluchey 1994)。

《能源宪章条约》是 20 世纪 90 年代初冷战结束和苏联解体后欧洲一项政治举措的结果。当时的荷兰首相发起一项程序,建议建立一个欧洲能源共同体,并敦促制订《欧洲能源宪章》,于 1991 年在海牙由 56 个国家,包括欧洲共同体和澳大利亚签署的不具约束力的政治宣言,后两国的批准仍在进行中。该《宪章》"代表了一种基于开发一个开放和高效能源市场的原则,在能源领域合作的政治承诺"(Corell 2005)。《宪章》参与者承认需要在有效合作领域有一个有约束力的国际法律框架,所以在 1991 年底开始《能源宪章条约》谈判。《能源宪章条约》和《有关能源效率和环境方面的议定书》(PEEREA)于 1994 年 12 月 17 日在里斯本签署,1998 年 4 月 16 日生效。尽管美国和加拿大参与了谈判,但它们没有签署条约。顾名思义，《能源宪章条约》是一项行业协议；它只处理能源产业和贸易、投资、交通和环境的相关事宜。

最初谈判各方的主要目标是通过西方投资于能源行业，帮助东欧国家过渡到市场经济。这将有助于确保西欧的能源供应安全。在这方面，《能源宪章条约》"基于开放、竞争市场和可持续发展的原则，为了构建能源安全的法律基础，作为国际努力的一部分，扮演着重要角色"（Energy Charter Secretariat，无日期）。对于东欧和其他资源国家，"条约的主要吸引力在于可以设定全球经济规则，减少政治风险感知与不排除可能是重要的能源政策对话"（Walde 2004）。总的来说，《能源宪章条约》的基本目的是强化能源法治，通过创建一个公平竞争的规则为所有参与国所遵守，从而降低与能源有关的投资和贸易风险"（Energy Charter Secretariat，无日期）。迄今为止，54个国家签署了《能源宪章条约》，24个国家充当观察员。

能源投资

关于能源，《北美自由贸易协定》第602条指出，该协议"适用于源自缔约方领土的有关能源和基本石化产品的措施，以及有关投资和跨境服务贸易与货物有关的措施。"对于墨西哥能源部门，《北美自由贸易协定》不足以达成创建一个共同能源市场和行业自由化的目标。由于历史和宪法的原因，墨西哥能源行业对于外资有限制，这些政策也体现在《北美自由贸易协定》中。第六章附件602.3保留了有关墨西哥政府或国有企业的勘探和开采石油、天然气、管道所有权和运行、墨西

哥所有原油和天然气的对外贸易、运输、存储和分布的所有活动。因此，《北美自由贸易协定》对墨西哥能源贸易和投资的影响要小于其对美国和加拿大的影响。该协定要求"一定要允许整个能源行业的能源商品、投资和服务的自由流动"（Herman 1997）。这有限制加拿大政府在未来恢复到如1980年国家能源计划所反映的20世纪80年代的旧民族主义和保护主义能源政策的能力的效果（Saunders 1994）。即使对于墨西哥，也有外国投资于非基本石化产品和发电行业某些方面的可能，不受宪法对于投资的限制（Saunders 1994）。《北美自由贸易协定》第六章的能源投资被第十一章强化。这是最重要的一章，因为它定义了投资者和国家的权利和义务。类似于其他投资条约，包括《能源宪章条约》（第三部分，第10—17条）第11章定义了受保护的"投资"和"投资者"，以及给予其他成员国的投资和投资者的对待标准。对待标准包括国民待遇和最惠国待遇、公平和公正待遇、充分保护和安全性。其他规定提出了更多的具体情况，包括涉及投资的征收条件、有关投资的支付自由转移的担保权利、禁止性能要求和旨在促进透明度或诉诸法庭的规定。这些实质性规定由投资者——国家或者国家间争端解决条款支持。第一条规定授予外国投资者直接行动（通过国际仲裁）反对东道主国家涉嫌违反投资者的实质性权利，第二条包括两个缔约国之间有关条约解释或应用程序的争端解决机制（Vandevelde 2010; Konoplyanik & Walde 2006）。在过去的几年里，有好些外国投资者据称不符合适用条约下的国际投资条约义务，寻求挑战东道主国家采用的措施的

案例（Vandevelde 2010; Salacuse 2010）。

可持续发展

《北美自由贸易协定》和《能源宪章条约》都包含可持续发展的规定。在其序言中，《北美自由贸易协定》缔约国发出了促进可持续发展的信号。为了达到这个目标，该协定允许每个缔约国采取适当措施，确保在其领土的投资活动符合环境保护的要求，规定这些措施与《北美自由贸易协定》的总体目标相一致。此外，第1114条（2）规定，"鼓励放宽国内健康、安全或环境措施的投资是不恰当的。"

此外，《北美自由贸易协定》的附件《环境合作协定》对国内环保法规和标准执行不力有规定。这些规定是为了确保成员国地区的贸易和投资活动以可持续的方式进行，防止会员国使用"恶性竞争"的方法。因此，附件（第1条）表达了当事国希望促进某些条件：

- 可持续发展，基于合作和相互支持的环境和经济政策；
- 增强遵守和执行环境保护要求；
- 在制订环境规范中的透明度和公众参与；
- 经济有效的环保措施。

该《附件》允许包括非政府组织（NGOs）在内的公众成员挑战缔约国，如果缔约国不能有效地执行环境法律法规的话。《附件》建立了收取公众请愿书的环境合作委员会（CEC）。如果有必要，将由委员会调查有关诉愿，起草事实档案，并由理事会予以公布（该理事会是环境合作委员会的管理机构，由来自加拿大、墨西哥和美国的高级环保部门组成）。这一程序已被许多个人和组织使用，并取得了不

同程度的成功。因此，它被描述为一个"旨在提高政府问责和透明度的'聚光照明'工具"（Markell 2010; Knox 2010）。

同样，《能源宪章条约》第19条要求会员国"努力采取预防措施防止或减少环境恶化"，"考虑到在整个能源政策制定和实施中的环境因素"。条约也要求成员国采取如下特定行动：

- 促进市场价格改革和全面反映环境成本和收益；
- 鼓励国际合作；
- 环保和经济高效的能源政策的信息共享；
- 促进环境影响评价活动和监测；
- 促进有关环境项目的公众意识；
- 节能和环保技术的研发，包括技术转让。

虽然这些都是软法，不具有法律约束力，但它们都有间接的法律含义，如"使监管措施接受投资保护机制的审查合法化"（Walde 2001）。此外，《有关能源效率和环境方面的议定书》要求成员国制定政策的原则须以提高能源效率、减少负面的环境影响、促进成员国之间的国际合作为目的。《有关能源效率和环境方面的议定书》的实施将为转型经济体提供良好的实践，以及与西方同行分享有关能源效率问题的经验和政策建议的机会。

影响和当前的挑战

美国政府承认，《北美自由贸易协定》已经实现了其扩大三个国家之间贸易和投资的核心目标。据称，"从1993年到2007年，《北美自由贸易协定》的国家之间的贸易增长了

两倍多，从2 970亿到9 300亿美元"，"美国的商业投资自1993年以来已上涨117%，而1979年至1993年间增长45%"（Office of the United States Trade Representative 2008）。关于能源部门，由于《北美自由贸易协定》，加拿大和墨西哥的商业和法律环境对外国能源投资变得更加便利（Smith & Cluchey 1994）。关于可持续发展，《北美自由贸易协定》体制"作为一个地区性促进可持续发展的努力，有其最大的成功。它导致更好的环境保护，特别是在墨西哥"。它为后来的《美国自由贸易协定》包括环境保护规定奠定了基础（Knox 2010）。但对于程序中公平或中立的担忧，缓慢的进展，以及机构"没有牙齿"的特点阻碍了《环境附属协议》的成功（Markell 2010; Knox 2010）。此外，《北美自由贸易协定》、《能源宪章条约》和其他投资条约面临的最大挑战之一涉及如何协调成员国对外国投资者的义务，以及环境保护和人权领域的监管自治的需要。投资条约没有明确的指导方针解决潜在的冲突，构成了严重的法律和政策挑战，使成员国和外国投资者必须依靠仲裁法庭的解释性决定（Kingsbury & Schill 2010; Vandevelde 2009）。

可以从能源投资法概述中得出一般性结论。第一，尽管每个国家都有其自然资源的主权，有权根据环保法律法规进行开发，但现代投资条约如《北美自由贸易协定》和《能源宪章条约》会约束成员国的自由裁量权。第二，现代投资条约对外国投资者授予了实质性和程序性的权利，可以先于国际法庭挑战过分的成员国措施，此前，一般国际法并没有这种方式。第三，它还没有解决如何在能源投资和可持续发展之间取得适当的平衡，因此，外国投资者和东道国之间的法律关系是不确定的。最后，很难评估到底哪个现代投资条约，如《北美自由贸易协定》和《能源宪章条约》，更有助于改善成员国能源部门的投资环境。

彼得·卡梅伦（Peter CAMERON）和阿巴·克洛
（Abba KOLO）
邓迪大学
唐瑭译

参见：气候变化信息公开——法律框架；减缓气候变化；可持续发展——法律和委员会概述；节能激励机制；环境法，软与硬；自由贸易；外国投资法；绿色税；公用事业监管。

拓展阅读

Cameron, Peter. (2010). *International energy investment law: The pursuit of stability.* Oxford, U.K.: Oxford University Press.

Corell, Hans. (2006). Introduction to the Energy Charter Treaty. In Clarisse Ribeiro (Ed.), *Investment arbitration and the Energy Charter Treaty* (pp.1–3). Huntington, NY: JurisNet.

Elder, P.S. (1991). Sustainability. *McGill Law Journal, 36,* 831–834.

Energy Charter Secretariat. (n.d.) About the charter. Retrieved November 23, 2010, from http://www.encharter.

org/index.php?id=7.

Gao, Zhiguo. (1998). Environmental regulation of oil and gas in the twentieth century and beyond: An introduction and overview. In Zhiguo Gao (Ed.), *Environmental regulation of oil and gas* (pp.3−58). London: Kluwer Law International.

Ginther, Konrad; Denters, Erik; & de Waart, P.J.I.M. (1995). *Sustainable development and good governance.* Dordrecht, The Netherlands: M. Nijhoff.

Herman, Lawrence L. (1997). NAFTA and the ECT: Divergent approaches with a core of harmony. *Journal of Energy and Natural Resources Law*, *15*, 129−133.

Horbach, Nathalie. (1999). Lacunae of international nuclear liability agreements. In Nathalie Horbach (Ed.), *Contemporary developments in nuclear energy law* (p.43). London: Kluwer Law International.

Kingsbury, Benedict, & Schill, Stephan. (2010). Public law concepts to balance investors' rights with state regulatory actions in the public interest—the concept of proportionality. In Stephan Schill (Ed.), *International investment law and comparative public law* (pp.75−104). Oxford, U.K.: Oxford University Press.

Knox, John H. (2010). The neglected lessons of the NAFTA environmental regime. *Wake Forest Law Review*, *45*, 391−424.

Konoplyanik, Andrei, & Walde, Th omas. (2006). Energy Charter Treaty and its role in international energy. *Journal of Energy and Natural Resources Law*, *24*(4), 523−558.

Markell, David. (2010). The role of spotlighting procedures in promoting citizen participation, transparency, and accountability. *Wake Forest Law Review*, *45*, 425−467.

Office of the United States Trade Representative. (2008). NAFTA facts. Retrieved November 23, 2010, from http://www.ustr.gov.

Park, Patricia. (2002). *Energy law and the environment.* London: Taylor & Francis.

Salacuse, Jeswald W. (2010). *The law of investment treaties.* Oxford, U.K.: Oxford University Press.

Sands, Philippe. (1995). International law in the field of sustainable development: Emerging legal principles. In Winfried Lang (Ed.), *Sustainable development and international law* (pp.53−66). London: Graham & Trotman/M. Nijhoff.

Saunders, J. Owen. (1994). GATT, NAFTA and the North American energy trade: A Canadian perspective. *Journal of Energy and Natural Resources Law*, *12*, 4−9.

Smith, Ernest E. & Cluchey, David P. (1994). GATT, NAFTA and the trade in energy: A US perspective. *Journal of Energy and Natural Resources Law*, *12*, 27−58.

Smith, Ernest E., & Rocky Mountain Mineral Law Foundation (RMMLF). (2010). *International petroleum transactions* (3rd ed.). Denver, CO: Rocky Mountain Mineral Law Foundation.

Vale Columbia Centre & World Association of Investment Promotion Agencies (WAIPA). (2010). Investment promotion agencies and sustainable FDI: Moving towards the fourth generation of investment promotion. Retrieved November 23, 2010, from http://www.vcc.columbia.edu/files/vale/content/IPASurvey.pdf.

Vandevelde, Kenneth. (2009). A comparison of the 2004 and 1994 U.S. model BITs. In Karl Sauvant (Ed.), *Yearbook on international investment law & policy 2008–2009* (pp.283–315). Oxford, U.K.: Oxford University Press.

Vandevelde, Kenneth. (2010). *Bilateral investment treaties*. Oxford, U.K.: Oxford University Press.

Walde, Th omas. (2001). International disciplines on national environmental regulation: With particular focus on multilateral investment treaties. In Permanent Court of Arbitration (Ed.), *International investments and protection of the environment* (pp.29–47). The Hague, The Netherlands: Kluwer Law International.

Walde, Th omas. (2004). The Energy Charter Treaty: Expanding the liberalization of energy industries. Unpublished paper on file with the authors.

Investment Law, Foreign

外国投资法

随着跨国公司寻求降低成本，它们越来越多地转向发展中国家开展业务。开展业务的方式对东道国国内的社区环境和人权有巨大的影响。适当的国外投资法律管理可以通过设置标准来保护环境和人类健康，从而推动可持续发展。

外资法、政策和实践的影响远远超出投资领域，影响着不同的领域，涉及如环境保护、人权和经济发展的问题。出于这个原因，外资流入以及规范保护措施的国际法律框架可能对有外国投资者的东道国带来既有正面的也有负面的后果。特别是，外国投资和国际投资法律对可持续发展政策可能有深远的影响。

外资和可持续发展

外国投资活动和东道国的可持续发展目标的关系是复杂的，不仅涉及潜在的巨大经济利益和获得改善的生活水平，而且包括不利社会和环境影响的风险。

国外直接投资流入

外国投资的术语既包括国外直接投资又包括国外证券投资。国外直接投资被联合国贸易和发展会议（UNCTAD）定义为：

> 由一个经济体的常驻实体企业（外国直接投资者或母公司）而非外国直接投资者的企业（外国直接投资企业或企业分支机构或外国子公司）控制，建立长期关系，具有长期利益。国际直接投资意味着投资者对常驻在另一经济体中的企业管理发挥着相当程度的影响。这种投资不仅包括两种实体中最初的交易而且包括他们和外国子公司之间所有的后续交易，既包括法人组织也包括非法人组织（UNCTAD 2008）。

国外证券投资被描述为包括：各种在有组织的和其他金融市场上交易的（或可交易的）工具：

> 债券、股票和货币市场工具。国际货币基金组织甚至把FPI类别里的衍生

或辅助工具,例如期权也包括在内。跨境投资的渠道也多种多样:证券买卖的散户投资者、商业银行、投资信托(共同基金、国家和地区基金、养老基金和对冲基金)(UNCTAD 1999)。

从2000年以来,外国资本的全球流动继续以指数速率增长直至在2008—2009年席卷金融市场并减缓了全球金融危机(UNCTAD 2009)。联合国贸发会议的报告显示,全球外国直接投资在2005年估计达到8 970亿美元,相比2004年的数字增长了29%。上升趋势未减,2006年比2005年增长了38%,全球国外直接投资流达到1.306万亿美元,接着出现高点的是2007年的1.979万亿美元(UNCTAD 2008)。然而,尽管有全球金融危机的影响,但是发展中的非洲、拉丁美洲和亚洲的外国直接投资流持续获得历史性地增长(UNCTAD 2008;UNCTAD 2009)。外国资本流的全球水平预计将在2011年恢复上升趋势(UNCTAD 2009)。

这些数字并不意味着各国之间的投资分布是相等的,许多发展中国家不具备必要的资金,以促进发展的预期水平。正如联合国千禧年宣言(2000)列出的:解决发展筹资的不平等是千禧年发展目标的重要组成部分。这是2002年3月,在墨西哥蒙特雷召开的关于发展筹资国际会议的一个关键问题。《蒙特雷共识》试图通过一个全面的、跨机构和强调伙伴关系的方法来解决发展筹资问题。

外国投资的流入可能为东道国带来巨大的利益。经济领域资本水平的提高,新基础设施项目的启动,就业水平的提高,经济增长率的增加以及引入新的、更安全、更高效的技术都能创造财富和提高东道国人们的生活水平(Hunter, Salzman & Zaelke 2002,1268-1274)。跨国公司从事外国直接投资的原因有很多。一般来说,跨国公司决定向外国投资扩张是由于通过进入新市场能降低成本或产生更多利润。降低成本可以通过低成本生产流程,廉价劳动力,大量便宜的原材料、税收优惠或者进出口关税的免除来获得(Hunter, Salzman & Zaelke 2002,1269)。

外国投资实践:争议

然而,外资流入还有一个更有争议的方面。值得关注的重要事项包括成本节约所使用的手段和这些活动对东道国的影响,尤其是对当地社区。令人担心的事包括:这些较低的成本以及因此而提高的外国投资水平是否以当地的社会架构或环境条件为代价?(Zarsky 1999; Neumayer 2001)生产工艺更便宜,是因为环境标准较低或者因为真正的环境成本没有体现在价格上造成的吗？企业活动造成的实际环境损害的修复成本被外部强加给了当地社区吗？劳动力成本便宜是因为工作场所没有给予工人保护措施吗？在激烈的竞争中为了吸引外国投资，国家会降低国内环境标准和健康标准从而从事所谓有监管的"竞次"，以进一步降低做生意的成本，从而会对潜在的外国投资者更具吸引力吗？（Hunter, Salzman & Zaelke 2002, 1269-1274; Zarsky 1999; Neumayer 2001, 41-67）总之，这就是国际竞争外商投资的环境政治法律后果。（Esty & Geradin 1998）

这些问题引发了人们对于"污染避难所"和"监管寒流"的恐惧。污染天堂理论是基于这样一个前提：为了维持对外国投资的市场竞争力，国家将制定不该接受的较低的环境标准或不执行适当的标准，实质上造成环境限制的放开。因此被描述为"恶性竞争"（Zarsky 1999; Neumayer 2001）。这个假设是基于跨国公司在发达国家越来越严格的环境保护标准下无以为继，导致可能向低环境保护措施的发展中国家转移对环境破坏性的做法，产生所谓的污染天堂。

监管寒流或"政治阻力"的争论提出这种观点：由于害怕在国际市场失去竞争力以及高环境标准国家的资本外逃，决策者将趋于限制提高环境标准和加强监管。这个理论不需要给提供污染天堂的国家任何实际的投资，只是担心有可能资本外逃（Neumayer 2001; Esty & Geradin 1998）。监管寒流版本的理论也影响国际投资争端。这个说法是投资者对东道国索赔的威胁可能妨碍环境监管的加强。有人建议，面对投资者索赔的恐惧不仅包括对于大的损害赔偿的可能性，而且包括进入仲裁程序的巨额费用（Tien-haara 2009）。事实上，评论家们已经指出，一些事件正是与投资争端相关的监管寒流的例子，包括在投资者-国家仲裁后，加拿大取消禁止使用威胁环境和健康的燃料添加剂的立法，受到投资者索赔的威胁后，放弃严格限制烟草的立法以及在与外资矿业公司商讨后，不执行印尼东北森林立法规定的禁止在指定区域露天开采。

国际投资协定

国外投资是由个人、国家和国际层面不同的法律工具管理。在个人层面，一个投资者可以通过与管理投资运行的东道国签订合同。国家层面，国家常常通过实施国内立法来规范在哪些条件下国外投资是被允许的。国际层面，国外投资是由双边投资条约和自由贸易协定投资条款来保护，例如北美自由贸易协定（NAFTA）的第11章。现在这些国际投资保护协定的数量大约有3 000个（Newcombe & Paradell 2009），是追求国际层面的投资保护的主要机制。这些条约还包含国际投资法律的核心原则。

国际投资协定的背景

在双边投资条约发展之前，外国投资争端由国际习惯法解决，即对外国人的外交保护。在20世纪中叶，随着后殖民国有化的浪潮和所谓的国际经济新秩序的出现，资本输入国制定了双边投资条约作为一个保护外国投资的更有效机制。第一个双边投资条约于1959年在德国和巴基斯坦之间签订。

每一个双边投资条约中的外国投资保护的特定范围各有不同，但它们都确保核心利益，如坚持国民待遇标准、最惠国待遇要求、公平和公正待遇和保证对投资的征用补偿。国民待遇标准规定：东道国给予外国投资者及其投资的优惠不能少于给予本国投资者的优惠（Dolzer & Schreuer 2008）。最惠国地位的保证意味着任何授予第三国的特权或利益也将给予签署国的投资者（Newcombe & Paradell 2009）。公平与公正待遇标准的重要组成部分是投资者对于东道国规章制度的正当期待，维护稳定的法律和商业环境，并遵循正当程序（Newcombe & Paradell 2009; McLachlan, Shore & Weiniger 2007）。

国际法还允许对外商独资财产的征用，但只能为了公共目的，并且是非歧视性、非任意性的，且支付了补偿。对投资的直接征用并不难识别，因为它涉及了实物资产的获取。

然而，更多的微妙方法并不像赔偿行动那样容易被识别。各种表现的特征是缩小财产权，或者没有所有权的正式转移却妨碍资本获利。此类别的间接征收，连同其他如涉嫌违反了公平与公正待遇标准的索赔一起，日益形成投资者对东道国公益调节能力挑战的基础，如环境保护措施、健康和安全要求以及社会政策倡议。这一趋势对东道国国内可持续性方案的实现有着重要的影响，因为这样的挑战有可能限制政策选择并阻止出台新的监管办法。

法律挑战

在过去10年里，投资者和东道国之间关于政府给予的投资待遇产生的纠纷越来越多，这些纠纷往往涉及对违反双边投资条约或自由贸易协定里的投资条款的指控。大多数这类条约包含争端解决条款，允许投资者可以要求东道国在国际仲裁庭之前解决争议，这被称为投资者–国家仲裁制度。该制度是由专设仲裁小组组成的分散的争端解决机制。没有永久的争端解决机构也没有上诉机构。然而大多数投资条约指定一组特定的程序规则来管理各个法庭的设立和运作，如国际投资争端解决中心（ICSID）的规则和联合国国际贸易法委员会规则（UNCITRAL）。这些规则对听证会的管理有显著影响，因为它们决定对仲裁员的任命程序，第三方提交法庭之友摘要的能力以及公众是否能够获取文件和参加听证。这些限制已经遭到批评，很大程度是由于诉讼缺乏透明度而且采用的商业模式不适合投资者–国家的仲裁，因为涉及国家的争端必然包含着公共利益问题（Tienhaara 2009; Van

Harten 2007）。

国际投资法和投资者－国家仲裁制度对东道国国内可持续发展项目的潜在影响还存在相当大的争议。这种担忧的产生是由于近期投资者试图引进旨在满足东道国环保、健康、社会、经济或人权需求的新规。例如，投资者已向制定扶持就业政策、制定法规保护地下水免被有害化学物质污染、限制开采具有本土文化意义的土地、采取紧急财政措施、严禁使用强效杀虫剂以及为了保护人类健康和环境禁止燃料添加剂的国家提起索赔（Methanex Corporation v. United States 2005; Glamis Gold v. United States 2009; Sempra Energy International v. Argentina 2007; Dow Agro Sciences LLC v. Canada, filed 2009; Ethyl Corporation v. Canada 1999; Foresti v. South Africa, filed 2007）。这些情况中的投资者声称，新的监管措施对其投资价值有不利影响，因此违反了适用的投资协议。一旦这类索赔成功，东道国可能会被要求支付给投资者大量的赔偿金。由于这些原因，有人认为国际投资法和投资者－国家仲裁可能影响东道国政策制定，包括国内可持续发展方案。

可持续金融

相较于投资者－国家仲裁的情况，外国投资实践、法律和可持续发展目标之间有更积极互动的形式。企业行为的新趋势在过去 10 年就出现了，可能会影响外国投资实践和国际投资法的实质性发展。通过自愿守

则设置企业环境行为的标准，企业社会责任的整合方案，道德投资基金的建立和可持续金融运动的兴起无不体现出重点已转向适应公众关于跨国公司在社会角色和环境有害做法的关注（Assadourian 2006; McBarnet 2007; Jeucken 2004）。可持续金融服务是用来形容将环境和社会标准纳入投资和财务决策的术语。随着人们的注意力已经转向企业实践的更广泛影响，各公司需要应对来自消费者、非政府组织、股东和其他利益相关者的压力，以提高他们的社会和环境绩效。

这种对公司行为转变的期望也影响着投资领域。导致的结果体现在最近双边投资条约的不同侧重点上，被称为新一代双边投资协议。传统上，双边投资协议没有提及公共利益问题或东道国的政策需求，仅仅关注保护和促进投资。相比之下，一些近期的国际投资协定如美国－乌拉圭双边投资条约，有明文提及可持续发展，保护环境以及东道国公众的健康和安全（Newcombe 2007）。这些举措或许指明未来在国际投资法和投资者－国家仲裁领域，对持续性问题的关注水平将获得进一步的提高。

凯特·米勒（Kate MILES）

悉尼大学

王琛译

参见：可持续发展——法律和委员会概述；公平贸易；自由贸易；国际法；能源投资法。

拓展阅读

Assadourian, Erik. (2006). Transforming corporations. In the Worldwatch Institute (Ed.), *State of the world 2006* (p.171). New York: W.W. Norton & Company.

Cordonier Segger, Marie-Claire; Gehring, Markus; & Newcombe, Andrew. (Eds.). (forthcoming). *Sustainable development in international investment law*. Montreal: Centre for International Sustainable Development Law.

Dolzer, Rudolf, & Schreuer, Christoph. (2008). *Principles of international investment law*. New York: Oxford University Press.

Esty, Daniel C., & Geradin, Damien. (1998). Environmental protection and international competitiveness: A conceptual framework. *Journal of World Trade, 32*(3), 5–46.

Hunter, David; Salzman, James; & Zaelke, Durwood. (2002). *International environmental law and policy* (2nd ed.). New York: Foundation Press.

Jeucken, Marcel. (2004). *Sustainability in finance: Banking on the planet.* Delft, The Netherlands: Eburon Academic Publishers.

McBarnet, Doreen. (2007). Corporate social responsibility beyond law, through law, for law: The new corporate accountability. In Doreen McBarnet, Aurora Voiculescu & Tom Campbell (Eds.), *The new corporate accountability: Corporate social responsibility and the law* (p.9). Cambridge, U.K.: Cambridge University Press.

McLachlan, Campbell; Shore, Laurence; & Weiniger, Matthew. (2007). *International investment arbitration: Substantive principles.* Oxford, U.K.: Oxford International Arbitration Series.

Neumayer, Eric. (2001). *Greening trade and investment: Environmental protection without protectionism.* London: Earthscan Publications Ltd.

Newcombe, Andrew. (2007). Sustainable development and investment treaty law. *The Journal of World Investment & Trade, 8*, 357–408.

Newcombe, Andrew, & Paradell, Lluis. (2009). *Law and practice of investment treaties: Standards of treatment.* Alphen aan den Rijn, The Netherlands: Wolters Kluwer.

Tienhaara, Kyla. (2009). *The expropriation of environmental governance: Protecting foreign investors at the expense of public policy.* New York: Cambridge University Press.

United Nations Conference on Trade and Development (UNCTAD). (1999). Foreign portfolio investment (FPI) and foreign direct investment (FDI): Characteristics, similarities, complementarities and differences, policy implications and development impact. Retrieved January 16, 2008, from http://www.unctad.org/en/docs/c2em6d2&c1.en.pdf.

United Nations Conference on Trade and Development (UNCTAD). (2007). *World investment report 2007:*

Transnational corporations, extractive industries and development. Retrieved March 2, 2008, from http://www.unctad.org/en/docs/wir2007_en.pdf.

United Nations Conference on Trade and Development (UNCTAD). (2008). Foreign direct investment: Statistics. Retrieved January 16, 2008, from http://unctadstat.unctad.org/ReportFolders/reportFolders.aspx?sRF_ActivePath=P,5,27&sRF_Expanded=,P,5,27&sCS_ChosenLang=en.

United Nations Conference on Trade and Development (UNCTAD). (2009). *World investment report 2009: Transnational corporations, agricultural production and development.* Retrieved January 20, 2010, from http://www.unctad.org/en/docs/wir2009_en.pdf.

United Nations Millenium Declaration. (2000). United Nations General Assembly Res. 55/2, Doc. A/55/L.2.

Van Harten, Gus. (2007). *Investment treaty arbitration and public law.* Oxford, U.K.: Oxford University Press.

Zarsky, Lyuba. (1999). Havens, halos and spaghetti: Untangling the evidence about foreign direct investment and the environment. In *Foreign Direct Investment and the Environment* (pp.47–73). Paris: Organisation for Economic Co-operation and Development.

判例

Dow Agro Sciences LLC v. Government of Canada, Notice of Arbitration (31 March 2009).

Ethyl Corporation v. Canada, Jurisdiction Phase, 38 ILM 708 (1999).

Glamis Gold Ltd v. United States of America, Award (June 2009).

Methanex Corporation v. United States of America, 44 ILM 1345 (2005).

Piero Foresti and others v. Republic of South Africa, ICSID Case No. ARB(AF)/07/1.

S.D. Myers, Inc. v. Canada, Partial Award (Decision on the Merits) (November 2000).

Sempra Energy International v. Argentina, Award, ICSID Case No. ARB/02/16 (2007).

J

Justice, Environmental

环境正义

环境正义或生态正义针对的是从种族主义到贫困等各种复杂的社会问题。环境问题例如气候变化,不仅影响身体健康,而且影响人权问题。把对一个更可持续生活方式意愿与保护和促进个人固有权利的需要相结合,生态正义将影响全球范围内人们的生活。

环境正义是一个复杂的概念,包含国内外、法律、科学、社会和生态问题,其中大部分没有在法律或其他单一学科中一起得到考虑(Hughes, Lucas & Tilleman 2003, 52)。它的范围也不是单一的,比如既包括代内公平又包括代际公平,这会给充分理解这个概念增添困难(Brown Weiss 1990; Westra 2006),一些人可能认为它还包括种际正义(Bosselmann 2008)。因此,生态正义的范围相当广泛,包括不同方面,几个主题和许多不同的诱发因素。

社会和种族问题

审视一些环境正义的形成因素将阐明它是如何在许多问题中被发现的,并呈现出它的多种表现。环境正义第一次成为公认的学科是在美国,作为重点大学教学的非洲研究的部分内容。因此,"环境种族主义"或"生态种族隔离"是该问题获得承认的第一个方面。有害工业设施的位置位于有色人种居住的居民区内,居民区内主要是非裔美国人,还有西班牙人和土著美国人,显然这些人群是受害群体。罗伯特·布拉德已经在他的第一本有开创性的著作《迪克西倾倒》中指出这一问题(Bullard 1990; Bullard 2001, 39)。

因此,需要作为环境不公的诱因加以考虑的有害活动的第一个方面是化学品的扩散和其他有害工业操作。正如布拉德和其他人已经充分证明了的,它们通常坐落在"棕色地带"(Gaylord & Bell 2001, 33)以及主要是有色人种的穷人居住的其他贫困地区。以下几个因素可能有助于建立一个"关于环境正义的国家法律框架"(Mickelson & Rees 2003, 17):

- 基层环境正义组织及其网络必须成为全面合作伙伴，不能保持沉默或停留在初级阶段，而要规划新的行政命令的执行；
- 一个咨询委员会应包括环境正义、公民权利、法律、劳动和公共卫生团体的代表以及有关的政府机构，对行政命令的执行提出建议；
- 应组织国家和地区教育、培训和推广论坛和工作坊以实施行政命令；
- 行政命令应该成为国家会议和民选官员，公民权利和环保团体，公共卫生和医疗团体，教育工作者和其他专业组织会议议程的一部分。

布拉德提出五项原则来帮助建立这个框架：① 免于（环境恶化）的权利；② 预防伤害，也就是说，"危害发生之前消除威胁"；③ 转移举证责任，为了让污染者而不是贫穷的受害者承担高昂的诉讼费用的负担；④ 排除目的举证，因为大多数企业污染者会将其选址的原因归于为了降低成本和其他理由；⑤ 当这些情况发生时，纠正不公平现象（Bullard 2001, 9–22）。

虽然布拉德的原则尚未被采纳，但是在1994年2月11日，当时的总统比尔·克林顿签署了12898号总统令（第59号联邦公报第32条：为了解决少数族裔人口和低收入人群的环境正义的联邦行动），旨在建立"环境正义的国家优先地位"（Gaylord & Bell 2001, 33）。该总统令的目的是确保美国环境保护署将会优先考虑发生在非裔美国人和其他贫困人口居住地区的严重的环境恶化问题（United Church of Christ Commission for Racial Justice 1992）。

国际环境正义

尽管在美国已经有了重要的开端，但是国际法在这方面做的却很少，除了某些关于土著人的案例和法律文件。环境正义在国际舞台上是一个同样重要的问题：富裕的北部和西部造成的过度消费"现在正面临着暴力甚至对穷人而言的死亡，否则会被边缘化，特别是在发展中国家"（Mickelson & Rees 2003, 16）。

环境不公包括的国际方面含采掘业的操作结果，如在本土和其他当地社区直接生活土地上的采矿，因此为了生存依赖于他们资源的健康和安全，包括水（Seck 1999, 139–221）。

因此，公平地说，尽管一些保护人类生命和健康的活动以及生态的可持续性活动由于全球化获得了有希望的进展，但现在有关的人权和环境的国际保护仍是薄弱的。最有权力的国际组织为促进和保护贸易，包括世界贸易组织、国际货币基金组织（IMF）和北美自由贸易协定（NAFTA），阻碍了环境权利和人权事项上的关键进步。北美自由贸易协定和世界贸易组织都可以替换政府关于人类健康和环境的有益决策，而让位于贸易。一些人将此定义为"超宪法的"决策，因为一个国家的宪法权利对这些问题不再一锤定音。因此，在最近关于建立世界环境组织的法律文献中提出了几点建议（Postiglione 2010; Charnovitz 2002）。

事实上，由于分解和污染遭受最多伤害的是在各大洲的土著居民，因此这也是环境正义的第二个重要方面（Westra 1998; Westra 2007）。这也是种族主义和生态种族隔离问题（Mickelson & Rees 2003）。国际法上没有类似克林顿总统发布的总统令来帮助解决这个问题。

对后代的影响

也许,环境不公最经常被援引的方面是子孙后代的问题,也就是说,目前疏忽环境影响和有害环境的做法会产生世代相传的后果。这一问题常常在国际文件中被援引,主要出现在这些文件的序言部分,因此它对国家批准的工业经营没有强制约束力。

当即将到来的第一个新一代现在被理解为是后代人必不可少的一个部分(正如我已经提出的),这方面的环境正义,即后代和他们权利的问题,成为代内组成的一个重要部分(Westra 2006, chap. 6 & chap. 1)。当这个问题的科学性被充分理解,这方面的考虑具有深远的影响。

自20世纪中叶以来,有害的化学物质(未加处理的)大量增加,这些有害物质危害的重要性刚刚开始被理解(Grandjean & Landrigan 2006; Licari, Nemer & Tamburlini 2005)。因此,暴露在常见的化学物质下会影响一个子宫内的小孩、一个新生儿或一个小婴儿,并且到了成年和年长时也不能消除有害的影响,代际效应不只是影响一个人。在某些情况下,当孩子的DNA受影响,危害将继续影响到未来的几代人。根据世界卫生组织和当前的流行病学文献,通过暴露,它比癌症对我们的影响更大,可能造成不发达的大脑、自闭症和老年人的神经方面的问题,如阿尔茨海默氏症(Grandjean & Landrigan 2006)。

生态正义和人权

环境正义不只保护人的健康。当然,我们有生命权、健康权和保持我们身体完整性的权利。我们还有与我们的种族、民族和宗教传统相关的公民权利、政治权利和社会权利。环境正义应该被理解为也包括对这些所有的人权的保护(Westra, forthcoming 2011)。

当工业发展到土著群体世代居住的地方,这些运营所产生的污染可以破坏和消耗他们的自然资源。

强行迁移到其他地方也是有害的。土著群体已不再能够继续其传统文化和宗教实践,因为这些通常与特定的自然景观密不可分。

作为一个人生存的权利和信仰传统宗教的权利是全人类的权利,无论他们在哪里生活。这样一种意味着"文化灭绝"的方式是不可接受的(Lemkin 1944)。一个相关案例(Lovelace v. Canada 1977)是国际法院审判的。琳达·拉芙莱斯(Linda Lovelace)是加拿大第一民族的一员,最终被允许回到自己的传统家庭,继续她的文化习俗,尽管在她离婚前与不同种族的人结婚的事实使她已经丧失了资格(U.N. Rights Committee 1994)。事实上,世界各地的宗教和文化活动可以得到由联合国教科文组织提供的特殊保护。因此，用法律保护这些社区的传统生活方式有充足的特殊手段。环境正义通常是关于社区甚至集体，而不是单一的个体。

生态难民

种族、社会和人权问题与气候变化和极端贫困的问题相结合就产生了环境不公的另一个重要方面：生态难民（Westra 2009）。当工业发展带来的危害与不受控制的有害物质暴露的存在和极端天气事件的结合，导致穷人和弱势群体不适宜的居住条件。

成千上万的人试图逃避可怕的环境，寻求更好的生活，或至少为了能生存下来，但他们的追求往往受挫，因为他们经常发现自己处于监狱和集中营，而没有获得有所改善的条件。因此，至少有两个其他方面的集体环境正义需要得到及时关注：第一个是极端贫困主要集中（但不仅限于）在南半球，世界卫生组织最近认为这种情况与不可接受的公共卫生情况相关（Gostin 2008）。南半球人们的健康状况不佳和贫困很大程度上是由全球化和那些试图剥夺发展中国家基本资源的做法导致的，从而影响了他们的生存能力（Meier 2006）。跟这个问题密切相关的还有气候变化的问题。

气候变化问题

来自北部和西部富裕国家的过度消费导致南部人民遭受的损失还包括气候变化所带来的多重困境，而在大多数情况下，并非由当地人引起。然而气候变化的重大影响，从冰川融化到海啸、飓风和其他极端气候事件，严重影响到穷人。在比较富裕的国家，天气灾害可能部分被控制，其社会基础设施和大多数公民的经济能力有可能使那里的人们免受极端的气候影响。而在南半球，无论是金融还是社会机构都不能提供保护。这种承受最沉重负担的不公平——从全球现象看，他们并非制造者——加剧了贫困状况和健康缺陷的不公。

创建一种生态正义的文化

总之，环境正义是一种高度复杂的现象，因为它应该包含：① 快速缓解气候变化产生的条件（其伴随缺水、沙漠化、冰川融化和生物贫化）；② 立即纠正对南半球食物、水、避难所和生存基础的基本权利的剥夺；③ 消除危险操作带来的灾难，而不是在许多土著和地方社区进行"发展"，因为它们不仅常常剥夺了他们的基本权利，而且剥夺了他们的文化传统和宗教习俗的公民权利；④ 现在对所有存在的危险化学品的控制和监管，给危险化学品造成从"摇篮到坟墓"的危害，特别是在少数人或穷人居住的地区；并且，最重要的是⑤ 对最脆弱群体如流产儿、婴儿、妇女并通过他们对所有后代危害的识别和纠正。

劳拉·威斯特拉（Laura WESTRA）

温莎大学

王琛译

参见：人类共同遗产原则；可持续发展——法律和委员会概述；草根环境运动；代际公平；国际法院；国际法；环境难民。

拓展阅读

Biermann, Frank, & Bauer, Steffen. (Eds.). (2005). *A world environment organization: Solution or threat for effective environmental governance?* Aldershot, U.K.: Ashgate.

Bosselmann, Klaus. (2008). *The principle of sustainability*. Aldershot, U.K.: Ashgate.

Brown Weiss, Edith. (1990). Our right and obligations to future generations and the environment. *American Society of International Law, 84*, 198–207.

Bullard, Robert D. (1990). *Dumping in Dixie: Race, class and environmental quality*. Boulder, CO: Westview Press.

Bullard, Robert D. (1994). Decision making. *Environment, 36*(4), 39.

Bullard, Robert D. (2001). Decision making. In Laura Westra and Bill Lawson (Eds.), *Faces of Environmental Racism*. 2nd Ed. Lanham, MD: Rowman Littlefield.

Charnovitz, Steve. (2002). A world environmental organization. *Columbia Journal of Environmental Law, 68*, 323.

Gaylord, Clarice, & Bell, Elizabeth. (2001). Environmental justice: A national priority. In Laura Westra and Bill E. Lawson (Eds.), *Faces of environmental racism: Confronting issues of global justice* (pp.29–39). Landham, MD: Rowman Littlefield.

Gostin, Lawrence O. (2008). Meeting basic survival needs of the world's least healthy people: Toward a framework convention for global health. *Georgetown Law Journal, 96*(2), 331–392.

Grandjean, Philippe, & Landrigan, Philip J. (2006). Developmental neurotoxicity of industrial chemicals. *The Lancet, 368*(9553), 2167–2178.

Herbertson, Kirk; Th ompson, Kim; & Goodland, Robert. (2010). *A roadmap for integrating human rights into the world bank group*. Washington, DC: World Resources Institute.

Hughes, Elaine L.; Lucas, Alistair, R.; & Tilleman, William A. (Eds.). (2003). *Environmental law and policy*. Toronto: Emond Montgomery. Lemkin, Raphael. (1944). *Axis rule in occupied Europe*. Washington, DC: Carnegie Endowment for International Peace.

Licari, Lucianne; Nemer, Leda; & Tamburlini, Giorgio. (Eds.). (2005). *Children's health and the environment*. Copenhagen, Denmark: World Health Organization.

Lovelace v. Canada. Communication No. R.6/24, December 29, 1977, decided July 30 1981.

Meier, Benjamin Mason. (2006). Employing human rights of global justice: The promise of public health in response to insalubrious ramifi-cations of globalization. *Cornell International Law Journal, 39*, 711.

Mickelson, Karin, & Rees, William. (2003). The environment: Ecological and ethical dimensions. In Elaine L. Hughes, Alastair R. Lucas, & William A. Tilleman (Eds.), *Environmental law and policy* (pp.1–40). Toronto: Emond Montgomery.

Postiglione, Amedeo. (2010). *Global environmental governance: The need for an International Environmental Agency and an International Court of the Environment.* Brussels, Belgium: Bruylant.

Seck, Sara. (1999). Environmental harm in developing countries caused by subsidiaries of Canadian mining corporations: The interface of public and private international law. *Canadian Yearbook of International Law, 37.*

U.N. Rights Committee, Sub-Commission on Prevention of Discrimination and Protection of Minorities. (1994). Res.1994/44, Aug.16 1994, UNDoc.E/CN 4/1995/2,E/CN.4/Sub.2/1986. Geneva: Author.

UNESCO. (1972). World heritage convention concerning the protection of the world cultural and natural heritage. Retrieved August 17, 2010, from http://whc.unesco.org/en/conventiontext.

United Church of Christ Commission for Racial Justice. (1992). The first national people of color environmental leadership summit, New York.

Westra, Laura. (1998). *Living in integrity.* Landham, MD: Rowman Littlefield.

Westra, Laura. (2004). *Ecoviolence and the law.* Leiden, The Netherlands: Transnational Publishers.

Westra, Laura. (2006). *Environmental justice and the rights of unborn and future generations.* London: Earthscan.

Westra, Laura. (2007). *Environmental justice and the rights of indigenous peoples.* London: Earthscan.

Westra, Laura. (2009). *Environmental justice and the rights of ecological refugees.* London: Earthscan.

Westra, Laura. (forthcoming 2011). *Human rights: The "commons" and the collective.* Vancouver, Canada: University Press of British Columbia.

K

Kyoto Protocol

京都议定书 （1997年12月11日通过，日本京都；2005年2月16日生效）

《京都议定书》对所有加入该议定书的工业化国家设定了有约束力的目标以实现在其实施的第一个阶段末（2012）将温室气体（GHG）的排放量减少至1990年水平。尽管《京都议定书》主要要求这些国家在其国内推行相关措施以做到这一点，它仍引入了排放权交易的概念，同时建立了联合履约机制和清洁发展机制这两种额外方式帮助国家实现温室气体减排目标。

在经历了第三次缔约方会议（COP 3）上对《联合国气候变化框架公约》（UNFCCC）漫长而又艰难的谈判后，《京都议定书》于1997年12月11日在日本京都通过。它是对在1992年里约热内卢联合国环境与发展会议签署并于1994年生效的《联合国气候变化框架公约》的一份补充条约。截至2010年，《联合国气候变化框架公约》有194个缔约国；只有这些国家可以认可或批准《京都议定书》。议定书于2005年2月16日生效，届时，根据第25(1)条的要求，已有包括附件一的（工业化）国

家——即1990年占全球温室气体排放量55%以上的国家——在内的超过55个《联合国气候变化框架公约》的缔约国成为缔约方（或批准该协议）。截至2010年，《京都议定书》已有191个缔约方——190个国家和一个区域经济一体化组织（欧盟）。

柏林授权

《联合国气候变化框架公约》（1992）第二条规定了其目标是"根据本公约的各项有关规定，将大气中温室气体的浓度稳定在防止气候系统受到危险的人为干扰的水平上"。温室气体在公约中被定义为"大气中那些吸收和重新放出红外辐射的自然和人为的气态成分"（UNFCCC 1992，第1[5]条）。然而，《联合国气候变化框架公约》本身并未阐述应如何实现这种稳定。尽管如此，为推动这一目标，1995年在柏林举办的《公约》成员国第一届大会上（COP1），各国同意发起一项针对《公约》附件一所列的发达国家（附件一各缔约

方）的温室气体减排有关的义务有着更为具体和有约束力的协议的谈判。这个过程被称为"柏林授权"，于第三次缔约方会议完成。

目标

《京都议定书》的主要目的是要求《公约》附件一所列国家在2008至2012年间对于附录A中列出的六种温室气体——二氧化碳（CO_2）、甲烷（CH_4）、一氧化二氮（N_2O）、六氟化硫（SF_6）、氢氟碳化物（HFCs）和全氟化碳（PFCs）的排放量，在1990年的基础上平均减少5.2%；这就是所谓的第一承诺期。附件B规定了附件一所列的每个国家的特定义务。这些基于"共同但有区别的责任"原则的温室气体减排义务是各国在主张自己的特殊情况和需要后的漫长而又艰难的谈判的结果。例如拥有极少地热的冰岛和大量使用煤炭的澳大利亚等国家被允许每年温室气体排放增加10%和8%，但主要的工业国家（和最严重的温室气体污染国家），如日本、美国和欧盟的成员国同意在承诺期内分别在其1990年的基础上减少6%、7%和8%的排放。

在排放量自1990年起每年都在增加的情况下，如此大规模的减排对经济造成的影响，意味着《京都议定书》是有史以来最严格的国际环境条约之一。虽然美国在协议谈判中发挥了重要作用，克林顿总统政府签署了协议，但该协议从未按照美国宪法的要求提交参议院批准，因为很显而易见的是，由于传统的保守共和党人的极力反对，《议定书》不可能达到通过批准所需的60%的多数票。共和党总统乔治·布什（George W. Bush），作为石油公司前高管，一直明确表示，他不认为气候变化是一个问题，并且他的政府于他在2001年1月上任时声称该协议是无效的。

京都灵活机制

议定书要求附件一中的各国主要通过"国内政策和措施"实现温室气体减排。而且，议定书在国际法领域首次提出了排污交易（emission trading）这一概念。议定书第6条、第12条和第17条这三个条款预设了一系列机制，据此，附件一国家可以向其他国家购买减排许可来帮助他们实现本国的温室气体减排目标。其中的每个条款都描述了一个不同的机制，围绕有关其实施的详细规则进行的谈判则花费了数年时间。2001年，它们最终在摩洛哥马拉喀什的第七次缔约方会议（COP 7）上被采纳，因此被称为马拉喀什协定。

根据第6条，即联合履行条款，附件一国家可以对其他附件一国家的温室气体减排项目融资（例如，英国为拉脱维亚的一个可再生能源农场提供资金）。因这些项目而产生的减排量,即减排单位(ERUs)可以被计入提供融资的国家。

《京都议定书》第12条建立了清洁发展机制。它实际上更多的是一种相互弥补,而不是一种交易机制。它旨在促进附件一以外的国家的可持续发展,同时也帮助附件一的国家实现其温室气体减排目标。它允许《京都议定书》附件一中的国家和其私营部门对那些无须按照《京都议定书》承担减排责任的发展中国家进行融资。经分别认证后,这些减排,即已核证的减排量(CERs),可记入附件一所列国家的指标。所融资的项目必须实现真正的减排,即如果没有这个项目,这些"额外"的减排在某种意义上就不会发生。基于这些目的,对于不同行业采用不同的技术手段对基准目标进行计算是高度技术性的,它是由清洁发展机制执行委员会(由《议定书》缔约方组成)在"方法学小组"的协助下进行的。清洁发展机制在2008年成功地对发展中国家实现价值超过120亿美元的融资。这一数字在2009年经济衰退期间下降至26亿美元,并且已有很多对清洁发展机制进行改革的呼声出现。目前,清洁发展机制只认证有限的土地使用类型、土地使用变化和涉及造林和再造林的林业项目(LULUCF),并且有强烈的呼声呼吁其扩展到防止森林砍伐的项目(这一过程被称为通过减少森林砍伐和森林退化降低产生的排放,或REDD)。批评的言论同样集中于在清洁发展机制执行理事会的程序慢、不透明的、不得上诉或复审的问题上。

《议定书》第17条阐述了更为经典的排放交易,即附件一所列的实际排放量比《京都议定书》目标低的国家可向附件一中的其他国家出售其部分配额。二氧化碳以吨为单位进行计算,这些被称为分配数量单位(AUUS)。由于该协议设定的1990年基线排放量,经历了工业活动的重大衰退的一些苏联国家有大量盈余的分配数量单位出售(贬损地称为"热空气")。这些购买分配数量单位的西方国家通常要求他们购买分配数量单位的资金投资于销售分配数量单位国家的环保项目或绿色投资计划而试图使其购买资金"绿色化"。

承诺期

《京都议定书》设定的减排目标并不是为了"解决"气候变化;而是为了引入一种减少排放的方法论,可以在未来的承诺期逐渐提高减排量。《京都议定书》的第三条(9)和第二十一条(7)中规定的这一程序沿用了之前在消耗臭氧层物质方面取得高度成功的1987年《蒙特利尔议定书》的模式。《蒙特利尔议定书》要求所有工业国家,以及随后的发展中国家减少并消除破坏臭氧层的化学物质的使用。直至2009年,臭氧层空洞已经稳定,并开始变小。然而,《京都议定书》遇到的问题是附件一中最大的温室气体排放国——美国,并不是其缔约方。导致该制度及模式的有效性遭到严重破坏。然而,《京都议定书》的其他各方似乎将实现它们2008—2012年间的目标。唯一公升表示不太可能达到《京都议定书》目标的是加拿大,其总理于2008年宣布此事。因为21世纪初的经济萧条及相应工业活动的衰退,似乎《京都议定书》的大多数缔约方都将达到温室气体减排目标。欧盟的成员国加入了世界上最大的碳排放交易体系——欧盟排放交易计划（EU ETS）。这引发了全球排放交易的一次爆炸，主要是由私营部门的投资而引起的。根据世界银行的数据，2009年其价值已超过1 430亿美元（Kossoy & Ambrosi 2010）。

合规程序

《公约》的第一次缔约方会议（COP）在协议批准并生效后，于2005年在蒙特利尔举行，这是缔约方的第一次会议（COP/MOP）。在这次会议上，根据《议定书》第十八条的约定，各方同意"在程序和机制上与《京都议定书》一致"。虽然在一定程度上受制于第十八条要求的"依本条可引起具有约束性后果的任何程序和机制应以本议定书修正案的方式予以通过"这一事实，各方建立了合规委员会并规定了合规程序及未合规的后果。合规程序最初涉及促进合规委员会分支机构在协助缔约方合规方面的工作。如未遵约，该执行机构可采取一系列的行为：包括宣布某一缔约方未合规，并要求其为合规计划制定时间表。对于发现其排放量超出其配额的缔约方，最终后果可能包括暂停第十七条规定的交易及在第二承诺期（2012—2016）内从其配额中减少其超过减排部分的130%。

展望未来

基于第一承诺期被写进议定书并于2012年到期的事实，议定书本身要求第二承诺期的谈判过程应在这个日期之前七年开始（1997年《公约》第三条[9]）。议定书至少应在该日期前生效（即2005年），谈判的过程自缔约方第一次会议（MOP1）开始。然而，迄今这一过程非常艰难。

在巴厘岛举行的第十三次缔约方会议（COP13）达成了一条详细的"路线图"，该路线图启动了新一轮谈判程序，旨在于2009年12月的哥本哈根第十五次缔约方会议（COP15）上达成一项全面协议。但实现该目标存在许多重大谈判障碍。包括大量的问题都需要获得192个缔约方的同意，并向美国妥协，而美国并非也不可能成为议定书的缔约方，且其坚持减排目标不仅为附件一国家（根据议定书）设置，也应包括主要的发展中国家，比如中国、印度和巴西。结果是使得旷日持久的谈判陷入僵局；哥本哈根会议匆忙地结束了，仅得到一堆各国的政治妥协，这便是哥本哈根协议（Copenhagen Accord）。该协议承诺继续寻找后续方案，直至达成一致协议；附件一中的国家将为发展中国家提供大量新的融资以缓解、适应及转让技术；并承诺这一协议的目标在于将升温范围控制在工业化之前气温的2℃之内，这是由科学咨询机构——获得诺奖的政府间气候变化委员会所坚持的，认为这对预防"危险气候变化"是必要的。

大卫·弗里斯通（David FREESTONE）
乔治·华盛顿大学法学院
王清华译

参见：气候变化信息披露——法律框架；减缓气候变化；欧盟温室气体排放交易体系；联合国——公约、协定概述。

拓展阅读

Freestone, David, & Streck, Charlotte. (Eds.). (2005). *Legal aspects of implementing the Kyoto Protocol: Making Kyoto work.* Oxford, U.K.: Oxford University Press.

Freestone, David, & Streck, Charlotte. (Eds.). (2007). The Kyoto Protocol: Current legal status of carbon finance and the flexible mechanisms. *Environmental Liability, 15*, 47–124.

Freestone, David, & Streck, Charlotte. (Eds.). (2009). *Legal aspects of carbon trading: Kyoto, Copenhagen and beyond.* Oxford, U.K.: Oxford University Press.

Gerrard, Michael B. (2007). *Global climate change and U.S. law.* Washington, DC: American Bar Association.

Grubb, Michael; Vrolijk, Christiaan; & Brack, Duncan. (1999). *The Kyoto Protocol: A guide and assessment.* London, U.K.: Chatham House.

Kossoy, Alexandre, & Ambrosi, Philippe. (2010, May). *State and trends of the carbon market 2010.* Washington, DC: World Bank. Retrieved August 5, 2010, from http://siteresources.worldbank.org/INTCARBONFINANCE/Resources/State_and_Trends_of_the_Carbon_Market_2010_low_res.pdf.

Oberthür, Sebastian, & Ott, Herman. (1999). *The Kyoto Protocol: International climate policy for the 21st century.* Berlin: Springer.

United Nations Framework Convention on Climate Change (UNFCCC). (1992). Full text of the convention. Retrieved June 25, 2010, from http://unfccc.int/not_assigned/b/items/1417.php.

United Nations Framework Convention on Climate Change (UNFCCC). (1997). Kyoto Protocol to the United Nations Framework Convention on Climate Change. Retrieved June 26, 2010, from http://unfccc.int/essential_background/kyoto_protocol/items/1678.php.

United Nations Framework Convention on Climate Change (UNFCCC). (2006, March 30). Report of the Conference of the Parties serving as the Meeting of the Parties to the Kyoto Protocol on its first session, held at Montreal from 28 November to 10 December 2005. Retrieved June 28, 2010 from http://unfccc.int/resource/docs/2005/cmp1/eng/08a03.pdf.

Yamin, Farhana, & Depledge, Joanna. (2004). *The international climate change regime: A guide to rules, institutions and procedures.* Cambridge, U.K.: Cambridge University Press.

Yamin, Farhana. (Ed.). (2005). *Climate change and carbon markets: A handbook of emissions reduction mechanisms.* London: Earthscan.

L

Lacey Act

雷斯法 （美国, 1900年）

    《雷斯法》是一部最初颁布于1900年的美国联邦法律，它随着时间的推移变得越来越有意义。最初，其严格的追责要求及轻微的惩罚只引起了极少的诉讼，但随着国会扩大法案的适用范围，它已经成为一个打击非法贩卖野生动植物的越来越重要的工具。它最近的修正案对于非法木材产品的国际贸易有着重大的影响。

    《雷斯法》通常被描述为美国第一部全国范围的野生动植物保护法律。虽然准确，但该描述同样会令人产生误解。《雷斯法》在1900年被颁布时是为了解决一个宪法问题。但由于该问题随即转化，因此该法的存在在很大程度上也就无关紧要了。直到1981年被改写，它才成为打击非法贩卖野生动物的重要工具。直到《雷斯法》实施的第二个世纪，国会才对它进行了修订，以监管特殊野生动物交易和非法获得植物的行为。

第一部雷斯法

    《雷斯法》以一位名为约翰·雷斯的热心环保主义者而命名。他也是一位支持该议案并促使国会通过该议案的众议员。该法是协调保护鸟类的政治活动的产物之一。这一问题在19世纪80年代由运动员、科学家和环保人士组建的全美奥杜邦协会提出。该联盟——美国进步运动的一部分，试图用科学的管理来控制不受监管的市场的过度浪费——最初关注于说服国家立法机关通过禁止市场狩猎，或者禁止不是为了果腹而是牟利的方式捉捕野生动物以保护它们。这种方式反映了早期的宪法惯例，即联邦和州的权力是完全独立的：国会可以监管州际之间的贸易，各州可以监管其在州际贸易之前或之后的内部经济活动，但不能阻止货物的进口。无法阻止猎物被运送至州内产生的问题就是它为当地的偷猎者提供了掩护。因此，如果州法是有效的，则联邦立法对规范州际贸易进行监管是必要的。

    雷斯在1900年提出的议案中反映了宪法在联邦和州政府之间形式上的权利制衡。该法案附带的一份众议院报告指出，该法案是一种"帮助各州加强其自身关于野生动物法律的工具"（H.R. Rep. No.474, 1900）。国会并不想通过直接禁止市场狩猎来取代各州法律；相反，它为两种被州法认定为是非法的行为新增了联邦刑事处罚。第一，该法案禁止了违反出口的国家法律的野生动物承运人的州际运输。例如，如果一只猎鸟在禁猎期间于堪萨斯州被杀，将其尸骸运到密苏里州是违法的。第二，它还要求托运人遵守野生动物即将运往的州的法律——因此解决了各州关于禁止进口猎物的州法律的合宪性。如果在密苏里州拥有一只猎鸟是违法的，根据《雷斯法》的规定，即使鸟在堪萨斯州被合法猎杀，将猎鸟从堪萨斯州运输至密苏里州也是非法的。因此，当占有或运输野生动物根据出口州或进口州的法律是非法的，托运人应承担联邦法律规定的责任。

这便是《雷斯法》一个典型的特征：除了下述提到的贴标要求，法案规定的行为只有在违反州法时才是非法的。因此依据《雷斯法》起诉有两个明确的要求：首先，必须违反州法（"推断违法"，the "predicate violation"）；第二，野生动物必须以一种《雷斯法》所禁止的方式被"处置"。也就是说，如果一只动物在康涅狄格州被猎杀违反了康涅狄格州的法律，该动物被运往纽约后，根据《雷斯法》可以起诉托运人。但是如

果动物未被非法猎杀（推断违法）或未被运出州（处置行为），则没有违反《雷斯法》。

为了便于执行处置禁令，该法案还包括对包装上所贴标签的要求。所有内含野生动物的包裹都必须贴有"明显和清楚的标志，以便……包裹的内容从外包装的检验中便可以很容易确定（《雷斯法》1900，第553章第4节）"。与处置规定不同，贴标要求的惩罚独立于州法律。

该法还包含两项额外的规定。首先是一项积极性的保护授权：农业部长被授权为了"保护、分布、引入和恢复猎鸟及其他野生鸟类"而采取行动（《雷斯法》1900，第553章第1节）。第二，国会采取措施防止可能是"有害的"的外来物种的进入。该法案特别禁止了猫鼬、果蝠、燕八哥、英格兰麻雀的进口。尽管法规侧重于农业方面，但其适用范围在起草时更为广泛，并对所有进口的物种都要求许可证。

虽然该法案本身没有禁止捕杀任何野生动物，然而这仅仅是第一步：国会宣称野生动物是国家关注的问题。在后来的50年里，国会逐渐增加该法的适用范围。它扩大了可适用推断违法的州法律的范围：到了1935年，运送或者接收任何违反联邦或外国法律而获取或占有的野生动物都是非法的了。其次是国会扩大了适用该法的

动物类型的范围：在1926年，当《黑鲈法》将对州际贸易的禁止扩大到包括某些种类的鱼时，对"野生动物"具有约束力的行政定义实际上就被撤销了。1947年，《黑鲈法》将范围修改为包括所有的"猎用鱼（'game' fish）"，5年后，又修改为包括所有的鱼。1969年，"野生动物"覆盖的类型扩展到包括两栖类、爬行类、软体动物和甲壳类动物。

因此，到了1969年，如果违反一州或一地区、联邦政府、外国及其政府分支机构的法律而获取野生动物，或者在接收该野生动物的国家或地区占有该野生动物是不合法的，运送大多数种类的野生动物就是非法的。

第一部雷斯法的疲软

尽管不断扩大适用范围，然而在打击贩卖野生动物方面《雷斯法》在很大程度上效果不显著的原因有两个：首先，依据该法进行起诉要求政府对被告是"故意和蓄意"地违反该法进行证明。这要求政府证明违法者明知《雷斯法》的相关规定而有意地违反该法。这是一项不同寻常的要求。通常来说只要行为人知道他的行为是非法的就足够了。例如，知道他/她猎杀野生动物的行为是与州法相违背还不足以根据《雷斯法》定罪，行为人还需知道跨越州界线运输动物是非法的。第二个阻碍该法案适用的障碍就是惩罚比较轻。非法运输野生动物是有利可图的，但小额罚款不足以制止这种行为。

关于该法疲软的一个衡量标准是司法判决的缺乏。绝大多数已报导的案例并没有涉及刑事起诉；它主要是靠州权力来规范受到影响的进口野生动物。例如，在明尼苏达州诉沙

特克一案中［State v. Shattuck（2005）］，明尼苏达州最高法院认为，该法"消除（eliminates）"了关于州有权禁止占有在另一个州通过合法方式取得的猎物的"所有问题"。

同样，该法在阻止外来物种的引进方面也缺乏有效性。这也在一定程度上反映了该法是一个支持州野生动物法律的工具，而不是联邦单独对控制非本土野生动物进口所做出的努力。例如，大约过了70年，农业部部长才通过了一些条例以执行该法案中关于有害野生动物的规定——这些规定采用了"黑名单"的方法，允许不在黑名单上的物种的进口，而不再使用"白名单"的方式禁止那些没有被认定为无害的物种。

第二部雷斯法

《雷斯法》在1981年进行了全面的修改。经过80年时间的增加和修订，最初的法已被现代化的法所取代，只剩适用于进口有害野生动物的规定保持不变。

经修订的法依旧禁止两种行为。第一种是禁止非法捕杀、占有、运输或售卖的野生动物的州际和对外贸易。1981年修正案继续扩大了法的适用范围。例如，该法现将"鱼类和野生动物"定义为所有的脊椎动物和无脊椎动物野生动物，及包括此类动物的任何部位或产品。此外，这一条款也适用于因养殖而出生或孵化的动物。例如，如果运输一只养殖鹿违反了州法律，那么也违反了《雷斯法》。除适用于野生动物外，1981年修正案也首次适用于一小部分植物。最后，该法现在包括一套更广泛的法律，可以作为推定犯罪的法律依据。根据《雷斯法》，除了联邦、州和外国的法律，国际条

约,联邦、州和外国的法规,或任何美国印第安部落的法律、法规都可以作为起诉依据。

值得注意的是,该修正案还加重了制裁并降低了对定罪的主观要求。适用于该法贩卖条款的民事和刑事处罚也加重了:刑事罚金最高可达20 000美元和5年有期徒刑。更为重要的是,修正案删除了行为人是"明知并故意地"违反该法案的要求。修正案还新增了没收条款。例如,如果被告构成违反该法的重罪,其在违法行为中使用的设备可能会被没收。

1981年修正案还强调了原法的标贴要求,即所有内含野生动物的包裹应贴上反映其内容的标签。标贴要求现在必须遵守内政部和商务部通过的规定。不遵守该项规定的最高处罚是250美元。

最后,修正案所附的参议院报告表示,提供"非法捕猎"野生动物的导游服务也是一种出售野生动物的行为,因此是非法的。这一观点是由一个联邦巡回上诉法院确立,但没有得到其他两个巡回法院的支持。国会通过定义"出售"和"购买"做出了回应,当基于非法捕猎野生动物之目的时,出售或购买导游服务将被"视为"违法出售或购买野生动物。

第三部雷斯法?

2003年,国会背离了这种由两部分构成的"推断违法与处理要求"。在《养殖野生动物安全法》中,国会规定"在州际或对外贸易中进口、出口、运输、销售、接收、获取或购买"任何种类的"狮子、老虎、豹、猎豹、美洲虎、美洲狮或任何混合的此类物种"是非法的,而无论此类交易在任何州或外国法律项下是否合法。该修正案首次使该法包括了单独的禁止

野生动物贩卖行为的条款。2009年2月下旬,众议院通过的《养殖灵长类动物安全法》虽然并未禁止将灵长类动物当做宠物,但禁止了非人类的灵长类动物的州际销售或运输。参议院对该法案没有采取行动。

然而,该法近期最重要的修正案是在2008年,国会两次颁布了相同的文本,以防止非法采伐和其他非法植物贸易。修正案回顾了该法传统的两步要求。推断行为是指违反任一禁止盗窃植物、减少保护区、未经授权获取、未支付费用获取的一州或外国的法律法规或者出口条例。关于处理的要求涉及任何与植物有关的贸易。如同野生动物的情况,修正案要求在进口申报表中符合标签要求。

修正案对三种层次的犯罪——"故意"、"未履行注意义务的过失"和"履行尽注意义务的过失"——施加了不同的处罚,包括对公司最高额500 000美元的罚金、徒刑和没收(注意义务指一个正常理性的人为避免对另一个人的伤害而做出的努力)。标贴要求采用相同的三种责任和相应处罚。违反标贴要求的处罚也为最高额500 000美元的罚金、徒刑和没收。

要了解这些规定对防止在如亚马孙盆地和印度尼西亚等热带雨林地区的大量非法收获木材行为是否有效还为时过早。修正案希望建立一个产权链监管体制,在该体制下,植物或产品的进口商需要对植物产品收获的合法性负责。

影响

过去110年,《雷斯法》已经从一部在打击贩卖非法野生动物方面的不常使用的和相对

疲软的机制逐步演变成为州、部落、联邦和国际法律在禁止掠夺植物和野生动物方面有力的工具。

戴尔·D.戈贝尔（Dale D. GOBLE）

爱达荷州大学
王清华译

参见：国际濒危物种贸易公约；濒危物种法；执法；国家环境政策法。

拓展阅读

Anderson, Robert S. (1995). The Lacey Act: America's premier weapon in the fight against unlawful wildlife trafficking. *Public Lands Law Review, 16*(1), 27–85.

Bean, Michael J., & Rowland, Melanie J. (1997). *The evolution of national wildlife law* (3rd ed). Westport, CT: Praeger.

Freyfogle, Eric T., & Goble, Dale D. (2009). *Wildlife law: A primer.* Washington, DC: Island Press.

Goble, Dale D., & Freyfogle, Eric T. (2010). *Wildlife law: Cases and materials.* New York: Foundation Press.

H.R. Rep. No.474, 56th Congress, 1st Session 2 (1900).

Lacey Act of 25 May 1900, 31 Stat. 187, 16 U.S.C. §701 (1900).

Lacey Act Amendments of 1981, 16 U.S.C. §3371–3378 (1981, as amended 1984 and 1988).

Tober, James A. (1981). *Who owns the wildlife? The political economy of conservation in nineteenth-century America.* Westport, CT: Greenwood Press.

Wade, Stephen A. (1994). Stemming the tide: A plea for exotic species legislation. *Journal of Land Use and Environmental Law, 10*(2), 343–370.

Land Use — Regulation and Zoning

土地利用管制和区划

土地利用管制和区划属于对公共和私有土地开发的限制。传统的区划方式将土地分割为各种单用途区域并对建筑物做出高度和体积的限制,这导致了土地开发的无计划扩张。更可持续的方式是寻求土地的集约利用,建设多用途社区,为替代性清洁能源设施的建设排除障碍。

土地利用管制和区划通常是指政府制定的、规范或限制公共和私有土地的利用及其开发方式的规范性文件。据此,"区划"属于外延更宽泛的土地利用管制的一种。土地使用管制对可持续发展的实现影响深远,因为它决定着开发的位置、内容和规模。传统意义上的土地利用管制和区划对可持续发展具有两方面的负面效应:鼓励资源密集型发展、阻碍了可持续技术特别是太阳能与风能利用技术的推广应用和相关设施建设。

传统意义上的区划,目的在于实现非兼容性土地利用方式的分离并分别施以众多限制,包括最小面积、高度和其他限制性要求。

这种区划制度造成消耗型土地的扩张,形成众多住宅与商业区之间需要汽车交通的社区。迄今的许多创新,包括智能型增长、基于建筑外形进行规范的法令、对于替代性能源建设的特殊性规定等,向我们展示了土地利用和区划在促进可持续发展方面发挥的作用。

传统的土地利用和区划

在世界的很多地方,区划制度和土地利用管制都发挥着至关重要的作用,这对持续性带来了挑战,也带来了机遇。在美国,区划和综合性土地利用控制在上世纪初期变得重要,在20世纪20年代美国商务部颁布实施了《标准区划授权法案》(Standard Zoning Enabling Act, SZEA)之后获得了全国认同。该《法案》为各州提供了一个可供选择的范本,授予地方政府制定区划的权力。此后十年中,大多数州对《法案》进行了修改并采纳,其主要内容均为区划制度。区划虽然首先存在于地方层面,但因其皆源于该《法案》(SZEA),各地的区划在形式上基本一致。

在《标准区划授权法案》中，区划的首要目标在于分离非兼容性土地利用，这一点在1926年的欧几里得村诉安布尔地产公司（Village of Euclid v. Amber Realty）一案中由最高法院予以了明确阐释。在传统的 Euclid 区划方案（以最高法院受理的案件命名）中，市政当局对其管辖范围内的、不同分区中的建筑物做出了有关利用和体积的限制。传统的利用方式包括住宅、商业、工业，有时候是农业。体积的限制包括特定分区内建筑物的规模，有关建筑物距离其他财产边缘的最小距离、高度限制等，尽管体积限制可以更具体，也更复杂，总体而言，分区有利于发展低密度建筑、独栋住宅。其结果是，与店铺等商业区相分离的、成片的独栋别墅在美国的社区随处可见。这种由 Euclid 区划引致的发展模式，导致对未开发土地的快速消耗，使几乎所有商业活动都极度依赖汽车。正如一位评论员对 Euclid 区划导致的发展成果的总结："Euclid 区划导致社区像摊大饼一样扩张，这种社区在居住、交通、农业、能源和公共卫生等方面效率低下"（Salkin 2007, 788）。

在一些场合，区划和土地使用管制对社会公平乃至持续性产生了不良影响。土地利用管制，尤其是区划制度造成主体的财产利用成本提高。守法成本成为开发的负担，这增加了消费者的居住成本。仅允许建设一户一居的独栋住宅而排除多户住宅和公寓楼、课以最小面积要求等，提高了与房地产发展相关的土地价格，减少了消费者在其支付能力之内的选项。结果，土地利用制度限制了中低收入人群在城市的定居，成为一种变相的发展控制机制。

就全球而言，可持续发展模式的目标是相同的：紧凑、降低对机动车依赖的多样化利用、方便使用替代性能源。目前已经存在许多具体的区划和土地利用的工具，单独或合并采纳均有助于鼓励更加符合可持续要求的发展模式。

对持续性的压力

虽然区划和土地利用控制通常局限于地方层面，但各层级政府的政策都可以影响可持续的土地利用控制。促进持续性的国家政策往往涉及创建激励或制定大政方针，并由州、地方政府或其他政府分支负责实施。例如巴西2001年颁布的《巴西城市法》规定公民享有在可持续性城市生活的权利。墨西哥也赋予公民对可持续环境的权利。1999年，欧盟发布了《欧洲空间发展蓝图》（European Spatial Development Perspective）。这个自愿性的计划用于指导国家、地区和地方在发展决策中制定土地利用规划。在美国的住房和城市发展部内，设有持续性住宅和社区办公室，其主要职能是协调联邦住宅交通投资与地方土地利用决策。

在州（省）层面，政府已经实施了刺激或授权地方政府制定持续性区划的政策。在美国，有些州已经修改了《区划授权法》，迫使市政当局关注持续性。例如：佛罗里达州要求地方的综合性规划遏制城市扩张，促进节能发展模式，减少温室气体排放；亚利桑那州则要求任何综合性规划必须包含能源利用内容。（Salkin 2009b）。

地方政府越来越多地采取了促进持续性的区划和土地利用政策。科罗拉多州博尔德市是众多实施明确关注持续性的综合性规划的地方政府之一。综合性规划要求"市、县在决策和行动过程中贯彻可持续原则。市县应当成为社区管理者和资源的维护者，为其他主体树立典范，努力营造可持续社区，这种社区是我们居住的地球和生态系统的一部分并且受到我们行动的影响"（City of Boulder 2008，7）。无论政治压力来自何处，持续性的区划和土地利用管制政策只关注一些核心原则。

提高密度

可持续土地利用控制的首要目标之一是促进集约式发展。提高密度有利于缩减发展所消耗的土地总量，减少净化系统、道路等基础设施的重复建设，保存更多的、连续的开放空间。在美国，土地利用的粗放扩张经常出现，这主要是因为个人主义盛行。美国人喜欢居住在建于大面积土地上的独栋别墅，驾车上下班。从经济角度而言，粗放式扩张是美国人的选择，他们支付得起。然而，土地利用和区划战略至少可以促进更集约化的发展。

在美国，通过区划制度实现用地单元规划发展（Planned Unit Developments, PUDs）或其他集群式发展，可以提高农村和郊区发展的集约度。一般而言，用地单元发展规划必须符合区划管制有关地点、面积要求，但这种要求是针对整体而不是具体的用地单元。一个用地单元之内允许更大的建筑密度以保留更多的开放空间。例如有5英亩土地用于建设10所住房，传统的选择是每半英亩土地上建一所房子，根据用地单元规划发展，则应当将10所住房密集地建在2英亩土地上，其余3英亩土地予以保留。虽然房屋和土地总量相同，但用地单元规划发展保留了更多的连续性开放空间。当前的大多数区划法规都包括了有关用地单元规划发展的条款。

欧洲的发展集约程度要高于美国。事实上，欧洲社区经常是美国进行土地利用管制以实现可持续性的参考样板。这主要归因于历史原因，具有一定的偶然性。因为许多欧洲城市早在汽车被发明之前就已经成型，集约式发展是必然选择。当然，交通政策和土地使用制度的差异（Lewyn 2009）也不容忽视。例如：要将农村土地转换为城市发展，相对于美国，在德国和奥地利就更为困难。后者会限制简单扩张，促进集约发展（Kushner 1997）。

由于迅速发展和日益繁荣，中国面临的简单扩张压力正在与日俱增。作为回应，中国已经开始采取行动提高新开发土地的集约利用。相对于世界上很多国家，中国的土地利用方式更为集中。根据新近出台的土地利用规划，在中心城市的郊区建设有众多的聚居区，这些郊区的土地利用密度将超过美国相同规模城市的土地利用密度的5倍（Ziegler 2006）。

通过放宽密度限制、限制农村和城市远郊的房地产开发，区划和土地利用管制可以提高发展集约度。提高简单扩张的发展成本,会刺激周边区域的开发密度接近城市中心地带,促进可持续发展。

多重利用

传统的 Euclidian 区划的目的是实现不兼容利用的完全分离,但居住区与商业区之间的交通需要借助汽车。对这种分割利用理念的质疑始于简·雅各布斯(Jane Jacobs)1961 年的著作《美国大城市的生与死》,她赞美纽约市及其多样化的、多重利用的社区。雅各布斯看到的是可以被仿效的活力和生命力,而不是应当克服的混乱无序。今天,同一用地单元的多种利用方式应当进行混合而不是分离的理念,往往被贴上"智慧发展"(smart growth)的标签。这个词含义广泛,包含了多种不同的、有关土地利用管制的理念和方式。无论贴什么标签都不重要。多重利用社区减少了人们对汽车的依赖,步行、自行车或公共交通就可以满足居民的基本需要。这带来直接的环境效益,降低了运输成本,使社区生活更"便利"。

多重利用区划旗帜鲜明地反对 Euclidian 模式对土地进行分割利用的立场。这种新的区划方式融合了传统的社区设计,鼓励商业和民众聚居于可供步行交通的密集区域,使用更小的住宅;以方便行人为出发点从事开发,将商业中心和交通中心配置在步行可以到达的范围。多重利用区划下的开发模式贯彻方便出行原则,鼓励公共交通站点附近区域的高密度开发和利用。

在区划制度中,基于建筑物外形的管制(Form-based codes)是一种实现可持续性目标的方法。Euclidean 区划设定了特定区域的禁止性利用方式,基于外形的管制则关注建筑物的外形,因此允许多样化利用。"基于外形的管制避免了土地利用的分割,使众多利用者在同一区域不仅可以建设私有住宅,也可以构筑公共建筑"(Freeman 2009, 121)。建筑的形式有时可以确定合适的用途,所以用途并没有被忽视,例如:没有市中心,就将出现沿街的零售商店。但是在土地利用中优先采用外形管制将在同一区域产生更加有机协调、更为多样的利用方式,这与智慧发展的目标一致。

佛罗里达州的迈阿密市是一个基于建筑物外形管制进行区划管理的典范。2009 年,该市颁布法令(code),规定了景观元素需要与对建筑物大小进行详细限制的规定、整齐布置的沿街窗户和门相配套,而不是一些商业过道上露出的白墙(Miami 21 2008)。一些较小的城市也采用了基于建筑物外形的管制措施,2007 年,密歇根州佛里蒙特市(Freemont)颁布了兼采传统 Euclidian 区划和基于外形管制区划的混合模式的法令。该法令将市政区域分为 5 个外形控制区以及 5 个传统区划控制区。相对于传统控制法令,新《法令》对每个区限定了比较宽泛的利用方式;规定了不同区域建筑物必须采用的外形,除了传统的体积限制外,明确了建筑物外表的材料、屋顶、窗户以及外表的类型等。

发展:方便出行

虽然土地分割利用和分部门管理对可持续发展构成挑战,但土地利用管制和区划可以促进遵循方便出行原则的开发和发展。问题在于交通规划部门和地方区划管理部门之间如何进行协调。交通系统的发展,如铁路线和站点分布，取决于人口密度，这导致我们陷入了"先有鸡，还是先有蛋"的逻辑怪圈：地方区划部门倾向于阻止在公共交通不发达地区的集约发展，而交通规划部门则努力使公共交通网络避开人口密度小的区域。对于以方便出行为导向的土地开发而言，区域协调至关重要。"城市开发必须兼顾已有的交通规划，地区交通部门必须制定服务于现有的出行需求的规划"（Nolon 2009, 30）。

联邦政府和一些州政府已经采取行动来解决这些问题。2010年，国会同意拨款1.5亿美元，通过城市发展部（Department of Urban Development）支持"可持续社区倡议"项目，以实现住房和交通决策的一体化。在州层面，加州通过了一项法律，要求制定实现温室排放减排目标并统筹考虑住房、交通政策的区域发展规划（区域控制优于地方控制）（Salkin 2009c）。亚利桑那、康涅狄格和内华达州制定的《区划授权法》中也都有明确规定，要求土地开发必须优先考虑方便出行（Salkin 2009b）。

可替代能源的选址

长期来看，促进替代性和可更新能源如太阳能、风能等的利用，对可持续性目标的实现非常重要。但是，由于设施选择存在法律障碍、即使设施已经建设但法律保护不足，土地利用和区划管制仍可能阻碍替代性能源的利用。

土地利用管制对太阳能项目的影响体现在很多方面。首先，如果地方区划法令要求进行建筑物审查，即使小型太阳能项目也往往难以过关。因为基于美学和设计考量，建筑审查委员会反对在屋顶架设太阳能电池板（Nolon 2009）。在一些历史性街区，太阳能电池板同样面临许可难题。更微妙的是，太阳能收集可能需要特殊的制度性保护以保障其经济可行性，因为如果邻居将要建设的建筑物可能妨碍太阳能收集的话，人们就不愿意投资太阳能利用设施。

风力发电引发另外一些管制问题。风力发电装置必须足够高，这使其面临高度限制；这些装置给发电机叶片下的人身、财产带来风险，因此还要同时面对最低高度要求。此外，还有基于地面美学和机械噪声的反对。结果是，虽然公众普遍支持，但风力发电机或发电厂有时不得不屈从于临近居民的反对。例如在丹麦这个风力发电设施的生产大国，市政当局能够提供的风力发电场地数量还不能满足国家的要求（Mortensen 2008）。

应对这种管理挑战的路径有两种：一种是一般性措施，另一种是具体措施。马萨诸塞州和北安普顿采用了具体措施回应法律挑战，明确规定太阳能电池板免于历史遗迹保存审查（Salkin 2009a）。科罗拉多州的博尔德市创建了一个区划系统来保护主体利用太阳能的权利，有效地禁止了妨碍他人太阳能收集的建设开发和植物培植（Bronin 2009）。

　　一些州如加利福尼亚、佛罗里达、马里兰和内华达则采取了一般性措施应对，由州政府取代地方政府管制风能和太阳能利用活动。虽然对大型设施保护不足，但新罕布什尔州制定法律，阻止地方政府不合理地干扰小型替代性能源利用设施的选址；规定风力发电机的高限为涡轮高度的150%；同时规定，除了保护公众健康和安全，"市政区划权力，不得被不合理地用于限制"太阳能、风力或其他替代性能源系统（Salkin 2009c）。其他州如纽约，强烈要求地方政府制定规划以促进替代性能源的利用（Nolon 2009）。同样，科罗拉多州已经修改了有关区划授权的成文法，要求市政当局制定的综合性规划纳入鼓励替代能源利用的措施（Salkin 2009 b）。

土地利用和区划的挑战

　　传统区划关注分区利用，形成了浪费和明显不可持续的发展模式。回应性的主题有两个。一是转向集约型、多重利用的综合发展。这种发展模式不仅减少了土地消耗，还减少了人对汽车的依赖，环境益处良多，并使社区更加"便宜"。综合发展还降低了土地价格，使与之相关的居住成本和运输成本双双下降。二是转向在区域层面对传统地方区划制度带来的问题进行回应。土地的可持续利用经常受困于邻避综合征（Not In My Back Yard, NIMBY）[①]，集中的成本导致社区拒绝可持续土地利用规划。无论是制定一个旨在刺激公共交通、实现集约型发展的规划，还是建设风力发电场利用可再生能源，临近居民的反对都会使地区丧失发展机会。创建更加富有持续性的土地利用和区划机制的一个系统性的方法是，使各州可以剥夺地方部门的相关权力，或至少要求区域层面的充分协商合作。防止地方政府禁止风力发电机，或要求其与州交通规划部门进行协调，可以避免问题向侧重狭隘的地方利益的方向发展。

克里斯多夫·塞尔金（Christopher SERKIN）

布鲁克林法学院

王小军译

参见：可持续发展——法律和委员会概述；生态系统管理；妨害法；海洋区划；不动产法；公用事业监管。

---

① 邻避综合征（Not In My Back Yard, NIMBY）或称保家征候、宁避综合征，指居民或所在地单位因担心建设项目（如垃圾场、核申厂、殡仪馆等邻避设施）对身体健康、环境质量和资产价值等带来诸多负面影响，从而激发人们的嫌恶情结，滋生"不要建在我家后院"的心理及采取的强烈和坚决的、有时高度情绪化的集体反对甚至抗争行为。

　　这个词语于20世纪80年代由当时担任英国环境事务大臣的保守党政客尼古拉斯·雷德利所创。一般来说，受到反对的发展计划都会为附近地区带来长远的利益，但短期内却会对附近的居住环境造成一些负面影响。为了保护自己的居住环境，附近居民会反对这个计划或提议在其他地区兴建。受到反对的发展计划主要有焚化炉和监狱，近来也包括高速公路和手提电话、电视讯号中继站和社会福利设施（如青少年更新中心和精神病人康复中心）等的发展计划。

拓展阅读

Briffault, Richard. (2002). Smart growth and American land use law. *Saint Louis Public Law Review*, *21*, 253–270.

Bronin, Sara C. (2009). Solar rights. *Boston University Law Review*, *89*, 1217–1265.

Bruegmann, Robert. (2005). *Sprawl: A compact history*. Chicago: University of Chicago Press.

City of Boulder, Colorado. (2008). Boulder Valley comprehensive plan (BVCP). Retrieved October 3, 2010, from http://www.bouldercolorado.gov/files/PDS/BVCP/bvcp.pdf.

City of Fremont [Michigan] Zoning Ordinance. (2008). Retrieved October 3, 2010, from http://www.cityoffremont.net/web/documents/FremontAdoptedRevisedOrdinance12-22-08.pdf.

Freeman, H. William. (2009). A new legal landscape for planning and zoning: Using form-based codes to promote new urbanism and sustainability. *Michigan Real Property Review*, *36*, 117–124.

Jackson, Kenneth T. (1985). *Crabgrass frontier: The suburbanization of the United States*. New York: Oxford University Press.

Jacobs, Jane. (1961). *The death and life of great American cities*. New York: Random House.

Kushner, James A. (1997). Growth for the twenty-first century—Tales from Bavaria and the Vienna Woods: Comparative images of planning in Munich, Salzburg, Vienna, and the United States. *Urban Lawyer*, *29*, 911–949.

Lewyn, Michael. (2009). Sprawl in Europe and America. *San Diego Law Review*, *46*, 85–112.

Miami 21. (2008). Project vision. Retrieved October 3, 2010, from http://www.miami21.org.

Mortensen, Bent Ole Gram. (2008). Getting real about renewables: Economic and environmental barriers to biofuels and wind energy. *Environmental and Energy Law and Policy Journal*, *2*(2), 179–209.

Nolon, John R. (2005). Comparative land use law: Patterns of sustainability. *Urban Lawyer*, 37, 807–852.

Nolon, John R. (2009). The land use stabilization wedge strategy: Shifting ground to mitigate climate change. *William and Mary Environmental Law and Policy Review*, *34*, 1–54.

Salkin, Patricia E. (2007). Squaring the circle on sprawl: What more can we do? Progress toward sustainable land use in the States. *Widener Law Journal*, *16*(3), 787–837.

Salkin, Patricia E. (2009a). Renewable energy and land use regulation. *American Law Institute–American Bar Association*, SR004, 629–662.

Salkin, Patricia E. (2009b). Sustainability and land use planning: Greening state and local land use plans and regulations to address climate change challenges and preserve resources for future generations. *William and Mary Law Journal*, *34*, 121–170.

Salkin, Patricia E. (2009c). Zoning and land use planning. *Real Estate Law Journal*, *37*, 336–349.

Ziegler, Edward H. (2006). China's polycentric regional growth: Shanghai's satellite cities, the automobile, and new urbanism with Chinese characteristics. *Georgia State Law Review*, *22*, 959–967.

Law of the Sea

海洋法

一些联合国公约和其他条约建立了规范海洋利用的法律机制。大多数公约主要规范非环境行为，但由于海洋具有生态敏感性，这些公约都受到了环境法的影响。这些国际法律虽经精心设计以期能够适应新兴的挑战，但它们仍难以应对当前人类活动对海洋的种种压力。

海洋法是国际法部门中历史最悠久的领域之一。海洋覆盖着地球表面70%以上的面积，对生物资源开发利用和航海事业极其重要，这一点在过去几个世纪以来的众多重要的相关法律著述中得到了淋漓尽致的体现。近代最著名的捍卫航海自由的著作，要数由荷兰法学家雨果·格劳秀斯所著、出版于1608年的《论海洋自由》(De mare liberum)，其主要目的在于捍卫荷兰东印度公司在海洋自由航行的权利。这比教皇赦令(Papal Bull)和1494年西班牙和葡萄牙达成的瓜分欧洲以外新发现陆地的《托尔德西里亚斯条约》(Treaty of Tordesillas)晚了一百多年。

在20世纪后半叶，为了发展一个综合全面的有关海洋活动的法律机制，国际社会进行了许多尝试。1958年，在海牙召开的联合国海洋法会议(United Nations Conference on the Law of the Sea，UNCLOS Ⅰ)制定了四个公约，涵盖了有关领海、毗邻区、大陆架、公海和渔业活动的法律框架。虽然这些公约设计精巧复杂，但仍未能解决一些关键问题，如领海宽度。当时普遍接受的领海宽度是3海里(通常被称为"大炮射击规则"，尽管这可能不是宽度标准)。虽然这些公约生效了，但最终并没有获得很多国家的批准。1960年，联合国海洋法会议进行了第二次尝试(UNCLOS Ⅱ)，以求解决一些突出问题，但以失败告终。在20世纪70年代，马耳他大使阿尔维德·帕尔多(Arvid Pardo)发表著名演讲，宣称国际海底及其资源应该属于"人类共同遗产"。在他这个演讲的激励下，联合国大会同意召开一个会议，制定全面的海洋法律制度。

1982年联合国海洋法公约

其结果是一个始于1974年并延续9年的过程。1982年12月在牙买加的蒙特哥湾，《公约》最终文本在联合国海洋法会议（LOSC）上获得通过。第三次联合国海洋法会议的最终会议主席新加坡人许通美（Tommy Koh）赞誉《公约》为"海洋大宪章"。第三次联合国海洋法会议（UNCLOS Ⅲ）是一个漫长的历史过程，也是一个基于各方共识进行自我创新的决策程序，它为最终的综合性条约机制提供了"一揽子交易"解决方案（在此不允许保留，所以一些成员做出了妥协以换取其他成员的让步）。

《公约》共320条，包括9个附件，创设了许多新法律概念，如200海里专属经济区、群岛国的地位、作为人类共同遗产的深海床的特殊地位、超出200海里的大陆架的外部边界。《公约》创设了规范这些概念的多个新机构：国际海底管理局（International Seabed Authority, ISA）、大陆架界限委员会（Limits of the Continental Shelf, CLCS）和作为其建立的综合性强制争端解决机制的重要部分的国际海洋法法庭（International Tribunal on the Law of the Sea, ITLOS）。《公约》还包含一个创新机制——称为援引式立法（legislation by reference），以便一些关键条款如环境标准可以通过其他条约（如国际海事组织制定的船舶运输公约）进行更新。

该《公约》还引入了一些重要的新环境义务。传统上，国际习惯法面对的一个难题是协调海洋自由与限制海洋污染权利之间的关系。1982年的《公约》规定所有国家"有义务保护和保存海洋环境"，并采取积极措施"防止、削减和控制海洋环境污染"，包括为"保护（protect）和保存（preserve）珍稀脆弱生态系统、日益减少的栖息地、濒危物种和其他形式的海洋生物"采取必要步骤。

1994和1995年的《实施协定》（Implementation Agreements）

尽管《公约》的成就巨大，但因以美国为首的一些发达国家反对有关海底采矿的条款，在通过之后的十多年之内《公约》并没有生效。在联合国秘书长的率先推动下，1994年联合国大会通过了一份《实施协定》，对一些存在较大争议的条款的实施方式作了修改。这次妥协最终使得《公约》在1994年11月生效。

一年后，有关跨界鱼类和高度洄游鱼类法律机制的第二个《实施协定》出台了。这个问题曾被称为1982年《公约》的"未竟议题（unfinished agenda）"，早在1992年联合国环境与发展会议即授权启动有关协定的国际磋商。1995年的《联合国鱼类协定》体现了有关渔业管理的新理念,如风险预防原则(Precautionary Principle)、生态系统方式的适用等。

行业公约和区域公约

虽然1982年的《公约》提供了海洋法总体框架,但大多数详细的法律规制仍然体现在其他条约中,如有关渔业的种类和渔区管理、由联合国环境规划署主导的区域海洋的海岸带管理、船舶运输产生的海洋污染等。

尽管有大量的国际渔业条约体制,并且有关双边渔业体制的记录到19世纪才有,其中大多数产生于二战之后,大多数渔业条约的谈判是在联合国粮农组织的主持下达成的。这些条约都不属于国际环境条约,但国际环境法的发展给很多此类条约的实践注入了新内容。早先的渔业协定关注人类的需要和资源开发,使用最大可持续产量等概念(由人类的消费来界定)。虽然许多渔业从业者未必认同,但生物学家已经认识到:渔业资源是有限的,需要系统保护和管理。风险预防原则得到了联合国粮农组织的确认,应用越来越广泛,目前已经适用于所有的渔业活动。以下观念同样重要,也广为接受:鱼类生存于海洋生态系统中,可持续性渔业要求我们理解、尊重这个生态系统的界限和约束。这些观念都在1995年的《联合国渔业协定》和大量的其他渔业条约中得到了体现。《协定》对粮农组织的不具约束力的《负责任渔业守则》(Code of Conduct for Responsible Fishing)产生了重要影响,推动了对非法、无管制、未报道捕鱼进行控制的议程的出台。

除了双边渔业协定之外,还有众多的区域性渔业组织(Regional Fisheries Bodies)制定国际条约,有些组织纯粹属于咨询机构,一些则负有管理责任。后者被称为区域性渔业管理组织(Regional Fisheries Management Organizations, RFMOs),他们管理一些关键物种如金枪鱼。还有一个由一般渔业条约组成但具有重大地理差异的网络。2009年缔结的一份条约所设立的区域性渔业管理组织涵盖了南太平洋,另一份有关北太平洋的条约正在协商之中。南大西洋和中印度洋存在其他的地理差异。

有140多个国家参与了13个由联合国环境规划署主导的区域海洋规划,覆盖黑海、泛加勒比海域、东亚海域、东非海域、南亚海域、ROPME海域(波斯湾)、地中海、东北太平洋、西北印度洋、红海和亚丁湾、东南太平洋、太平洋和西非海域,其中6个项目由联合国环境规划署直接管理。所有的地区海洋项目都制定了行动规划,大多数还制定了具体的法律框架包括公约和议定书。除此之外,一些区域海洋条约还在联合国环境规划署框架之外发展了伙伴计划,如大西洋、波罗的海、里海和东北大西洋。

对海运和海洋污染的监管

国际海事组织(IMO)为监管包括船舶污染在内的海运法律问题提供了至关重要的沟通平台。国际海事组织以协商一致的方式运作,各国代表团一般来自工业界,也包括政府和非政府组织。和其他各类船舶一样，油轮的管理权赋予了悬挂船旗的国家（船旗国）。大多数船舶众多的国家属于开放注册国家或方便旗国。虽然《海洋法公约》赋予港口国依据"可适用的国际法律和标准"逮捕实施污染行为的船舶的权力，但《公约》仅适用于成员国，只有在从事污染活动船舶的船旗国属于公约缔约国时，港口国才能行使此项权力。因此，真正的挑战在于以可接受的方式对船主实施更严格的标准。国际海事组织已经通过在油轮制造中逐步引入新技术来达到这一目的，如使用所谓"上层装载（Load on Top）"系统分离船体，该系统可以允许油轮从压载水中滤油，分离压载水舱，甚至采用双壳船体以减少石油泄漏的风险。

1973/78《防止船舶污染国际公约》（MARPOL公约）为各类船舶污染提供了主要的监管机制，起先主要针对油轮，后来适用范围逐步扩展到有毒的液体物质、包装废弃物、污水、垃圾甚至大气污染。这种渐进方式，随着国际海事组织环境保护委员会（Marine Environment Protection Committee, MEPC）对《防止船舶污染国际公约》附件的增补和修改而得以强化。修改附件需要成员国的三分之二多数同意、所代表的船舶吨位数应不少于世界商业性船队总吨位的50%。《防止船舶污染国际公约》以及管理海上倾废的《伦敦公约》（下文讨论）的规定，通过援引方式被纳入1982年《海洋法公约》建立的法律体系。那时这些已经生效的条款可以被认为对1982年《海洋法公约》的缔约国具有约束力，因为可以认为这些规定是国际习惯法的组成部分，对

所有国家均具有约束力。通过援引方式纳入是一种将活力引入1982年《公约》总体框架以便其适应时代发展的重要方法。当《公约》文本中使用"由主管国际组织制定的可适用的国际规则和标准"之类用语时，意味着这些组织会随着时代发展制定新的规则和标准，通过援引，它们成为1982年《公约》的一部分并得到适用。

伦敦公约

1972年《伦敦公约》也采用渐进方式规范海洋倾废活动。如果倾倒发生在公海，唯一能够规制这种行为的主体是船旗国和该船舶驶离或返回的港口国。1972年《公约》采用了在环境协定中常见的清单系统。最初，清单中的物质属于禁止倾倒和持有许可方可倾倒。随着公众对减少海洋倾废活动的支持与日俱增，这种要求签约国加强对世界范围内悬挂其国旗和停靠其港口的货轮的执法义务的规制结构逐渐强化了它的机制。最终，禁止物质清单方式全面被"负面清单（negative listing）"方式所取代。负面清单是风险预防原则的一项重要应用。它颠覆了"清单中没有即可以倾倒"的逻辑前提。负面清单预示着任何清单中未列举的物质，均不得倾倒。通过这种方式，1972年《伦敦倾废公约》的缔约方有效终止了海洋倾废，也正是因为这个原因，该《公约》于1990年更名为《伦敦公约》。1996年，缔结了1972年《公约》的议定书，议定书体现了风险预防原则，同样采用负面清单方式。2006年，《公约》进行了修订以应对源于碳捕获和存储的海底二氧化碳储存活动。

海洋环境的当代威胁

在20世纪70年代,锰结核的开发备受关注。锰结核存在于海洋深处,包含很多价值不菲的矿产。在过去的20年间,海洋学研究显示海洋深处还存在另一些资源,包括"黑烟囱(black smokers)",富含黄金、铜等有价值矿物并被生命形态包围的火山口,这些生命形态生存的环境温度超过300摄氏度,属于硫基而不是碳基。此外,还发现了古老的冷水珊瑚和冷泉(cold seeps),两者都具有自己独特的生态系统。

海洋资源的首要威胁来自人类。陆源海洋污染物最为重要,其他威胁包括海上平台的排污、不可持续的渔业活动等。海洋中的人类活动如海运、海底电缆铺设、不断增长的渔业等强度不断提高,使海洋环境不堪重负。巨大的挑战需要不仅在国家管辖范围内而且在国家管辖范围之外能够有效规范人类活动的法律制度。

戴维·弗里斯通(David FREESTONE)
乔治·华盛顿大学法学院
王小军译

参见:人类共同继承财产原则;国际习惯法;捕鱼和捕鲸立法;国际法;跨界水法;联合国——公约、协定概览。

拓展阅读

Agreement for the Implementation of the Provisions of the United Nations Convention on the Law of the Sea of 10 December 1982 relating to the Conservation and Management of Straddling Fish Stocks and Highly Migratory Fish Stocks. Adopted 4 August 1995 at New York. Entered into force 11 December 2001. 2167 UNTS 3.

Agreement to Promote Compliance with International Conservation and Management Measures by Fishing Vessels on the High Seas, done at Rome on 24 November 1993. Entered into force 24 April 2003. (1994). Reprinted in *International Legal Materials, 33*, 968–980.

Anderson, David. (2008). *Modern law of the sea: Selected essays.* Leiden, Netherlands: Martinus Nijhoff Publishers.

Churchill, Robin Rolf, & Lowe, Alan Vaughan. (1999). *The law of the sea* (3rd ed.). Manchester, U.K.: Manchester University Press.

Code of Conduct for Responsible Fisheries, Rome, 31 October 1995. (1995). *11 International Organizations and the Law of the Sea: Documentary Yearbook 700.* The Hague: Netherlands Institute for the Law of the Sea (NILOS)/Kluwer Law International.

Feenstra, Robert. (Ed.). (2009). *Hugo Grotius Mare Liberum 1609–2009: Original Latin text and English translation.* Leiden, Netherlands; Boston: Martinus Nijhoff Publishers.

Freestone, David, & Makuch, Zen. (1996). The new international environmental law of fisheries: The 1995

Straddling Stocks Agreement. *Yearbook of International Environmental Law, 7*, 3–49.

Freestone, David; Barnes, Richard; & Ong, David M. (Eds.). (2006). *The law of the sea: progress and prospects.* New York: Oxford University Press.

O'Connell, D. P. (1981). *The international law of the sea* (2 vols.). Oxford, U.K.: Oxford University Press.

Rothwell, Donald R., & Stephens, Tim. (2010). *The international law of the sea.* Oxford, U.K.: Hart Publishing.

CASE STUDY

Love Canal

洛夫水道

洛夫水道[①]之所以在1978年变得闻名遐迩，是因为它是一个发生在普通人家庭的，戏剧性的化学污染事件。此外，由于这些特点和当地居民的行动，媒体报道几乎立即将其曝光范围从当地扩大到全球。这个事件的重要性还在于它对环境政治和政策的影响。

洛夫水道是位于纽约尼亚加拉大瀑布地区的一座危险废物填埋场。从地理位置上看，在它的对面，跨过尼亚加拉河就是加拿大安大略省的尼亚加拉半岛。这个地理位置加上该地的历史背景，使得洛夫水道成为一个事关环境政治和可持续发展的重要事件。就在美国和加拿大发生的所谓"邻避综合征"（即直接反对当地的土地用途）、反有毒化学品运动以及从它们转化而来的环境正义运动而言，洛夫水道事件具有尤为重要的意义。它对这

两个国家的联邦和州/省层次上的环境法律、规章和政策产生重要影响，尤其是对污染场地整治和棕色场地（brown field）政策的影响。由于它通常被视为最早的棕色场地（Fletcher 2002），它对环境政策最重要的贡献是导致1980年美国《超级基金法》的制定（Colten & Skinner 1996）。该法的正式名称为《综合环境反应、补偿和责任法》（CERCLA）。

从社会运动的角度来看，洛夫水道事件的重要性是将环保运动的焦点从荒野转向城市和工业地区，以及它所引起"根茎效应"即洛夫水道本地活动家的策略被面临着类似问题的其他地方所复制（Schlosberg 1999）。这个以生物学根茎概念做比喻的原因是植物的根系在地下向各个方向延伸并在众多的、意想不到的位置发芽。有几个原因可以说明这种现象如何和为什么发生在洛夫水道。

---

① 又译为"洛夫运河"、"拉夫运河"、"乐甫运河"、"爱河"等，译者注。

环境和历史背景

洛夫水道的污染于1978年的春夏由当地媒体、居民和官员首先发现。位于一个危险化学品填埋场对面的居民住宅地下室里开始出现化学废物浸出液。这个填埋场在20世纪40年代末到50年代初期间填埋了大约18 000吨有毒废物（Gibbs 1988，1998；Levine 1982）。污染之所以在1978年才显现的原因是该地前一年冬天破纪录地降雪。降雪导致所谓的浴缸效应：雪水从用于封存废物的黏土覆盖层渗透进填埋场，而自然沉积于被填埋的化学品容器下方的黏土层却保持着稳定状态（Fltcher 2002）。因此，一种化学品和水的混合物升至正好处于地表土层下方的一个砂/淤泥层。该层允许污染物横向迁移到附近房屋的地下室。这种混合物甚至从位于填埋场上方的一个小学操场的地面上渗透出来。

由于这种环境灾难离美国的郊区日常生活和一个用于儿童娱乐和教育的空间如此地接近，所以它立即引起当地居民的警觉。特别是由于当地居民路易斯·吉布斯的工作，这个事件很快在全国和世界闻名。她的努力最终导致洛夫水道房主协会（LCHA）的创建。作为主席，她领导该协会的活动（Levine 1982）。

吉布斯对健康危害的关注，始于她家庭成员特别是其孩子的疾病和她听到邻近家庭的类似健康问题，包括流产、先天缺陷和当地居民糟糕的健康状况。虽然没有活动家和政客的经验，更缺乏公共卫生或环境问题的专业知识，但她开始敲其他当地居民的门并询问其家庭的健康状况。她对居民的回答加以整理，并最终试图以图示的方法确定其中的任何联系或关联。在她从当地一些长期居住的老人那里听说在房产商开发新住宅之前，当地曾经到处都是洼地时，这个询问和查证的工作对她就更为重要了。这些洼地中有一些小溪流，其水流来自春季突增的降雨。由于平整土地、路网扩大、下水设施的安装，越来越多的住房在当地兴建，从而导致这些洼地的消失。

在明白了位置的接近程度和这些洼地溪流的流向之后，她把它们标注在她的健康问题地图上，从而发现了这两个因素之间的相关性。这被称为"洼地理论"，即地表水曾在填埋场被黏土覆盖之前流过放置化学桶的填埋场地，从而引起化学废物从实际的填埋场地向外扩展。她的这个理论很快成为房主协会在与纽约州卫生部交涉时的主要依据。虽然它从未被证明，它却成为将疏散区的范围从一环（毗邻填埋场的房屋）

扩大到二环（街对面的房屋）并最终扩大到三环（再往东、西和垃圾填埋场北方的房屋）的重要理由。

吉布斯住在三环，所以她与其他居民一起被疏散，联邦政府为其房屋支付了相当于公平市场价格的补偿（Mazur 1998）。然而，物理上与该地分离并没有停止她的洛夫水道工作。这使得她有机会为全国各地面对同样化学污染（如根茎效应）的社区提供帮助。她继而创立公民危险废物情报交换所，后更名为健康、环境和正义中心（CHEJ）。该中心如今位于华盛顿特区。吉布斯于1990年被授予高盛环境奖，于1999年被授予亨氏环境奖。对于后者，她与路易斯安那州的弗洛伦斯·罗宾逊分享。受到吉布斯的启发，弗洛伦斯·罗宾逊在她自己的非裔美国人的社区重复吉布斯的工作。该亨氏奖是为了纪念洛夫水道事件二十周年以及它对于启发最终导致特别在少数种族社区的环境正义运动的反毒物运动中的重要作用（Fletcher 2003）。

吉布斯及其洛夫水道（和超出洛夫水道的）工作的另一个重要遗产是她试图团结全国的和全世界的致力于反毒物和环境正义运动的小型环保社团。由于在大型的、较小对抗性的主流社团如塞拉俱乐部（Sierra Club）和奥特朋协会（Audubon Society）（在美国以位于"十大社团"之列著称）与较小的组织如"地球第一"（Earth First!）和地球解放阵线（Earth Liberation Front）之间的分歧越来越大，这项工作越来越重要。与十大社团一样，后者的灵感来自荒野。但它们与大型社团的不同之处在于其战略，尤其是激进策略的运用。

意义

洛夫水道事件的永久意义是它直接导致了《综合环境反应、补偿和责任法》（CERCLA）的制定。该法规定了正式的主管部门、修复标准以及"社区知情权"。关于社区知情权的规定导致《美国有毒物释放目录》（U.S. Toxic Release Inverntory）的制定。在世界各地有数百个这样的国家项目，通常称为《污染物释放和转移登记》，这个目录只是其中之一。相关的加拿大政府项目被称为《全国污染物释放目录》。此外，从专注于加拿大、墨西哥和美国的北美自由贸易协定所创立的环境合作委员会（一个三方秘书处）那里，可以得到一个名为《剥夺目录》（Taking Stock）的北美版。

托马斯·弗莱彻（Thomas FLETCHER）

比索大学

王曦译

参见：博帕尔灾难；切尔诺贝利；非暴力反抗环保运动；草根环境运动；环境正义；寂静的春天；特雷尔冶炼厂仲裁案（美国诉加拿大）。

拓展阅读

Center for Health, Environment & Justice (CHEJ). (n.d.). Love Canal timeline. Retrieved October 7, 2010, from www.chej.org/love_canal_timeline.htm.

Colten, Craig, & Skinner, Peter. (1996). *The road to Love Canal: Managing industrial waste before EPA.* Austin: University of Texas Press.

Fletcher, Th omas. (2002). Neighborhood change at Love Canal: Contamination, evacuation and resettlement. *Land Use Policy, 19*(4), 311−323.

Fletcher, Th omas. (2003). *From Love Canal to environmental justice: The politics of hazardous waste on the Canada-U.S. border.* Peterborough, Canada: Broadview Press.

Gibbs, Lois. (1988). *Love Canal: My story.* New York: Grove Press.

Gibbs, Lois. (1998). *Love Canal: The story continues.* Gabriola Island, Canada: New Society Publishers.

Harvey, David. (1996). *Justice, nature and the geography of difference.* Malden, MA: Blackwell.

Levine, Adeline. (1982). *Love Canal: Science, politics, and people.* Lexington, MA: Lexington Books.

Mazur, Allan. (1998). *A hazardous inquiry: The Rashomon effect at Love Canal.* Cambridge, MA: Harvard University Press.

Schlosberg, David. (1999). Networks and mobile arrangements: Organizational innovation in the U.S. environmental justice movement. In Christopher Rootes (Ed.), *Environmental movements: Local, national and global* (pp.122−148). Portland, OR: Frank Cass Publishers.

Massachusetts v. Environmental Protection Agency

马萨诸塞州诉环境保护署 （美国最高法院，2007年4月2日）

2007年4月，美国最高法院裁定，根据《清洁空气法》美国环境保护署有权力规范二氧化碳和其他温室气体。在缺乏任何有关气候变化问题的国会立法的情况下，马萨诸塞州诉环境保护署将可能成为一个美国有关监管从汽车和其他来源排放的温室气体的重要权威判例。

在马萨诸塞州诉美国环保署案（2007）中，美国最高法院首先解决的问题是依据《清洁空气法》(CAA)，美国环境保护署是否有责任管制导致气候变化的二氧化碳（CO_2）和其他温室气体。以一个差距微弱的5比4的判决，最高法院基本上认为根据该法，环境保护署确有责任管制温室气体，尽管法院技术性地认为如果环境保护署可以证明有关气候变化的科学不确定性，则环境保护署可以回避管制这些气体。多数法官的意见明确支持人为温室气体是气候变化和全球变暖的主要原因这个科学共识，并认为可以肯定的是美国环境保护署最终将不得不管制温室气体。

从2007年到2008年期间，美国环境保护署避免采取任何管制措施，因为乔治·布什（George W. Bush）总统的政府反对管制温室气体（由于成本）并继续质疑有关人为温室气体导致气候变化的科学推理。从2009年到2010年期间，美国环境保护署——在由美国总统巴拉克·奥巴马任命的新的领导下——遵守马萨诸塞案判决，正式认定人为温室气体导致气候变化、温室气体危害公共卫生与福利，并采取初步措施管制从汽车、发电厂和工厂排放的温室气体。

背景

在20世纪80年代和90年代早期，一批科学家认为大气层中人为温室气体特别是二氧化碳水平上升，导致以全球变暖为主要形式的气候变化。1992年，154个国家，包括乔治·H. W. 布什总统领导下的美国，签署了《联合国气候变化框架公约》，其中包括一份措辞含糊的，不需要任何具体行动的应对气候变化的承诺。在1997年获得通过之后，超过160个国家签署了《京都议定书》。该议定书首次要求发达国家到2012年将其温室气体排放量降低到1990年的水平之下。克林顿总统并没有向美国参议院呈报并要求批准《京都议定书》。因为绝大多数参议员认为，由于发展中国家如中国和印度豁免于任何温室气体削减，这个协议对美国是不公平的。

1998年，在克林顿政府时期，美国环境保护署总法律顾问认为环境保护署有权根据《清洁空气法》管制温室气体，尽管克林顿的环境保护署没有采取行动（Cannon 1998）。在2000年的竞选中，民主党总统候选人戈尔承诺将支持美国批准《京都议定书》。相比之下，共和党总统候选人乔治·布什（George W. Bush）反对批准《京都议定书》，但承诺将对一些温室气体强制减排。

2001年，新当选的美国总统布什否定任何强制性的温室气体管制，虽然他鼓励企业自愿减排。在布什政府时期，美国环境保护署总法律顾问不同意他的前任克林顿政府的主张，认为美国环境保护署没有权力根据《清洁空气法》管制温室气体（Fabricant 2003）。

因此，环境保护署拒绝了一份要求管制新机动车辆温室气体排放的请愿书。该请愿书来自几个私人和包括马萨诸塞州在内的政府请愿者。环境保护署的理由是根据《清洁空气法》，它缺乏管制这种温室气体的权力；即令它有此权力，它也将行使自由裁量权不去管制这种温室气体（EPA Office of Public Affairs 2003）。环境保护署的这个拒绝导致马萨诸塞州诉环境保护署诉讼，该诉讼最终打到最高法院。在2005年，以2比1的判决，哥伦比亚特区巡回上诉法院裁定支持美国环境保护署，但最高法院以调卷令审查该案（Massachusetts v. Environmental Protection Agency 2005）。

争论

环境保护署认为，《清洁空气法》赋予环境保护署署长对环境保护署是否应当管制温室气体做出判断的自由裁量权。环境保护署认为有关的科学是不确定的；它可以选择使用自愿项目减少温室气体排放，而不是强制性的管制；总统可以选择直到发展中国家同意减少其排放时才管制温室气体。最高法院拒绝了环境保护署的反对管制的观点，因为它认为该法要求环境保护署管制任何危害公共健康或福利的空气污染物。根据该法的定义，福利包括对气候和天气的影响。法院因此认为,如果环境保护署认为温室气体危害公共健康和福利,则环境保护署不能出于政治原因拒绝管制温室气体。法院指出,从技术上看,如果环境保护署认为有关的科学太不确定,环境保护署不必勉强管制温室气体。以一种含蓄的方式,法院强烈地表示它同意联合国政府间气候变化专门委员会(IPCC)的结论即人为温室气体正在引起显著的气候变化,而该变化对人类和地球环境带来严重的影响。

相反,反对意见援引一份国家研究委员会 2001 年的题为《气候变化科学》的报告,该报告声称气候变化的原因是不确定的。大多数法官则在理论上承认环境保护署对科学证据的解释值得尊重,但他们对人为温室气体浓度增加的不良后果的漫长讨论表明,他们已经认为证据是明确的:人类活动是气候变化的主要原因。

环境保护署还认为,由于发展中国家如中国和印度的不断增长的排放,它管制新汽车温室气体排放的努力不会发生作用。法院驳回了这一观点,因为它认为美国的温室气体管制将至少减缓或减少全球温室气体增加的全球性问题。法院指出,虽然政府管制通常不会完全解决问题,但如果管制减轻了问题它就是值得的。

马萨诸塞州诉环境保护署案的后果

马萨诸塞州判决没有为环境保护署判定温室气体是否危害公众健康或福利设定一个最后期限。这使许多希望迅速管制温室气体并指控环境保护署故意推迟采取行动的环保社团感到失望(Sierra Club 2008)。在 2008 年,

环境保护署就其是否应该管制温室气体邀请公众评论(EPA 2008a)。同年,由布什总统任命的环境保护署署长斯蒂芬·约翰逊拒绝了加州要求豁免于国家汽车标准,以便允许它对在加利福尼亚州销售的汽车进行温室气体管制的请求(EPA 2008a)。一些民主党国会议员认为,布什的白宫官员命令约翰逊阻止环境保护署管制温室气体,虽然约翰逊否认有任何压力(Associated Press 2008)。

只有在 2009 年奥巴马总统就职和他任命新环境保护署领导之后,环境保护署才开始发布或起草执行最高法院马萨诸塞州案判决的条例。2009 年,环境保护署撤销了其 2008 年对加州国家汽车排放标准豁免请求的拒绝,并同意加州关于豁免于汽车和轻型卡车的温室气体排放管制的请求(EPA 2009b)。环境保护署然后与加州进行谈判,为加州(和其他州)的 2012 年至 2016 年销售车型的轿车和轻型卡车制定统一的标准。在 2010 年,环境保护署和交通部发布了最终的规则,要求 2016 年型的汽车和轻型卡车达到平均每加仑 35.5 英里和每英里平均排放 250 克二氧化碳的标准(EPA 2010b)。在 2010 年期间,环境保护署提出了一项管制大型固定源温室气体排放的规则草案,这种固定源包括发电厂和各种工厂(EPA 2010c)。

如果国会不能制定针对气候的变化立法,奥巴马政府期间的环境保护署会将马萨诸塞州案判决作为一项要求其采取行动的命令,从而采取措施管制汽车的温室气体排放,并将这种管制逻辑地延伸到管制发电厂和工厂的温室气体排放。直到国会制定重大气候变化方面的立法,或者(虽然不太可能)在修改《清

洁空气法》以取消环境保护署管制温室气体的权力之前，马萨诸塞州案判决都将是重要的。马萨诸塞州案判决显然也授权各州就所谓对其公民的公共健康或自然资源的不充分的联邦管制，提起诉讼，尽管最高法院需要进一步解释州提起这类诉讼的权威有多大。

从国际的角度来看，马萨诸塞州案判决是不寻常的，因为美国最高法院在美国国会没有为减少温室气体排放采取任何立法行动的情况下，对一项现行的管制所有类型的空气污染的法律做出解释，使其包含了对温室气体

管制。几乎所有的其他经济发达国家签署了《京都议定书》并于其后制定了关于温室气体与气候变化问题的具体法律。

布拉德福德·C.芒克（Bradford C. MANK）
辛辛那提大学法学院
王曦译

参见：清洁空气法；气候变化信息公开——法律框架；减缓气候变化；欧盟温室气体排放交易体系；京都议定书。

拓展阅读

Associated Press. (2008, May 20). Report charges interference on emissions. Retrieved April 30, 2010, from http://www.nytimes.com/2008/05/20/washington/20epa.html.

Cannon, Jonathan Z. (1998, April 10). EPA's authority to regulate pollutants emitted by electric power generation sources. Washington, DC: U.S. Environmental Protection Agency. Retrieved April 30, 2010, from http://www.virginialawreview.org/inbrief/2007/05/21/cannon-memorandum.pdf.

Environmental Protection Agency (EPA). (2008a). Regulating greenhouse gas emissions under the Clean Air Act. Retrieved April 30, 2010, from http://www.epa.gov/climatechange/emissions/downloads/ANPRPreamble1.pdf.

Environmental Protection Agency (EPA). (2008b, March 6). Notice of decision denying a waiver of Clean Air Act preemption for California's 2009 and subsequent model year greenhouse gas emission standards for new motor vehicles. Retrieved April 30, 2010, from http://www.epa.gov/fedrgstr/EPA-AIR/2008/March/Day-06/a4350.htm.

Environmental Protection Agency (EPA). (2009a, December 15). Endangerment and cause or contribute findings for greenhouse gases under section 202(a) of the Clean Air Act. Retrieved April 30, 2010, from http://www.epa.gov/climatechange/endangerment/downloads/Federal_Register-EPA-HQ-OAR-2009-0171-Dec.15-09.pdf.

Environmental Protection Agency (EPA). (2009b, July 8). California greenhouse gas waiver request. Retrieved April 30, 2010, from http://epa.gov/otaq/climate/ca-waiver.htm.

Environmental Protection Agency (EPA). (2010a). Climate change regulatory initiatives. Retrieved April 30,

2010, from http://www.epa.gov/climatechange/initiatives/index.html.

Environmental Protection Agency (EPA). (2010b). Final rulemaking: Light-duty vehicle greenhouse gas emissions standards and corporate average fuel economy standards. Retrieved April 30, 2010, from http:// epa.gov/otaq/climate/regulations.htm.

Environmental Protection Agency (EPA). (2010c). Prevention of signifi cant deterioration (PSD) and nonattainment new source review (NSR). Retrieved April 30, 2010, from http://www.epa.gov/NSR/ documents/20100329aggprop.pdf.

EPA Office of Public Affairs. (2003, August 28). EPA denies petition to regulate greenhouse gas emissions from motor vehicles. Retrieved April 30.2010, from http://yosemite.epa.gov/opa/admpress.nsf/fb36d84bf0a1390c 8525701c005e4918/694c8f3b7c16ff6085256d900065fdad!OpenDocument.

Fabricant, Robert E. (2003, August 28). EPA's authority to impose mandatory controls to address global climate change under the clean air act. Retrieved April 30, 2010, from http://elc.law.umaryland.edu/pdf/ EPACO2memo2.pdf.

Mank, Bradford C. (2008). Should states have greater standing rights than ordinary citizens?: *Massachusetts v. EPA*'s new standing test for states. *William & Mary Law Review,* 49(5), 1701–1787. Retrieved April 30, 2010, from http://wmlawreview.org/files/MANK49–5.pdf.

Meltz, Robert. (2007, May 18). The Supreme Court's climate change decision: *Massachusetts v. EPA* [CRS Report for Congress]. Retrieved April 30, 2010, from http://assets.opencrs.com/rpts/RS22665_20070518.pdf.

National Research Council. (2001). *Climate change science: An analysis of some key questions.* Washington, DC: National Academy Press.

Payne, Cymie R. (2010). Massachusetts v. EPA and its aftermath [Video file]. Retrieved April 30, 2010, from http://academicearth.org/lectures/massachusetts-v-epa-and-its-aftermath.

Sierra Club. (2008, April 2). EPA's continued defiance of high court ruling challenged. Retrieved April 30, 2010, from http://www.sierraclub.org/pressroom/releases/pr2008-04-02.asp.

Massachusetts v. Environmental Protection Agency, 415 U.S. 50 (2005). Retrieved April 30, 2010, from http:// pacer.cadc.uscourts.gov/docs/common/opinions/200507/03-1361a.pdf.

Massachusetts v. Environmental Protection Agency, 549 U.S. 497 (2007). Retrieved April 30, 2010, from http:// www.law.cornell.edu/supct/html/05-1120.ZO.html.

Montreal Protocol on Substances That Deplete the Ozone Layer

关于消耗臭氧层物质的蒙特利尔议定书

（1987年9月16日通过，1989年1月1日生效）

《蒙特利尔议定书》(Montreal Protocol）是国际社会承认并合作解决一个全球环境问题的首次行动。通过缔约国自愿承担约束性义务，该条约体系在全球范围内基本上杜绝了臭氧消耗物质的生产和排放。该条约中为确保履约以实现条约目标的相关机制，为其后缔结致力于持续性的环境条约提供了宝贵借鉴。

国际社会已经建立起新的合作模式，以应对环境面临的诸多威胁。国际社会第一次致力于长期持续性的合作努力体现在为减缓和扭转平流层臭氧层空洞而缔结的相关条约中。《蒙特利尔议定书》是应对全球性环境损害的第一个约束性国际法律框架，无论污染物——此处指消耗臭氧层物质（ODSs）——排放自何处。

《蒙特利尔议定书》的历史背景

1981年，联合国环境规划署决定要促进缔结一项国际协定以保护臭氧层。当时，没有科学数据表明臭氧损耗，对潜在臭氧损耗的原因和机制也没有科学共识。尽管如此，1985年国际社会还是在维也纳开展了国际谈判，通过了一项框架公约，呼吁缔约国采取"适当措施"保护臭氧层。1985年的《保护臭氧层维也纳公约》是一个重要的里程碑——这是世界各国第一次在其影响尚未完全明确前就同意采取措施解决一个全球环境问题。

就在1985年，科学家发现了臭氧层空洞。为了应对此惊人发现，两年之后，国际社会通过了1987年《消耗臭氧层物质的蒙特利尔议定书》，对1985年框架公约中的一般性义务进行了全面细化。此前，联合国环境规划署为议定书的缔结举办了一系列非正式会议和研讨会，探讨臭氧消耗物质的削减机制，谈判代表之间因此建立了个人关系，逐步发展了共识，从而以伙伴关系代替对抗关系。与1985年的框架公约不同，《蒙特利尔议定书》要求成员国承担约束性的义务，并设定明确的减排目标和完成时间表。议定书一经批准，一国就要冻结氯氟烃（CFCs）——一种主要的臭氧消耗物质——的生产与消费许可。与1985年公约的另外一点不同的是，1987年的议定书倡导包括产业界、环保组织和媒体等的多元参与，从而成为一个真正的全球性和包容性努力的结晶。

新的创新特性

《蒙特利尔议定书》是首个"风险预防性"条约；换句话说，它是第一个应用风险预防原则的国际条约，在所有的科学证据还未确定之前就采取了措施应对臭氧损耗。

它还实行了"共同但有区别的责任"原则，承认最发达国家消耗了绝大部分氯氟烃。因此，尽管规定了共同责任来解决臭氧层损耗的问题，但在成本负担上发达国家和发展中国家却有不同责任。

另一个创新特性是，本议定书并未要求一国批准后立刻履行削减控制义务，因为这将导致各国为短期利益推延批准本议定书。相反，议定书规定，只有占全球氯氟烃产量的三分之二的国家交存至少11份批准书后，控制义务才会生效。

在减少全球臭氧消耗物质的排放上，议定书确立了分步骤、分阶段的约束性义务，减排目标是逐步增加覆盖面和范围，从而更充分地明确了各国分阶段的臭氧消耗物质淘汰行动。议定书通过后，分别在伦敦会议（1990）、哥本哈根会议（1992）、维也纳会议（1995）、蒙特利尔会议（1997）和北京会议（1999）等五次缔约国会议上进行了旨在加快淘汰臭氧消耗物质和加强减排义务的修订。这种按时间逐步推进的能力也许是《蒙特利尔议定书》最重要的创新，是对持续性的真正贡献。根据议定书的规定，缔约国自1987年起，每四年召开一次会议，以评估和审核减排控制措施，加强减排进度，并及时将新的臭氧消耗化学物质纳入控制。

1990年出台的《蒙特利尔议定书伦敦调整修订案》中创建了执行蒙特利尔议定书多边基金，从而使它成为第一个将融资条款纳入实施机制的条约。对发展中国家的技术和资金援助也作了详细规定。另一个创新是加入了人性化的不遵守情事程序。这意味着，如果一个发展中国家向秘书处表示将无法实现减排时间表的目标，该问题将在下次缔约国会议上解决，而不是立刻对不遵守的国家采取任何不利行动。这种新做法强调共识而非对抗，在很大程度上促进了条约义务的全面遵守。

对持续性的法律和政治贡献

《蒙特利尔议定书》为国际环境条约提供了典范，成为环境损害规制的最重要的先例。议定书实施二十年以来，96%的全球臭氧消耗物质已经停止生产，这个事实反映了议定书取得了成功。

请记住，《蒙特利尔议定书》及其系列修正案之所以取得成功，是因为它的那些履约创新机制。进一步说，这是一种"技术强制"，它迫使产业界在全球范围内利用可得的替代品。它为履约设置明确的时间表和量化的目标，这与形式化的模糊性无责任承诺相比，是明显的改进。最重要的是，议定书及其修正案具有足够的弹性，能不断与时俱进，以吸纳得到验证的最新的科学成果和最好的实践经验。《蒙特利尔议定书》及其系列修正案的成功体现在，尽管面临着包括损害程度的科学不确定性，潜在的高额转型成本，以及国家之间的不同的成本承担能力等困难，但却得到了所有国家的遵守。保护臭氧层的成功经验在另一个类似的全球环境问题——温室气体减排上得到利用。制定明确的时间表和目标的办法已经体现在《京都议定书》（2005年生效）中。同样，那些导致其成功的关键特性，都可以应用到致力于可持续发展的未来合作事业中。

瓦内萨杰恩（Vaneesha JAIN）
西孟加拉邦国立法科大学
杨华国译

参见：化学品法律和政策；环境法——南极洲；环境法，软与硬；国际法；京都议定书；风险预防原则；联合国——公约、协定概览；世界宪政主义。

拓展阅读

Alternative Fluorocarbons Environmental Acceptability Study (AFEAS). (2006). The Montreal Protocol on Substances that Deplete the Ozone Layer. Retrieved September 16, 2010, from http://www.afeas.org/montreal_protocol.html.

Global Environment Facility. (2002). The challenge of sustainability: An action agenda for the global environment. Retrieved September 18, 2010, from http://207.190.239.143/outreach/outreach-publications/MainBook.pdf.

Hunter, David; Salzman, James; & Zaelke, Durwood. (2007). *International environmental law and policy* (3rd ed.). New York: Foundation Press.

Jolly, Richard, & Emmerij, Louis. (2009). Environmental sustainability: From protecting the environment to preserving ecological systems. (Briefing Note Number 11, April 2009). United Nations Intellectual History Project. Ralph Bunche Institute for International Studies, the CUNY Graduate Center. Retrieved September 15, 2010, from www.unhistory.org/brief ing/11Sustainability.pdf.

The Ozone Hole. (2007). The Montreal Protocol on Substances that Deplete the Ozone Layer. Retrieved

September 18, 2010, from http://www.theozonehole.com/montreal.htm.

Ozone Secretariat. (2009). Handbook for the Montreal Protocol on Substances that Deplete the Ozone Layer (8th ed.). United Nations Environment Programme (UNEP). Retrieved September 19, 2010, from http://ozone.unep.org/Publications/MP_Handbook/MP-Handbook-2009.pdf.

United Nations Development Programme (UNDP). (n.d.). Phasing out ozone depleting substances and safeguarding the global climate. Retrieved September 16, 2010, from http://www.undp.org/chemicals/montrealprotocol.htm.

The World Bank. (2009). Environment: Montreal Protocol. Retrieved September 15, 2010, from http://web. worldbank. org/WBSITE/EXTERNAL/TOPICS/ENVIRONMENT/EXTTMP/0,,menuPK: 408237~pagePK: 149018~piPK:149093~theSitePK:408230,00.html.

MOX Plant Case

混合氧化物燃料厂案（爱尔兰诉英国）

（常设仲裁法庭,荷兰;海牙/国际海洋法法庭,德国;汉堡/欧洲法院,卢森堡）

混合氧化物（MOX）核燃料厂系英国境内临近爱尔兰海的一家核燃料再加工工厂,其运营带来了对爱尔兰潜在的跨界环境损害,因而引发了混合氧化物核燃料厂诉讼。虽然爱尔兰后来选择了终止诉讼,但混合氧化物核燃料厂案仍然成为一个典型案例,展现了双方合作与信息交换的需要,特别是关于有害物质。

混合氧化物核燃料厂争端源自英国西北部近爱尔兰海的塞拉菲尔德核反应堆的一个核燃料再加工厂的建设许可。混合氧化物核燃料厂将再加工过的氧化钚和氧化铀进行混合,进而生产混合氧化物。由于英国没有利用混合氧化物作为燃料的核反应堆,混合氧化物的生产将用于出口。

1994年,在英国核燃料公司（British Nuclear Fuels, BNFL）——该公司是一家英国政府所有的公司,是混合氧化物核燃料厂的创办者——完成环境影响评价后,英国有关部门

批准建设混合氧化物核燃料厂。经过一系列的公共咨询和可行性研究,英国当局认为,工厂不会释放出不可接受的核泄漏,其经济效益超过对环境的潜在威胁。因此,2001年10月英国批准其运营。

作为直接受影响的国家,爱尔兰强烈反对批准建设混合氧化物核燃料厂。爱尔兰尤其担心放射性物质的排放和运输可能会污染爱尔兰海岸,并导致沿海地区的癌症病例增加。在多次寻求以外交方式予以解决的努力失败后,爱尔兰在两个不同的专设国际仲裁庭提起仲裁程序:一个是《保护东北大西洋海洋环境公约》（OSPAR公约）框架下的仲裁,另一个是《联合国海洋法公约》（UNCLOS）框架下的仲裁。

《保护东北大西洋海洋环境公约》框架下的仲裁

2001年6月,爱尔兰向《保护东北大西洋

海洋环境公约》专设仲裁法庭提起仲裁,声称英国侵犯了其享有的《保护东北大西洋海洋环境公约》规定的获取有关混合氧化物核燃料厂许可信息的权利,因为英国拒绝提供两份与许可程序相关的报告[42 ILM 1118(2003),paras. 41 et seq.]。但英国却认为,《保护东北大西洋海洋环境公约》并未赋予直接获取所请求报告的权利。此外,英国还提出,爱尔兰所索要的信息并不属于《保护东北大西洋海洋环境公约》第九条规定的范围,因为"该信息与海域状况或影响、可能影响海域的活动并无充分的关联"[42 ILM 1118(2003),para. 43]。英国主张,他们有权基于商业秘密的原因拒绝披露那些报告[42 ILM 1118(2003),para. 43]。

仲裁法庭的裁决反驳了英国的意见即公约第九条并未赋予直接获取对海域产生或可能产生不利影响的活动或措施的相关信息的权利[42 ILM 1118(2003),para. 78]。但是,法庭支持了英国的主张即爱尔兰所索要的报告与混合氧化物核燃料厂对海域环境的影响无关,而是有关该厂的成本效益问题[42 ILM 1118(2003),para. 78]。

《联合国海洋法公约》框架下的仲裁

2001年10月25日,爱尔兰要求组建仲裁法庭,声称英国由于批准塞拉菲尔德混合氧化物核燃料厂的建设,违反了《联合国海洋法公

约》规定的保护海洋环境的义务。爱尔兰同时向国际海洋法法庭(ITLOS)——一个常设司法机构——也提交了申请,请求在《联合国海洋法公约》仲裁庭建立前,该法庭能签发临时措施指令,有效地中止建设混合氧化物核燃料厂以及在爱尔兰的沿海地区运输任何放射性物质[41 ILM 405(2002)]。

2001年12月,国际海洋法法庭裁定,情势的紧迫度并不需要签发爱尔兰所请求的临时措施指令[41 ILM 405(2002),para. 81]。法院反而命令爱尔兰和英国应当在信息磋商、风险监控和海洋污染预防措施创设等方面开展合作[41 ILM 405(2002),para. 89]。

虽然国际海洋法法庭没有完整解释其拒绝爱尔兰申请的理由,但这可能是受到英国在口头答辩程序中所作保证的影响,英国保证在2002年10月之前,将不会从塞拉菲尔德核处理区进口或出口额外的核材料[41 ILM 415(2002),para. 79]。

2002年1月,仲裁庭按时组成。然而,2003年6月,仲裁庭决定暂停仲裁程序直至不晚于2003年12月。暂停理由是英国认为《联合国海洋法公约》仲裁庭对此案没有管辖权,因为该争端涉及欧洲共同体法律(European Community law, EC law),欧洲法院享有专属管辖权[42 ILM 1187(2003),paras. 20 et seq.]。

与此同时,欧盟委员会(European

Commission）在欧洲法院（ECJ）起诉爱尔兰，声称爱尔兰侵犯了欧洲法院的专属管辖权。欧洲法院判定并宣布，为了保护欧共体法律中有关海洋环境保护规定的自主权和一致性，欧洲法院对此享有专属管辖权。因此在欧共体法律可能的相关达到一定程度时，爱尔兰无权将混合氧化物核燃料厂争端诉诸《联合国海洋法公约》仲裁庭（欧共体委员会诉爱尔兰案）。不过，欧洲法院没有裁决该争端的实质问题，即英国批准建设混合氧化物核燃料厂是否违反了欧共体法律。

作为对欧洲法院判决的回应，爱尔兰撤回了仲裁申请，并于2008年6月终止了仲裁。

对持续性法的影响

作为一个持续性法（law of sustainability）的先例，混合氧化物核燃料厂争端更多是与程序性问题相关，而非实体性问题。一旦可能涉及欧共体法，欧洲法院对其专属管辖权的扩大解释，可能会妨碍其他国际司法机构的管辖权。由于爱尔兰决定终止仲裁，该案的大部分的实体问题都未得到处理。尽管如此，国际海洋法法庭的命令和《保护东北大西洋海洋环境公约》仲裁庭的裁定再次强调了诚实合作的义务和在可能造成跨界环境损害的有害活动方面交换信息的义务。

埃里克·裴兰德（Erik PELLANDER）
科隆大学
杨华国译

参见：布兰特－史帕尔；加布奇科沃－大毛罗斯大坝案（匈牙利诉斯洛伐克）；国际法院；海洋法；风险预防原则；跨界水法；废物运输法。

拓展阅读

Brown, Chester. (2002). Provisional measures before the ITLOS: The MOX Plant Case. *The International Journal of Marine and Coastal Law, 17*(2), 267–288.

Churchill, Robin, & Scott, Joanne. (2004). The Mox Plant litigation: The first half-life. *International and Comparative Law Quarterly, 53*(3), 643–676.

Fitzmaurice, Malgosia. (2003). Dispute concerning access to information under Article 9 of the OSPAR Convention (Ireland v. United Kingdom and Northern Ireland). *The International Journal of Marine and Coastal Law, 18*(1), 541–558.

Kwiatowsaka, Barbara. (2003). The Ireland v. United Kingdom (Mox Plant) case: Applying the doctrine of treaty parallelism. *The International Journal of Marine and Coastal Law, 18*(1), 1–58.

Lavranos, Nikolaos. (2006). Protecting its exclusive jurisdiction: The Mox Plant judgment of the ECJ. *The Law and Practice of International Courts and Tribunals, 5*, 479–493.

McDorman, Ted L. (2004). Access to information under Article 9 of the OSPAR Convention (Ireland v. United Kingdom). *American Journal of International Law, 98*(2), 330–339.

Roben, Volker. (2004). The order of the UNCLOS Annex VII arbitral tribunal to suspend proceedings in the case of the MOX plant at Sellafield: How much jurisdictional subsidiarity? *Nordic Journal of International Law*, *73*, 223–245.

Shany, Yuval. (2004). The first MOX Plant award—The need to harmonize competing environmental regimes and dispute settlement procedures. *Leiden Journal of International Law*, *17*(4), 815–827.

Stephens, Tim. (2009). *International courts and environmental protection*. Cambridge, U.K.: Cambridge University Press.

Tanaka, Maki. (2004). Lessons from the protracted Mox Plant dispute: A proposed protocol on marine environmental impact assessment to the United Nations Convention on the Law of the Sea. *Michigan Journal of International Law*, *25*, 337–428.

Voldeba, M. Bruce. (2006). The MOX Plant case: The question of "supplemental jurisdiction" for international environmental claims under UNCLOS. *Texas International Law Journal*, *42*, 212–240.

条约/决议/判例

Commission of the European Communities v. Ireland, 45 ILM 1051 (2006).

Convention for the Protection of the Marine Environment of the North-East Atlantic of 22 September 1992, 32 ILM 1228 (1993).

Dispute Concerning Access to Information under Article 9 of the OSPAR Convention (*Ireland v. United Kingdom*), 42 ILM 1118 (2003).

The Mox Plant Case (*Ireland v. United Kingdom*), International Tribunal for the Law of the Sea (ITLOS), 41 ILM 405 (2002).

The Mox Plant Case (*Ireland v. United Kingdom*), Permanent Court of Arbitration, 42 ILM 1187 (2003).

United Nations Convention on the Law of the Sea of 10 December 1982, 21 ILM 1261 (1982).

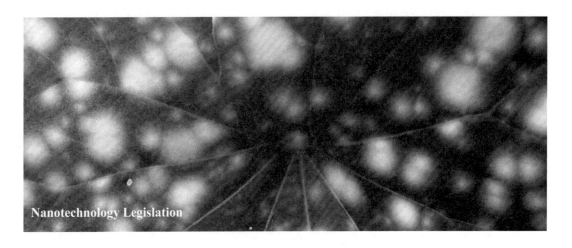

Nanotechnology Legislation

纳米技术立法

纳米技术的快速发展对社会的潜在影响有着与工业革命相似的程度。世界各地的法律制度努力适应科学的不确定性以及纳米材料对人类健康和环境潜在负面影响的日益担忧。许多发达国家相继制定了有关纳米的强制性法律规定。

纳米技术一词通常指科学和工程学的一级分支,它致力于通过在大约十亿分之一米的纳米级别操纵原子和分子来设计、生产,以及使用结构、设备和系统的。这样制造出来的产品通常称为纳米材料(NM)。与纳米有关的希望与恐惧都是空前的。这项技术可能会对经济的各个方面产生深远的影响,包括农业和食品、能源生产和效率、汽车工业、化妆品、医疗器械和药品、家用电器、电脑和武器。

对未来纳米技术市场的各种估计和预测天差地别。专家预测,它们的价值将从2009年的110亿美元增加到2015年的260亿美元和3万亿美元之间(BCC Research 2010)。后面的估计是基于包括受纳米技术影响的各种

产品的整体价值计算的,而不是仅基于纳米技术组件的价值。举个例子,如果一辆车使用了纳米技术增强油漆,则整个车的价值被纳入估值,而不是仅估计油漆本身的价值。因此,较低的估计可能会更有助于准确了解纳米技术短、中期的未来。

纳米技术推广者强调这些新技术潜在的有益应用,而世界各地很多科研机构和公民组织强调需要仔细评估其可能对健康和环境的风险。纳米技术在多方面不同寻常,这同时增强了其潜在的益处和风险,以及潜在规制的复杂性。由于纳米材料制成的产品及废物通过国际贸易渠道流通,使得确定如何规制纳米技术进一步复杂化了。

因为纳米技术是一个新型和快速发展的领域,世界各地现有的法律体系都在努力应对。正如伍德罗·威尔逊中心(Woodrow Wilson Center)新兴纳米技术学者项目主任大卫·雷赫斯基(David Rejeski)指出的那样,"大多数国家采取的是边走边看的方法,假定

现有的法规能应对纳米技术问题,即使新材料出现完全不同的属性"(Abbott, Marchant & Sylvester 2006, 10519)。然而,许多国家已经开始审查并调整其国家监管系统以包含纳米的具体规定。

纳米技术监管的困难

仅创建纳米相关法律术语的定义就是一个有争议的问题。大量诸如纳米技术和纳米材料之类术语的操作定义已经形成,它们通常用于特定目的。例如,不同的法律定义最近被纳入各种欧盟立法并正在被西方世界的监管者逐步发展。缺乏公认的法律定义严重拖延了纳米监管框架的创建。

如何在支持创新和防止潜在的环境和人类健康风险之间维持平衡是关于纳米技术监管的争论核心。争论还包括道德方面,如对人类增强(使用技术提高人类的身体和思想,例如,通过控制身体部位,神经种植,人类胚胎,人体工程或脑刺激技术来减轻痛苦或控制情绪),隐私和安全的担忧,主要源自未来纳米技术与其他新兴领域的融合,如生物技术、认知科学和信息技术。更普遍的有关公众获取信息和科学发展的社会监督问题,也在纳米技术监管的背景下得到讨论。所有这些问题在纳米技术监管发展的过程中扮演着重要角色。

围绕着纳米技术及其监管问题的争论正在社会蔓延。这场争论通常由所有部门的积极参与和贡献组成,包括学术和科研机构;既是创新的推动者又是风险监管机构的政府和监管机构;以及不同的产业部门,如NMs厂商、零售商、保险公司和水处理专业人士。此外,争论涉及民间社会(civil society)的所有组成部分,从担心他们的成员对接触新的危害知之甚少的工会,到健康和环境非政府组织(NGOs)和消费者组织。

纳米技术监管的发展

纳米技术法律框架的形成正在逐步从支持纳米技术创新和刺激纳米技术产业增长的文件向更全面的方法转变。全面的方法旨在捕捉一些更复杂的与纳米相关的人类健康和环境危害问题。

支持创新

随着纳米科学的发展和纳米领域的各种发现应用于产品制造,纳米技术对未来经济增长的潜在贡献引起政府的日益关注。在20世纪90年代末和21世纪初,世界各国政府开始将纳米技术确定为未来的关键技术,并设计了具体的创新支持计划,如2001年美国国家纳米技术计划。

在许多其他国家和地区,在2000年和2009年间制定了类似的计划。2002年欧盟在其第六框架计划的背景下实施了公共资金资助的研究项目;中国在2004年开始协调和投资支持计划;2009年,经过多年的协调研究项目,俄罗斯建立了名为RUSNANO的上市公司,旨在通过投资基础设施和风险资本发展俄罗斯纳米技术产业。截至2010年,大多数这些计划仍在运作。

这些计划是基于旨在刺激基础研究以及潜力产品开发的组合措施。这些措施通常包括为研究和开发活动提供金融支持,投资创业公司,为政府组织、学术界和工业界的纳米技术活动提供协调措施。按照一般的趋势,许多这些计划现在已经发展到包括对环境和人类健康的风险的关注。

自愿性方法

在21世纪头十年的后期,针对来自特定纳米材料(最著名的一项研究表明某些碳纳米管在小鼠的肺部表现得像石棉纤维)的某些严重的环境和健康危害的科学研究以及来自著名的科研机构、国际组织如联合国教科文组织和民间社会的报告认可了纳米材料的风险预防方法。同时,纳米产品在商业市场的可用性增加但缺乏具体的监督。政府(主要是经济合作与发展组织成员国)面临法律框架是否足以解决纳米材料提出的挑战。

虽然政府努力增加关于纳米材料潜在毒性机制的纳米技术基础知识,但大多数国家仍不愿修改他们的监管框架。大多数经合组织成员国的政府相信他们的法律框架适合当前的挑战,或者认为只需要小的技术性修改。这一立场因政府在巨大的科学知识差距和激烈的纳米竞赛背景下制定法律规定面临的系统性难题而得到进一步强化。

仅仅是具备严格的法律框架就需要非常高水平的科学确定性以有效防止对人类健康或环境的影响,于是政府转向使用自愿性工具,比如,总体指南、行

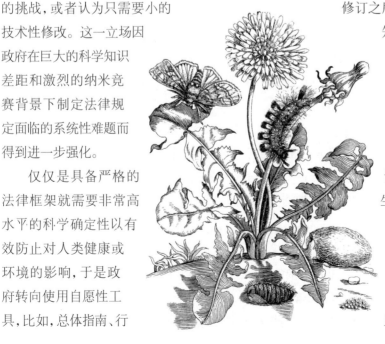

为准则和宽松的认证系统。这些工具包括日本贸易和工业部及环境部邀请NMs的制造商实施自愿的安全措施,加强与用户的沟通,并提供测试数据和管理方法的信息。其他国家,比如德国和英国,建立了确定纳米材料的生产量和使用量的自愿性调查。瑞士的零售商组织引入了消费产品纳米技术的自愿行为准则。按该准则,参与者致力于应用风险预防原则,并为消费者提供最高的透明度。大多数这些自愿计划,尤其是信息收集计划,没有交付预期结果,导致许多国家开始考虑为纳米材料制定具体的纳米规范。

具体的纳米规范

虽然世界上大多数国家仍难以确定如何让本国的监管框架应对纳米技术,但欧盟、加拿大和美国等主要参与者正在制定强制性的纳米规定并将其嵌入本国的法律框架。

在将具体的纳米规定引入化妆品法规的修订之后(如上市销售以前的通知和标签),欧盟目前正在讨论将类似纳米规定纳入各种规范中,比如新型食品指令、食品包装指令、有害物质限制(ROHS)/废电子与电机设备(WEEE)指令、抗微生物剂指令。与此同时,欧盟也正在调查是否有必要调整《化学物质注册、评估和授权》(REACH)的规定。欧盟可能会于2012年的修

订过程引入具体的纳米规定。

在加拿大，第一个强制性信息收集计划的建立伴随着化学药品规范的修订讨论以便其适应纳米材料。法国和意大利等欧盟成员国在准备类似的信息收集的条例。在美国，国家环境保护署正使用《有毒物质控制法》（TSCA）在个案基础上监管纳米材料。环境保护署目前倾向于使用重要的新使用规则（SNURs）监管某些NMs，如碳纳米管和纳米银，以及要求通告商业中每种纳米材料的公开打算。与此同时，美国一些州，如加利福尼亚州、马萨诸塞州和南卡罗来纳州，也在制定监管纳米材料的规则。

国际举措

许多国家正在探索在地方、国家和区域层级管制纳米材料的各种方式。对市场混乱的担忧，比如那些对转基因生物体（GMO）技术颇有经验者，促使经济合作与发展组织国家发起了国际协调进程。2006年，经济合作与发展组织创建了两个工作组：一个是促进人类健康和环境安全问题国际合作的纳米材料工作组（Working Party on Manufactured Nanomaterials, WPMN），另一个是在科学、技术和创新方面建议新兴政策有关问题的纳米技术工作组（Working Party on Nanotechnology, WPN）。

国际化学品管理战略方法（The Strategic Approach to International Chemical Management, SAICM）是一个促进全球化学品安全的全球性、多方利益相关者进程，它提出纳米技术和NMs是2009年的四个新兴问题之一。在这种背景下，2010年联合国在每个地区都组织过宣传研讨会，紧接着，能力建设研修班也于2011开设。其他国际组织，如粮食及农业组织和世界卫生组织也开始提出这个问题，在2010年初组织各种会议。

纳米技术监管的前景

是否管制纳米材料的问题，以及如何有效地这样做，主要与我们对这些材料的有限科学理解及其潜在风险密切相关。新的纳米材料，如能够自我组装或被用于将药物输送到特定的身体部位的三维系统，有望将在未来三至十年内出现在市场上。科学发现与市场准入之间时间的缩短进一步使问题复杂化了。目前的立法和政策试图规范现有的材料并在鼓励创新的同时为新一代的纳米材料提供足够的监管。

这种情况引发了许多争议，让人想起在转基因生物体发展早期阶段出现的争议。纳米材料倡导者声称他们需要解决一系列涉及能源、水和食品的全球危机，而批评者指出目前在市场上大量无效、不受监管的应用，如没有气味的袜子，使用了评估不当、有潜在危险的技术，有待解决伦理、科学、生物、法律和社会等方面的问题。纳米技术是一个快速发展的领域，即使是术语定义本身。最终，我们创建的或无法创建的一个平衡的监管框架的方式可以作为如何利用其他新技术来造福人类，同时避免消极的健康和环境的影响，充分解决伦理和社会问题的蓝图。

大卫·阿祖莱（David AZOULAY）

国际环境法中心

杨兴译

参见：生物技术立法；化学品法律和政策；转　　授权和限制；限制危险物质指令。
基因生物立法；风险预防原则；化学品注册、评估、

拓展阅读

Abbott, Kenneth W.; Marchant, Gary E.; & Sylvester, Douglas J. (2006). A framework convention for nanotechnology? *Environmental Law Reporter*, *36*(12), 10931–10942. Retrieved November 18, 2010, from http://ssrn.com/abstract=946777.

BCC Research. (2010, July), A realistic market assessment. Retrieved November 18, 2010, from http://www.bccresearch.com/report/NAN031D.html.

Breggin, Linda K., & Carothers, Leslie. (2006). Governing uncertainty: The nanotechnology environmental, health, and safety challenge. Retrieved September 27, 2010, from http://www.eli.org/pdf/research/nanotech/nanocolumbiaarticel%20final.pdf.

Breggin, Linda K.; Falkner, Robert; Jaspers, Nico; Pendergrass, John; & Porter, Read. (2009). Securing the promises of nanotechnology: Towards transatlantic regulatory cooperation. Retrieved September 27, 2010, from http://eprints.lse.ac.uk/25425/1/Securing_the_promise_of_technologies_towards_transatlantic_regulatory_cooperation(LSERO).pdf.

Brown, Simon. (2009). The new deficit model. *Nature Nanotechnology*, *4*, 609–611.

The Center for International Environmental Law (CIEL). (2009). Addressing nanomaterials as an issue of global concern. Retrieved September 27, 2010, from http://www.ciel.org/Publications/CIEL_NanoStudy_May09.pdf.

Commission of the European Communities. (2008). Regulatory aspect of nanomaterials. Retrieved September 27, 2010, from http://eur-lex.europa.eu/LexUriServ/LexUriServ.do?uri=COM:2008:0366:FIN:EN:PDF.

Foss Hansen, Steffen; Maynard, Andrew; Baun, Anders; & Tickner, Joel A. (2008). Late lessons from early warnings for nanotechnology. *Nature Nanotechnology*, *3*, 444–447.

Friends of the Earth Australia. (2008). Discussion paper on nanotechnology standardization and nomenclatures issues. Retrieved September 27, 2010, from http://www.ecostandard.org/downloads_a/2008-10-06_foea_nanotechnology.pdf.

Invernizzi, Noela, & Foladori, Guillermo. (2010). Nanotechnology implications for labor. *Nanotechnology Law and Business*, *7*(1), 68–78.

Kimbrell, George A. (2009). Governance of nanotechnology and nanomaterials: Principles, regulations and renegotiating the social contract. *Journal of Law, Medicine and Ethics*, *37*(4), 706–723.

Löestam, Göan, et al. (2010). JRC reference report: Consideration on a definition of nanomaterial for regulatory purpose. Retrieved September 27, 2010, from http://ec.europa.eu/dgs/jrc/downloads/jrc_reference_

report_201007_nanomaterials.pdf.

Mantovani, Elvio; Porcari, Andrea; Meili, Christoph; & Widmer, Markus. (2009). FramingNano report: Mapping study on regulation and governance of nanotechnologies. Retrieved September 27, 2010, from http://www.framingnano.eu/images/stories/FramingNanoMappingStudyFinal.pdf.

Marchant, Gary E., & Sylvester, Douglas J. (2006). Transnational models for regulation of nanotechnology. *Journal of Law, Medicine and Ethics, 34*(4), 714–725.

Roco, Mihail C., & Bainbridge, William S. (Eds.). (2001). *Societal implications of nanoscience and nanotechnology.* Dordrecht, The Netherlands: Kluwer Academic Publishers.

Royal Commission on Environmental Pollution (RCEP). (2008). Novel material in the environment: The case of nanotechnology. Retrieved September 27, 2010, from http://www.official-documents.gov.uk/document/cm74/7468/7468.pdf.

Schaper, Marcus. (2006). Nanotechnology and the lessons (not) learnt from the transatlantic biotechnology dispute [Abstract]. Retrieved September 27, 2010, from http://www.allacademic.com/meta/p_mla_apa_research_citation/0/9/8/9/3/p98930_index.html.

Swiss Re Center for Global Dialogue. (2005). Nanotechnology: "Small size—large impact?" Retrieved September 27, 2010, from http://media.cgd.swissre.com/documents/nanotechnology_report.pdf.

Tullis, Terry K. (2004). Current intellectual property issues in nanotechnology. *UCLA Journal of Law and Technology Notes*, 12. Retrieved September 27, 2010, from http://www.lawtechjournal.com/notes/2004/12_040809_tullis.php.

United Nations Educational, Scientific and Cultural Organization (UNESCO). (2006a). The ethics and politics of nanotechnology. Retrieved September 27, 2010, from http://unesdoc.unesco.org/images/0014/001459/145951e.pdf.

United Nations Education, Scientific and Cultural Organization (UNESCO). (2006b). Outline of a policy advice on nanotechnologies and ethics. Retrieved September 27, 2010, from http://www.unesco.org/new/fileadmin/MULTIMEDIA/HQ/SHS/pdf/NanoPolAdvice_Outline_Apr06.pdf.

National Environmental Policy Act

国家环境政策法 （美国,1970年起实施）

1969年《国家环境政策法》是美国第一个重要的联邦环境法律。其最重要的遗产是环境影响评价程序。鉴于其在评估潜在的环境损害之外缺乏其他要求，《国家环境政策法》在改善环境质量方面是否是一个强大的正面力量，学者们对此仍有争议。

1969年《国家环境政策法》(42 U.S.C. 4321-4375)，现在通常被称为NEPA，被认为是美国联邦环境立法的里程碑。该法的第一章确立了"国家环境政策"，而第二章建立了环境质量委员会（CEQ）。该法案于1970年1月1日被尼克松总统签署为法律。《国家环境政策法》是20世纪60年代雷切尔·卡森（Rachel Carson）的《寂静的春天》一书引发环保运动后，美国第一部重要的联邦环境立法。随后很快有了1970年《清洁空气法》、1972年《清洁水法修正案》、1973年《濒危物种法》、1976年《资源保护和恢复法》及其他美国环境法的基本法规。

《国家环境政策法》的遗产

《国家环境政策法》的不朽遗产是第102条确立的程序，它要求"所有联邦政府机构应当……在做出可能对人类环境产生影响的规划和决策时，采用足以确保综合利用自然科学、社会科学和环境设计工艺的系统的多学科的方法"。此规定创建了环境影响评价，该程序是该法实施的核心。环境质量委员会在联邦条例典中采纳了作为《国家环境政策法》核心的环境评估要求的规定（见10 CFR 51）。这些规定明确了所有联邦机构在提供一份详细的对环境有潜在影响重大的行动报告时必须遵循的实质性和程序性细节。因此，这些规定是《国家环境政策法》实施的核心。由于这一要求是《国家环境政策法》的行动强制机制，对于该法案是否能真正有效地提高环境的质量仍存在争议。

在《国家环境政策法》通过后的岁月里，联邦机构已经完成了数以千计的环境评价文件（environmental assessments, EA）和环境影响报告书（environmental impact statements）。早期的法庭案件，像1972年卡尔弗特·克里夫斯协调委员会诉原子能委员会案，根据法规确立了行政机构在此法之下的义务，环境质量委员会为行政机构的合规提供了日益详细的指令。许多有着广泛的《国家环境政策法》合规活动的行政机构采用了详细的有针对性的条例。

《国家环境政策法》的价值

关于国家环境政策法的有效性，一共存在两种观点。批评者认为《国家环境政策法》缺乏实质性的要求使得该法仅仅是联邦机构必须跳过的程序圈。其他批评者指出，仅将其应用到联邦机构的行为也限制了其有效性。支持者认为《国家环境政策法》程序以有意义的方式改变了行为，促使行政机构用做出更少环境影响的更好决策。他们还认为，行政机构的行动已经相当程度地进入私营部门（例如，授予许可是依据《国家环境政策法》的一项"行动"），从而扩展该法的积极影响。

批评

《国家环境政策法》的批评者专注于对程序的强调。联邦机构在该法的合规中遵循一个简单的逻辑模型。一旦确认拟议"行动"，行政机构必须确定它是否将"对人类环境产生重大影响"。如果

行政机构不能确定，就必须完成一份环境评估文件，以确定该行动是否可能构成重大影响。如果行动不产生重大的环境影响，行政机构则发布无重大环境影响认定（Finding of No Significant Impact, FONSI），并继续该行动。如果行动确实产生重大影响，行政机构必须编制环境影响报告书，记载环境影响和替代行动。环境影响报告书完成后，行政机构决定是否继续进行该行动并发布决定记录（Record of Decision, ROD）。除了在决策过程中得到识别和考虑以外，该法本身没有对具有不利环境影响的行动加以禁止。在批评者看来，缺乏环评阶段以外的要求造成了该法的无效。

支持

《国家环境政策法》的支持者指出这些程序性要求的两个好处，表明该法有利于改善环境。

第一，他们认为，认真对待环境质量委员会程序要求的行政机构能做出更好的决定，因为该程序迫使它们考虑完成任务的替代手段减少对环境影响，或者考虑减轻不可避免的影响的手段。当然，判断行政机构做出的决定是否优于那些未经该程序而做出的决定，在逻辑上是不可能的。

第二，环境评估文

件和环境影响报告书成为行政行为反对者的重要信息来源。在这个意义上《国家环境政策法》可能被认为是第一个所谓的环境保护新工具。20世纪90年代，许多环境政策学者开始寻找命令控制方式的替代选择和经济激励措施（税收、补贴、总量控制和排放交易）。"新工具"成为适用于旨在改变人类行为的以信息为基础的教育项目的术语。一个很好的例子是《有毒物质排放目录》(Toxics Release Inventory, TRI)和1986年《应急规划和社区知情权法》(Emergency Planning and Community Right to Know Act)。事实表明，要求排放者告知公众有毒物质的排放改变了他们的行为，因此减排了有毒物质。同样，引发披露环境影响信息的《国家环境政策法》程序性要求，可以鼓励行政机构作出更优决策，同时为公众提供更多的信息来检验决策的明智性。

对《国家环境政策法》程序的价值的信任引发了联邦机构采用环境管理系统(Environmental Management Systems, EMS)鼓励《国家环境政策法》程序的整合。2000年，克林顿政府通过行政命令(#13148)要求行政机构采用环境管理系统，尽管这并不明确地与《国家环境政策法》相关联。

《国家环境政策法》的影响

有关《国家环境政策法》改善环境质量有效性的争论仍在继续，但《国家环境政策法》

被广泛复制。美国许多州都针对州行政行为通过了类似《国家环境政策法》的要求，被称为微型《国家环境政策法》。其中很多是仿照《国家环境政策法》，因为他们要求州行政机构评估他们行政行为的影响。其他州将环境影响评价的概念扩展到私营部门或地方政府需要国家机构许可开展的活动。

在全球范围内，环境影响评价对政府和非政府组织而言都很重要。如果《国家环境政策法》的核心是环境影响评价概念，这个概念自20世纪60年代以来在美国及其他地方蓬勃发展。环境影响评价是从欧洲委员会到世界银行等国际组织日常工作的一部分。联合国环境规划署为发展中国家的影响评价提供培训。作为发展援助计划的一部分，经济合作与发展组织为成员国提供如何使用环境影响评价的建议。专业协会——如全美环境专业人士协会——不仅致力于在美国还在全球范围内实施环境影响评价。国际影响评价协会声称有来自120多个国家的1 600名成员。

马克·W. 安德森（Mark W. ANDERSON）

缅因大学

杨兴译

参见：清洁空气法；清洁水法；可持续发展——法律和委员会概述；生态系统管理；濒危物种法；自然资源法；寂静的春天；荒野法。

拓展阅读

Bass, Ronald E.; Herson, Albert I.; & Bogdan, Kenneth M. (2001). *The NEPA book*. Point Arena, CA: Solano Press.

Caldwell, Lynton K. (1998). *The National Environmental Policy Act: An agenda for the future.* Bloomington: Indiana University Press.

Calvert Cliffs' Coordinating Committee, Inc. v. Atomic Energy Commission, 44 F.2d 1109 (D.C. Cir. 1971).

Dietz, Th omas, & Stern, Paul C. (2002). *New tools for environmental protection.* Washington, DC: National Academy Press.

Eccleston, Charles H. (1998). A strategy for integrating NEPA with EMS and ISO 14000. *Environmental Quality Management, 7*(3), 9–17.

Executive Office of the President. (2000). Executive Order 13148—Greening the government through leadership in environmental management. *Federal Register, 65*(81), 24595–24606.

Karkkainen, Bradley C. (2002). Toward a smarter NEPA: Monitoring and managing government's environmental performance. *Columbia Law Review, 102*(4), 903–972.

U.S. Nuclear Regulatory Commission. (1984). NRC Regulations Title 10, Code of Federal Regulations, Part 51—Environmental Protection Regulations for Domestic Licensing and Related Regulatory Functions. Retrieved August 11, 2010, from http://www.nrc.gov/reading-rm/doc-collections/cfr/part051/.

Natural Resources Law

自然资源法

自然资源法有三个基本功能：明确可设定所有权的自然要素及行使使用权的基本条件；促进资源相关的交易；提供协调资源利用及解决各种纠纷的机制。在这些功能中，对于立法者而言，一个关键问题是确定某一自然要素究竟属于独立的资源还是土地所有权的组成部分。

自然资源法是关于鼓励和限制利用自然尤其是有价值的自然要素的法律规则体系。大多数社会形态都制定了何种主体可以在何处以何种方式利用自然的规则。在市场经济体制下，其法律制度往往包含超越界定自然使用权的更复杂的法律，以规范商业交易。同样，更关注环境恶化的社会往往会制定规则限制资源相关活动来减少环境危害。在此种类型的社会中，自然资源法可能有多个目的：鼓励和促进对自然的利用，促进公民之间的公平，确保人类活动不会过度污染或破坏自然环境。

要了解自然资源法，识别其主要元素和

基本功能就尤为重要。立法者在制定法律时有一定的选择来满足特定的情形和需求。美国50个州各自有着详细的、不同的自然资源法体系。尽管其他国家的法律与美国有着显著差异，但各国自然资源法的根本功能却是基本相同。可以说，所有国家的立法者必须制定规则来实现这些基本功能。由此，人们可以确定不同法律体系之间以及具体自然资源法律之间的相似之处。

基本功能

一般而言，自然资源法具有三个基本任务。一是明确能够设定所有权的自然要素以及规定使用者的法律权利（使用权）。一些使用需要提取或消耗自然要素，另一些使用则是非消耗性的，如休闲活动对地表无破坏。有价值的自然要素可以存在于地下、地表或者空中。人们消耗的资源可以是可再生的（植物、动物和某些能源）或不可再生的（大多数矿物和化石燃料）。法律设定的资源使用权通常规定哪些资源可以使用和如何使用，明定使用权的存续期限及可转让性，提供不同使用者之间的纠纷解决机制，以及对使用者施加在资源使用行为终止后的清理或修复义务。自然资源法还包括使用权分配的规则，即政府如何将自然所有权向第一使用人进行初始分配。

自然资源法的第二项基本任务是促进资源相关的交易。资源使用权通常源于私人交易——许可、租赁、出售、让与等。一般而言，私人主体对此类交易享有相当广泛的自由（政府从事此类商业交易时亦如此）。自然资源法可以支持此种交易，从而使市场更为规范和高效。方法之一是制定支配交易的合同规则，除非当事人另有选择。比如，法律可以提供常用术语的定义（例如矿业权、采矿权、水权及狩猎地役权）。它也可以规定使用权存续期间的常见使用费安排及推定（例如，只要所有者继续使用，特定的使用权就一直存续）。在这种情况下，法律会填补不完整合同的漏洞，或者将习惯引入到私人交易。如果私人主体要求，他们通常可以拒绝这些法律惯例，或者脱离惯常实践来定义他们认为合适的术语。在某些情况下，立法者坚持合同或契约应当包含旨在形成某些公共政策的特别条款，而不考虑当事人的意愿。例如，有关石油和天然气租约的法律可能要求所有租约都

需规定承租人在开采结束后必须清理矿址。

自然资源法的第三项基本任务——也是越来越重要的任务——是促进形成资源使用者（或其他人）协调资源使用和解决争端的治理机制。例如，很多国家的灌溉者可以获准建立灌溉或水利企业，从而可以将更大区域内的水资源利用协调起来。类似地，油气田上方的地块所有者可以获准成立联合管理的企业（在美国称为联合经营）以促进开采和恢复。展望未来，自然资源法可能会包含更多旨在鼓励资源使用者为共同利益而协同工作的条款。

与土地伴生的是什么？

立法者的核心任务之一是规定哪些自然要素可以设定所有权和使用权。自然的某一特定部分可以被视为一个独立的资源，比如取水权和用水权、伐木权、狩猎权、放牧权等。或者，使用特定自然要素的权利可以被视为具有土地所有权的属性，这意味着，使用资源的法律权利是土地所有权的权能之一。立法者通常兼采这两种观点，既将资源作为土地的一部分，也将其作为需要分离出来的独立资源。因此，在考察某一管辖区域的法律时，了解自然的哪些部分属于土地所有者、哪些部分属于独立的资产（discrete assets）就非常重要。

土地所有权几乎总是包括使用土壤的权利、收获大多数或所有植物的权利、种植庄稼

的权利以及从事一定范围表层土地使用活动的权利。然而，即便在这些基本问题上，法律制度也有所不同。以殖民时期的美洲为例，英国法律将特定的高大树木从私人所有者中剔除出来，将之作为代表王权的船桅。目前很多国家（如英国）的自然保护法同样保护特定的森林，甚至是特殊的林木。

除对土壤和植被的适用外，法律制度之间很少在与土地有关的自然要素上达成一致。例如，土地所有权是否包括开采地表或地下矿藏（如煤炭、金属、石油和天然气，以及建筑石料）的权利。如果矿藏不属于土地所有权，那么既可以由政府保留进行国家开采，也可以将之分离为独立的资源。各管辖区域在此关键问题上有着多种路径。例如，土地所有者可能有权开采"硬石"矿（如煤、石料和金属），但无权开采石油和天然气。法律甚至可以进行更精细的分类。如英国法长期规定金银属于皇室财产，不管其位于何处；土地所有者则有权获得其他所有矿藏。类似的差异还有水资源，地主可能有也可能没有权利使用流经、毗邻或在其土地之下的水资源。在美国，这个问题很大程度上取决于各州的法律。东部州的法律通常许可土地所有者使用地表水和地下水，各土地所有者之间共享此权利；西部州的法律则通常将水作为独立的资源，并制定了单独的规则来规范谁能获得水权和如何获得这些权利。

在野生动植物所有权上也存在类似差异。立法者必须考虑以下问题：土地所有者拥有其土地上的野生动植物吗？（在美国，这个问题的答案是否定的；但在英国，答案则是肯定的。）通常而言，如果土地所有者拥有其

地之上的野生动物，当野生动物迁徙时，其权利则终止。另一个问题是，法律制度是否将使用野生动植物的权利——通常与物种、季节和区域密切相关——视为与土地分离的独立资源？类似争议还存在于对大气空间的利用、通风和采光以及对洞穴的利用。所有这些权利可能会或也可能不会被囊括于土地所有者所拥有的权利束。

在其中一些问题上，立法者有时会区分有形资源的所有权与使用或获取这些资源的法律权利。例如，美国各州规定湖泊和河流中的水仍是公共财产，土地所有者只享有使用权。在美国的石油和天然气法中，一些州主张土地所有者对其土地之下的石油和天然气享有所有权；另外一些州则认为，油气资源只有被有形开采出来才能设定所有权，土地所有者在得到土地时仅获得对地表进行开采和提取的权利。乍一看，这两种路径似乎截然不同：土地所有者对石油和天然气要么拥有要么不拥有。在实践中，这两种路径则产生类似结果。所有土地所有者都拥有从其土地上的井泵中开采的油气。相应的，拥有油气资源的土地所有者可能丧失对邻地井泵的所有权。另一方面，仅拥有开采权的土地所有者也不吃亏，其仍有权开采和存储尽可能多的石油和天然气。因此，上述区别并不重要。

自然资源体制也会因土地所有者排除他人妨害的能力而有所不同。土地所有者通常可以通过自身活动停止有关妨害，至少是重大妨害。这可能是拥有自然资源的关键要素。另一方面，土地所有者有无能力排除他人穿越或以其他无害方式使用他们的土地也是一个重要因素。因此，私人土地仍可能会向公众开

放而无须土地所有者的同意。在很多社会中，公众都享有利用未封闭私人土地狩猎、觅食、旅行和放牧的广泛权利。在这些社会中，资源相关的活动有时被视为所有公众或本地村民的使用权。

当立法者规定附着于土地所有权的权利时，他们通常必须处理溢出效应或外部性。他们必须考虑一方土地所有者可能危害其他资源使用者的行使权利方式。例如，自然资源法通常规定土地所有者的采掘行为是否会对邻地造成有形威胁。类似的，它规定土地所有者享有使地表水转向等改变自然流向的自由。它也规定植被的规则，禁止某些不必要的物种的引进，要求控制杂草，或者规范森林与牧场管理。

每当立法者将自然的一部分作为独立的资源时，他们面临着一个实际的挑战。自然的各个部分并不像形状整齐的包裹，他们在整个生态层面上是相互联系、混合的，这就要求立法者来界定独立资源的物理边界。例如，将水作为独立资源的立法例必须将连续水循环断片化。被植物吸收的雨水大体上属于土地所有者，但土地所有者可否提供屋顶集水系统收集雨水？这些水属于土地所有者，还是其必须获得

单独的权利去收集？类似地，土地所有者可否截流并储存未汇入溪流的分散地表水？对于自然涌现的泉水或者从溪流中分离出来的尚未用过的水呢？当水资源稀缺时，立法者有义务提供答案。类似的问题还出现在法律将地下矿藏也作为独立资产时。哪些矿藏属于土地，哪些又不属于？泥炭是矿物还是土壤的一部分？如果矿物凸出于地表呢？矿藏伴生于低品位矿石又该如何规定呢？

只要立法者决定将自然的一部分界定为独立资源时，上述问题就不可避免（当土地所有者自愿分离某一资源并单独运输时也会出现上述问题）。立法者面临的挑战很容易表述：某一资源在生态过程中嵌入越深，就越难在土地和独立资源间划清界限。当某一法律体系允许某人第一个获得某一资源时，划界就成为应有之义。例如，采矿权可能属于第一个发现矿床的人，但矿床的法律边界在哪？矿床在哪里结束？土地所有者的权利又在哪里开始？新矿物所有者会获得使用地表的附属权利吗（如为支持矿山竖井而伐木）？

使用土地

一旦法律界定了被认为是土地一部分的有形元素，就必须解释所有者如何使用土地。这个问

题属于财产法或土地法的一个方面；但考虑到土地所有者的权利束中包含如此多的资源，它也是自然资源法的组成部分。

关于这个主题的一些具体问题在前节中已被厘清。土地所有者可以改变自然流向或去除植被吗？所有者能够以侵蚀土壤或危害稀有野生物种的方式耕种吗？更复杂的是一个土地所有者可以很容易干涉其他的土地及土地利用。邻地所有权人之间的争端很常见，且通常都是基于一个基本事实模式：一个土地所有者倾向于更加集约的土地利用（可能产生噪音、振动、气味或交通），而邻地所有权人计划以更谨慎的方式利用。此类争端在目前时常涉及可再生能源，如土地所有权人通常利用太阳能和风能，但若邻地所有权人干预光或风，则其利用行为将很难实现。另一个常见的争端事实模式是土地所有者的行为与他人拥有的独立资源发生冲突，或者两个独立的资源使用权人相互干扰。

法律必须以某种方式解决此类争端。法律规则可以清晰和准确地赋予一方更优越的权利，也可以以模糊的原则或价值为特征，法院必须适用这些原则或价值来解决冲突。一般来说，立法者倾向于使用一种或几种方法解决相邻争端。一种常见的方法是依据在先原则来支持土地或者资源的使用者。第二种方法是评估相互竞争的活动，并赋予在某种程度上更为合理或对社会有益的行为以优先权。第三种方法并不总是可行，即把系争资源分成公平份额，如允许在蓄水层以上的土地所有者按其土地规模分享地下水。第四种方法是考量双方当事人是否可能通过做出合理调整来缓解或终止冲突，如法院可能会考虑一方当事人是否可以通过保护措施来减少资源利用。如果一方可以缓解冲突或者满足对方需要，则法律将强制其这样做。

第五种较为古老的方法一度很流行，但随着工业化的到来则日渐消退：以自然作为合法利用资源的基线。即立法者规定土地和独立资源的权利，所有者必须在不实质改变他人土地自然形态的方式利用自己的土地或资源。在两个世纪前的美国，法院通常判决土地所有者有权享受其土地的"自然形态"，包括风、水、光。邻人对这些自然形态造成实质干扰就是不恰当的。因此，水法允许土地所有者在不减损自然的水量或水质的情况下利用河水。这种方法更支持谨慎保守的农耕利用而非新兴的污染工业用途。毫不奇怪，自然作为基准的方法常常被晾到一边，以便建造污染工厂和铁路，这样城镇土地所有者就可以建造高楼大厦而不会因遮挡空气和光线而违法。

第六种，也是最后一种经常用于解决争端的方法，与其他都不相同。不同于直接立法解决争端，立法者可以创设争议方自己通过治理机制来解决争端的机制或流程。如在"基本功能"中所述，自然资源法可以授权资源所有者形成私人或准公共实体来裁决纠纷，甚至可以通过限制谁可以做什么提前避免纠纷。如此安排可以鼓励资源使用者协同工作，无须诉诸法院即可解决相互对立的矛盾。另一个目标是可以促进共享管理，从而更有经济效率，也更为环境友好。因此，湖泊周围土地的所有者可以被授权建立一个湖泊管理实体来解决与湖泊及沿岸地带有关的争端。牧区土地所有者可能被鼓励成立牧区管理机构来解决争端，甚至进一步在更大空间范围内安排联合放牧活动。假以时日，立法者会日益看到此种方法相较于其他纠纷解决方法在成本、时间和不可预测性等方面的优势。

分配独立的资源

一旦自然的一部分被界定为独立的资源，而非土地的一部分，法律制度就必须以某种方式向潜在使用者提供这些资源。这是自然资源法的分配功能。某一资源可以保留供公众使用（例如使用河流旅行或钓鱼的权利）。权利可以被分配给公众的某些小团体（如某个村庄的居民）。另外，资源也可以通过众多可能的分配方法的其中一种提供给个人或企业。

一种长期存在的方法是将资源分配给最先占有或使用该资源的人。先占制度具有悠久的历史。这是一个简单的分配方法，无须复杂的政府机构来执行。首先到达某一地理区域的人也支持这种方法，因为相比后来者他们更为有利。

作为一种分配方法，采取先占原则会引发可预见的问题。人们怎样来证明其是先占？一个著名的美国法院判决在死狐案中提出了这种问题。是首先发现并密切追踪狐狸的猎人符合先占，还是实际上抓住狐狸的人先占呢？（法院判决是后者。）美国西部的水法中逐步发展出只有实际取水并进行有益利用的人才属于先占了水流；仅仅取水还不够，如果利用不产生益处也能取得水权。在矿产法中，人们只有正确地立桩标出权利诉求、填写相关文书，并能证明矿藏是有价值的，才能主张先占某个有价值的矿藏。

通常情况下，完成获取工作需要时间，因

而先占原则的第二个问题与获取的时机有关。例如，如果从数英里的地方取水并将之用于灌溉或采矿，可能需要几个月或几年的时间，如何确定时机？获取的时间可以追溯到这个过程的第一步，还是所有工作都完成之后？在美国西部水法中，很快出现只要获取者通过合理的努力来完成所需工作，就可以将获取时机回溯为取水过程第一步的规则。

先占原则第三个问题与获取人对抗他人干涉的法律保护有关。美国西部的矿业法通常保护探矿者免受对其实际占有土地的干预。一般而言，立法者会禁止他们认为不公平的竞争。作为一个政策问题，鼓励资源勘探和开采的立法者通常必须给予探矿者和其他潜在资源所有者一定程度的保护。若非如此，他人干预的危险会阻碍人们勘探的过程。

基于先占的资源分配，或者可以称作历史性利用，并没有免除道德或社会的非议。非议之一是政府基本上是免费分配资源而无纳税人的。非议之二是最先达到的资源使用者仅以先占为由并不具有正当性或道德优势。先占规则有助于激励工业和首创，但也很容易过犹不及，尤其是先占者会贮藏资源，后来者则会处于劣势。在全球层面，考虑到全球资源的有限性，这种劣势会由后发展国家承担。

这种道德非难在海洋资源纠纷以及后来的大气污染权利冲突中开始出现。发达国家通常主张为缓解气候变化进行的削减排放需要依据资源利用的历史情况确定。这一立场委婉接受了现有由先开发者获得不合理份额的分配方案。另一种路径是依人均为基础来分配地球资源，而不考虑先前的污染模式。这种路径要求根据人均污染水平来确定各国的削减比例。人均分配方案将取消工业化国家基于先占而获得的优势。

立法者确立自然资源体制时可以采取多种方式将资源分配给初始使用者。有各种各样的其他方法供初始用户分配资源时使用。一个常见的方法是通过销售在市场可以承受的范围内实行价高者得，或者进行拍卖。另一种方法是基于资源如何利用或者潜在使用者的特性来分配资源。由此，某一资源可以许可给只用于公共利益的使用者。此外，还可以根据个人能力和使用者的特性来分配资源，因而海洋资源有时会被分配给赖以生存的渔民，尤其是保留传统生活模式的群体。从事园艺的权利可以分配给低收入申请者。进行高要求的娱乐活动（例如漂流和爬山）的权利可以根据个人技能进行分配。许多资源分配方案有利于本地使用者稳定和保护当地经济的努力。在一些国家或地区，当资源整体利用最为适宜时，立法会捆绑各独立资源并将其打包分配。例如，在半干旱地区放牧的权利可能会与用水权相捆绑。

独立资源使用权

当立法者制定独立自然资源的规则时，他们面临的主要问题是规定每个使用权的框架——使用权的内容是什么？资源如何使用？一项资源使用权的规定如何与其他资源和土地所有权人的权利正好协调？这些问题通常与特定资源的物理特征或属性有关。有时立法者会支持严格的优先权规则以作为厘清权利或避免纠纷的手段。因而，美国矿业法通常规定，在其开采方法损害土地表面的使用时，地下矿产资源所有者具有优先权；他们可以利用地表，甚至造成破坏，只要这种使用对于矿藏开采是合理和必要的。类似的，石油和天然气承租人也可以合理利用地表，除非租约另有限制。采矿权人的确面临限制，但这些限制在近几十年来增长缓慢。例如，他们通常只能使用地表来采矿，而不能用其开采其他土地中的矿藏。同时，他们可能要赔偿土地所有权人因其开采所导致的损害。

资源使用者之间的诸多冲突日益造就丰富、复杂的法律体系，通常是为适应使用特定资源的具体需求和结果。因此，干旱土地的灌溉者享有穿越邻地取水的权利。水道的公共使用者在水路堵塞时有权进入沿岸的私人土地。享有在传统渔区捕鱼之保留权的美国印第安部落享有在运送它们之前晒干鱼的附属权利。放牧权人享有建造栅栏和供水设施的法律权利。此外，在很多资源法中，对于资源使用权的定义必须规定获准使用的范围和程度。例如，特定区域的伐木权要指明哪些树木可以砍伐，哪些区域可以砍伐，要用什么方式砍伐，以及对土壤、水体和其他树木能够造成何种程度的损害。放牧权要指明牲畜的数量和类型,哪些区域可以放牧,土地所有权人(可能是政府机关)在干旱时可否要求减少放牧量。

权利的期限与转让

在界定资源使用权时有两个关键问题,一是期限,即权利的存续期;二是权利人是否可以买卖或以其他方式转让。土地所有权通常(虽然并不总是)被认为是永久的,土地所有者可以随意转让。在独立的自然资源情形下,法律则更为多样。独立的资源使用权事实上很少是永久性的。通常一项使用权内含了期限的限制(如数年)。或者,使用权持续到资源被开采完毕或是只要权利人认为仍有价值。在许多情况下,资源使用权会因权利人放弃而终止(但土地通常不太可能被放弃)。使用权也可以因未使用或违反明定的义务被没收。例如,美国的石油和天然气租约通常在超出原有期限后会无限期延长,"只要"承租人继续付费开采。一旦停止生产,除非双方另外协议,承租权立即终止。正如这些例子所表明的,使用权的期限通常与权利的另一个重要定义元素相关:要么使用、要么失去的义务会迫使权利人开采资源(土地所有者有时面临类似义务,他们也会因闲置或不使用而失去所有权,尽管土地的连续使用义务与独立自然资源远不相同)。

至于资源所有者转让其权利的行为,法律有时会区分商业性质的资源使用权与更为私人或家庭性质的资源使用权,前者是可转让的,而后者是不能转让的。因此,商业性伐木权是可以转让的,但允许邻人进入土地收集柴火的权利则通常不能转让。当资源使用权是

为了特定土地的有效利用时,法律会将其变成该宗地的附属权利。一个简单的例子:袋地通行权会对袋地周围的邻地有益。在此情形下,独立使用权(在此例子中,通行权)很可能不能转让,除非受益的土地本身被转让。

资源自由转让时,资源市场会繁荣起来。但自由转让很容易与立法者坚持资源利用要实现公共政策目标的需求相冲突。政府可能会基于公共利益的衡量或基于申请者的身份来决定资源分配。他们可能会将水资源分配给本地农耕社群,将渔业权分配给赖之生存的渔民,或者决定只有耕作的农民能够拥有农田。这些政策会因使用权人迅速将其使用权转让给其他人或其他用途而落空。为了避免这种危险,从而保护分配方案所蕴含的政策目标,立法者通常会对使用权的继续转让施加限制。他们可能只允许转让给予原始分配机制一致的主体或用途。在美国西部,水权转让通常需经政府批准以确保新用途是对社会有益的。立法者可能进一步限制转让以保护当地的农业社群。这种限制的问题是它们可能干预市场进行资源再分配的能力。当市场不能进行再分配时,国家就必须设计出一些其他的再分配方法(例如,以征用权来改变现有用途,由此使政府能够进行资源的再分配。或者,如果提前了解问题,在分配使用权时就限定期限或规定在特定情形下终止权利)。资源所有者转让资源的能力由此与使用权的其他定义元素交织在一起。

政府规制

政府规制资源使用的权力与对各种政府权力的宪法限制、协调不同层级政府治理活动

的联邦主义问题以及保护私人财产权的规制行动相互交织。私有制是一项有价值的制度，能够促进经济增长，稳定社会、经济和政治秩序。与此同时，私有制来源于政府权力的行使（即私有制本质上是法律的创制）。私有制很容易被土地所有权人用来压制赖其土地或水域生存的他人。特别是在美国，由于普遍认为私有制是在政府系统出现之前就已存在，是法外而生，这种冲突的现实难以理解。加之在这种理智与意识形态冲突之外，还有冲突的经济现实即当立法者试图修改法律界定权利以推进公共福祉时，土地和资源权利人往往坚守其现有权利。同样地，已确立的资源使用者（如灌溉者）即便引发公众看来不能接受的生态危害，也会坚持为其行为辩护。立法者能否合法地限制私人权利以促进公共福祉，取决于政府结构，以及更重要的，民主的力量和活力。

许多法律制度通常允许资源使用者废弃其设施，让自然补救损害和消化污染。然而，越来越多的立法者已经开始坚持资源使用者应清理最严重的污染，将土地修复到像未开采前的生态条件。石油和天然气生产商通常必须填埋矿井，以减少地下水污染的危险。私人交易中也会施加修复义务。目前，有关资源活动的私人租约和合同通常不仅需要移除设备，还需要采取积极措施将土地回复到规定的状态。

自然资源法显著影响到人们如何利用自然，特别是由市场力量驱动的资源活动。立法者可以通过重新考虑和修改自然资源法增进对可持续性的追求，激励或坚持资源使用必须符合持续性的要件。他们可以有效限制资源使用权的要素以禁止恶化生态的行为，也可以要求资源使用者在开采结束后修复自然区域。他们可以改进资源分配和再分配的方法以保证资源利用模式促进共同福祉。他们可以将资源更好地嵌入景观管理体制，有效整合多种资源的使用以便减少冲突，适应变化的自然状况和公共价值。设计完备的法律为市场运作提供了一个框架，从而推动资源利用的模式与发展目标和环境的健康运转更加一致。

埃里克·T. 弗雷福格（Eric T. FREYFOGLE）
伊利诺伊大学法学院
张宝译

参见： 环境纠纷解决；土地利用管制和分区；妨害法；海洋区划；不动产法；土壤保持立法；跨界水法。

拓展阅读

Bean, Michael J., & Rowland, Melanie J. (1997). *The evolution of national wildlife law* (3rd ed.). Westport, CT: Praeger.

Boelens, Rutgerd; Getches, David; & Gil, Armondao Guevara. (2010). *Out of the mainstream: Water rights, politics and identity.* London: Earthscan.

Burke, Barlow, & Beck, Robert. (2009). *The law and regulation of mining: Minerals to energy.* Durham, NC: Carolina Academic Press.

Coggins, George Cameron; Wilkinson, Charles F.; Leshy, John D.; & Fischman, Robert L. (2007). *Federal public land and resources law* (6th ed.). New York: Foundation Press.

Daintith, Terence. (2010). *Finders keepers? How the law of capture shaped the world oil industry.* Washington, DC: RFF Press.

Dellapenna, Joseph W., & Gupta, Jouetta. (2009). *The evolution of the law and politics of water.* Dordrecht, The Netherlands: Springer.

Fischman, Robert. (2003). *The national wildlife refuges: Coordinating a conservation system through law.* Washington, DC: Island Press.

Fisher, Douglas. (2010). *The law and governance of water resources.* Cheltenham, U.K.: Edward Elgar.

Freyfogle, Eric T., & Goble, Dale D. (2009). *Wildlife law: A primer.* Washington, DC: Island Press.

Hu, Desheng. (2006). *Water rights: An international and comparative study.* London: IWA Publishing.

Knight, Richard L., & Bates, Sarah F. (Eds.). (1995). *A new century for natural resources management.* Washington, DC: Island Press.

Knight, Richard L., & White, Courtney. (2009). *Conservation for a new generation: Redefining natural resources management.* Washington, DC: Island Press.

Larson, Anne M., et al. (2010). *Forests for people: Community rights and forest tenure reform.* London: Earthscan.

MacDonnell, Lawrence J., & Bates, Sarah F. (Eds.). (2010). *The evolution of natural resources law and policy.* Chicago: ABA Publishing.

MacDonnell, Lawrence J., & Bates, Sarah F. (Eds.). (1993). *Natural resources policy and law: Trends and directions.* Washington, DC: Island Press.

Maxwell, Richard C.; Martin, Patrick H.; & Kramer, Bruce M. (2007). *Oil and gas law* (8th ed.). New York: Foundation Press.

McHarg, Aileen, et al. (Eds.) (2010). *Property and the law in energy and natural resources.* Oxford, U.K.: Oxford University Press.

Raymond, Leigh. (2003). *Private rights in public resources.* Washington, DC: RFF Press.

Reeve, Rosalind. (2004). *Policing international trade in endangered species: The CITES treaty and compliance.* London: Royal Institute of International Affairs.

Schrijver, Nico. (2008). *Sovereignty over natural resources: Balancing rights and duties.* Cambridge, U.K.: Cambridge University Press.

Tarlock, A. Dan; Corbridge, James N., Jr.; & Getches, David H. (2009). *Water resource management: A casebook in law and public policy* (6th ed). New York: Foundation Press.

Nuisance Law

妨害法

英文中"妨害"（nuisance）一词主要源于法语，可以简单理解为损害。妨害法即与公妨害和私妨害相关的法律，试图通过限制土地的开发利用或在土地所有者行使其权益受到不利影响时提供救助来实现土地所有者权利和其他人权利之间的平衡。妨害法能通过界定并禁止对特定范围土地的生态破坏的行为来促进持续性。

妨害，作为一个法律概念或原理，是指某种行为或某个人造成了损害，特别是对合法权益造成的损害。妨害的重要形式——私妨害——是土地所有权法律的核心内容。它要求土地所有者在开发利用土地时不应对其他土地所有者的权益或公共环境造成法律意义上的损害。依据这一要求，妨害法对私人土地使用设定了全面限制。同时，妨害法也为土地所有者和开发利用者因土地被破坏或在开发利用过程受到不利影响等提供法律救济。因此，妨害法也是土地所有人权利的法律渊源之一，它保护土地所有者在享有和使用其土地的

过程中免受干扰。公妨害是私妨害的重要补充，也是一个密切相关的法律领域。它禁止特定公共损害并提供救济。

私人权利的定义

妨害通常被认为是对土地所有者如何开发利用土地的基本限制：土地所有者应避免不当的开发利用行为对其他土地所有者造成妨害。从这个角度看，妨害是根据法律和法规对土地开发利用行为的限制，它随着更加严格的土地开发利用限制而得到深入研究。因此，如上所述，妨害也被认为是对土地上附属私人权利的保护措施。作为一个法律问题，土地所有者的权利被定义为土地所有者保护其权利可以获得的法律救济，没有救济就没有法律权利。对土地所有者来说，侵权法提供了一种法律救济。侵权法赋予土地所有者有阻止那些对其土地直接、有形侵害的权利。妨害法扩展了这种法律保护的范围。它针对土地开发利用中发生的不是直接地、无形的、不会立即产

生危害结果,却会造成了实质性损害的侵权行为提供救济。

此外,私妨害使得土地所有者免受间接的或无形的侵害行为的危害,如光污染、噪声、粉尘、振动、有害气体或化学污染物。它还可以防范因附近的土地开发如露天采矿或易爆型工业或危险品仓库等造成的明显危害。这个术语已经用于那些容易造成危险用户或租户的土地利用行为,如建造收容所或监狱,以及在视觉上不雅或是有害的土地使用(如色情业)。在几代人以前和现在,这个术语还被用于阻挡阳光的结构(如阻挡阳光照射太阳能电池板)或风力发电(提供通风或驱动涡轮机)。畜牧业、制革厂、蒸馏器、矿山尾矿,甚至太平间也频繁地成为妨害诉讼的标的。最典型的妨害是连续的土地利用行为,如一座工厂持续排放污水。但是,它也可以是一次性的,由于疏忽或源自固有的危险活动的事件(如石油泄漏)。

在很多场合中,妨害法主要用于解决两个或两个以上的土地所有者之间因土地开发利用产生的争端。法律的任务是定义哪些是可行的,哪些是被禁止的——或者,允许现有双方土地开发使用行为当事人自行解决争端。这种类型的争端显示土地所有者的财产权如何融合两类要素:一定强度的土地开发利用权力和防止他人开发利用带来妨碍的权利。法律必须调和权利间的矛盾。如果法律允许噪声、污染或以危险方式使用土地——因此会扩大土地开发利用的权利——那么它一定会减少土地所有者对抗附近土地开发利用造成损害的权利。

土地开发利用权与防范和停止干扰权利的相互作用表明,大众普遍认为的土地所有权是一组或大或小的相对独立权利的通常观念,是不准确的。土地开发利用权与防范和停止干扰权利是相互作用的权利;一方权利内容的增加伴随着另一方权利的减少。坦率地说,必须在这两种权利之间画出界限,这要求社会对它所倾向的土地利用做出重要选择。

定义损害和提供救济

在损害这个词被定义前,土地所有者需要避免造成损害的说法实际没有多少意义。很长时间以来,这一模糊性术语已经被以不同方式广泛地被应用,而且还在继续发展。

在工业革命的前夜,据说英美法律禁止除特别微小损害以外的一切可能造成损害的土地利用行为。随着工业化发展和城市不断崛起,土地所有者对提升土地开发程度的需求更加强烈。土地利用导致冲突不断增加。法院更倾向于支持工业化和城市化,逐渐地剥夺了土地所有者排除新邻居们的造成噪声或污染等行为对其土地造成危害的权利。这种占优势的法律变化也带来了对"不损害规则"(the do-no-harm rule)的修改,以致土地所有者只能在其所受到的损害是实质性的情况下才能向法院起诉;如果损害不是实质性的,土地所有者还必须忍受。为了胜诉,土地所有者还必须证明造成实质性损害行为的不合理性。此外,如果依据新型工业时代历史环境和价值观,造成损害的行为被认为是合理的,那么受到影响的土地所有者是得不到救济的。对土地开发利用的限制被放开后,铁路、纺织厂、矿山和牲畜饲养场得到了长足发展。限制的放宽也必然导致对更多土地取消保护,造成更大的生态退化。

在过去几代人的历史里,立法者对土地用途是否有害的评估倾向于建立在特定的因素或特征基础上(Klein 2007; Nagle 2008; Bone 1986)。他们通常审查土地开发利用是否和周边的区域有共性或者一致。他们着重考虑土地利用的经济和社会效用:效用越大,越不可能会被认为是有害的。法院经常考虑的是当两个土地所有者发生纠纷,是不是可以通过让一方以改善对方条件的方式来减少冲突。与此相关的是"时间优先"(priority in time)原则:如果两块土地的开发利用同样合理,法律倾向于支持早开始运营的一方。工业化前夕,时间因素往往是决定性的。损害的争端常常发生在相邻的两块土地上,任何一方单独运营土地都不会出现类似的麻烦。法院的倾向(从我们到目前为止所知的零碎记录中了解)是判定后开发利用行为造成损害。在工业化进程中,"时间优先"原则的重要性不断降低,法院希望支持的伴随着高强度开发土

地的产业往往都是后来产生的。不过,"时间优先"原则也没有从此就变得无关紧要,也有可能被重拾重用。

学者和立法者试图通过对大量特点鲜明的土地开发利用规则进行归纳总结来精准定义妨害的做法并不成功。他们更倾向于汇编一份相关性要素的列表并在解决纠纷时参照使用。因此,妨害法在基本内容上仍然是模糊的,在适用时还是有自由裁量空间的。

特定的活动是否构成妨害的问题——即这种活动是否对土地的私人所有者造成不合理的实质性损害——与另一个同样重要的问题交织在一起:给予受到损害的土地所有者什么样的救济。长期存在的规则是妨害行为侵害了土地所有者的财产权,法律应随时准备通过发出禁止令停止侵害行为。此即一旦判定妨害,则禁止令基本上自动跟进。土地所有者能够因过去妨害而获得金钱赔偿。近几十年来,法院日益远离这种权利和补救措施之间的联系。这体现在一些案件中。在那些案件中土地所有人毫无疑问地受到了实质性的、不合理的损害,但这种损害来自看上去具有社会或经济价值的活动。在这种情况下,一个禁止令会叫停一个有价值的土地利用行为,导致给被告的损害可能大大超过原告因禁止令取得的经济效益。

叫停一个有利于公共价值的行为带来的成本要高于原告所受损失的做法是不是明智的?一些法院对于这个问题回答是"否"。在做出决定时,他们已经有效地将土地所有者的权利和法律救济的问题分割开。在特定情况下,他们为受损害的土地所有者提供经济补偿,弥补其过去和未来(如果他们同意损害继

续）的损害。这种情况通常只有在禁止令给造成损害的土地所有者的损失远远超过了妨害行为带来的经济收益的情况下发生。

当禁止令发出后，获得禁止令的原告通常可以和被告土地所有者进行协商，结果可能是在被告支付原告一定数额的补偿后妨害继续。在这种情况下，被告可能支付比原告的实际经济损失多得多的金钱补偿。在很多观察家眼中，这样的结果是不公正的；法律事实上授权原告土地所有者去攫取了不公平、不成比例的收益。但是也有人赞同这种做法和结果。实践中，获得禁止令的土地所有者一般都不愿意以放弃其禁止令权利来换取金钱。因为协商是很罕见的，所以不论法律规定的结果是什么——要么禁止令，要么金钱赔偿——它都将是终局结果。

在妨害法包括自动禁止令（automatic injunction）的情况下，它为土地所有者使用和享有土地的权利提供更全面的保护。不能违背土地所有者意愿，迫使他们以接受金钱作为交换，允许邻居侵犯他们的权利。这种法律手段一般被称为财产法（property law）。当法律把受损害的土地所有者可得的法律救济限制在以金钱补偿其损失，不包括禁止令时，它被称为赔偿责任规则（liability rule）。篇幅浩繁的学术著作争论财产和责任规则的优缺点，其主要基于二者相对而言的经济效率。

决策的制定和公开

如上文所述，妨害实际上限制土地所有者利用他们的土地：他们必须避免对其他土地所有者造成不合理的、实质性损害的土地利用。在很多类型的土地利用妨害的案件中，立法和管理机构都对这个模糊的限制进行补充，制定了很多详细的土地利用规则，详尽地列举了什么样场合可以开展什么类型的土地利用。其中部分规则采用了公共健康或环境保护的形式。其他一些是土地利用和区划法规。为了创造和维持良好的土地景观，很多这种规则超出了对相当于妨害的行为的规定。精确的土地利用规则对很少或完全不依赖于不损害原则的国家尤为重要。

这样的法律和法规必须都适应更加广泛的普通法有关妨害的禁止性规定。问题主要包括：如果一片特殊的土地被法律或法规禁止使用，是不是也就意味着这片土地的所有使用行为都被自动视为妨害？换句话说，如果一部法律或法规允许在指定的地方开展特殊的土地利用，该行为是否豁免于妨害的指控呢？

一般原则是认为法律和行政规章的条款在决定一个行为是否是妨害时是重要的参考依据，但不是决定性的。一片土地的开发利用符合所有的区域管理和健康管理的法律规定，但可因其发生的位置和行为的方式被认定为妨害。违反土地利用或健康保护法律的行为可以作为该片土地在这个区域利用不合理的证据，但是在这种妨害的诉讼中原告仍然必须证明实质损害以及在该情况下损害是不合理的。

模糊的普通法中有关妨害的禁止性规定与土地利用和公共健康管理法律关于妨害的相对精确的规定之间的交叉引发了一个重要的政策性问题：法律是模糊些好呢，还是许可行为与禁止行为之间划出一条精确的界限好呢？模糊的法律不能告知什么是可以做的。

另一方面来讲，模糊的法律适用于所有形式的损害行为，不管它们是不是被预想到的。模糊的法律可以防止非常规的土地开发利用行为及其造成的损害。详细的规则对原告或被告提供更加清楚的告知，从而加速争议的解决。但是明确的法律规则也可能对预料之外的后果和因疏忽未预料到的损害行为显得无能为力，因为有些情况是没有办法穷尽对相关因素的考量并且不同的环境对特定地区发生的特定土地开发利用行为也是有影响的。

关于模糊或者灵活与透明的对比问题，很多观察家按照经济学思维赞成透明。他们认为，当人们确定谁拥有什么和谁能做什么，市场和交易才会繁荣。当规则清楚时，各方可以直接买或卖，或者提出回避或者解决土地利用争端的交易建议。当规则模糊时，这样的协商难以实现。这一观点在实践中的难点是，造成损害的土地利用可能具有广泛的不良后果，甚至影响未参与协商的土地所有者。此外，公众作为一个整体通常拥有如何利用土地的正当权益。公共利益越多，个人土地所有者应当具有的通过协商允许有害活动继续的自由就越少。

另外一种降低模糊性的成本的方式较少受到关注。对妨害的诉讼是一种典型的费时费钱的活动。包含多个原告和被告的诉讼尤为如此。因此，妨害诉讼的数量相对较少。通过创建新的争端解决机制可以减少诉讼成本和延误。这种新机制更少依赖律师和证据规则，因而运作更加快速、正式性更低。

公妨害

如上所述，私妨害是土地使用和享有受到妨碍的私人土地所有者的一种可得救济。公妨害——与之相关但不同的法——为公民和团体免受公共损害活动影响提供保护。它们的基本理念是相同的：为了停止造成重大损害的活动，必须有某种救济。公妨害诉讼通常由政府律师代表管辖妨害发生地的政府机构提出。但私人也可以对公妨害提起诉讼，尽管原告通常必须证明其受到特别的损害。相对于一般公民个体来说，原告必须受到不同的或者更严重的损害。人身伤害典型地符合这种"特殊伤害"资格要求。在一些情形中，经济损失也满足资格要求。例如，原油泄漏由于对公众造成了普遍性损害因而构成公妨害。经济生计直接受到原油泄漏影响的公民（如渔民）能够就并非公民普遍遭受的经济损失获得损害赔偿。在私妨害案件中，这一普通法原则同公共健康和安全规则夹杂在一起。遵守广泛监管的行为不大可能被视为公妨害。对法律法规的违反提供了某项活动造成公共损害的证据。

公妨害诉讼通常涉及特定的让人生厌的土地利用——例如用于嫖娼、赌博或酿酒的房屋。很多建筑物，包括缺乏维护的桥梁和大楼、矿井和污水管，因为其造成的威胁，即便这种威胁只针对非法入侵者，也可以构成公妨害。在大多数国家或地区，封堵公共道路或者其他通道（如可通航的航道）也可以视为公妨害。按照长期先例，在道路被封堵的情况下，作为自助，行人可以移除封堵物。

妨害和生态危害

近年来，很多学者和自然保护组织对使用公妨害和私妨害法律阻止可能导致污染和其他生态退化的土地利用产生了兴趣。围绕水污染问题，通常是地下水污染，产生了大量的妨害诉讼。在很多情形中（如尘土、煤烟和可见气体），土地所有者受到的干扰是否直接、有形和可见并不明确，这时提起非法入侵之诉是适当的，或者干扰是间接或相对不可见时，私妨害诉讼是适当的。二者区别很重要。无须证明实质损害或不合理时可以提起非法入侵之诉；存在物理上的入侵就足够了。因此，只要有可能，土地所有者都倾向于将干扰视为是非法入侵而不是妨害。

妨害法的核心要素——损害的理念——是足够灵活的，以至于将妨害应用于新形式的土地退化不需要实际变更法律。法院可以判定，各种各样的活动——土地侵蚀、过量排水、采矿点沥浸、太阳能板或风力发电机造成的阻塞——违反了笼统的不损害规则。近些年来，很多团体运用公妨害法对造成气候变暖的活动提起诉讼。这些案例无疑提出了与因果关系以及损害是否不合理施加相关的难点问题。一些法院不愿触及他们认为主要是政治的问题，或者当他们似乎无力提供会实质减少损害的救济时的问题。然而，当法院被迫运用普通法保护土地所有者和社区免于长期退化，新兴的妨害诉讼可能还是会源源不断出现的。

埃里克·T.弗雷福格（Eric T. FREYFOGLE）

伊利诺伊大学法学院

张鹏译

参见：人类共同继承财产原则；国际习惯法；环境纠纷解决；执法；代际公平；土地利用管制和区划；海洋区划；不动产法；侵权法。

拓展阅读

Abate, Randall S. (2010). Public nuisance suits for the climate justice movement: The right thing and the right time. *Washington Law Review, 85*, 197–252.

Arnold, Craig Anthony. (2002). The reconstitution of property: Property as a web of interests. *Harvard Environmental Law Review, 26*, 282–364.

Bone, Robert G. (1986). Normative theory and legal doctrine in American nuisance law: 1850–1920. *Southern California Law Review, 59*, 1104–1226.

Freyfogle, Eric T. (2003). *The land we share: Private property and the common good.* Washington, DC: Island

Press.

Goldstein, Robert J. (1998). Green wood in the bundle of sticks: Fitting environmental ethics and ecology into real property law. *Boston College Environmental Affairs Law Review*, *25*, 347–430.

Klein, Christine A. (2007). The new nuisance: An antidote to wetland loss, sprawl, and global warming. *Boston College Law Review*, *48*, 1155–1235.

Merrill, Th omas W. (2005). Global warming as public nuisance. *Columbia Environmental Law Journal*, *30*, 293–332.

Nagle, John Copeland. (2008). From swamp drainage to wetlands regulation to ecological nuisances to environmental ethics. *Case Western Reserve Law Review*, *58*, 787–812.

Singer, Joseph William. (2009). *Property* (3d ed.). New York: Aspen Publishers.

Ocean Zoning

海洋区划

通过海洋区划，政府对不同海洋空间的利用进行管理以实现特定目标，如海洋资源的保育。海洋区域可以模仿城市区划来按照特定的或者综合利用的目标进行分区。虽然此类区域的创建会有争议，但是来自澳大利亚和美国加州的实例说明海洋区划是一种提升海洋环境治理的可行战略（如果尚未充分证明）。

直到20世纪早期，对海洋产业如渔业、捕捞业和海洋矿业等几乎没有监管规定。在那时，由公众忧虑特定海洋哺乳动物〔即北方海狗（the northern fur seal）和巨型鲸鱼（the great whales）〕物种数量的急剧下降所推动，各国政府开始制定国际资源管理制度。在20世纪下半叶，由第3次联合国海洋法大会制定的国际条约扩展了海洋资源的国家管辖权，从而鼓励各沿海国家制定本国的资源管理法律。

在国家管辖权范围内外，现行国内法和条约普遍关注一些具体的资源如物种或渔场的保育〔《1976年马格鲁森–斯蒂文森（Magnuson-Stevens）渔业保育和管理法》；《1966年大西洋金枪鱼保护国际条约》〕。海洋区划，有时也被称为"海洋空间规划"，是一种特殊的资源管理方法。相较于对资源的分类管理，海洋区划是在区域划分的基础上对海洋产业的管理。尽管这一制度还没有得到广泛的运用，但海洋区划在过去的十年里得到了很多学者和政策制定者的高度重视（Interagency Ocean Policy Task Force 2009）。

为什么需要海洋区划？

尽管海洋区划的定义——按特定用途将海洋区域划分管理的制度——得到普遍认可，但是对这种制度如何设计和执行还是有很多分歧的。在制定特定国家或地区的区划法时，区划制度的创制者（比如立法者或条约谈判者）必须从选项菜单中做出选择。这些选择受到创制者的利用区划的决策所依据的一个或多个理由支配。因此，在考虑立法者选择什么样的区划前，重要的是思考立法者选择区划的各种理由。

所有建议进行海洋区划的提案都暗含了现有法律和条约无效的看法。学者们指出法律实施效果不尽如人意的三个领域：生态、经济和政治。关于第一个领域，大量的生态学文献记载了海洋渔业的糟糕状况、对诸如海洋哺乳动物和海龟之类的非目标物种的严重威胁以及海洋环境质量的下降（Pauly & Maclean 2003）。当然，在他们所能证明非理想资源管理的范围内，所有这些生态问题也体现了经济上的低效。此外，经济学家也推定现有的海洋法律或许导致了其他低效。比如，通过补贴或者未能控制渔船数量或功率，法律可能导致对渔业设备过度投资的负面激励。最后，作者们讨论了那些已经通过现行法律制度化了的政治问题。特别是，这些法律常常未能认识到海洋资源中存在的巨大公共利益或者未能容纳与公共利益一致的那些价值。结果，一小部分公众即诸如商业捕鱼或者石油天然气行业之类的采掘工业过于严重地影响到有关资源利用的决策。关于如何将不兼容的利用隔开这一区划的核心机制纳入海洋治理会产生更好的结果，各种支撑海洋区划的基本原理在本质上都有不同见解。

将不兼容的利用隔开

正如其名，海洋区划是对城市区划在概念上的继承，各地方政府自20世纪初开始就利用该制度管理市县土地的利用。支持城市区划的基本理由在于，通过在地理上隔开不兼容的利用预先制止土地所有者之间代价高昂的冲突。在区划产生前的几个世纪里，土地所有者只能通过所谓"私妨害"法律诉讼来对其使用和享有财产能力的相邻干扰寻求救济。出于损害已经产生之后才允许解决这一事实在内的几个原因，这种争端解决方式被看作是低效的。此外，私妨害法完全是与案例相关的。因此，依靠妨害诉讼解决争端的土地利用法规不允许土地所有人事先规划他们的投资；某人可能建成工厂不料竟会被起诉并在妨害诉讼后破产。

在海洋语境下，将不兼容使用隔开可能产生生态、经济和政治上的提升。举例来说，区划可以用于创建专注于保护自然区域的分区。从生态角度看，这种做法优于将所有海洋区域都看作是每一种潜在活动可能场地的现行法律。自然保护区意味着一些海洋区域将受到永久保护免于捕鱼和采矿之类开采使用引起的不可避免干扰。在减少利用者之间冲突的范围内，隔开可能具有潜在经济利益。由于海洋资源缺乏私有财产权，妨害诉讼不是一个问题，但是利用者通常将诉讼作为解决争端的一种工具。这些采用了对政府机构做出决定提起法律挑战形式的诉讼既费钱又耗时。此外，通过提供做出合理投资决策所需的确定性，区划将为采掘工业带来经济利益。最后，通过确保所有资源利用者的价值跨越海洋得到最终代表，隔开的利用可以解决政治问题。像公园或野生动物避难所一样，自然保护或休闲垂钓区将为在现行法律之下缺乏获得有利结果的政治权力的利用者提供长期保护。

基于生态系统的管理

支持海洋区划的主要论据之一是，在向被称为"基于生态系统的管理"的转型中空间方法是一种关键组成部分（Douvere 2008；

Halpern, MacLeod, Rosenberg & Crowder 2008; Crowder & Norse 2006）。这些作者认为，现有管理体制不能很好地适合各种海洋利用的跨部门和累积影响。举例来说，根据特定渔业法做出的决策不一定考虑渔业对海洋生态系统其他组成部分的影响，如海洋哺乳动物或珊瑚礁。

给出三点理由支持海洋区划可以带来更好的海洋生态系统管理的主张。第一，区划过程有可能将鼓励更广泛的公众参与。例如，与渔业管理过程相比，广泛的公众参与会促进生态系统方法，因为这确保所有可能的利用和影响将提供给决策制定者。第二，绘制区划图需要长期规划；事实上，伴随着区隔的使用，长期规划将区划方法和现有方法区分开来。长期规划和基于生态系统的管理方法是一致的，因为它将带来对跨部门影响的更多思考（Douvere, Maes, Vanhulle & Schrijvers 2007）。最后，在某种程度上区划法纳入自然保护区的创建作为明确目标，将增强生态系统管理成功的可能性（Douvere 2008）。通过对野生动植物和海洋栖息地的保护，这些区域可以提升整个海洋野生动植物种群的健康状况，作为旨在测量其他活动对海洋生态系统影响的试验控制，并提供对抗其他分区更多超乎预期环境影响的政策保障。

政治理由

区划潜在的政治影响不只限于对权力较小的利用者或团体的永久保护。区划的政治理由是以所有关于资源保育和配置的决定虽然由科学与社会科学获知但最终是由政治力量推动的观点为前提的。换句话说，有关资源

利用的政府决策是利益团体之间有组织协商的结果；资源管理法律中程序部分构建了这些的协商结构。

根据现行法，利益团体反对一项拟议活动必须逐个对许可提出质疑。这是一种耗时且昂贵的尝试。因此，同决策结果有着直接经济利益的"集中"利益团体的成员（如资源采掘企业），与参与的个人成本超过收益的其他"分散"团体成员（如海洋保护主义者）相比更具优势（Olson 1971）。这种优势会导致低效，因为虽然分散的团体在海洋资源中有实际利益，但参与率和由此的决策没有真实反映这些利益的内容。

区划可能以几种方式解决这些政治市场的失灵（Sanchirico, Eagle, Palumbi & Thompson 2010; Eagle 2008）。首先，区划将关于资源配置最重要的决定集中至规划程序前端。这显著减少了参与成本，因此增加了小型团体参与决策的机会。其次，区划可以增加权力较少团体的长期议价能力，因而在某种程度上创建了专用于实现这些团体所期望结果的分区，如自然保护或休闲垂钓区。尤其是，这些分区将赋予小型团体一份可以用作未来谈判杠杆的宝贵资产（Eagle, Sanchirico & Thompson 2008）。例如，自然保护主义者可能同意不去反对自然保护区内一些种类商业捕鱼的许可以换取渔业部门在渔业分区支持更多自然保护措施。

经济结构调整

最后，一些人认为，由于会赋予利益团体对特定海洋区域更加明确界定的政治权利，区划将促进更有效地利用海洋资源（Sanchirico, Eagle, Palumbi & Thompson 2010）。类似于产

权的影响,对资源的明确权利可以调整对使用者的激励。例如,创建一个假定长期允许商业捕鱼的分区将赋予渔民更大的激励,在分区内推动渔业的可持续管理。渔民将不再花时间和精力就资源控制决策与其他团体进行斗争,而是专注于保护他们已获得的渔业利益。换句话说,通过减少渔民由于允许短期内高强度捕捞的规定而参与竞争的激励,区划可以消除"受监管海洋的悲剧"(Eagle, Sanchirico & Thompson 2008, 649)。

区划法的设计选择

为了达到这些目标中的一个或多个,区划法律、法规或条约必须解决三个问题。首先,这必须合并为一个最终产品或区划图的愿景:是否讨论中的管辖权范围内的所有海洋空间都将被分区,还是仅仅是上述区域中的某一部分?将创建什么种类的和多少种类的分区?什么类型的规则将管理各分区的使用?其次,区划法必须描述区划过程,通过这一过程区划图的细节将逐步制定和调整:什么样的信息将投入该过程?这些信息将如何获取?谁将协调区划过程?该程序将持续多久?区划过程结束时,谁将做出关于是否应当批准详细区划图的最终决定?最后,必须有

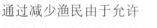

区划管理的条款:一旦该制度形成,谁将决定拟议活动是否实际上符合特定分区的使用规则?谁将评价各分区内的活动和状况?谁将执行这些规则?

在描述可供解决这些问题的选项时,参考两个有些类似的法律制度是有益的。第一,如上所述,海洋区划是对城市区划在概念上的继承。在大多数美国的市县用于管理土地利用的法令,将这些市县分成各种分区,如住宅区、商业区和工业区。根据使用的区划法类型,区划规则要么将特殊区域内的土地利用限制为特定用途(如重工业),要么优先考虑超出竞争性使用的那些用途。第二种类似制度是公共土地的历史区划,即州政府或联邦政府拥有的为公共利益而管理的土地。公共土地法明确规定了如何利用公共土地内的特定区域。例如,国家公园法为休闲和保存等特定用途保留了某些公共土地;在公园范围内,法律禁止采矿或木材砍伐等活动。其他的公共土地法创建了多用途区域。在这些地方,法律要求政府机构负责平衡竞争性使用,然后根据具体情况逐个许可或禁止它们进行。

综合与特别区划

在制定区划法时,起草者必须做出各种选择。城市区划条例通常根据法律要求与综

合规划相一致。换句话说,区划法律必须考虑特定市县管辖范围内所有区域的可能用途。另一方面,公共土地区划方法已经是特别区划的一种。历史上,政府在正式通过限制特殊区域的特定用途的法律之前并没有对所有公共土地各种可能的用途进行过调查研究。例如,美国国家公园制度是一百多年来逐渐建立起来的。

每一种方法都有优缺点。因为会包含更小块的海洋,所以特别方法有可能产生更快的效果。这种方法要求的信息更少,并且作为对现状的边际变化(a marginal change),可能引起更少政治上的强烈反对。另一方面,只有综合方法可以产生诸如所有利益相关方的参与和理性综合规划之类的某些预期区划效益。

分区类型

为了促进区划图的制定进程,同时也为了确保区划图推进某些目标,区划法应当规定可以创建的分区类型的数量(Day 2002)。换句话说,法律应当规定可以创建的分区的主要目标。例如,一些城市区划法限制城市的住宅区、商业区或工业区。同样的,1975年《大堡礁海洋公园法》和加利福尼亚《海洋生物保护法》等现行海洋区划法(如)规定只有特定种类的分区能够得到创建。

这个问题涉及权衡。分区类型的数量限制可以简化程序,但同时也降低了灵活性和满足所有潜在资源利用者需求的能力。区划法起草者可以通过允许创制多重用途分区(即允许所有活动的区域)或者允许区划过程保留部分区域作为考虑之中的"未划分区域"直至未来的某个时间点,从而回避这一问题。然

而,如果综合区划是目标,那么这些解决方案就都不理想;每个解决方案代表了特别区划的一步。

一个与分区类型相关的问题是区划规则在多大程度上(尤其是规定区域内可允许用途的规则)被写作绝对禁止或推定。虽然绝对规则(如"该区域禁止油气活动")提供了更多确定性,但推定(如"在与该区域主要目标一致的范围内允许油气活动")可以提升效率、为利益团体的协商提供方便、并允许某种程度的弹性管理。

编制区划图

区划法将指导行政机构或委员制定区划图。编制区划图是整个区划工作中最费时的阶段。首先,区划,特别是综合区划,要求对海洋资源和生态系统的大量科学信息以及这些海洋资源和生态系统现有和历史利用相关的大量经济和其他社会科学信息进行汇编。其次,由于区划图和规则意味着需要在相当长一段时间里发挥作用,由于区划需要包括的不仅是特定地点活动的纳入还有其他活动的排除,由于区划体现了对现有管理制度的剧烈变化,区划过程有可能极具争议。最后,组织一个公平、包容的、及时的和实用的公众参与程序的繁琐事务令人望而生畏,尤其是在地理环境覆盖面广、涉及利益主体多的情况下。

公众建议

确保公众建议的机会是非常重要的。公众建议会提供以其他方式无法获取的有价值的生态和经济信息。一个机构良好和便于公众建议的程序可以帮助平息围绕区划制度转

型不可避免的一些争议。从合规的角度来看，利用者更有可能遵守他们在制定过程中发挥作用的规则。城市区划和公共土地法提供了将公众建议纳入区划图编制过程的两个迥然不同的方法实例。

城市区划法一般授权民选机构，如市议会，设立一个规划委员会来协助他们设定分区和制定分区规则。这个规划委员会，通常由不同类型的公民团体组成，在制定拟议区划方案过程中聘请规划专家和运用公众听证会。一旦规划委员会制定了方案，市议会就举行听证会，讨论这些规定，并就是否通过草案或以修订形式通过进行投票。公众建议通过选举产生的市议会成员、规划委员会的成员资格以及委员会和市议会的听证会而存在。

公共土地区划中的公众建议虽然组织性较弱但力量不凡。在美国，国会在历史上使用了特别方法进行公共土地区划，零星地通过了建立国家公园、鱼类和野生动植物避难所以及油气储备区的单项法。这些过程中的公共参与包括受影响区域的公共听证会和国会在华盛顿的听证会。和城市区划一样，公众成员也可以通过选举他们在国会的代表来发出声音。

信息要求

在公众建议之外，负责制定区划图的政府机构或委员会必须收集与待分区区域和该区域过去与将来使用者相关的科学和经济信息。这里的难点源自收集、形成和处理信息是费钱而耗时的事实。任何区划法的起草者必须对区划图编制过程的管理者提供指导，不仅有关需要收集或形成的信息类型，而且有关在此花费的时间和金钱数量。换句话说，管理者

必须在做出充分知情而合理的决策需要和做出及时而经济有效的决策需要之间进行评估权衡。

批准最终的地图

关于谁应当承担正式通过区划方案的最终责任还存在大量争论。一种观点认为，这个任务最好由管辖权与分区生态系统范围相匹配的新机构或委员会来承担（Pew Oceans Commission 2003）。也有观点认为，参照城市区划规定和公共土地模式，立法机构应当保留最终批准区划图和规则的权力（Eagle 2008）。后一种观点是建立在哲学基础（区划代表了对应当由政府最有责任部门批准的政治权利的实质调整）和实际考虑之上（政府机构历来避免做出极具争议的决定，例如区划中固有的争议）。

海洋区划的实例

海洋区划尚未被广泛采用。但是，也有一些地方，如澳大利亚的大堡礁国家公园和加利福尼亚州属水域已经采用这一方法。这两个实例也显示了区划法起草者可供的选择。

澳大利亚政府采用海洋区划作为管理大堡礁海洋公园的工具已经超过三十年。根据2003年通过的重新区划方案，公园分为八个区，从多重利用区（一般用途区）到严格保护区（保存区）（Commonwealth of Australia 2003）。制定区划法使用的过程和上文描述的制定城市区划法规的过程相似。作为规划委员会的替代，澳大利亚国会要求大堡礁公园管理局负责进行研究、举行听证会和起草建议计划（*Great Barrier Reef Marine Park Act of*

1975）。如同在城市区划中一样，澳大利亚国会这一民选机构保留了采纳或拒绝最终方案的权力。大堡礁公园的所有分区由公园管理当局管理（Day 2002）。

1999 年，加利福尼亚颁布了《海洋生物保护法》（Marine Life Protection Act, MLPA）。与澳大利亚法律不同，《海洋生物保护法》没有被设计为一种综合区划措施；相反，它旨在创建由四种自然保护区组成的遍及全州的网络，在法律上被称为"海洋保护区"（Marine Life Protection Act 1999）。该法引发了从有限保育（"州海洋保育区"）到严格保存（"州海洋保护区"）的一系列海洋保护区的创建（California Department of Fish & Game 2010）。界定这些区域边界所使用的程序相当复杂，但显然是不同于先前描述的其他模式。例如，除了为其设计和实施通过最初的法律和拨款，民选机构（加利福尼亚立法机关）本身不在批准或不批准全部方案或具体区域创建中保留角色。相反，立法机构把该任务委托给加州渔猎委员会（the California Fish & Game Commission）这一行政机构。立法机构将编制区划图的职能赋予了加州渔猎部（the California Department of Fish & Game），这是另一个行政机构。该部门还负责管理所有根据《海洋生物保护法》创建的海洋保护区。

未来的前景

国家或国际组织最终采纳海洋区划的程度取决于能否克服某些重大障碍。第一，政策变化的支持者，尤其是像海洋区划这样剧烈政策变化的支持者，必须始终努力克服维持现状的惯性。第二，那些将从延续现行逐项资源处理方法获益的或认为他们将获益的利益团体会付出经济和政治资本努力阻止政策变化。克服头两个障碍需要对关于为什么海洋区划将提供比现有制度更多的公共利益的问题提供研究支持并形成更有说服力的理由。第三，有关的障碍是对海洋区划到底意味着什么的明确性不足。考虑到设计和实施的众多选择，许多人仍不确定海洋区划制度需要政府和利用者做什么。围绕这些问题的不确定性阻碍了政策制定者对拟议变化成本与利益的理解并为那些反对团体提供了巨大支持。如果希望成功，海洋区划支持者必须继续改进和明确制定和实施区划制度的过程。

乔什·伊格尔（Josh EAGLE）
南卡罗来纳大学法学院
张鹏译

参见：生态系统管理；捕鱼和捕鲸立法；海洋法；自然资源法；不动产法。

拓展阅读

California Department of Fish and Game. (2010). Marine Life Protection Act Initiative. Retrieved June 15, 2010 from http://www.dfg.ca.gov/mlpa/.

Clark, Colin W. (1977). Overcapitalization in commercial fisheries: Symptoms, causes, and cures. *Environmental Biology of Fishes*, 2(1) 3–5.

Commonwealth of Australia. (2003). Great Barrier Reef Marine Park zoning plan 2003. Retrieved June 15, 2010, from http://www.gbrmpa.gov.au/__data/assets/pdf_file/0016/10591/Zoning_Plan.pdf.

Coggins, George Cameron; Wilkinson, Charles F.; & Leshy, John D. (2002). *Federal public land and resource law.* Eagan, Minnesota: Foundation Press.

Crowder, Larry, et al. (2006). Sustainability: Resolving mismatches in U.S. ocean governance. *Science, 313*(4), 617–618.

Crowder, Larry & Norse, Elliott. (2008). Essential ecological insights for marine ecosystem-based management and marine spatial planning. *Marine Policy, 32*(5), 772–778.

Day, Jon C. (2002). Zoning: Lessons from the Great Barrier Reef Marine Park. *Ocean & Coastal Management, 45*(2–3), 139–156.

Douvere, Fanny; Maes, F.; Vanhulle, A.; & Schrijvers, J. (2007). The role of marine spatial planning in sea use management: The Belgian case. *Marine Policy, 31*(2), 182–191.

Douvere, Fanny. (2008). The importance of marine spatial planning in advancing ecosystem-based sea use management. *Marine Policy, 32*(5), 762–771.

Eagle, Josh. (2006). Regional ocean governance: The perils of multiple-use management and the promise of agency diversity. *Duke Environmental Law and Policy Forum, 16*, 143–177.

Eagle, Josh. (2008). The practical effect of delegation: Agencies and the zoning of public lands and seas. *Pepperdine Law Review, 35*(4), 835–894.

Eagle, Josh; Sanchirico, James N.; & Th ompson, Barton H., Jr. (2008). Ocean zoning and spatial access privileges: Rewriting the tragedy of the regulated ocean. *New York University Environmental Law Journal, 17*(1), 648–668.

Ellickson, Robert C. & Been, Vicki L. (2005). *Land use controls.* New York: Aspen.

Foley, Melissa M., et al. (2010). Guiding ecological principles for marine spatial planning. *Marine Policy, 34*(5), 955–966.

Great Barrier Reef Marine Park Act of 1975. (2009). Retrieved June 15, 2010, from http://scaleplus.law.gov.au/ComLaw/Legislation/ActCompilation1.nsf/0/C9E32D87973F8797CA25767800124E9C/$file/GrtBarrierRfMarPk1975WD02.pdf.

Grumbine, R. Edward. (1994). What is ecosystem management? *Conservation Biology, 8*(1), 27–38.

Halpern, Benjamin S.; McLeod, Karen L.; Rosenberg, Andrew A.; & Crowder, Larry B. (2008). Managing for cumulative impacts in ecosystem-based management through ocean zoning. *Ocean & Coastal Management, 51*(3), 203–211.

Interagency Ocean Policy Task Force. (2009). Interim report of the Interagency Ocean Policy Task Force. Retrieved June 15, 2010, from http://www.whitehouse.gov/assets/documents/09_17_09_Interim_Report_of_Task_Force_FINAL2.pdf.

International Convention on the Conservation of Atlantic Tunas, May 14, 1966, 20 U.S.T. 2887.

Juda, Lawrence. (1996). *International law and ocean use management.* London: Routledge.

Magnuson-Stevens Fishery Conservation and Management Act. (1976). 16 U.S.C. §1801 et seq.

Marine Life Protection Act. (1999). California Fish and Game Code §§2850–63.

Norse, Elliott. (2005). Ending the range wars on the last frontier: Zoning the sea. In Elliott Norse and Larry Crowder (Eds.), *Marine conservation biology: the science of maintaining the sea's biodiversity.* Washington, DC: Island Press.

Okey, Th omas A. (2003). Membership of the eight Regional Fishery Management Councils in the United States: Are special interests over-represented? *Marine Policy, 27*(3), 193–206.

Olson, Mancur. (1971). *The logic of collective action: Public goods and the theory of groups.* Cambridge, MA: Harvard University Press.

Pauly, Daniel, & Maclean, Jay. (2003). *In a perfect ocean: The state of fisheries and ecosystems in the North Atlantic Ocean.* Washington, DC: Island Press.

Pew Oceans Commission. (2003). Charting a course for sea change. Retrieved June 15, 2010, from http://www.pewtrusts.org/uploaded-Files/wwwpewtrustsorg/Reports/Protecting_ocean_life/env_pew_oceans_final_report.pdf.

Sanchirico, James; Eagle, Josh; Palumbi, Steve; & Th ompson, Barton H., Jr. (2010). Comprehensive planning, dominant-use zones, and user rights: A new era in ocean governance. *Bulletin of Marine Science, 86*(2), 273–285.

Young, Oran R., et al. (2007). Solving the crisis in ocean governance: Placebased management of marine ecosystems. *Environment, 49*(4), 20–32.

Polluter Pays Principle

污染者付费原则

污染者付费原则已经成为全球环境政策所依据的最重要标准之一。这一概念在20世纪70年代首次被提出,今天它的范围更加广泛,不仅包括污染预防和控制,而且还包括清理费用的责任。近年来,它对产品的影响已经扩展到整个生命周期。

污染者付费原则(the Polluter Pays Principle,PPP)在经济合作与发展组织1972年5月26日的建议中首先提出,在1974年11月14日的建议中重新确认。作为该原则的主要功能,这些建议详细说明了分配"污染预防成本,鼓励稀缺环境资源合理使用和避免国际贸易与投资扭曲的控制措施"。污染者应承担"由政府当局决定的确保环境处于可接受状态"的措施的实施费用(OECD 1972)。

在斯德哥尔摩联合国人类环境会议发布的1972年宣言中,该原则没有成为特色,但1992年在里约热内卢,污染者付费原则被确定为《联合国环境与发展宣言》的原则16。原则16规定,国家当局应该努力促进环境成

本内部化和经济措施的使用,重视污染者应原则上承担污染费用的做法,适当考虑公共利益方面并不扭曲国际贸易与投资。

欧洲共同体在其第一次环境行动计划(1973—1976)中采用了经济合作与发展组织建议,在其后的1975年3月3日政府当局关于环境问题的费用分配和行动建议中也采用了经济合作与发展组织建议。自1987年以来,污染者付费原则也体现在《欧洲共同体条约》和全球许多国家立法之中。

污染者付费原则的功能和实质

自1972年首次出现以来,污染者付费原则的含义更为广泛,不仅覆盖污染预防和控制措施,也包括责任,例如,破坏环境的清理成本(OECD 1989)。此外,近年来,污染者付费原则的应用领域已经从污染的源头控制扩展到整个生命周期内对产品影响的控制(称为生产者延伸责任,EPR)。

污染者付费原则的预防功能是基于这一

假设，即一旦他必须承担的成本高于持续污染的预期收益，污染者将控制污染。作为预防措施的成本也必须由潜在污染者支付，他才有动力来降低风险和投资适当的风险管理措施。最后，污染者付费原则具有治疗功能（a curative function），这意味着污染者必须承担已经造成破坏的清理成本。

既然总体目标是让污染者承担责任，这一原则带来的问题是谁是污染者；这在知道污染是什么之前无法定义。

污染是什么？

有两个不同的概念用以界定污染：一个是为确定必要的预防措施和环境损害而建立管理标准（administrative thresholds）。如果超过这个标准，就造成污染。从这个角度来看，污染等于非法行为。第二个概念与既定标准无关，只关注污染造成的损害（或损害的风险），也就是说，关注排放和有害活动对环境的影响。由于在大多数欧洲法律中，民事责任不与违反行政管理标准相联系，因此第二个概念也更符合传统的法律概念。这种方法的缺点是污染者付费原则不能回答影响是否有害或者是否必须被视为损害的问题；界定其后由法律标准实施的相关基准，仍然是对自然与环境科学的一个挑战。目前，这两个概念并不一定相互矛盾。

污染者付费原则不仅只适用于有关危害或损害私人财产和/或环境的"实际"污染。大多数法律命令超越这种解读：根据风险预防原则，环境立法还可能提供降低风险所采取的措施，甚至在缺乏科学知识和科学的因果关系不能完全建立的情况下。一个例子是《联合国气候变化框架公约》第3(3)条："当存在造成严重或不可逆转的损害的威胁时，不应当以科学上没有完全的确定性为理由推迟采取这类措施，同时考虑到应付气候变化的政策和措施应当讲求成本效益，确保以尽可能最低的费用获得全球效益。"在这些情况下，根据污染者付费原则，责任人（核电站运营商、产品的生产商）必须承担预防措施成本，即使污染尚未发生。

谁是污染者？

术语污染者是指造成污染的有害活动。但上述污染者付费原则的延伸必然造成的后果是今天的法律通常对污染者的定义更加广泛。从严格意义上讲，不仅那些实际"污染"的污染者被认为是污染者，而且那些只是造成环境风险而污染尚未发生者也被视为污染者。

只要与污染场地有关（例如根据美国《综合环境反应、补偿和责任法》CERCLA），所有

者、处理设施的操作者、在污染场地发现的任何有害废物的生产者以及废物的运输者,在广义的范围内都可以被看作污染者。根据德国《土壤保护法》,在某些情况下甚至污染场地的前主人也可能承担责任。

2008 年,欧洲法院在 Erika 石油泄漏的案件中认为,根据欧盟《废物框架指令》第十五条规定,由于海上事故而成为废物的碳氢化合物的生产者应承担清理费用(1999 年,油轮 Erika 断为两截,污染了约 400 千米的法国布列塔尼海岸)。然而,按照污染者付费原则,这样的生产者不承担责任,除非通过他的行为有助于海难的污染风险的形成。

"使用者"是否也可以被视为"污染者"的问题是相关的,尤其是在产品控制法方面。当污染控制成本以产品价格得到内化,使用者经常是在间接支付。

支付多少钱?

污染者必须支付损害预防和风险预防措施成本,管理程序成本,以及损害发生情况下的修复成本。虽然,从经济的角度来看,这样做的目的是实现外部成本的完全内部化,但在法律方面污染者责任受到另一个法律原则的限定:比例原则。预防措施的范围可以由操作者根据风险问题和具体措施成本来决定。

污染者付费原则的进一步限制是,污染者只支付他自己造成污染的成本,不用支付其他人造成的,正如欧洲法院在有关根据欧盟委员会实施《硝酸盐指令》(91/676/EEC)将水体中的硝酸盐浓度降至确定临界值以下的农民义务的 1999 年案例(C-293/97)中所指出的。

这个规则有一些例外,例如,当法律规定连带责任时。这意味着,在有几个污染者的情况下,受到损害的一方可以向其中一个污染者要求所有赔偿(例如依据 CERCLA)。在严格责任机制下,污染者在损害中承担的最大责任是有限的,而一般侵权行为法没有这样的限制。

污染者付费原则和其他环境原则

正如我们所见,污染者付费原则与其他环境原则密切相关,如损害预防原则和风险预防原则。作为后者的补充性原则,污染者付费原则已经演变成一个关于污染者责任的综合性原则。

污染者付费原则的一个特殊形式是生产者延伸责任。生产者延伸责任由经济合作与发展组织定义为将责任在物理上和经济上扩展至产品生命周期的后消费者阶段。目的是激励生产者提高产品设计的可持续性。例如,这一原则在《欧洲废弃电子与电气设备指令》(WEEE)、《报废车辆指令》和《电池指令》中得到应用。新的欧盟《废物框架指令》(2008/98/EC)也规定生产者延伸责任。这表明,欧盟成员国可以采取适当措施鼓励产品的设计,以便减少产品生成过程和后续使用过程产生废物对环境的影响,并保证已经报废的产品在不损害人类健康和环境的情况下得到修复和处置。生产者延伸责任之下的措施鼓励开发、生产和销售适合多种用途、技术上耐用以及适于正确安全恢复和环境兼容处理的产品。生产者延伸责任受限于技术和经济可行性。在美国,一种类型的生产者延伸责任也称为产品管理。这种方法更多的是基于所有利益相关者的自愿参加并共同承担责任(但生产者仍可能承担更大的责任)。

单个生产者责任的概念(IPR)在《欧洲废弃电子与电气设备指令》有提到。该指令确立的主要激励是成本的分配。根据该指令每一个电子或电机设备生产者应当负责为源于其产品的相关废物的运营融资。但欧盟成员国建立的回收系统的组织更为集体化；生产者承担的是对未加区分的设备混合体的责任，而不是对自己的产品(称为集体生产者责任)。因此，在生产者责任的具体实施中仍有一些不足。

污染者付费原则的一种理解仅将该原则解释为不具法律效力的政策原则。这种解释是基于这一事实，即该原则本身是模糊的，因此无须进一步具体化的法律强制力。相反，另一种理解认为模糊的法律概念在法律上并不少见。自1972年以来，这一原则已经被引入许多国家和国际法律文本，因此今天通常被认为是一个法律原则，虽然其实践中的应用取决于深层次工具的运用。

国际法中的污染者付费原则

污染者付费原则得到一些国际公约(其中大部分具有区域特征)，例如《保护波罗的海赫尔辛基公约》、《保护地中海巴塞罗那公约》的承认。关于是否应当考虑将污染者付费原则作为如同国际法院规约第38条规定的

一般法律原则或者习惯法规则，还没有达成一致的意见。大多数国家的法律规定已经引入污染者付费原则。这个事实表明污染者付费原则的国际欢迎度在上升。这些国家以及越来越多涉及污染者付费原则的国际公约都强烈支持研究将污染者付费原则列入一般法律原则的可行性。

对污染者付费原则的普遍接受也可以在世界贸易组织法律及其前身关税和贸易总协定(GATT)法律中看到。

欧盟法律中的污染者付费原则

自1987年以来，《欧共同体(EC)条约》规定，欧洲环境政策应当以污染者付费等原则为基础[原《EC条约》第174条第二款；现行《欧盟运行条约》(TFEU)第191条第二款]。没有关于该原则的进一步定义。《欧盟运行条约》要求各国在其环境政策中实施污染者付费原则。虽然我们可以从中得出污染者付费原则具有法律约束力影响的结论，但这种影响的重要性是有争议的。在处理禁止使用含氢氯氟烃(HCFCs)的案件中，欧洲法院认为《有关环境的EC条约》(1998)的相关条款列出的目标、原则和标准应当在立法机关实施这一政策时得到尊重。但欧洲法院限制了自己的审查能力，并解释到采用特殊规则的欧洲法院的审查必须限定于立法机关在评估规定污染者付费原则条约的有关条款的应用情形时是否犯了

明显的错误。

事实上,许多指令和条例——所谓的二级立法——已经施行了在很大程度上是基于污染者付费原则的大量环境法。

国内法中的污染者付费原则

世界各地的环境立法越来越多地承认污染者付费原则。在一些国家(如澳大利亚)建立了专门的环保法庭来控制环境立法和污染者付费原则的执行。在加拿大,污染者付费原则体现在1999年《环境保护法》的序言中;在法国,2000年环境法典在L.110-1条中将污染者付费原则界定为预防措施成本以及减少和补救措施必须由污染者承担所依据的原则。

在发展中国家和新兴国家,新的环境立法经常由包含诸如污染者付费原则等环境原则的现代概念所启发和设立,通常得到多边或双边国际合作的支持。

实施和应用的领域

为使其有效,污染者付费原则必须由国际法和国内法的具体工具来实施。为达到这一目的,有许多可用的法律和经济工具。这些工具也可以结合使用,而不是互相排斥,因为考虑到全部成本内部化通常不是仅靠单一的手段。

由政府建立和界定的有约束力的环境标准、排放限度值,或所谓的"最佳可得技术"方法,在许多国家和环境行业仍然是主要的工具,如空气和水污染控制(如,美国1970年《清洁空气法》和1977年《清洁水法》)或清理被污染场地。根据污染者付费原则,满足这些标准的成本(例如"防止污染"技术的投资)必须由工厂经营者支付。

在最近二十年里,经济手段获得了更多的相关性。可交易许可试图为经营者提供以最有效的方式投资污染控制措施的激励。美国《清洁空气法修正案》第四章追求在第一阶段期间从1995年到2000年减少电力公司50%二氧化硫排放的目标。《京都议定书》已经建立了二氧化碳排放量的国际交易计划,这也已经由欧洲法律实施。然而,排放交易计划是否优于传统的命令与控制法律是有疑问的。如果允许对现有工厂免费分发豁免("不受新规限制""grandfathering"),这尤为适用,欧盟二氧化碳排放交易计划下的第一个交易周期就是这样。

一些欧洲国家,如比利时和德国,已经在各自的税收立法中引入了生态税(ecotax, ecological taxation)计划,以便促进更环保的原材料或能源的使用。澳大利亚已经确立了以渔业部门行政活动融资为目的的成本回收费用的办法。此外,许多国家建立了新的责任规则。欧盟根据2004年《欧盟环境责任指令》也建立了新的责任规则。如果造成了对土壤、水或自然栖息地和物种的环境损害,某些专业活动被纳入严格责任机制,于是负责人必须通知当局,防止进一步损害,并恢复受损的环境。

另一个工具是产权的概念,旨在赋予个人无主自然商品的所有权。

污染者付费原则对持续性的贡献

如今,污染者付费原则已经成为环境政策最重要的根据之一。它不仅影响环境政策,也影响着国际环境法、欧洲环境法和国家环境法。特别是，欧盟环境立法越来越多地基于污染者付费原则。过去三十年，污染者付费原则成功改善了欧洲空气和水的质量。

世界范围对污染者付费原则的接受也可能在不久的将来使其作为国际法的一般原则被接受。如2010年墨西哥湾石油泄漏之类的重要事故表明与污染者付费原则普遍而不断增长的关联。因此，同损害预防和风险预防原则一起，污染者付费原则仍将是可持续发展的核心基础。

格哈德·罗勒（Gerhard ROUER）
应用科学大学
张岩译

参见：博帕尔灾难；清洁空气法；清洁水法；风险预防原则；跨界水法；废物运输法。

拓展阅读

Beder, Sharon. (2006). *Environmental principles and policies: An interdisciplinary introduction*. London: Earthscan.

de Sadeeler, Nicolas. (2002). *Environmental principles*. Oxford, U.K.: Oxford University Press.

Epiney, Astrid. (2006). Environmental principles. In Richard Macrory (Ed.), *Reflections on 30 years of EU environmental law*. Groningen, The Netherlands: Europa Law Publishing.

Krömer, Ludwig. (1997). Polluter-pays-principle in community law: The interpretation of article 103r of the EEC Treaty. In Ludwig Krömer (Ed.), *Focus on European Law* (pp.244). London: Graham & Trotman.

Mann, Ian. (2009). A comparative study of the polluter pays principle and its international normative effect on pollutive processes. Retrieved July 13, 2010, from http://www.consulegis.com/fileadmin/downloads/thomas_marx_08/Ian_Mann_paper.pdf.

Renckens, Stefan. (2008). Yes, we will! Voluntarism in US e-waste governance. *RECIEL, Review of European Community & International Law*, *17*(3), 286–299.

Roller, Gerhard, & Führ, Martin. (2008). Individual Producer Responsibility: A remaining challenge under the WEEE Directive. *RECIEL, Review of European Community & International Law*, *17*(3), 279–285.

条约/决议/判例

Council of the European Communities Directive of 12 December 1991 concerning the protection of waters against pollution caused by nitrates from agricultural sources (91/676/EEC). Retrieved August 28, 2010, from http://ec.europa.eu/environment/water/water-nitrates/directiv.html.

Council of the European Communities Waste Framework Directive (2008/98/EC) of 19 November 2008.

Organisation of Economic Cooperation and Development (OECD). (1972, May 26). Recommendation of the council on guiding principles concerning international economic aspects of environmental policies. Council Document no. C(72)128.

Organisation for Economic Co-operation and Development (OECD). (1974, November 14). Recommendation of the council on the implementation of the polluter-pays principle. Document no. C(74)223.

Organisation for Economic Co-operation and Development (OECD). (1989, July 7). Recommendation of the council concerning the application of the polluter-pays principle to accidental pollution. Document no. C(89)88/FINAL.

International Court of Justice. (1945). Statute of the International Court of Justice. Retrieved November 15, 2010, from http://www.icj-cij.org/documents/index.php?p1=4&p2=2&p3=0.

United Nations Framework Convention on Climate Change (adopted on 9 May 1992 and entered into force 21 March 1994).

Precautionary Principle

风险预防原则

风险预防原则作为一项预见和预防未来行为潜在的不利影响的政策，是规范特定区域商业活动和自然资源管理的法律的基础。在欧盟，新颁布的化学物质销售管理法规是基于风险预防原则的。在美国，此类监管方法尚未得到广泛采用。

作为一种公共政策范式，风险预防原则在商业产品、工业过程和自然资源管理规定中的应用相对较新。自20世纪80年代以来它在全球的一些地区日益得到应用。风险预防原则一词的起源通常归因于德国风险预防（Vorsorgeprinzip）的概念，或者"提前关注原则"（fore-caring principle），可以翻译成预见自己行为的可能后果。

随着美国在20世纪70年代一系列立法的成功，通过监管空气和水质、有毒物质、有害废物的法律，以及联邦和州政府机构采用的定量风险评估程序，风险预防原则在20世纪80年代中期进入欧洲政策制定者的公共讨论之中。基于对商业活动使用预防方法的历史传统，他们开始用它来形容一个监管新技术和产品的有意义框架。

会议、条约和法律

尽管联合国大会的《自然世界宪章》（1982）第一次引入了风险预防原则的理念，但在1984年德国不来梅举行的第一次保护北海国际会议上它被作为一个法律概念首次提出。这一术语在1987年伦敦第二次国际会议上作为一个优先政策规定被进一步明确，其在第七段规定："为了保护北海免受最危险物质带来的可能危害，预防性措施是必要的，这要求即使在绝对明确的科学证据确定因果关系之前就需要采取行动来控制这种物质的输入"（着重号系作者所加，译者注）。

风险预防原则的主导地位也体现在1992年推动欧盟形成的《马斯特里赫特条约》（Maastricht Treaty）："［欧洲］联盟环境政策应瞄准保护的高标准，把联盟不同地区情况的多样性考虑进去。应当基于风险预防原则和采取预防性措施原则,把环境损害应作为在源头纠正的优先级,而且污染者应当付费"(着重号系作者所加)。

1992 年在里约热内卢举行的联合国环境与发展会议("地球峰会")上,风险预防原则作为原则 15 而采纳。会议报告指出,"为了保护环境,各国应当根据其能力广泛采取预防性措施。在面临严重的或不可挽回的损害威胁时,缺乏充分的科学确定性不得用作推迟采取防止环境退化的费用低廉的措施的理由"(着重号系作者所加)。

最终,在 2002 年 2 月,虽然欧洲经济共同体委员会(CEC)承认《马斯特里赫特条约》提出的风险预防原则,但没有定义这一原则的概念,仅就这一主题发布了一个详细的"沟通"文件。文件指出,风险预防原则应当不仅适用于保护环境,而且"事实上,它的范围更加广泛,特别是初步客观科学的评价表明有合理的理由担心对环境、人类、动物或植物的潜在危险影响可能不符合社区保护的高标准"。但欧洲经济共同体委员会文件也提到在整个欧洲共同体的监管框架内进行风险分析的重要性。文件指出,"应当在一种结构化的风险分析方法内考虑风险预防原则,其中风险包括三个要素:风险评估、风险管理、风险交流。风险预防原则与风险管理尤其相关"(CEC 2002)。

大西洋两岸的分歧与国际应用

风险预防原则在欧盟受到广泛认同的同时,其在美国尚未流行,尤其是私营企业和主要贸易协会都坚决反对使用这种方法来规范他们的商业和工业活动。大西洋两岸这种分歧的原因在于两种监管文化不同的道德标准和哲学世界观。

美国的监管官员更容易接受界定环境和公共卫生标准的风险评估和风险管理原则,如发放工厂废水的排放许可证。相反,欧洲官员并不相信仅靠风险评估程序就足够控制商业交易中的有毒物质和有害产品,尤其是当它涉及进口的制成品时。欧洲官员更容易怀疑新产品没有对人类健康和自然环境影响的进行适当评估就进入市场。因此,采用风险预防原则作为一个总体监管方针对许多欧洲政策制定者更有吸引力。

在 20 世纪 70 年代早期,风险预防原则成为德国环境法的基本依据,从那时起一直被其他国家的司法和监管程序所援引。其中,德国和瑞典已经首先将风险预防原则应用到化学安全管理条例之中,虽然严格程度不同。例如,在德国,预防性措施被认为是:科学不确定性不能替不采取监管行动辩护。另一方面,在瑞典,科学不确定性的举证责任转移到产品的制造商。第三个也是最严格的,风险预防原则的应用是以科学不确定性作为理由要求公共机构采取明确的监管行动。

在关于2006年澳大利亚拟议移动电话基站场地的一个重要案件中——澳洲电信有限公司诉康视比郡议会案（Telstra Corporation Limited v. Hornsby Shire Council）——风险预防原则的概念在新南威尔士采用的一个环境法条款的基础上被引用。这一条款指出"如果存在造成严重的或不可挽回的环境损害的危险，缺乏充分科学确定性不应作为推迟实施防止环境保护退化措施的理由"。然而，法律诉讼决定支持澳洲电信通信公司，理由是社区并没有显示出其暴露于高频电磁辐射所造成的严重损害的充分依据。

在新西兰，风险预防原则的概念已经被纳入许多环境和自然资源法律。1991年的《资源管理法》定义了什么可能会触发预防性行动，它指出："第一，如果在检测之后能够证明其不仅仅是猜想或假说，[环保法庭]将接受法的科学证据。第二，风险预防一般原则的应用是在法院的自由裁量权内行使自己的判断……影响谨慎适用的因素是科学证据的可靠性和科学证据可能的影响的严重性"（Birdsong 1998）（着重号系作者所加）。

2007年6月，基于被称为REACH（《化学品注册、评估、授权和限制》）的风险预防原则基础概念，欧盟实施了一项里程碑式的监管框架。这个欧盟指令使私营企业评估和管理化学物质生产、使用和销售的程序标准化，并为成员国用户提供安全信息。《化学品注册、评估、授权和限制》要求任何在欧盟内进口或者生产大量化学物质的制造商，都要在位于芬兰赫尔辛基的欧洲化学品管理局登记其产品。制造商在他们现有或新产品进入欧盟市场之前所需的化学安全检测的范围、类型和费用问题尚未解决。

《化学品注册、评估、授权和限制》监管框架的最终结果是将化学品安全的举证责任转移给制造商。在《化学品注册、评估、授权和限制》的风险预防规定之下，现在制造商将未经充分检测的化学品引入市场是非常困难的。以前，对潜在有害影响的举证责任由监管机构和/或公众承担。因此，当《化学品注册、评估、授权和限制》完全施行时，其将对化学产品和其他工业产品的国际贸易产生重大影响。

在美国的应用

虽然风险预防原则的基本概念还没有在美国扎根，但是一些州和地方政府已经开始在他们的决策过程中采取这一原则。例如，1998年由一群科学家、哲学家、律师和环境活动家在威斯康星州拉辛Wingspread会议中心制定的《风险预防原则声明》明确，"当活动对人类健康或环境产生损害威胁时，就应采取预防性措施，即使一些因果关系并没有完全在科学上建立"（SEHN 2010）。

早在1989年，马萨诸塞联邦（Commonwealth of Massachusetts）就颁布了《减少有毒物质使用法》（TURA），这为该州企业自愿减少其生产、使用和排放有毒物质提供了依据。这种方法并不依赖于这些物质有害影响的科学确定性。2003年，旧金山市通过了一项预防原则条例。条例规定，"因果关系缺乏科学确定性，不得被视为本市推迟实施防止退化或者保护其公民健康措施的充分理由……当存在担忧的合理依据时，风险预防原则可以用来帮助减少损害"（Board of Supervisors 2003）。

美国环境保护署研究和发展办公室前助理伯纳德·戈尔茨坦博士（Dr. Bernard D. Goldstein）在《环境健康展望》发表的一篇社论指出，为了将风险预防原则引入美国的监管框架之中，人们必须准备进行科学研究："负责任的风险预防要求我们的预防行动建议伴有一个判断该行动一旦实施是否得到合理性证明的研究议程。只有当风险预防原则的运用者接受预防行动包括并自动触发用以决定预防行动科学性的研究时，风险预防原则才能良好运作"（Goldstein 1999）。

未来的前景

当 21 世纪的第二个十年开始时，是否采用风险预防原则的争议——在化学品管理、食品生产、海洋和野生动植物管理等多样的领域——聚焦于政府、非政府组织和私人企业对化学安全和商业及工业活动监管的精心设计和科研创新的研究与开发的方式的解释、评估和支持的方式上。最重要的是，这取决于我们最初注意风险预防原则概念的方式——预见我们社会集体行动的后果。

A. 卡里姆·艾哈迈德（A. Karim AHMED）
国家科学与环境理事会
张岩译

参见：生物技术立法；化学品法律和政策；污染者付费原则；纳米技术立法；化学品注册、评估、授权和限制；限制危险物质指令。

拓展阅读

Andorno, Roberto. (2004). The precautionary principle: A new legal standard for a technological age. *Journal of International Biotechnology Law*, *1*, 11–19. Retrieved November 17, 2010, from http://www.ethik.uzh.ch/ibme/team/mitarbeitende/andorno/precautionaryprinciple.pdf.

Birdsong, Bret. (1998). Adjudicating sustainability: New Zealand's environment court and the Resource Management Act. Retrieved November 23, 2010, from http://www.fulbright.org.nz/voices/axford/docs/birdsongb.pdf.

Board of Supervisors, City of San Francisco. (2003). Precautionary principle policy statement. Retrieved November 21, 2010, from http://www.greenaction.org/cancer/alert061803.shtml.

Commission of the European Communities (CEC). (2002, February 2). Communication of the commission on the precautionary principle. Retrieved November 17, 2010, from http://ec.europa.eu/dgs/health_consumer/library/pub/pub07_en.pdf.

Declaration of the International Conference on the Protection of the North Sea. (1984). Bremen declaration. Retrieved November 21, 2010, from http://www.seas-at-risk.org/1mages/1984%20Bremen%20Declaration.pdf.

DiGangi, Joseph. (2004, September). REACH and the long arm of the chemical industry. *The Multinational Monitor*, *25*(9). Retrieved November 17, 2010, from http://multinationalmonitor.org/mm2004/09012004/

september04corp3.html.

Goldstein, Bernard D. (1999). The precautionary principle and scientifi c research are not antithetical [Editorial]. *Environmental Health Perspectives*, *107*(12), A594–A595. Retrieved November 17, 2010, from http://www. ncbi.nlm.nih.gov/pmc/articles/PMC1566805/pdf/envhper00517-0010.pdf.

Lofstedt, Ragnar E. (2004). The swing of regulatory pendulum in Europe: From precautionary principle to (regulatory) impact analysis. *Journal of Risk and Uncertainty*, *28*(3), 237–260. Retrieved November 17, 2010, from http://www.springerlink.com/content/uj172553465k2402/fulltext.pdf.

Science & Environmental Health Network (SEHN). (2010). Precautionary principle. Retrieved November 21, 2010, from http://www.sehn.org/wing.html.

Second International Conference on the Protection of the North Sea. (1987). London declaration. Retrieved November 22, 2010, from http://www.seas-at-risk.org/1mages/1987%20London%20Declaration.pdf.

Telstra Corporation Limited v. Hornsby Shire Council. (2006). Retrieved November 21, 2010, from http://www. lawlink.nsw. gov.au/lecjudgments/2006nswlec.nsf/c45212a2bef99be4-ca256736001f37bd/fdf89ace6e00928 bca25713800832056?OpenDocument.

Treaty on European Union [Treaty of Maastricht], Official Journal C 191. (1992, July 29). Retrieved November 22, 1010, from http://eurlex.europa.eu/en/treaties/dat/11992M/htm/11992M.html.

United Nations Conference on Environment and Development. (1992). Rio declaration. Retrieved November 22, 2010, from http://www.unep.org/Documents.Multilingual/Default.asp?documentid=78&articleid=1163.

United Nations General Assembly. (1982). World charter for nature. Retrieved November 21, 2010, from http:// www.un.org/documents/ga/res/37/a37r007.htm.

Principle-Based Regulation

基于原则的监管

监管有两种基本方法：基于原则的系统（principle-based systems）和基于规则的系统（rules-based systems）。为了促进国际合作和适应不断变化的技术，环境保护监管往往是基于原则而非规则。对于每种方法优缺点的争论一直都在持续。

原则是一个社会中基于习惯的、被认可为真实的基本概括。在基于原则的监管体制下，监管确定所期待的结果和最佳实践。这些基本原则补充现有法律并且被律师和法院所普遍地接受。另一方面，在基于规则的监管体制下，其重点是遵循一套为达到希望的结果而设计的综合的法典（code）、规则和程序。

起源、演化和发展

在现代，大多数国家的法律制度由一套广泛接受的原则所组成。这些基本原则确保法律是完整和连贯的。在西方文化中，19世纪的欧洲逐步形成了在缺乏具体的法律时转

而求助于原则的做法。当时许多国家都将现存的立法编纂成为综合性法典。那时，不得不在缺乏可适用的法律或法律存在费解或模糊的情形下判决案子的法官必须找到解决办法，并且识别这些办法的理由和依据。这样，法律不再是规则的集合，而是成为一个基于被视为法律规范（legal norms）的核心原则的不断演进的系统。

现代的法律和监管系统同时使用原则和规则。不存在"纯粹的监管系统"：监管通常源于规则和原则的组合，并根据监管对象性质的不同而有所侧重。换言之，这两种方法并不是互不相容的。举例说来，监管方面的立法，涵盖了赋予法官或监管者广泛自由裁量权的被视为具有最终性质的规则，因此也就意味着在适用的时候可援引这些原则。

在复杂的社会中，许多不同类型组织的顺利运转依赖于基于规则或原则抑或是两者综合体的监管。许多行业，如金融服务行业，除了州和国家的监管体制外，还有自己的监管

系统。其他监管系统,比如那些控制和监测环境发展的,则涉及许多甚至在国际上运行的行业和组织。

当存在降低社会风险的需求时,基于原则的监管使用较多,尤其是在某些行为的后果尚且不为人知、风险由人类活动产生且无法为清晰和呆板的规则所控制的情况下。规则只有当所有的条件得到满足(全有或全无)才能运行;原则提供了极大的灵活性,可适应一个特定的案例,而规则只是把案例还原成一套格式。因此,一个基于原则的系统更适合于快速发展的进化系统。科技创新的快节奏削弱了经验的价值,同时扩大和增加了不确定性。这就需要构建强调指引维度而非规定尺度的监管策略。

基于原则的监管关注预期的结果而不是行为的控制或方法,因此可以应对快速的变化。在环境监管的语境中,一个很好的例子就是欧盟建立的环境风险预防原则(European Commission 2000)。风险预防原则在法律上确立了当一个行为或政策涉嫌对公众或环境造成危害时一个主体(此案中是欧盟)可以采取措施来保护公众,即使尚未达成科学共识。欧盟建立了一个指导其环境保护的一般原则而不是设置一系列规定的监管模式。

争论

围绕基于规则或基于原则的监管之间的争论集中在这两大系统的比较优势和劣势上。其中一方的优势往往是另一方的劣势,反之亦然。

基于原则的监管的最大优势就在于它的灵活性。实现这些原则确立目的的手段可以随着具体状况和技术的变化而演化。因此,基于原则的监管鼓励创新。例如,这种监管限制工厂污染排放的总量而不是要求其使用某种特定的空气污染控制办法。通过这种方式,这些工厂可以随着技术的进步而不断升级它们的方法,亦可实施最具成本效益的解决方案。

基于原则的监管依赖于受监管个人或组织来确定应用和执行的确切条件,经营者而非监管者决定实施并负责监控的进展,尽管监管者仍进行监督。因为指南不是规定性的,所以合规更难落实。经营者不得不解释这些指南并经常同不确定性和不可预测性做斗争。而在基于规则的监管体系下,监管者则接受这些风险。

对于监管者来说,当不同经营者的合规存在差异,对合规的考量取决于定性的条款而非定量的结果时,就是基于原则的监管体系,监督会更加繁复。此外,监管本身也必须越来越精细和复杂。因此,基于原则的监管并非在所有的市场中都有效,它在成熟的、可自我调节的市场中效果更好,那里的监管者和经营者之间存在信任。

基于原则的监管也适合于国际合作所要求的情形。协调指南和目标要比融合诸多规则容易得多。正因为如此,基于原则的监管在需要跨境执行的环境领域中十分常见。

未来

在现代社会中,基于原则的监管是一种根深蒂固的社会行为管理和控制方法。若缺乏"基于原则"定义中的某些要素,国家和国际上的监管系统将无法实现其功能。传统的基于规则的监管系统尚未消失,而是作为基于原则的监管系统的辅助方式;当两个系统相辅相成的时候,监管才是最为有效的。

随着全球化的加速,强调基于原则的监管将继续增强,因为它简化了不同国家或地区之间的合作。进展则取决于寻找到路径确保实现跨界的无缝应用和一致,同时监控这些原则本身随着不断变化的经济、社会和政治状况而发生演化。

梅塞德斯・帕尔多(Mercedes PARDO)和
卢西亚诺・帕雷霍(Luciano PAREJO)
马德里卡洛斯三世大学
张忠民译

参见:人类共同继承财产原则;国际习惯法;环境法,软与硬;代际公平;国际法;风险预防原则;强弱持续性的争论;世界宪政主义。

拓展阅读

Aim, Alvin L. (1992). A need for new approaches: Command and control no longer a cure-all. *EPA Journal*, May/June, 6–11.

Ayres, Ian, & Braithwaite, John. (1992). *Responsive regulation*. Oxford, U.K.: Oxford University Press.

Alexy, Robert. (1979). Zum Begriffdes Rechtsprinzips [The concept of legal principle]. *Rechtstheorie, Beiheft* [Legal Theory, Supplement], *1*, 59–87.

Esser, Josef. (1953). Rezension der Habilitation von Arthur Meier-Hayoz. [Review of the qualification of Arthur Meier-Hayoz]. *Rabels Zeitschrift, Zeitschrift fur ausländisches Privatrecht* [Rabel Journal, Journal of Comparative Private Law], *18*, 165–167.

Dworkin, Ronald. (1975). Hart cases. *Harvard Law Review*, 6(88), 1057–1109.

Dworkin, Ronald. (1977). *Taking rights seriously*. Cambridge, MA: Harvard University Press.

European Commission. (2000). Communication from the commission on the precautionary principle COM (2000)1.

Gunningham, Neil, & Sinclair, Darren. (1999). Integrative regulation: A principle-based approach to environmental policy. *Law & Social Inquiry*, 24(4), 853–896.

Hahn, Robert W., & Stavins, Robert N. (1991). Incentive based environmental regulation: A new era from and old idea? *Ecology Law Quarterly*, 18(1), 1–42.

Hart, Herbert. L. A. (1961) (1997). *The concept of law*. Oxford, U.K.: Oxford University Press.

Saskatchewan Ministry of Environment. (2009). *Toward a results-based regulatory system*. Regina, Canada (File R4143.6). Retrieved November 28, 2010, from http://www.seima.sk.ca/assets/File/envreport1.pdf.

Tickner, Joel A., & Geiser, Ken. (2004). The precautionary principle stimulus for solutions-and alternatives-based environmental policy. *Environmental Impact Assessment Review*, 24, 801–824.

Real Property Law

不动产法

通过调节人们彼此之间关于土地和自然资源利用的关系以及我们与不断变化的物理世界之间的关系，不动产法律可以实现持续性的长期目标。当财产法平衡了环境管理与经济安全的需要，它就变成了一个实现可持续发展的重要工具。

不动产法是指由政府设立的用来保护土地或诸如树、水、石油或矿产等资源的特定利益的法律。当个人或群体基于不动产法拥有了一项被认可的法定利益，那么他们就拥有了占有、使用和转让土地或资源的排他性权利。

可持续发展要求勤勉地管理有限的环境资源从而满足人类日益膨胀的需求。环境保护和人类发展目标之间的平衡（比如食物和水安全、能源生产）并不总是很容易实现。在为负责任的土地利用进行区划的背景下，通过创建透明的土地和自然资源贸易市场，国家可以运用其不动产法律来平衡环境管理的优先性与经济增长之间的关系。当社区和个人具

有法律所认可的土地和自然资源上的利害关系，那么就会产生保护当代和未来世代的这些资源可持续发展的持续投资激励。

尽管大多数财产法方案都规定所有者对具体财产享有占有、使用、排他和处分的权利，但并不存在一部普适的不动产法。根据一国是想要促进更加公平的资源利用还是更为排他的使用，国家在依法管理土地和其他自然资源时会采取不同方法。如果国家为所有公民创建合法可辨识的可得产权且有意识地平衡生态保护与人类需求之间的关系，那么这些国家将会更有可能实现长期的可持续增长。相反，如果国家干扰某些社区和个人获得产权，可能会经历短期增长，但也有为社会冲突创造前提的倾向。对于一个不断增长的人口的经济持续性取决于保持健康的土地和充足的资源。

各国通常使用三种工具来平衡经济增长与环境需要之间的关系：土地权利法（land tenure laws）、区划制度和公众信托理论。

私有土地权利和持续性

尽管约束性的区划法可能适用于促进环境持续性，但政府制定了土地权利法以刺激经济的持续性或防止社会动荡。土地权利法涵盖了各种不同类型的土地权利，包括两个私人主体之间的私权利、不同社区之间分享的共有权利、每个人可得的公开获取权利以及向公共部门当局分配不动产的国家所有权。土地权利法描述了谁可以使用哪些资源以及如何利用。创建保障土地权利的财产法框架对于确保个人或群体有机会保护他们的土地权益、开发土地、利用土地作为抵押物从市场中获得信贷支持是至关重要的。目前一些地区土地权属的缺乏限制了大规模的农业生产力，毕竟作为个人不太可能花时间耕种他们没有合法权益的土地。一方对财产的合法要求越强，一方就越会通过投资基础设施而增加财产的价值或保护其环境完整性等内在价值。

世界的大部分地区尤其是贫穷社区的现实是，个人对于他们的土地或资源并没有正式的、合法可辨识的权利。政府用来保护当地社区利益的土地管理系统往往是过时的。结果，关于土地的冲突持续不断，因为不同群体在土地资源不断减少的情况下为获取利益而竞争。强大的政治和经济集团游说抵制提升大量土地不安全个体土地权利的法律改革以维持现状。

大多数国家都将所有权分为公共土地和私有土地。公共土地可以包括公路、水路、国家公园和政府的财产。私有土地能以许多不同的合法承认形式拥有。在美国，对土地的拥有或者是绝对所有权（即一种没有反对该权利的任何其他条件或主张的不动产所有权形式），或者是一些可以被认可的较少利益。在一些国家，如泰国，私人所有权有四种类别：土地所有权的契据、在一定时间内允许使用一块土地的先占证明、保障业主占有权的使用证明和从国家获得的小农户专用土地证书。

一些国家，如澳大利亚，承认土地上存在公共和私人利益的竞争。在由澳大利亚的州还是由一群原住民拥有澳大利亚沿海一组岛屿的纠纷中（马勃诉昆士兰州），法院认为原住民土地所有权可以限制国家主张的土地权利，因为原住民土地所有权早在澳大利亚成为一个国家之前就已经存在了。由于原住民群体为了他们的后代往往关注土地的环境与文化的持续性，所以原住民土地所有权可以促进持续性目标。

中国等社会主义国家在土地的确权上采取了独一无二的方式。认识到土地所有权对于刺激经济生产力至关重要，中国引入了准私人权利。1998年，中国提出了可以在个人和公司之间转移的"土地使用权"（1982年《中国宪法》第十条第四款；2004年《土地管理法》第1章第2条）。尽管"土地使用权"可以被认为是私有财产的一种形式，但中国土地的所有权仍然属于国家及其机构。

鉴于土地权利和确权对社区发展工作具有重要意义，特别是在农村，已经出现了改革财产法的持续努力，以提供更加容易获得的土地，并通过利用土地作为抵押信贷鼓励当地投资。在20世纪90年代，经过几次由国家试图为小农户提供土地的失败后，萨尔瓦多政府在世界银行的帮助下推出了新的土地改革计划，它的目标是把萨尔瓦多变成一个由财产所有者组成的国家，希望刺激小规模的发展并将贫穷的缺地人群纳入到经济和社会发展的过程中。该项目整体成效喜忧参半。虽然土地使用的增加并未使更多的家庭摆脱贫困，但实地研究的结果表明，即使拥有少量土地的家庭也可以通过他们的劳动获得更好的回报，并能够在经济困难年份让他们的孩子继续上学（Conning, Olinto & Trigueros 2000, 1）。

单靠土地所有权不足以促进社区经济的可持续性。正如卡罗尔·布德罗（Karol Boudreaux）关于南非兰加镇（Langa Township）的2006年案例研究表明，发展机构不能指望单靠赋予土地所有权就会对经济增长产生连锁反应。该研究发现，尽管保障所有权刺激了一些有限的经济活动，但它并没有带来更大社区项目的预期投资，因为个人为了规避风险会将所有权担保作为贷款抵押，而银行对给在非正规部门工作的个人发放信贷非常谨慎。

政府参与监督不动产利益并不一定改善经济或社会的持续性状况。例如，在尼日利亚，土地所有权由1978年的《土地利用法》所规范，该法禁止个人未经政府同意转让或转租土地。这种做法加剧了基层腐败。在这种情况下出租人需要付费才能获得政府的批准，而这本来应该是一个合规的商业财产交易。一个商人在土地利用系统中转让土地需要14种政府强制的手续，其花费大约占土地价值的22%（UNCTAD 2009, 46）。

正式的土地权利法不是创造社区经济可持续性的必要条件。在一些地区，比如非洲西部，习惯的土地权利一直左右着包括土地在内的许多关系（Barrows & Roth 1990）。虽然正式的土地权利（即正式被国家法律所认可的不动产权利）可以提高个人从更为广阔的资本市场中获得经济资源的机会，但因其允许当地精英获得依据习惯权利制度可能分配给其他不同所有者的土地，它也可能在某些情况下导致土地权利的不安全（即根据社区习惯和实践所承认的不动产权利，国家可能承认也可能不承认）。

缺乏容易辨识的产权会大大地影响到社区与更大区域或全球经济市场的连接。因为担心投资可能会被无偿征用，外国投资者不愿意投资在他们认为缺乏保障土地权利的国家。随着全球的连通性成为经济持续性的重要组成部分，国家制定法律承认和保护非公民的私有财产权。古巴为了吸引急需的外国直接投资，甚至也承认了有限的私有财产权（根据1995年《外国投资法》第77号）。许多原住民群体依靠法律的路径保护他们祖传的土地，不仅是为了在经济上维系其人口而且是为了在文化上保存其社区。因为原住民群体往往与他们的土地有着特殊的关系。这种关系在其他地方无法复制，所以保障其合法可辨识的产权是这些组织得以长期存续的关键。这种财产与文化持续性之间的联系已经为国际法所认可。在1989年，国际劳工组织承认了"有关民族对他们传统上占有的土地享有所有权和拥有权（以及）有关民族对非由其单独占有但又系他们传统上赖以生存的土地享有使用权。"

促进环境持续性的区划

区划法是主要由地方政府通过的在特定区域允许特定土地用途的规定。由于限制指定区域的某些公共用途，如娱乐活动和自然保护，因而划定地理区域作为国家或省级公园或海洋保护区的国家法与分区划法的功能一样。只要精心设计，区划法就会有助于对那些因为需求旺盛而日渐枯竭的有限资源进行可持续管理。例如，应对大规模的旅游开发，泰国的攀牙省最近通过了严格的区划法为未来五年的自然保护和传统农业用途而限制海滨土地使用。

区划法，尤其是旨在保护脆弱生态系统的法律，如果在某个传统上由社区使用的区域禁止所有人类使用，那么可能导致与社区的冲突。例如，在非洲中部，政府通过法案在刚果盆地建造了12个公园取代了多达12万的贫困人口惯常用以维生的土地（Cernea Schmidt-Soltau 2006，1818）。一些国家，如印度尼西亚和肯尼亚，则通过妥协允许社区有权进入公共土地使用某些产品并以此来换取当地的土地管理权限，从而解决了这个"公园和人"的问题。

正如旨在保护公共财产的法律的单方面

实施所证明的，排斥长期经济的持续性不能促进环境的持续性。忽视农业、渔业和狩猎采集群体权利和需要的自然保护是不可持续的。从这个意义上说，可持续发展要求平衡人类需要与生态保护。基于共同管理的新法律特质主张同时解决保护脆弱生态系统的环境需要与维持当地生计的需要。其中两个例证包括在巴西海洋采掘保护区下创建的保育单元国家体系（Lei No.9.985/Article 225），以及在澳大利亚政府原住民保护区项目下创建的澳大利亚社区保育区。在这两个项目中，国家已经确定了包含生物多样性价值、生态服务和文化价值的生态系统，并依靠社区通过适用原住民习惯的法律和实践促进这些生态系统的保育。

公共信托

不动产法普遍承认私人和公共的财产利益。关于公共财产利益，一些国家承认历史上共享的某些资源的"公众信托"财产利益。公共信托理论主张，公众拥有获取和使用特定资源而不受私人所有者任何限制的合法权利。最初应用于不受私人河岸所有者干扰的利用适航水道的公众权利，公共信托理论已经扩展到包括滩涂、湖床和其他自然资源的公共利益。

公共信托理论要求政府作为受托人代表公众获取和使用特定的资源，尽管公众可能并不拥有潜在的财产所有权。国际社会通过被称为"人类共同遗产"的公众信托保护所有公民共享某些资源的权利。超越国家管辖权范围的海床被认为是一个共同遗产资源，这意味着源于私人使用资源的财政收益应被广泛地共享。

不动产法的意义

　　通过构建我们关于使用土地和自然资源的相互关系以及更重要的我们与动态变化的物质世界之间的长期关系,不动产法实现了持续性的长远目标。同时承认环境价值和社会需要的区划机制可以提供合理的土地利用规划。同样地,为此前边缘化群体提供正式承认的财产权的土地权利机制,具有促进更大社会公平的潜力。财产法一旦平衡了环境管理的价值与经济安全的需要,法律也就成为一个促进可持续发展的强有力的工具。

阿娜斯塔西娅·特莱塞茨基(Anastasia
TELESETSKY)
爱达荷大学法学院
张忠民译

　　参见：可持续发展——法律和委员会概述；环境纠纷解决；外国投资法；土地利用管制和区划；自然资源法；妨害法；海洋区划。

拓展阅读

Barrows, Richard, & Roth, Michael. (1990). Land tenure and investment in African agriculture: Theory and evidence. *Journal of Modern African Studies*, 28(2), 265–297.

Baslar, Kemal. (1998). *The concept of the common heritage of mankind in international law.* Leiden, The Netherlands: Martinus Nijhoff.

Bernhardt, Roger, & Bernhardt, Ann. (2005). *Real property in a nutshell.* St. Paul, MN: Th omson West.

Boudreaux, Karol. (2006, April). The effects of property titling in Langa Township, South Africa (Mercatus Policy Series, Policy Comment No. 4). Fairfax, VA: Mercatus Center, George Mason University.

Bruce, John, et al. (2006). *Land law reform: Achieving development policy objectives.* Washington, DC: World Bank.

Cernea, Michael, & Schmidt-Soltau, Kai. (2006). Poverty risks and national parks: Policy issues in resettlement. *World Development*, 34(10), 1808–1830.

Conning, Jonathan; Olinto, Pedro; & Trigueros, Alvaro. (2000). Managing economic insecurity in rural El Salvador: The role of asset ownership and labor market adjustments. Madison, WI: Broadening Access and Strengthening Input Market Systems. Retrieved November 3, 2010, from http://www.basis.wisc.edu/live/NICA%20papers/conning_olinto.pdf.

Nolon, John. (2006). *Compendium of land use laws for sustainable development.* New York: Cambridge University Press.

Ubink, Janine; Hoekma, Andre; & Assies, William. (Eds.). (2009). *Legalising land rights: Local practices, state responses, and tenure security in Africa, Asia, and Latin America.* Leiden, The Netherlands: Leiden University Press.

United Nations Conference on Trade and Development (UNCTAD). (2009). *Investment policy review: Nigeria.* Retrieved August 30, 2010, from http://www.unctad.org/en/docs/diaepcb20081_en.pdf.

Government of Australia, Native Title Act 1993 (entered into force 1 January 1994).

Government of Brazil, Marine Extractive Reserves in Brazil, Lei No.9.985/Article 225, July 2000.

Government of Cuba, Foreign Investment Law No. 77, Ley De La Inversion Extranjera, ch.6, Gaceta Oficial de la Republica de Cuba, Extraordinary Ed. No.3, 6 September 1995.

Government of El Salvador, Decree No.17, Diario Official, Vol.310, No.40, 26 February 1991.

Government of the Peoples' Republic of China. (1982). Constitution. Retrieved August 30, 2010, from http://english.gov.cn/2005-08/05/content_20813.htm.

Government of the Peoples' Republic of China. (2004). Law of the Peoples' Republic of China on Land Administration. Retrieved August 30, 2010, from http://www.fdi.gov.cn/pub/FDI_EN/Laws/GeneralLawsandRegulations/BasicLaws/P020060620320252818532.pdf.

International Labour Organization Convention Concerning Indigenous and Tribal Peoples in Independent Countries, No 169, 28 ILM 1382 (adopted 27 June 1989).

Mabo v. Queensland 1988. HCA [High Court of Australia] 69; (1989) 166 CLR 186 (8 December 1988).

Refugees, Environmental

环境难民

数百万人颠沛流离，他们因自然灾害、基础设施建设或者有毒污染暴露等原因远离传统栖息地，其中很多是世界上最贫穷人口。直至2010年，国际法仍不适用于不得不离开自己国家的环境难民。联合国机构提高了对环境难民所处困境的关注，他们受到的法律保护少于那些因宗教和政治迫害而流离失所者。

灾害不同程度地影响着世界上最贫穷的人们，因为他们通常没有基础设施和社会服务来保护自己（El Hinnawi 1985, 6–20; Pogge 1985）。在联合国环境规划署最早的一份关于环境难民的主题报告里，埃萨姆·埃尔·辛纳维（Essam El Hinnawi）将"环境难民"定义为：那些因为导致危及他们存在和/或严重影响生活质量的环境破坏（自然或者人为破坏）而被迫暂时或永久地离开传统栖息地的人（El Hinnawi 1985, 4）。

全世界有数百万流离失所的人们，他们的迁移通常由寻找家园时的危险状况来决定，可以被分成两个主要群体：无家可归而仍在本国和那些离开自己国家的人。一份2007年报告（Christian Aid 2007）估计，当时有"约1.63亿人被迫流离失所"，下面为对他们的描述：

● 2 500万人因身处冲突和极端侵犯人权状态而流离失所，但仍在他们自己的国家；

● 2 500万人因诸如地震、飓风、洪水等灾害原因而流离失所，但仍然在他们自己的国家；

● 1亿零50万人因诸如大坝、矿山、道路、工厂、种植园和野生动物保护区等"发展项目"而流离失所，绝大多数仍然是在他们自己的国家；

● 850万人属于难民。这意味着他们已经逃离自己国家的迫害，逃往其他国家寻求庇护申请。

同一份报告预测，2007年和2050年之间将有10亿人被迫离开家园（Christian Aid 2007）。1994年，关于荒漠化和移民的阿尔梅里亚报告预计，"世界上的移民数量已经达到了非常高的水平，但仍将以每年约300万的速度增加"

（International Symposium on Desertification and Migration 1994）。曾于1993年向世界发出过新兴环境难民危机警告的独立科学家诺曼·迈尔斯（Norman Myers）在2007年预测，到2050年可能会有多达2.5亿人因受气候变化影响而流离失所（Myers 1993; Christian Aid 2007）。那些质疑其严谨科学分析基础的人批判他的预测，尽管他的预测常常是最准的，如在2050年科学家预计可以控制气候变化对人的影响（Brown 2008）。

法律的区别

从法律的角度看，难民从属于不同的法律主体，虽然他们流离失所的严峻情况不相上下。那些流离失所但仍在自己国家的人被认为是国内流离失所者（Internally Displaced Persons, IDPs）。那些被迫离开他们国家的人被认为是难民。

目前那些由于环境破坏而流离失所不得不离开自己国家的人不受国际法保护。1951年《难民公约》（Convention on Refugees, CR）对"难民"的定义不包括环境难民，所以他们没有资格获得难民身份（除非他们通过其他途径取得资格）。《关于难民地位的公约》（1951年7月28日通过，1954年4月22日生效）中第一条将难民定义为有正当理由畏惧出于种族、宗教、国籍、属于某特定社会群体或持有某种政治见解遭受迫害的原因而离开其本国，并且由于此项畏惧不愿受该国保护的那些人；或者无国籍并由于上述情事留在其以前惯常居住国之外，不能或者由于上述畏惧不愿返回该国的那些人。

环境难民这个词的使用在国际上一直争论不休。一些人认为这是一个误称，因为环境难民并未被提供与《难民公约》定义的难民相同的法律保护（IASC 2008）。惊人的生态难民数量（包括气候和其他环境原因的难民，以及那些由于经济压迫以及发展或者其他工业项目所引起的有毒物质接触而流离失所者）已经严重到足可彻底重新审视和讨论当前需要建立的国际法。是否需要建立一个覆盖环境难民的新的法律框架并因此而制定《难民公约》的附录或者作为一个独立条约，是不久的将来有待解决的问题。

因和果

土地退化、森林砍伐和荒漠化致使一些地区无法居住，产生来自受影响地区的大规模移民（Goodland 2008）。在灾害发生以外的区域，国家往往不急于打开国门；有时他们提供援助，尽管那通常是不恰当的、不充分的、很难分发给那些最危险的区域（El Hinnawi 1985）。通常环境难民只是试图迁移到他们自己国家的不同区域，但是这些地区，多半是城市，往往没有准备接收难民和支持他们的许多需求。因此而开发的棚户区，往往缺乏安全住所、饮用水和废物处理设施（El Hinnawi 1985）。

联合国机构强调发展对于流离失所的影响，并且取得了一些进展，越来越多人意识到环境难民问题的严重性。正如联合国副秘书长、联合国环境规划署执行主任阿齐姆·施泰纳（Achim Steiner）所证实的：被迫或其他原因的人类迁徙无疑是未来几十年来环境恶化和气候变化的最严重后果之一。（Couldrey & Herson 2008, 4）

施泰纳承认，"不可持续的人类发展"，加

上海平面上升和"沿海湿地的消失",在很大程度上导致数百万人到2080年逃离家园。欧盟委员会、国际移民组织(IOM)、联合国开发计划署正在管理一个共享迁移和发展相关知识的项目(UNGA 2008,11)。

气候变化的影响通过下列一系列途径(Morton, Bancour & Laczko 2008):①"变暖和干燥的影响"将明显扰乱生态系统以及加剧围绕资源的现有政治紧张;②洪水或大规模降水等灾难性天气事件发生的增加,将"造成大规模迁徙";③"海平面上升"将永久破坏数百万的传统领地。气候变化的影响需要"积极干预",研究减缓和适应措施防止群体迁移。

干预和指导原则

2008年4月联合国大学、国际移民组织、联合国环境署和慕尼黑保险基金会(Munich Re Foundation, MRF)在慕尼黑成立了以确保在环境、发展和气候变化领域的迁移准备与协作为目标的气候变化环境与移民联盟(CCEMA)。然而,作为气候变化环境与移民联盟一部分的团体和类似组织仅仅是缺乏实施其结论的法定权力的咨询机构。

针对因气候变化或更本地化问题造成的环境破坏而被迫在自己国家内流离失所的人们,1998年《关于境内流离失所问题的指导原则》(the 1998 Guiding Principles on Internal Displacement)提供了一些保护(U.N. ECOSOC 1998)。不同于《关于难民地位的公约》,《关于境内流离失所问题的指导原则》明确规定需要保护由于"自然或人为灾害"不得不离开自己家园的人。这提供了为数不多的法律框架

之中的一个,尽管仅是自愿采用,但通过它可以保护那些因环境破坏而流离失所者。

最后,基于主权和不受干涉原则,对流离失所者的首要责任取决于他们的主权国。但正如学者盖伊·古德威尔·金(Guy Goodwin-Gill)和简·麦克亚当(Jane McAdam)(2007,33)所阐明的,"主权和不干涉管理原则可能往往与包括人道主义问题决议中的人权和国际合作承诺在内的国际组织管理原则相违背"。

主要的问题是,联合国通常缺乏保护流离失所者的法定权限(Goodwin-Gill & McAdam 2007, 34; UNGA 2005)。因此,尽管对保护的需要达成了"广泛共识"(Goodwin-Gill & McAdam 2007, 48),但至少在国际层面保护流离失所者仍未解决。实际问题几乎只是区域与政治的,虽然在某些特定情况下国内流离失所者可在国际法中考虑。

于2008年生效的《五大湖地区安全、稳定和发展协议》(《大湖协议》)是专门针对流离失所者的为数不多的具有约束力的多边协议之一(ICGLR 2006a)。《大湖协议》产生于11个非洲国家一起解决安全和发展问题的共同关切的会议。协议由10个议定书组成,其中两个专门解决流离失所者的关切。《保护和援助国内流离失所者议定书》第六条要求批准国(所有11个会议成员都已批准)"通过和实施指导原则作为在大湖区向国内流离失所者提供保护和援助的区域框架"(ICGLR 2006b, 5)。协议还要求在制定流离失所者立法的过程中指定国家政府特定机构提出灾难预防措施和流离失所者保护。考虑到约占所有流离失所者四分之一的非洲国家已批准了这个条约,本协议及其议定书的意义是重

大的。仅苏丹就拥有超过500万流离失所者（Kalin 2007）。

大多数保护流离失所者的其他国际文件可能推断出包括"批准差距"和"共识差距"（Phuong 2004, 49–50）。流离失所者保护的问题仍然非常重要，不仅因为气候变化的存在和全球化的压力使不受保护的移民数量不断增长，还因为它所代表的问题反映了现代主权和人权问题之间的紧张（Anghie 2006; Dacyl 1996, 136）。

由于各国一直避免起草一个可能巩固或强制保证国内流离失所者权利的新的具有约束力的公约，所以这种"差距"的存在似乎并非由于纯粹的忽视。但"附加保护"的法律概念自1990年以来已经被发现越来越不全面。这个词作为"难民"正式定义的一部分可以追溯至国际联盟（Marrns 2002）。

附加保护作为一个区别于"只在人道主义立场"保护的法律术语，以人道主义和人权法为基础（Goodwin-Gill & McAdam 2007, 286）。但是人权和人道主义法并不适用于所有可能需要保护的人：例如，人道主义法的规范只适用于武装冲突期间，但其他形式的"小规模冲突"不符合此定义（Phuong 2004, 48–49）。人权法也需要澄清其原则以及它们如何适用于环境难民，同"自由流动和获得国际援助"和"不遭受任意流离失所的权利"一样，保护生命当然也在该法中（Phuong 2004, 51; Stavropoulos 1994, 689）。

此外，不被任意迁移的权利没有在任何综合性国际人权文件中得到明确规定。唯一涉及原住民和部落民族的《国际劳工组织第169号公约》确实提供了这一权利。《世界人权宣言》包括隐含适用的言辞，人权事务委员会在1999年指出选择自己的居住地的自由［Article 12(1) of the ICCPR］包括防止各种形式的被迫离开家园（Human Rights Committee 1999; Phuong 2004, 51）。

预防措施

到21世纪末，海平面可能在1980年和1999年之间发现的水平上升59厘米（IPCC 2007）。在低洼国家，不断上升的海洋已经损害了大片土地，威胁到数以百万计的家庭。由于担心因海平面上升而失去国家，马尔代夫（约400 000人口）总统穆罕默德·纳希德（Mohamed Nasheed）创立了一个基金用于购买新的土地，并向其他国家呼吁一个搬迁之地，如果/当他们的土地已不适宜居住（Ramesh 2008）。马尔代夫的平均海拔只有1.5米，是世界上地势最低的国家之一。此处产生一个问题：没有了土地，一个国家是否仍是合法的国家（IASC 2008）。如果它不被视为一个国家，那么那个国家的人民成为无国籍人。国际法几乎没有对如何处理这种形式的强制移民提供任何指导，尤其是由于环境破坏导致的情况。

一些国家有具体的立法，可以为环境难民提供避难所。瑞典已经颁布了《外国人法》(Alien Act)，如果人们"因为环境灾难而无法返回到原来的国家"则允许他们待在瑞典；该法案还包括对无国籍个人的保护（Swedish Code of Statuses 2005）。在2010年1月海地地震的余波之后，美国为因地震滞留的非法居留的海地人提供18个月的临时保护（Preston 2010）。当地震发生时，这种保护并没有涵盖到那些当时未在美国境内的海地人，所以只能保护到很小一部分受到地震损害的海地人民。

这两类的流离失所者（难民和国内流离失所者）的解决方案，将更多受益于立即采取预防措施在"源头"保护他们，也就是说，在情况恶化到逃离是生存唯一选择的情况之前。数以百万计流离失所者的存在是由于环境的破坏，当这些人数持续增加，保护他们的法律的欠缺值得引起警惕。随着国家推进可持续发展和社会公正的目标，环境难民的困境以及正在受到威胁的流离失所者都必须引起注意，法律机构应向他们提供适当的保护。

劳拉·韦斯特拉（Laura WESTRA）

温莎大学

章楚加译

本文改编自劳拉·韦斯特拉2009年出版的《环境正义和生态难民的权利》(London: Earthscan)"环境难民问题"章。环境正义和生态难民的权利可以在线获得，http://www.earthscan.co.uktabiddA。瑞典《外国人》和《大湖区安全、稳定和发展公约》的相关材料由宝库山出版社提供。

参见：武装冲突与环境；博帕尔灾难；切尔诺贝利；非暴力反抗环保运动；草根环境运动；环境正义；风险预防原则；联合国——公约、协定概览。

拓展阅读

Anghie, Anthony. (2006). *Imperialism, sovereignty, and the making of international law*. Cambridge, U.K.: Cambridge University Press.

Brown, Oli. (2008). Migration and climate change, *IOM Migration Research Series, No.31*. Geneva: International Organization for Migration.

Christian Aid. (2007). *Human tide: The real migration crisis*. London: Christian Aid.

Couldrey, Marion, & Herson, Maurice. (Eds.). (2008, October). Climate change and displacement. *Forced Migration Review, 31*. Oxford, U.K.: University of Oxford, Refugee Studies Centre.

Dacyl, Janina W. (1996). Sovereignty versus human rights: From past discourses to contemporary dilemmas. *Journal of Refugee Studies, 9*(2), 136–165.

El Hinnawi, Essam. (1985). *Environmental refugees*. Nairobi, Kenya: United Nations Environmental Programme (UNEP).

Goodland, Robert. (2008). The World Bank financing of climate change damages integrity. In Laura Westra, Klaus Bosselmann & Richard Westra (Eds.), *Reconciling human existence with ecological integrity* (pp.219–244). London: Earthscan.

Goodwin-Gill, Guy S., & McAdam, Jane. (2007). *The refugee in international law* (3rd ed.). Oxford, U.K.: Oxford University Press.

Gostin, Lawrence O. (2008). Meeting basic survival needs of the world's least healthy people: Toward a framework convention of global health. *Georgetown Law Journal, 96*, 331–392.

Huff, A.I. (1999). Resource development and human rights: A look at the case of the Lubicon Cree Indian Nation of Canada. *Colorado Journal of International Environmental Law and Policy, 1*(120), 161–174.

Imai, Shin. (2001). Treaty rights and Crown obligations: In search of accountability. *Queen's Law Journal, 27*(1), 49.

Inter-Agency Standing Committee (IASC). (2008). Climate change, migration and displacement: Who will be affected? Retrieved November 23, 2010, from http://unfccc.int/resource/docs/2008/smsn/igo/022.pdf.

Intergovernmental Panel on Climate Change (IPCC). (2007). IPCC fourth assessment report: Climate change 2007. Retrieved November 24, 2010, from http://www.ipcc.ch/publications_and_data/ar4/syr/en/spms3.html.

International Conference on the Great Lakes Region (ICGLR). (2006a). Pact on Security, Stability and Development in the Great Lakes Region. Retrieved November 24, 2010, from http://www.internal-displacement.org/8025708F004BE3B1/%28httpInfoFiles%29/60ECE277A8EDA2DDC12572FB002BBDA7/$file/Great%20Lakes%20pact_en.pdf.

International Conference on the Great Lakes Region (ICGLR). (2006b). Protocol on the Protection and Assistance to Internally Displaced Persons. Retrieved November 24, 2010, from http://www.internaldisplacement. org/8025708F004BE3B1/%28httpInfoFiles%29/29D2872A54561F66C12572FB002BC89A/$file/Final%20protocol%20Protection%20IDPs%20-%20En.pdf.

International Symposium on Desertification and Migration. (1994, February 9–11). The Almeria statement on desertification and migration. Retrieved November 28, 2010, from http://www.unccd.int/regional/northmed/meetings/others/1994AlmeriaSpain.pdf.

Käin, Walter. (2007). The Great Lakes Protocol on internally displaced persons: Responses and challenges. Brookings Institution. Retrieved November 24, 2010, from http://www.brookings.edu/speeches/2007/0927_africa_kalin.aspx.

Marrus, Michael R. (2002). *The unwanted: European refugees from the First World War through the Cold War* (2nd ed.). Philadelphia, PA: Temple University Press.

McAdam, Jane. (2007). Climate change refugees and international law. *New South Wales Bar Association*, 24 October 2007.

Morton, Andrew; Bancour, Philippe; & Laczko, Frank. (2008). Human security police challenge. *Forced Migration Review, 31,* 5–7.

Myers, Norman. (1993). Environmental refugees in a globally warmed world. *Bioscience, 43*(11), 752–761.

Myers, Norman. (2005). Environmental refugees: An emergent security issue. Paper presented to the 13th Economic Forum. Prague, Czech Republic, 23–27 May 2005.

Phuong, Catherine. (2004). *The international protection of internally displaced persons.* Cambridge, U.K.: Cambridge University Press.

Pimentel, David; Westra, Laura; & Noss, Reed. (2000). *Ecological integrity: Integrating environment, conservation and health.* Washington, DC: Island Press.

Pogge, Th omas W. (2008). Aligned: Global justice and ecology. In Laura Westra, Klaus Bosselmann & Richard Westra (Eds.), *Reconciling human existence with ecological integrity* (pp.147–158). London: Earthscan.

Preston, Julia. (2010, January 15). Haitians illegally in U.S. given protected status. *The New York Times,* p.A9.

Ramesh, Randeep. (2008, November 10). Paradise almost lost: Maldives seek to buy a new homeland. *The Guardian.* Retrieved November 24, 2010, from http://www.guardian.co.uk/environment/2008/nov/10/maldives-climate-change.

Schabas, William A. (2006). *The U.N. international criminal tribunals.* Cambridge, U.K.: Cambridge University Press.

Soskolne, Colin L., et al. (2007). *Sustaining life on earth: Environmental and human health through global governance.* Lanham, MD: Lexington Books.

Stavropoulos, M. (1994). The right not to be displaced. *American University Journal of International Law and Policy, 9,* 689.

Stern, Nicholas. (2007). *The economics of climate change: The Stern review.* Cambridge, U.K.: Cambridge University Press.

Westra, Laura. (1997). Terrorism at Oka. In Alex Wellington, Allan Greenbaum, & Wesley Cragg (Eds.), *Canadian issues in environmental ethics* (pp.274–291). Peterborough, Canada: Broadview Press.

Westra, Laura. (1998). *Living in integrity: Toward a global ethic to restore a fragmental earth.* Lanham, MD: Rowman & Littlefield.

Westra, Laura. (2006). *Environmental justice and the rights of unborn and future generations.* London: Earthscan.

Westra, Laura. (2007). *Environmental justice and the rights of indigenous peoples.* London: Earthscan.

条约、公约、协议和决议

Convention Relating to the Status of Refugees (signed at Geneva, Switzerland, 28 July 1951, entered into foce 22 April 1954) (1954) 189 UNTS 150.

Human Rights Committee. (1999). The International Covenant on Civil and Political Rights (ICCPR) (2 November 1999). CCPR/C/21/Rev.1/Add.9, General Comment No.27.

International Labor Organization (ILO) Convention No. 169. (1989). Concerning Indigenous and Tribal People in Independent Countries. Geneva. (27 June 1989, entered into force 5 September 1991) 28 ILM 138.

Stockholm Declaration of the United Nations Conference for the Human Environment (16 June 1972) 11 ILM 1416.

Swedish Code of Statuses. (2005). Aliens Act (2005:716). Retrieved November 24, 2010, from http://www. unhcr.org/refworld/docid/3ae6b50a1c.html.

United Nations Economic and Social Council (ECOSOC). (1998). Guiding Principles on Internal Displacement (11 February 1998, Appendix 2). UN Doc. E/CN.4/1998/53/Add.2.

United Nations General Assembly Res. 217A (III) (1948). Declaration of Human Rights (10 December 1948) U.N. Doc. A/810.

United Nations General Assembly (UNGA) Res. 2200A (XXI). (1966). International Covenant of Economic, Social, and Cultural Rights (ICESCR) (16 December 1966, entered into force 3 January 1976) U.N. Doc. A/6316.

United Nations General Assembly (UNGA) Res. 2000 (XXI). (1966). International Covenant on Civil and Political Rights (ICCPR), United Nations General Assembly Official Records (UNGAOR), 21st Sess., Supp. No.16, U.N. Doc. A/6316.

United Nations General Assembly (UNGA). (2005). Protection of and assistance to internally displaces persons (16 December 2005, adopted without a vote), U.N. Doc. A/RES/60/168.

United Nations General Assembly (UNGA) Res. 61/208. (2006). On International Migration and Development (14-15 September 2006).

United Nations General Assembly (UNGA). (2008). Globalization and interdependence: International migration and development (August 2008) U.N. Doc. A/63/265.

United Nations High Commissioner for Refugees (UNHCR). (2000). Complementary forms of protection: Their nature and relationship to the international refugee protection regime (June 2000) UN Doc. EC/50/SC/ CRP.18.9.

Registration, Evaluation, Authorisation, and Restriction of Chemicals

化学品注册、评估、授权和限制 （欧盟法规,2006年12月颁布,2007年6月实施）

《化学品注册、评估、授权和限制》取代欧盟先前的一系列法规,规范化学品的风险评估和风险管理。根据《化学品注册、评估、授权和限制》,到2018年制造商必须注册约三万种化学品——世界上收集化学品毒性数据的最大努力。《化学品注册、评估、授权和限制》旨在减少涉及某些化学物质的损害,提高消费者的认识,从市场上消除一些危险化学品。

《化学品注册、评估、授权和限制》（Registration, Evaluation, Authorisation, and Restriction of Chemicals, REACH）是一部2006年12月颁布、2007年6月施行的欧盟法规。经过5年的发展,《化学品注册、评估、授权和限制》以单一的统一数据收集、风险评估和决策框架代替了早先四十多个管制化学品的欧盟指令。《化学品注册、评估、授权和限制》被广泛地认为是世界上最雄心勃勃的和严格的化学监管制度之一,它将创建一个面向全世界企业、消费者和监管者公开可得的化学危害物质数据库。

《化学品注册、评估、授权和限制》有四个主要部分。在注册阶段,化学品生产者或进口商对每年1吨以上的任何化学品生产和进口必须向位于芬兰赫尔辛基的欧洲化学机构（ECHA）提交一份注册档案。档案中包含相关物理和化学性质的信息,预计在2008年和2018年之间根据《化学品注册、评估、授权和限制》将注册约3万种物质,按照风险最高和最大容量的化学品顺序排列。对于年生产或进口数量大于10吨的化学品,制造商和进口商必须同时提交一份化学安全报告,其中包含毒性测试结果,危险化学品需要一份接触评估。根据体积的不同,需要测试的程度也不同。对于年生产或进口数量大于1 000吨的化学品需要最广泛的测试（European Commission 2007b）。《化学品注册、评估、授权和限制》基于"没有数据,没有市场"原则。换而言之,进入有利可图的欧洲市场的前提是注册。

《化学品注册、评估、授权和限制》的评估阶段由"档案评价"和某些情况下的"实质评估"组成。档案评估时，欧洲化学机构检查以确保注册完整且符合《化学品注册、评估、授权和限制》。物质评估是一个更加全面的过程，其中包括进一步的信息询问以及确认该化学品是否是"高度关注物质"（Substance of Very High Concern, SVHC）。高度关注物质是指致癌的、诱变的或有生殖毒性的物质；持久的、生物累积性的、有毒的物质；或非常持久和极具生物累积性的物质。指定高度关注物质是《化学品注册、评估、授权和限制》中的重要一步，因为高度关注物质列表是对外公开的，指定是进一步管理的主要促因。欧洲委员会预计根据授权将最终指定约1 500种物质为高度关注物质（European Commission 2007a）。

《化学品注册、评估、授权和限制》的授权过程不同于之前的欧盟法律，在此欧洲委员会及其成员国对限制化学品承担举证责任。相反，根据《化学品注册、评估、授权和限制》，化学制造商和进口商必须证明为何一种高度关注物质应该继续在欧洲应用。特别是，通过提交一份详细说明风险、接触和起着同样作用的可能替代化学品申请——克服默认的"日落日期"（sunset date）——制造商和进口商可以收到出售高度关注物质的授权。欧洲委员会可以给予一个有时间限制的授权，只要申请人表明（1）化学品的风险可以得到"充分控制"；（2）没有合适的替代化学品且该化学品的社会经济利益大于风险。

由于授权欧洲委员会在整体社会的基础上限制可能造成不可接受的健康或环境损害风险的物质，《化学品注册、评估、授权和限制》的限制过程充当了一个安全网。限制过程维护了既存委员会限制危险物质的权力，目的是

无需通过更复杂的授权过程即可采取避免严重危险的行动。

《化学品注册、评估、授权和限制》因其促进研究、曝光化学危险并将举证责任转移到化学制造商，而受到了众多环保团体的赞扬。然而，一些环保组织认为，最终的立法不如最初的草案。例如，与早期草案更综合性的测试需求不同，最终草案规定只对年生产10吨以上的化学品进行安全测试。此外，诸如在授权过程风险如何被视为"充分控制"的一些关键条款，在最终立法中没有很好界定。动物权利活动人士也控诉《化学品注册、评估、授权和限制》将导致动物测试的急剧增长。

许多产业团体认为《化学品注册、评估、授权和限制》对先前没有发现的化学品构成风险施加了繁重的研究、信息披露和报告需求。产业团体尤其关注《化学品注册、评估、授权和限制》对小企业的影响，这些企业可能因低利润产品而被迫承担昂贵的测试。这可能会导致一些产品退出欧洲市场，或使供应链中断。

《化学品注册、评估、授权和限制》也对"下游"用户施加了化学物质报告的义务，如汽车、制药和电子产品制造商。涉及下游用户的理由是：只有化学制造商和监管机构了解化学接触在实践中发生的可能性，化学风险才能正确评估。因此《化学品注册、评估、授权和限制》规定，下游用户必须通知各种最终使用化学物质的制造商，必须确保在初始登记中包括他们的特定使用。产品供应商也必须将某些信息告知零售商和消费者。例如，如果任何产品包含超过0.1%重量的高度关注物质，他们必须告知零售商（European Parliament and Council 2006, Article 33）。

通过这些规定,《化学品注册、评估、授权和限制》有可能提高供应链方面的透明度和信息流。使用信息强制机制,《化学品注册、评估、授权和限制》应当扩展化学性质、健康风险和环境危害的知识。许多观察家认为,《化学品注册、评估、授权和限制》是其他国家化学品监管改革的学习模型,欧盟积极寻求全球采用《化学品注册、评估、授权和限制》原则。由于化学工业是高度全球化的,欧盟辖区以外的地区现在可能开始实施本地区的严格测试和

信息披露要求。《化学品注册、评估、授权和限制》可能会推动全球"绿色化学"运动,当有关化学品风险和消费品存在的危险化学品的更多信息公之于众,这可能会影响购买决定。

诺亚·M.萨克斯（Noah M. SACHS）
里士满大学法学院
章楚加译

参见: 化学品法律和政策;风险预防原则;寂静的春天。

拓展阅读

European Chemicals Agency. (2010). Homepage. Retrieved June 4, 2010, from http://echa.europa.eu/home_en.asp.

European Commission. (2007a). Questions and answers on REACH. Retrieved June 4, 2010, from http://ec.europa.eu/environment/chemicals/pdf/qa.pdf.

European Commission.(2007b). REACH in brief. Retrieved June 4, 2010, from http://ec.europa.eu/environment/chemicals/reach/pdf/2007_02_reach_in_brief.pdf.

European Commission. (2010). REACH. Retrieved June 4, 2010, from http://ec.europa.eu/environment/chemicals/reach/reach_intro.htm.

European Parliament & the Council of the European Union. (2006, December). Regulation (EC) No. 1907/2006 concerning the Registration, Evaluation, Authorisation and Restriction of Chemicals (REACH). Retrieved November 15, 2010, from http://eur-lex.europa.eu/LexUriServ/LexUriServ.do?uri=CONSLEG:2006R1907:20100402:EN:PDF.

Fuhr, Martin, & Bizer, Kilian. (2007). REACH as a paradigm shift in chemical policy: Responsive regulation and behavioral models. *Journal of Cleaner Production, 15*, 327.

Heyvaert, Veerle. (2009). Globalizing regulation: Reaching beyond the borders of chemical safety. *Journal of Law and Society, 36*, 110–128.

Sachs, Noah M. (2009). Jumping the pond: Transnational law and the future of chemical regulation. *Vanderbilt Law Review, 62*, 1817.

U.S. Government Accountability Office (GAO). (2007, August). *Chemical regulation: Comparison of U.S. and recently enacted European Union approaches to protect against the risks of toxic chemicals.* (GAO–07–825). Washington, DC: GAO.

Restriction of Hazardous Substances Directive

限制危险物质指令 （欧盟2002/95/EC指令，2006年7月1日生效）

为了防止废弃电子产品造成的环境影响，《关于限制在电子电器设备中使用某些危险物质的指令》禁止在欧盟和欧洲经济区内销售含有六种危险物质的电子和电器设备。类似立法也在其他国家或地区通过。

2003年1月，欧盟正式通过了《关于限制在电子电器设备中使用某些危险物质的指令》(the Directive on the Restriction of the Use of Certain Hazardous Substances in Electrical and Electronic Equipment, RoHS)，该指令于2006年7月1日在所有欧盟成员国和欧洲经济区(European Economic Area, EEA)内生效实施。在电子电器设备上限制使用六种危险物质的规定是欧洲在电子电器产品销售中施加的首批有约束力的环境设计要求之一。此外，《关于限制在电子电器设备中使用某些危险物质的指令》实际上已经变成了国际电子工业界的全球环境标准，同时也成为加利福尼亚、韩国、中国等其他国家或地区相似立法的监管范本。

《关于限制在电子电器设备中使用某些危险物质的指令》与《欧盟废旧电子电器设备指令》(WEEE)是姊妹指令。《关于限制在电子电器设备中使用某些危险物质的指令》和《欧盟废旧电子电器设备指令》是以生产者责任原则为基础的有法律约束力的规则，它们都是以控制废旧电子电器设备的环境影响为宗旨。根据生产者责任原则，生产者对产品的环境影响负责，必须为防止和修复产品的环境影响埋单。《欧盟废旧电子电器设备指令》对电子电器设备的生产者提出了回收其产品产生的废弃物的要求，这些要求是：收集、处理、再使用、恢复、回收利用以及无害化处置。相比之下，《关于限制在电子电器设备中使用某些危险物质的指令》要求限制电子电器设备本身的化学物质。为了进一步减少废弃电子电器设备可能沥出的危险物质带来的环境和人类健康风险，欧盟认为除了《欧盟废旧电子电器设备指令》之外，还必须制定《关于限制在电子电器设备中使用某些危险物质的指令》。

《关于限制在电子电器设备中使用某些危险物质的指令》的适用

《关于限制在电子电器设备中使用某些危险物质的指令》不仅适用于8种电子电器设备,还适用于家用灯泡和灯具。电子电器设备的定义如下:为了正常运行而以电流或电磁场为支撑的设备。它同时包括此类电流的发电、输电和测电设备和设计目标是与不超过1 000伏交流电和1 500伏直流电额定电压一起使用的设备。被《关于限制在电子电器设备中使用某些危险物质的指令》管制的8个类别的电气和电子设备同样在《欧盟废旧电子电器设备指令》中被列明,包括:① 大型家用电器(如冰柜、洗衣机);② 小型家用电器(如烤面包机、电动刀);③ 资讯及电信通讯设备(如笔记本电脑、手机);④ 消费型设备(如录像机、电子乐器);⑤ 照明设备;⑥ 电动和电子工具(如缝纫机);⑦ 玩具、休闲和运动设备(如视频游戏);⑧ 自动售货机。

因此,《关于限制在电子电器设备中使用某些危险物质的指令》适用于除电气医疗设备、大型固定装置和监测与控制仪器外几乎所有的电子产品。欧洲委员会已经说明《关于限制在电子电器设备中使用某些危险物质的指令》同样有效地排除了用于特殊军事用途的设备,以及设计作为不在电子电器设备定义范围内的设备而使用的产品,如用于汽车和飞机等的设备。然而,汽车和车内安装设备,受到相类似的《欧盟废旧车辆指令》的管制。《关于限制在电子电器设备中使用某些危险物质的指令》和《欧盟废旧车辆指令》由每个成员国的国家或区域当局强制执行。

自2006年7月1起,《关于限制在电子电器设备中使用某些危险物质的指令》开始禁止在欧盟和欧洲经济区内销售包含任何下列6种类别物质的电子电气设备:镉、六价铬、铅、汞、多溴联苯、聚溴联苯醚。特别是指令对铅的管制,使电子产业内的设计和制造发生了重大变革,因为铅一直被广泛地用于半导体制造。

豁免和达标

然而,《关于限制在电子电器设备中使用某些危险物质的指令》受一定的豁免限制。

第一,指令不适用于在2006年7月1日之前投放市场的电子电气设备备件的维修或重复使用。欧洲当局已采取的立场是,这项豁免适用于在2006年7月1日前投放市场、用来升级或扩大设备能力的材料,且升级或扩大的设备不作为一种新产品销售。但改装不适用这项豁免。

第二,电子电气设备使用的电池不受《关于限制在电子电器设备中使用某些危险物质的指令》限制。相反,电池必须符合《欧盟电池指令》的特别规定。此指令限制某些类型电池和蓄电池中的铅和汞的使用，还对电池、蓄电池和含有它们的设备生产者规定了废物回收和再利用义务。

第三，欧洲委员会决定规定了一个能够容忍的最高含量为0.1%的铅、汞、六价铬、多溴联苯、多溴二苯醚和0.01%的镉。因此违禁物质含量低于这些阈值的电子电气设备仍可在欧洲销售。含量的测量必须以设备的同源均质材料（例如，塑料、合金、玻璃）为基础，而不是其合成部分。

第四，《关于限制在电子电器设备中使用某些危险物质的指令》规定了具体物质替代原则的适用，并授权欧洲委员会批准具体物质替代的豁免申请。如果替代品在技术上或科学中不可行时，或者替代品造成的负面环境、健康和/或消费者安全影响有可能超过其环境、健康和/或消费者安全益处时，可获得豁免。这些豁免的标准并不包括具体公司替换这些物品的费用，但是可以说"技术上或科学上不现实的"标准应该包括从整体上考虑替代的行业经济影响。

任何组织都可以请求豁免，一旦欧洲委员会批准了豁免申请，该豁免适用于所有使用被申请豁免的设备，不只限于申请该豁免的生产者。在决定是否批准豁免申请之前，委员会必须举行与生产者、回收者、环保组织、员工和消费者协会之间的公开咨询程序。

在这个标准和程序的基础上，欧洲委员会已经批准了大约39个具体限制物质的豁免申请。这些豁免的例子包括：特殊用途的直荧光灯中的汞、用于服务器的焊接材料中的铅、紫光灯玻璃信封中的氧化铅、作为碳钢冷却系统吸收式电冰箱中的缓蚀剂的六价铬。

欧洲委员会至少每隔四年对豁免进行一次检查，并取消其中不符合标准的豁免。《关于限制在电子电器设备中使用某些危险物质的指令》是一项欧盟指令，它必须被转化为欧盟和欧洲经济区成员国法律；各国也负责指令的执行。因此，不同成员国对违规行为的处罚可能会存在差异。

《关于限制在电子电器设备中使用某些危险物质的指令》的影响

总体而言，《关于限制在电子电器设备中使用某些危险物质的指令》改变了电子制造业在产品设计方面的思维方式（Overbeek 2008；作者和客户群之间的私人通信）。尽管从第三方进口的设备达标情况仍让人担忧，但欧洲市场上销售的大多数设备都是符合《关于限制在电子电器设备中使用某些危险物质的指令》的。重要的是，《关于限制在电子电器设备中使用某些危险物质的指令》鼓励生产者强化他们与供应商及客户间的沟通，确保提供的材料符合规定。大型制造商也被迫承担责任并采取措施，以确保他们的供应商和合同厂家提供符合标准的材料。不出意料，这促使其他国家或地区推行类似的标准。从某种程度上讲，《关于限制在电子电器设备中使用某些危险物质的指令》为电子行业应对之后根据《化学品注册、评估、授权和限制》（REACH）制定的许多额外规则进行了良好的训练。

2008年12月，欧洲委员会提出了一个将改写《关于限制在电子电器设备中使用某些危险物质的指令》的新指令。欧洲议会和理事会现正在考虑这项议题。这项提议在2011年之前不大可能被通过。拟议指令的最主要目的是，使指令覆盖的设备准确化，将医疗设备、监测和控制仪器纳入限制范围，加速限制附加物质的程序，明确《关于限制在电子电器设备中使用某些危险物质的指令》和《化学品注册、评估、授权和限制》之间的关系，提供一致的自我认证，强化授予豁免的程序，提高《关于限制在电子电器设备中使用某些危险物质的指令》限制的执法水平。

然而，在欧洲议会和理事会的辩论中也强调需要重新考虑《关于限制在电子电器设备中使用某些危险物质的指令》的一些重要方面。它们包括：① 既然《化学品注册、评估、授权和限制》指令现已出台，《关于限制在电子电器设备中使用某些危险物质的指令》是否还有存在的必要；② 化学物质是否纯粹因为危害性或危险性就被禁止；③ 对这些物质任何额外限制的程度应当依据事前的科学审视而不仅是政治上的考虑；④ 是否所有的电子电气设备（包括太阳能电池）都要受指令的限制；⑤ 电子电气设备中的纳米材料是否要受具体的限制；⑥ 是否应在电子电气设备优先限制的黑名单中列明具体的物质。

坎迪多·加西亚·莫利纽
（Cándido GARCíA MOLYNEUX）
卡温顿和柏林律师事务所
赵俊译

参见： 化学品法律和政策；污染者付费原则；纳米技术立法；化学品注册、评估、授权和限制；废物运输法。

拓展阅读

California Department of Toxic Substances Control (DTSC). (2003). Electronic Waste Recycling Act of 2003 (SB 20).

European Commission. (2010). Frequently asked questions on Directive 2002/95/EC on the Restriction of the Use of Certain Hazardous Substances in Electrical and Electronic Equipment (RoHS) and Directive 2002/96/EC on Waste Electrical and Electronic Equipment (WEEE). Retrieved September 29, 2010, from http://ec.europa.eu/environment/waste/weee/pdf/faq_weee.pdf.

European Parliament & the Council of the European Union. (2003, January 27). Directive 2002/95/EC on the Restriction of the Use of Certain Hazardous Substances (RoHS) in Electrical and Electronic Equipment (EEE), as amended. *Official Journal of the European Union, L37*, 19.

García Molyneux, Cándido. (2001). Important stage reached in drafting of controversial electrical and electronic equipment devices. *EuroWatch, 13*(20), 1, 10–19.

García Molyneux, Cándido. (2007). Chemicals. *The Yearbook of European Environmental Law, 7*, 331–367.

García Molyneux, Cándido. (2008). The regulation of electrical and electronic equipment and chemicals in the European Union. In Albert H. Kritzer et al. (Series Eds.), *International Contract Manual: Vol.2, Part 1.*

Contract Checklists (pp.38−1 to 38−26). Eagan, MN: Th omson Reuters/West.

Kalimo, Harri. (2005). Reflections on the scope and pre-emptive effect of environmental directives—A case study on the RoHS Directive 2002/95/EC. *The Yearbook of European Environmental Law*, 5, 157−215.

McLoughlin, Aaron. (2005). What is in a name? Regulation of electrical and electronic products. *European Environmental Law Review*, 5, 252−264.

Ministry of Commerce of the People's Republic of China. (2006). Measures for administration of electronic information products of 2006.

Ministry of Environment, Republic of Korea. (2008). Act for Resource Recycling of Electrical/Electronic Products and Automobiles of 2008.

Overbeek, Ruud. (2008). The impact of RoHS now and in the future. *EE Times*. Retrieved November 3, 2010, from http://www.eetimes.com/design/smart-energy-design/4013553/The-impact-of-RoHSnow-and-in-the-future.

European Parliament and Kingdom of Denmark v. European Commission (DecaBDE), (2008), Joined Cases C−14/06 and C−295/06, European Courts Reports (I−01649).

Silent Spring

寂静的春天

《寂静的春天》(1962)的作者是海洋生物学家雷切尔·卡森,她在该书中披露了化学合成农药的广泛危害。《寂静的春天》使公众和政治家们认识到：化学农药通过生物放大作用对鱼类、鸟类、小型哺乳动物、有益昆虫以及人类造成了巨大危害。许多这样的农药在美国禁止,最终被大多数国家禁止。

《寂静的春天》(1962)是海洋生物学家、自然历史作家雷切尔·卡森(1907—1964)写的第三本,也是最有影响力的著作。这本书具体、强烈、翔实地揭露了通过操纵含有碳氢原子的分子化合物而创造产生的新一代化学合成农药的使用和推广。这些农药中最为出名的DDT(Dichloro-Diphenyl-Tricholor-ethane)成为当时被熟知的产生危害最大的农药之一。它的滥用是造成美洲秃头鹰被列入美国濒危物种名单的主要原因之一。卡森坚持认为,这些化学制品在几乎没有进行过测试或者没有考虑对人类和环境影响的情况下被生产出来

并不加区别地应用于包括农场、社区和整个城镇在内的大面积土地上,导致癌症、肝病和其他致命危害。化学农药最终产生的危害及《寂静的春天》带来的警觉意识,促使美国和世界大多数地方禁用许多化学农药。《寂静的春天》的问世标志着20世纪末公众环境意识进入新时代。在它的影响和激发下,环保领域的许多法规出台实施,很多监管潜在污染物或污染行为的机构得以成立。许多现有的和发展中的农业和生活可持续发展方式都可以归功于《寂静的春天》的作用。

从20世纪30年代后期开始,美国化工产业通过操纵碳氢化合物以及与其他化学元素(例如,生产DDT、氯丹、七氯、狄氏剂、艾氏剂、异狄氏剂之类杀虫剂的氯)相结合开发出了强大的新型杀虫剂。到20世纪40年代中期,这些杀虫剂开始被公众使用,并随着它们被宣称能够杀死侵害庄稼、观赏性植物和人类的害虫之类的好处而越来越多地使用。生物放大作用是卡森的主要观点,该观点的主旨

是：杀虫剂毁灭的害虫和其他生物被吃掉后，其携带的毒素会在食物链末端被放大。卡森强调了人和大型哺乳动物病、死亡，或导致后代胎死腹中的几个实例。其中最引人关注的是鸣鸟种群的灭绝，许多人都注意到在他们社区鸟类完全消失和死鸟的存在。正如本书的书名一样，《寂静的春天》描述了在一个虚拟的时间段，由于化学品的致命危害使遍及国家的社区里听不到鸟鸣声。为了使她的案例具有说服力，雷切尔·卡森寻求到了众多科学家、医生和研究人员的支持，用五十多页的研究资料来支撑她的论点。她在书中使用的例子是具体的，并以当时最新的研究成果作为依据。

反对

化工行业对卡森的作品发出强烈的反对之声，认为她的论点过于片面。化工行业及其拥趸质疑她的研究结论和她作为科学家的身份，把她的观点贴上了过度情绪化和耸人听闻的标签，并提出卡森没有考虑杀虫剂为社会带来的益处。一个评论家嘲讽卡森希望“回到一个缺乏技术、科学医学、农业、卫生和教育的落后的社会状态”（Darby 1962）。当时的行业发言人罗伯特·怀特·史蒂文斯博士认为：卡森“与其说是一个科学家……不如说是一个崇拜自然平衡的极端拥护者”（White-Stevens 1972）。孟山都公司发表了一篇名为“荒凉年度”的故事，描述了整个乡村因为禁用化学农药而被一种不受控制的害虫种群毁灭的故事。

尽管如此，这本书的公共和政治影响仍是迅速的。许多人开始考虑的不是化学农药是否有害，而是化学农药的危害到底有多大。卡森在她的书中让人们认识到人类活动会给环境带来多大危害，尤其当人类制造出了新的物质的时候。1962年，美国总统约翰·肯尼迪要求他的科学顾问委员会研究卡森的论断。1963年，该委员会公布了他们的研究报告，很大程度上证实了卡森的论断，但仍极力强调化学农药对调节害虫数量有积极作用。委员会的建议包括：研究化学农药的选择性使用和非化学控制方法，以及修正研究、批准和管制化学物质的“现有联邦咨询和协调机制”。“消除持久性有毒农药使用”是这项研究的主要结论（The President, Scientific Advisory Committee 1963）。

报告发布之后，一系列重大法律法规随之出台，其中大多数都涉及环境损害和下降的阴影（specter）。1963年成立的参议院水及大气污染委员会是第一个国会环境委员会。此后不久，国会通过了《清洁空气法》，这个具有里程碑意义的法案直到20世纪70年代都在被继续细化。1964 年,《荒野保护法》签署成为法律,保护了约 900 万亩的联邦土地免于开发。之后,接下来的立法进展中,国会依旧专注于环境保护,在1965年连续通过了几项法案,包括《水质量法》《噪声管制法》和《固体废物处置法》。1970年美国环境保护署的成立可能是最具意义的事件,这个综合性行政机构的任务是"将联邦的各种研究、监测、标准制定和执法活动整合在一个机构以确保环境保护"(U.S. EPA n.d.)。

遗产

直到今天,许多人都认为《寂静的春天》的出版是现代国家环保运动的开始,与此同时,这本书仍因其情绪化的迫切语气、研究的广泛引用,以及对社会和商业产生影响而饱受争议。美国前副总统阿尔·戈尔写道,《寂静的春天》像是旷野中的一声呐喊,凭借其真挚的情感、深入的研究和出色的书面论证,改变了历史的进程。没有这本书,环保运动可能长时间延迟甚至从未有开始(Gore 2002)。生物学家E.O.威尔逊在40年后评论到:"这本书的出版对公众意识产生了巨大震撼,其结果是给环保运动注入了新的内涵和意义"(Wilson 2002, 357)。

在援引规章负面效果及公众对化工业产生的过度反应的过程中,有些人在《寂静的春天》的影响和遗产中发现了一些问题。在纪念卡森100岁诞辰的时候,一个评论家写道,"可以说她创造了一种环境危机策略,这项策略成功地推动了极端环保进程"(Murray 2007)。2005年,保守派杂志公布了一个标题为"19—20世纪最有害的10本书"名单,

《寂静的春天》榜上有名(书单的获胜者是马克思和恩格斯的《共产党宣言》,其他优秀奖包括达尔文的《物种起源》和约翰·斯图亚特·密尔《论自由》)。在《化学分析》杂志发表社论的一个作者写道:"我认为许多环保主义者可悲地忽视和缺乏对人类生命以及对通过化学品控制害虫带来的经济利益的尊重"(Murray 2002)。

许多卡森的反对者指出DDT在应对一种通过蚊子传播的疾病——疟疾——方面的有效性,以及由于逐渐禁止使用DDT而导致这种疾病传播对人类健康的影响。联合国指出,DDT仍然在包括中国、印度和朝鲜在内的世界一些地区生产,并在非洲高风险地区使用,即使在1972 年DDT就在美国被禁止使用。尽管围绕着这本书的要旨和卡森的研究方法都有许多争议,但是化学农药的监管和应用模式出现了重大转变。

在《寂静的春天》出版和它带来的观念觉醒之后,许多国家开始对化学农药的生产和应用进行多重监管。为了将监管提升到全球健康的国际标准,联合国于1998年制定了《鹿特丹公约》,于2001年制定了《斯德哥尔摩公约》。尽管两个公约都致力于减少全球不断增多的化学品或持久性有机污染物(POPs)的数量,但它们寻求不同的结果。《鹿特丹公约》主要侧重于各国之间信息共享,包括哪种物质被禁止和哪种物质引起了对环境或人类健康的担忧,以及创建精确且标准的标签及数据表。《斯德哥尔摩公约》旨在对现有和新的化学物质进行POPs分类,要求参与国"采取行动控制它们的生产和使用,并减少或消除它们在环境中排放数量"。《斯德哥尔

摩公约》的目标与《寂静的春天》的结论一致，主张应对有持久危害的化学物质进行测试、监控和谨慎使用，甚至其中的一些根本就不应该使用。大多数在书中重点提到的化学物质都被《斯德哥尔摩公约》归类到POPs，另外还包括一些农业和工业化学品。然而，由于一些已经服役超过30年的法律规定不合时宜，新化学品的生产和使用却一直在增加，美国1976年《有毒物质控制法》豁免的化学品数量超过了62 000种。2010年，有超过 8 万种化学品在美国市场用于各种食品和消费品，监管部门没有其中大多数化学品的相关信息（Layton 2010）。

《寂静的春天》获得关注的另一个因素是它建议使用天然方法控制害虫。卡森把该书的最后一章"另一条路"称为"生物方法"。卡森描述的"生物方法"是"建立在理解他们试图控制的生命有机体和这些有机体归入的生命整体结构的基础之上"（Carson 2002，278）。这种生物方法发展成为有害生物综合治理（Integrated Pest Management, IPM）的实践。在20世纪后期，有害生物综合治理被广泛接受，包括"协调使用害虫和环境信息与可得害虫控制方法，通过对人、财产和环境最小伤害的最经济手段，防止不可接受程度的虫害"（U.S. EPA 2009b）。

这种信息的协调使用可以分解为有害生物综合治理的四项基本原则：

● 门槛：讨论中的有机体必须首先被确定为害虫，然后建立决定在什么情况下该有机体将产生损害的门槛（经济、农业或健康相关）。

● 监测：生物体必须表现出超过已建立门槛的危害。单独有机体的存在并不需要干预。

● 防治：如果确定有机体是害虫，可以尝试运用作物轮作法、补植重种法、不同耕种法来进行防治。

● 控制：如果预防方法都不成功，可以尝试使用另一个或多个控制方法。这些包括：使用害虫捕食者和寄生虫的生物控制，害虫诱捕，间作或交叉种植，以及涉及种植、地膜覆盖、收获方式改变和不同废物处理方式的耕作控制。申请使用农药是最后的救助手段。

有害生物综合治理原则实现了雷切尔·卡森的主旨。为了使作物蓬勃发展，同时保持人类健康和自然和谐，必须使用包括"节约、选择性和智能地使用化学品"在内的有害生物综合治理法（U.S. EPA 2009a）。

21世纪初，人类仍在享受《寂静的春天》带来的惠益。人们渐渐认识到食品、日用消费品和环境中存在化学物质，这鼓励人们更加深入地探寻化学物质的使用和有害影响。这种认识促进了食品生产中不使用化学品的有机食品产业的蓬勃发展。生产者责任的走向是：生产者不仅要对他们生产的产品本身负责，同时还要对其产品的回收负责，这是生产者责任的另一个方面。国际组织不断加强环境监管、清理有毒废弃场所、对新的和现有化学品的生产和使用进行规范，以及促进化学农药替代品的使用。

迈克尔·D. 西姆斯（Michael D. SIMS）
俄勒冈州尤金市独立学者
赵俊译

参见：生物技术立法；化学品法律和政策；濒　品注册、评估、授权和限制；限制危险物质指令。
危物种法；草根环境运动；国家环境政策法；化学

拓展阅读

Carson, Rachel. (2002). *Silent spring*. New York: Mariner Books. (Original work published 1962).

Darby, William J. (1962, October 1). Silence, Miss Carson. *Chemical & Engineering News*, 62–63. Retrieved August 2, 2010, from http://www1.umn.edu/ships/pesticides/library/darby1962.htm.

Gore, Albert. (2002). *Silent Spring*: An introduction by Al Gore. Retrieved August 27, 2010, from http://www.uneco.org/ssalgoreintro.html.

Graham, Frank. (1970). *Since* Silent Spring. New York: Houghton Mifflin.

Layton, Lyndsey. (2010, August 2). U.S. regulators lack health data on health risks of most chemicals. *The Washington Post*. Retrieved August 2, 2010, from http://www.washingtonpost.com/wp-dyn/content/article/2010/08/01/AR2010080103469.html.

Lee, John M. (1962, July 22). *Silent Spring* is now noisy summer. *The New York Times*. Retrieved July 25, 2010, from http://www.mindfully.org/Pesticide/Rachel-Carson-Silent-Spring.htm.

Leonard, Jonathon Norton. (1964, April 15). Rachel Carson dies of cancer; *Silent Spring* author was 56. *The New York Times*. Retrieved July 25, 2010, from http://www.nytimes.com/books/97/10/05/reviews/carson-obit.html.

Marco, Gino; Hollingworth, Robert; & Durham, William (Eds.). (1987). Silent Spring *revisited*. Washington, DC: American Chemical Society.

Monsanto Corporation. (1962, October). The Desolate Year. *Monsanto Magazine*, 4–9.

Murray, Iain. (2007). Silent alarmism: A centennial we could do without. *National Review Online*. Retrieved August 17, 2010, from http://www.nationalreview.com/articles/221126/i-silent-i-alarmism/iainmurray.

Murray, Royce. (2002). Forty years after *Silent Spring*. *Analytical Chemistry*, *74*(19), 501A.

The President's Science Advisory Committee. (1963). *The use of pesticides*. Washington, DC: The White House.

Rotterdam Convention: Share responsibility. (n.d.). Overview. Retrieved July 20, 2010, from http://www.pic.int/home.php?type=t&id=5&sid=16.

Stockholm Convention on Persistent Organic Pollutants (POPs). (2008). About the convention. Retrieved July 20, 2010, from http://chm.pops.int/Convention/tabid/54/language/en-US/Default.aspx#convtext.

Stockholm Convention on Persistent Organic Pollutants. (2008). *Global status of DDT and its alternatives for use in vector control to prevent disease*. Geneva: UNEP Stockholm Convention.

The ten most harmful books of the 19th and 20th centuries. (2005). *Human Events*. Retrieved November 9,

2010, from http://www.humanevents.com/article.php?id=7591.

U.S. Environmental Protection Agency (EPA). (n.d.). History webpage. Retrieved November 14, 2010, from http://www.epa.gov/history/.

U.S. Environmental Protection Agency (EPA). (2009a). Integrated pest management (IPM) principles. Retrieved July 20, 2010, from http://www.epa.gov/pesticides/factsheets/ipm.htm.

U.S. Environmental Protection Agency (EPA). (2009b). Pesticides and food: What "integrated pest management" means. Retrieved November 16, 2010, from http://www.epa.gov/pesticides/food/ipm.htm.

van Emden, Helmut, & Peakall, David. (1996). *Beyond* Silent Spring: *Integrated pest management and chemical safety*. London: Chapman & Hall.

White-Stevens, Robert. (1972). A perspective on pesticides. Retrieved August 21, 2010, from http://turf.lib.msu.edu/1970s/1972/720717.pdf.

Wilson, Edward. (2002). Afterword. In Rachel Carson, *Silent Spring* (pp.357−363). New York: Mariner Books.

Soil Conservation Legislation

土壤保持立法

20世纪早期许多国家在国家层面出台了土壤保持法。现在形成了世界法律体系中非常重要的组成部分，并将在应对气候变化影响的背景下变得日益重要。尽管国家层面发生了很多创新改革，但是关于土壤可持续利用的国际法的发展进程仍然缓慢。

土壤保持法（Soil conservation law）存在于国家和国际层面。在国家层面，该术语应用于实体法——由立法机构制定的法案、法令、法规，或其他正式的、具有法律强制力的工具——并包括政府和私人土地所有者之间达成的具有法律约束力的协议或契约。它涵盖土壤保持、土壤安全、土壤保护、水土保持和土地复原领域。它们常以减轻和管理土壤侵蚀和土壤退化的规定以及保持土壤资源的方法为特征。土壤保持法由具有土壤行政权威的各种国家机构管理。在国际和区域层面，存在一系列的法律文本，其中最重要的是2004年《联合国防治荒漠化公约》。

为什么对土壤保持立法？

土壤的基本生物面貌以及人类使用土壤的影响为法律在土壤管理中的作用提供了背景。土体（Soil bodies）实际上是大型生态系统，构成地球生物多样性的基本组成部分。土壤是维持包括人类在内的所有其他陆地生物生存的基础。过去几十年里许多国家快速增长的人口对食品需求的不断增加对土壤产生了越来越多的环境压力导致广泛的土壤退化（Bigas, Gudbrandsson, Montanarella & Arnalds 2009; Bridges et al. 2001）。土壤在政治上和具体表现中都被忽略和践踏。这种局面可能会在接下来的几年中发生改变，土壤将被视为减轻和适应气候变化影响日益重要的贡献者。下面的定义提供了土壤保持法的背景。

土壤

土壤是地球生态系统一个不可分割的部分，位于地球表面和基岩之间的交界处。它被细分为有具体物理、化学和生物特点的连续水平层。从土壤利用的历史角度和生态环境立场上看，土壤还包括多孔沉积岩和其他透水物质及其所含水分、地下水储量（Council of Europe 1990）。土壤是一种有限的资源，它可以退化或保存，但却永远无法重造。

土壤退化

土壤退化是土壤功能或用途的损失或减少。这包括物理、化学和生物方面的恶化，如有机物质减少、土壤肥力下降、构造条件衰退、侵蚀、盐度和酸碱度的有害变化以及有害化学物质、污染物或过量洪水的影响（Bridges et al. 2001）。

土壤的可持续利用

可持续的土壤利用是指以保持土壤形成和退化进程之间平衡的方式利用土壤，同时维持土壤生态功能和需要作为保护陆地生物多样性和维持人类生存的基础。

土壤安全

土壤安全指的是保持土壤肥力，防止荒漠化和土壤退化，降低干旱的影响，所有这些改善了人们的生活和福祉（Bigas, Gudbrandsson, Montanarella & Arnalds 2009；IUCN CEL 2009）。

国际法和土壤

国际环境法是制定和实施全球、区域和国家环境与发展政策的基本组成部分。人们逐渐认识到国际环境法克服土壤退化全球性问题的潜力，以及为国家和国际社会的行动提供司法基础的能力（Boer & Hannam 2008；Khan

1993）。20世纪80年代末以来出台的许多国际和区域法律文件包含了有利于实现土壤安全和可持续利用的要素。最有效的是包含特别针对土壤的条款，如《非洲自然与自然资源保护公约》的第四条"土壤"（OAU 1968），其最终修订稿非洲联盟大会在2003年通过。

国际宣言

许多法律宣言引起了人们对土壤退化和荒漠化达到惊人程度并严重危害到人类生存条件这一事实的关注。与自然资源保护和由此及于土壤保护相关的重要宣言，包括1972年《斯德哥尔摩人类环境宣言》、1982年《世界自然宪章》、1982年《内罗毕全球环境状态宣言》、1992年《里约热内卢环境与发展宣言》和2002年《约翰内斯堡可持续发展宣言》。

国际公约、条约和协定

许多多边协定包含了可以用于促进土壤可持续利用的条款，但这些条款通常浅涉即止。与土壤相关的关键全球性文件包括1994年《联合国防治荒漠化公约》、1995年《生物多样性公约》、1995年《联合国气候变化框架公约》及其1997年《京都议定书》（和可能的续篇）。相关区域性文件包括1968年《非洲自然和自然资源保护公约》（2003年修订）、1986年《保护南太平洋地区自然资源和环境公约》、1995年《保护欧洲阿尔卑斯山公约》和《在土壤保护领域实施1991年阿尔卑斯山公约的1998年议定书》。

欧盟提议欧洲议会和理事会制定的土壤保护框架指令于2006年起草。它包括将土壤关切融入其他部门政策，防止对土壤的威胁并减轻其影响,受污染场地的鉴定和修复以及其他建议。这项拟议指令还考虑到保存土壤实现环境、经济、社会和文化功能的能力。它制定了防止土壤退化进程的措施,同时包括自然形成的和大范围人类活动所造成的削弱土壤应有功能的能力。人们认识到,使这样一个框架生效需要将土壤保护融入国家和欧共体政策的制定和实施,并提高保护土壤所需的公众意识(European Union 2006)。截至2010年尚未形成推动框架实现的充分共识。

国家土壤保持法

一项在世界范围内对控制和管理土壤退化问题的国家法律制度框架的考察表明,尽管自20世纪早期开始国家土壤立法已在一些国家出现,但大部分政府以分散方式处理土壤的管理。一般来说,土壤保持法有农场规划、水土侵蚀控制措施、放牧管理、建立社区团体、集水规划方案以及合规和执行的规定。一些国家或地区,例如英国,拥有涵盖包括土壤规划、获取敏感土地类型、有机农业实践、硝酸盐敏感地区和土壤修复在内的多重土壤立法机制。另一方面,许多联邦制国家建立了各州或省都有自己的土壤保持立法和支持性法律机制的系统。例如,中华人民共和国制定了1991年《水土保持法》和2002年《防沙治沙

法》,但这些法律都是通过综合性的省级法律法规制度来实施的。

土壤保持法一词也涵盖土壤保护和管理的综合性规定已被纳入森林、农牧土地、水体、生物多样性和荒漠化等其他环境方面保护立法的情形。一些自然保护主义者认为,保护和管理土壤的法律机制——包括法律、法令、决议、条例、法典、规定、通告、决定、命令和规章——需要以更有创造性的方式实施以有效地在生态系统背景下管理土壤(Hannam & Boer 2002)。

土壤保持法的效力

国际和国家土壤保持法律的有效性通常取决于两件事情:由立法制度体系实现可持续利用土地的能力来衡量的法律制度;土壤保持法中存在的基本法律制度"要素"的数量和类型。法律权利的形式、法律机制的类型,重要的是基本要素的数量和综合性及其功能也可以体现这种能力。在这样的背景下,"要素"被定义为可以用于实现立法监管机制功能的原则或规则建议或行为指南。一项要素可以独自使用,也可以与其他法律机制或原则组合使用,以支持或调动某种形式的基于法律的土壤管理行为。一项单独的法律能以经过深思熟虑

的结构包括若干法律机制。该结构赋予组织它所需要的权力，通过其执行和行政结构来解决土壤退化。也有可能这些要素分布于综合性国家法律制度体系内的若干单项法之中。

　　大部分关键土壤管理问题是多方面的（包括社会、法律和科学的组成部分）。因此，通常有效管理土壤退化问题需要不止一项的环境立法（连同详细的规定和一系列的法律制度要素）。法律制度要素可以用来协助评估现有法律或法律文书以确定其能力满足实现土壤可持续利用的特定标准。它们也可以用于指导现有土壤法的改革或者为土壤可持续利用制定新的立法。一项基本要素应用的方式和程度因其所属的具体法律机制类型及其在特定管辖权内的预期角色而异。

世界自然保护联盟环境法委员会

　　国际自然与自然资源保护联盟（又称"世界自然保护联盟"）环境法委员会（IUCN CEL）对土壤可持续利用专门国际法文件的选择进行了广泛调查（IUCN CEL 2009）。该委员会土壤可持续利用和荒漠化专家小组确定了各国可以完成分析和设计有效管理土壤的适当法律制度体系的任务的各种方法。可以考虑两项基本策略。第一项是以教育、参与方法、土壤管理和激励方案的要素为特征的非管制策略。第二项是以法定土地使用计划为特征的管制方法。法定土地使用计划规定了土壤和土地利用的法律限制和目标，控制土壤利用的执照或许可证的颁发，以及对未遵守土壤可持续利用规定标准的行为使用限制令和起诉。这些策略的实施可在短期内完成，或者涉及现有法律、政策和制度变迁的实质改革时在更长的时间内完成（Cole 2007; Hannam & Boer 2002; Boer & Hannam 2003）。

21世纪的法律

　　过去的土壤保持法在国际层面、世界上的许多地区以及国家层面被忽视。但是人们日益认识到将土壤退化作为主要国际环境问题逐步加以解决，反映出对促进土壤保持的国际和国家法律制度的益处的态度转变（IUCN CEL 2009; WSSD 2002）。土体代表了复杂的陆地生态系统，在土壤保持法律制度内认真考虑和管理它们的生态特征对于土壤的长期可持续利用，尤其是满足世界人口增长对粮食生产的需求是至关重要的。这对于迎接气候变化挑战及其对所有依赖土壤生存的物种的影响也是必要的。

　　世界自然保护联盟环境法委员会（IUCN CEL 2009）制定的土壤安全和可持续利用议定书草案是土壤保持趋向更加全球化的关键性一步。提出有关社区参与和权利、能力建设、教育和信息传播方面建议的议定书草案适于改编为《生物多样性公约》下的或《防治荒漠化公约》下的文件。土壤可持续性和土壤安全问题变得越来越重要，值得在国际环境法的持续演化中慎重考虑。这一新文件可以为国家法律和政策的发展提供框架以指引管制者和土地管理者走向世界土壤的可持续性。

本·布尔（Ben BOER）

悉尼大学（澳大利亚）

伊恩·汉纳姆（Ion HANNAM）

新英格兰大学（澳大利亚）

周卫、吴穷译

注：本·布尔在合著本文期间于2010年在佛罗伦萨欧洲大学研究所获得了费尔南·布罗代尔高级研究员职位。他很感激研究基金，并感谢研究所的基础设施支持。

参见：生态系统管理；转基因生物立法；国际法；土地利用管制和区划；自然资源法；不动产法；联合国——公约、协定概览；水安全。

拓展阅读

Bigas, Harriet; Gudbrandsson, Gudmundur Ingi; Montanarella, Luca; & Arnalds, Andres. (Eds). (2009). *Soils, society and global change.* Luxembourg: European Communities.

Boer, Ben W., & Hannam, Ian D. (2003). Legal aspects of sustainable soils: International and national. *Review of European Community and International Environmental Law, 12*(2), 149–163.

Boer, Ben W., & Hannam, Ian D. (2008). Drafting legislation for sustainable soils: Judicative principles towards sustainable land use and protection of soil quality. *The Bulletin of the European Land and Soil Alliance,* 26/27, II/08.

Brauch, Hans Gunter, & Spring, Ursula Oswald. (2009). *Securitizing the ground, grounding security.* Bonn, Germany: AFES-PRESS.

Bridges, Edward M.; Hannam, Ian D.; Oldeman, L. R.; deVries, F. Penning; Scherr, Sarah J.; & Sombatpanit, S. (Eds). (2001). *Response to land degradation.* Enfield, NH: Science Publishers.

Cole, Daniel H. (2007). Climate change, adaptation, and development. *UCLA Journal of Environmental Law and Policy, 25*(2), 1–19.

Council of Europe and European Ministerial Conference on the Environment. (1990). *European conservation strategy: Draft recommendation.* Strasbourg, France: Council of Europe.

European Union. (2006). Proposal for a directive of the European Parliament and of the Council establishing a framework for the protection of soil and amending Directive 2004/35/EC. Retrieved November 30, 2010, from http://eur-lex.europa.eu/LexUriServ/LexUriServ.do?uri=CELEX:52006PC0232:EN:NOT.

Hannam, Ian D., & Boer, Ben W. (2002). *Legal and institutional frameworks for sustainable soils: A preliminary report.* Gland, Switzerland: The World Conservation Union.

Hurni, H., & Wiesmann, U. (Eds.). (2010). *Global change and sustainable development: A synthesis of regional experiences from research partnerships* (Perspectives of the Swiss National Centre of Competence in Research [NCCR] North-South, University of Bern, Vol.5). Bern, Switzerland: Geographica Bernesia.

IUCN Commission on Environmental Law (ICUN CEL). (2009). *Draft protocol on security and sustainable use of soils.* Proposal presented to Soil Legislation side-event, COP9 UNCCD, Buenos Aires, Argentina (21 September–2 October 2009).

Khan, Rahmatullah. (1993). International law of land degradation. *International Studies*, *30*(3), 255–275.

Organisation for African Unity (OAU). (1968). African Convention on the Conservation of Nature and Natural Resources. Retrieved November 30, 2010, from http://www.africa-union.org/root/au/Documents/Treaties/Text/Convention_Nature%20&%20Natural_Resources.pdf.

United Nations Economic Commission for Europe. (1998). Convention on Access to Information, Public Participation in Decision-Making and Access to Justice in Environmental Matters (Aarhus Convention). Retrieved November 24, 2010, from http://www.unece.org/env/pp/documents/cep43e.pdf.

World Summit on Environment and Development (WSSD). (2002). *A framework for action on agriculture.* New York: WEHAB Working Group.

T

Tort Law

侵权法

侵权行为是一方当事人以法律禁止的方式损害另一方当事人时出现的民事违法行为。最初的环境法就是侵权法,侵权法仍是解决环境损害的重要法律工具。侵权法不断发展以应对环境挑战,尤其是涉及多个国家的环境挑战。

侵权行为一词来源于拉丁语 *tortus*,意思是"一个错误"。侵权行为是一种民事违法行为——私人主体对另一私人主体造成的损害——通常区别于犯罪和违约行为。受到私人主体损害的某人(如原告)可以提起侵权诉讼向侵权人(如被告)索取损害赔偿。

为了成功起诉侵权行为,原告必须在法庭上证明侵权行为的所有构成要素。这通常意味着原告必须表明他因被告违反其对原告所负"注意义务"的行为而受到损害。

侵权法的发展

侵权行为的概念是由14世纪的英国普通法(即法律由法官而非立法机关制定)发展而来。其后几个世纪可以看到各种侵权行为类型的发展,每一种类型用于处理特定种类的违法活动。今天,许多政策分析人士把侵权法看作是为解决环境问题提供的一种古老方法,这种方法很大程度上已经为行政法规所取代。然而,环境侵权领域——尤其是人们因接触化学品而受到损害时而发生的有毒物质侵权——仍充满活力,侵权法仍是支持(和反对)促进持续性的可行工具。

重要的环境侵权类型

本节论述在环境背景下新兴或已确定使用的五种侵权行为类型:妨害、非法侵入、过失、产品责任和严格责任。

妨害

最早的一些环境法律有着与现代妨害法很相似的形式,在此诉因被赋予持续受到另一当事人不合理土地利用影响的当事人。这种侵权行为的早期使用可以追溯到中世纪的欧洲,经常与垃圾的处理相关。妨害法的现代应用经常围绕土地利用区划的复杂结构展开,该结构可能包括区划限制或推翻潜在妨害请求的其他环境规制。

妨害法可以分为两个主要的分支:私妨害和公妨害。私妨害诉讼由私方主体提起,他通常是对其财产的拥有受到实质和不合理侵犯的财产所有者。私妨害的实例包括:工厂污染流经他人财产的河流,造成鱼类死亡;或者饲养动物的邻居产生令人生厌的气味。相反,公妨害诉讼通常由因公职官员为应对实质且不合理地侵犯公众权利的活动而提起。噪声和光污染通常被认为是公妨害。最近,美国的数个上诉法院已经裁定,可以因源于全球变暖损害的妨害而起诉使用化石燃料的电力公司。

非法侵入

非法侵入存在于侵权法和财产法的交叉部分,通常被定义为故意干扰财产所有人享有的财产利益。像妨害一样,非法侵入有深刻的历史来源。早期的英国法律区分了三种类型的非法侵入:对人的侵入、对动产的侵入和对土地的侵入。在其实行的最初几个世纪里,非法侵入法主要用于作为承担包括攻击某人、破坏个人财产、未经许可穿过他人的土地在内的有形干

扰的民事责任的工具。因为非法侵入被视为对财产所有人排除他人干涉的权利的根本影响,所以普通法法院传统上颇为激进,经常对即使是微不足道的非法侵入认定为最低限度的象征性损害赔偿。最近,随着法院处理地下侵入和化学品侵入(包括分子层面的侵入)的可能性,非法侵入法在环境法领域发生了复兴。法律的这一领域不断演变,目前不同的国家或地区对这些问题的处理也不相同。一些国家或地区只有在原告证明实际和可预见的损害时才对污染物侵入施加责任,另一些国家或地区则要求排污者确知污染物会移动至邻近财产。

过失

过失侵权行为产生于侵权行为人在实施可以预见到损害其他人的行为时未能满足合理注意义务标准的情形。这种侵权行为的确立往往要证明被告本应合理防止损害发生但"未采取预防措施"。在过失理论下,污染当地地下水的工厂很可能会被起诉。

为了取得赔偿,此类案件中原告必须证明:① 工厂对公众负有不污染地下水的义务;② 工厂未能尽到合理注意义务防止污染的发生,大多是未能采取合理的预防措施;③ 原告遭受到实际损害;④ 损害由

污染导致。此类案件可以作为"有毒物质侵权"的范例。成功的有毒物质侵权诉讼的提起作为包括铅涂料、石棉、杀虫剂在内的多种类型的有毒物质接触以及受污染空气和水的结果。

严格责任侵权

在一些侵权制度中,侵权行为人对危险性活动负有严格责任,这意味着他们必须为其行为或过失所造成的任何损失支付损害赔偿,即使这些损害既非可预见亦非故意,即使侵权行为人对发生的损失尽到了合理注意。严格责任在环境领域中普遍适用于有毒化学品的释放。一种严格责任侵权制度是美国《综合环境反应、补偿和责任法案》(CERCLA或超级基金)。旨在解决来自危险废物处置场地的环境损害的《综合环境反应、补偿和责任法案》是基于制定法而非普通法。《综合环境反应、补偿和责任法案》要求的要素不同于大多数普通法的要求,因为即使他们是在危险废物处置于此之后购买的财产,即使废物处理没有造成损害,财产所有者也需要承担清理成本。

产品责任

产品责任产生于某人生产和/或销售的产品造成人身或财产损害之时。在欧盟,产品责任法律取决于《产品责任指令》,它要求企业赔偿缺陷产品造成的任何损害。在大多数普通法国家或地区,不要求损害可以预见,也无关侵权行为人的意图。例如,卡特里娜飓风过后,成千上万因飓风而流离失所之人起诉其紧急拖车的生产商,理由是他们的身体健康受到拖车中含有的高危险水平甲醛的损害。

抗辩

在大多数国家或地区,被告寻求在侵权诉讼中为自己辩护有三种主要选择。其中两种较少在环境领域中提出,即原告同意侵权活动或者原告在侵权过程中实施了违法行为。第三种抗辩较为常见,即共同过失。在此种抗辩下,被告试图表明损害的发生在一定程度上可以归咎于原告。例如,被告可能争辩,尽管他的工厂污染了当地地下水,但是当地人在知道污染很久后仍然继续使用地下水。这种抗辩有时是部分的,意味着需要原告承担部分的损害责任。在其他时候,这是全面辩护,这种情况下即使证明原告对损害承担百分之一的责任,也意味着他无论如何都不能得到任何赔偿。

救济措施

历史上主要的侵权救济措施是金钱赔偿,所要求的金额是弥补原告的"全部"损失,犹如侵权行为从未发生。现代法院经常用禁令取代金钱赔偿或同时使用,要求被告停止令人反感的活动。在特别恶劣的案件中,法院有时除了补偿性赔偿金外还会判处惩罚性赔偿金。

侵权法的国际变种

一般而言,基于英国普通法建立法律体系的国家和地区——包括英格兰、苏格兰、爱尔兰、美国、澳大利亚、新西兰和加拿大——有相似的侵权法方法。即便如此,甚至一个国家的不同部分都会有显著的变化(例如美国基本上每个州都有独立的侵权法),各侵权法的技术要求也因管辖权的不同而不同。

在欧盟，各成员国的侵权法仍有明显不同。然而，欧洲大陆国家典型的一般立法方法，侵权法较之普通法国家倾向于形成更正式的法典。欧洲的趋势似乎是越来越倾向于统一性：欧洲法院最近采取的措施促进了成员国之间的协调性。

2010年，中国颁布了一系列的侵权法，允许其公民就产品责任和环境损害提起诉讼等。这些法律包括对故意造成损害的惩罚性赔偿，最终可以为可持续发展提供重大激励措施。

已经有一些创建更多全球性环境侵权法的努力，但由于救济措施国际执行的困难，这些努力普遍认为是失败的。

作为可持续发展工具的侵权法

侵权法是一种"事后"的责任制度，因为只有在损害发生后它才发挥作用。人们常把它与损害发生前主动寻求监管行为的"事前"监管制度进行比较。侵权法因此可以被理解为一种末端性的连续执法，重在应对负面事件、促进补偿而非预防性监管。

这种结构同时创造了作为持续性工具的侵权法的优点和缺点。侵权法的主要优点包括：原告可以相对快捷低廉提起诉讼的事实（而不是寻求先行监管），受损害方可以实际得到赔偿，以及具有制止未来致害者的可能。在个体当事人可能拥有超过监管机构的信息优势时可以预见侵权法将执行得特别好，例如，在确定某活动对特定地块的环境影响时可能出现这种情况。

侵权法在持续性背景下还面临着许多挑战。其中最主要的是：在侵权法内建立因果关系机制，当法官和陪审团必须解释复杂的科学证据时这个问题会特别突出；侵权责任只有在造成损害之后才起作用的事实；以及潜在责任的影响受到被告可能无力偿还的概率限制的事实，或者他们可以基于其他法律依据逃避责任（如超过诉讼时效）。在这个意义上，侵权法不大适合具有很长潜伏期、涉及复杂因果链的环境问题（在此证据可能老化和超过诉讼时效），或者具有可能超过被告赔偿支付能力的潜在灾难性后果的环境问题。

总的来说，许多环境损害一旦发生，侵权法仍是进行补偿的可用工具。随着对环境损害的性质了解更多，以及国家不断与处理跨越人为边界环境问题的困难作斗争，侵权法的新应用会继续发展。

阿登·罗威尔（Arden ROWELL）

伊利诺伊大学法学院

周卫、吴穷译

参见：黑暗天空计划；执法；妨害法；不动产法。

拓展阅读

Boomer v. Atlantic Cement Co., 26 N.Y. 2d 219 (1970).

Brennan, Troyen. (1993). Environmental torts. *Vanderbilt Law Review*, 46(1), 1–74.

Epstein, Richard. (1999). *Torts*. New York: Aspen.

Farber, Daniel A. (1999). *Eco-pragmatism: Making sensible environmental decisions in an uncertain world.* Chicago: University of Chicago Press. Madden, M. Stuart. (Ed.). (2005). *Exploring tort law.* New York: Cambridge University Press.

Menell, Peter S. (1991). The limitations of legal institutions for addressing environmental risks. *Journal of Economic Perspectives*, 5(3), 93–113.

Miller, Jeffrey A. (1989). *Private enforcement of hazardous waste laws and its effect on tort law and practice.* C427 ALI-ABA 929.

Sachs, Noah. (2008). Beyond the liability wall: Strengthening tort remedies in international environmental law. *UCLA Law Review*, 55, 837–907.

Shavell, Steven. (1984). Liability for harm versus regulation of safety. *Journal of Legal Studies*, 13(2), 357–374.

Symposium: Common Law Environmental Protection. (2008, Spring). *Case Western Law Review*, 58(3).

Van Gerven, Walter. (2004). Harmonization of private law: Do we need it? *Common Market Law Review*, 41, 505–532.

Waldmeier, Patti. (2010, June 30). China tort law set to trigger surge in claims. *Financial Times: Asia-Pacific.* Subscription information retrieved November 10, 2010, from http://www.ft.com.

Trail Smelter Arbitration

特雷尔冶炼厂仲裁案（美国诉加拿大）

（仲裁庭，华盛顿，1938年4月15日，1941年3月11日）

1941年特雷尔冶炼厂纠纷起源于由加拿大境内一家冶炼厂所导致的跨境污染，该起污染事件致使美国华盛顿州遭受影响。国际仲裁庭判定，加拿大有义务防止其境内产生的污染对美国造成损害。特雷尔冶炼厂仲裁案概述了防止跨界污染原则，深刻地影响了国际法和国际环境法。

一国主权所及之处，国际法的影响即行终止。这是否意味着主权国家可以在本国领土内为所欲为？倘若国内行为侵犯了别国权利呢？

1941年特雷尔冶炼厂仲裁案使我们不得不重新审视这些问题。这一判决为今天的防止跨界污染习惯法原则奠定了基础，因而被视作国际责任法和国际环境法历史性发展的重要里程碑。

特雷尔冶炼厂纠纷

特雷尔冶炼厂纠纷的罪魁祸首是加拿大不列颠哥伦比亚省特雷尔小镇的一家冶炼厂，该冶炼厂由加拿大联合矿冶公司经营。美方指控该冶炼厂排出的二氧化硫气体损害了两国边界处华盛顿州一带的农业。

地方司法程序虽然做出了赔偿判决，但却未对该冶炼厂的后续运营提出任何限制；加拿大当地法庭判定该冶炼厂偿付6万美元损害赔偿金。当受害方与加拿大联合矿冶公司的单独谈判破裂后，两国政府接手了本国当事人的诉求。外交途径也宣告失败后，该起纠纷又被提交至依1909年《边界水域条约》成立的国际联合委员会处理。该委员会裁决美国获得35万美元赔偿，但未给予美国禁止令救济。美国政府认为该项裁决不够充分，因其只要求加拿大做出赔偿，而未涉及将来潜在损害的问题。因此，尽管加拿大政府支付了裁决所要求的赔偿金额，本案还是于1935年被提交到一个特别国际仲裁庭。

仲裁庭就本案提出了四个问题。首先，

是否存在损害？若存在,应做出怎样的赔偿？其次,若存在损害,是否应当,以及在何种程度上应当要求特雷尔冶炼厂避免在将来对华盛顿州造成损害？第三个问题涉及特雷尔冶炼厂如果采取措施的话,应当采取何种措施。最后,仲裁庭还要确定针对后续损害的补偿或赔偿金额。查尔斯·沃伦(Charles Warren)(由美国政府提名),罗伯特·格林希尔茨(Robert A.E. Greenshields)(由加拿大政府提名)和扬·弗朗斯·霍斯蒂(Jan Frans Hostie)(比利时人,由两国政府共同提名)组成了仲裁庭。该仲裁庭于1941年3月11日做出裁决。

国际法与地方法渊源

公约授权仲裁庭为达成一项"对相关各方均公正"的解决方案,既可援引国际法亦可援引美国法(《特雷尔冶炼厂运营所致损害公约》第4条,不列颠哥伦比亚省,1935,49 Stat. 3245)。遗憾的是,仲裁庭发现在此问题上可供参照的国际法判例少之又少。即使勉强可以适用的判例也是针对迥然不同的标的物的,因而其是否可以直接适用于本案也是不无疑问的(McCaffrey 2006)。具体而言,仲裁庭在确立一项要求各国保护他国免受本国境内个人有害行为(injurious acts)损害的国家责任之一般规则方面并未遇到难题。然而,仲裁庭无法辨别出任何与"有害行为"含义相关的国际法。

仲裁庭继而依据美国联邦最高法院的几个涉及美国州际跨境污染的判例进行审理。尽管仲裁庭的裁决并非无可挑剔,但考虑到各方均表述过避免"法律欠缺,不予裁决"式宣言的意愿,通过适用与地方法(municipal law)类比的国内法(Rubin 1971),仲裁庭的做法是合理的。

裁决

仲裁庭认定特雷尔冶炼厂确已造成损害,裁定其做出赔偿。仲裁庭宣布了一项新的法律规则,即各国有义务防止以损害他国环境的方式使用本国领土。此规则所受的限制包括损害应是严重的,且有明显证据证明的。仲裁庭还裁定冶炼厂实施硫排放控制措施。尽管仲裁庭认为拟定的控制措施足以消除争议,但仍裁定若未来发生损害应支付赔偿金,以及支付给美国合理的调查费用。

持续不断的相关性

早在2001年《国家责任条款》成为国际习惯法之前,这一裁定就对界定国际法上的国家责任产生了重要影响。该案中阐述的原则被当作一项国际公法原则加以确认,要求各国在其行为可能给他国带来不利影响时尽到注意义务。例如在1949年科孚海峡案中(英国诉阿尔巴尼亚），这一原则以阿尔巴尼亚负有责任警告他国其于国际航道部署水雷的形式阐述出来。但该裁定最重要的贡献还体现在国际环境法这一特定领域内。

防止跨界污染的责任，有时也被称作"睦邻原则"或 *sic utero tuo et alilenum non laedas*，还在多部国际环境法文件中得以重申，包括《斯德哥尔摩宣言》、《里约宣言》、《生物多样性公约》、《防止荒漠化公约》和《海洋法公约》、《联合国气候变化框架公约》以及《国际水道公约》。一系列国际司法判例也对这一原则加以强调，国际法委员会对其进行了更为广泛的讨论，最终形成了2001年条款。最近，在乌拉圭河纸浆厂案中（阿根廷诉乌拉圭），以最小化跨界环境损害为目的开展环境影响评价的责任也被国际法院宣示为一项国际习惯法规则（par. 200）。

这一原则的现代形式较仲裁庭的裁定中所阐释的形式具有更为广泛的影响。对于存在严重损害和可由明显证据证明的要求已不再是这一原则生效的必要条件。此举进一步推动了该原则由归责原则向实体责任演变。

风险预防原则得以作为国际环境法的实体内容被广泛接受也是建立在特雷尔冶炼厂原则拥有了国际习惯法原则地位的基础之上的（Birnie, Boyle & Redgwell 2010）。现代污染者付费原则亦如此（Bratspies & Miller 2006），其发端也可追溯至特雷尔冶炼厂仲裁案。

总而言之，在现代社会对于发展决策的环境影响更为重视、对于环境不利影响和环境资源稀缺的担忧持续增加的背景下，防止跨界损害原则的重要性只会变得愈发明显。特雷尔冶炼厂仲裁案还将继续影响国际环境法与国际法。

阿比曼纽·乔治·杰恩（Abhimanyu George JAZN）
印度大学国家法学院
周艳芳译

参见： 清洁空气法；国际习惯法；环境纠纷解决；环境法，软与硬；加布奇科沃—大毛罗斯大坝案（匈牙利诉斯洛伐克）；国际法院；污染者付费原则；风险预防原则。

拓展阅读

Allum, James R. (2006). An outcrop of hell: History, environment, and the politics of the Trail Smelter dispute. In Rebecca M. Bratspies & Russell A. Miller (Eds.), *Transboundary harm in international law: Lessons from the Trail Smelter arbitration* (pp.13–27). Cambridge, U.K.: Cambridge University Press.

Birnie, Patricia; Boyle, Alan; & Redgwell, Catherine. (2010). *International law and the environment* (3rd ed.). Oxford, U.K.: Oxford University Press.

Bratspies, Rebecca M., & Miller, Russell A. (Eds.). (2006). *Transboundary harm in international law: Lessons from the Trail Smelter arbitration*. Cambridge, U.K.: Cambridge University Press.

International Law Commission (ILC). (2010). Prevention of transboundary damage from hazardous activities.

Retrieved October 6, 2010, from http://untreaty.un.org/ilc/guide/9_7.htm.

McCaffrey, Stephen C. (2006). Of paradoxes, precedents and progeny: The Trail Smelter arbitration 65 years later. In Rebecca M. Bratspies & Russell A. Miller (Eds.), *Transboundary harm in international law: lessons from the Trail Smelter arbitration* (pp.34–45). Cambridge, U.K.: Cambridge University Press.

Read, John E. (1963). The Trail Smelter dispute. *The Canadian Yearbook of International Law, 1,* 213–229.

Rubin, Alfred P. (1971). Pollution by analogy: The Trail Smelter arbitration. *Oregon Law Review, 50*(3), 259–282.

条约/决议/判例

Convention on Damages Resulting from Operation of Smelter at Trail, British Columbia. (1935). 49 Stat. 3245.

Corfu Channel case (*United Kingdom v. Albania*), Judgment, I.C.J. Reports 1949, p. 4.

Pulp Mills on the River Uruguay (*Argentina v. Uruguay*), Judgment, I.C.J. Reports 2010, General List no.135.

Trail Smelter arbitral tribunal decision (*United States v. Canada*). (1941). *American Journal of International Law, 35,* 684.

Transboundary Water Law

跨界水法

　　全球淡水资源的分布跨越国界，使得主权国家为之展开竞争。跨界水域管理的法律原则为法律基本宗旨——和平、安全与人权——的实现做出贡献。有关跨界水域的国际法亦有助于实现世界水资源的和平管理。

　　世界上有大约300条主要水道和270个地下水流域跨越了两个甚至多个国家的政治边界，其中19条水道或水域为超过5个沿岸（毗邻）的主权国家所共用。全世界近70%的人口依赖占全球水供给约60%的跨界水资源。美国国家大气研究中心最近一项针对世界上923条河流水流量的评估得出的结论是，包括哥伦比亚河（加拿大、美国）、恒河（孟加拉、尼泊尔、印度）和科罗拉多河（墨西哥、美国）在内的几条大型跨界水道已经开始出现水流量减少的情况，这将对未来水安全和食物安全造成威胁（Dai, Qian, Trenberth & Milliman 2009）。国际法为跨越主权国家边界的淡水水域的可持续管理提供了框架。在水

和环境方面，可持续发展指导人和社会以不损害后代利益的方式利用自然环境，尤其是其中的水资源。随着时间的推移，调整跨界水域的国际法规则，包括国际习惯法和公约也得到逐步完善。1997年联合国《国际水道非航行使用法公约》（UNWC）是调整跨界水域最为权威的法律文本。国际水法的作用是为区域合作提供便利、为国际谈判提供指导、防止沿岸国之间的冲突，从而实现世界水安全的目标。

国际水法

　　国际水法规则明确了跨界水道沿岸国在开发与管理共用淡水资源方面权利和责任的归属。这些规则涵盖了跨界水道沿岸国对各方利用共用水资源产生异议或水资源的污染给邻国造成不利影响的情况。联合国国际法委员会采用"水道"一词来指称"由于它们之间的自然关系构成一个整体单元并且通常流入共同终点的地面水和地下水系统"。这一定义为《国际水道非航行使用法公约》的最终

文本所采纳。定义中不包含共用的含水层。国际法委员会目前正在对这一问题进行研究，并已起草跨界含水层法条款供2008年联合国大会第63届会议审议。

国际水法的演变

国际水道法是国际公法的一个组成部分，因此充分体现了《联合国宪章》关于维护世界和平与安全、加强区域合作、防止对和平构成威胁以及增进全体人类基本自由的理想（Wouters & Hendry 2009）。在国家实践、各国国内和国际司法判例以及联合国、非政府组织和私营机构的法典编撰和其他方面的持续努力的基础上，国际水法得到不断演变和发展。工业革命导致以经济发展为目的的共用水资源需求的增加，该领域的法律也得到更多关注。相关国际法包括一系列可以查明的实体和程序规范。从法律的角度，可通过分析五个基本要素来理解跨界水道制度：① 范围（涵盖那些水道、哪些当事方？）；② 实体规则（用以确认水道使用合法性的规则是什么？）；③ 程序规则（新增使用或改变使用应当遵守什么程序？）；④ 机构（实施协议之规定的机构/治理结构如何？）；⑤ 争端解决（一旦产生纠纷，应该适用何种程序来解决？）（Wouters, Vinogradov, Allan, Jones & Rieu-Clarke 2005）。这个框架对于全面评估跨界水道制度，在具体案例中明确亟待解决的重要法律问题而言是一个强大的分析工具。

习惯法（国家实践）

作为主权国家援引三种理论来支撑对跨越其国界的国际水道的利用。这三种理论包括：绝对领土主权论，即一国有权使用位于其领土内的水域而无须考虑对其他沿岸国的影响；绝对领土完整论，即一国在其领土内应有权获得不被削减、不被改变的自然水流；有限领土主权论，即一国对国家水道的使用受限于其他沿岸国同等的权利和义务。就国际水道使用达成协议的国家中，绝大多数已经接受有限领土主权论作为各方合作的基础（Wouters 1997）。这一理论催生了跨界水法的支配性规则：公平利用原则，要求每一个水道国均有权利，也有义务公平合理地利用国际水道。

国际水法的编纂

自公元800年以来，各国就跨界水体利用已缔结超过3 500个国际协定，其中许多最初涉及的是航行利用。为编纂跨界水道非航行利用国际法规则所做的努力最早体现在国际法研究院（IDI）的《马德里宣言》（1911）中。此外，国际法协会起草并通过了《关于国际河流使用的赫尔辛基规则》（1966），该规则是世界上首个编纂这一领域相关法律的系统性、综合性文件。联合国成员国呼吁对该问题做更多研究，主要原因是跨界水道开发引起的一系列区域纠纷问题。最终联合国大会于1971年请求国际法委员会开展国际水道非航行利用法研究，目的是对之作进一步发展和编纂。历经近三十年的研究和争论，国际法委员会拟定了一份包含37个条款的合并草案。此即涉及该主题唯一的框架协定——于1997年5月22日联合国决议通过的《国际水道非航行使用法公约》（UNWC）——的基础。该公约受到大会104个国家的支持。公约要求35国批准即生效。截至2010年10月,已有20国批准《国际水道非航行使用法公约》(芬兰、德国、几内亚比绍、匈牙利、伊拉克、约旦、黎巴嫩、利比亚、纳米比亚、荷兰、挪威、尼日利亚、葡萄牙、卡塔尔、南非、西班牙、瑞典、叙利亚、突尼斯和乌兹别克斯坦),另有5国签署(科特迪瓦、卢森堡、巴拉圭、委内瑞拉、也门)。因此目前《国际水道非航行使用法公约》还需要15个国家批准方可生效(即对于缔约方具有完全的法律拘束力)。《国际水道非航行使用法公约》目前是世界野生动物基金会(WWF)发起的一项国际运动的主题,这项运动正在推动《国际水道非航行使用法公约》作为全球通用的法律文件加强国际水道的合作开发与和平开发,尤其是为最弱小的水道国提供支持。该运动促使一些国家迈出了自己的步伐,其中包括最近的尼日利亚。

为何《国际水道非航行使用法公约》尚未得到所有国家的签署?原因很多,但没有哪一个原因从实质上挑战公约的完整性。尽管一些国家在公约最初的谈判阶段提出了一些问题,如公约与现行水道协议的关系、平等与合理利用原则是否优先于不造成重大损害原则、是否应将特定纠纷解决机制设定为强制机制等,但没有一个问题到今天依然难以解决。事实上,真正的障碍似乎是"条约堵塞"(即太多国际协定需要各国政府考虑和处理)和地方能力的普遍缺乏,特别是发展中国家。一项研究显示对《国际水道非航行使用法公约》现有地位及潜在贡献存在一种根本性的误解(Rieu-Clarke & Loures 2009)。从法律的角度来看,《国际水道非航行使用法公约》生效具有充分的理由,可作为国际法律文本促进世界共有淡水的和平管理,同时与各国国内法保持一致。

《国际水道非航行使用法公约》规定了国际水道管理的基本国际规则(Wouters 1999)。

公约的主要目标是"保证国际水道的利用、开发、养护、管理和保护,并促进为今世后代对其进行最佳和可持续的利用"(1997年《国际水道非航行使用法公约》序言)。

国际水法的主要作用是明确国家在国际水道使用方面的"应有权利(entitlement)"(实体规则),以及确立开发这一资源的国家行为必须满足的条件(程序规则)(Wouters, Vinogradov, Allan, Jones & Rieu-Clarke 2005)。《国际水道非航行使用法公约》第5条规定了最为重要的实体性规则,即公平合理的利用原则。公约第6条规定了必须考虑的所有标志性相关因素并阐述了用以确定公平合理使用的方法——一切相关因素要同时考虑,"在整体基础上作出结论"。

公约的第二条基本的实体性规则是无重

大损害原则。第7条采取了尽职调查的方法，要求水道国"采取一种适当措施，防止对其他水道国造成重大损害"。不损害规则的起源已被追溯至罗马法"*sic utere tuo ut alienum laedas*"（使用自己财产时务必不损害邻人财产）准则。为支持无重大损害规则而援引了三个著名案例，即特雷尔冶炼厂案、科孚海峡案和拉努湖仲裁案。无重大损害规则应放在公平合理利用这一总规则的背景下进行解读。如果利用被认定为平等合理，则公平合理利用原则允许一定程度的损害。

作为通往实体性规则的桥梁，《国际水道非航行使用法公约》第8条（在主权平等、领土完整、互利和善意的基础上）引入了一般合作义务，以便使国际水道得到最佳利用和充分保护。第9条规定水道国应定期交换数据和信息，该条款在《国际水道非航行使用法公约》第三部分的一揽子程序性规则中得到加强。第三部分为水道国计划实施新利用的情形规定了一个行动框架，包括事先通知、数据和信息交换、协商和谈判的具体规定。以上程序性规则的集合是《国际水道非航行使用法公约》最为重要的贡献之一，在计划对水道实施新利用的情况下为水道国提供了清晰的方向，为信息交换奠定了基础，并为协作决策制造了更多机会。公约第33条为程序性规则补充了纠纷解决机制，其中包含可供水道国选择的一系列解决争端的方法。这一规定包含了一些制度创新，包括事实查明、调解等。

最近一起探讨国际水法实体和程序规则的案例是乌拉圭河纸浆厂案判决（阿根廷诉乌拉圭 2010）。该案中国际法院认定乌拉圭在制定纸浆厂开发计划时违反了与阿根廷合作的程序性义务。值得注意的是，法院认定乌拉圭在授权兴建和运营奥利安纸浆厂的过程中并未违反其依据《乌拉圭河规约》应承担的环境保护实体性义务。

在涉及匈牙利和捷克斯洛伐克的加布奇科沃—大毛罗斯案中，《国际水道非航行使用法公约》的相关性为国际法院所确认。法院称该公约为国际水法基本原则最为权威的表述。《国际水道非航行使用法公约》所获得的广泛支持见诸各国实践，世界各地为数众多的流域条约仿效了其条款内容，且常常精确到每个字。湄公河流域即为此类案例之一。一项针对国家实践的调查显示跨界水域合作管理的重要性已在世界范围内获得普遍认同。联合国秘书长水与卫生顾问小组2009年确认此种合作对于推动流域层面可持续水管理是必要的。联合国支持《国际水道非航行使用法公约》作为世界跨界水资源和平管理的前瞻性战略的一部分得到持续认同。

湄公河

湄公河是世界第十二长河流（4 173千米），总流量位列世界第十。流域面积79.5万平方千米，跨越6个国家，为世界最贫困的区域之一日益增加的人口提供服务（Radosevich & Olson 1999）。湄公河发源于青藏高原，流经中国、缅甸、老挝、泰国、柬埔寨和越南。1995年4月，湄公河流域下游的四国政府——柬埔寨、老挝、泰国和越南——签署了《湄公河流域可持续发展合作协定》。该协定设立湄公河委员会（MRC）作为主要机构并制定了一系列合理、公平利用流域水资源的实体性和程序性规则。包括《国际水道非航行使用法公约》草案在内的国际水法原则为湄公河协定的谈判过程及最终文本提供了主要支持。实体性规则包括"各方按照所有相关因素和环境以合理和公平的方式利用湄公河水系水域"的合理、公平使用原则(湄公河协定第5条)。程序性规则和机制包括有关数据和信息交换与分享、通知、事先协商、达成协议等方面的规定。湄公河制度在联合国及外部捐助方的帮助下演变了50多年,并将继续发展。湄公河协定与《国际水道非航行使用法公约》关键条款保持一致,为湄公河开发与持续管理提供了一个可操作的平台。尽管上游国中国和缅甸出于政治和地理的原因没有成为协定缔约方,但两国作为观察员参与到湄公河委员会中。湄公河当前面临的挑战包括水力开发、大湖(洞里萨湖)渔业保护以及盐水入侵越南。

尼罗河

尼罗河国际流域面积占非洲大陆面积60%(UNEP 2010)。世界最长河流尼罗河为10个沿岸国所共用,排出非洲10%的水量。尼罗河流域面积超过300万平方千米,为超过1.8亿人口生存之所系(Hilhorst, Schutte & Thuo 2008)。1999年,尼罗河流域倡议(NBI)作为便利沿岸国实现流域合作的过渡性安排被提出。尽管过程中投入了大量时间和资源,尼罗河水资源合作开发与管理的全流域协议仍然难以达成。1996年成立了平行于尼罗河流域倡议过渡安排的专家小组,任务是审查国际水法、评估《国际水道非航行使用法公约》实体和程序规定对于尼罗河流域的可适用性以及起草尼罗河流域框架协议(CFA)。尼罗河流域框架协议将使尼罗河流域倡议转化为一个永久性的尼罗河流域委员会,以便其法律地位得到成员国、区域组织以及国际组织的认可。2010年5月,埃塞俄比亚、卢旺达、坦桑尼亚、肯尼亚和乌干达签署了尼罗河流域框架协议(Abseno 2009)。协议要求六国批准才能生效。截至2010年9月,尚无国家批准该协议。埃及和苏丹拒绝签署尼罗河流域框架协议,理由是两国间1959年达成的双边占用协议应该得到认可。在两国看来,尼罗河流域国在殖民地时期协议与现行水利用分配安排的合法性问题上意见不一。尼罗河流域框架协议包含了《国际水道非航行使用法公约》的基本原则,尤其是"合理公平利用"原则和"无重大损害"原则。无论尼罗河流域框架协议是否为尼罗河流域国签署,公平合理利用的管理原则应当适用于尼罗河共用淡水资源的开发管理上,而《国际水道非航行使用法公约》为流域国乃至全非洲各国的谈判提供了有益的框架。

未来挑战

国际水法对于实现跨界水道的可持续管理至关重要,且在应对当前和今后的挑战方面具有重要作用。尽管已经存在一定数量的水道协定和一批清晰的习惯规则,但是世界上60%的跨界水域仍未被协议覆盖。现存协议中许多是双边协议,因而并不包含所有沿岸国(Loures, Rieu-Clarke & Vercambre 2008)。双边路径与广为接受的管理对象必须是流域整体的观念背道而驰,导致沿流域开发呈零星分布,甚至相互矛盾。

今天的世界秩序,加之愈来愈复杂的涉水资源稀缺问题需要创新性的解决方案。在此背景下,世界共有淡水资源和平开发和管理为解决其中一些挑战提供了平台,有助于实现维护世界和平和安全,增进人权的理想。《国际水道非航行使用法公约》与联合国在跨界水域问题上的持续努力(包括最近通过的《用水和使用卫生设施的人权决议》)为实现这些目标做出了直接贡献。"水安全世界"(GWP 2010)以及与水相关的千年发展目标的实现要求采取协调、连贯、综合性的措施。国际水法是其中的一部分。国际社会面临的挑战是增强地方能力,包括人力和财力,以应对共有水资源开发与管理的复杂问题。

帕特里夏·伍特斯(Patricia WOUTERS)和

鲁比·莫伊尼汉

(Ruby MOYNIHAN)

邓迪大学

周艳芳译

参见: 清洁水法; 执法; 加布奇科沃—大毛罗斯大坝案(匈牙利诉斯洛伐克); 国际法院; 国际法; 海洋区划; 不动产法; 侵权法; 水法(法国); 水安全。

拓展阅读

Abseno, Musa. (2009). The concepts of equitable utilization, no signifi cant harm and benefit sharing under the Nile River Basin Cooperative Framework Agreement: Some highlights on theory and practice. *Journal of Water Law, 20*(2/3), 86–95.

Dai, Aiguo; Qian, Taotao; Trenberth, Kevin E.; & Milliman, John D. (2009). Changes in continental freshwater discharge from 1948 to 2004. *Journal of Climate, 22*(10), 2773–2792.

Global Water Partnership (GWP). (2010). *Water security for development: Insights from African Partnerships in Action.* Stockholm: GWP.

Hilhorst, Bart; Schutte, Peter; & Th uo, Simon. (2008). *Supporting the Nile basin shared vision with "Food for Th ought": Jointly discovering the contours of common ground.* Entebbe, Uganda: Global Water Partnership.

Loures, Flavia Rocha; Rieu-Clarke, Alistair; & Vercambre, Marie-Laure. (2008). *Everything you need to know about the UN Watercourses Convention.* Gland, Switzerland: WWF International.

Radosevich, George E., & Olson, Douglas C. (1999). *Existing and emerging basin arrangements in Asia.* Third Workshop on River Basin Institution Development (24 June 1999). Washington, DC: The World Bank.

Rieu-Clarke, Alistair. (2007, December). Entry into force of the 1997 U.N. Watercourses Convention: Barriers, benefits and prospects. *Water, 21*, 12–16.

Rieu-Clarke, Alistair, & Loures, Flavia Rocha. (2009). Still not in force: Should states support the 1997 U.N.

Watercourses Convention? *Review of European Community & International Environmental Law*, *18*(2), 185–197.

Tanzi, Atilla, & Arcari, Maurizio. (2001). *The United Nations Convention on the Law of International Watercourse*. London: Kluwer Law International.

United Nations. (1945). Charter of the United Nations. Retrieved September 21, 2010, from http://www.unhcr.org/refworld/docid/3ae6b3930.html.

U.N. Environmental Programme (UNEP). (2010). *The greening of water law: Managing freshwater resources for people and the environment*. Nairobi, Kenya: UNEP.

U.N. Secretary-General's Advisory Board (UNSGAB) on Water and Sanitation. (2010). *Hashimoto Action Plan II: Strategy and objectives through 2012*. New York: UNSGAB.

University of Dundee and United Nations Educational, Scientific and Cultural Organization (UNESCO). (2010). IHP-HELP centre for water law, policy and science. Retrieved September 27, 2010, from http://www.dundee.ac.uk/water/.

Wouters, Patricia. (1997). *International water law: Selected writings of Professor Charles B. Bourne*. London: Kluwer Law International.

Wouters, Patricia. (1999). The legal response to international water conflicts: The U.N. Watercourses Convention and beyond. *German Yearbook of International Law*, *42*, 293–336.

Wouters, Patricia. (2003). Universal and regional approaches to resolving international water disputes: What lessons learned from state practice? In International Bureau of the Permanent Court of Arbitration (Ed.), *Resolution of international water disputes: Papers emanating from the Sixth PCA International Law Seminar* (pp.111–154). The Hague, The Netherlands: Kluwer Law International.

Wouters, Patricia. (forthcoming 2011). *Rivers of the world: Water law, state practice and current issues*. London: International Waters Association.

Wouters, Patricia, & Hendry, Sarah. (2009). Promoting water (law) for all: Addressing the world's water problems—A focus on international and national water law and the challenges of an integrated approach. *Journal of Water Law*, *20*(2–3), 45–52.

Wouters, Patricia; Vinogradov, Sergei; Allan, Andrew; Jones, Patricia; & Rieu-Clarke, Alistair. (2005). *Sharing transboundary waters: An integrated assessment of equitable entitlement—The legal assessment model*. Paris: United Nations Educational, Scientific and Cultural Organization.

Wouters, Patricia; Vinogradov, Sergei; & Magsig, Bjorn-Oliver. (2009). Water security, hydrosolidarity and international law: A river runs through it. *Yearbook of International Environmental Law*, *19*, 97–134.

Wouters, Patricia, & Ziganshina, Dinara. (2011). Tackling the global water crisis: Unlocking international law as fundamental to the peaceful management of the world's shared transboundary waters—Introducing the

H₂O paradigm. In R. Quentin Grafton & Karen Hussey (Eds.), *Water resources planning and management* (pp.175–229). Cambridge, U.K.: Cambridge University Press.

条约/决议/判例

Agreement on the Cooperation for the Sustainable Development of the Mekong River Basin (5 April 1995). Retrieved November 15, 2010, from http://www.mrcmekong.org/agreement_95/agreement_95.htm.

Gabcíkovo–Nagymaros Project (*Hungary v. Slovakia*), Judgment, I.C.J. Reports 1997, p.7.

Pulp Mills on the River Uruguay (*Argentina v. Uruguay*), Judgment, I.C.J. Reports 2010, General List no.135.

U.N. Convention on the Law of Non-Navigational Uses of International Watercourse [UNWC], U.N. Doc. A/Res/51/869, 36 ILM 700 (21 May 1997).

U

United Nations — Overview of Conventions and Agreements

联合国——公约、协定概览

联合国通过公约、协定和议定书来应对持续性。暂且不论初始损害的源头，诸如气候变化、空气污染和生物多样性等，环境问题其实都是全球性的。作为国际组织，联合国为多边协议提供了平台，帮助各国朝着持续性方向共同努力。联合国及其成员国具备影响巨大变革的能力。

就创制国际环境法律的多边环境协定（MEAs）而言，联合国是主要的国际组织并起着关键角色。在解决地球的可持续利用方面，联合国将继续扮演重要的角色，但它的作用是有限的；成员国必须支持多边环境协定的条款及其后续议定书。

历史

20世纪70年代，为了当代人和后代人而保护环境、保存自然资源的需要，开始获得全球认可。1972年，联合国在斯德哥尔摩组织召开联合国人类环境会议，记录下"需要取得共同的看法和制定共同的原则以鼓舞和指导

世界各国人民保持和改善人类环境"（UNEP 1972）。虽然斯德哥尔摩会议本身没有规定任何具有法律约束力的义务，但是它为采用多边环境协定增加了推动力。此外，它推动了联合国环境规划署的建立。联合国环境规划署的使命是"通过激励、告知、促使各国及其人民在不损害后代人的情况下改善他们的生活质量，从而为关切环境提供领导力和鼓励伙伴关系"（UNEP 2010）。联合国环境规划署也通过多边环境协定来促进国际环境法的逐步制定和实施。

1992年联合国在巴西里约热内卢召开全球论坛。联合国环境与发展大会关注环境考虑和发展所需自然资源投入的结合。联合国环境与发展大会的视野和成就具有重要意义。所通过的没有法律约束力的原则以《21世纪议程》而著称，担任着可持续发展的蓝图并强调需要在国际层面制定和编纂环境法。这促使1992年《联合国气候变化框架公约》、1992年《联合国生物多样性公约》和

1994年《联合国防治荒漠化公约》的通过。

2002年南非约翰内斯堡的联合国可持续发展世界首脑大会（WSSD）特别强调在全球化的世界中实现可持续发展，力图重振里约会议进程。与里约会议进程不同的是，2002年可持续发展世界首脑大会没有促成任何具有约束力的多边环境协定，而是规定可持续发展的政治承诺，特别是2002年《约翰内斯堡可持续发展宣言》。

联合国通过运用多边环境协定应对许多环境问题，这些协定的主题包括大气、生物多样性、沙漠化、森林砍伐、废物运输和海洋环境。

大气保护

同大多数其他自然资源一样，我们周围的空气使地球上的生命成为可能。污染、臭氧损耗以及气候变化威胁到地球的安全。因为它们不局限于一个国家或地区，所以这些问题必须在国际层面上来解决。

长程跨界空气污染

对空气污染跨界影响的不断关切，促成了1979年《长程跨界空气污染公约》（LRTAP）。1979年11月13日，在联合国欧洲经济委员会（UNECE）的论坛上通过《长程跨界空气污染公约》。该委员会是区域性的联合国组织，包括东欧和西欧国家、美国和加拿大。《长程跨界空气污染公约》解决那种能通过大气层历经数千公里的硫和氮排放而引起的酸化及酸雨等问题（Wettstone Rosencranz 1984, 89）。作为并不提供精确规则的制度性框架，《长程跨界空气污染公约》需要非特定的国际合作来消除和防止长程跨界空气污染的不利

影响。欧洲的长程传播监测和评价的合作项目（EMEP）对此予以支持。《长跨越界空气污染公约》的总体承诺已经被八部后续议定书予以细化，这些议定书涉及欧洲监测和评估项目的融资和硫氮氧化物排放、挥发性有机化合物、重金属、持久性有机污染物和氨的减少。这种方法成为后来诸如臭氧损耗和气候变化等其他环境法领域的条约的先例。

臭氧损耗

出现于20世纪70年代中期的科学证据认为排放氯氟烃（CFC）及其他含氯物质与臭氧层损耗之间存在关联（Molina & Rowland 1974; Stolarski & Cicerone 1974），在此科学证据推动下，国际环境保护工作开始关注对全球大气的威胁。因此，1977年联合国环境规划署建立臭氧层协调委员会以定期评估臭氧损耗。

旨在制定有关臭氧损耗公约的国际谈判始于1981年，这促成了《保护臭氧层维也纳公约》于1985年3月通过。《维也纳公约》建立了缺乏实质性承诺的制度框架。

1987年《关于消耗臭氧层物质的蒙特利尔议定书》是《维也纳公约》之后的议定书，它已就减少氯氟烃生产和消费的坚定目标达成一致意见。这些目标是基于共同但有区别责任原则，根据这一原则，臭氧损耗最大贡献者——主要工业化国家负有在不晚于2000年时停止生产和消费氯氟烃的义务，而发展中国家则有十年的宽限期，到2010年消除氯氟烃。

气候变化

另一个有关全球大气保护的问题是二氧化碳排放即所谓的温室效应所引起的全球变

暖,这在20世纪80年代末得到全球认同。在解决这一问题上,国际社会选择臭氧层保护所应用的类似方法,即采用由后续议定书予以具体化的框架公约形式。在试图阻止全球变暖方面的首要进展,是在里约热内卢的1992年联合国环境和发展大会上通过《联合国气候变化框架公约》。《联合国气候变化框架公约》的总体承诺是将温室气体的浓度稳定在防止气候系统受到危险干扰的水平上,除此之外,基于共同但有区别的责任原则协商达成一些重要原则。在这方面,缔约各方同意财政负担的划分应基于各自的能力以及发展中国家应促进环境友好技术的转移。

从框架性的条约到有束缚力的议定书,将经历极富争议的谈判。在《联合国气候变化框架公约》第三次缔约方会议上,各方最终同意通过《京都议定书》,该议定书要求主要工业化国家从2008年到2012年期间内将温室气体排放量减少至少5%。然而,发展中国家拒绝任何新的承诺。

关于减少温室气体排放的有约束力的议定书的执行,发达国家和发展中国家之间仍有冲突。发达国家认为发展中国家应该赞成具有约束力的排放目标。发展中国家认为发达国家在温室气体减排方面仍然需要承担主要责任。这场争论是《联合国气候变化框架公约》2009年缔约方会议未能出台新的具有国际约束力的公约的主要原因之一。因此,在2012年之后达成具有约束力的排放目标将留给未来的气候会议。

生物多样性

支持生物多样性意味着要保护世界各地的各种野生动植物。从非法狩猎到工业化等经济因素导致动植物的毁灭。因此,创制特定的多边环境协定以便于在实现经济发展的同时保护全球生物多样性。

国际濒危物种贸易公约

《国际濒危物种贸易公约》(CITES)的文本于1973年3月3日在华盛顿特区达成一致。它不直接保护濒危物种,但是试图控制或阻止这些物种的国际商业贸易。《国际濒危物种贸易公约》通过监控贸易的国际许可制度来监管濒危物种的国际商业贸易,这样就不会导致物种灭绝或衰减。许可制度严格禁止进口或者出口濒临灭绝的物种,并严格要求进出口许可证必须保护到面临衰减的物种。然而,许多环保人士认为《国际濒危物种贸易公约》的力度还远远不够。《国际濒危物种贸易公约》只适合那些具有市场价值的某些特定物种。深层次来讲,它只解决了国际贸易问题,但是未能限制国内层面的狩猎或杀害。

生物多样性公约

在1992年的联合国环境与发展大会上,以制定《联合国生物多样性公约》(UNCBD)的形式就地球生物多样性的保护和可持续利用达成一致意见。《联合国生物多样性公约》包含许多进步的环境法律条款,如有义务"以保证生物资源的保护和可持续利用为目的,规制或管理对生物多样性很重要的生物资源保护,而不论其在保护区之内或者之外"[第八条(c)];有义务"促进生态系统、自然栖息地的保护以及自然环境中物种种群的维持"[第八条(d)];以及有义务"采取与生物资源使用相关的措施，以避免或减少对生物多样性的不利影响"[第九条（b）]。这些规定与各国利用本国自然资源的主权权利是平衡的。因此，各国将只采用那些与他们的经济需求和优先事项相适应的保护标准。

在2002年4月，《联合国生物多样性公约》缔约方承诺使当前生物多样性丧失的速度在2010年时能够显著减少，以作为对扶贫工作和惠益地球所有生命的贡献。这个目标后来被南非约翰内斯堡2002年可持续发展世界首脑会议和联合国大会所认可，也被联合国千禧年发展目标吸纳为新的目标。

荒漠化和森林砍伐

土地退化是人类开垦土地的结果。荒漠化和森林砍伐不仅对土地而且对人类都具有危害性。此类土地退化导致诸如贫困、饥饿和气候变化等全球性问题。

联合国防治荒漠化公约

鉴于全球10%～20%的旱作地已经退化（Millennium Ecosystem Assessment 2005，1-8），森林砍伐是当代最严重的环境问题之一。《联合国防治荒漠化公约》（UNCCD）的主要目的是"防治荒漠化和减轻干旱的影响……特别是在非洲"（第36条）。因此，《联合国防治荒漠化公约》呼吁"一体化的方法解决沙漠化和干旱过程的物理、生物和社会经济方面的影响"（第4条）。除了这些总体承诺，《联合国防治荒漠化公约》为发达国家和发展中国家都规定了具体义务。具体来说，受到干旱影响的发展中国家将以如下方式防治荒漠化，即创建可持续发展的新政策，提高公众意识和促进公众参与，推进和沙漠化相关的立法和执法。发达国家负有在经济上和技术上支援受影响的发展中国家的特定义务。

《联合国防治荒漠化公约》特别优先考虑非洲的防治荒漠化。不过，亚洲、拉丁美洲和加勒比地区、地中海北部以及中欧东欧的区域实施策略也被编纂在附件之中。

森林砍伐

森林砍伐问题多年来一直备受关注，随着时间的推移，它的影响似乎变得更大。动物栖息地的丧失和全球变暖的影响等这些严重的问题都和砍伐森林有关。一些多边环境协定的目的就在于解决该问题。

国际热带木材协定

在联合国贸易与发展会议的支持下，1983年达成协议以规制75亿美元的热带木材产业。这一目标通过1983年《国际热带木材协定》（ITTA）和后续协定1994年《国际热带木材协定》的制定得以实现。

《国际热带木材协定》的目的是为生产国和消费国之间的合作和协商建立一个框架。1983年和1994年的《国际热带木材协定》主要是商品协定，缺乏关于可持续林业的客观标准。因此，为规范热带林木贸易，一个新的国际协定——2006年《国际热带木材协定》，在联合国贸易和发展会议的支持下于2006年1月27日在瑞士日内瓦通过，以从森林可持续管理和合法伐木的角度促进国际热带木材贸易的扩大化和多样化。该协定提出建立合作基金，木材进口国将援助生产国，即在可持续和生态林业管理实践上提供财政投资。

截至2010年底,2006年《国际热带木材协定》仍未生效。

联合国减少产生于森林采伐和森林退化的温室气体排放计划

森林砍伐问题已得到全球认可,即减少产生于森林采伐和森林退化的温室气体排放(REDD)。据政府间气候变化专门委员会第四次评估报告的估算,森林砍伐对全球温室气体排放负有约17%的责任。因此,《联合国气候变化框架公约》的2007年巴黎行动计划,要求任何关于解决气候变化问题的新政策工具都要包含在发展中国家推行森林砍伐和林地退化的碳排放战略的激励措施。为在有森林覆盖的发展中国家推进森林砍伐和林地退化的碳排放战略,在联合国粮农组织、联合国开发计划署和联合国环境规划署的专业支持下,联合国于2008年9月发起联合国减少产生于森林采伐和森林退化的温室气体排放项目。此外,这些战略还包括资源流量的转移;支付结构和支持创建减排激励措施的能力的评估;原住民、公民社会和其他利益相关者的参与;以及低碳部门转型。

目前,联合国减少产生于森林采伐和森林退化的温室气体排放项目支持森林砍伐和林地退化的碳排放战略在9个国家试点,即玻利维亚、刚果民主共和国(DRC)、印度尼西亚、巴拿马、巴布亚新几内亚、巴拉圭、坦桑尼亚、越南和赞比亚,其中4个国家已经开始实施国家减少产生于森林采伐和森林退化的温室气体排放策略。

废物的运输

发达国家通过运输和处置危险废物而将环境危害出口,这致使1989年《控制危险废物越境转移及处置公约》得以通过,通常被称为《巴塞尔公约》。该公约并不禁止危险废物的越境转移,而是以鼓励在来源国处置废物的方式来规制它。因此,依据《巴塞尔公约》,如果来源国没有能力处置或者进口国需要以他们为原材料并将以对环境无害的方式管理它们,废物的进口或者出口才能获得准许。此外,依据《巴塞尔公约》,危险废物的任何越境转移需要取得过境国和进口国的事先知情同意。总体来说,缔约国有权禁止危险废物进入其领土,也还有义务禁止将危险废物进口或者出口至未加入该公约的国家。

依据《巴塞尔公约》,危险废物包括金属羰基化合物、有机氰、有机氰化物和石棉(灰尘和纤维)。《巴塞尔公约》诸多条款也适用于其他废物,如家庭废物。但是,放射性废物和船舶正常操作产生的废物不在《巴塞尔公约》的调整范围之内,因为它们已由另一部国际性文件所规制。

海洋环境

1982年《联合国海洋法公约》(UNCLOS)是调整海洋法方面的首个全面的全球性法律制度。虽然经济因素在很大程度上影响了公约的谈判起草,但是保护海洋环境在公约中留下了印记。如其序言所说,《联合国海洋法公约》的主要目标之一是"促进海洋的和平利用,海洋资源的公平而有效的利用,海洋生物资源的保护,以及海洋环境的研究、保护和保存"。

根据《联合国海洋法公约》,海洋分为几个区域——领海(领海基线外至12海里);专属经济区(领海基线外至200海里);公海(超出200海里的);大陆架(构成沿海国家大陆自然延伸)——《联合国海洋法公约》下的环境保护由几种不同的制度管理。然而,该公约也规定全面的法律框架以在所有的海洋区域保护海洋环境和保全海洋资源(Beyerlin 1995,553)。该公约的第十二部分提出如下一般承诺:① "保护和保全海洋环境"(第192条);② "个别或联合地采取一切符合本公约的必要措施,防止、减少和控制任何来源的海洋环境污染,为此目的,按照其能力使用其所掌握的最切实可行方法"[第194条(1)];以及③ "采取一切必要措施,确保在其管辖或控制下进行的活动不致使其他国家及其环境遭受污染的损害"[第194条(2)]。

考虑到几个区域在海洋环境保护方面的不同需求和能力,联合国环境规划署于1974年建立了区域海洋项目。它通过制定区域层面上的多边环境协定来鼓励各国确保海洋环境的可持续利用。截至2010年,在联合国环境规划署的推动下,140个国家参与区域海洋项目。

联合国和持续性

联合国全面处理所有领域的环境法律,以确保世界自然资源的可持续利用。它在创制多边环境协定中起着关键作用,包括从确定不具约束力的政治承诺到协商和实施。但是,不应高估联合国在促进可持续发展方面的作用。真正的进步是每一个主权国家同意遵守有关可持续发展的承诺。因此,联合国是建立制度框架的平台;其成员国必须致力于地球的可持续利用,以完全实现联合国的目标。

埃里克·裴兰德(Erik PELLANDER)

科隆大学

朱达俊译

参见:国际习惯法;可持续发展——法律和委员会概述;环境法,软与硬;国际法;海洋法;关于消耗臭氧层物质的蒙特利尔议定书;废物运输法;世界宪政主义。

拓展阅读

Beyerlin, Ulrich. (1995). New developments in the protection of the marine environment: Potential effects of the Rio process. *ZAÖRV*, 55, 544–579.

Bodansky, Daniel M. (1993). The United Nations Framework Convention on Climate Change: A commentary. *Yale Journal of International Law*, *18*(2), 451–558.

Burns, William C. (1995). The International Convention to Combat Desertification: Drawing a line in the sand? *Michigan Journal of International Law*, *16*(3), 831–882.

Caron, David D. (1991). Protection of the stratospheric ozone layer and the structure of international environmental lawmaking. *Hastings International Law & Comparative Law Review*, *14*(4), 755–780.

Chandler, Melinda. (1993). The Biodiversity Convention: Selected issues of interest to the international lawyer. *Colorado Journal of International Environmental Law and Policy*, *4*(1), 141–1756.

Charney, Jonathan I. (1994). The marine environment and the 1982 United Nations Convention on the Law of the Sea. *International Lawyer*, *28*(4), 879–901.

Franckx, Erik. (1998). Regional marine environment protection regimes in the context of UNCLOS. *International Journal of Marine and Coastal Law*, *13*(3), 307–324.

French, Duncan. (1998). 1997 Kyoto Protocol to the 1992 UN Framework Convention on Climate Change. *Journal of Environmental Law*, *10*(2), 227–239.

Hackett, David P. (1990). An assessment of the Basel Convention on the control of transboundary movements of hazardous wastes and their disposal. *American University Journal of International Law and Policy*, *5*, 291–323.

Hill, Kevin D. (1990). The Convention on International Trade in Endangered Species: Fifteen years later. *Loyola of Los Angeles International and Comparative Law Journal*, *13*(2), 231–278.

Millennium Ecosystem Assessment. (2005). *Ecosystems and human wellbeing: Desertification synthesis*. Washington, DC: World Resources Institute.

Mitchell, Roland B. (2003). International environmental agreements: A survey of their features, formation, and effects. *Annual Review of Environment and Resources*, *28*, 429–461.

Molina, Mario J., & Rowland, F. S. (1974). Stratospheric sink for chlorofluoromethanes: Chlorine atom-catalyzed destruction of ozone. *Nature*, *249*, 810–812.

Potvin, Catherine, & Bovarnik, Andrew. (2008). Reducing emissions from deforestation and forest degradation in developing countries: Key actors, negotiations and actions. *The Carbon & Climate Law Review*, *2*(3), 264–272.

Stolarski, R.S., & Cicerone, R. J. (1974). Stratospheric chlorine: A possible sink for ozone. *Canadian Journal of Chemistry*, *52*, 1610–1615.

Tarasofsky, Richard G. (1996). The global regime for the conservation and sustainable use of forests: An assessment of progress to date. *Zeitschrift für ausländisches öffentliches Recht und Völkerrecht*, *56*(3), 668–684.

United Nations Environment Programme (UNEP). (1972). Declaration of the United Nations Conference on the Human Environment. Retrieved December 2, 2010, from http://www.unep.org/Documents.Multilingual/ Default.asp?documentid=97&articleid=1503.

United Nations Environment Programme (UNEP). (2010). About UNEP: The organization. Retrieved December 2, 2010, from http://www.unep.org/Documents.Multilingual/Default.asp?DocumentID=43.

Wettstone, Gregory, & Rosencranz, Armin. (1984). Transboundary air pollution: The search for an international response. *Harvard Environmental Law Review*, 8, 89–138.

公约

Convention on International Trade in Endangered Species of Wild Fauna and Flora. 3 March 1973, 993 UNTS 243.

Convention on Long Range Transboundary Air Pollution. 13 November 1979, 1302 UNTS 217.

United Nations Convention on the Law of the Sea. 10 December 1982, 1833 UNTS 3.

1983 International Tropical Timber Agreement. 18 November 1983, 1393 UNTS 671.

Vienna Convention for the Protection of the Ozone Layer. 22 March 1985, 1513 UNTS 293.

Montreal Protocol on Substances that Deplete the Ozone Layer. 16 September 1987, 1552 UNTS 3.

Convention on the Control of Transboundary Movements of Hazardous Wastes and Their Disposal. 22 March 1989, 1673 UNTS 57.

United Nations Framework Convention on Climate Change. 9 May 1992, 1771 UNTS 107.

United Nations Convention on Biological Diversity. 5 June 1992, 1760 UNTS 79.

1994 International Tropical Timber Agreement. 26 January 1994, 1955 UNTS 81.

Convention to Combat Desertification in Th ose Countries Experiencing Serious Drought and/or Desertification, Particularly in Africa. 14 October 1994, 1954 UNTS 3.

Kyoto Protocol to the UNFCC. 11 December 1997, 2303 UNTS 148.

2006 International Tropical Timber Agreement. 27 January 2006. Retrieved December 6, 2010, from http:// www.itto.int/itta/.

公用事业监管

自20世纪70年代以来，公用事业监管的传统体制在美国和其他国家已经发生巨大转变。新的法律政策鼓励可再生能源、节能和能源效率项目，这已经使电力行业从传统上关注增加生产转变为纳入更多环境价值。变成环境友好型和需求响应式还需要做很多，这对电力公司而言依然是必要的。

直到最近，美国和其他地方的电力生产监管并未反映其全部的社会成本，有两个基本原因。首先，电力公司造成的污染未受监管，而是允许电力公司避免付出污染控制的成本。自20世纪70年代以来，肇始于美国1970年《清洁空气法修正案》并在其他地方被接受的空气污染监管体制，大大改变了这一点。其次，在美国传统的公用事业监管之下，电力公司没有动力去采用能源效率和需求响应项目以减少消费，如基于时间的定价机制。在传统的监管之下，电力公司有强烈的动力来增加销售，因为他们的成本基本上是固定的。增加销售额意味着增加利润，因此没有动力去减少销售额和

利润。需求响应和能源效率项目减少电力公司的销售，电力公司会像餐馆回避饮食计划那样予以抵制。然而，这些项目有巨大的潜力。能源效率和需求响应项目为电力公司在2008年一年节省32 741兆瓦时（U.S. Department of Energy 2010），并且有可能节省更多。

传统的监管没有为电力公司购买太阳能、风能和其他可再生能源设施发电提供任何动力。作为垄断组织，电力公司是这种能源唯一的潜在买家（Eisen 2010b），他们拒绝和被自己视作潜在竞争对手的公司进行贸易来往。他们认为可再生能源比化石燃料发电更加昂贵；然而，煤炭、石油和天然气的发电成本不能反映其全部环境成本（Herzog, Lipman, Edwards & Kammen 2001）。电力公司还以可再生能源的其他缺点（如风力发电的不稳定性）来作为不购买它的原因（Eisen 2010b）。

自20世纪70年代以来，随着监管制度改革试图通过推进能源效率、需求响应和可再生能源而将发电和电力传输的全部成本内部化，

环境价值和公用事业监管之间的关系已经发生了巨大的变化。遗憾的是，20世纪90年代末和21世纪初的"改制"对电力公司的环境项目产生了深刻的负面影响，"改制"是关于修改或取消传统监管制度的放松管制措施的通用术语。如今，州和联邦各种各样的措施在推进节能、能源效率和可再生能源。

传统公用事业监管的不足

诸如电力和天然气公司等公用事业公司向公众提供基本服务。经济学家将这些公司描述为具有自然垄断地位，原因在于建设基础设施需要大量资金，这就为新公司与现有的公用事业公司竞争设置了强大的壁垒。如果不受监管，公用事业公司则将行使垄断地位设定高于市场的价格。电力监管体系是复杂的；电通常是在一个州发电却通过输电网给另一个州配电。一般来说，州公用事业委员会（PUCs）监管本地公用事业业务，包括价格的设定；联邦能源监管委员会（FERC）监管州际的电力批发和州际的输电网运营。

公用事业监管的头十年侧重于通过价格管制来抑制电力公司的垄断倾向。在此制度下，州公用事业委员会授予电力公司有价值的特权，给予他们在特定的区域为所有客户提供服务的独有权利。作为回报，电力公司接受政府对价格的监管，这被称作服务成本（COS）监管，因为它是基于计算公用事业提供服务的成本，再加上公平收益率。理解这一过程对于理解环境价值是如何被传统给忽视的至关重要。监管机构先设定收入，电力公司则必然要收回其成本。公用事业委员会基于听证会做出关于电厂、燃料、资本和运营成本的判断，在听证会上电力公司和其他利益相关方提供证据。价格通常是被固定数年直至下一次定价，但是公用事业可以适用燃料调整条款恢复中间成本增长。所需收入一旦确立，公用事业委员会则确定价格；比如，它将以每千瓦小时（kWh）来定价，就像以所售千瓦时来划分收入一样。服务成本监管未能给电力公司提供把成本最小化的动力。他们具有被经济学家称之为"生产能力的动力"：他们承担的所有成本被转嫁给消费者并从其身上得以收回。在一篇著名的论文中，经济学家哈维·阿弗奇（Harvey Averch）和利兰德·约翰逊（Leland Johnson）论证道，这给电力公司提供了增加资本支出和其他无限制成本的动力，使其效率低下（Averch & Johnson 1962）。在公用事业委员会的监管下，电力公司有充分的动力去尽其所能出售更多的电。他们的成本基本上是固定的，所以他们卖得越多则创造的收入越多。政治学家认为，随着时间的推移，监管机构未能扭转这种动力并迫使电力公司削减成本，原因在于电力公司对监管机构具有过度的影响力，"俘获"了监管机构（Estache & Martimort 1999）。

直到20世纪70年代，电力公司几乎无限制地扩大。电力行业吉祥物雷迪·千瓦（Reddy Kilowatt）自豪地说"电让一切变得更好"并促进了数百万美国人的消费。新的电子产品被设计出来并被在市场上推广，如"全电动化厨房"。不断增加的需要引发新发电厂的建设，而公用事业委员会通过维持较低的电价助推了这一扩张过程。

价格监管的演变

在20世纪70年代，电价开始上涨，消费

者开始反对电力公司未经核准就涨价。涨价的主要动力是建设新核电站的成本快速上升，这正好与反核环保团体相违背。当中东危机威胁进口石油的供应时，消费者迫使公用事业考虑节能技术。吉米·卡特（Jimmy Carter）总统力推国家能源政策，并通过保持较低的空调温度和在白宫穿毛衣来以身作则，还告诉美国人节约能源和国家摆脱对外国石油依赖是"道义的战争"。

为回应这些社会力量，电力公司的定价程序开始改革。1978年《公用事业监管政策法案》（PURPA）是回应 20世纪70年代能源危机的诸多法律之一。《公用事业监管政策法案》修正了定价结构，并规定各州为鼓励电力公司建立节能项目提供动力。随着时间的推移，这些变化对电力公司产生强有力的影响。在2000年，962家美国电力公司已拥有一个或多个能源效率和需求响应项目，而且516家最大的电力公司节约电能5 370万千瓦时（U.S. Department of Energy 2002）。

为促进电力公司本身的节能，各州颁布法令要求电力公司考虑各种选择来满足所谓综合资源规划（IRP）进程中日益增长的需求，这种规划起源于20世纪70年代的加州。一家实施综合资源规划的电力公司预测了未来一系列需求的可能性，并考虑到所有可替代方案以满足这种需求，包括节约能源和可再生能源（Cavanagh 1986）。综合资源规划是不同于传统电力规划的，传统电力规划力图满足建设新发电厂的需求而很少考虑节约能源或可再生能源。1992年《能源政策法案》要求各州考虑综合资源规划，而许多州确实是这样做的。

《公用事业监管政策法》的可避免成本规定

在20世纪70年代，传统电力公司提供了几乎全部新增发电容量，其中只有很少电量来自可再生能源。他们通常拒绝从其他公司购买电力。由于商业准则的改变，《公用事业监管政策法案》要求电力公司从热电联供商和其他小型电力生产商购买电力。如果电力公司没有从其他地方购电，定价则是依据电力公司的可避免成本（Avoided Cost）——即发电的成本。这一法定条款及其实施条例对小型电力生产商具有革命性的影响，尤其是在各州，比如设定相对较高的可避免成本价格的加利福尼亚州。与此同时，技术成熟，太阳能和风能等可再生能源急剧增长。

可避免成本规定具有重要的附带作用。直到20世纪90年代，投资者所拥有的电力公司是垂直一体化的，承担着其服务区域内的发电、传输和配电等所有功能，他们生产了美国三分之二的电力。《公用事业监管政策法案》导致非公用事业发电厂（NUGs）整个行业的兴起，发电并与现有公用事业电力公司竞争的商业公司本身却不是公用事业公司（如，他们没有自己的输电和配电设施）。

改制使产业转型

通过《公用事业监管政策法案》引入竞争是20世纪90年代初呼吁对公用事业放松管制所引起的许多趋势之一。自由市场经济学家曾于1978年在航空业实现了放松管制，其他行业也在改革之中。很多人认为，在天然气行业已经起步并在很大程度上取得改制成功，可以作为对公用事业电力公司放松管制以及以更低的成本给消费者供电的模范（U.S. Department of Energy 2002）。联邦能源监管委员会通过一系列规则来加快改制，运营新的电力市场来改变行业，这些规则要求开放国家输电网，使区域输电组织机构也能管制输电网。联邦能源监管委员会要求公用事业电力公司将其输电部门从发电和配电部门中独立出来。作为回应，公用事业电力公司开始拆分为独立的业务公司。

此外，大约有25个州引入零售选择权，赋予消费者自己选择电力供应商的资格。然而，这个选择权很大程度上是虚幻的。在加州，诸多原因导致零售选择权成为引人注目的失败，包括安然公司和其他公司的市场操纵。加州改制的失败使得其他州变得谨慎，如果有的话，也是很少的州出现了新公司和现有电力公司之间的零售竞争。这有许多原因，其中包括保持较低电价的国家法规让市场准入很困难。如今，零售市场的竞争广受质疑，许多州已经放弃改制并回到传统的监管。联邦能源监管委员会依据解决市场力量过剩的法规而继续监管电力批发业务。

对环境项目的影响

电力行业改制的中心议题是"搁置成本"的想法。公用事业公司投入了资金，就会打算在接下来的几十年中收回成本。他们认为，国家强制他们直接与无须承受相同成本的新发电商竞争，作为回应，国家允许现有电力公司从消费者那里收回这些成本，也允许他们中断项目，这些项目使得与新的发电商竞争对其来说并不合算。这个政策选择对现有的环保项目有重大的负面影响，公用事业公司将其视作竞争环境中的累赘（Black & Pierce 1993）。在迈向竞争的过渡期，这些是第一批被砍掉的项目，而且公用事业公司针对节能和需求响应项目的预算在全国范围内下降了超过50%（Brown & Sedano 2003）。由于在竞争环境中州公用事业委员会对公用事业公司的供应规划决策放松管制，所以综合资源规划也变得不那么普遍（DSIRE 1998）。

许多人也主张废除可避免成本规定。具有讽刺意味的是，《公用事业监管政策法案》的成功强化了这一地位。20世纪90年代中期要比1978年有着更多的非公用事业发电厂，而且许多人认为，在一个竞争性加强的行业中，非公用事业发电厂应该与其他电力供应商公平竞争（Black & Pierce 1993）。特定的行业状况加剧了这一问题。即使发电成本下降，但是依据与小型电力生产商的长期合同，公用事业公司仍有义务继续购电。他们认为，这是维持高电价的搁置成本的一种形式。2005年，国会以在电力批发市场提供服务的美国地区中断可避免成本要求，作为回应。

系统效益费用

随着能源效率和需求响应项目的中断，一些州填补空白并设定州范围内的费用，向所有客户的电费账单征收少量费用。虽然征收的费用通常很少，但是资金凑集后可达数百万美元。各州利用这些系统效益费用的目的被视作为了惠益整个社会，如能源效率和需求响应项目，或者利用可再生能源系统的退税。这些项目在不同的州之间会表现出很大差别，而且不能代替更全面的推动节能、需求响应和可再生能源的行动。

可再生能源标准

为推进可再生能源，国家建立了可再生能源（或电力）配额制（RES）；这两者是可以互换的。可再生电力配额制通常要求公用事业电力公司要有一定份额的从可再生能源产生的电力，或由通过从产能过剩的供电商那里购买可交易的信用来作补偿。可再生电力配额制是为了鼓励推动可再生能源、促进产业发展、使可再生能源电力在价格上更有竞争力。2010年，35个州已经实行以可再生能源发电为自愿目标的可再生电力配额制，或其他类似可再生电力配额制的项目（Pew Center on Glogal 2010）。

美国众议院于2009年通过的《美国清洁能源和安全法》的气候法案，将建立全国性的可再生电力配额制，包括能源效率和可再生能源产生的电力。一些人认为用单一的全国性可再生电力配额制和信用市场来替代州的标准，将为可再生能源提供更多的支持（Davies 2010）。虽然在国会很多人支持全国性的可再生电力配额制，但是其他人却加以阻拦，他们举例说有可能造成消费成本上升和不公平的区域性影响。

其他国家在全国推行可再生能源的目标上已经取得成功。在2008年，《欧盟可再生能源指令》确定了约束性目标，即截至2020年可再生能源在欧盟能源消费中的比重是20%。欧盟所有27个成员国采用监管指令或财政激励的某种形式，目的是与他们在各自国家所推行的可再生能源的目标相符合（Commission of the European Communities 2008）。中国在推动人们使用可再生能源系统方面也取得了相当大的进展。虽然全国80%的电力仍然是来自煤炭（Eisen 2010a），但是中国具有强有力的《可再生能源法》和非常好的国家目标。

上网电价补贴制度

可再生电力配额制经常受到质疑的是，它们需要建造更多的可再生能源设施。对批评者而言，这排除了其他政策以更低的成本做同样工作的可能性。一个近来受到关注的关于促进可再生能源的不同想法是上网电价补贴制度（FIT）。依据上网电价补贴制度，要向可再生能源项目所有者支付高于市场价的价格。价格在特定年限内是固定的，而且是提前确定的固定金额，或高于电力批发价格的溢价。这与可再生电力配额制不同，因为它侧重于发电厂的成本和利润，而非公用事业电力公司供电的采购流程。直接补贴的目标在于创造合理的利润，并使项目融资更容易。很多人支持它是因为他们认为这将导致更易推广可再生能源（Rickerson, Bennhold &

Bradbury 2008)。然而,有人认为向可再生能源生产商支付高于市场的价格是抑制竞争的(Eisen 2010b)。

上网电价补贴制度是建立在成功的欧洲项目基础上的。德国的上网电价补贴制度引起太阳能和风能的爆炸性增长,并使德国可再生能源生产的电力供应在2000年和2007年之间提高两倍多(Rickerson, Bennhold & Bradbury 2008)。其他欧盟国家和加拿大安大略省已经采用上网电价补贴制度。美国许多州已经考虑上网电价补贴制度,但截至2009年,只有三个州和一些地区予以采用。

上网电价补贴制度和许多州采取的净计量电价措施有所重叠。净计量电价通过安装可再生能源系统来回报客户,这个系统不时地向客户提供充裕的电力来满足其需求,而客户可以把电卖给电网。相比之下,对于可再生能源产生的电力,上网电价补贴制度可以向任何人提供补贴,而不管客户的特定需求。各州需要认真设计上网电价补贴制度,以便他们能与净计量电价项目共同实行。

实时电价和绿色电价

有些人认为,针对住宅区电力客户的实时电价(Real-Time Pricing, RTP)项目可帮助减少对电力的需求以及为消费者节省数十亿美元。然而,在2008年,只有1.1%的美国消费者参加了这些项目(U.S. Department of Energy 2009)。实时电价以其最简单的形式实时向消费者提供价格信号,让他们调整自己的行为,即当价格高时减少用电需求。这将需要广泛采用一种在今天并不常见的技术。标准的电表没有给消费者提供关于电价的信息,因此更先进的电表是实时电价成功所必需的。

绿色电价项目也促进电的来源不再依赖化石燃料。超过500家电力公司提供这些自愿项目,允许客户根据电的燃料来源和排放记录来购买电力。这些项目的效果是有限的,有两个主要原因。首先,他们通常要求消费者为可再生能源支付价格溢价,而这是许多消费者不愿意做的。其次,由于是自愿的,所以没有大量的消费者加入进来。因此,绿色电价是不可能像鼓励可再生能源发展的具体的、有针对性的规定那样成功。

增加可再生能源的部署

增加可再生能源的部署将要求美国的输电网有实质性的改善,因为电力传输和分配系统一直长期投资不足。成千上万的高压输电线路分布全国,但是自2000年以来只额外添加了668英里(U.S. Department of Energy 2008)。许多潜在的风能项目不能连入电网,因为通常风力更为强烈的偏远地区却缺乏输电线路。输电能力不足也是中国等国家的问题,太阳能和风能项目的所在地远离东部城市中心。中国预计在接下来的十年里建设许多新的超高压输电线路。

尽管它是现代化的迫切需要,但是当前美国批准新的输电线路的体制导致输电网翻新的进展缓慢。州和地方监管机构决定新的输电线路是否必要,并关心州内地方纳税人的利益。在电网规划和选址的决策中,一些州考虑到可再生能源和气候目标,但大多数州不关心这些问题。由于可再生能源项目是连入到跨越州界的电网,所以如果各州认为他们的地方纳税人将为主要是惠益其他州的客户的项目付款,那么项目就会失败。

联邦能源监管委员会通常对电网选址没有管辖权,管辖权完全交给了各州。2005年,《联邦电力法案》新的规定扩大了联邦能源监管委员会有限的权力,允许它指定"国家利益输电走廊"和运用"逆止"权力。这使得联邦能源监管委员会在州拒绝许可超过一年的情况下,可以替代该州并给位于指定走廊的拟建输电线路的选址、建设或改建颁发许可证。然而,联邦法院驳回了联邦能源监管委员会多次试图克服州抵制输电工程的诉讼请求。

美国众议院于2009年通过的《美国清洁能源和安全法》的气候法案,认可关于新输电线路的区域规划并赋予联邦能源监管委员会复审区域输电计划的权力。在其他目的中,联邦能源监管委员会已经把注意力集中到批准"促进可再生能源和其他零碳、低碳能源的部署进而以其所发的电来减少温室气体排放"的输电计划上。然而,由于气候法案的停滞不前,电网选址基本上仍是州和地方监管的问题。

新的输电线路面临的另一个重大障碍是决定由谁来为其买单。通常来说,是通过提高电价来让工程所在地区的纳税人为新的输电线路买单。对公用事业电力公司来说,对输电网工程进行投资并不划算,因为这是让国内其他地区的客户获益。难题是如何有区别地分担未来对输电网投资的成本,从而反映超越各个公用事业电力公司管辖边界的环境效益和经济效益。

智能电网项目

输电线路的升级是美国开发智能电网时所进行的工作之一。当前的输电网很好地实现了其目的:单向交付产品(电),即不能被存储并且必须在发电之后尽快被消费。尽管偶尔出现备受关注的断电和停电,但是供电系统通常还是强大稳定的。智能电网这一术语指的是新一代的输电和配电网络,这将通过客户和电力公司之间的实时双向通电来提供更多的功能。智能电网可以推动更广泛地采用可再生能源和降低用电需求,也能提高稳定性、运营效率以及电网对恐怖主义威胁的防御性。

智能电网需要很多新思路和新技术来实现这些不同的目标。例如,它需要依靠先进的电表为其提供客户和电力公司之间的实时数据。当客户能看出他们用了多少电及其费用是多少时,他们可能更倾向于购买"智能"电器,如可以与智能电网互动的恒温器、洗衣机、烘干机、微波炉、热水加热器和冰箱。能源部的研究发现，这些电器可以减少用电需求和能源成本（U.S. Department of Energy 2009）。先进的电表同样能使实时定价项目成为可能。

智能电网主要侧重于管理电能的双向流动，使客户能够生产或储存电能并在价格最高的用电高峰时期将电卖回给电网。对于部署小规模的太阳能、风能和其他可再生能源系统而言，这将是一个重要激励。客户也可以在白天把电能存储到插电式混合动力汽车上，然后在非高峰时期再将电提供给电网。管理电的逆向流动将需要尖端的智能电网技术来克服可能存在的安全性和可靠性问题。

在美国开发智能电网意味着需要在适当的地方对目前的系统予以重大的改进以及数十亿美元的资金。2009年的联邦经济刺激方案向智能电网项目拨款34亿美元，但这只是所需费用的一部分。正在推进智能电网技术研发工作的既有IBM和谷歌等卓越的美国公司，也有电网技术的初创公司（The Cleantech Group 2010）。仅仅建立智能电网运营的规则就是一项艰巨的任务，智能电网的各种技术标准正在由美国国家标准与技术研究所的理事会牵头制定中。在中国，国家电网公司的"强化智能电网"计划要求开展类似的工作，即建设新的输电线路和制定智能电网标准以及开发电网操作和控制所需的技术。与美国协同促进这些技术发展的工作也在进行中。

脱钩

促进电力行业的环境项目的一个重要监管机制就是脱钩，即打破销售和收益之间的联系。脱钩使得电力行业有动力去采取能够激励客户减少用电量的项目。虽然价格措施依旧继续，但是其中的价格调整允许电力公司恢复在消费者使用更少电力时重新定义的总收入。截至2009年，已有17个州为各个电力公司建立脱钩机制。调整后的价格仍然以每单位费用来设定，这可以在让电力公司收回成本和收益的同时又能激励客户减少能源消耗。

更加频繁地采用脱钩制度将有利于推进温室气体的减排。有人认为能源效率和需求响应项目是减少电力消费以及碳排放的最便宜方式（United Nations Foundation 2007）。脱钩本身不是应对气候变化的方式。但是，即使电的消费下降，它也允许电力公司收回其固定成本，因而它能有助于执行各州、地区和联邦政府正在推行的各种碳减排政策。

乔·巴里·艾森（Joel Barry EISEN）
里士满大学法学院
朱达俊译

参见：气候变化信息公开——法律框架；能源激励机制；能源补贴；自由贸易；绿色税；能源投资法。

拓展阅读

Averch, Harvey, & Johnson, Leland L. (1962). Behavior of the firm under regulatory constraint. *American Economic Review*, 52(5), 1052–1069.

Black, Bernard S., & Pierce, Richard J., Jr. (1993). The choice between markets and central planning in regulating the U.S. electricity industry. *Columbia Law Review, 93*, 1339.

Brown, Matthew H., & Sedano, Richard P. (2003). A comprehensive view of U.S. electric restructuring with policy options for the future (Electric Industry Restructuring Series, National Council on Electricity Policy). Retrieved September 15, 2010, from http://www.hks.harvard.edu/hepg/Papers/BrownSedano.pdf.

Cavanagh, Ralph C. (1986). Least-cost planning imperatives for electric utilities and their regulators. *Harvard Environmental Law Review, 10*(2), 299–344.

Ceres. (2010). The 21st century electric utility: Positioning for a low-carbon future. Retrieved September 13, 2010, from http://www.ceres.org/Page.aspx?pid=1263.

Chen, Cliff; Wiser, Ryan; & Bolinger, Mark. (2007). Weighing the costs and benefits of state renewables portfolio standards: A comparative analysis of state-level policy impact projections. Retrieved September 27, 2010, from http://eetd.lbl.gov/ea/ems/re-pubs.html.

The Cleantech Group LLC. (2010). 2010 U.S. smart grid vendor ecosystem: Report on the companies and market dynamics shaping the current U.S. smart grid landscape. Retrieved September 27, 2010, from www.energy.gov/news/documents/Smart-Grid-Vendor.pdf.

Commission of the European Communities. (2008). The support of electricity from renewable energy sources. Retrieved September 27, 2010, from http://ec.europa.eu/energy/climate_actions/doc/2008_res_working_document_en.pdf.

Database of State Incentives for Renewables and Efficiency (DSIRE). (1998). State programs and regulatory policies report. Retrieved September 20, 2010, from http://www.dsireusa.org.

Davies, Lincoln L. (2010). Power forward: The argument for a national RPS. *Connecticut Law Review, 42*(5), 1339.

Eisen, Joel B. (2010a). China's renewable energy law: A platform for green leadership? *William and Mary Environmental Law and Policy Review, 35*, 1.

Eisen, Joel B. (2010b). Can urban solar become a "disruptive" technology?: The case for solar utilities. *Notre Dame Journal of Law, Ethics & Public Policy, 24*, 53.

Estache, Antonio, & Martimort, David. (1999). Politics, transaction costs, and the design of regulatory institutions (World Bank Policy Research Working Paper No. 2073). Retrieved October 25, 2010, from http://papers.ssrn.com/sol3/papers.cfm?abstract_id=620512.

Hendricks, Bracken. (2009, February). Wired for progress: Building a national clean-energy smart grid. *Center for American Progress.* Retrieved September 27, 2010, from http://www.americanprogress.org/issues/2009/02/wired_for_progress.html.

Herzog, Antonia V.; Lipman, Timothy E.; Edwards, Jennifer L.; & Kammen, Daniel M. (2001). Renewable energy: a viable choice. *Environment, 43*(10), 8–20.

Lesh, Pamela G. (2009). Rate impacts and key design elements of gas and electric utility decoupling: A comprehensive review. Retrieved September 13, 2010, from www.raponline.org/Pubs/Lesh-CompR eviewDecouplingInfoElecandGas-30June09.pdf.

Pew Center on Global Climate Change. (2010). Homepage. Retrieved September 30, 2010, from http://www.pewclimate.org/.

The Public Utility Regulatory Policies Act of 1978, Pub. L. No. 95–617, 92 Stat. 3117 (codified in scattered sections).

Rickerson, Wilson; Bennhold, Florian; & Bradbury, James. (2008). Feed-in tariffs and renewable energy in the USA—A policy update. Retrieved September 27, 2010, from www.wind-works.org/FeedLaws/USA/Feed-in_Tariffs_and_Renewable_Energy_in_the_USA_-_a_Policy_Update.pdf.

Rossi, Jim. (2009). The political economy of energy and its implications for climate change legislation. *Tulane Law Review, 84*, 379–428.

Rossi, Jim, & Brown, Ashley C. (2010). Siting transmission lines in a changed milieu: Evolving notions of the "public interest" in balancing state and regional considerations. *University of Colorado Law Review, 81*, 705.

Shapiro, Sidney A., & Tomain, Joseph P. (2005). Rethinking reform of electricity markets. *Wake Forest Law Review, 40*, 497–543.

Shirley, Wayne. (2010). Mechanics & application of decoupling. Retrieved September 13, 2010, from http://www.raponline.org/docs/RAP_Shirley_PennsylvaniaDecoupling_2010_04_28.pdf.

Stigler, George J., & Friedland, Claire. (1962). What can regulators regulate? The case of electricity. *Journal of Law and Economics, 5*, 1–16.

United Nations Foundation. (2007). *Realizing the potential of energy efficiency: Targets, policies, and measures for G8 countries*. Retrieved October 25, 2010, from http://www.globalproblems-globalsolutionsfiles.org/unf_website/PDF/real izing_potential_energy_efficiency.pdf.

U.S. Department of Energy (DOE). (2002). A primer on electric utilities, deregulation, and restructuring of U.S. electricity markets. Retrieved October 25, 2010, from http://www1.eere.energy.gov/femp/pdfs/primer.pdf.

U.S. Department of Energy (DOE). (2006). Benefits of demand response in electricity markets and recommendations for achieving them. Retrieved September 13, 2010, from http://eetd.lbl.gov/ea/EMP/reports/congress-1252d.pdf.

U.S. Department of Energy (DOE). (2008). The smart grid: An introduction. Retrieved September 27, 2010, from http://www.oe.energy. gov/DocumentsandMedia/DOE_SG_Book_Single_Pages.pdf.

U.S. Department of Energy (DOE). (2009). Smart grid system report. Retrieved September 27, 2010, from http://www.oe.energy.gov/DocumentsandMedia/SGSRMain_090707_lowres.pdf.

U.S. Department of Energy (DOE). (2010). Demand-side management actual peak load reductions by program category. Retrieved October 25, 2010, from http://www.eia.gov/cneaf/electricity/epa/epat9p1.html.

U.S. Department of Energy (DOE) & Energy Information Administration (EIA). (2000). The restructuring of the electric power industry: A capsule of issues and events. Retrieved September 13, 2010, from http://tonto.eia.doe.gov/FTPROOT/other/x037.pdf.

U.S. Department of Energy (DOE) & Energy Information Administration (EIA). (2002). U.S. electric utility demand side management (DSM) data 2000. Retrieved September 15, 2010, from http://www.eia.doe.gov/cneaf/electricity/page/eia861dsm.html.

U.S. Environmental Protection Agency (EPA). (2008). National action plan vision for 2025: A framework for change. Retrieved September 13, 2010, from http://www.epa.gov/cleanenergy/energy-programs/suca/resources.html.

Waste Shipment Law

废物运输法

自20世纪80年代以来，全球、区域和国家层面的规则管制着危险废物和其他废物的越境转移。其主要目的是防止此类废物在贫穷国家不受控制的倾倒，破坏当地环境和人类健康。实现这些目标的关键工具在于进出口禁令，以及事先通知和取得所有相关国家同意的要求。

自20世纪70年代中期以来，人们环保意识的日益增强、新立法的逐渐完善以及科技水平的不断进步，导致欧洲和北美废物处理的成本急剧增加。加上废物数量和全球化运输的持续增长，这使得将废物（特别是工业危险废物）出口到欠发达国家更具经济上的吸引力。这一举动通常是由于欠发达国家劳动力成本低，立法缺乏足够的执行（如果存在）、善治、经济手段、工会和睦邻权以及环境和健康保护文化。伴随着数次丑闻的发生，废物转移缺乏控制在20世纪80年代表现得尤为明显，这些丑闻涉及工业事故残余（如塞韦索事件）或者试图将来自美国或欧洲的有毒废物卸载在第

三世界国家港口或海岸的船舶（如Khian Sea, Karin B, Radhost）。

作为1981年《蒙得维的亚计划》的一部分（国际环境法领域的长期战略计划），高级政府专家指出应当制定关于有毒和危险废物运输、操作和处置等的指南、原则或协议。作为进一步谈判的结果，有关危险废物环境无害化管理的《开罗指南》于1985年通过，为《巴塞尔公约》奠定了基础。

在区域层面，意大利赛韦索事故现场消失的几桶化学废物，几年后在法国仓库被发现，这促使欧洲经济共同体1984年发出指令（84/631号），建立第一个有约束力的针对危险废物运输监督和控制的跨国综合系统。

巴塞尔公约

在联合国环境规划署的支持下，经过两年的谈判，1989年3月22日在瑞士巴塞尔召开的全权代表会议通过了《控制危险废物越境转移及其处置巴塞尔公约》，53个政府和欧

洲经济共同体的代表签署了这项公约。该公约也被称为《巴塞尔公约》，于1992年5月正式生效。截至2010年9月20日，174个国家和欧盟加入该公约。阿富汗、海地和美国三个国家签署但未批准该公约。

范围和定义

《巴塞尔公约》(BC)的地理范围是全球性的，其总体目标是保护人类健康和环境，使其免受危险废物的产生、越境转移和管理带来的不利影响。

根据《巴塞尔公约》第一条，危险废物是指(a)属于附件一所载任何类别的废物，除非它们不具备附件三中所载的任何危险特性；(b)此定义未涵盖但进出口或过境缔约国的国内立法认为有危险的废物。此外，《巴塞尔公约》也适用于附件二中规定的某些"其他废物"的运输，即从家庭收集的混合废物和从家庭废物焚烧产生的残余物。附件八和附件九所包含的废物列表，以字母(A或B)和四个数字的编码形式来区分危险程度。

具有放射性的废物以及船舶正常作业产生的废物，已由其他特定的国际文书作出规定者，不属于《巴塞尔公约》的范围。

为《巴塞尔公约》之目的，其2.1条将废物定义为已处置或打算处置的或国家法律规定必须加以处置的物质或物品。此处的"处置"有多种含义，包括掩埋或焚烧等操作(见附件四A)，也包含资源回收、再循环利用、重新使用等操作(见附件四B)。

义务和措施

《巴塞尔公约》第4条规定了缔约国的一般义务，尤其是不允许向禁止这类废物进口和已经对此适当通知的其他缔约国出口危险废物，并采取适当措施保证在符合这类废物的环境无害和有效管理下把危险废物的产生和越境转移减至最低限度。此外，《巴塞尔公约》缔约国应确保尽可能在其国境内提供充足的环境无害化处理设施；如果有理由相信危险废物和其他废物将无法以对环境无害的方式加以管理时，缔约国可以禁止此类废物的进出口；采取适当的执行措施，包括惩罚非法运输。

除了进出口禁令以及以对环境无害的方式处置等内容，《巴塞尔公约》主要控制工具是事先通知和同意制度(见第6条，也称为"事先知情同意"或PIC)，在运输危险废物之前需以书面形式通知该国进出口和运输主管机关并获得同意。《巴塞尔公约》规定了通知和转移方式的标准程序，通知人和相关机构之间沟通的要求。如果废物转移无法完成，或有非法运输的情形,出口国家有义务确保废物的再进口(见第8条和第9条)。

虽然原则上不允许缔约国将危险废物出口至非缔约国或从非缔约国进口危险废物(第4.5条),但第11条允许缔约国和非缔约国缔结关于危险废物转移的双边、多边和区域协定或协议,前提是不得减损公约要求的环境无害化管理方式要求。在一些地方,双边协定扮演了非常重要的角色,例如,日本向亚洲邻国的废物出口。多年来,各种不具有约束力的技术指南已经对以环境无害方式管理某些废物流的相关标准进行了详细规定。

机构

《巴塞尔公约》的管理机构与其他联合国环境规划署公约一样是每两年或三年举行一次的缔约方会议。在这些会议期间,开放式工作组(OEWG)开会跟进决策并为缔约方会议的未来会议做准备。为了使机构更好地运行,常设秘书处在日内瓦设立,它也负责信息的传输和网站的运行维持(www.basel.int)。《公约》的其他辅助机构包括在缔约方会议期间为秘书处提供指导的扩大主席团(Expanded Bureau)和一个合规委员会。为了促进履约,主要在亚洲、非洲和拉丁美洲建立了一个由14个巴塞尔地区和协调中心(BCRCs)组成的网络。

从本质上讲,《公约》的实施是各缔约方的事情,他们必须相互协作,指定一个或一个以上主管当局和一个联络点,并每年报告其活动。

其他国际协议

除《巴塞尔公约》之外,还有一些其他关于废物运输的国际协议。有一些国际协议只适用于特定类型的废物或特定地区,它们源自对《巴塞尔公约》认知差距和缺点的不满。

经济合作与发展组织决议

目前由33个工业国家组成(除美国以外,其他都是《巴塞尔公约》的缔约国)的经济合作与发展组织为其成员国控制用于回收的废物的越境转移建立了一个特殊框架。经济合作与发展组织理事会决定C(2001)107/FINAL适用于危险和无危险废物的运输,区分为"绿色"和"琥珀色"控制程序。"绿色"程序指适用于正常商业交易的一套海关控制,也适用于无危险废物。"琥珀色"程序遵循《巴塞尔公约》的事先通知和同意体系,但为了促进经济合作与发展组织内的废物运输循环和能源回收作了某些修改。特别是,这项2001年决定对于废物运输的进行仅要求默示同意(而非明确的书面许可),并提出一项经事先同意的回收设施清单,在此主管机构同意在一定年限不反对其管辖权区域内进口此类设施。

巴马科公约

《禁止向非洲输入有害废物并管制其在非洲境内越境转移的巴马科公约》在非洲统一组织(OAU)的主持下制定,并于1991年1月30日在巴马科(马里)通过。1998年4月22日《公约》生效,截至2010年2月,非洲的53个国家中仅有24个国家批准《公约》。《巴马科公约》是由于不满《巴塞尔公约》达成的内容所引发(它被认为没有对工业国家的废物转移给予足够的防范),它包含了危险废物的更广泛定义(包括放射性物质和撤销注册的危险物质），而且原则上禁止此类废物从非缔约国出口到非洲。

瓦伊加尼公约

1995年，《禁止向论坛岛屿国家输入有害和放射性废物并管制有害废物在南太平洋区域境内越境转移和管理的公约》在瓦伊加尼市（巴布亚新几内亚）开放签署，并于2001年生效。截至2008年6月，太平洋岛国论坛的13个成员国已经成为该条约的缔约国，包括澳大利亚和新西兰。法国、英国、美国虽有资格加入但却拒绝加入。《瓦伊加尼公约》以《巴塞尔公约》文本为基础，但也涵盖了放射性废物，其适用范围从领海延伸至专属经济区。

地中海危险废物议定书

很多其他区域和多边环境协议也涉及越境废物运输的控制（Basel Convention n.d.a）。其中主要包括1996年《预防地中海危险废物越境转移及其处置议定书》，它于2007年正式生效。同《巴马科公约》一样，该议定书也适用于未列入名单的危险物质，并包含禁止出口和运输危险废物至发展中国家（只要他们是非欧盟成员国）以及禁止进口这类废物的义务。

有关放射性和船舶产生废物的规定

国际原子能机构特别针对放射性废弃物制定了《乏燃料管理安全和放射性废物管理安全联合公约》，该《联合公约》于1997年正式通过，2001年6月生效。截至2010年8月，56个国家和欧洲原子能共同体（EURATOM）批准或以其他方式加入了《联合公约》。它适用于来自民用核设施的乏燃料和放射性废物，

并要求该类废物的越境转移活动发生之前需要事先通知目的地国并取得其同意。目的地国只有在其具备以符合公约的方式管理废物所需的管理与技术能力和管制架构的前提下才可以同意接受废物。

船舶产生废物的管理，包括船上运输到港口接收设施的卸货，都在1973年《防止船舶污染国际公约》的各种附件中予以规定，后经1978年议定书作了修订（简称MARPOL 73/78）。特别是，附件五禁止将垃圾处置到海里，并要求船舶必须使用港口接收设施。附件一、附件二和附件四分别针对预防石油、化学物质和污水引起的污染进行了规定，因此涵盖了此类废物的海上运输直至在港口卸载。所有这些附件已经在1983年到2003年间生效，目前有125—150个国际海事组织（IMO）成员国批准了它们。

欧盟废物运输规定和国家法

除了受制于《巴塞尔公约》和其他国际协议，废物运输也在一些国家层面（和超国家层面的，如欧盟）予以规定。

欧盟

作为区域经济一体化组织（REIO）加入《巴塞尔公约》的欧盟，最初通过1993年2月1日259/93号理事会条例（EEC）转化了《巴塞尔公约》。该条例规定了欧洲共同体内部废物运输以及运入和运出的监督和控制。2007年7月，它被欧洲议会的1013/2006号规则和2006年6月14日欧洲理事会关于废物运输的决定所取代。该规则对整个欧盟具有直接约束力，并由其他次级规则加以补充，特别是关

于所谓绿色名单(非危险)废物向非经合组织国家出口回收的2010年1418/2007号委员会(EC)决议。欧盟法律基本上执行了《巴塞尔公约》规则和上面提到的2001年经合组织决定,也规定了一些附加措施。最值得关注的是,欧盟法律转化了《巴塞尔禁令修正案(1995)》(详见下文),因而到1998年禁止将所有废物出口到非欧洲国家进行处置,禁止将所有危险废物出口到非经合组织国家回收。此外,该规则也规定了列入绿色名单的废物运输需要一份通知文件,欧盟委员会要求非经合组织国家系统地告知绿色名单废物的进口规则,以防止欧盟向其出口他们不想要的废物。

美国

尽管不是《巴塞尔公约》的缔约国,但美国通过《资源保护和回收法》(RCRA)修正案在1986年引入了危险废物出口的事先知情同意程序。其对危险废物术语的定义不同于《巴塞尔公约》,在此危险废物涵盖列明是危险的或表现出某些危险特性的"废弃材料"。此外,美国法律还包含了源于事先知情同意原则的更多免责条款,如铅酸电池和某些其他可循环利用材料的出口。与《巴塞尔公约》的其他主要不同是:(1)美国法律没有在目的国以环境无害方式处理废物的要求;(2)出口国没有义务重新进口根据运输合同无法处置的废物。

美国很大一部分危险废物的出口去往墨西哥和加拿大,受这些国家双边协定的管制。

中国

中国是最早一批批准《巴塞尔公约》(1991年12月)的国家,并于2001年5月批准了禁令修正案。1995年《固体废物污染环境防治法》规定了禁止进口不能以环境友好方式使用或作为原料的固体废物。国家环保总局(SEPA)规定了可以作为原料的废物,它们必须符合国家环保标准。这意味着实践中有些材料在中国法律上并不认为是废物,如可以循环利用的废弃船舶的进口。

中国运输控制系统的特殊之处在于要求进口商和外国出口商持有国家环保总局颁发的进口许可证或在国家质量监督检验检疫总局(AQSIQ)注册登记。此外,中国还建立了在出口口岸由经国家质量监督检验检疫总局认可的独立检验员实施的装运前检验系统。

印度

1992年3月,印度批准了《巴塞尔公约》。自2000年以来,印度虽然在国家层面的法律中规定了禁止危险废物的进口和倾倒或处置的出口,但没有签署禁令修正案。2009年7月最后修订的1989年《危险废物(管理和处理)

规则》，以危险特征为基础定义了此类废物，并将它们纳入特定目录。然而，进出口危险废物作为原材料循环或重新使用是一项重大例外，1989年《危险废物（管理和处理）规则》未对原材料一词进行定义。由此也引发了实践中报废船舶的进口（因为印度是世界上主要的回收国家）不受废物运输控制，即使该船舶已经受到危险物质污染。

电子废物、电池和城市废物的管理和运输也有特殊规则。与中国一样，印度原则上要求出口国检查机构进行废物装运前检查并出具相应证明。

巴塞尔禁令修正案

1995年《巴塞尔公约》缔约方大会第三次会议通过决议（Ⅲ/1）修订了《巴塞尔公约》，加入了第4A条，禁止列入新附件七的国家将危险废物越境转移到未列入国家。附件七涉及的国家包含缔约国，以及经济合作与发展组织成员国、欧洲共同体和列支敦士登等其他国家。所谓的禁令修正案本质上是禁止危险废物从经济合作与发展组织国家出口到非经济合作与发展组织国家，以便保护后者防范他们当前无法恰当处理的环境和健康风险。

截至2010年，巴塞尔公约禁令在国际法上尚未生效，原因在于缺乏足够数量的国家批准且存在确切需要多少签名的争议。截至2010年9月20日，69个缔约国批准了禁令修正案，包括欧盟（没有将其成员国之外的国家计算在内）。但在1995年，只有47个缔约国批准，其构成远低于"固定期限方式"（Fixed Time Approach）所需要的62个国家，该方式明确要求82个缔约国中有四分之三缔约国批准

修正案才能生效。欧洲以外的大多数工业国家，甚至许多非经合组织国家至今还将危险废物视为原材料，由于他们的不配合使得巴塞尔禁令视乎不大可能在可预见的未来生效。为了打破这种僵局，瑞士和印度尼西亚在2008年开始了一项国家主导的倡议（A Country-Led Initiative, CLI），即应探索"一个非正式的、动态的和非教条主义的方式"以可供选择的方法达到这一禁令的目的。

相关法庭案件和重要事件

目前，还没有专门适用《巴塞尔公约》或直接针对废物运输事项的国际法院审判规则。世界贸易组织的专家组和上诉机构在巴西以保护环境为由限制翻新轮胎的进口案件中给出了他们的意见。上诉机构基本上支持这一贸易限制，前提是适用非歧视方式反对所有此类轮胎进口（WTO 2007）。

到目前为止，其他相关判例法主要出现在国内法院和欧洲法院（European Court of Justice, ECJ）。欧洲法院特别对回收运输和处置运输之间的区别（如，cases C-203/96 Dusseldorp, C-228/00 Commission v. Germany, C-458/00 Commission v. Luxembourg）以及特定种类废物或混合废物的通知程序的应用（如，cases C-176/05 KVZ retec GmbH v. Austria and C-259/05 Omni Metal Service）发表了意见（EC 2010a）。

国内法院广泛发布的决定对《巴塞尔公约》是否适用废弃船舶的问题进行了质疑，并做出了肯定回答，例如，荷兰国家委员会在Sandrien和Otapan案中的判决；法国最高行政法院在Clemenceau案中的判决；伊兹密

尔、土耳其的行政法院在贝鲁特海案中的判决（Basel Convention n.d.b）。

普罗伯·考拉事件

　　普罗伯·考拉（Probo Koala）是一艘属于希腊船主但注册地在巴拿马的散货/油轮，出租给了瑞士、荷兰和英国三国组建的贸易公司托克集团（Trafigura）。2006 年 8 月，该油轮将有毒的油类混合物和硫化物卸载到科特迪瓦前首都阿比让，然后通过当地一家公司倾倒在市郊的不同地方。据报道，此次倾倒行为造成 17 人死亡，3 万人受伤，食物、水和土壤的大规模污染。先前，租船者尝试将这些有毒混合物作为"常规污水"（一般只有船舶清洗产生的水、油和清洗药剂混合物残留）卸载到阿姆斯特丹的港口接收设施，但因考虑到高额的处置成本而停止了该进程。事故发生后，在科特迪瓦访问的两位托克集团经理被捕，但在短短几个月后他们就被释放了，因为托克集同意补偿当地政府 1 亿英镑。各种刑事调查和民事诉讼开始进行，其中一些还在持续。2010 年 7 月，荷兰的一家地方法院就非法将危险废物出口到非洲西部对托克集团处以 100 万欧元罚款。

　　此次事件引起了全球骚动并主导了 2006 年 11 月在肯尼亚内罗毕召开的《巴塞尔公约》第八次缔约方大会。在法律方面，随之而来的争议是关于欧洲到非洲的液体混合物转移（这看起来是油品混合操作失败的结果）是适用于《巴塞尔公约》还是针对船舶产生废物的 MARPOL 73/78 规则。在该案中适用废物运输规则的主要理由是，卸载在阿姆斯特丹已经开始，而后将部分危险混合物抽回船上。对

此，国际海事组织和《巴塞尔公约》缔约方大会同意加强合作，以便消除实施和执行的差异。然而，在等待刑事诉讼结果期间，这一事件并没有导致国际法的任何改变。

当前的问题

　　2008 年 6 月，《巴塞尔公约》缔约方大会第 9 次会议达成了《关于为确保人类健康和生计实行废物管理的巴厘宣言》，呼吁提高废物管理和健康问题之间联系的意识，加强这些行业的国家当局和利益相关者之间的合作。这一倡议已经被世界卫生组织采纳，在 2010 年 5 月的决议中，敦促成员国应用健康影响评估作为处理医疗废物管理方面的重要方式。

　　另一项议题是电子电气设备废弃物，这是全世界增长最快的废物源流。即使在非洲国家，未来 10 年个人电脑产生的电子废物数量估计将增加 3 倍以上（Schluep et al. 2009）。欧洲和北美相当高比例的废弃计算机、电视机和冰箱最终到了非洲和亚洲西部，经常作为"废旧产品"被运送至那里。这些电子废弃物大多采用原始方法处理，如焚烧电缆、塑料外壳，这给焚烧作业者和邻居带来了健康风险，污染了环境，且只达到很低的资源回收率。除了尝试确定产品和废物的区分标准，同时加强废物运输部门、海关和警察的协作之外，《巴塞尔公约》缔约国试图通过建立移动手机和计算机设备回收产业的伙伴关系来解决这一问题。

　　和其他联合国环境规划署机构一样，《巴塞尔公约》体系长期面临资金不足的问题，这大大降低了其效力。为了优化工作能力，《巴塞尔公约》、《鹿特丹公约》和《斯德哥尔摩公

约》缔约方大会在2008年同意设立临时联合服务。就目前而言，这意味着上述三方的秘书处在日内瓦部分合并，并任命一个共同执行的秘书处。

废物运输法的未来角色

经过此前25年的发展，废物运输法已经在很大程度上成功阻止了欧洲和北美国家将危险废物出口到发展中国家。但《巴塞尔公约》并未达到其宣称最小化危险废物和其他一般废物的产生和越境转移的目标。《公约》对某些废物转移没有发挥作用，如废弃船舶，尽管受到危险物质的污染，但它们给目的地国家运营商提供了高经济效益。此外，尚无有效进行环境无害管理的全球标准。在未来的10年，废物运输法将面临巨大的挑战，特别是电子废弃物从富国运输到贫困国家的上升势头。

《巴塞尔公约》的事先知情同意制度有可能仍是将来国际运输控制的基本框架。但当大多数工业活动逐渐从经济合作与发展组织转移到新兴经济国家，如中国，20世纪90年代的无差别巴塞尔禁令显得越来越过时。虽然进出口禁令仍可能发挥作用保护最贫困国家免受危险转移，但不可阻挡的工业和废物循环的全球化要求更加灵活的机制。未来的废物运输法也许反而集中在由独立机构审查和颁发证书的环境无害化废物管理设施的全球化网络，其授权和认证对于废物运输当局、潜在客户和公众是公开透明的。

托马斯·奥蒙德（Thomas ORMOND）
德国南海塞区政府
朱小玲译

参见：布兰特—史帕尔；混合氧化物燃料厂案（爱尔兰诉英国）；限制危险物质指令；联合国——公约、协定概览。

拓展阅读

Asante-Duah, D. Kofi, & Nagy, Imre V. (1998). *International trade in hazardous wastes.* London: E. & F.N. Spon.

Basel Action Network (2010). *About the Basel Ban: A chronology of the Basel Ban.* Retrieved Sept. 9, 2010, from http://www.ban.org/about_basel_ban/chronology.html.

Basel Convention. (n.d.a). Bilateral, multilateral and regional agreements and arrangements. Retrieved October 11, 2010, from http://www.basel.int/article11/multi.html.

Basel Convention. (n.d.b). Dismantling of ships—relevant caselaw. Retrieved October 9, 2010, from http://www.basel.int/ships/relevcaselaw.html.

Belenky, Lisa T. (1999). Cradle to border: U.S. hazardous waste export regulations and international law. *Berkeley Journal of International Law, 17,* 95–137.

Clapp, Jennifer. (2001). *Toxic exports: The transfer of hazardous wastes from rich to poor countries.* Ithaca,

NY: Cornell University Press.

Dieckmann, Martin. (2007). The revised EC regulation on shipments of waste. *Journal of European Environmental & Planning Law (JEEPL)*, *4*(1), 37–46.

European Commission/Environment (EC). (2010a). Case law of the European Court of Justice with particular relevance to waste shipments. Retrieved October 10, 2010, from http://ec.europa.eu/environment/waste/ shipments/case_law.htm.

European Commission/Environment (EC). (2010b). Frequently asked questions (FAQs) on Regulation (EC) 1013/2006 on shipments of waste. Retrieved Sept. 7, 2010, from http://ec.europa.eu/environment/waste/ shipments/pdf/faq.pdf.

European Environment Agency. (2009). Waste without borders in the EU? Transboundary shipments of waste. Retrieved Sept. 7, 2010, from http://www.eea.europa.eu/publications/waste-without-bordersin-the-eu-transboundary-shipments-of-waste.

Fagbohun, Olanrewaju A. (2007). The regulation of transboundary shipments of hazardous waste: A case study of the dumping of toxic waste in Abidjan, Cote d'Ivoire. *Hong Kong Law Journal*, *37*, 831–858.

Giampetro-Meyer, Andrea. (2009). Captain Planet takes on hazard transfer: Combining the forces of market, legal and ethical decisionmaking to reduce toxic exports. *UCLA Journal of Environmental Law & Policy (JELP)*, *27*(1), 71–92.

Greenpeace. (2008). Poisoning the poor: Electronic waste in Ghana. Retrieved September 7, 2010, from http:// www.greenpeace.org/raw/content/international/press/reports/poisoning-the-poor-electonic.pdf.

Kummer, Katharina. (Ed.) (1995). *International management of hazardous wastes: The Basel Convention and related legal rules.* Oxford, U.K.: Oxford University Press.

Langlet, David. (2009). *Prior informed consent and hazardous trade: Regulating trade in hazardous goods at the intersection of sovereignty, free trade and environmental protection.* Alphen aan den Rijn, The Netherlands: Wolters Kluwer.

Sander, Knut, & Schilling, Stephanie. (2010). *Transboundary shipment of waste electrical and electronic equipment/electronic scrap: Optimization of material flows and control.* Retrieved September 7, 2010, from http://www.umweltdaten.de/publikationen/fpdf-l/3933.pdf.

Schluep, Mathias; Hageluekenb, Christian; Kuehrc, Ruediger; Magalinic, Federico; Maurerc, Claudia; Meskersb, Christina; et al. (2009). *Recycling—from e-waste to resources.* Retrieved November 16, 2010, from http://www.unep.org/pdf/Recycling_From_e-waste_to_resources.pdf.

Scovazzi, Tullio. (2001). The transboundary movement of hazardous waste in the Mediterranean regional context. *UCLA Journal of Environmental Law & Policy*, *19*, 231–245.

Vander Beken, Tom. (Ed.). (2007). *The European waste industry and crime vulnerabilities.* Antwerp, Belgium/

Apeldoorn, The Netherlands: Maklu Publishers.

Van Hoogstraten, David, & Lawrence, Peter. (1998). Protecting the South Pacific from hazardous and nuclear waste dumping: The Waigani Convention. *Review of European Community and International Environmental Law (RECIEL)*, *7*, 268–273.

Widawsky, Lisa. (2008). In my backyard: How enabling hazardous waste trade to developing nations can improve the Basel Convention's ability to achieve environmental justice. *Environmental Law*, *38*, 577–625.

Wirth, David A. (2007). Hazardous substances and activities. In Daniel Bodansky, Jutta Brunnée, & Ellen Hey (Eds.), *The Oxford handbook of international environmental law* (pp.394–422). Oxford, U.K.: Oxford University Press.

World Trade Organization (WTO). (2007, December 3). Brazil—measures affecting imports of retreaded tyres (WT/DS332/AB/R, Appellate Body Report). DSR 2007:IV, 1527.

Water Act, France

水法 (法国) <small>(法国,1964年、1992年和2006年)</small>

二战后几年里,工业化和大规模农业造成了法国严重的水污染。针对这一现象,法国在1964年、1992年和2006年通过了三项主要法案:设立流域管理局,收缴税款为清理和水处理提供资金,水逐渐被视为"国家共同财产"。为了到2015年实现"良好水质"的欧洲目标,还必须付出更多努力。

现在,法国的自来水是可以放心使用的,大多数河里都有鱼,可以健康地品味海鲜,安全地享受海滩。不幸的是,情况并非一贯如此。法国现在拥有可以接受的水质是因为政府部门、工业和农业部门的早期共同努力,他们不仅清理水源,也确保这些资源在未来仍保持清洁。

20世纪40年代,法国城市、工业和农业产生的污染很强烈,但大部分在环境中分散和稀释了。污染很难被察觉,公众和媒体似乎都不关注环境污染,更不用说其他任何政治层面的利益团体。特定的污染物一般不经处理就排放到河里或直接排放到海里。20世

纪50年代,肥料和杀虫剂中化合物的使用更大大加快了环境质量的退化。合成化学品的大规模使用,影响了60%的农业用地,并严重污染了土壤、河水和地下水。这些影响是严重的:完整的生态系统被改变或破坏。针对这一紧急情况,第一部法案在1964年12月16日正式通过。

1964年12月16日的《水法》

1964年12月16日的《水法》依据法国6个自然流域设立了6个国家流域管理局(Agences Financieres de Bassin)。该法对水污染的管制考虑了现有生态系统,这第一步非常重要。它是首个确立为了所有公民利益而管理全球和国家水资源原则的国家法。该法还征税用于帮助工业和城市清洁系统,并建造和运转污水处理厂。在"以水养水"(water pays water)制度下,来源于水资源使用的收入为自主预算内的水相关费用提供资金。该制度同样体现了"污染者付费"原则:用水者被要求

向国家流域管理机构缴税，该机构再重新分配资金以恢复水质。虽然是水资源管理上的一个里程碑，但这第一次努力不足以应对来自工业不断增长的负面影响，总体水质没有恢复到可接受的水平。对此，第二个法案在1992年1月3日正式通过。

1992年1月3日的《水法》

由于将水资源承认为"国家共同财产"（patrimoine commun de la nation），1992年1月3日的《水法》前进了一大步，这意味地下水和地表水是适用于全球使用权利的公共财产。该法统一了法国的水政策并提高了公共水资源管理的透明度。该法还根据国家水资源规划建立了分散的清洁水资源管理服务和两个委员会纲要：水资源管理与规划委员会纲要（Schema directeur d'amenagement et de gestion des eaux, SDAGE）和水资源管理与规划纲要（Schema d'amenagement et de gestion des eaux, SAGE）。与此同时，它设立了区域层面的机构：地区环境委员会（Direction regionale de l'environnement, DIREN）。最后，根据1992年《水法》，到2005年生活废水的收集和处理成为强制性要求。

这个统一的提升水质量国家运动对于减少工业污染和重污染化合物使用上有很大积极影响。就这一点

而论，水生生态系统的保护被认为是可持续利用水资源的必要条件：根据1992年水法，从短期和长期来看，水的不同方式使用和生态系统保护之间并不存在对立。

尽管如此，实现让农业部门和强大的游说团体减缓他们的活动仍是非常困难的。《欧洲共同农业政策》（Politique Agricole Commune, PAC）的结果是：推动了农业部门在不考虑环境影响的情况下增加产量。那时，与农药和化肥使用相关的污染通常被认为是次要的，重要污染源没被考虑进去。在一些地区水质持续大幅下降。例如，在布列塔尼，水通常变得不宜饮用，河流中氧含量下降，藻类在海滨生态系统中大量繁殖。

与此同时，2000年10月23日通过的《欧盟水指令》（Directive-Cadre sur l, Eau, DCE）提出一个到2015年实现"良好水质"的全球框架。这个指令定义了何为"良好的水生环境"，并规定与河水、地下水、近海水体相关的一些措施。该指令考虑了"质量"的不同方面，包括化学、生物、水文和物理要素。该指令由2004年4月21日的法律整合至法国国家系统。考虑到水质问题作为一项全球问题，法国议会在2006年12月30日通过了一项新的法案：《水和水生环境法》（Loi sur l'Eau et les Milieux Aquatiques, LEMA）。

水和水生环境法

《水和水生环境法》(LEMA) 赋予了地区委员会适用 2000 年《欧盟水指令》(DCE) 所需的工具。《水和水生环境法》还创造了新的税收并赋予流域管理机构更多灵活性。因此,获得水资源变得更普遍,公共服务管理也更加透明。《水和水生环境法》使得河流中的渔业活动合理化,同时考虑了适应全球变化。

2015 年实现良好水质

20 世纪末和 21 世纪初的法国水法历史,在某种程度上可以看作是将水资源定义为"国家共同财产"的一种努力。工业和农业部门相继以国家计划作为目标,赋予地区——通过流域管理机构、水资源管理与规划委员会纲要和水资源管理与规划纲要——监管水质的权力。尽管显有成效,但并不代表所有水质问题都得到解决。例如,由于河水富营养化以及含有磷和水银的农业肥料,导致绿藻类浒苔每年侵入圣米歇尔山湾。因此,为了达到 2015 年实现欧洲"良好水质"的目标,仍需不断努力。

安 - 伊莎贝拉 · 古约马德
(Ann-Isabelle GUYOMARD)
南特大学
朱小玲译

参见:清洁水法;生态系统管理;跨界水法。

拓展阅读

Brun, Alexandre, & Lasserre, Frédéric. (2006). *Politiques de l'eau: Grands principes et réalités locales* [Water policies: Main principles and regional realities]. Québec, Canada: Presses Universitaires du Québec.

Cardot, Claude. (2001). *Techniques appliquées au traitement de l'eau* [Techniques applied to water treatment]. Paris: Editions Ellipses Marketing.

Cochet, Gilbert, & Perrin, Jacques. (2010). *Fleuves et rivières sauvages: Aufil des réserves naturelles de France* [Wild rivers: Along the nature reserves of France]. Lonay, Switzerland: Editions Delachaux et Niestlé.

Drobenko, Bernard. (2008). *L'essentiel du droit de l'eau: Mise à jour de la loi sur l'eau et les milieux aquatiques (LEMA) et de ses décrets d'application* [Water law: Update on the LEMA]. Paris: Editions Gualino.

European Parliament and the Council of the European Union. (2000). Directive 2000/60/CE du Parlement Européen et du Conseil du 23 octobre 2000 établissant un cadre pour une politique communautaire dans le domaine de l'eau [Directive 2000/60/CE of the European Parliament and of the Council establishing a framework for a community action in the field of water policy, 23 October 2000].

Loi n° 64–1245 du 16 décembre 1964 relative au régime et à la répartition des eaux et à la lutte contre leur pollution [Law No.64–1245 of 16 December 1964 relating to the separation of waters and their remediation]. (1964). *Journal Officiel de la République Française*.

Loi n° 92–3 du 3 janvier 1992 sur l'eau [Law No.92–3 of 3 January 1992 on the water]. *Journal Officiel de la République Française* [Official Gazette].

Loi n° 2006–1772 sur l'eau et les milieux aquatiques (LEMA) du 30 décembre 2006 [Law No. 2006–1772 of 30 December 2006 on water and aquatic environments (LEMA)]. (2006). *Journal Officiel de la République Française*.

Nicolazo, J. L., & Redaud, J. L. (2006). *Les agences de l'eau: Quarante ans de politiques de l'eau* [The national basin agencies: Forty years of water policy]. Paris: Editions Johanet.

Société Suisse pour la Protection de l'Environnement. (1997). *L'eau aujourd'hui* [Water today]. Geneva: Editions Geord.

Water Security

水安全

　　水安全一词意味着每个人都能获得足够多的安全用水以过上健康的生活,有充足的水可以用来为全体居民提供食物,弱势群体可以免遭水相关灾害的风险。人口增长、城市化、经济发展、气候变化和不可持续的自然资源管理是21世纪实现水安全的障碍。

　　水是地球上所有生命的基础,是维持人类和生态健康、生产粮食、商品和服务以及产生能量的基本必需品。一直以来,淡水资源的可用性和可得性决定了人类定居点的地理分布,也是文明兴衰的主要因素(Wolf 1999)。因此,尽管水安全作为一个术语的出现还只是最近20年的事情,但确保满足我们需要的充足供水的概念绝不是什么新鲜的想法——巴比伦人早在公元前5000年、罗马人在公元前4世纪、阿曼的阿拉伯人在大约2700年前,就发展出一些最具创新性的水资源管理理念,其中许多今天仍然沿用。然而,水安全一词的使用及其上升为国际政治语言和法律话语的现实

反映出我们的全球水资源正被一种新的紧迫感所包围。事实上,理解并实现水安全的概念对于可持续发展而言尤为重要,因为所有生命形态和生态系统的存续都有赖于水资源。

　　今天,有29个国家的4.5亿人蒙受水资源短缺之苦;到2025年,三分之二的世界人口将生活在水资源紧张的地区。届时,仅非洲就有25个国家缺水,即每年人均水量在1 700立方米以下(UNEP 2002)。水安全不仅依赖于拥有足够的水,更依赖于拥有清洁的(适于饮用的)水。目前,有五分之一的世界人口无法获得安全的饮用水。因此,受污染地表水带来的水源性疾病一直困扰着发展中国家。据估计,被污染的水影响了12亿人的健康并导致每年1 500万名儿童死亡(UNEP 2002)。

　　水安全没有单一的定义,但人们普遍认为必须把握水的生产性和破坏性这两个方面。也就是说,水安全一方面可以被定义为确保具备可接受水质和一定量的水,以供健康、生活、生态系统和生产所需;另一方面,也意味着将

对人类、环境和经济的涉水风险维持在一个可接受的水平内（Grey & Sadoff 2007）。简而言之，水安全取决于三个要素：水量、水质和涉水的极端事件，如洪水和干旱。

衡量水安全

为了衡量水安全，政策的制定者依靠一系列同时获取某个地区或人群水不安全脆弱性的措施。衡量水安全所引用的最重要和普遍的指标之一是全球人口获得清洁水和卫生服务的比例。虽然自20世纪70年代以来该数据就已经是可得的，但所谓"获得"、"清洁水"和"卫生服务"的实际定义已随时间而改变，使得很难就趋势和满足基本需要的措施的有效性得出有力结论（Gleick, Chalecki & Wong 2002, 94）。一些最常见的水安全衡量标准包括：法尔肯马克水紧张指数（the Falkenmark Water Stress Index）、格莱克基本人类需求指数（the Gleick Basic Human Needs Index）以及国际水管理研究所相对水短缺指标（the IWMI Indicator of Relative Water Scarcity）。

法尔肯马克水紧张指数产生于20世纪80年代，在20世纪90年代得到进一步细化。它根据人口衡量一国的可用水量。该指数将每个流量单位（100万立方米的水）每年2 000人确认为发达社会能够支持和管理的最多人数。因此，依靠每个流量单位生活的人数越多，水短缺就越严重（Falkenmark 1990）。

格莱克基本人类需求指数（the Gleick Basic Human Needs Index）是1996年发展起来的。它使用一项被界定为每人每天50升水的饮用、烹饪、沐浴和环境卫生的基本日常水要求，然后由国家给出没有达到这一基本需求的

人口数量的估算（Gleick 1996）。

相对水短缺指标（Indicator of Relative Water Scarcity）由国际水管理研究所于1998年提出。它衡量一国用水量的增长速度及其与可用水总量限值的距离。它使用两个基本标准来进行评估：1990年到2025年间用水量的增长百分比和2025年预计用水量占该国年度水资源的比例。

这些只是可使用指标中的三种，他们都规定了一个非常近似的水安全状态。然而，所使用的方法是在国家层面汇集数据，并因此而掩盖了特别严重的区域水问题。由于缺少某些区域的数据或者因为各国定义的不同，他们也可能得出误导性或不准确的结论。最后，水安全不仅仅意味着人们的可得水量和水质，还有影响人们对水问题适应能力的社会、经济、文化和环境因素，很难对所有这些因素做出衡量。

水安全与贫困

世界上许多地区都可能在某个时间点遭受水不安全，但是取决于发生在贫穷的发展中国家还是富有的发达国家，这个问题的实际情况截然不同。对发达国家而言，水不安全很少危及生命，克服它的解决方案也通常可以实施，因为那些国家有稳定的政治和监管体系以及丰富的财政和人力资本。例如，自2003年以来，澳大利亚遭受了历史上最严重的干旱，对农业和环境带来了毁灭性的打击。但受影响农民的生计在很大程度得到了财政援助的保护，澳大利亚政府拥有实施广泛而先进的水政策的资源以使其经济和居民在面对这类冲击时更具适应能力（Hussey & Dovers 2007）。

相比之下，2010年巴基斯坦洪水在短短几天内造成1 500多人死亡，成千上万人无家可归（Shakir & Sharif 2010）。从技术上讲，这两个国家都遭受了极端水文变化引起的水不安全，但其影响后果却有天壤之别。此外，近期的证据显示较大的降水量变化和较低的人均GDP之间存在联系，这表明许多国家具有"困难重重的水文情况"，换句话说，由于身处水不安全，人们可能贫穷，而不是相反（Brown & Lall 2006）。

水安全与粮食安全

水安全的一个最重要方面是其与粮食安全挂钩。主要进行作物灌溉的农业用水约占全球用水总量的75%，而工业用水约占20%，余下5%用于家庭用途。随着全球人口预期在2050年达到90亿，预计2050年粮食生产的用水量将不得不从现在的每年7 000立方千米增长至每年9 000至11 000立方千米（Molden 2007）。

在过去，当粮食生产需要更多水量时，答案无非是投资更多大坝、水库，扩大灌溉。科学家们现在相信，投资传统形式的灌溉和水利基础设施并不能满足需求。一些科学家和学者认为，满足未来粮食生产用水需要"三重绿色"革命（Rockstrom, Karlberg & Falkenmark 2011）。也就是说，我们需要以更有效的方式使用水资源，采用的管理技术应是环境可持续性的，最终，我们需要将努力聚焦于形容为降雨渗透（土壤水分）的所谓绿色水上。换句话说，为了满足全球粮食需要，我们要变革管理和使用水资源的方式，需要了解水不安全的原因。

导致水不安全的原因是什么?

水不安全的原因是复杂的，因为它几乎总是多种因素、受具体情况制约的。但有四个重要因素通常导致水不安全。

水循环和自然限制

首先，地球水资源有物理限制。虽然地球上看起来似乎有大量的水，但实际适于并可供人类使用的水量却是极其有限的。世界上约有97.5%的水是咸水，我们只有付出巨大经济代价才能利用它们，即使这样机会也是有限的。余下的2.5%是我们可以使用的淡水。然而，地球上所有的淡水中只有0.3%是地表水（湖泊和河流），其余的被冻结在冰盖和冰川中或在地下（2030 WRG 2009）。让事态更为复杂的是，淡水资源分布不均，大部分的水远离人群。

整个水系统受水循环支配，这个系统描绘了水在地上、地表和地下的连续运动。系统的所有部分都是相互关联和重要的，但降水

（降雨）与径流（进入湖泊、河流和地下水的水）之间高度变化而复杂的关系尤其影响了可供人类使用的水量。许多因素影响了径流量：土壤特性、植被类型、沿途动物的存在以及流域向下倾斜的角度。影响径流的人为因素是城市发展、农业用地和人工林场以及水利基础设施，如大坝。径流高度变化性的后果是可供人类使用的水量并非总是可预见或恒定的，从而导致管理这些资源的难度极大。

气候影响着降雨的地点、时间和雨量，数千年来人类居住区已经学会适应气候。极端天气事件并不新鲜，例如洪水、干旱以及热浪。然而，气候正在变化，温室气体的聚集将太阳能滞留在大气中，加大了水循环的强度。气候变化的预期影响——全球水紧缺和极端事件强度与频率的增加——会导致严峻的事态进一步恶化。

人口增长

水不安全的第二个原因是人口增长对淡水资源需求的相应增长。全球人口预计到2050年增长30%，但现在地球上的淡水量和两千年前比并没有增加，当时的人口规模还不到今天的3%。仅在20世纪，我们的人口增加了2倍，但对水的需求增加了6倍，造成近30亿人生活在供水不足地区。人口增长的绝对值还不是唯一的问题，由于人们变得更加富裕，用水量也随着人们对粮食、工业产品和能量需求的增长而加大。此外，地球人口增长越多，就有更多宝贵的水资源受到污染，这进一步减少了适合人类消费的水。重要的是，最大规模的人口增长预计出现在非洲、中东和亚洲，而这些地区已经饱受水危机困扰，其水资源无法承

载更多的需求。特别令人担忧的是，这种增长的事实将加重对地下水的依赖。当前有15亿人的饮用水依靠地下水供应，但地下水的补充需要耗费几十年，有时甚至几个世纪。在世界上的某些地区，地下水资源已经枯竭。

城市化和经济发展

城市化影响了水资源的数量和质量。首先，城市区域从自然植被到混凝土路面的地表变化意味着雨季有更多的水汇入河流，造成规模更大、形成更快的洪水。其次，来自机动车、家庭和工业化学品的污染在街道表面汇集，被雨水冲刷后汇入城市径流，污染当地水道。再次，大多数降水没有机会向下渗透至地下水，使得地下水对井水的供应减少。最后，城市和周边地区（那些在正式城市界限以外的地区）的扩张会使肥沃的农地退耕。受此影响，为了满足粮食需求，其他农业地区的可用资源会更加吃紧。在气候变化导致某些农业区产能下降的情况下，也将出现类似的问题。

管理不善

第二份《联合国世界水资源发展报告》将超过10亿人缺乏安全饮用水的问题归咎于管理不善、腐败、官僚惰性和投资不足（UN 2006）。对发展中国家而言这是毋庸置疑的，缺乏一个稳定的政府意味着分配水的体制易受腐败的影响，根本无法公平合理地分配水资源。在富有的发达国家，管理不善主要体现在如下几个方面：老旧、效率低下和退化的涉水基础设施（如管道）泄露问题浪费了大量的水；使用饮用水做一切事情，从洗衣服到灌溉高尔夫球场；在缺水地区种植需水量大

的作物,如棉花、水稻;以及水的定价并未充分反映其稀缺价值。看似矛盾的是,水管理不善也是水危机的黯淡图景中一个积极的信号。这意味着巨大的改进空间:如果我们在管理水资源时能够更有效率、更有成效,我们将提升水安全。我们在多大程度上能够实现更好的水资源管理取决于执行管理的法律和政治框架。

水安全的政治和法律

流域的边界极少与既存的行政界线相吻合(UNESCO 2003)。错位的问题在印度与孟加拉国、阿拉伯与以色列、美国与墨西哥以及所有10个尼罗河国家之间都得到了证实。位于冲突核心的问题是分配的优先顺序、法律权利、经济效率、环境可持续性以及对正义、公平和人权的必然考量。

国际法与水权利

水对于我们生活的根本必要性意味着它经常被载入与人权相关的公约和国际协议中。其中最重要的是1948年《世界人权宣言》(UDHR),1966年《经济、社会与文化权利国际公约》(ESCR),1966年《公民权利和政治权利国际公约》(ICCPR)和1986年《发展权宣言》(DRD)。其中,生命权、享有维持健康和福利所需的生活水准、免受疾病困扰以及获得充足食物是这些国际协议所明确保护的权利。妇女和儿童获取水的权利也通过1981年《消除对妇女一切形式歧视公约》获得国际法保护。尽管这些协议的最初版本并未明示清洁环境的人权,特别是水权利,但多数法律学者认为水权利隐含在其中,因其衍生自生命权、

健康权及获取食物的权利(Derman & Hellum 2002)。联合国人权委员会指出:"固有的生命权……无法以限制性的方式予以恰当理解",相反应当被赋予宽泛的语义,因为水是维持人类生命所必需的(UNHCR 1982)。

20世纪70年代环保运动的兴起最终建立了经济发展、人权和环境资源之间的重要联系。在1986年《发展权宣言》中,国际社会明确了这一联系:

> 各国应在国家层面采取一切必要措施实现发展权,尤其应当保证获取基本资源的机会平等(UNHCR 1986)。

1997年《国际水道非航行使用公约》也明确承认水是包括粮食生产在内的人类基本需要。自此以后,获取安全、充足饮用水的人权屡受重视,包括1992年里约热内卢地球峰会、2001年部长级淡水宣言(德国波恩)、2002年可持续发展世界峰会,以及八个千年发展目标中的两个——目标1(消灭极端贫穷与饥饿)和目标7(确保环境的可持续能力)。

缘于1992年地球峰会的《21世纪议程》是一项极富远见的国际环境行动计划。它扩大了国际社会在国际淡水资源管理中的参与、发展了全球性的水机构并编纂了国际水法的原则。在此之后,2000年《海牙水安全宣言》对水安全的早期定义和理解引入了两个新要素:明确承认可持续发展和政治稳定对水安全的重要性,并告诫性地纳入负担能力一词,强调水行业私有化的潜在负面影响。

显而易见,国际会议曾再三提及水安全的所有要素。概括它们的发展,可以识别国际政治和法律原则中三项主要的水安全实现路径。

人类需求与经济发展

第一个路径从根本上区分了满足"必不可少的人类需求"的权利和为满足生产（经济）目的而分摊可消费存量的权利。该方法又被表述为南北区分（a north/south distinction），它建立在真正维持特定人类和生态功能的人类最低需水概念基础上，也有赖于分配足够的资源以满足这些需求。例如，联合国《国际水道非航行使用公约》第10条规定，在发生需求冲突的情况下，优先分配满足人类基本需求的水资源（Gleick 1996）。

代际公平

第二个路径概括了布伦特兰委员会的代际公平原则，区分了当前和未来水资源用户的权利。在这种方法中，为实现生态可持续性，满足环境目的的水资源分配意味着现有水用户（如灌溉者）必须在过度分配时放弃他们的分配权。

城乡分配

第三个区分在局部范围内存在，呈现了城乡地区间分配水资源的挑战。运用经济手段管理水资源（比如水交易和定价）的转变激起了大量关于农村地区潜在水资源转入或转出的讨论。这场讨论质疑将某地区优先于其他地区的决策过程，特别是允许市场来实现这一点。

水资源综合管理

水资源的重要性和动态性意味着制定和实施解决水安全的政策也并非易事。尽管如此，在1992年于爱尔兰都柏林召开的水与环境国际会议上，国际社会采纳了水资源综合管理（Integrated Water Resource Management, IWRM）的原则。水资源综合管理被定义为"一个促进水、土地和相关资源协调发展和管理的过程，从而以衡平的方式最大化经济及社会福利，又不损害重要生态系统的可持续性"（UN 1992）。重要的是，水资源综合管理认识到有限水资源的诸多不同用途是互相依赖的，对稀缺水资源放任不管在本质上是不经济和不可持续的。水资源综合管理的一个关键点是在规划中纳入对社会因素的考量。这是基本原则，因为人类和他们做出的决策决定了水资源是如何被使用或滥用的。在国际、国内、地区以及社区等各个层次上，水资源综合管理都促进了水管理的协调和政策的制定。水资源综合管理要求所有利益相关方都被纳入决策过程，并强调纠纷解决渠道以及取舍评估机制的重要性。这需要努力加强能力

建设,使得利益相关方拥有必要的知识和技能以实现充分的参与。水资源管理还意味着在诸如粮食、交通、能源和移民等其他部门中形成主流规划和政策过程,评估和解释任何对水资源的影响。此外,恰当的决策也需要关于有关流域的生物、经济、社会和生态特征的充分信息支撑。最后,水资源综合管理倡导影响水用户基于水的真实价值作出选择,包括提高对水的稀缺价值及保护必要性的认识(2030 GWP 2000)。

人力资源的缺乏、忽视女性和弱势群体的社会和文化态度、基础设施不足、数据和监测不足、冲突、自然灾害和新兴的挑战(如全球经济衰退和气候变化)。所有这些都是水安全挑战的一部分,更是对可持续发展的考验。通过运用饱含同情和常识的综合性、跨学科方法,我们有望成功解决所有这些问题。

凯伦·赫西(Karen HUSSEY)
澳大利亚国立大学
高琪译

挑战和机遇

2010 年 7 月,联合国发布了千年发展目标的进展评估。报告识别了阻碍取得进一步进展的关键因素,包括反应迟钝的机构、财政和

参见:武装冲突与环境;清洁水法;可持续发展——法律和委员会概述;生态系统管理;代际公平;环境正义;环境难民;跨界水法。

拓展阅读

2030 Water Resources Group (WRG). (2009). *Charting our water future: Economic frameworks to inform decision-making*. Retrieved September 22, 2010, from http://www.2030waterresourcesgroup.com/water_full/Charting_Our_Water_Future_Final.pdf.

Arnell, Nigel W. (1999). Climate change and global water resources. *Global Environmental Change*, 9(1), 31–49.

Brown, Casey, & Lall, Upmanu. (2006). Water and economic development: The role of variability and a framework for resilience. *National Resources Forum*, 30(4), 306–317.

Collier, Paul. (2007). *The bottom billion: Why the poorest countries are failing and what can be done about it*. Oxford, U.K.: Oxford University Press.

Derman, Bill, & Hellum, Anne. (2002). Neither tragedy nor enclosure: Are there inherent human rights in water management in Zimbabwe's communal lands? *European Journal of Development Research*, 14(2), 31–50.

Elliott, Lorraine. (2004). *The global politics of the environment* (2nd ed.). New York: Palgrave MacMillan.

European Commission. (2006). *Directing the flow: A new approach to integrated water resources management*. Retrieved September 28, 2010, from http://ec.europa.eu/research/water-initiative/pdf/iwrm_060217_en.pdf.

Falkenmark, Malin. (2001). The greatest water problem: The inability to link environmental security, water security and food security. *International Journal of Water Resources Development*, 17(4), 539–554.

Falkenmark, Malin. (1990). Global water issues confronting humanity. *Journal of Peace Research*, *27*(2), 177–190.

Finlayson, Brian L.; Peel, Murray C.; & McMahon, Th omas A. (forthcoming 2011). Understanding global hydrology. In R. Quentin Grafton & Karen Hussey (Eds.), *Water resources planning and management*. Cambridge, U.K.: Cambridge University Press.

Gleick, Peter H. (1996). Basic water requirements for human activities: Meeting basic needs. *Water International, 21*(2), 83–92.

Gleick, Peter H.; Chalecki, Elizabeth L.; & Wong, Arlene K. (2002). Measuring water well-being: Water indicators and indices. In Peter H. Gleick (Ed.), *The world's water: The biennial report on freshwater resources* (pp.87–112). Washington, DC: Island Press.

Grey, David, & Connors, Genevieve. (2009). Proceedings from the 5th World Water Forum—The water security imperative: We must and can do more. Istanbul, Turkey.

Grey, David, & Sadoff, Claudia W. (2007). Sink or swim? Water security for growth and development. *Water Policy*, *9*(6), 545–571.

Hussey, Karen, & Dovers, Stephen. (Eds.). (2007). *Managing water for Australia: The social and institutional challenges*. Melbourne, Australia: CSIRO Publishing.

Magsig, Bjørn-Oliver. (2009). Introducing an analytical framework for water security: A platform for the refinement of international water law. *Journal of Water Law*, *20*(2/3), 61–69.

McKay, Jennifer, & Bjornlund, Henning. (2002). Recent Australia market mechanisms as a component of an environment policy. In Catherine Mobbs & Ken Moore (Eds.), *Property: Rights and responsibilities: Current Australian thinking* (pp.137–141). Canberra, Australia: Land & Water Australia.

Moldon, David. (Ed.). (2007). *Water for food, water for life: A comprehensive assessment of water management in agriculture*. London: Earthscan.

Rockström, Johan; Karlberg, Louise; & Falkenmark, Malin. (forthcoming 2011). Global food production in a water-constrained world: Exploring "green" and "blue" challenges and solutions. In R. Quentin Grafton & Karen Hussey (Eds.), *Water resources planning and management*. Cambridge, U.K.: Cambridge University Press.

Schultz, Bart, & Uhlenbrook, Stefan. (2009). Water security: What does it mean, what may it imply? In Guy J. Alaerts & N.L. Dickinson (Eds.), *Water for a changing world: developing local knowledge and capacity* (pp.41–56). London: CRC Press/Balkema.

Shakir, Anwar, & Sharif, Farhan. (2010, August 2). Pakistan flood toll exceeds 1,500 as officials struggle to reach survivors. *Bloomberg On-line*. Retrieved September 25, 2010, from http://www.bloomberg. com/news/2010-07-31/pakistan-s-floods-rains-may-have-killed-3-000-people-aid-official-says.html.

Stockholm Environment Institute (SEI). (1997). *Comprehensive assessment of the freshwater resources of the world*. Stockholm: SEI.

Tarlock, Dan, & Wouters, Patricia K. (2009). Reframing the water security dialogue. *Journal of Water Law*, *20*(2/3), 53–60.

United Nations (UN). (1992). Agenda 21: The Rio Declaration on Environment and Development. Section II, Conservation & Management of Resources for Development, chapter 18. Retrieved November 19, 2010, from http://www.un.org/esa/dsd/agenda21/res_agenda21_18.shtml.

United Nations (UN). (2006). *Water, a Shared Responsibility: The United Nations World Water Development Report 2*. Paris: UNESCO/New York: Berghahn Books.

United Nations Development Programme (UNDP). (2000). The U.N. Millennium Development Goals (MDG). Retrieved September 26, 2010, from http://www.un.org/millenniumgoals.

United Nations Development Programme (UNDP). (2010). *The path to achieving the Millennium Development Goals: A synthesis of MDG evidence from around the world*. Retrieved September 29, 2010, from http://content.undp.org/go/cms-service/stream/asset/?asset_id=2677427.

United Nations Educational, Scientific and Cultural Organization (UNESCO). (2003). Sharing water: Defining a common interest. In *Water for people water for life: The United Nations world water development report* (pp.300–301). New York: Berghahn Books/UNESCO.

United Nations Environment Programme (UNEP). (2002). Vital water graphics: An overview of the state of the world's fresh and marine water. Retrieved September 29, 2010, from http://www.unep.org/dewa/assessments/ecosystems/water/vitalwater.

United Nations Human Rights Committee (UNHCR). (1982). Charter of Human Rights, General Comment No. 06: The right to life (article 6) sixteenth session on 30/04/1982. Retrieved November 19, 2010, from http://www.unhchr.ch/tbs/doc.nsf/(Symbol)/84ab9690ccd81fc7c12563ed0046fae3?Opendocument.

United Nations Human Rights Committee (UNHCR). (1986). Declaration on the Right to Development, Adopted by General Assembly resolution 41/128 of 4 December 1986. Retrieved November 19, 2010, from http://www2.ohchr.org/english/law/rtd.htm.

Wolf, Aaron T. (1999). Criteria for equitable allocations: The heart of international water conflict. *Natural Resources Forum*, *23*(1), 3–30.

Wouters, Patricia K.; Vinogradov, Sergei; Allan, Andrew; Jones, Patricia; & Rieu-Clarke, Alistair. (2005). Sharing transboundary waters—An integrated assessment of equitable entitlement: The legal assessment model (IHP-VI Technical Documents in Hydrology No.74). Paris: UNESCO/IHP.

Wouters, Patricia K.; Vinogradov, Sergei; & Magsig, Bjørn-Oliver. (2009). Water security, hydrosolidarity, and international law: A river runs through it. *Yearbook of International Law*, *19*, 97–134.

Weak vs. Strong Sustainability Debate

强弱持续性的争论

　　持续性的概念可以使用多种不同的方式定义和讨论,但通常分为强弱两类。弱持续性认为经济和社会问题必须被整合在持续性讨论中,并允许不同的资本形式(人力、自然、社会、建造和文化资本)互相替代。强持续性理论则主张不存在自然资本存量的替代品。

　　各学科的学者们以不同的方式处理持续性的概念。对于我们如何管理经济、优先分配公共财政、管理环境影响和资源存量,不同的方法会导致互相矛盾的政策建议,因而风险会很高。这些不同的概念方法可以被分为两大类,作为讨论持续性概念的基础。

　　其中的一类关注承载能力、生物多样性和复原能力等生态规则,因其与维持人类社会和地球生命所必需的自然资本存量相关联。这一类别被称为强持续性。该理论的关键特征是自然资本存量缺乏替代品。诸如鱼类孵化场或人工湿地等旨在抵消自然资本衰退的减缓措施是有悖于强持续性的。强持续性绩效指标将人类行为和影响转化为可以与地球自然资本存量中的生物物理资源可用量相比较的总物理"足迹"、消费量或资源减少量。

　　另一类持续性理论更广泛地关注自然、人力、建造、社会和文化资本存量的总价值,从而允许一种资本形式代替另一种。其理念在于持续性不能忽略满足人类基本需求的经济和社会问题。这类理论被称为弱持续性。从这个角度,人们可以主张维持自然资本的努力必须与解决迫在眉睫的经济和社会问题相结合。例如,失治国家那些饱受暴力冲突、极端贫困和腐败的居民不太可能为子孙后代维持自然资本的存量,除非其紧迫的经济、社会和政治问题得以解决。与强持续性形成对比的是,弱持续性理论接纳诸如孵化场和人工湿地等减缓措施以及为经济和社会发展而提取资源存量的政策。弱持续性绩效指标通常将这些源于资本存量的服务以及对这些存量有害或有利的人类影响转化为总的货币价值。

　　虽然强、弱持续性理论分别吸引了其忠

实的拥护者,但也许把它们视为互补的而不是
"非此即彼"的竞争性理论更为有用。因为这
些理论的发展都显著受到经济概念的影响,进
而共享了经济学世界观的要素。弱持续性基
于主流经济思想,而强持续性则源于生态经济
学这一新兴的跨学科领域。强持续性理论告
诉我们必须保存对生命至关重要的生命支持
和生态系统服务功能。那么缺乏任何现实替
代品的自然资本的基本要素是哪些?保存它
们又有哪些必要步骤?弱可持续性理论告诉
我们必须在保存自然资本之外解决人的经济
和社会需求。那么何为必要的经济和社会需
求?又如何在其与保存自然资本功能完整性
的需求间加以平衡呢?

弱持续性

弱持续性的概念源于诺贝尔经济学奖获
得者、麻省理工学院的罗伯特·索洛(Robert
Solow)及其同事20世纪70年代早期的研究。
他们感兴趣的是了解在自然资源有限的世界
中经济持续增长所需要的条件。他从人类中
心的视角出发,认为国民经济的可持续发展路
径在于给予将来的世世代代像其前辈一样充
裕的机会。

剑桥大学的发展经济学家帕萨·达斯古
普塔爵士(Sir Partha Dasgupta)主张弱持续性
是基于财富概念的观点,可以将其看作是生产
性资本存量(如人力、建造、自然资本等)的价
值。财富的总存量因此代表了所有类型的生
产性资本存量的价值总和。其基本理念在于,
当总的人均财富不随时间而减少时就产生了
弱持续性。那些通过投资扩展某种资本(如
建造资本)但消耗另一种资本(如自然资本)

的开发活动只有在总财富不减少的情况下才
符合弱持续性。因此弱持续性理论的一个核
心要素在于假定建造资本能够有效地替代自
然资本和生态系统服务。

皇后大学的经济学家约翰·哈特维克
(John Hartwick)开发出一个简单的弱持续性
规则,将自然资本存量的消耗与人力或建造资
本的投资连接起来。根据哈特维克规则,为了
一直维持恒定的消费水平,当今社会从消耗可
耗竭自然资源中获得的利益必须被再投资到
人力、建造或其他形式的资本中。只要人力或
建造资本增加的价值至少能够抵消自然资本
损耗的价值,那么这种方式就是正当的。其结
果就是,源于所有资本存量的商品和服务的总
消费能够一直维持不下降的状态。

强持续性

从生态的角度来看,弱化自然资本存量
和以建造资本替代它们的做法不符合持续性
要求。令人担忧的一点是,以建造资本替代消
耗的自然资本越是容易,人们就越不会关注作
为可持续发展基础的环境承载能力。强持续
性理论源于生态科学。它强调维持承载能力、
生态多样性和复原能力的生态律令。在全球
规模上,地球生物圈的再生生命支持系统是自
然资本的终极形式,它显然没有替代品。试
图构造小规模可行复制品的尝试(如耗资2亿
美元打造的生物圈2号)被证明是困难且昂贵
的。因此强持续性关注限制人类行为消耗自
然资本所造成的累积性负面影响。

20世纪90年代早期,伦敦大学学院的环
境经济学家大卫·皮尔斯(David Pearce)和
他的同事们指出,支持强持续性理论或动摇弱

持续性理论的论据，包括不确定性、不可逆性和不连续性。不确定性论据，即消耗自然资本对复杂生态系统的功能完整性和生产力的影响以及自然资本对子孙后代的价值是不确定的。由于这种不确定性，不可能按照弱持续性的要求探知人力或建造资本需要增长多少才能补偿自然资本的减少。第二个论据，即某些形式的自然资本消耗是不可逆的、无法弥补的。如物种灭绝或全球气候变化，进而加重了不确定性相关问题的严重性。第三个论据，即弱持续性模型通常假设平稳、连续的因果关系和利益权衡，而自然系统的特性通常是不连续的和有阈值效应的。例如，气温上升超过冰点会引发破坏性的洪水泛滥，野生动植物数量减少超过一定的临界值会导致灭绝。这意味着今天基于弱持续性的政策选择不能在确知将避免意外后果的情况下得以实施。

总而言之，强持续性理论聚焦与自然资本相关的、至关重要且不可替代的生命支持系统，而弱持续性理论关注所有形式的有价值资本的总量。强持续性的特征在于主张自然资本以及源于自然资本的资源和服务不能被建造资本所替代。相比之下，弱持续性允许以资本的一种形式替代另一种。另一个区别在于，弱持续性理论建构在平稳、连续因果关系的经济设想之上，而强持续性理论的预设前提是以因果关系的不连续性、分立性和阈值为特点的生态系统方法。强持续性为保存自然资本存量提供论据，而弱持续性则是诸如减缓、成本效益分析和可持续发展之类进程的基础。

应用和发展趋势

诸如加州《环境质量法》之类的环境法要求环境研究（如环境影响报告）识别拟议项目的重大环境影响并在有重大影响时详细说明减缓措施。尽管弱持续性要求完全减缓，但实践中减缓措施可能全部或部分抵消影响。前面已经提到人工湿地和鱼类孵化场的例子。其他的例子包括公园、溪流修复或环境教育项目。在更广泛的范围内，以人均GDP作为福利衡量尺度的不足使得人们努力开发弱持续性指标。现已发展出一系列措施试图量化和评估建造、人力、自然和社会资本并将其简化为单一的总福利指标。例如，绿色GDP、真实储蓄、真实发展指标以及政策分析中的成本收益定量。政策制定者和利益相关方对优质信息需求的增长驱动着生态经济学这一新领域中的研究者改进评估自然资本的方法并将这些价值与传统经济指标相整合。其结果是，基于弱持续性原则的政策将变得更为成熟和富有影响力。

符合强持续性理论的政策要求应用可靠的最低标准，例如旨在确保濒危或受威胁的动植物物种具有避免灭绝的足够种群的美国《濒危物种法》。风险预防原则的相关理念要求将自然资本的投资（如减少温室气体排放）视为一项与预防不可逆的和潜在的灾难性损害相关联的"保险费"。生态足迹或许是最著名的强持续性指标。它的估算是基于支持既有人类消费和吸收人为产生废物所必需的生态生产性土地和人均水资源的面积。生态足迹是评估人类社会占用环境承载能力的有效工具。近年来，诸如碳足迹和水足迹等新兴概念将强持续性足迹指标拓展至重点关注的新领域。趋势是科学家和生态经济学家之间开展更多合作。这将导致强可持续性指标，如教育方法、倡议手段和政策制定者指南的日益完善。

斯蒂文·C.哈克特（Steven C. HACKETT）
洪堡州立大学
高琪译

参见：布伦特兰报告；国际习惯法；可持续发展——法律和委员会概述；生态现代化理论；生态系统管理；环境法，软与硬；代际公平；国际法；风险预防原则；基于原则的监管；世界宪政主义。

拓展阅读

Daly, Herman, & Farley, Joshua. (2004). *Ecological economics: Principles and applications*. Washington, DC: Island Press.

Dasgupta, Partha. (2010). Nature's role in sustaining economic development. *Philosophical Transactions of the Royal Society, 365*(1537), 5–11.

Gutes, Maite. (1996). Commentary: The concept of weak sustainability. *Ecological Economics, 17*(3), 147–156.

Hackett, Steven. (2011). *Environmental and natural resources economics: Theory, policy, and the sustainable society* (4th ed.). New York: M.E. Sharpe.

Hartwick, John. (1977). Intergenerational equity and the investing of rents from exhaustible resources. *American Economic Review, 67*(5), 972–974.

Hoekstra, Arjen. (2009). Human appropriation of natural capital: A comparison of ecological footprint and water footprint analysis. *Ecological Economics, 68*(7), 1963–1974.

Pearce, David, & Atkinson, Giles. (1993). Capital theory and the measurement of sustainable development: An indicator of weak sustainability. *Ecological Economics, 8*(2), 103–108.

Pearce, David; Markandya, Anil; & Barbier, Edward. (1989). *Blueprint for a green economy*. London: Earthscan.

Pearce, David, & Warford, Jeremy. (1993). *World without end: Economics, environment, and sustainable development*. Oxford, U.K.: Oxford University Press.

Rees, William, & Wackernagel, Mathis. (1996). Ecological footprints and appropriated carrying capacity: Measuring the natural capital requirements of the human economy. In Ann Marie Jansson, Carl Folke, Monica Hammer, & Robert Costanza (Eds.), *Investing in natural capital: The ecological economics approach to sustainability* (pp.362–390). Washington, DC: Island Press.

Solow, Robert. (1974). Intergenerational equity and exhaustible resources. *Review of Economic Studies, 41* (Symposium on the Economics of Exhaustible Resources), 29–45.

Wackernagel, Mathis; White, Sahm; & Moran, Dan. (2004). Using ecological footprint accounts: From analysis to applications. *International Journal of Environment and Sustainable Development, 3*(3), 293–315.

World Commission on Environment and Development. (1987). *Our common future*. Oxford, U.K.: Oxford University Press.

Wilderness Act

荒野法 （美国，1964年）

为了子孙后代的使用和享受而保护荒野自然通常需要阻止公路、基础设施建设以及开采活动的法律。1964年《荒野法》于美国约翰逊政府期间确立，是首部建立国家荒野保存体系和荒野地区划定程序的法律。1964年《荒野法》保护了数百万英亩的荒野并激发了世界各地的类似立法。

1964年9月3日，林登·约翰逊（Lyndon Johnson）总统签署了《为全民的永久利益和其他目的建立国家荒野保存体系法》（16 U.S.C. 1131–1136），该法的简称《荒野法》更为人所熟知。又或者在该简称前面加上通过的年份，即1964年《荒野法》，以将其与该法通过之后创建荒野地区的法律相区分。

《荒野法》是首部界定荒野概念、建立荒野划定程序并启动国家保护体系的国家法律。此前，荒野保存理念的势头日渐强劲，《荒野法》出台前已有一些前兆。

纽约州1895年《宪法》被一些人认为是第一部荒野法。该法规定，为了纽约州人民阿迪朗达克公园应当"永远保持荒野状态"。在联邦层面上，第一个被划定的荒野是依据美国农业部（USDA）林务局1924年法规在新墨西哥州西南地区建立的吉拉荒野（Gila Wilderness）。紧接着，林务局在20世纪20年代末和30年代发布了更多法规允许划定荒野。先是L–20法规下的"原始地区"，随后是所谓U法规下的荒野地区。《希普斯特德–牛顿–诺兰法》（the Shipstead-Newton-Nolan Act, 16 U.S.C. 577）有时也被称为首部事实上的荒野法，或至少是一部极为重要的先例。国会于1930年通过该法从北明尼苏达州开发中收回超过100万英亩（超过40万公顷）的非筑路土地。加拿大安大略省于1959年通过了《荒野地区法》，但该法保护的土地面积仅有不到640英亩（259公顷）。在2006年得以大修之前，该法并不是自然保护的主要力量。

虽然通过行政法规在美国农业部林业局土地上划定荒野地区是重要的第一步，但荒野倡议者认识到行政命令可轻易被推翻,无法保证持久的保护。因此,荒野倡议者开始致力于通过荒野法以永久性地划定荒野地区。

《荒野法》的主要起草者和推动该法制定的领袖是霍华德·扎尼泽(Howard Zahnizer),他是荒野协会的执行董事,于20世纪50年代中期开始致力于荒野法案的工作。《荒野法》耗费了近10年的时间才得以从国会通过。该法得到了两党支持,但由于其范围宽泛,究竟在荒野土地上应当或不应当禁止什么的细节问题仍然存有争议。该法案历经多次起草和修改才最终于1964年成为法律。

该法确立了54个荒野地区,总面积超过900万英亩(360万公顷),并授权国会在未来继续扩大国家荒野保护体系。如今已有超过750个荒野地区,总面积近1.1亿英亩(4 450万公顷)。仅《阿拉斯加国家利益土地法》(Alaska National Interest Lands Act, ANILCA)这一部法律就在1984年的一次划定中增加了5 600万英亩(2 260万公顷)的荒野面积。新的地区定期增加,每位总统都划定过新的荒野地区。《荒野法》已经获得了巨大的成功。

该法案的目的

《荒野法》建立了国家荒野保存体系并允许国会在未来扩大该体系。该法第二条为此提供了理论基础。它指出,如果不采取措施,随着人口的增加、定居点的扩大和机械化的增强,美国将可能“没有可供指定保存和保护其自然状态的土地”了。因此,《荒野法》致力于“保障当代和未来的美国人民使用和享受永久性荒野资源的利益”。所以美国《荒野法》在本质上并非以生态为主要目的,这点与其他一些国家在1964年以后通过的荒野法不同。尽管联邦法规现在明确提出为维持荒野地区生态完整性而进行管理的重要性,但这并非是《荒野法》通过背后的驱动原理。

定义荒野地区

《荒野法》因其富有远见的方法、特别充满感情的语言和实用主义而享有赞誉,这都反映在该法第二条c款中。荒野定义的前半部分指出:

不同于由人类及其工程占据景观的地区,荒野是地面及其生物群落未受人类影响的地方,在此人类只是访客而非居住者。

这个众所周知且经常被引用的句子代表了一个荒野理想:“地面及其生物群落未受人类影响的地方”,意味着不受人类活动或发展的妨碍。第二条c款的第二句为联邦法下荒野地区的定义提供了更多技术性指导:

荒野是未经永久性改良或人类居住、仍保留原始特征和影响、为了保存其自然条件而受到保护和管理的未开发联邦土地。① 主要受自然力量影响,人类行为的痕迹微乎其微;② 为与外界隔绝的幽居或享受原始、自由的休闲娱乐提供绝佳机会;③ 至少有5 000英亩的土地或足够规模使其保存和不受损害的使用具有可行性;④ 也可能包含生态、地质或其他科学、教育、风景或历史价值的特性。

本条包括灵活的语言。诸如一般、主要或大体上等词语为国会提议一系列虽然可能不是“纯粹”的荒野但在其他方面符合荒野的定义、如果适时且管理得当很可能会达到第二条c款所规定标准的地区提供了余地。

荒野地区允许的活动

《荒野法》非常明确地禁止永久性公路、营利性企业（除了适当的商业休闲娱乐活动，如有向导的独木舟旅行）、机动车和机械化设备。荒野地区管理机构在紧急情况下，或者为了有效管理该地区不得不采取禁止性活动时可允许例外。但即便是在例外情况下，也必须使用最少量的工具来实现管理目标。

但《荒野法》也做出了一项重要妥协：如果放牧是在划定荒野地区前就存在的活动，则可继续放牧牲畜。尽管放牧显然不符合《荒野法》的目的，但这被认为是通过该法所必需的政治妥协。

《荒野法》是如何运作的

《荒野法》的数个关键特性促成了其巨大成功。首先，每个荒野地区必须经由国会法案划定。这意味着荒野地区事实上获得了永久性的保护。虽然理论上仍有撤销的可能，但事实上尚未发生过，划定本身也是意在永久性保护。这也意味着荒野划定并非易事——美国国会通常行动缓慢且谨慎。

另一个关键特性是荒野地区的划定倡议通常由代表该地区的国会议员提出。因此，划定荒野地区并非是国会自上而下强加的：当国会议员提议新的荒野地区划定法案时，与当地选民已经进行了大量磋商和讨论。《荒野法》定义的灵活性以及自下而上的荒野划定方法通常使荒野地区随着时间的推移而逐渐扩展，实现缓慢但自然的荒野划定过程。

荒野划定仅在联邦土地上附加了属性，这些土地继续由划定前的同一联邦机构进行管理。例如，某国家公园内的区域被划定为荒野地区，该地区继续由该公园管理处而非某个独立的荒野土地管理机构进行管理。这确保了整个联邦机构对荒野的大力支持。

争议

尽管荒野地区获得了两党支持，但有时划定新荒野地区的讨论却变得冗长而富有争议，这通常归咎于是否或在何种程度上允许违规用途的争执。保育运动中的实用主义者通常愿意允许更多的违规用途以换取永久性的荒野划定。纯粹主义者则认为允许违规用途会导致对《荒野法》完整性的逐渐侵蚀。

另一项争议涉及该法第二条 c 款中"人类只是访客而非居住者"的措辞。批评者认为这一表述忽视了美洲原住民在荒野地区划定前占有土地的事实，而荒野的概念本身也与原住民认为荒野是家园而非消遣之地的认知相冲突。

　　值得一提的是,在阿拉斯加这个原住民为了生存而使用联邦土地的情况仍然普遍存在的州,荒野划定明确允许生存使用的继续。因此,《荒野法》并非是排他性的,它聚焦于阻止人类使用而并非排斥人类。此外,美国一些部落还选择在其部落土地上划定他们的荒野地区。建立于1975年、位于蒙大拿州西部、占地面积75 000英亩(30 000公顷)的撒利希(Salish)与库特耐(Kootenai)联合部落的密逊山(Mission Mountains)部落荒野保护区就是一个非常成功的、开创性的部落荒野保护的范例。这反映了将荒野视为精神上的重要区域的普遍认知,无论是生活在其中,或只是偶尔探访(甚至从未踏足)的人们。

国际影响

　　《荒野法》充当了全世界其他荒野法律的重要催化剂。最初,这些法律在其他普通法系国家得以通过,如南非、加拿大和新西兰。但这一观念此后传播到其他国家在很大程度上得益于由荒野基金会(The WILD Foundation)主办的世界荒野大会,该基金会自1977年以来致力于召集荒野保护团体推广荒野观念。如今,至少9个国家颁布了荒野法,另外9个国家有某种荒野行政划定形式。多数新荒野法同时聚焦于休闲娱乐和与荒野自然在精神层面的关联,以维持生态完整性为生物目标并以荒野地区作为衡量生态系统健康程度的基准。多数法律也明确承认荒野地区的传统和地方性生存使用是合法的。

　　得益于塞拉俱乐部和荒野基金会在20世纪90年代初期的协同游说努力,作为世界

自然保护联盟一部分的世界保护区委员会(WCPA)如今承认荒野是其保护区分类体系下的一类保护区(Ib类)。世界自然保护联盟世界保护区委员会的定义认为:“Ib类保护区通常是未经改造或仅受些微改造的大片地区,这些地区保有其自然属性和影响,没有永久的或显著的人类居住,为了保存其自然状态而受到保护和管理”(Dudley 2008,14)。

　　世界自然保护联盟在其指南中还列出了Ib类荒野地区的一些显著特征(Dudley 2008,14-15):

- 荒野地区必须免于现代基础设施、发展以及工业开采活动,包括但不限于公路、管道、输电线、手机信号塔、石油和天然气平台、离岸液化天然气终端、其他永久性建筑、采矿、水电开发、油气开采、包括密集放牧和商业捕鱼在内的农业以及低空飞行航空器,最好还高度限制或禁止机动车通行。

- 荒野地区必须以高度的完整性为特征,因而包含相当高比例的原始生态系统、完整或近乎完整的本地动植物类群、保留完整的食饵系统以及大型哺乳动物。

- 荒野地区必须足够大,以保护生态多样性、维持生态进程和生态系统服务、维持物种生态保护区、缓冲气候变化影响并维持进化过程。

- 荒野地区须提供只要到达该区域就能享受的、与外界隔绝幽居的绝佳机会。到达该区域应以简单、安静和非侵入性的旅行方式(即非机动化或与前述生物目标一致且必须严格受高度管理的机动化通行)。

- 荒野区域必须免于受到不当或过度的人类使用或存在的干扰,这种干扰将降低荒野

价值并最终导致荒野地区无法达到上述生物和人文标准。

然而，人类的存在不应成为是否设立Ib类区域的决定性因素。关键目标是生物完整性以及不存在永久性基础设施、采掘业、农业、机动化使用和其他现代或持久性技术指标。

世界自然保护联盟指南还表明Ib类区域可以包含受到些许干扰但有能力恢复荒野状态的区域，也可以包括可能被扩展的较小区域或者作为含有荒野的保护区的一部分能够在更大的荒野保护策略中发挥重要作用的较小区域，前提是这些受干扰区域或较小区域的管理目标与前述目标相一致。

最后，世界自然保护联盟世界保护区委员会指南还表明，当某一荒野地区的生物完整性是稳固的，且前述主要目标得以实现的情况下，荒野地区的管理重点可转移到其他目标，如文化价值保护或休闲娱乐，但前提是主要目标继续保持安全状态。

展望未来

在美国和其他国家，保护更多荒野自然免受公路、采掘业和基础设施发展干扰的需要已经日益突出。荒野保护仍然是为不断增长的人口提供休闲娱乐机会的必要手段，对于避免物种灭绝、减缓和适应气候变化和维持生态系统服务而言更是极为紧要。此外，美国和其他国家的荒野立法在维持荒野价值的同时也成功地允许了传统和生存使用。因此，国家荒野保存体系将很可能在美国持续扩张，也会有新的国家继续颁布荒野法和政策。

西里尔·F.科莫斯（Cyril F. KORMOS）
荒野基金会
高琪译

参见：生态系统管理；濒危物种法；森林保护区法；代际公平；土地利用管制和区划；国家环境政策法。

拓展阅读

Dawson, Chad P., & Hendee, John C. (2009). *Wilderness management: Stewardship and protection of resources and values* (3rd ed.). Golden, CO: Fulcrum Books.

Dudley, Nigel. (Ed.). (2008). *Guidelines for applying protected areas management categories.* Gland, Switzerland: International Union for Conservation of Nature.

Kormos, Cyril F. (Ed.). (2008). *A handbook on international wilderness law and policy.* Golden, CO: Fulcrum Books.

Scott, Doug. (2004). *The enduring wilderness: Protecting our natural heritage through the Wilderness Act.* Golden, CO: Fulcrum Books.

The Wilderness Society. (2004). *The Wilderness Act handbook: 40th anniversary edition.* Retrieved November 8, 2010, from http://wilderness.org/files/Wilderness-Act-Handbook-2004-complete.pdf.

Wilderness.net (2010). Homepage. Retrieved November 8, 2010, from http://wilderness.net/.

World Constitutionalism

世界宪政主义

世界宪政主义植根于《联合国宪章》等国际文件。其倡导者试图建立一部规定所有国家和地区都可以信守的基本规范和价值观的、全面和一致的全球宪法。为评估国际环境宪法的范围,国际环境法也探讨此概念。

21世纪见证了法律和其他学者对世界或全球宪政主义概念日益高涨的兴趣。世界宪政主义倡导宪政主义原则在国际法领域的应用,其一个基本观点是提升国际法制度的公平性和有效性。在本质上这需要将宪政主义特性纳入国际法。世界宪政主义必然要求国际社会(an international community)、国际价值体系(an international value system)和某些执行结构的存在(de Wet 2007, 3)。这个概念顺应了在国家层面制定宪法时的更多内在一致性的全球趋势。

起源和发展

传统上,宪法一词存在于国内领域。虽然有人说西塞罗(公元前106年—公元前43年)是第一个真正的宪政主义者,但宪法概念的实际出现则是在很久以后(18、19世纪期间),它常常是对社会或政治革命的回应。从本质上讲,宪法是一种工具,社会通过它创设某种形式的基本法律秩序,规定给定国家的治理模型,调整该国与其公民之间的关系。一些宪法作为单独的成文法典编写,另一些则不是,比如英国宪法。但所有宪法都包含若干实体和程序(法治)要件,例如,一部权利法案、国家机构权力的分立、严格的修改程序,以及对国家立法与行政机构行动的司法审查。很明显,一些要件(如权利法案)用于保护公民不受专制国家的威胁。宪法因此而寻求限制公共权力,但事实上其可以具有构成和约束权力的双重作用(Bodansky 2009, 572),因为它们规定了界定基本价值观、体制和政治共同体决策程序的宪法性规则。

然而,世界宪政主义是宪政化:超越国家的宪法类要件的出现、设立和确认(Milewicz

2009, 420）。正如导致《欧洲宪法条约》(the Treaty Establishing a Constitution for Europe)的欧盟内宪政化进程所表明的，超越国家的宪政主义理念并非完全令人感到陌生。该条约采用的宪法架构进程超越了宪法的传统条件，"即宪法和宪法性法律与国家和民族意识之间的内在联系。相反，欧洲宪法秩序以共享价值观和政治组织的形式在一个更大的政治秩序内面对相互抵触的（国家的）政体"（de Wet 2007, 4）。

学者们认为全球宪法的先例已经存在。一些学者，比如国际法教授法斯宾德（Fassbender），认为二战后作为一项国际条约通过的《联合国宪章》(the United Nations Charter)以表达全球秩序基本准则的方式运行，并纳入了类似于宪法的核心要件。这些要件包括治理结构、成员履行《宪章》义务所承担的责任、禁止使用武力，以及促进和尊重人权的义务。法斯宾德认为，作为"有形文件（visible document）"，《宪章》是一份同时具备国际社会成员基本权利和责任以及国际社会所奉行价值观的权威声明。作为对两次世界大战后果的回应，在各国试图摆脱持续不断的国际侵略之时，《宪章》开创了一个"宪法时刻（constitutional moment）"。如今存在另一个这样的创建世界宪法的动力（Slaughter & Burke-White 2002）。这个宪法时刻源于所谓的反对恐怖主义及其产生的国际恐惧和不安全感的战争。有一些学者认为当前的宪法时刻是基于对环境和持续性的普遍威胁，包括气候变化和生物多样性的丧失。这些条件为讨论国际环境宪法的存在做好了准备。

国际环境宪法

事实上，近年来已经看到部门国际制度的增长，不再只有一种国际法律制度。因此，一些作者质疑是否仍然可能谈论一个国际社会和一个国际价值体系（de Wet 2007, 4）。相反，这些作者"看到各种功能性宪法制度或'网络'的出现……它们以缺乏各自规范体系之间的层级为特征，并决定任何制度间冲突的后果"（de Wet 2007, 6）。这样的部门之一是世界贸易组织所代表的多边贸易制度。由于其多次谈判回合的条约缔结模式和有效的争端解决机制，世界贸易组织可以说是一个在遵守国际协议方面取得实质性成功的国际机构。因此，世界贸易组织在其范围内为世界宪政主义提供了某些空间，维护贸易利益而非环境利益。

然而，国际环境宪法并不存在，多边环境协议不一定作为宪法而设计；虽然它们建立不断发展的治理体系以解决涉及机构、规则和程序创建的具体问题，但它们仍然需要参与国政府对于任何决策的共识，因而事实上是由国家主导的（Bodansky 2009, 574–577）。

国际环境法的一般性原则——比如至关重要的持续性原则、防止跨境损害义务、"污染者付费"原则、风险预防原则和共同但有区别责任原则——可以代表国际环境宪法所需的核心价值体系（Bodansky 2009, 580）。这些原则目前看起来不仅软弱而且模糊，虽然它们有助于组织有关环境问题的国际对话，但其具有如此多的不同含义以至于几乎无法对国家或国际机构的行为产生实际约束。国际环境法也缺乏宪政主义所需的程序和治理体系。

《地球宪章》是一个建立可持续全球社会的基本道德原则宣言,已经得到了不同公民社会组织的支持。它不仅为国际环境宪法,而且为世界宪政主义提供最低限度的指导。生态完整性是主要内容之一,但正如通过其环境、社会和经济均衡三大支柱所反映出的可持续发展概念,"《地球宪章》也认识到生态保护目标、消除贫困、均衡的经济发展以及对人权、民主与和平的尊重是相互依赖和不可分割的。因此,它提供了一种新的包容性、综合性道德框架以指导向可持续未来的转变"(地球宪章倡议,未标明日期)。

对世界宪政主义的抵制

学者、国际立法者和社会活动者并不总是对世界宪法的需要或适当性达成一致。由于法理、道德、文化、社会和政治的原因,世界宪政主义有时被认为是一种威胁(Johnston 2005,19–20)。法律上的阻力来源于相信宪法最好应在国家层面运行,在此政府可以直接对其服务之人负责,也存在对裁决国际争端所需的国际法官缺乏代表性情形的道德担忧。

文化关切源于文化相对主义理论。这一理论认为他人对个人信仰和文化实践的理解,应当出于个体自身文化的角度,而非出于主导(通常是西方的)文化的角度。令人担心的是,全球宪法将在某种程度上反映特定理念。社会活动者同样反对世界宪法的理念,他们把它视为各国获得更多权力的一种方式。最后,各国不愿意放弃其主权权力反映出政治上的反对。

学者们认同存在基于良好治理原则、尊重人权和持续性之上的全球宪法的需要。这将为现有制度(例如国际人权制度和国际环境法律制度)提供规范性权力。独立国家是否会最终同意放弃一些主权权力以换取世界宪法仍有待观察。

洛蕾塔·安纳莉丝·费里斯
(Loretta Annelise FERIS)
开普敦大学
卢锟译

参见:人类共同继承财产原则;国际习惯法;环境法,软与硬;代际公平;风险预防原则;污染者付费原则;基于原则的监管;跨界水法;联合国——公约、协定概览;强弱持续性的争论。

拓展阅读

Besson, Samantha. (2009). Whose constitution(s)? International law, constitutionalism, and democracy. In Jeffery L. Dunoff & Joel P. Trachtman (Eds.), *Ruling the world?* (pp.376–380). New York: Cambridge University Press.

Bodansky, Daniel. (2009). Is there an international environmental constitution? *Indiana Journal of Global Legal Studies, 16,* 569–570.

Charter of the United Nations. (2010). Retrieved October 30, 2010, from www.un.org/en/documents/charter/

index.shtml.

de Wet, E. (2007). The emerging international constitutional order: The implications of hierarchy in international law for the coherence and legitimacy of international decision-making. *PER, 2*, 1–27. Retrieved November 27, 2010, from http://ajol.info/index.php/pelj/article/viewFile/43435/26971.

Earth Charter Initiative. (n.d.). What is the Earth Charter? Retrieved November 28, 2010, at http://www.earthcharterinaction.org/content/pages/What-is-the-Earth-Charter%3F.html.

Fassbender, Bardo. (2008). The United Nations Charter as constitution of the international community. *Columbia Journal of Transnational Law, 38*, 530–619.

Johnston, Douglas M. (2005). World constitutionalism in the theory of international law. In Ronald St. John Macdonald & Douglas M. Johnston (Eds.), *Towards world constitutionalism* (pp.19–20). Leiden, The Netherlands: Martinus Nijhoff Publishers.

Kennedy, David. (2009). The mystery of global governance. In Jeffery L. Dunoff & Joel P. Trachtman (Eds.), *Ruling the world?* (pp.37–68). New York: Cambridge University Press.

Milewicz, Karolina. (2009). Emerging patterns of global constitutionalization: Toward a conceptual framework. *Indiana Journal of Global Legal Studies, 16*(2), 413–436.

Paulus, Andreas L. (2009). The international legal system as a constitution. In Jeffery L. Dunoff & Joel P. Trachtman (Eds.), *Ruling the world?* (pp.69–109). New York: Cambridge University Press.

Peters, Anne. (2006). Compensatory constitutionalism: The function and potential of fundamental international norms and structures. *Leiden Journal of International Law, 19*(3), 579–610.

Peters, Anne. (2009). The merits of global constitutionalism. *Indiana Journal of Global Legal Studies, 16*(2), 397–411.

Slaughter, Anne-Marie, & Burke-White, William. (2002). An international constitutional moment. *Harvard International Law Journal, 43*, 1–20.

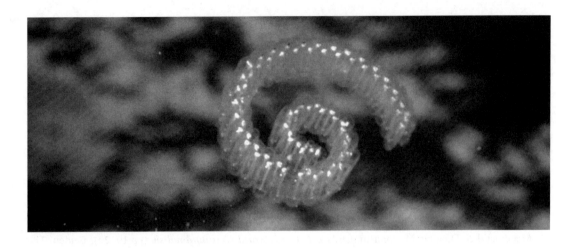

索 引 （黑体字表示本卷的篇章条目）